张国华 著

汉、英双宾构式语义窄化历时比较研究

本书受中南财经政法大学出版基金资助出版

A Diachronic Comparative Study of Semantic Narrowing in Chinese and English Double Object Constructions

WUHAN UNIVERSITY PRESS
武汉大学出版社

图书在版编目(CIP)数据

汉、英双宾构式语义窄化历时比较研究/张国华著.—武汉:武汉大学出版社,2024.7

ISBN 978-7-307-24366-8

Ⅰ.汉…　Ⅱ.张…　Ⅲ.英语—双宾语—句法结构—对比研究—汉语　Ⅳ.①H314.3　②H146.3

中国国家版本馆 CIP 数据核字(2024)第 075542 号

责任编辑:邓　喆　　责任校对:李孟潇　　版式设计:马　佳

出版发行:**武汉大学出版社**　(430072　武昌　珞珈山)

(电子邮箱:cbs22@whu.edu.cn　网址:www.wdp.com.cn)

印刷:武汉邮科印务有限公司

开本:720×1000　1/16　印张:31.5　字数:561 千字　插页:1

版次:2024 年 7 月第 1 版　2024 年 7 月第 1 次印刷

ISBN 978-7-307-24366-8　　定价:99.00 元

前　言

　　本书从演化构式语法理论的视角，结合基于动词的事件框架语义学和演化博弈论的基本主张，对汉、英双宾构式的语义历时演变作了基础性考察和梳理。研究主要采用批判性文献阅读和分析、归纳和演绎等逻辑思辨、对比分析等方法，辅以语料库调查统计和验察法，对自甲骨卜辞以来至明清时期的上古、中古和近代汉语中的双宾式进行了句法和语义特征描写，同时，对中古英语时期及其之前和之后双宾式的语义演变特别是与格变换的显现和演变过程作了大致梳理。研究表明，汉、英双宾式的初始语义都和广义的三元参与者事件表达有关，汉语双宾式主要表达广义的三元参与者事件及其角色关系，英语双宾式则主要表达广义三元参与者事件中动作行为导致的间接影响，它们都有较多语义次类，各自接纳不同的动词。汉语由于自身发展、复音化、词库扩大以及概念化发展等原因，双宾式的众多语义次类被介词短语格式等其他句法结构分流表达，众多近义句法格式也影响了双宾式的语义变化；英语由于语言接触和格形态标记系统的消失导致介词短语格式兴起和语序固定，双宾式在和介词短语格式特别是 to-POC 的竞争合作以及共同演化过程中，其众多语义次类也都被介词短语格式或其他格式分担表达，两式共同构建起上位的双及物构式位并互为变体。研究发现，汉、英双宾式的构式义都发生了语义窄化，或者说专门化，亦即最后都专门用于表达转移交接事件，其核心语义和原型动词语义都亘古未变，但在转移交接的方向上，双方存在差异和对立，显示出不同的构式压制力。汉、英双宾式的语义演变虽然有不同的动因、过程、结果和接受者标记策略，但它们殊途同归，反映着共同的语言演变特点和规律。研究还从汉民族传统思维方式特点的角度论证和说明了汉语双宾式的地位和类型。

作　者

2023 年 8 月

目　　录

第1章　绪　　论

1.1　引言

　　双宾结构(DOC，构式语法中称"双宾(构)式")是有标记的句法结构，其述语动词携带两个与之发生直接句法–语义关系的名词性成分(NP)作宾语，码化为"$S+V+O_i+O_d$"，O_i为间接宾语(也记作$O_间$)，O_d为直接宾语(也记作$O_直$)，O_i一般为接受者(recipient，REC)，O_d一般为客事(theme，TH)。跟该式关联的与格式(dative construction)中，动词只带一个宾语O_d，O_i由介词引介，例如：

(1) a. Tom *gave* **Kate**^{REC} a penTH.

　　b. Tom *gave* a penTH **to Kate**^{REC}.

　　c. 汤姆送了凯特一支笔。

　　d. 汤姆送了一支笔给凯特。

两式间的交替变换被称为与格变换(dative alternation)。与两式相关的另一范畴是双及物结构，它涉及联系双及物动词的施事论元(agent argument，AG)、接受者论元和客事论元。与格变换适用于多数双及物动词。

　　当代英语(Present-Day English，PDE)双宾式还有施益变换(benefactive alternation)，涉及受益者角色的表达多用介词*for*，普通话的情况类似，用介词"给"，例如：

(2) a. I *baked* **my sister**^{REC} a cakeTH.

　　b. I *baked* a cakeTH *for* **my sister**^{REC}.

　　c. 我送了她一封信。

　　d. 我给她送了一封信。

一般认为，双宾构式的原型语义是物品所有权在两个有生实体间的成功转移交接，例(2)中*my sister*是*bake*动作行为的受益者和*a cake*的潜在接受者，意图给予义契合双宾构式原型义。当然，例(2)中 b 和 d 都有歧义。汉、英双宾构式的 O$_i$ 还可表达"来源"(Source，SOU)、受益者等其他语义角色。

本研究对象主要是汉、英双宾构式及相关句法格式。

1.2 研究回顾

国内外语法学界对双及物结构的研究已较成熟，限于篇幅，不多赘述，读者可参申小阳(2018：13-27)、徐德宽(2004：3-9)、张国华(2011：3-33)、徐志林(2013：2-19)、张文(2013：2-19)等。本书根据当前研究的实际作扼要讨论。

1.2.1 对双宾结构的界定和分类

关于双宾结构和双及物结构的内涵及称谓，Goldberg（1995）、张伯江（1999）、时兵(2007)等认为双及物结构等同于双宾结构，Goldberg 用"双及物构式"专指双宾结构，但对与格式无确称。有人认为双及物结构包含更广，例如刘丹青(2001)、徐杰(2004)、Mukherjee（2005：12）、张敏（2011）、王寅（2011：18）和 Haspelmath（2005，2011）、Malchukov et al.（2010）等。有人用"与格式"指称双宾式和/或介词与格式(例如 Green，1974；Wierzbicka，1986；Emonds，1993；Davidse，996；Bernaisch, Gries & Mukherjee，2014；Campbell & Tomasello，2001)。Gerwin（2014：7-8，fn5）对此有介绍。我们认为，双及物结构是意义更广泛的句法-语义概念或论元结构，而非表层句法结构概念。它大致相当于表达双及物事件的结构，有包括双宾结构和与格结构在内的众多编码形式。

双及物结构具有跨语言普遍性。在共时和历时性句法表征形式上，该结构在自然语言里的表现不尽相同，类似与格式的句法结构是无标记的。汉语有更多的双及物结构，早期英语中与格标记不等同于接受者角色，该角色可以由多种格标记表示。当代英语里，与格标记早已消亡(Jespersen，1927：278)，本书沿用"介词与格式"是折中，且以"介词(性)"一词相对区分，"与格式"的称名在早期英语和现当代英语里的指代对象不同。

1.2.2 对汉语双宾结构的共时和历时研究

在汉语的共时和历时研究方面，学界主要关注以下一些问题：

第一，双宾结构的界定和分类，比如杨树达(1920)、黎锦熙(1924)、吕叔湘（1979，1982）、赵元任（1968）、朱德熙（1982）、马庆株（1983，1992）、李临定（1983，1984a&b，1990）、张伯江（1999）、徐杰（2004）、时兵（1999，2007）、祝东平（2007）、张敏（2011）等。分类的标准，有的依据动宾语义关系，有的根据双宾句的结构形式，前者如马建忠（1898/1983）、姜汉椿（1990）、邵永海（1990）、何洪峰（1997）、侯慎伟（1998）、刘宋川（1998，1999，2001）、廖振佑（1998）等，后者如贝罗贝（1986）、管燮初（1986）、时兵（2007）等，都是对古汉语的考察。现代汉语方面，吕叔湘、赵元任、马庆株以及朱德熙（1979，1982）、李临定（1984a）等多根据动词语义或动宾语义关系来区分，宽严不定，悬殊较大。范晓（1998）把很多双及物结构形式归为双宾式。黄正德（2007）和沈阳、司马翎（2010）也有基于形式特征的区分。古川裕（1999）、张伯江（1999）、徐盛桓（2001）、任龙波（2007）、王寅（2008）等人基于认知-功能语言学作区分，依据动词语义特征和转移交接运动位移方向。

第二，对一些重大分歧进行廓清。比如对古汉语中"夺·之·名"结构的句法属性，持单宾说的如马国栋（1980）、何九盈（1993）、唐钰明（1994，1995）、丁贞薰（1998）、贝罗贝（1998）等，持双宾说的如王力（1962/1999）、何乐士（2004/1980）、殷国光（1984）、刘宋川（1998）、时良兵（2003）等，也有其他属性认定，如"动宾补"结构（如张世禄，1996）和兼语句式（如何慎怡，1994）等。现代汉语中也有类似讨论，如"打碎了他四个杯子""吃了他三个苹果"，朱德熙（1982）、陆俭明（1997，2002）、徐杰（1999）、祝东平（2007）、张建（2007）等主张双宾说，满在江（2004）、邢福义（1991）等主张单宾说。李宇明（1996）的折中说认为存在一个从单宾到双宾的连续统。

第三，双宾结构和与格式之间是否存在转换关系。有人认为，与格式是基础生成的，双宾结构是转换生成的，如顾阳（1999）、周长银（2000）、张法科（2002）、沈阳（2001）、邓思颖（2003：133）等；有人认为它们是各自基础生成，有不同的内在结构，如徐杰（1999）、王奇（2005）、何晓炜（1999，2002，2003，2008a，b&c，2009）、李白清（2004）、王立德和蔡庆（2007）等。关于其他语言，也有类似的分歧。

第四，双宾构式的意义。Goldberg（1995）提出，双宾构式义核心是基于给予义的转移交接义，整个结构是有语义引申关系和家族相似性的一构多义性集合，张伯江（1999）支持此说，但张国宪（2001，2005）、张宁（2000）等认为其核心义在汉语里是获取而非给予。石毓智（2004a）等认为，汉语双宾构式表示给予和/或获取，它们被概念化为同一形式，并构成连续统。宋文辉、阎浩然（2007）、王寅（2008）、刘利民（2009）、张国华（2011）等支持此说。

第五，关于双宾构式义的来源。有人认为其给予义主要由动词决定，而非构式本身赋予，构式义不占绝对主导地位，例如徐盛桓（2007）、熊学亮（2007）、刘利民（2009）、张国华（2011）等。他们认为，构式义客观存在，但它是第二性的、衍生的，是基于原型双及物动词的语义和句法特点形成和稳定的，原型动词语义的参与对形成该构式义有决定作用。也有人不强调这种原型义参与，而是突出构式性给予义凌驾于动词，特别是非给予义动词，如张伯江（1999）、沈家煊（1999）、徐盛桓（2001）、李淑静（2001）、任龙波（2007）等。还有人主张互动性，认为构式义和原型动词义在互动和协调中一同稳固和确立，有压制和反压制的循环交互作用，例如沈家煊（2000），黄昌静和邵志洪（2006），李敏（2006），熊学亮（2009），成军（2010），张建理（2010，2011），张跃伟（2015），申小阳（2017）等。还有涉及双及物结构语义解读的研究，例如卢建（2003）、程杰（2009）等。

第六，对双宾构式及其关联构式的认知-功能语言学研究。这主要涉及双宾构式的认知语言学特征刻画和解释，如原型结构范畴、意义引申和理解机制、意象图式、概念化、理想认知模型、概念整合、隐喻和转喻机制等，例如古川裕（1999），张伯江（1999），沈家煊（2000），徐盛桓（2001），耿志（2002），程琪龙（2004），石毓智（2004a&b），徐畅贤（2005），钟守满和李芬（2004），熊学亮（2007，2018），钟书能和石毓智（2017）等。功能主义的研究如丁健新（2001）等。

第七，对汉语双宾结构及其关联结构的历时演变描写。这涉及史学性质的双宾句断代研究、专题研究、专书研究、出土文献研究等。比如沈春晖（1936）、张玉金（2004）、邓章应（2004）、时兵（2002，2003a，b & c）和潘玉坤（2005）等对金文双宾句的考察，周迟明（1964）对汉代前后双宾句的考察，管燮初（1986）、沈培（1992）、张玉金（2001）、杨逢彬（2003）、贾燕子（2003）等对甲骨文双宾句的分类，王冠军（1982，1986），刘宋川（1998，1999，2001），廖振佑（1998），杨伯峻和何乐士（2001），张玉金（2004），时兵（2007）等对上古汉语双宾式的考察。贝罗贝（1986）、张文（2013）、张美兰（2014）等的历时考察跨度大，王建军（2006）考察汉语处所类双宾句的历时演变。甲骨卜辞中三宾语结构的讨论主要见于陈初生（1991）、沈培（1992）、贾燕子（2004，2009）、郑继娥（2004）等。关于某些语法标记成分，如"于/於、与、予、给"以及"示"等句法和语义属性的研究，主要见于陈文运（1990，1995）、赵伯义（1996）、王建军（2006）、齐航福（2010）等。专书研究如姜汉椿（1990）、邵永海（1990）、刘利（1995）、何洪峰（1997）、李佐丰（1998）、侯慎伟（1998）、钱宗武（2001）、李永（2001）、殷国光（2002）、张先坦（2002a&b，2004）、张美兰（2002）、于峻嵘（2009）、刘海平（2009b）等。值得关注的学位论文有时兵（1999）、于峻嵘（2004）、刘道锋（2008）、刘海平（2009a）、贾燕子（2003）、潘玉坤（2003/2005）、邓章应（2004）等。出土文献研究主要见于沈培（1992）、喻遂生（2000）、张玉金（2001，2004）等。较早的研究有沈春晖（1936）、管燮初（1953/1986，1981）等。

第八，方言双宾结构研究。这主要涉及动词语义类型、语序类型、"给"字句和"V 给"双宾句的句法-语义特点、时体范畴的影响等方面的描写，涵括各大方言区，主要见于李炜（1987），黄伯荣（1996），项梦冰（1997），万波（1997），刘丹青（1997），戴耀晶（1997），程从荣（1998），储泽祥（1998），汪国胜（2000），陈淑梅（2001），沈明（2002），周磊（2002），汪化云（2003），王森和王毅（2003），王廷贤（2003），邓思颖（2003），梅光泽（2004），张国宪（2005），孙叶林（2005，2006），邢福义（2006），林素娥（2008）等。有关学位论文例如孙叶林（2004）、王丹荣（2005）、陈丽雪（2005）等。类型学角度的考察例如邓思颖（2003）、刘丹青（2001）等。

1.2.3 对英语双宾结构的共时和历时研究

英语双宾结构研究在内容和方法上与汉语双宾结构研究类似。关于基础生成问题，Dryer（1986）、Aoun 和 Li（1989）认为双宾结构具有基础性，与格式由它转换生成，而 Bass 和 Lasnik（1986）、Larson（1988，1990）等持相反观点。有人认为，两式间无转换关系，它们各自基础生成，例如 Gropen et al.（1989）、Hale 和 Keyser（1993）、Marantz（1993）、Harley（2002）、Beck 和 Johnson（2004）、Miyagawa 和 Tsujioka（2004）等。对双宾结构的界定、语序模式和双宾动词的语义分类见于一些传统研究，如寇姆（1930/1989：177-231）、Quirk et al.（1985）的专节讨论，Pinker（1989）、Levin（1993）的分类，还有Goldberg（1995）的分类，徐盛桓（2001）、任龙波（2007）在上述分类基础上变换视角和标准，有一定调整。国内学者如李永生（1989：331-335），吴祖培（2002），张今和姜玲（2005：91-96）等也有类似分类。关于构式义和动词义的关系，Goldberg（1995）强调构式义的主导性和凌驾地位，但 Croft（2003）、Mukherjee（2005）等认为，双及物结构的构式义取决于进入其中的动词的意义。更多人支持互动说，如 Croft（2004）、Croft 和 Cruse（2004）等。从认知-功能语言学以及类型学角度考察双宾结构及与格式等关联结构的有 Langacker（2008）、Haspelmath（2005，2011）、Malchukov et al.（2010）等。此外，还有语言习得等相关研究。

　　在英语双宾结构和与格式的断代研究方面，西方学者或揭示词序、格标记、动词语义类型以及语用限制条件等特征，或挖掘特定双宾式次类的句法语义表现，或梳理两式的历史演变及相互关系变化，或对英语与其他语言作比较，例如 Koopman（1990a&b，1991）、Koopman 和 van der Wurff（2000）等对古英语中两式的语序模式的研究，Bech（2001）对语序变化的考察，Kroch 和 Taylor（1997）对古英语和中古英语时期动词的语序变化考察，Kroch 和 Taylor（2000）、Trips（2002）对早期中古英语里动宾语序变化的考察，McFadden（2002）对中古英语时期 to 型与格式兴起的考察，Polo（2002）对格标记脱落对双宾结构的影响的考察，Gast（2007）对双代词宾语用法和特点及其历史来源的考察，Wolk et al.（2013）对晚期现代英语里与格式语用特征和条件的考察，Rohdenburg（2007）对早期和晚期现代英语里介词短语（PP）的用法兴衰及其背后的功能性限制条件的考察，以及 Zehentner（2016）对中古英语时期双及物结构的历时演变的考察，都很有代表性。此外，人们也关注双及物动词及其允入句法结构的历时演变问题，例如，Colleman（2011）、Colleman 和 De Clerck（2011）对英语双及物动词及其句法结构尤其是双宾式的句法–语义发展变化的考察，特别关注不同时期的典型及非典型双及物动词的形式特征变化及各自进入的句法结构的变化。其他代表性研究成果还有 Allen（1995）、McFadden（2002）、De Cuypere（2010，2015a，b&c）、Wolk et al.（2013）、Yáñz-Bouza 和 Denison（2015）等。

1.2.4　对汉、英双宾结构的比较研究

　　汉、英双宾结构比较研究方面，张宁（2000）认为英、汉双宾句在 O_i 的语义解释和动词的选择上对立，O_d 和 O_i 在句法表现上正相反，但这与 O_i 的语义解释和动词选择无关。石毓智（2004a）比较了英、汉双宾式的语义差异及各自的民族概念化方式；黄昌静、邵志宏（2006）对汉、英双及物构式的引申机制、词汇化和语法化特点等作了比较；张建理（2006）从动词和构式的互动效应角度对比汉、英双宾构式；任龙波（2007）关注汉、英双及物构式在允入动词语义类型和构式的配价特征等方面的异同；黄和斌（2010）对汉、英双及物结构比较研究进行反思；王奇（2005，2012）认为双宾构式和介宾构式不存在转换关系，他用参数差异来解释英、汉双宾式之间以及汉语各型双宾式之间的结构差异，并对非核心双宾句的参数差异作了比较；Haspelmath（2011）从类型学视角对包括英、汉语在内的自然语言双及物结

构的使用频率、论元凸显度和有生性特征作了比较,并比较了双宾结构和与格式各自的结构性意义;申小阳(2018)对汉、英双及物构式历时演变作了描写和认知-文化性解释。其他研究还有李淑静(2001)、刘丹青(2001)、严辰松(2007)、何晓炜(2008)等。

还有其他汉、外语比较以及汉、英语方言比较和类型学比较研究,如Gerwin(2014)等。

1.3 小结和简评

现有的形式描写和语义刻画更多关注结构自身的意义、结构成分的形义特征和句法表现以及各种互动关系。另有三方面的眼光要加强,两方面的任务待完成。第一,是系统和整体的眼光。首先,要把双及物结构视为一个小系统,从认知-功能语言学角度考察其中的语义关联。其次,把双宾式本身视为一个更小的系统,要考察其自身内部结构、运作机制与功能,尤其是各结构成分间的互动。再次,把双及物结构系统置于其所在的语言系统中去考察,在汉语和/或英语的语言系统尤其是句法-语义系统之中去辨析精微,厘清关系,毕竟语言项目或构件的意义就在于关系之中,在于其所在的系统及其与系统内其他项目的联系之中。系统整体观强调内部横、纵向联系,避免孤立地看问题。第二,是历时动态的眼光。"现在"是"过去"演变的结果,两者在一个连续统上而不可割裂,前者必然夹杂、反映也联系着后者,需要用动态和联系的眼光去考察相关结构的发展过程、特点和演变大势,作全局性把握。第三,是比较的眼光,有比较才有鉴别,在关系网络之中去把握研究对象。

在事实描写之后还要对其本身作合理解释:"语言世界(如双及物结构)是何样?""它为何是此样而非彼样?"找出事物之间的因果关系,再预测:"世界以后会是何样?"前述两个任务:第一,科学界定双宾式;第二,对有关发现进行认知甚至文化语言学方面的解释。

1.4 研究对象和范围

本研究对象和范围如下:第一,反思宾语和双宾式界定问题,对当前的界定作认知-文化语言学解释。第二,梳理汉、英双宾式历时演变总的过程和趋势,找出其显著特点。第三,对有关发现进行合理解释,厘清演变的动因、机制和基本条件。

　　这涉及对双宾式演变源头的考察，且须联系其他关联句法结构，如与格式或介词宾语式，还有汉语的话题句、主动句、被动句、把字句、连动结构等。汉语方面，主要牵涉上古汉语、中古汉语和近代汉语中的有关结构，英语方面，主要涉及古英语、中古英语和早期与晚期现代英语中的双宾式和与格式。

1.5　研究目标、内容和意义

　　本研究旨在从整体和动态的视角把握汉、英双宾式的历史演变过程、主要阶段和演变规律与大势，在相关的语言事实描写基础上，对有关的发现进行合理的解释，并对双宾式及其相关结构的发展作预测。内容主要涉及宾语和双宾式的界定，双宾结构形、义的演变，这包括双宾式构式义的变化，以及双宾语、动词甚至主宾语等句法成分各自的形、义历时性变化，包括语序特点、音节特点和词汇语义演变特点等，还有与双宾式密切关联的其他句法结构历时性变化以及它们之间的互动，特别是"介词省略说"以及带"於/于"字的介词短语结构与双宾式的关系、句法结构之间的竞争和合作关系、影响句法结构选择的主要因素，以及推动汉、英双宾式演变的主要动因和条件等。

　　实现上述目标将有助于从横、纵向把握汉、英同类结构的发展演变特征，尤其是双宾式在演变过程中表现出的形义对应关系的变化趋势，从动态和静态特征入手，反观两个民族在思维方式和语言表达等方面的认知和文化异同，通过语言研究实现对人类自身和对民族彼此的了解。这也有助于人们更加精准和全面地了解和掌握语言事实和语言知识，有助于推动理论语言学尤其是构式语法理论的建设和发展，其认知语言学和文化语言学的意义也很明显。

1.6　研究的理论基础、思路和方法

　　本研究涉及纷繁复杂的语言事实和句法-语义现象，还要考察人类使用语言传递信息、进行交际的方式、机制和过程等。我们走认知-功能语言学的路子，将语言视为体认的结果，根据构式语法理论，把句法结构处理为特定形、义匹配对应的实体。而且，我们还要借助演化语言学的基本方法和概念来分析语言现象，从演化博弈论的角度尝试对有关特点和异同进行解释和预测。以下简要介绍(狭义)认知语言学、构式语法和构式化理论、演化语言学和演化博

弈论的一些基本主张。

1.6.1 认知语言学

认知即心理活动的统称，指如何加工信息：人们如何注意和获得关于现实的信息，如何存储、转换、简化、细化、恢复、运用以及沟通信息，如何解决问题，如何思维，如何形成语言等(详参 Smith & Kosslyn，2014：15)。认知涉及个人可能做的任何事情，心理现象即认知现象(Solso et al.，2018：009)。认知过程包括感知觉、注意、模式识别、意识、学习、再认、记忆和回忆、概念形成、思维、表象、语言、联想和推理、智力、情绪等(详参 Galotti，2019：1)。Smith 和 Kosslyn(2014：15)指出，人通过感觉获取信息并存之于记忆，他从观察材料、事实或事件中推导出含义或产生联想，就是在认知。

语言是一种认知现象，是思维的反映和结果，是认知能力的组成部分。认知语言学通过语言探索认知规律，主张语言分析旨在描写语言行为，并解释导致该行为的心理结构和过程。

1.6.1.1 基本语言观：现实、认知和语言

认知语言学的哲学基础和工作假设可以总结为：第一，认知基于体验，尤其是概念系统；第二，认知有想象性，通过联通已知信息去认识未知事物，心理建构时会使用隐喻、转喻、意象等手段；第三，认知具有完形特征；第四，认知具有生态结构，有符号性机械操作，还会受到心智和概念系统的总结构以及概念的意义等因素影响；第五，不能用形式逻辑来精准描述概念结构和理性，但可以用各种认知模型来适度描写它；第六，认知模型理论可用于描写和解释语言使用等思维和行为方式。

认知语言学的语言观体现于它对现实、认知和语言三者关系的认识。语言是人类在现实环境中通过自己的身体与外界互动并进行认知加工之后所形成的产物，具有主观性和文化性。作为心智活动结果的语言是表达现实的符号性工具。语言是认知系统的一部分，其组织原则和其他认知性组织原则无异，认知和言语方式互动，语言使用离不开感知、情感、范畴化、抽象化、推理等能力。语言本身也是心理、文化、社会、生态等因素的互动的反映。另外，语言通过认知对经验世界的心智反映是人脑处理过的，人作为认知主体在概念及理性形成以及意义处理等方面有主观性。

经验世界被认知主体按自己的认知模式处理和重新组合为各种心理图像，这些图像体现在语言特别是句法结构上，认知模式的特征决定了言语方式和语

言结构形式。反之，从语言结构可以反观认知特点：句法结构象似于概念结构，也反映概念的形成过程，而该过程基于体认，是人们对各种情景识解的产物。语言的结构和运作是有理据的。语言单位的意义及其使用通过范畴化来实现，这种心智分类通过隐喻和转喻等认知和表达机制可以引申。语义交流需要参照有关的认知结构和人类经验，如认知模型和百科语义知识（详参文旭，2000：8）。

总之，语言是组织、加工和传递信息的工具，作为范畴系统，其解读涉及分析范畴的概念基础和经验基础。现实决定认知，认知决定语言；反之，语言反映和影响认知，认知反映和影响现实。

1.6.1.2　动词中心说和事件框架语义学

动词中心说是重要的句法学思想（详参 Fillmore，1968；吕叔湘，1985/1987；吴为章，1993，1994；胡裕树、范晓，1996；周领顺，2002）。在句子处理过程中，主动词能投射其自身的论元结构而直接决定它所在句子的句法结构和语义信息，在构建句子、决定句法成分的形、义等方面起决定作用，英语尤其如此。将动词（中心说）和事件框架语义一并讨论，是因为它们密切联系、相互印证。世界由事物、事件和状态等组成，名词用以指称事物，动词用以表达事件和状态。每一类（或个）事件都关联着特定的框架和语义，表现为特定的句法结构，这些形式基于动词。

框架和事件框架语义学研究领域要归功于 Charles Fillmore（详参 Fillmore，1968，1975，1977a&b，1982a&b，1985a&b，1988）。Jackendoff（1991）、Croft 和 Curse（2004：32）、Petruck（1996：1）、Ungerer 和 Schmid（1996：211）、Schalley（2004：11-22；49-54）等也有讨论。根据 Fillmore（1985a）、Petruck（1996：1）、Ungerer 和 Schmid（1996：211）的定义，框架就是一种认知模型、知识结构或概念系统，是有关体验的、协调一致的图式，它联系着跟具体的、反复发生的场景相关的知识和信念，要想理解该系统中作为组成部分的概念，或者受到该概念的刺激，都要或都会激活该系统内的其他概念。激活全系统是前提条件。

框架为语义解读、描写和解释提供了概念知识背景。全部的概念知识和人生印象的总和即百科语义知识，其中，框架语义知识是主体，它极大地影响了认知和语言交流。人们对各种场合的体验信息都存储于大脑，有感性和具象的，也有理性和抽象的，不同类型的体验就形成一种框架。例如，Fillmore（1977b）提出的商业事件框架，就主要包括买方、卖方、商品、钱款、讨价还价、付钱、找零等语义要素①。这些要素都是事件的参与者。事件框架围绕有关动词构建起来，动词的刺激会借联想激活对应的框架知识。纵然是同一个场景和框架知识，因体验和识解不同，不同的动词会激活和凸显不同的语义要素，该差异体现于有关的句法结构，表现出象似性。例如，*buy* 凸显买方和商品，*sell* 则与之相反，*pay* 则涉及买卖双方和钱款；同一事件框架内的不同动词会激活和凸显该框架内不同的语义要素，如 *cost*、*spend*、*charge*。根据Fillmore（1982a：117），框架作为知识性心智结构有原型性，框架语义知识因人而异，会因为共时和历时以及文化上的原因而有差别和变化。任何语义解读都涉及将语言传递的信息同与之关联的特定框架进行匹配对应的心智过程。框架语义知识被广泛应用于对语义现象的描写和解释（详参李福印，2008：124-130）。

事件框架语义知识与隐喻和转喻理论和谐兼容，而语言表达必然具有转喻性。

1.6.2 构式语法和构式化理论

根据 Goldberg（2013：30），构式语法是当前成长壮大速度最快的语言学和跨学科性研究领域，有句法–语义学理论研究（如 Goldberg，1995，2006b；Croft，2001；Hoffmann，2013）、习得研究（如 Tomasello，2003；Ambridge & Lieven，2011；Diessel，2013；Ellis，2013）、历时演变研究（如 Hilpert，2013；Traugott & Trousdale，2013）和人工智能研究（例如 Steels，2012a&b）等。构式语法和认知语言学在语言哲学观方面一致。构式语法学家认为语言反映了各种泛域性（domain-general）认知过程（参 Goldberg，2006a：92；2013：6，23-25；Haspelmath，2008；Evans & Levinson，2009；Boas，2010；Traugott & Trousdale，2013：3），词库和句法构成连续统（参 Hoffmann & Trousdale，2013：1；Fillmore，1988），语言结构具有单层性、非成分性（monostratal and non-componential，参 Goldberg，2002，2013：20；Culicover & Jackendoff，2005），语义基于言者对情景的识解（参 Goldberg，2013：16），语言不独立于其他认知能力（如 Boas，2013：242-244）。

---

① 蒋绍愚（2007；2021）称作概念要素，如打击义动词可分解为若干概念要素：工具、对象/部位、方式、力度、速度、目的/结果等；Talmy（2000）分析的位移动词包含 6 个义素：位移、图形、背景、路径、方式和致因。各种语义要素进入词义结构的过程叫词化，它跟词汇化有差异（参蒋绍愚，2007；杨荣祥，2017）。

从构式语法视角作语言演变研究是有益的尝试。Rostila（2004）和 Noël（2007）提出历时构式语法以来，发展较快（参 Traugott & Trousdale，2013：39）。自从 Israel（1996）讨论 *way* 构式的历时演变之后，研究课题日趋多元化（参 Traugott & Trousdale，2013：39-40）。较近的研究有 Bergs 和 Diewald（2008）；Boogaart，Colleman 和 Rutten（2014）以及 Barðdal et al.（2015）等。它们都关注构式自身的历时性变化及构式化现象，以及构式化与语法化和词汇化的关系等问题（详参 Noël，2007；Brems，2011；Patten，2012；Hilpert，2013；Traugott & Trousdale，2013）。

1.6.2.1 构式的界定、性质和主要特点：语言构式系统

构式语法理论基于语言使用，主张由下而上的研究模式。构式是规约性的、被学得的形式-意义或形式-功能对应体，该形、义之间有象征性关联，构式都具有语言的和心理的现实性，其形式即可感知部分，其意义指该形式的语义和语用特征（例参 Croft & Cruse，2004：258-261；Goldberg，2006：10，53）。所有的语言单位都是构式（Goldberg，1995：4；2013：15-17；Barðdal & Gildea，2015：8）。语言就是构式系统，各构式之间形成复杂的网络关系，语言知识就是构式知识（参 Goldberg，2003：223；2006：3-6，18；Boogaart，Colleman & Rutten，2014：1）。因此，构式研究涵括自下而上全部的层面（例参 Croft & Cruse，2004：255；Traugott & Trousdale，2013：11；Barðdal & Gildea，2015：19-20）。

构式的意义并不总是其组成部分个体的意义的简单相加，构式本身就有意义，且通常具有特异性或不可预测性，也有程度不一的可复制性和能产性。语义透明的组合性（compositional）模式也确实存在，条件是它作为一个形义对应体有足够高的使用频率和足够大的使用范围，且被区别为具有格式塔特征的心理实体和模型而储存于人脑（详参 Goldberg，1999；2006：5，12-13；Langacker，1988；Barlow & Kemmer，2000；Thompson & Fox，2004；Hilpert，2014）。语法是在语言使用的过程中自然显现的，这条原则强调语言使用及其高频率的重要性，同范例理论联系紧密（详参 Pierrehumbert，2001；Bybee，2006，2010，2013）。

构式系统内部的构式之间在纵、横向上形成许多连续统。根据 Langacker（2008：222），语言是由各种规约性语言单位组成的一套清单或一个总库藏，它有自己的组织形式，所有的构式都会组织起来形成各种网络或集合体。彼此关联的构式间形成的网络即构式家族，其中的每个构式都是独立节点，网络则

存储于相关的构式(详参 Evans，2007：42；Croft，2007：463；Goldberg，2013：21-22；Traugott & Trousdale，2013：8-12，50-51；Barðdal & Gildea，2015：15-16)。通过描写构式家族或网络系统，就能实现描写和解释的目的。

构式有程度不一的抽象度。高度抽象的图式性构式可以由众多具体的语用实例，亦即构例(construct)或微构式来体现，构例可以部分地由词汇填充，较具体的构式可能是较抽象构式的构例。在构式的词汇性成分以及语法性和程式性概念这两者之间形成了连续统式的渐进区分，这种区分使得构式在指称或指代性方面呈现出度的差异：一边是词汇性构式，另一边是完全程式性构式，它们本身就有抽象的意义，这些意义能够指示不同的语言性关系、视角和指向(详参 Traugott & Trousdale，2013：11-13)。因此，对不同的构式可以从不同的角度来界定和描写。构式的图式化程度越高，通常就越密切关联更具程式性的语义(详参 Croft & Cruse，2004：255；Barðdal & Gildea，2015：21)。

Goldberg (1995：74-84)、Croft 和 Cruse (2004：264，273-278)、Traugott 和 Trousdale (2013：59-61)、Diessel (2015)、Barðdal 和 Gildea (2015：20-21)等都讨论过构式间横、纵向的分类问题。纵向联系将不同图式化水平上的各种构式关联起来，横向联系将同一个抽象性水平上的各种构式关联起来。纵向性分类关系的区分主要基于 Croft (2003)所说的词汇性-图式性曲线(lexicality-schematicity cline)，指从位于最底层的最具体实在的构例到位于最顶层的最具图式性和概括性语言知识的各种构式构成的层级(Goldberg，2006：98)。最底层的微构式是更高或最高层次上抽象构式或图式的体现者。Kemmer (2003：78)认为图式就是经验的各种常规化模式，在认知上已固化。类似"S +gives+ O_1+O_2"的结构统称为次图式或次构式(详参 Croft，2003；Fried，2010；Boas，2013：239)。更高层上的构式是对更低层上更具体模式的概括，后者跟前者有一定相似处(Traugott & Trousdale，2013：13-14；Barðdal，2008)。更高层上的构式是宏构式(macro-constructions)或核心构式(meso-constructions)(详参 Traugott，2008a&b；Trousdale，2008，2010；Hampe & Gries，2018；Hoffman & Bergs，2018)。

纵向联系属承继关系(详参 Croft & Cruse，2004：264；Langacker，1987；Traugott & Trousdale，2013：61)。承继如何进行，各家尚有分歧(详参 Goldberg，1995：109；Croft & Cruse，2004：275-278；Barðdal & Gildea，2015：18)。Goldberg (2003)提出，构式常常从多个上位构式承继特征，即多重承继。不过，横向性关联存在于同一图式水平上各构式之间(例见 van de Velde，2014：147；Diessel，2015)，同一动词能进入的不同句式之间就有这种关系，

不同的动词用于同一句式时，构式之间也有横向关联。Traugott 和 Trousdale（2013：60）指出，形式或意义密切关联的构式可以相互启动。这证明横向关系是存在的。还有人区分出了好几种相关性关联，用以区分不同构式间的语义关系，比如子部件（sub-part）关系、用例关系和隐喻性引申联系等。

1.6.2.2　恒变的构式、构式化和构式网络

语言恒变，这会影响构式和构式网络（详参 Bybee & Beckner，2014：504）。根据 Traugott 和 Trousdale（2013），历时构式语法研究通常区分两种变化，一是构式性变化，即构式组成成分发生变化；二是出现新构式（另参 Hilpert，2013；Barðdal & Gildea，2015）。构式性变化可能涉及构式形、义变化，还可能对构式的形义关联产生影响。这些变化都会涉及构式内成分或构式整体，通常导致构式在某个标准特征上的变化，比如图式性程度变化（详参 Traugott & Trousdale，2013：116；Bybee & Beckner，2014：510-511）。

构式化则是指某种新形式 F -新意义 M 对应关系的出现（即 $F_{新}$-$M_{新}$，详参 Traugott & Trousdale，2013：22），亦即构式的形、义都改变了，而新构式通常须在旧构式的基础上经过量变之后才出现，其中必然牵涉构式性变化，这些变化是新构式出现过程中必然的前期阶段，在新构式出现之后也仍然会对它产生影响。恒变可能造成某种递归循环效应。根据 Traugott 和 Trousdale（2013）及 Traugott（2015），出现新构式通常会有三个阶段：第一，构式语义变化，同一个语言形式于是关联着两个不同的意义（码化为 F_1-M_1/M_2）；第二，为解决新生意义和原有形式之间可能存在的错配问题，形式部件被重新分析；第三，重新分析得以实现并稳固，新生意义和新的形式部件结合而对应起来，新构式诞生且同老构式并立（即 F_1-M_1 vs. F_2-M_2，参 Barðdal & Gildea，2015：13-14；Harris & Campbell，1995；Rostila，2004，2006 和 Smirnova，2015）。还有人区分出语法性构式化和词汇性构式化，大致相当于语法化和词汇化的概念（详参 Traugott & Trousdale，2013：94-148；149-194）。

构式性变化和构式化会影响整个构式网络，因为语言是自适应性社会交际系统，其内部的任何改变都可能造成连锁效应，以维护该系统运作的稳定性和有效性（参王士元，2006；另参 Torrent，2011，2015 和 van de Velde，2014）。构式和构式之间可能出现新的关联性，原有的某些关联也可能会弱化或消失。例如，早期英语时，"to+$NP_{目标}$"逐步被重新分析为"to-$NP_{/接受者}$"，于是新构式出现，即所谓"*to* 型介词宾语构式"（*to*-POC，*to*-prepositional object construction）。它和双宾式发生了新的横向关联，于是，与格变换出现了。

Zehentner（2016）认为，这种新联系的出现反过来又导致新构式的出现，即一个凌驾于两式的、更高水平上的跨构式性概括形式。褫夺义等动词不再能进入双宾式后，语义更抽象和更具概括性的双宾式同这个更具体义项之间原有的关联就逐步弱化而最终完全消失。

1.6.2.3 基于用法的（历时）构式语法

本研究走基于语言用法和规约性的路子（详参 Verstraete，2004；Diessel，2011，2015；Bybee，2013；Hilpert，2014），主张语言的认知性表征在语言使用之中逐步显现，由语言使用塑造出来，构式以及构式性网络的配置都来自语言经验（详参 Perek，2015：6；另参 Bybee，2006，2010；Bybee & Hopper，2001）。语言作为动态系统，其成分以及成分间的关系都是逐步地自然显现，于恒变之中具有灵活性、渐进性和模糊性（详参 Bybee，2013：49-52）。如前述，语言根植于且受制于一般性认知活动，范畴和范畴化基于语言用例，图式性构式也是从具体词汇性表征形式的使用以及存储当中，以自下而上的方式自然显现的，它涉及众多的图式化过程。根据 Traugott 和 Trousdale（2013：53）、Perek（2015：168）、Bybee（2013），人会对从众多实例找出的共性特点进行抽象，从而联系起一个更大的构式；新出现的范畴会同那些更具体的、更低水平上的表达形式一起存储于心智。

语言元素的使用频率也会影响语言使用和认知（详参 Bybee，2013：50-51；另参 Bybee & Hopper，2001；Diessel，2007）。频率还会决定构式的固化程度，一般呈现出正相关关系（详参 Traugott & Trousdale，2013：54-55；Barðdal & Gildea，2015：24-25）。

在固化过程中，类频和例频起关键作用。高例频使得由具体词汇填充的、较低水平上的构式固化，高类频则会导致较高水平上的更抽象的构式出现，并且不断固化（详参 Langacker，1987：59-60；Croft & Cruse，2004：292-293，308-320）。根据 Siewierska 和 Hollmann（2007），"*Give it me*！"等低水平上的构例因为高频使用而在兰开夏郡方言中高度固化，但较之更高水平上的更抽象的构式"VO$_{TH}$O$_{REC}$"的固化程度反而更低，因为它在类频中受限。根据 Gerwin（2014），该构例对允入的动词和代词严格限制，但当代英语里"VO$_{REC}$O$_{TH}$"却有很高的类频，在允入动词和宾语方面更宽松，因此，该构式固化度很高（Croft & Cruse，2004：309-310；Hoffmann，2013：315；Barðdal & Gildea，2015：25）。固化程度、图式性强度以及类频和例频也会影响构式的能产性。类频因素导致能产性提高，因为类推性扩展有了更多的基础，而高例频(但低类频)通常不利于提升构式的语言或心理强度,尽管其本身固化程度很高。

从历时角度看,构式变化和创新主要发生在构例或微构式层面。Traugott 和 Trousdale (2013: 74)指出,一连串小幅离散性的变化是贯穿语言系统的具体、离散、结构性微变和极小幅传输。人类体验中,每个语言使用事件及交际场景都会以印象和语言等形式存储于人脑,都会影响认知表征(详参 Bybee & Beckner, 2014: 503-504; Patten, 2012: 21)。人们会适用最匹配原则,将接触到的用例同大脑中业已存储的各种实例进行比较,若发生错配,就可能出现变异。这些小幅度、低水平上的变化不断累积,最终酿成大规模变化,影响更高水平上更具图式性的表征形式。

此外,语言使用频率可能改变演变的路径和走向(参 Bybee & Beckner, 2014: 404; Hilpert, 2013: 15; Traugott & Trousdale, 2013: 52-53)。影响频率的因素主要是弥散式激活、类推和重新分析。弥散式激活就是,如果某模式被激活,那么与之有横、纵向关联的构式也会在一定程度上(几乎)同时被激活。弥散式激活是导致启动效应的主因。类推性引申扩展是指构式出现的新的类用法或用例其实在某些方面还是跟该构式的典型成员或用法相似(详参 Traugott & Trousdale, 2013: 35; Gisborne & Patten, 2011)。类推效应可能源于动词等句法成分的框架语义近似性。双宾式的类频因如此类推性扩展而增长。类频增长会强化更高水平上构式的心理表征,它反过来又导致更多同类用法,形成一种循环增强效应。同样,重新分析会导致语言项目获得新的句法属性,从而又使得有关的例频增高(详参 Barðdal & Gildea, 2015: 5; Bybee & Beckner, 2014)。例如, to 从向格性的"目的–终点"标记重新分析为接受者标记,最初是有标记用法,后来渐变成更具无标记性,最终获得更高范畴隶属度。

某些图式化构式弱化或消亡后,不再具有类能产性,但它的某构例可能因为某原因而留存(详参 Traugott & Trousdale, 2013: 55; Bybee & Beckner, 2014: 507)。高例频用法会导致例频性用例的化石化(例参 Gerwin, 2013)。根据 Barðdal 和 Gildea(2015: 29-32),低类频构式的成员常常受到更具能产性的构式的吸引和同化,比如"Tell it me"可能受到与格式的吸引而变为"Tell it to me"。根据 Hoffmann (2005),低频使用的构式仍可能保持稳定而表某种特别义,比如,"$VO_{TH} O_{REC}$"多用于方言而具有特别的社会性意义。

语言使用塑造了语言结构,演变衍生于使用,此所谓"你所见即所得"的语言使用观和语言表征观。

1.6.3　演化语言学

演化语言学旨在考察生物世界演化和语言之间的对应关系，因为生物系统和文化语言系统相似。历史语言学早期研究很多就借用生物学概念，将生物演化和语言演化作类比（详参 Rosenbach，2008：24-25；Croft，2013a：1）。从演化角度考察语言变化的研究如 Lass（2000，2003）、Croft（2006a&b，2010，2013a）和 Ritt（1996，2004）等，流变构式语法研究对此有贡献（详参 Steels，2011a）。Hurford（2012b：473）认为，语言演化研究引人关注特别得益于复杂自适应系统研究。

演化语言学是历史语言学的殊型，可视为复杂自适应系统理论的下位理论，它考察语言的规律性历时变化，从社会、生理、认知等多视角来描写和解释有关事实（详参王士元，2006；Croft，2006，2013a；Ritt，2004；Beckner et al.，2009）。根据 Rosenbach（2008：25），其假设就是，一切系统都从属于同一的一般性演化机制，语言是文化性演化系统，亦如此。人们为了特定交际目的会积极主动地调整言语方式，这类似于生物体调整自身来适应环境变化和要求。

例如，各种语言结构体在交际中被表达和复制，会涉及众多不确定因素，语言成分会自然显现差别，发生语法化、词汇化（例参 Dennett，1995：343；Traugott，2006）。变体和旧形式之间可能并存并相互竞争。交际中使用的模式都是在特定限制条件下被成功复制的那些模式。表义功能相似的形式之间发生竞争，适应性更强的形式较其他变体更有可能获胜，落败者可能会被淘汰出局。不过，也有可能两种甚至多种变体合作共存，各有分工，沿着各自的演变路径继续发展，形成各自的功能性定位。

根据 Dennett（1995：343），系统具有演化性须满足如下条件：第一，出现变化和差异，产生众多相异却互联的成分；第二，上述成分的可复制性；第三，差别性切适（differential fitness），即某成分在某时期内产生的复制件的数量不同，它取决于该成分自身的特征及其所在环境的各种特征之间的互动。其关键就是要素被复制，从而导致差异和变体。通常，更能适应某些环境限制或压力的那些变体在进行复制时会更成功，从而将其他竞争者（即变体）淘汰（即废弃不用）。语言系统内，不同的句法结构可表达同一事件，比如双及物事件表达。构式变体之间有差异，言语者须在它们之间作出选择，这竞争可能导致某些变体消失，但变体之间也可能和谐互惠，合作进行语言生态位构建（niche construction），在协调互动中保持各自的交际切适性，形成彼此依赖、分工协作的关系。语言的交替变换表达就是明证。

演化语言学考察在历时和共时的二维坐标上进行，有助于提升研究的客观性和系统性，更好地回答关于语言变化的一些理论问题，研究发现和结论更可靠、更具普适性。

1.6.4　演化博弈论

本研究使用演化语言学博弈论（EGT，Evolutionary Game Theory）这一工具。Deo（2015：30）指出，演化博弈论将大规模人群的历时行为描写和解释为持续不断的博弈，特别是某个群体在历时层面对现有不同策略自然选择和使用频率的变化（另参 Jäger，2007：90-91；2008：408-409 和 Nowak，2006：46）。

博弈论是应用数学的分支，应用广泛（详参 Jäger，2008：406-407；Nowak，2006：45-46）。它主张，博弈双方在互动中对自己掌握的策略作出选择，该选择（和舍弃）对博弈者是得是失、是利是弊，都取决于对弈者的行为，也（可能）取决于互动所处的环境。在对称或公平条件下，互动的结果主要取决于博弈方各自的策略给自己带来的回报或收益。否则，回报会由对手的特殊地位或优势决定（参 Hofbauer & Sigmund，1998：114）。人们通常使用混合策略。

演化博弈论也应用于文化变化和语言演化研究（例参 Nowak，2006；Jäger，2007，2008；Deo，2015）。根据 Jäger（2007：92），博弈策略主要和语法有关，博弈多指各种话语情景。由于语言复制就意味着重复、模仿和学习，策略带来的收益或回报就是指其被复制的概率（详参 Jäger，2004：21；2008：419 和 Deo，2015：31），所谓策略的回报更高，就是说它的交际有效性和使用概率更高。决定策略收益的因素主要是认知、生理性的以及语篇、语用性的，也有语言系统内因素和社会因素。英语的变化曾受到社会性因素影响，但本书主要关注认知、文化以及语言系统内因素，探究语言演变背后的动因。这主要涉及言语成分的表义方式、语义表达力或消歧能力等语言交际效率问题，以及语言表达中的经济性问题。语言系统内和系统间的因素有助于解释双宾式及其关联结构之间的语义表达重心差异以及各式的句法来源和地位。

Jäger（2008：419）推崇将博弈论和实证研究方法结合起来。我们从语言结构间的历时博弈看它们的演化。

1.6.5　基本思路和研究方法

本研究的基本思路如下：

第一，寻找切合实际的研究缺口，进行有针对性的考察，更好应对一些争议，澄清一些语言事实，形成一定的创新。

第二，依据可靠的标准界定双宾式，厘清它与其他密联结构的关系。

第三，对上述内容作平行对应性比较，寻找汉、英双宾式演变的主要特点及异同。

第四，在事实描写之后，还要从认知和语言系统内外因素等角度对有关发现进行合理解释和预测，尤其是汉、英双宾式变化的特点和表义专门化的特点，剖析其背后的动因。

实现上述目标，就有望将英、汉双宾式对比研究向前推进，推动英、汉句法学理论建设，也有助于从认知和文化等角度加深对汉、英民族思维方式和言语方式的了解。

本书研究方法和做法如下：第一，批判性文献阅读和分析法；第二，严密的逻辑思辨和归纳、演绎法；第三，共时和历时研究结合；第四，定性、定量分析相结合；第五，结合句法形式和意义对应来考察；第六，语言事实和规律描写与解释相结合。

1.7　行文结构安排和语料来源

全书除绪论和结语之外还有六章，第二、三、四章分别讨论上古汉语、中古汉语和近代汉语里的双宾式及其关联结构，第五、六章分别讨论当代英语、古英语及中古英语里的双宾式及与格式等问题，第七章是从演化构式语法视角分析和总结英语双宾式历时演变中的几个重要问题，主要涉及构式化、构式竞争和合作、语义窄化过程中各种相关性以及角色标记策略的变化，并从四个方面具体比较英、汉双宾构式语义变化的特点和规律。

本书汉语史分期遵循通行的三分法：先秦的是上古汉语，东汉至隋为中古汉语，西汉为过渡期，晚唐以后为近代汉语，其中，从初唐至中唐是中古汉语至近代汉语的过渡期，现(当)代汉语算是近代汉语的延续，句法上基本没有重大变化(详参王云路、方一新，1992：8；方一新、王云路，2000：前言；2011：6-8；方一新，2004；汪维辉，2000：415；另参董志翘，2011；柳士镇，2002；蒋绍愚，2005)。上古汉语以先秦、秦汉的书面语为代表，即以先秦口语为基础而形成的上古汉语书面语言及后来历代作家仿古作品中的语言，亦即文言(王力，1999：1-2)；中古汉语以含有较多口语成分的典籍文献的语言为代表，其时，书面语和口语的分化逐渐显明，除了有大量的散文、韵文等作品外，还出现了样式、数量可观且有较多口语成分的作品，它们是介于文言和唐宋白话之间的，通语与方言并举、文言与口语相杂的语言体系，是文言词汇向白话词汇过渡的阶段。为行文便利，本书将两汉时期的汉语和隋至中唐的汉语各有归类。自明清以来双宾式特征与现代汉语双宾式已无大的区别，张国华（2011）已有讨论。

古英语指约 5 世纪至 11 世纪的盎格鲁-撒克逊英语，中古英语是 11 世纪至 15 世纪时的英语，1066 年的诺曼征服和 1489 年英国议会停止使用法语是 11 世纪初期和 15 世纪末期发生的大事，中古英语是古英语接受拉丁语和法语等改造的结果；现代英语又可细分为早期现代英语（约 15 世纪至 17 世纪）和晚期现代英语（约 18 世纪至今）。早期现代英语是在英国的宗教改革、文艺复兴和工业革命中发展壮大起来的，分水岭就是元音巨变，还涉及《圣经》的翻译、印刷术传播、英语辞书问世等内容，而晚期现代英语相较之下的差别主要是词汇迅速增长、英语变体增多、国际地位增高（详参张勇先，2014：20，58，128，194）。所谓晚期现代英语还可以包括当代英语（PDE），其区分并不严格。

可靠的语料就是直接反映有关心智表征的各种语言使用事件，它们是对现实生活中各种场景的主观描绘。语言使用和演变状态会如实反映在语料中。考虑到汉、英双宾式发生重大变化的时期特点，即分别是从上古汉语到中古汉语时期，以及中古英语时期，我们也将关注重点放在这段时期内的语料以及有关文献上。书中引用的例句主要来自语料库和援引文献，极少数来自互联网检索或由笔者自造。

关于本书检索和查询的汉语相关语料库和自建古代汉语口语语料库，可参阅张国华（2016）。本书查询或参阅的英语相关语料库和在线辞书主要包括：

赫尔辛基英语文本语料库（http：//www. helsinki. fi/varieng/CoRD/corpora/HelsinkiCorpus/）；

潘恩-赫尔辛基中古英语标注语料库（第二版）（the *Penn-Helsinki Parsed Corpus of Middle English*, *2nd edition*, PPCME2）（https：//www. ling. upenn. edu/hist-corpora/）；

中古英语散文和诗歌语料库（http：//quod. lib. umich. edu/c/cme/）；

大英国家语料库（http：//www. natcorp. ox. ac. uk/）；

中古和上古文献在线图书馆（http：//omacl. org/GoodWomen/）；

美国英语历史语料库（http：//corpus. byu. edu/coha/）；

蓝皮特早期现代英语语料库（The Lampeter Corpus of Early Modern English Tracts）；

中古英语词典（http：//ets. umdl. umich. edu/m/med/）；

Bosworth Toller's Anglo-Saxon Dictionary Online（https：//bosworthtoller. com/）；

Old-Engli. shDictionary（https：//old-engli. sh/dictionary. php）；

The Dictionary of Old English Web Corpus（https：//tapor. library. utoronto. ca/doecorpus/cgi-bin/getResult? act＝get_user&fid＝simple#loaded）；

Corpus Resource Database（CoRD）（https：//varieng. helsinki. fi/CoRD/）。

第2章　上古汉语的双宾构式

本书所用"双宾(构)式"与"双宾结构"同指。本章讨论上古汉语双宾式，从四个内部分期展开。在这之前，先厘清宾语的概念，这涉及宾语、双宾语和双宾式的界定。此外，还要厘清双宾式和"于/於"介词短语结构之间的关系。最后，从思维方式的角度论析当前界定和分类的可靠性。

2.1　双宾构式的界定

界定双宾式，厘清其形、义标准，是研究的起点。我们从构式和宾语的界定开始。

2.1.1　界定构式

根据 Goldberg（1995：4），构式是规约性的，被学得的形、义(或功能)对应体，在该形、义之间存在象征性或符号性关联。Goldberg（Goldberg，2013：17；2006：5，12-13)实际上放弃了自己先前主张的构式意义具有不可预测性的观点，这得到了 Traugott & Trousdale（2013：11）和 Diessel（2015：301）等人的支持。构式具有一定的形式并有与该形式对应的语义内容，它有相对的稳定性、一定的使用频率和明显的心理现实性。结构较复杂的构式，对允入的成分都有形、义上的要求。意义是语言性和/或语用性的，意义就是概念及概念化。

以英语双宾式"S+V+O_1+O_2"为例，其典型主语和双宾语为名词短语（NP），其构式义是"S causes O_1 to receive O_2"，该式对四个允入成分的形态、音韵和结构等方面有限制条件，甚至还有语篇-语用性条件，比如，O_1 倾向于简短，指称明确具体，是已知信息，O_2 倾向于繁复，指称不明确或不具体，是未知信息。致使位移构式(Caused-Motion Construction，CMC）码化为"SVO+PP"，其构式义为"S 通过 V 致使 O 发生 PP 形式的运动位移"，PP 通常是动态义的。与格式中的 *to* 也有位移性质，因此与格式可视为致使位移式的子

构式或次类。CMC 典型地接纳及物性(致使)运动位移义动词。例如:

(1) a. Tom *kicked* the ball **into the hole**.

　　b. John *loaded* the hay **onto the truck**.

(2) a. Frank *blew* / *sneezed* the tissue **off the table.**

　　b. John sent a parcel **to the border** / **her**.

构式的允入成分通常都有原型用法和非原型用法,在可接受度上形成一个连续统。很多句法构式都能通过隐喻机制发生引申。

2.1.2　界定宾语和双宾构式

吕叔湘(1979:73-75;2008:70)指出,动词后的名词性成分,品种相当多,活动能力相当强,是最值得研究的句子成分;动词和宾语的关系是说不完的。

界定宾语从来都是很困难的,而汉语宾语识别从理论区分到操作技巧更是个棘手问题(详参范晓,2006)。Plank(1984)也说,传统的宾语分类背后暗藏着概念的混乱,宾语不能孤立存在,识别它必须考虑诸多外部环境因素,但仅考虑这些因素又无法为全部自然语言中的宾语作明确界定。Collinge(1984)、Anderson(1984)、Givón(1984a)、Sanders(1984)等的跨语言考察都表明,难以找到一个具有普适意义的简明高效的标准。看来,宾语范畴具有相对的普遍性和绝对的特异性特征。

语法关系一般用句法、语义和/或语用的一系列特征来界定,在语法关系体系中,优先确认主语(S),然后确认宾语。界定宾语须同主语联系起来。从跨语言角度看,S 和 O_d 并非普遍性范畴,具有宾语特征的句法成分的有无,总体上是个度的概念,有典型和非典型之分。根据 Gil(1984),NP 体现 O_d 各种特征的能力同其充任合格宾语的能力成正比。界定 O_d 要依据具体语言而定。范晓(2006)指出,关键是如何兼顾形、义双重标准,把握好这个度。本书持形式标准优先、语义标准从属的观点。汉语句法不依赖严格意义的形态变化,它借助语序、虚词等手段来表达意义(见邵敬敏等,2009:5-10)。虚词的有无、选择及所在句法位置等都可能影响句法结构,导致功能和语义差异。此外,汉语词类和句子成分之间并不一一对应,这给界定宾语带来挑战。

典型的汉语宾语有较严格的形、义标准可循。语言形式是人类对现实感知和认识的投射和反映,它常体现为句法构式。句法构式是概念化的结果,是对特定场景和事件框架的约定俗成化表达。由于概念化的主体即人在体验和识解场景和事件时会有不同的注意对象和凸显信息表达的差异,即使是对同一(整体性)场景和事件的语言表达，也会有表层结构差异，这些表达都激活相同的事件框架语义，虽然选用的语义要素各不相同，这体现了转喻性。Plank (1984)说的外部因素和 Collinge (1984)说的宾语出现的外部环境都是指基于动词的事件语义框架知识(详参张国华，2014)。

汉语 NP 形式的 O_d 紧靠动词后，VO 组合会激活某个事件框架，由于该框架关联的场景和概念包含诸多语义要素及其内部关系，而这些要素又主要体现为 NP，因此，VO 就表达关联这个事件框架并凸显 O_d 语义要素，这就是汉语VO 式的主要表义内容和方式。例如，"吃"激活的概念框架，其语义要素包含食客、食物、方所、工具、方式、食物提供者等，借助转喻，这些语义角色都可能充任宾语，激活同一个概念框架，只是凸显角色不同，例如，"吃面包、吃食堂、吃大碗、吃筷子、吃包伙、吃父母"。Anderson (1984)预测，宾语的语义角色在跨语言层面上可能很复杂，有的语言中宾语成分可能有某些特殊的规则，甚至能包含一些命题外通格论元，应该有一种宾语大类。原型的 O_d 是行动效应转移的着落点，表示受事受到了动词所示的力的影响并因此发生变化和显现效应。非典型宾语则是有关概念框架内涉及的其他语义要素。英语有明显的形态标记，其宾语在角色上更单一，识别时更容易，通常只限于受事。汉语非典型宾语在英译时通常都要使用介词以明示其角色。

Collinge (1984)和 Anderson (1984)指出，上述受事宾语之外还可能有其他宾语类型。非受事的角色也有可能充当 O_d，例如"someone **swam** *the Channel* …"。但是，用介词 *in* 有语义差别：表方所性事实陈述，而 VO 式含有驾驭、操控义。此外，传统上对可及性以及宾语的验察手段并非普适性充要条件，如被动化检验，因为宾语由于原型性程度差异，句法表现可以不同，这不影响其句法属性。非典型的动宾语义关系类型很可能有连续统的特征。所谓的时量宾语(如"饿主父<u>百日</u>而死")、动量宾语(如"鞭之<u>三百</u>")、数量宾语(如"其避君<u>三舍</u>")，典型性非常低，因为它们描写动词的时空涵括特征(但转喻性 NP 除外，如"给他<u>三碗</u>")，而非概念框架中独立于动词的参与者角色，因此，它们更宜处理为补语。

界定双宾和界定单宾适用相同的标准。差别是，双宾语是概念框架内的两个角色，它们同动词并置，有相对于动词的距离象似性。不过，将同一事件框架内的多个角色并置于动词后可能导致歧义，因为角色可能有多种解读。所以，固定语序是重要的表义手段。有人主张"SVO_dO_i"省略了介词"于"，因此该算作介宾补语结构，下文对此予以反驳。

2.2 上古汉语的单宾构式语义类型

上古汉语里单宾构式的动宾语义类型很多。约中古汉语之后，很多类型就不多使用 VO 式表达了。上古汉语(S)VO 式的动宾语义关系解读还需要参照主语的角色。相关语义关系类型，王克仲(1986，1989b)①区分出两类十八种(另参张军，1981，1985)。他指出，这些关系是在入句之后才表现出来的。因此，动宾语义关系只有在(S)VO 的构式内才成立。使动、意动等用法实际上是动宾式的用法。用于 VO 构式的动词或活用词同其后的 NP 可以有复杂的语义关系，宾语的语义角色主要有下面几种(动词下画单粗线，宾语下画双细线)：

1. 受动(涉支配关系，宾语表受事，含结果宾语)

(3) a. 使人<u>索</u>扁鹊，已逃秦矣。(《韩非子·喻老》)

　　b. 齐宣王<u>见</u>孟子于雪宫。(《孟子·梁惠王下》)

2. 施动(宾语表施事，主语是受事，有被动关系)

(4) a. 我思<u>用</u>赵人。(《史记·廉颇蔺相如列传》)

　　b. <u>臣人</u>咸若时，惟良显哉！(《尚书·君陈》)

3. 使动(宾语是施事，表所使。)

(5) a. 岂不尔思？<u>劳</u>心忉忉。(《诗经·桧风·羔裘》)

　　b. 既入焉，而示之璧，曰，"<u>活我</u>，吾与女璧。"(《左传·哀17》②)

4. 意动(限于形容词或名词等活用)

(6) a. 孔子登东山而<u>小鲁</u>，登泰山而<u>小天下</u>。(《孟子·尽心上》)

　　b. ……故不惮勤远而听于楚；非<u>义楚</u>也，……(《国语·鲁语下》)

5. 为动③(宾语表动作行为的目的或施益对象)

(7) a. 郱夏<u>御</u>齐侯。(《左传·成2》)

　　b. 今朕凤兴夜寐，<u>勤劳天下</u>，<u>忧苦万民</u>。(《史记·孝文本纪》)

6. 因动(宾语表原因或施益对象，最早见于甲骨文)

---

① 根据王克仲(1987)，VO 间的语义关系有近 20 种(另参杨伯峻、何乐士，1992：526-556；蒋绍愚，2014)。

② 全书凡文献中涉及章回数的，都用类似阿拉伯数字简写，如"《左传·X+F$_{数字}$》"表"《左传·X 公 F 年》"。

③ 杨伯峻、何乐士(1992：523-524，528-529)区别"为宾动"的目的宾语和"给(替)宾动"的替做宾语。本书将它们处理为一类。

（8）王怒曰："大辱国！诘朝尔射，<u>死艺</u>。"（《左传·成16》）

7. 对动（宾语表示动作或性状关联或指向对象，含"与动""比较"等类）

（9）a. 尔曷为<u>哭吾师</u>？（《公羊传·僖33》）

　　b. 魏<u>绝南阳</u>。（《战国策·秦一》）

8. 予动（宾语表与事）

（10）a. 惠公之在梁也，梁伯<u>妻之</u>。（《左传·僖17》）

　　b. 故齐冠带<u>衣履天下</u>，……（《史记·货殖列传》）

9. 以动（宾语表工具、材料等，引申为动作行为的方式、身份、凭借或依据等）

（11）a. 友也者，<u>友其德</u>也，……（《孟子·万章下》）

　　b. 楚越之地，地广人稀，<u>饭稻羹鱼</u>。（《史记·货殖列传》）

　　c. 蒙<u>衣袂</u>而绝乎寿宫。（《吕氏春秋·知接》）

　　d. 褚师出，公<u>戟其手</u>，曰，……（《左传·哀25》）

10. 空动（宾语表方所或运动方向、源点、终点等空间关系，易引申）

（12）a. 使人召犀首，已<u>逃诸侯</u>矣。（《韩非子·外储说右上》）

　　b. 天下同宗，死长安即<u>葬长安</u>，……（《史记·吴王濞列传》）

　　c. 日出<u>东方</u>而入于西极，万物莫不比方。（《庄子·外篇·田子方》）

11. 谓动（宾语表被称谓对象）

（13）吾请出，不敢复言<u>帝秦</u>。（《史记·鲁仲连邹阳列传》）

动宾语义关系还有其他类，杨伯峻、何乐士（1992：530，544-547）就总结了其他六类宾语①。

　　杨伯峻、何乐士（1992：523）把表示动作行为的目的、原因、工具、处所、关涉对象等的十类宾语统称为关系宾语②，这和本书主张一致：宾语即动作所关联事件中的参与者角色，换言之，凡事件框架语义中的角色理论上皆可作宾语。动宾之间多隐含着语义介词。其实，含语义介词的表达同 VO 式几乎都是并行使用的。

---

① 其程度宾语和比较宾语可视为空动宾语的引申，例如"……以<u>至王</u>者……以<u>至于</u><u>亡</u>者……（《商君书·画策》）"中"至王"和"至于亡"的对立显示引申的运动终点。吕叔湘（2008：70）也举例如"跑肚、报幕、谢幕、等门、叫门、跳伞、冲锋、闹贼、赖学、偷嘴"等。

② 他们（1992：526）区别出处置宾语，即用把字句来前置宾语和解读动宾式，而动词多由表处所、方位的名词、方位词或不及物动词活用为及物动词来充任。本书将之处理为基于 VO 式的受动宾语。

我们认为宾语即事件参与者角色、动宾组合转喻式激活有关语义知识，这反映了意合语法的特点。VO式中除典型的及物动词外，还允许词类活用，允入某些名词、形容词、不及物动词甚至方位词和代词、数量词，这说明古汉语VO式有强大的构式压制力和语义负载力。但语义负载过重虽照顾了语言使用经济性原则，但违背了交际有效性原则：一形对多义，极易导致歧义或含混，尤其是代词宾语指代不明时。比如，"斗且出，提弥明**死之**。"(《左传·宣2》)中的"死之"，可能是"为之死""死于之""因之而死""致其死"等。再如：

(14) a. 天下有道，小德**役**大德，小贤**役**大贤。(《孟子·离娄上》)

　　b. 夫人常**死**其所不能，**败**其所不便，……(《吴子·治兵》)

　　c. "……务德，所以**服**楚也。"乃先楚人。(《国语·晋语八》)

如出现句法成分从缺，语义解读更难。例如"子揖师而行。(《公羊传·僖33》)"在后世注文中解读为"即揖其父于师中，介胄不拜"(见孙良明，1994a：74)。杨伯峻、何乐士(1992：537；542)列举了此类例句①。

因此，必须结合诸多因素来确定动宾间语义关系，VO式语义负荷过大而影响交际，是导致句法演变的语内因素之一，解决办法之一是使用介词以及调整语序。不过，动宾式仍大量留用，主要是因为表达简洁经济、契合民族思维方式和习惯，动宾式凸显作为自然焦点的宾语，能够满足语义和文体上的某些需要，例如格式对仗和音韵和谐等。至两汉时期，动宾语义关系之复杂已经大大偏离当时的语言使用规则，各种注疏文献使用当时常用的介词短语来注解古文献中的动宾结构②。古汉语VO式的上述特点影响了双宾式的发展。

一直以来对上古汉语VN结构内部语义关系的分析、定名难能一致。③ 所

---

① 他们(1992：537)指出，非Vt的其他词类活用为动词，带宾语是前提条件。这同本书主张的构式性制约条件在精神上一致。

② 现代汉语VO式的语义关系相较之下更单纯，表义更明晰，古旧用法仍有少量留存至今，如"打扫卫生、鱼肉百姓、席地而坐、草菅人命"等，有些动词的组合能力很强，如"跑、跳、逃、写、考、教"等。储泽祥(1998)认为，汉语动宾短语在历史演变中结构框架愈加简明，内部语义关系愈加复杂。谢质彬(2004)表质疑。保留复杂动宾语义关系的表达仅限于少数高频使用的单音节动词(详见吕叔湘，2008：70)，已不是主流，但动宾式保持深远影响，如"连线、联动、起底、助力"等VO短语词化后再接宾语的用法流行。储文说"宋代以后……框架却趋于单一的'动+宾'的形式"和本书主张一致。

③ 孙良明(1993)指出，与VN相关的古今隐性和显性结构的对立，再加上词类活用，可能导致歧解，例如："以金镯节鼓。"郑玄注解为意动性的"以为鼓节"，贾公彦疏作"与鼓为节"；"我欲中国而授孟子室"，赵歧注解为"王欲于国中而为孟子筑室"，杨伯峻解读为"我想在临淄城中给孟子一幢房屋"。

谓"特殊动宾意义关系"说，预设的是以当代汉语有关情形为一般和常态，上古汉语的情形相较之下自然就是"特殊"了。这是以今律古、以今证古，违背事实了，因为上古汉语的语义关系复杂多样是惯常和普遍的，那就是常态。

2.3　上古汉语的"於/于"介词短语

讨论"於/于"问题，是通过比较更好地揭示双宾式的构式性。根据潘允中（1982：124），"於"本为动词。① 根据 Huang（1978），上古汉语的介词主要是"于/於"，从汉代起，其使用开始分化衰减，而介词系统出现成倍的增殖。邵永海（1990）也认为，在《左传》之后，对部分动词而言，"于/於"使用的总趋势是渐趋衰亡。为行文简便，后文统一称作"于"或"于"字介词短语等。

2.3.1　"於/于"的语义来源和发展变化

关于介词"于"的起源和发展，有人提出上古泛声来源说，时兵（2003b）怀疑是共同汉藏语的向格助词残余，但一般认为，它由动词虚化而来（另参解惠全、洪波，1988；梅祖麟，2004；董秀芳，2006；罗国强，2007；张玉金，2009；裘锡圭，2010）。

其动词用法多见于甲骨文、金文和《诗经》，先秦其他文献里也有。（例参罗国强，2007）。根据郭锡良（1997，2005），"于"在甲骨文中已有介词用例，作动词表示空间运动位移，同"往"，多解读为"去到"。二词有语义表达分工："往"表示离开甲地要去乙地的**意向**，"于"表达从甲地到乙地的**过程**。"往"一般不带宾语，即不出现目的地，而"于"须带宾语，表明位移终点。动词"至"重在表达"来到"，是从乙地着眼（另参黄伟嘉，1987；程亚恒，2019）。

根据郭锡良和梅祖麟，介词"于"由甲骨文连动式 $V_1 V_2 O$ 中的 V_2 虚化而来。张玉金也指出，最初该格式中的 V_1 是运动位移动词，如"步、往、先"等，其词汇义已暗含位移终点，再用"于"来标记处所已显多余，因此，"于"逐渐虚化。动词性的"于+NP$_{处所}$"结构很常见，它位于 V_1 之后也高频使用，这就成为虚化的诱因。动词和介词"于"的语义在甲骨文中基本一致，都表示"到"，后面都能接 NP$_{处所}$；而殷商汉语里早已有"V+介词+NP$_{处所}$"格式，它带来类推

---

① 春秋以后介词"于"有几个书写变体，主要是"於、乎、诸"等，"诸"是"之于"的合音。一般认为，"於""于"的区别主要在使用的先后，语法作用近同。春秋时期混用，战国中晚期以后，"於"基本取代了"于"（另参董秀芳，2006；张玉金，2009）。

原动力,例如"辛酉卜,尹贞:王步自商,亡灾?"(《合集》24228),"乙酉卜,宾贞:王往从商?"(《合集》10931)中,"自""从"引介 NP$_{处所}$。"于"的语义虚化后,结构被重新分析,V_1V_2O 结构中,本来'V_1V_2'连接更紧密,但变成'V_2O'连接更紧密,它构成一个独立单位而位于 V_1 之后,变成 V_1 的补语,也可能前置于 V_1 而成为其状语。甲骨文语言是 SVO 型孤立语,其基本格局跟现代汉语的语序基本一致(参石毓智,2011:7-8)。动词虚化说可信度高。

2.3.2 "於/于"的核心语义和句法属性

综合郭锡良、张玉金、裘锡圭和程亚恒(2019)等人的观点,甲骨文中已有较多自主运动位移构式,记录运动位移事件,其中"于"可作动词或介词,或者词性模糊,因为其虚化程度不够高时,两可解读均成立。主要有如下句型(S 通常表人):

1. S$_{/名}$+于+NP$_{处所}$

(15) a. 壬寅卜,王于商?(《合集》33124)

    b. 丁未贞,争贞:王往,去剌于敦。(《合集》5127)

    c. 己巳卜,争贞:方女于敦?

    贞:方女勿于敦?(《合集》11018)

2. S$_{/名}$+使/令/呼(+NP$_{人}$)+于+NP$_{处所}$

(16) a. 庚申卜,古贞:王使人于卩夷,若?(《合集》376)

    b. 贞:勿令犬延田于京。(《英藏》834)[①]

    c. 贞:使人于岳?

    贞:勿使人于岳?(《合集》5520)

3. A. 'S$_{/名}$+V(+自+NP$_{处所}$)+于+NP$_{处所}$'或 B. 'S$_{/名}$+V+自+NP$_{处所}$(+于+NP$_{处所}$)'

(17) 乙酉卜,行贞:王步自遵于大,无灾?在十二月。(《合集》24238)[②]

第1、2组例句中,"于"为动词,第3组例句使用动词"往""步""先"等,"于"仍有一定动词性。甲骨文中,"S+步/往"只表示出行,但其概念化内容不包含终点或目标,因此后面不带处所宾语;若要表示该信息,就用"于"带处所宾语。很多时候,"步/往"要和"于 NP"连用,形成固定格式。裘锡圭(2010)指出,"王步自+NP$_{处所}$+于+NP$_{处所}$"应是一个句子,连成一句读,介词

"自"和"于"表示位移起点和终点。张玉金(2009)赞同此说。这就支持(自主)运动位移构式说。卜辞中既有"步于+NP处所"的用法，也有"步自+NP处所"的用法，例如：

(18) a. 辛丑卜，行贞，王步自□于雇，无灾。(《合集》24347)

　　b. 辛酉卜，尹贞：王步自商，无灾。　(《合集》24228)

　　c. 辛酉卜，争贞：今日王步于敦，无害？(《合集》7957)

此外，也多有"自 NP处所 至(于)NP处所"引申的用例，NP处所引申至人物(如先人)和时间，如"祷自祖乙至父丁""自大乙至于中丁""自今至丁丑""自今至于庚戌"(详参张玉金，1994：343-344)。上述格式中的"于"为介词，其所在句法格式得到了统一解释。从句法形式看，表起点和终点的介词短语可以自由选择同运动位移义动词组合，可以单用和/或合用，可分处核心动词两边(起点在前，终点在后)，以凸显不同的信息。这同"V from X to Y"的用法一致，符合顺序象似性原理①(详参 Haiman，1980；Thompson & Koide，1987)。

可见，"于"原型的动词用法已指示方所角色，其介词用法未改变该语义。由于甲骨文时期运动位移动词只有"来、往、于"等，虚化只发生在"于"身上，从表达空间信息逐渐扩展至表时间、对象等(参郭锡良，1997；张玉金，2009)。"于"产生得早，在甲骨文时代就已是相当成熟的介词，到春秋战国时代具有了纯粹的介词性②。

殷商汉语句法结构还比较原始简易，词汇极少复音词，虚词很不发达，仅仅依靠语序难以准确表达语法意义，这就要求使用一些词来介引处所、对象、时间、工具等语义角色。这种交际需求是促成动词语法化的主因。"于"的虚化和引申机制值得深思，它和古人的隐喻思维和抽象表达能力增强有关。

――――――――――

① 英语的"V from X to Y"格式有很强的顺序象似性。"自始至终"的语序模式有很强的心理现实性和构式性，这可以用下面句子的可接受度测试来证明，以总分 10 分计算。下面句 1)、2)都维护了"自始至终"的稳定格局，可接受度最高。古汉语的上述情形与之类似。(德国 University of Bielefeld 的语言学教授 John Walmsley 提供语感调查结果。)

1) I flew from X across Y to Z. <8　　2) I flew across Y from X to Z. <8

3) I flew across Y to Z from X. <5　　4) I flew to Z across Y from X. <4

5) From X across Y I flew to Z. <3　　6) To Z I flew from X across Y. <2

7) Across Y to Z I flew from X. <1　　8) Across Y from X I flew to Z. <1

9) From X to Z I flew across Y. <1　　10) To Z I flew across Y from X. <1

② "以""为"等在甲骨文中都是动词，较晚时才演变为介词。在春秋战国时代，它们的介词性不是很纯粹。

"往、于、至"等空间运动义动词的概念化都关联运动位移事件，基于"于"的高频事件、体验和由此形成的概念框架，人脑中可以存储和关联各种具象，在此基础上抽象，它包含单向性的运动位移的起点、过程和终点，如果用矢向箭头线段来表示该位移，则在概念上，"往"凸显起点，"至"凸显终点，"于"凸显整个过程，即线段，包含位移方向和终点，因为动态的"去"表方向，涉及预设的运动位移的起点和处所指向，静态的"到"表终点。由于人类行为的目的性，终点往往是有意选定的目的地。运动位移开始和结束的时候，运动位移物都处于相对静止的状态，尤其是后者，可能是较长时间的滞留状态。这个体认可以图示如下：

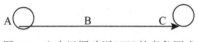

图 2-1　上古汉语动词"于"的意象图式

　　上图中，A 为起点，C 为终点，B 为 AC 线段，即位移过程。两个圆圈分别代表静止停留状态。这种概念化特征对"于"的句法-语义演变产生了影响。"SV(O)于 L"记录这个空间位移事件，这是"于"用作动词时的连动句格式。处所名词 L 跟在动词后面，是很早形成的高频和稳定的格式。同一句中不能出现多个"于"。蒋绍愚(1999)指出，在先秦，实体名词和处所名词在形式上是不区分的，用"于"引介处所名词后，两者才区分开来。可见，处所名词被处理为宾语是有道理的。转喻和隐喻是普遍的认知机制和表达方式。从转喻的角度看，如果一个位移线段整体 W 由若干元素 E_1、E_2、E_3、E_4 等构成，那么，提到 W，就可能激活这些 E 元素，而提到任何一个 E，都有可能激活其他的各个 E 以及 W。转喻的本质就是(概念的)部分和整体之间基于关联性的相互激活和指代。从隐喻角度看，人可以根据事物间的任何相似特点而实现(通常)用具体指代抽象。而且，由于这个矢向图式具有拓扑性质，观察体认的视角可以反向而不会影响其语义表达，例如，无论是站在 A 处还是 C 处，都可以说"某人至/入于 C"。因此，"于"引介的内容可以是这个整体意象中的任一元素，也可以对引介对象隐喻表达；这些表达往往受制于前面具体动词的语义特点，动、介互动，其引介内容的解读取决于语境，包括"终点"(含隐喻的力之所指的目标、关涉或比较的对象、力之所及的受事等)、"起点"(含隐喻的原因，力之所始的施事等)、伴随"过程"(工具)、(起始、存在或滞留的)"处所"(含隐喻的范围、时间、施动者等)等。

从引介空间性终点扩展到其他角色，要借助事件框架语义知识和隐喻、转喻、类推等认知机制。比如，终点可视为指向目标，或力的直接承受者；目标可以引申为动作或性状指向对象；起点可以引申为原因或动作发出者，即施事①；时间表达是空间表达的隐喻，"于"又可指示时间；终点关联着静态处所，处所引申为范围，等等。总之，"于"的语义特征源自其动词性，虚化之后可引介有关事件框架语义中的几乎任何语义要素（详参张玉金，1994；董秀芳，2006）。董秀芳（2006）认为必须且可以找出其核心功能，实现对上述语义角色的统一概括。她认为上古汉语里"于"不能引介受事，它只是为低及物性的动词标引非宾语的语义角色。换言之，高及物性的 VO 之间不用"于"，它只引进与动词间接关联的对象，解惠全、洪波（1988）赞同该说。本书主张"于"用于引介包括受事在内的任何对象，亦即相关事件框架语义中动作行为涉及的任何被视为实体的内容。由于受事在框架语义知识中是默认的动作之力施及对象，用"于"来引介似显多余，是否用，可能有任意性或强调、平行、韵律、衔接等语篇等原因。其标引作用跟动词及物性高低关系不大，高及物性动词用"于"来引介受事论元的并不少见，例如：

(19) a. 夫大国之人令於小国，……（《左传·昭 16》）

　　 b. 景公令兵抟治，……（《晏子春秋·谏下》）

(20) a. 智士者远见，而畏于死亡，……（《韩非子·孤愤》）

　　 b. 民不畏死，奈何以死惧之？（《道德经》）

(21) a. 是以明于天之道，而察于民之故，……（《周易·系辞上》）

　　 b. ……国人皆曰可杀，然后察之；见可杀焉，然后杀之。（《孟子·梁惠王下》）

(22) a. 三年无改于父之道，可谓孝矣。（《论语·学而》）

　　 b. 故因其惧也而改其过，因其忧也而辨其故，……（《荀子·臣道》）

(23) a. 故观于海者难为水，游于圣人之门者难为言。（《孟子·尽心上》）

　　 b. 故观其舞，知其德；闻其谥，知其行也。（《礼记·乐记》）

(24) a. 阳虎有宠于季氏而欲伐于季孙，贪其富也。（《韩非子·难四》）

　　 b. 夏，公子庆父帅师伐于馀丘。（《左传·庄 2》）

(25) a. ……阳樊怀我王德，是以未从于晋。（《国语·周语中》）

　　 b. 诸大夫曰，不从晋，国几亡，……（《左传·襄 11》）

---

　① 姚振武（1999）认为它只是介引施动者，并不负担任何被动信息。我们认为，此时所谓的被动义只是一种语用性推导性的、派生的。真正的被动态表达当时并没有出现。

（26）a.（桀）赏于无功，……；诛于无罪，……（《韩非子·安危》）

    b. 赏无功之人，罚不辜之民，非所谓明也。（《韩非子·说疑》）

（27）a. 民之治乱在于上，国之安危在于政。（《慎子·逸文》）

    b. 安危在是非，不在于强弱。存亡在虚实，不在于众寡。《韩非子·安危》）

（28）a. 宾就次，冠者见于兄弟，……（《仪礼·士冠礼》）

    b. 妇人送迎不出门，见兄弟不逾阈。（《左传·僖22》）

（29）a. 曰："许子奚为不自织？"曰："害于耕。"《孟子·滕文公上》）

    b. 春十日，不害耕事。夏十日，不害芸事。（《管子山·国轨》）

（30）a. 君有楚命，亦不使一介行李告于寡君，而即安于楚。（《左传·襄8》）

    b. 无及寡，无畏众……将以子之命告寡君。（《左传·哀27》）

（31）a. 入其国，观其士大夫，出于其门，入于公门；……（《荀子·强国》）

    b. ……；数罟不入洿池，……；斧斤以时入山林，……（《孟子·梁惠王上》）

（32）a. 古我先王将多于前功，适于山。（《尚书·盘庚下》）

    b. 仲尼适楚，出于林中，……（《庄子·达生》）

（33）a. ……而获桓公，至今赖之。（《左传·昭4》）

    b. ……配胡公而封之陈……至于今是赖。（《左传·襄25》）①

类似"在、立、见"的低及物性动词、"出、入、至、归、适、逃、过"这样概念上包含方所角色的动词、"令、察、伐、诛、访"这样的高及物性动词，都能用"于"②来引介有关语义角色。可见，它是泛义的语义角色标引标志，也是非宾语 NP 标记，上古汉语中，宾语和非宾语的区别是明显且重要的。

2.3.3　介词省略说：双宾构式和"于/於"介词短语

"介词省略说""语义介词说"和"介动用法"说都主张包含单宾式、双宾式的有些句法结构实为省略了介词的用法，语义上暗含介词，因此，省略前后的两类句法结构属同一性质，有关句法成分应是补语（详参薛风生，1998；王克仲，1988，1989a&b；孙良明，2002；袁本良，2004，2005，2008）。

上述观点违背事实，是用翻译法和语义结构分析来替代句法结构分析。上

---

① 王克仲（1989b）指出，"至"和时间词搭配，《尚书》一律作"至于"，《左传》以下，有无"于"字，互有参差。

② 上古汉语也用其他介词来引介，如"乎"，但"于"最多见。

古汉语 V・NP 中有多种语义关系是正常现象，并非全部的 V・NP 或 V・NP・NP 结构语义上都暗含介词，比如，使动和意动用法就与一般性的支配式用法相似，V 和 NP、P 的组合格式可以有几种，无论 V 和 NP 谁在前（含 NP$_{状}$V），它们都是并存并用的格式，也常常可以相互变换。有些 V・NP 语义关系中，的确有在 V 和 NP 之间任意使用介词的，比如，NP 表时间、方所、工具、方式等时，用或不用介词"于""以"的都有，但如果表示目的、原因、施益对象、与事等，则很难说在原结构成分中间省略了介词，尽管可以理解为隐含了一个相关介词，如：

（34）a. 伯氏不出而<u>图吾君</u>。（《礼记·檀弓上》，郑玄笺：图犹谋也，不出为君谋国家之政。）

　　 b. <u>期我</u>乎桑中，<u>要我</u>乎上宫，送我乎淇之上矣。（《诗经·鄘风·桑中》，郑玄笺：与我期于桑中，而要见我于上宫。）

　　尽管可以如是理解，但并非加了介词的用法和没加介词的用法是同期并用的格式，相反，很多加了介词的用法反而是后出现的，这就不存在所谓的介词省略。例如：

（35）昔者冯夷……<u>经霜雪</u>而无迹，<u>照日光</u>而无景。（《淮南子·原道训》，高诱注：为日光所照无景柱也。）

上古汉语被动表达的特点之一是无标记的"意念被动"或"概念被动"，彼时，"被+V"尚未出现，"见+V"或"为+（N）（所）+V"也很少用，基本都是被动和主动同形（详参宋亚云，2006；梅广，2015：281-282；蒋绍愚，2021）。我们可以说"照日光"能用"为日光所照"或"被日光照"的变换格式来解读，但不能说前者是省略了"为"或"被"后产生的格式。蒋绍愚（2021）也认为介词省略说不能用来分析上古汉语的结构，例如"泣臣"，后世理解为"对臣泣"，但先秦时无此类说法。"对 NP 泣"到东汉时才出现。例如：

（36）a. 君三<u>泣臣</u>矣，敢问谁之罪也？（《左传·襄22》）

　　 b. 对其母泣。（《论衡·福虚》）

　　 c. 对掾史涕泣。（《汉书·韩延寿传》）

说"泣臣"是省略或隐含了当时尚未产生的介词"对"或动词"嚮"，皆不妥。还有人说特殊动宾结构里包含了语义虚泛或无语音形式的各种轻动词（例参冯胜利，2005；梅广，2015：64），蒋绍愚（2021）认为没有语义内容且不作为语义成分的轻动词在这里缺乏解释力。他指出，有时候动宾义关系非常复杂纠结，仅用一个介词或轻动词还不能说清楚，例如《左传》多有"奔 NP"的用法（还有引申用法，如"奔死免父，孝也"）：

（37）a. 翼侯奔随。（《左传·隐5》）

　　　b. 太子奔新城。（《左传·僖4》）

　　　c. 楚子之在蔡也，郹阳封人之女奔之，生太子建。（《左传·昭19》）

用轻动词方案不能对上述用例作统一解释。如果用隐含不同的介词来解释，则要预设这些"奔"不是同一个词位，但如果说各例中NP都是"奔"这个动作趋向的目的地或目标，将之全部统一于V·NP式，则解释就能实现。省略有广义、狭义之分，严格意义上的省略应该指可以补出来并且只有一种补法的词语，否则就只能叫作隐含。此外，还有词类活用的动用成分，如"耻、怒、死"等，在同样的V·NP结构中有不同的语义关系，也须作类似的解释。

（38）a. 敝邑大惧不竞而耻大姬，天诱其衷，……（《左传·襄25》）

　　　b. 若华氏知困而致死，楚耻无功而疾战，……（《左传·昭22》）

　　　c. ……，小国幸于大国，而昭所获焉以怒之，亡之道也。（《左传·襄19》）

　　　d. ……子驷氏欲攻子产，子皮怒之，曰……（《左传·襄30》）

　　　e. 今罪无所，而民皆尽忠以死君命，……（《左传·宣12》）

　　　f. 大辱国。诘朝，尔射，死艺。（《左传·成16》）

　　　g. 吾父死而益富，死吾父而专于国，……（《左传·襄21》）

上例（38）中，a，c，g句是使动用法，b句是意动用法，d句是对动用法，e句是为动用法，f句是因动用法，都不适合用隐含的介词来解释。此外，如果认定存在省略的或语义上的介词，则可能出现归谬性推论。例如，对上古汉语里名词前置于动词作状语的用法，不能以今律古，说是省略了介词：

（39）a. ……射之，豕人立而啼。（《左传·庄8》）

　　　b. 郢人垩慢其鼻端，若蝇翼。（《庄子·徐无鬼》）

　　　c. 父事狐偃，师事赵衰，而长事贾佗。（《国语·晋语四》）

　　　d. ……而相如廷叱之，辱其群臣。（《史记·廉颇蔺相如列传》）

同样，"北大"不完全等同于"北京大学"，"我爸爸"不是省略了"的"，"政者，（ ）正也（《论语·颜渊》）"并非省略了"是"或"乃"，"住（ ）北京"和"（ ）墙上挂着一幅画"并非省略了"在"，并列结构"爸爸妈妈"中间并非省略了"和"，复句"你不去，我也不去"等也并非省略了逻辑关联词，"与人（ ）规矩（《孟子·尽心·章句下》）"也并非省略了"以"（另参孙良明，2002，2010）。如能还原被省略的介词，那就意味着此前已解读了该结构的语义内容，这等于确定了该结构的形、义对应，亦即区分了特定构式，如果再来确认被省略了介词，则既无逻辑可言，也多此一举。因此，我们主张这些表层结构虽有语义重合，但属不同的构式。这就像表达双及物事件有很多句式一样,不能说它们是同一个实体。这些构式形式有异则意味着意义或功能有异,这多与焦点信息地位、定指度、韵律或文体要求、修辞效果、个人语言习惯等语用因素有关。例如,"以"可以引介工具角色 NP 而置于 V 之前或之后,V 后的 NP 倾向于定指度更低,是新信息,V 前的 NP 倾向于定指度更高,是已知信息,例如(详参鲁国尧,1992;何乐士,2000a&b):

(40) a. 即不忍其觳觫,若无罪而就死地,故以羊易之也。(《孟子·梁惠王上》)

b. 我非爱其财而易之以羊也,宜乎百姓之谓我爱也。(同上)

这种语序效应具有普遍性。单宾式、双宾式和含"于"的 PP 也因为其一角色是否需引介以及距离谓语动词的句法远近不同而表现出语义或功能上的差异。被引介的角色得到凸显,因为有标记,但该成分也因此而距离动词更远,从距离象似性看,这可能意味着动词施力效应离被标记的角色更远;若无"于",则 V 后成分占据自然焦点信息的位置。无论单宾式或双宾式,都有整体扫描的效应,事件被处理为一个整体,尤其是四字格双宾式,干净利落,言简意丰,近动成分受到力的更大影响,远动成分则得到凸显。相反,"于"字 PP 因自身语义特点而可能用于对运动位移事件的序列性扫描和表达,即象似于运动位移过程。因音节差异,双宾式和"于"字 PP 的格式还有修辞效应,比如,在平行对举格式中,两式各有所用,全凭言者自主调节。例如:

(41) a. 儒有不陨获于贫贱,不充诎于富贵,……(《礼记·儒行》)

b. 婴闻之,橘生淮南则为橘,生于淮北则为枳……(《晏子春秋·杂下》)

c. ……是以并建圣哲,树之风声,分之采物,著之话言,为之律度,陈之艺极,引之表仪,予之法制,告之训典,教之防利,委之常秩,道之礼则,……(《左传·文 6》)

d. ……,戊申,朔,陨石于宋,五。是月,六鹢退飞,过宋都①。(《左

---

① "陨",《尔雅·释诂》释为"坠"。《易》曰"有陨自天"。对该记述,《公羊传》释道:"曷为先言陨而后言石?陨石记闻,闻其磌然,视之则石,察之则五。"又云:"曷为先言六而后言鹢?六鹢退飞,记见也,视之则六,察之则鹢,徐而察之则退飞。"《谷梁传》释说:"先陨而后石,何也?陨而后石也。于宋,四竟之内曰宋。后数,散辞也,耳治也……先数,聚辞也,目治也。"换言之,"石五六鹢"是按照人们(见闻等)体认现实的自然顺序写的。孔子《春秋》以前,句法简洁明净,但正如韩昌黎所谓文从字顺各识职,由此可窥一斑。(另参朱美禄 2018 年 06 月 29 日 16 版《光明日报》)

传·僖16》)

古人使用语言文字记述时是有语序意识的。《诗经·烝民》中说"有物有则"，《周易》强调"言有物"和"言有序"，主要体现就是依照人对世界直观感知的形象和顺序作记录，亦即顺序。这显见于《左传》《史记》等叙述性史书。严肃认真的语言文字表述都体现了认知特点和原则以及交际活动的功能性要求，其最高原则就是利用现有语言手段（如近义构式）调节语言形式和操控信息呈现方式，以尽力实现交际目的，所以"体有万殊，物无一量"，"随变适会，莫见定准"，忠实地反映在汉语使用上。上述d句是典型。

有人说，在记述同一历史事件时，就部分动词来说，《左传》倾向于多用"于"而《史记》倾向于少用或不用"于"，因此，"于"出现了系统性省略。这是事实，但其原因不一定都是省略，也可能因为其他介词和句式兴起后逐渐替代"于"的部分表达功能并压缩其生存空间。"于"从缺并非任意的，对有些动词来说，是否用它，是有严格规矩的，这是构式的形式要求。上古汉语的"问"和"言"须用"于"引介。最初，它们后面只能接所问或所言的内容，然后再用"于"引介交流对象，即"问/言+NP$_事$于NP$_人$"的结构，但在《孟子》《孙膑兵法》里就常常说成"问NP$_人$"，《韩非子》中常用的除了有"问NP$_事$NP$_人$"外，还用"问NP$_人$NP$_事$"，到了《史记》转引《左传》《战国策》《论语》等中的"问于NP$_人$"句子时，则一律改成了"问NP$_人$"（李少鹏，1984；车淑娅，2004；2008：312-314）；而"言"用于双宾式而不必再用"于"。车淑娅认为，"问"的两种双宾式用法并非省略的结果，而是自身发展演变的。类似动词还有"献/贡"和"赐/赏"①，在很长一段时间内，"献"一般要求用"于"引进接受者，而"赐"只进入双宾式，这种构式选择的互补性很可能基于事件框架语义知识：双宾式强调操控和影响，"于"字结构显示出顺序-距离象似性，"于"一般引进地位更高的一方（详参潘秋平，2010）。这种互补态势到了后来才有一定突破②，例如：

(42) a. ……寡人受贶，请问安国众民如何？（《晏子春秋·问下》)

---

① "献、赐"的区别在于授受双方的身份关系和转移交接物。据王凤阳（2011：605，623，1321，1334），"赐"表示上对下、尊对卑的私人性授予或恩惠性赠予，不是酬谢功劳；而"古代致物于尊者或所敬者称'献'，向客人、尊者敬酒也称'献'"。据潘秋平（2010），《左传》中"赐"见于VO$_i$O$_d$共44次，无介宾用例（用"于/於"），少量见于广义处置式；"献"凡224见，多见于介宾式，2例现于VO$_d$O$_i$，无广义处置式用例。这种互补分布还见于《韩非子》等先秦语料。英语有类似现象，如 donate 和 fine 有分布对立。

② 有些用法明显受制于音律和文体、修辞等语用条件，例如："是剥是菹，献之皇祖。（《诗经·小雅·信南山》）"

  b. ……郑伯将享之，<u>问礼于皇武子</u>。(《左传·僖 24》)

  c. 越王<u>问于大夫文种</u>曰：……(《韩非子·内储说上》)

  d. 括母<u>问奢其故</u>，奢曰：……(《史记·廉颇蔺相如列传》)

  e. 四年，晋饥，乞籴於秦。缪公<u>问百里奚</u>，百里奚曰……(《史记·晋世家第九》)

(43) a. 卫侯来献其乘马，……公赐公衍羔裘，<u>使献龙辅于齐侯</u>，……(《左传·昭 29》)

  b. 太子丹……<u>使荆轲献督亢地图於秦</u>，……(《史记·燕召公世家》)

  c. 楚人和氏得玉璞楚山中，<u>奉而献之厉王</u>。(《韩非子·和氏》)

  d. ……，是<u>赐我玉</u>而免吾死也，……(《左传·昭 16》)

有些动词和"赐""与"等有高度近似的概念框架，但它们在允入句式方面高度受限，并未进入双宾式，例如，"觌"，上古汉语传世典籍中几乎未见其双宾式用法，《左传》和《国语》中多有"觌之以大礼"一类的用法。郭锡良(1997)等认为，语法分析不宜轻易谈省略，不能以今律古，不能从翻译角度解析古代语言，不能用语义分析替代语法分析。双宾式和"于"字介词短语结构有各自的形义对应关系，属于语义关联①但彼此独立的句法构式。

2.3.4 "於/于"介词短语格式的历史演变

  "于"字介词短语格式有自己的发展轨迹，总体上呈衰减势头。时兵、白兆麟(2003)归纳出"于"的四个功能特征，即"于"对受事补足语具有可标志性，其使用具有不确定性，其应用范围广泛，"于"字介宾结构的句法位置灵活。这些特点可能是它衰落的主因。

  "于"很早就用来引介各种语义角色，这说明其句法表现活跃，句法功能多样，发展成熟。根据郭锡良(1997)，后代"于"字结构的多种语义关系在西周金文中大多已产生，不再像甲骨文中那样单纯。春秋战国时期是其使用的鼎盛时期，此期它有变化：第一，其后成分由 NP 扩展至 VP(含个别形容性的 AP)，这是古人隐喻和转喻思维发展的结果；第二，"于+NP"用在形

---

  ① 双宾式跟"于"字介宾式义涉物品的运动位移，物品的位置变化关联所有权变化，两式可转换。比如"V 诸 O"格式是其交集，是双宾式的边缘成员。Bybee(1985)提出意义单位的关联效应，即一个语言单位的语义受另一个语言单位语义影响的程度。它可视为词汇化概率的标记，即两个意义单位越是关联，就越可能被编码为单一的形式单位，例如"人妖、熊猫、男人婆、女汉子"和 motel，smog，brunch，netizen，antizen 等。

容词之后表示比较义，引介比较对象，这是对关涉对象范畴识解的进一步抽象和扩大；第三，出现了"NP_1 于 NP_2"表"对于"义的新用法，例如"寡人之于国也，……"；第四，同别的词固定组合和高频使用后词汇化，构成了类连词，如"至于""于是"等，其中，代词"是"可指代处所、时间、对象、范围等很多方面，这表明，该期的"于"已经向语素的方向发展变化，虚化程度加深。总之，"于"在甲骨文中虚化后其句法表现持续活跃，直到战国末期，应用广泛、功能强大。

根据张赪（2000），先秦汉语里"于+$NP_{处所}$"结构基本位于所修饰成分之后。① 该句法位置至少在三个方面限制了表义：第一，它更适于记录运动位移事件，而且介词短语占据了自然焦点位置，它可以引介动作的归结点、起点和经过的场所、动作发生的处所、滞留的处所、事物存在的处所等。例如：

(44) a. 武王克商，迁九鼎于洛邑。(《左传·桓2》)

    b. 师老矣，若出於东方而遇敌，……(《左传·僖4》)

    c. 青，取之於蓝，而青於蓝。(《荀子·劝学》)

    d. 然马过於圃池而蚧驾败者，……(《韩非子·外储说右下》)

    e. 九月及宋人盟于宿。(《左传·隐元》)

    f. 使天下仕者皆欲立於王之朝。(《孟子·梁惠王上》)

    g. 有美玉於斯，韫匵而藏诸？(《论语·子罕》)

"于"的语义解读取决于有关动词的语义，由于其语义模糊，如此分类也只是大概，有时"于+$NP_{处所}$"可能导致歧义，如下例，"于"引介运动归结点或动作发生的处所：

(45) a. 君子藏器于身，伺时而动。(《周易·系辞下传》)

    b. ……，何不树之于无何有之乡，广莫之野？(《庄子·逍遥游》)

若要表示动作发生的处所或存在的处所，且动词后带（单音节）宾语时，则"于+$NP_{处所}$"的表义效果不佳；若动词被不同音节的副词修饰，情况就更复杂，因此，先秦汉语里"于+$NP_{处所}$"已有前置于动词的，张赪发现，先秦传世典籍的此类用例中，55%表示强调、对比，属修辞性质，这种有标记的语序格局只用来表示静态性质的方所义；反常规的句子中，介词结构及其所修饰成分的结构会受限，另外，前置和后置于动词的NP有定指度和信息新旧度等差异的，为了这种表义需求，部分处所义介词短语开始前移，从而把动词后的位置留给宾语等其他需要凸显的信息。例如：

---

① 引进时间的"于"字结构大多位于动词前(详参王鸿滨，2004)。

(46) a. 於桐处仁迁义，三年，以听伊尹之训己。(《孟子·万章上》)

　　 b. 齐宣王问曰：……孟子对曰："於传有之。"(《孟子·梁惠王》)

　　 c. 凡乐，冬日至，於地上之圜丘奏之……(《周礼·春官·大司乐》)

　　 d. ……又哭尽哀，遂除，於家不哭。(《礼记·奔丧》)

第二，其他有相同表义功能的介词也同步在发展，它们表义更单一、更明确，主要是表运动位移的起点，或表静止状态的处所，如"自、从、由"和"在"（另参郭锡良，1997；吴波，2004），"从"也可以引介运动位移经过的场所，"由"也可引介动作发生的处所，例如：

(47) a. 自寝门至于库门。(《礼记·檀弓下》)

　　 b. 自其厩射而杀之。(《左传·宣10》)

　　 c. 他日由邹之任，见季子。(《孟子·告子下》)

　　 d. 公从外来而有不乐之色，何也？(《韩非子·十过》)

　　 e. 丙戌，卓子从阪道，刘子从尹道伐尹。(《左传·昭23》)

　　 f. 王出在应门之内，太保率西方诸侯入应门左……(《尚书·周书·康王之诰》)

　　 g. 夫赏，国之典也，藏在盟府，不可废也！(《左传·襄11》)

　　 h. 有自燕来观者，舍於子夏氏。(《礼记·檀弓上》)

　　 i. 冬，王归自虢。(《左传·庄21》)

　　 j. 降自西阶，适东壁。(《周礼·冬官考工记》)

像 a 句这样的"自 X 至于 Y"的模式明显具有顺序象似性，我们未见"S 至于 X 自 Y"的用例，这说明古人记述运动位移事件时有强烈的摹拟性，将起点和终点信息分置于动词两侧。"从、由"字介词短语前置于动词，可能是因为其动词性还较强，而更自由的"自"字介词短语可置于动词前或后，主要受信息凸显和音韵节律的影响，也密切关联被修饰成分的结构复杂度。根据张赪（2000），后置于动词时，动词一般是光杆单音节的，前置于动词时，动词可以带宾语和/或补语；谓语动词结构都不是单音节的，或带补语，或被状语修饰，这个倾向明显，除(47)中的 h、i、j 句外，再如：

(48) a. 自庭前适阼阶上。(《仪礼·乡饮酒礼》)

　　 b. 王子带自齐复归于京师。(《左传·僖22》)

　　 c. 秋，郑詹自齐逃来。(《左传·庄17》)

　　 d. 自雩门窃出。(《左传·庄10》)

　　 e. 楚子自武城使公子成以汝阴之田求成于郑。(《左传·成16》)

先秦时期前置于动词的"于+NP$_{处所}$"用例相对较少，但表义更清楚，可引介动作的起点或者发生、存在或经过的场所，但不能引介动作的归结点，它们所修饰的动词结构的成分比较复杂，通常带宾语(另参王鸿滨，2004)。将此类介词短语前置于动词有几个动因：一来是用反常态语序达到强调的修辞效果；二来根据谓语动词结构的复杂度调节语序，实现形式和音韵的平衡协调；三来将动词后的位置留给需要凸显的信息，再就是遵守象似性原则，表位移运动终点的结构成分总是置于句尾，而其他非此类的静态语义类型或时序上先发生的事件在句中可先行表达，因为它们多属修饰语，不必遵守象似性原则。这些特征一直延续至今。

第三，是一种系统性变化及其导致的连锁反应，即介词短语修饰的成分越来越复杂(后来则有动词带补语)，因此，动词带宾语的句子中介词短语前移速度加快，除了有上述修辞效果外，还有凸显动词后成分信息的功能，使谓语后成分不至于太多，从而让句子结构显得平衡对称，这也是语言系统的自我调节(例参冯英，1993；何乐士，2000b)。换言之，介词短语相对于其所修饰的动词结构的句法位置取决于其自身语义特征以及动词结构自身的复杂度。后来，越来越多的介词特别是同义介词产生，双音化出现，词汇增多，句法继续发展，表义逐渐精确化，更多遵守时间顺序原则和位置意义原则，满足语篇衔接和连贯的要求，这些共同促成了介词短语系统地前移，最终，"于"字介词短语在"在、向、对、从"等介词表义竞争和句法系统发展变化的总要求等影响下，其表义内容大大减少和被取代，一般只用于表运动位移的终点，而且，在口语中还被其他词，如"到(去)"等取代，最终衰败了。张赪(2000，2002)指出，上述词序变化萌芽于东汉时期，魏晋南北朝是剧变期，语义的作用逐渐增强，唐五代以后"介词+NP$_{处所}$"与所修饰成分的词序逐步稳固，最终形成现在的词序面貌。究其主因，"于"的表意功能太强大，引介的语义角色类型太多，导致功能过载，表意不清。不过，由于其历史悠久、应用广泛，也由于后人仿古泥古等原因，"于"延用至今，其介引关涉对象的用法非常强大，已经发展成为一个类词缀了(参张宜生，2016)。

2.4　上古汉语的双宾构式

接下来重点讨论双宾式的界定及其基本语义类型，并总结双宾构式的演变大势，在此基础上提出基本工作假设，然后对上古各历史分期里的双宾构式作描写，同时，也关注此期双宾动词及其关联的事件框架特征、双宾语的指称表达和结构复杂度特征以及关联构式问题。

2.4.1　双宾构式的基本语义类型

双宾构式中，双宾语的语序可互换，但它们只跟动词发生关系，彼此并无结构性关系；双宾动词的数量有限（见杨伯峻、何乐士，1992：559）。我们也排除双宾动词前或后出现动宾或介宾结构的情形，不像贝罗贝（1986：204-216）（另参徐丹，1990）那样把包含双及物动词的各种构式都处理为双宾构式，不论内部词序，甚至除"给"之外还涉及"以""于/於""之"等。本书将之全部排除，并统一编码为 1）S+V+O_d+PP；2）S+VO_d/PP +V+O_i。① 不过，"V 给+O_i+O_d"结构另论。正常语序的双宾结构之外的相关简省变化结构，如添加介词、宾语移位、宾语省略等变化句式或发展句式（详参周迟明，1964；管燮初，1986；贝罗贝，1986 等），本书暂不讨论。一般按照动词与宾语的原型语义关系来分类，如下：

第 1 类：给予类，表示某人 S 把某物 O_d 给予另一人 O_i，该物所有权被转移交接。常见动词有"易（賜、錫）、赏、献、假、授、传"等。如：

(49) a. 我欲中国而授孟子室。（《孟子·滕文公上》）

　　b. 今先圣人为书，而传之后世。（《商君书·定分》）

第 2 类：教示问告类，接纳信息传递义动词，表某人把信息传递给另一人，这是通过隐喻把物质空间的给予过程投射到话语空间，常见动词有"告、语、示、教"等。如：

(50) a. 公语之故，且告之悔。（《左传·隐元》）

　　b. 武王示之病，扁鹊请除。（《战国策·秦策二》）

第 3 类：夺取类，与给予类相反，结构上平行，表示某人从另一人获取某物，这也是所有权转移交接，或引申为不再被领有。常见动词有"夺、取、得、受、假"等。如：

(51) a. 吾为公取彼一将。（《史记·项羽本纪》）

　　b. 此行也，辞而假之寡君。（《左传·昭元》）

---

① 除双宾构式，张文（2013：16-17）还列举了话题句、处置句、被动句、连谓结构式等四类双及物结构式。贝罗贝（1986）的分类在张文中归为介宾结构式。我们将张文所列构式称为双宾式的关联构式。

　　c. 刑馀之人，何事乃敢乞饮长者？(《韩非子·内储说下》)

　　第4类：为动类①，表示某人为或对另一人做某事，后者多是该行为的受益者(也有受损者，如 b 句)，常见动词有"为、作、立"等，泛义动词"为"语义解读灵活，整个结构 SV $O_1 O_2$ 可以理解为"S 为 O_1 而 VO_2"，例如：

(52) a. 平原君……以千金为<u>鲁连</u>寿。(《战国策·赵策三》)

　　b. <u>为之</u>斗斛以量之，……(《庄子·胠箧》)

　　第5类：与动类，表示某人与另一人共同参与做某事物，SVO_1O_2 可理解为"S 与 O_2 V O_1"(b 句中 $O_1 O_2$ 语序相反)，邵永海(1990)称之为结绝类，如：

(53) a. 晋君<u>谋之群臣</u>。(《史记·秦本纪》)

　　b. ……<u>盟于唐</u>，复修戎好也。(《左传·隐 2》)

　　第6类：使动类或使令类。柳士镇(1985a)和杨伯峻、何乐士(1992：561)指出，这是 Vt 的使动用法带宾语。SVO_1O_2 中，S 使 O_1 做某事(VO_2)，d 句中 $O_1 O_2$ 语序相反。动词有"状态变化"义和句法上的作格性，动词有"负、饮、食、生、衣、佩"等。例如：

(54) a. 均之二策，宁许以<u>负秦曲</u>。(《史记·廉颇蔺相如列传》)

　　b. 晋侯<u>饮赵盾酒</u>。(《左传·宣 2》)

　　c. 太子师师，公<u>衣之偏衣</u>，<u>佩之金玦</u>。(《左传·闵 2》)

　　d. 昔夏之方有德也，远方图物，<u>贡金九牧</u>②，铸鼎象物……(《左传·宣 3》)

　　第7类：空间方所类，其中一个宾语表空间方所，SVO_1O_2 中，它表示某人(S)在某处(O_1)对某人或物(O_2)做出某动作，或致使其以某种空间方式运动，方所宾语和受事宾语位置可调换，有人认为此类结构有致使移动义或方所置放义(详参林海云，2015；贾燕子、陈练军，2016)，例如：

(55) a. 诱子华而<u>杀之南里</u>，……(《左传·宣 3》)

　　b. (项羽)乃使使<u>徙义帝长沙郴县</u>。(《史记·项羽本纪》)

　　c. (伍子胥)将死，曰，<u>树吾墓槚</u>，槚可材也。(《左传·哀 11》)

　　d. <u>树吾墓上以梓</u>，……抉吾眼<u>置之吴东门</u>。(《史记·吴太伯世家》)

　　e. 陛下过意<u>擢臣弘卒伍之中</u>。(《史记·平津侯主父列传》)

---

　　① 为动类和与动类的共同点是非受事的宾语指动作关涉对象(详参刘宋川，1998、1999、2001)，但涉及关涉对象的 VOO 有时难以再细分，如"君<u>行之臣</u>……况为臣而<u>行之君</u>乎？(《韩非子·难四》)"等。

　　② 杜预注："使九州岛之牧贡金。"也有其他训释。

　　f. 仆诚以著此书，<u>藏诸名山</u>①，传之其人。(《报任安书》)

　　g. ……山俭(险)不能<u>出身山中</u>。(《睡虎地秦墓竹简·封诊式》)

　　第 8 类：称封类，表示命名，主要动词有"谓②"及"命、呼、唤"等，"名、字、号、谥"等名词也可用如动词，此外，后期还有表任命、擢升、调转、贬谪官职义的动词，如"拜、封、迁、徙、免、除、徵、废、命、署"等：

(56) 楚人<u>谓乳谷</u>，<u>谓虎於菟</u>。(《左传·宣 4》)

　　第 9 类：原因-目的类，表达某人因为某人、物或事(O₁)对另一人或物(O₂)做某动作行为，双宾语的位置一般是原因或目的在前，受事在后，也有例外，如 c 句：

(57) a. 其<u>祷年祖丁</u>。(合 2827)

　　b. 一夫不耕，或<u>受之饥</u>，一女不织，或<u>受之寒</u>。(《论积贮疏》)

　　c. 故周<u>失之弱</u>，秦<u>失之强</u>，不变之患也。(《史记·平津侯主父列传》)

　　第 10 类：凭借类，表某人凭借某种手段(O₁)对另一人或物(O₂)施加影响，所谓凭借，可以再细分为工具、方式、材料、依据、准则等，例如：

(58) a. 甲子卜，<u>侑祖乙二羊</u>。(合 19848)

　　b. <u>卜之龟</u>，卦兆得大横。(《史记·孝文本纪》)

　　c. 昼<u>参诸日中之景</u>，夜<u>考之极星</u>，以正朝夕。(《周礼·冬官考工记》)

　　d. 今有刀于此，<u>试之人头</u>，倅然断之，可谓利乎？(《墨子·鲁问》)

上述区分的条件之一是，其构成基于动宾语义关系，动词同双宾语能合法组合，在语义上，双宾语是区别于动词的实体，是事件参与者，被动词支配而非陈述或修饰动作本身，有"受力和承受影响"的语义基元，且在句法格式变换操作上有较大的灵活度，而且，动词应具备动态性和施力性。杨伯峻、何乐士

---

　　① 合音代词"诸"吻合双宾式的形义要求，其指代用法使其处在双宾式和与格式范畴的重合处。张文(2013：130-131)认为，"V+Oₐ+Oᵢ"的形成是因为"V+Oₐ+於+Oᵢ"中 Oₐ 是"之"的时候同"於"合音而成"诸"，"V+诸+Oᵢ"形成后又经重新分析，"诸"同"之"，然后"之"的位置上又可以出现一般性的 Oₐ，即形成倒置。它也有突出句末焦点信息的语用动因。

　　② 也有代词宾语前置于动词的，即代词"之"前指名词或代词宾语，这有强调作用，例如"<u>此之谓大丈夫</u>。"与称封类关联的另一构式是在表称谓的宾语前加动词"为、曰"等，实为兼语式。上述用法早已并存，不能以添省动词来解说彼此构式。而且，"名"主要用于兼语式，"谓"主要用于双宾式，句法分布对立。此外，古汉语疑问或否定双宾句中代词宾语也要前置，如"诸姬是弃，其<u>谁归之</u>？(《左传·襄 29》)"、"若受吾币而不<u>吾假道</u>，将奈何？(《吕氏春秋·权勋》)"等。

（1992：563）区分的基于数量成分的双宾结构因此应归为其他构式范畴。此外，并非所有的动宾组合都能构成双宾式，例如意动用法，由单及物动词参与的使动类动宾关系才可以进入双宾式。这使得一些双宾句显得复杂，如（55）g句兼有使令类和空间方所类特征，再如：

（59）a. 然嬴……故久立公子车骑<u>市中</u>，过客以观公子。（《史记·魏公子列传》）

　　 b. 石恶将会宋之盟，受命而出，衣其尸，<u>枕之股</u>而哭之①。（《左传·襄27》）

　　 c. 故古之人为之不然：其<u>取人有道</u>，其<u>用人有法</u>②。（《荀子·君道》）

因动类动宾关系同原因-目的类双宾式及三宾句有关。陈初生（1991）和沈培（1992）认为甲骨卜辞中有三宾句，即某些祭祀义动词可以有表事（原因）、表人或神（神祇）、表物（祭品）的三宾语，编码为"V+O$_{原因}$+O$_{神祇}$+O$_{祭品}$"，语义关系概括为"为某人（或某事）用某祭品向某神祇祭祀"。有关争论见徐志林（2009，2013）和时兵（2003）等。我们主张以动态的眼光观察三宾句，杜绝以今律古。"VO$_{原因}$"作为动宾结构的一种同其他有关动宾语义类型一道成为了双宾句和三宾句的发展起点和条件，能够带三宾语的祭祀动词有"祷、告、御、酒、宁、侑、祝"等，例如：

（60）癸巳卜，<u>侑我父乙豕</u>？（合集 22201）

甲骨卜辞是格式化程度极高的言语形式，凝练简约，稳定且高频使用，且表原因补语标记彼时尚未产生（详见徐志林，2009），因此，应承认三宾句的构式地位，它在商代以后传世文献里不再使用。陈练文（2008）指出，祭祀动词带三宾语是甲骨卜辞的一大特点，卜辞中的句式和后世汉语的句式基本相符，它是有史以来的古汉语源头。胡明亮（2002）认为，三宾句模式反映了认知特点和社会现实。时兵（2007）也认为，它反映了信息传递和理解策略对语序生成的影响。它可能是一种句法尝试，其消失有社会性和功能性等动因。陈初生（1991）指出，三宾句层次重叠过多、语义关系欠明，需借助三个句法手段来改进，即用介词"于"使宾语之间层次明朗化；用省略或隐含使多宾语句

---

① "枕之股"有不同解读，其复杂性也关乎把"股"处理为处所还是工具性质（参邵永海 2002）。本书也处理为工具宾语，即"（成公）以己之股枕叔武之尸"，或理解为"（成公）使叔武之尸枕于己股之上"。

② "不然"指"不同于前文提到的行事方式"，它虽是"为之名"形式，但属凭借类$_{（方式）}$双宾句。

的表层形式简单化；将最后面的宾语隔开，使之关联其他动词。于是，三宾句化为双宾句或单宾句。郑继娥（2004）也认为它违反了一句一焦点的原则。这说明，汉语语法的发展表现出语义表达不断由粗转精、由混变清。结构复杂而功能低下的结构会被淘汰，例如"目的-材料型"格式不具生命力，甲骨文中仅有数例，后被淘汰①（详参时兵，2003）。

把原因-目的类和凭借类、空间方所类和称封类囊括进双宾式范畴的依据之一，是宾语论元和状语及补语这样的非论元具有相似性，它们之间构成了连续统。据 Sanders（1984），句法成分的句法地位与其语义角色之间并无固定纯一的关系，其差别主要是形式上的而非功能上的，是相对的、有级差的，而非绝对或离散的，格标记的选择决定于与之关联的动词，该规则适用于全部 NP 而非宾语一种。宾语在句法上同质性强，在语义上异质性强，而状语或补语在语义上同质性强，在句法上异质性强，这既表现在它们的内部结构上，也表现在它们同句内其他成分之间的形式关系上。因此，宾语构成一个句法类而非语义类，在这个大类中，各种各样的语义角色类型可以在形式上统一。他指出，一个语言，只有在一个很小但却固定的句法位置模式和形态标记集合中才能最好地刻画和界定其宾语的范围和类型，而这些纯粹的句法因素会有跨语言差异。这符合汉语句法的特征，把动词后无形式标记的那些成分一般都处理为宾语是有道理的，而动词前后出现了形式标记的成分，必须同宾语相区分。

2.4.2　双宾构式的基本语序类型

我们把"$V+O_i+O_d$"记作 I 式，把"$V+O_d+O_i$"记作 II 式，原型意义上，O_i 指人，O_d 指物，最常用的有给予类、教告类、夺取类和为动类四种，部分为动类双宾句蕴含意图给予义，因此，最常用的双宾式都同"转移交接"关联。I 式中 O_i 更靠近动词，且多为人称代词，很可能是它已知信息，O_d 结构上更复杂，信息量更大，作为新信息出现在句尾焦点位置，符合信息排列规律，也满足音韵要求，是主流形式。II 式表人宾语置于句尾时通常只用名词或名词短语，比如"谒之吏""问之客""臣闻之邻人之女"等。其他例如：

---

① 徐志林（2009）认为把原因角色看成宾语不符合语义角色优先等级序列，违背了观念距离象似性原则。但是，它符合线性象似性原则：语义关系紧密的单位在线性距离上也更加靠近，反之亦然。据查，卜辞中祭祀动词有 200 多，占全部动词的 30% 以上，远高于其他类动词，是动词系统内的显类。它们代表祭名，祭祀目的同祭祀方式和祭名之间一一对应：祭祀动词本身蕴含着祭祀目的或原因，动词之后接原因，意在强调（转引自徐志林 2009）。原因宾语用法至今还有，如"逃荒、跑日本、跑警报、醉氧、晕船"等。

(61) a. 厚取之君而厚施之人。(《说苑·臣术》)

　　 b. 得璧，传之美人……请奉盆缻秦王，……(《史记·廉颇蔺相如列传》)

　　 c. 上崩，无诏封王诸子而独赐长子书。(《史记·李斯列传》)

　　 d. 吾使司命复生子形，为子骨肉肌肤，反子父母妻子、闾里、知识。(《庄子·至乐》)

　　 e. 且其先君襄公伐丧叛盟，得罪诸侯，……(《春秋繁露·竹林》)①

Ⅱ式多用于表达转移交接。代词性宾语须最靠近动词，若双宾语都是名词，则表人宾语更多在前，结构更简的居前，这在使动类双宾句中更明显，因为表人宾语有兼语作用；方所宾语常置于远宾语位置，而疑问代词的表人宾语或否定句中的代词宾语都前置于动词②。现代南方方言如粤方言中仍有此类双宾句。双宾语的顺序同具体动词语义特征等也有关，如前述"赐、献"等，因所涉参与者之间的身份、关系和给予性质等不同，允入构式可能互补。说类动词"言、语"③亦如此：涉"言"双宾句往往表物宾语在前，涉"语"双宾句往往表人宾语在前，由这两个动词构成的双宾式和介词宾语式在句法变换操作时受限。例如：

(62) a. 乃言之魏王。(《孔丛子·陈士义》)

　　 b. 公语之故，且告之悔。(《左传·隐元》)

2.4.3　双宾构式的演变大势

双宾构式范畴的非典型成员呈现出不同亲疏关系的分布。给予类是原型，夺取类是其反向镜像，教告类是其引申，这三类发展一直稳定，是双宾式的主流，变化主要是具体动词的兴起或衰亡，以及双宾语的结构构成、双宾动词的复化和双宾句的复化(详参张文，2013；徐志林，2013)。为动类(部分)等其他七类非主流成员，在相对稳定和频繁使用的过程中渐变而成为其他句法范畴，其中，空间方所类和称谓类保留至今，但一般被处理为双宾式范畴边缘成

---

① 夺取义双宾式里 O_d 后的 O_i 可引申为抽象事物或原因，如"……有得之劳苦。(《墨子·公孟》)"

② 疑问代词前置的规律自魏晋后渐变，至宋时已基本变成普通的 SVO 语序了。

③ 据王凤阳(2011：765)和王力(2000：1260，1278)，"言"表主动对人说话、表达意见，回答他人问话或谈论事情叫"语"，它强调谈话的对象，也能表表述内容。因此，"言"只能带指事宾语，对象常用介词引入，如"与、于"，而"语"可以带指事和/或指人宾语。(极少数"言"带指人宾语的情形，参甄尚灵 1985。)

员，而其他几类作为范畴基本消亡了。本节不细察各类双宾式的演变过程，只是分析双宾结构的主要演变特征和发展大势，主要讨论为动类、使动类双宾式的变化。

2.4.3.1 为动类双宾构式的衰亡

为动类双宾式的衰亡同"为"的语法化密切相关。据康国章(1999)，"为"的本义是"役象以助劳"，在甲骨卜辞中多作名词，引申为"有所作为"，后来成为泛义动词。"为"有了语法化的语义基础。其虚化还有句法位置和组合关系上的便利条件。指示时间信息的句法特征都体现在动词上，同一小句内同一个时间位置上发生多个动作行为时，只能选取其中一个主要动词来指示时间信息，其余次要动词的动词性逐渐减弱，若其句法位置因高频使用而逐渐固定下来，语义就会更抽象化，其句法功能逐渐变化，演变为核心谓语的修饰或补充成分。它就从词汇单位被重新分析成句法单位，常常引进与动作行为密切相关的对象(详参石毓智，1995)。

"为"在西周铭文中多作及物动词，其中有一类宾语为领属性偏正结构，作受事定语的"人"理解为动作的受益者，这在卜辞中用例不多，在先秦典籍中使用渐多，如：

(63) a. 其为祖丁门。(甲编 2769 片)

   b. 一之日于貉，取彼狐狸，为公子裘。(《诗经·豳风·七月》)

这些句法结构因此有歧义。为动类动宾关系本身在理解上已经隐含有介词"为"的语法功能和语义特征，当使用"之"指代某人时，整个结构倾向于为动类双宾式①，再如：

(64) a. 使尽之，而为之箪食与肉。(《左传·宣2》)

   b. (按：晋文公)乃命弗杀(按：叔詹)，厚为之礼而归之②。(《国语·晋语四》)

   c. 瘄(慎)为之名(铭)，元器其旧哉。(邾公华钟铭文)

   d. 君子疾夫舍曰欲之，而必为之辞。(《论语·季氏》)

---

① 若"之"有领属性质，则不属双宾式，如"吾羞，不忍为之下。(《史记·廉颇蔺相如列传》)"。

② 还有"重为之礼而归之。《左传·成3》"。"为之礼"被不同的状语修饰时，语义不同。用"厚"，"为"表给予义，用"重"，则表"举行、行(礼)"义；表给予义时，"礼"位置上的名词，如"赐"，所指也并不明确，不如"赐之+NP"双宾式表达明晰，故该结构缺乏竞争力。

（64）b 句有转移交接义，但句尾词可能兼有名、动词性，"之"指代对象有时须用表义更清晰的名词替换，先秦汉语里没有"为之为+NP"结构，若两个 NP 之间有领属关系，"为+NP+X"格式的句法属性就可能有歧解，要借助语境知识等来解读，如（64）c、d 句中的"名（铭）、辞"①；同时，"为+之/ NP +X"中 X 由动词活用为名词的情形也渐增。X 可作兼类解读，助推了"为+之+NP"结构中"为"的语法化。例如：

（65）a. 且君尝为晋君赐矣②。（《左传·僖30》）

　　　 b. 置桓公子雍于榖，易牙奉之以为鲁援。（《左传·僖26》）

　　　 c. 为人谋而不忠乎？（《论语·学而》）

"为+O₁+O₂"中的 O₂ 位置上用实义动词逐渐普遍，同"为"的泛义性形成竞争并逐渐夺取对时间信息的指示能力，从而取代"为"而成为主要谓语动词，而"为"义虚化，仅指示为动对象。而"为+NP+V（O）"的结构其实很早就已出现，虚化的"为"（还有表示与动的"与"等）和泛义的"为"在各自的结构中并用，此消彼长中，"为"愈加虚化，例如：

（66）a. 楚王畲璋，为从士铸。（《金文通释·楚王畲璋剑》）

　　　 b. 我其为王穆卜。（《尚书·金滕》）

　　　 c. 有三年者，则必为之再祭。（《礼记·礼运》）

　　　 d. 君不乡道，不志于仁，而求为之强战，是辅桀也。（《孟子·告子下》）

上组例句 b、c、d 中动词之前还有副词，V 带宾语后，其实义动词性更强、主要动词的地位更稳固，借助重新分析和类推等语法化机制和高频使用等条件，V 的位置还能使用结构更复杂的状态动词或形容词等。此时，"为"已完全虚

---

①　据王力（2000：1523，1417）和王凤阳（2011：328，326，606，607），"名（铭）"是刻在器皿上的文字，又转喻作动词；"辞"指诉讼中的讼词或辞令，含借口义，后泛化指言词，表推托借口的"辞"最早应是状语；因为常用，它单用时也可以转喻表推辞不受。此例中，"辞"的词性两可。若据语境把"之"理解为征伐一事，则应解读为双宾式。"为+之/NP+V"的格式与为动类双宾式已经并行使用了。

②　"为晋君赐"有歧解。一说"为"表被动。《左传》已有用此类用例，如"止，将为三军获。（《左传·襄18》）"，公元三世纪，引介施事的介词是"为"。但杨伯峻（1981：480）释为"有赐于晋君也"（秦曾纳夷吾），将"为"解为"给予"，将"赐"解为"恩惠"。王力（2001：21）赞同此说，释为"施恩"。"为""与"上古音相近，故"谓与曰为"。所以有"不相为谋"被引作"不相与谋。（《盐铁论》）"。除64）a、b 外，另，"齐侯将为臧纥田。（《左传·襄23》）"杜预注："与之田邑。"可见，为动类双宾式可能被视为"与+双宾语"的变体。"赐"作"恩惠"解也有大量事实依据，故我们认为"为晋君赐"仍属为动类双宾式。

化，例如：

(67) a. 庖丁为文惠君解牛……，为之四顾，为之踌躇满志。(《庄子·养生主》)

　　b. 我能为君辟土地，充府库。(《孟子·告子下》)

　　c. ……闻其饥寒为之哀，见其劳苦为之悲。(《说苑·政理》)

　　d. ……，晋献公为之终夜不寐。(《说苑·尊贤》)

　　e. 为我杀兵二人。《晏子春秋·内篇·谏下》

"为"因为泛义性在双宾式中易致歧解，其语法化及其所依附的"状中结构+动(宾)结构"(即"PP+V(O)")用形义对应的句法手段专司引介受益对象，让一个动词仅支配一个宾语，因能消歧而更具竞争力，其演变过程也符合汉语句法演变中非论元的 PP 左移而前置于动词的大势①，为动类双宾式终究渐被"PP+V(O)"取代，这在先秦中后期已露端倪(参刘宋川，2002；贾齐华，2003)。战国时期以后出现的"为 O_1 V/为 O_2"结构常被用来训释为动类双宾式，如"作僖公主者何？为僖公作主也。(《公羊传·文 2》)"。根据刘宋川(2001)，汉代以后为动类双宾式在口语中逐渐消失而由"为"字状中结构来替代。再如：

(68) a. 谁从作尔室。(《诗经·小雅·雨无正》)(郑笺：谁随为女作室。见孙良明 1994a：71)

　　b. 吾能为之足……此为蛇为足之说也。(《史记·楚世家》)

战国中期以后的文献中，为动类双宾式在《孟子》《庄子》《墨子》《荀子》等文献中明显少见了②。《韩非子》《吕氏春秋》中仍见双宾式和"为 O_1 V/为 O_2"结构并存，西汉之后的文献如《史记》中"为 O_1 为 O_2"结构用法剧增，至于东汉及后世各类文献中还有出现的，一般皆为仿古、存古之作。

2.4.3.2　使动类双宾构式的衰亡

使动类双宾式的衰亡同使令范畴的发展相关，使役动词"使、令"语法化

---

① 据何乐士(1991)，这在公元前 1 世纪已开始。石毓智(2011：18-20，186-189，202)认为这是新出现的、有同样功能的谓语前介词替代谓语后介词，"S+PP+VP"结构的出现是动补结构的产生对句法特别是语序重大影响的体现，动补的融合排斥受事名词插入其中，而动补短语带宾语受限，多不能带 $O_{受事}$，因此原先位于动后的 $O_{受事}$ 需要重新安置，这就诱发连动结构中的第一动词虚化，以区别动前名词的语义角色；由于类推效应，句子的信息组织方式发生巨变，原先与"动作+结果"不一致的不表结果的 PP 大量前移，引发一系列句法变化，催生了多种句式。新旧 PP 之间的替代在 10 至 15 世纪之间完成。

② 此论未必准确，但足见在总体上，为动类双宾句在该期使用不多，渐被取代。

而变成致使标记，从根本上动摇了词汇-形态形式的使役表达赖以存在的句法基础①，当"NP₁+使/令+NP₂+V(+NP₃)"结构和动补结构逐步取代 VO 形式的使役表达时，基于 VO 的使令类双宾式也就逐步消亡了。"使"最早见于甲骨文，至春秋战国时期，是表派使义的实义动词，例如：

(69) 贞：史使人往于唐。(《甲骨文合集》(3-5544))

从西周时期开始，"使"出现语法化萌芽，可表"命令、指示"义，例如：

(70) a. 子路使子羔为费宰。(《论语·先进》)

   b. 余知其死所，而长者使余勿言。(《左传·哀 16》)

对于"NP₁+使(+NP₂)+V+NP₃"的使役原型义，一般认为与意图使役有关(详参李佐丰，2003，大西克也，2009，曹晋，2011)：在动词语义特征制约下，主使者 NP₁ 认为受使者 NP₂ 有能力实施某行为，以口头命令授意，促使 NP₂ 行事，NP₂ 仅是接受 NP₁ 的意图去完成该行为，而 VP 表述的行为也须是 NP₂ 能够独立完成的，NP₂ 的行为仅体现 NP₁ 的意图，被使事件是否如愿完成取决于 NP₂，NP₂ 可能拒绝行事，这就是被使事件的未然性②。例如：

(71) 昔者有馈生鱼于郑子产，子产使校人畜之池。(《孟子·万章上》)

据曹晋(2011)，语义特征方面，NP₁ 是[+有生 & 有定]，同 NP₂ 之间有[+上下/尊卑关系]，NP₂ 是人，VP 是[+自主性]。由于 NP₂ 可以指不确定的人，且 NP₁ 可从缺，这会引发使令义向让使义转变，形成"(NP₁)+使+NP₂+VP"形式。这是第三个演变阶段③。例如：

(72) 夫杨，横树之即生……然使十人树之而一人拔之，则毋生杨矣。(《韩非子·说林上》)

大西克也(2009)则关注被使事件中谓语动词的自主性特征变化，徐丹

---

① 据 Comrie(1989：209)，一般区分词汇使役、形态使役和句法使役等三种使役结构。据梅祖麟(1991)、石毓智(2011：34，178-183)和洪波(2003)，上古早期使动形态的主要表现形式是 * s-前缀，汉代以后，"清浊别义"出现，此外还有后缀 * -s、 * -? 和中缀 * -r-以及声调变换的破读法。清浊别义作为能产的构词法在东汉已开始衰落，到 6 世纪渐趋消亡；到 1 世纪以后，由于"Vt+使令动词+Vi"的复杂使成式连动结构兴起，自动词的使动用法在口语中基本消失，至魏晋六朝时，该用法基本上成了残存的文言形式。

② 大西克也(2009)指出，句法使役倾向于表口头命令或指示等间接使役，使役情景包含致使事件和被使事件，致使使役中的致事(causer)和使事(causee)都是有生论元，被使事件中的谓语都是自主(volitional)动词。

③ 李佐丰(2003)和大西克也指出，春秋战国时期"使"字句用例相当多，"使"的语义多且杂，并不如"派使""使令"和"让使"这样泾渭分明。这是"使"字句演变中的连续统，它不影响当前的分析。

（2003）和 Xu（2006：136-138）有相同主张。动词自主性降低促进了"使"的语法化：被使事件的完成主体变成了致事 NP_1，"使"不再表具体的致使事件，而变成了致使范畴标记。除了动词的自主性有由高到低的渐变趋势，其他语义特征变化，如致事论元的主观性向客观性变化、致事和使事论元的有生性向无生性变化、NP_1 和 NP_2 之间的上下/尊卑关系从有到无的变化，同期都已发生，例如：

（73）a. 石碏使其宰獳羊肩莅杀石厚于陈。（《左传·隐4》）

　　　b. 若资东阳之盗使杀之，其可乎？……乃使椒鸣召其父而复之。（《国语·楚语上》）

上例 a 句中 NP_1 "石碏"同其家臣 NP_2 "獳羊肩"之间的关系决定了句法结构的相对简单和"使"的使令义解读，而 b 句中 NP_1 "子木"同 NP_2 "东阳之盗"之间无类似关系，故此时"使"表让使义。[+上下/尊卑关系]的消失会促使"使令"向"让使"转变（另参 Xu，2006：127）。NP_2 对谓语动词[+自主性]的降低也会带来相同结果，例如下面"弃礼违亲"的让使义解读：

（74）天降郑祸，使淫观状，弃礼违亲。（《国语·晋语四》）

　　邵永海（2003：278）、曹晋和大西克也都指出，NP_1 和 NP_2 失去[+有生]性，对"使、令"演化为表让使义的轻动词至关重要。该变化在同一时期和同一文献中都出现了，难以确定发生变化的先后顺序。无生命名词通过隐喻和类推机制可进入 NP_1 和 NP_2 位置，例如：

（75）a. ……，而王子若彼者，<u>其居</u>使之然也。（《孟子·尽心上》）

　　　b. 子产使<u>都鄙</u>有章，<u>上下</u>有服，<u>田</u>有封洫，<u>庐井</u>有伍。（《左传·襄30》）

NP_1 和 NP_2 只要有一个失去了有生性，就不再能表达主观使令义，"使"表达更抽象的"让使"，被使事件从未然变成已然，让使事件变成由 NP_1 导致的，NP_1 不再支配 NP_2。大西克也指出，无生主语致使句的语法化程度最高。使令义兼语句变成让使义的"使+宾语从句"后，形容词或状态动词也能占据该从句位置，使事变成当事，这加深了"使"的虚化。例如：

（76）a. 止之之道，……毋使枝<u>茂</u>……填其汹渊，毋使水<u>清</u>。（《韩非子·扬权》）

　　　b. ……臣将当战之时，臣使鼓<u>不鸣</u>。（《韩非子·说林下》）

其中，"NP_2+VP+（NP_3）"由各种句法形式表示"NP_2 被导致处于某种状态"是致使范畴发展的又一重要阶段，再如：

(77) 尔以谗慝贪惏事君，而多杀不辜，余必使尔罢于奔命以死。(《左传·成7》)

让使义句子在表达让使的程度以及让使成分实现的语法形式方面，除了用句法关系体现外，有的用话语关系体现，"使"字前会出现同被使事件本身无因果关系的其他谓语形式。若"使"后谓语动词有自主性，它就接近"允让、容许"及让使义，例如：

(78) 吾欲为君谋，使子孙知之。(《左传·定元》)

"使"的虚化还涉及说话人表述角度变化：NP₁的[+目的性]消失，被使事件变成由 NP₁ 支配。从语用推理走向句法形式的语法化进程同致事和被使事件之间的关系从主观到客观、从具体到抽象的过程是一致的，虽然让使程度有差异。致事和使事的无生化使得意志性致使不复存在，这导致起因性的前景化和非意志性致使，让使意义转变成表达事件之间的因果关系。曹晋(2011)指出，上古汉语时期，让使义"使"字句使用普遍，但话语类让使义"使"字句是主流，这说明致使和被使事件的语义整合度不高。后来，致使成分和被使事件之间的因果关系愈加明显，致使关系愈加不需要依赖于语境就能表达，被使事件必然是已然状态，致事成分和被使事件的表现形式更加多样化，两者的抽象程度逐渐增高。至此，句法形式的致使范畴基本形成。再如：

(79) 吾王之好田猎，夫何使我至于此极也？(《孟子·梁惠王下》)

西汉以前的"使"字句表致因性的致使已相当成熟。据曹晋和杨伯峻、何乐士(1992：588-594)，中古汉语使令义和让使义的"使"都继续虚化，在前者，NP₂ 倾向于出现，"使"的动词性继续减弱，使令义继续向让使义转变，轻动词性质的"使"表达让使义时只带一个宾语从句；而在后者，"之"更多地充任 NP₂，致使事件和被使事件用并列形式表达的用例渐增，表遍指义的不确指名词"人"作 NP₂，心理动词能与之共现，NP₁ 和 NP₂ 可同时用无生名词，同时，状态动词和形容词更多占据 VP 位置，"VP+使+AP"形式出现。此时，"使"已变成致使标记。大西克也指出，"使"字使役句的语法化实际上已在上古时期基本完成，中古以后的发展主要是量变(另参刘承慧，1999：351)。

据刘文正(2008)和曹晋，使令动词"令"的虚化过程与"使"大致相同，只在速度、进程及使用普遍程度等方面有异。至西汉时期，"令"成为专用的让使义动词，由 NP 构成的让使义"令"字句逐渐普及。约自东汉时期始，它已是成熟的让使义动词，意义更虚，广泛用于表述"致使-行为"和"致使-情状"，可同"使"替换。例如，NP 位置的无生命名词的用例增多，含"令"的否定句大量出现，"VP+令+AP"形式经过类似发展也出现了，"令"的致使义的语法意义也发展到了最高阶段，见如下发展轨迹：

（80）a. 五色令人目盲；五音令人耳聋；五味令人口爽。（《老子》）

　　　b. 夫决水使之东西，犹染丝令之青赤也。（《论衡·本性》）

　　　c. ……，令四更中熟。……，薄摊令极冷。（《齐民要术·笨麴并酒》）

刘文正（2008，2011）和曹晋都注意到，"VP+使/令+AP"结构的出现表明致使范畴成熟、使役结构同形容词等词类使动用法有竞争，这同使动类双宾式的消亡关联。先秦时期形容词等词类可以和［+致使］自由地结合，这是表达致使义的主要形式，"令"作为完全意义上的让使义和致使标记的表达并非主流形式，难以同基于 VO 式的词汇性使动用法形成有力竞争，所以单宾和双宾式的使动用法一直延续。至西汉时期情况有变，到东汉之后变化重大。例如，对"共工与颛顼争为天子"故事的记载，《列子》仿古用使动用法，《淮南子》改用篇章手段，顺承前文使用 SV 式，其致使关系由语境提供，至东汉时期，旧法和"使/令"字句并用，可见旧法正在消亡，新法正在兴起：

（81）a. 其后共工氏……怒而触不周之山，折天柱，绝地维。（《列子·汤问》）

　　　b. 昔者共工……怒而触不周之山。天柱折，地维绝。（《淮南子·天文训》）

　　　c. 共工……怒而触不周之山，使天柱折，地维绝。（《论衡·对作》）

词汇性的使动用法大部分用于人对物的行为，所以当让使义使令句还要求 NP$_1$ 和 NP$_2$ 都有［+有生性］时，使动用法还不会对"使/令"字句造成压力。但当"使/令"的虚化完成、致使性范畴义稳定后，大批无生名词充任 NP$_1$ 和 NP$_2$，"使/令+VP/AP"形式也出现并普及，于是让使义"使/令"句可以用分析性方法来表达原先由词汇性使动用法表达的意义，两式形成竞争，之前词汇使动用法中的形容词于是也能出现在"使/令"句中，例如：

（82）a. ……生之、杀之、富之、贫之、贵之、贱之……，毁令而不全①。（《管子·任法》）

　　　b. ……，既民不改，令人欲尽年耳。不欲为善，自令不全，……（《太平经》）

　　使令句的表达力很强，而词汇性使动用法受限，部分词类特别是形容词不

---

　　① "使/令"句致使义表达可能从一开始就同词汇使动式用法有竞争，例如"故水旱不能使之饥，寒暑不能使之疾……，则天不能使之富；……则天不能使之吉。（《荀子·天论》）"出现也较早，虽强度不大。

能自由地和[+致使]相结合，使动用法必然走向衰亡，使动义表达被兼语句或"使/令+AP"形式承担，最终又演变成使成式和动结式等其他格式。词汇性使动用法被淘汰还有双音化趋势等其他原因，但使令动词的功能扩展和致使范畴形成是主因。这也是使动类双宾式消亡的原因。

2.4.3.3 其他非典型双宾构式类型的衰亡

上述两类双宾式次类因为语法化导致为动义和使役义表达形式发生重大改变后逐渐消亡，给予类、教示类和夺取类等次类存续至今，其他非典型次类也都因为各种原因而基本或部分消亡了。总体来看，在上古汉语 VO 式能够承载众多动宾语义类型，但传信交际的有效性受到挑战，有关动词的同步语法化，有助分担 VO 式的部分语义内容表达。大约从上古后期到中古早期的时期内开始，大量语法化导致介词系统迅速成长，而且介词短语大量迁移至动前位置，众多双宾式次类被介宾式取代就是自然的了。

最终衰亡的这些双宾式次类本身就有一些平行替换句式在并用和成长，这些格式大多含有动-介词短语成分，不论是在动词前或后，尽管交替格式之间一般不会语义悬殊，但除了经济简洁、传承传统、仿古存古等原因外，两式在文体意义、构式语义特征和焦点信息等语用特征方面确有区别。双宾式语义负载过大，有时表义能力有限，需要用介词表明事件参与者关系，介词的这种标示作用分担了原先由动词语义框架关联和语境决定角色的任务，极大地提高了表义明晰性，显示出竞争优势。因此，各并行句式此消彼长，双宾式各次类逐渐衰亡的同时，PP 格式渐成主流。例如，早期还处在形成阶段的双宾式类型中，原因-对象型双宾式的替换形式是"VO$_{原因}$于 O$_{对象}$"，目的-对象型双宾式的替换形式有"VO$_{目的}$于 O$_{对象}$"[1]：

(83) a. 戊子卜，御雀父乙。（合 4115）

　　b. 御雀于父乙。（合 4114）

(84) a. 其祷年祖丁。（合 2827）

　　b. 其祷年于河。（合 28263）

---

① 据时兵（2003），其他替换格式还有"为 O$_{目的}$V O$_{对象}$"，如"为召固与祷柬大王"（《望山楚简》Ml·10），及"为 O$_{目的}$V 于 O$_{对象}$"，例如："……为子左尹它（从力）与祷於新王父司马子音戠牛，馈之。（《包山楚简》）(224)"甲骨文中还有数例"目的-材料类"双宾结构，但不具生命力，后被淘汰，例如："乙未卜，其宁方羌、一牛。（合 32022）"其中，"方"为"O$_{目的}$"，"羌、一牛"为"O$_{材料}$"。

原因-受事型双宾式("VO_{原因}O_{受事}"或"VO_{受事}O_{原因}")的替换形式是"VO_{受事}于
O_{原因}"：

(85) a. 过听于陈轸，失计韩傰。(《战国纵横家书·公仲傰谓韩王章》)

　　 b. 韩氏……过听于陈轸，失计于韩朋也。(《战国策·韩策一》)

空间方所类双宾式中，无论双宾语语序如何，指示空间概念的 NP 由介词"于"
"乎"等引介，试对比(55)各句，再如：

(86) a. 具老虾猪一，置之于里北门之外。(《春秋繁露·求雨》)

　　 b. 先王过举，擢之乎宾客之中，而离之乎群臣之上。(《战国策·燕策
二》)

凭借类双宾式则多被含介词"以、于"的介词短语作补语或状语的结构所替换，
可参(58)b、c 句等，再例如：

(87) a. 寡君闻君将治兵于敝邑，卜之以守龟。(《左传·昭5》)

　　 b. ……必察之以法，揆之以量，验之以数。(《吕氏春秋·谨听》)

　　 c. 德洽百姓，摄行政事，考之于天，然后在位。(《史记·秦楚之际月表》)

从例(55)c 句对应部分可见，"吾墓"可理解为方所成分或施益对象，"櫃"可
解读为"材料"。这种解读可能性说明古汉语动词后成分因为事件框架语义特
点和传统思维方式的影响在理解上常常有角色模糊性或歧义性。

　　由于语法化，新兴的和已有的介词如"因(为)、由、用"等引介原因，
"与、同"引介关涉对象，"为(了)"等引介目的、"对、向"等引介对象或目
标、朝向①，"以、将、赖"等引介工具、方式或材料，"在"引介方所，"自、
从、由"等引介源点，"到"等引介终点，"把、将"引介客事等成分并将其前置
于动词(这直接影响了空间方所类双宾式)。像这样，从前由多种类型双宾式
表达的语义关系在上古晚期或中古早期基本上都由各类介词来分担表达，且大
多前置于动词②。相关双宾式用法就逐渐衰微或消亡(详参张文，2013)。个别

---

① 据周芍、邵敬敏(2006)，介词"对"大致产生于东汉末期，其虚化动因是"于"过度
虚化、语义负荷过重。西汉时期，大多数 VN 语义角色关系都能用"于"来表示，亟待新元
素来分担，介词从秦汉以前的 6 个("于、在、以、用、由、自")增加到 20 个左右，含
"对"。同时，"于"开始由盛转衰。

② 洪波(2010：256-295)把处所成分分成六类，即起点、经由、活动场所、方向目
标、存在处所和终点，它们最初都在 V 后，从上古时期开始，前五种成分先后发生语序变
化，除存在处所成分由 V 后变成 V 前和 V 后皆可外，前四种都由 V 后变成 V 前。绝大多
数语序演变在上古或中古时期基本完成，因为广泛制约汉语语序的是时间顺序原则(PTS)，
处所成分由整体上的非理据性分布演变为整体上的理据性分布。

次类或零星用例也有留存至今的，比如东汉之后出现的使令类形式"V+O_{使事}+O_{结果}"，如"吓了我一身汗"等。至于称封类双宾式，有人主张处理为兼语式，因为两个 NP 之间可以填补动词"为、作、曰"等。但在古汉语中，"为"字多不省。添补字使得语义通显，这一做法同后世句法变化中添加各种介词的做法一致，该法沿用至今，但如今"为"就不能省略了①。为此，本书把无"为"的格式处理为双宾式。区别两式，还因为它们虽有语义和动词类方面的交集，但也有不相容之处。后世有些能进入兼语式的动词(以相同的词义)不能进入双宾式，例如"废、取(娶)"等：

(88) 大将军……，废贺归故国，赐汤沐邑二千户。(《汉书·武五子传》)

而有些动词虽能进入两式，但分布差异很大。如"进、命"主要用于兼语式；总体上看，能用于双宾式的用例明显少于兼语式。这表明，对有关动词的容纳，两式有不同的要求。称封类双宾式也是原型度很低的一类。

命名-称谓类双宾式次类也是如此。杨伯峻、何乐士(1992：600，610)指出，此类动词数量有限，且很固定，兼语后动词单一，是兼语式中很固定的格式。能用于双宾式的此类动词数量更有限，它们主要用于兼语式，例如"尊、谥、号、呼、命、名"等。典型双宾式的双宾语之间是[+领有/HAVE]语义关系，即物品转移交接完成、"O₁ 领有 O₂"，而称封类双宾式中双宾语之间是[+是/BE]判断关系，即"O₁ 是 O₂"，因此，此类双宾式从一开始就不典型。这里讨论的称封类双宾式所关联的两类兼语式仅仅是兼语式中的两个次类。本书区别出称封类双宾式并试图探寻双宾式在演变过程中同兼语式的关系。如今，此类格式多处理为宾补式，但因为形、义关联性，也可认为它是非典型双宾式。

2.4.3.4 原型双宾构式演变的主要特征

尽管张国宪(2001)认为双宾式的原型是夺取类，但夺取和给予常被视为互为镜像、概念互含，具有同一性。② 从古人的辩证思维来看，将相反或相对的两个动作概念化为同一个语言形式是可能的，比如施受同辞。教示问告类一

---

① 英语类似次级述谓结构中的 BE 动词性质的 *as* 的使用也是任意的，而命名-称谓类双宾式一般不能用 *as*。

② 不主张夺取义双宾式的理由之一是夺取类动词不能支配人，但根据张文(2013)，有的夺取类动词可带三种单宾语，如："客事型：盗所隐器，与盗同罪，……"(《左传·昭7》)；夺事型："郑人夺堵狗之妻，而归诸范氏。"(《左传·襄15》)和中立型："恭者不侮人，俭者不夺人。"(《孟子·离娄上》)。而且，夺取类与给予类和教示问告类双宾式自古至今一直存在平行的句式选择关系并且平行发展。这可能因为它们都属原型成员。

般被视为给予类的引申。因此，这三类双宾式可视为原型成员，延续至今。本节简述它们的历时演变特征和趋势。根据综合考察和分析，双宾式演变的重要特点和趋势总结如下：

第一，双宾句一直都有Ⅰ式和Ⅱ式，Ⅰ式一直占优势，Ⅱ式在唐代之前也较常见。两汉时期进入Ⅱ式的双宾句的动词语义类型最多，之后用例和允入动词的类型也逐渐减少，宋代以后衰微，到明代就基本不用于汉语共同语和北方方言了，但Ⅱ式仍在现代汉语南方方言内普遍使用，主要表达予取。

第二，整体上句法逐渐复杂化，例如双宾句与其他句式套合使用，包括自先秦至今都有和话题句套合使用，元明之后至今和处置式、被动式套合使用。还有双宾句的复化现象（"送他一本书看"）和双宾兼语句（"送他一条狗看门"），前者在先秦已有用例，其主体形式留存至今。这些杂糅句式体现了经济、有效原则。再就是动宾关系紧密化现象。西汉之后，VO_1O_2形式双宾句中单音节的 V 和 O_1 因关系密切而出现词汇化倾向，如"留意 X、致意 X、求救 X、寄语 X、得罪 X"等，元明以后，单音节的 V 和 O_2 关系逐渐密切，出现了类似离合词的用法，如"告 X 状、救 X 命、讨 X 教"等。这是受词汇复音化趋势影响。

第三，动词语义演变方面，自古至今，允入动词的数量总体上渐增，虽有部分动词不再能进入，如"嫁"只在西汉之前见于双宾句。清代中叶以前古汉语史上的高频动词是"赐、与"，现在则变成了"给、送"。此外，满足一定语义条件的非三价动词，特别是现代汉语中归属于二价的动词进入双宾式的总量增多。

第四，关于双宾动词音节演变①，根据张文（2013：143），西汉以后出现大量复音化双宾动词，其内部以近义为主，如"赂遗、赏赐、虏略、侵夺"等。宋代之后，持拿义动词经常与其他给予义动词连用，如"把还、把借"等。元明以后，"V 与"形式的动词激增，还出现了同素逆序动词，如"侍奉"和"奉侍"。

第五，双宾动词带宾语的能力也有演变，它主要和"V 与/给"类双宾式和夺取类双宾式有关，有的从中立型变成与事型给予类动词，如"与"，或变成客事型，如"供"，或从与事型变成中立型，如"赏"。自上古至明代主要的给

① 郭锡良（2005b：258）指出词汇复化趋势：西周时期出现该倾向；春秋战国时期和魏晋南北朝时期迅猛发展，大量复音词产生；唐五代时期，复音词作为基本语法单位的地位逐步确立。

予类动词"与"曾是中立型，清代之后其地位被"给"替代，后者在清代发展成为纯粹给予义动词后也变为中立型。

第六，宾语的形义方面，自古至今，O_d 和 O_i 的[有生性]特征都有泛化，并可由处所等隐喻而来。元明之后，通过引申，宾语可表抽象概念。O_d 除可由 NP 充当外，还可以是 VP；元明以后，VP 性宾语变得更复杂。O_d 的数量短语形式有"数+量+名"和"名+数+量"两种，前者为主，后者在元明之后锐减，但前者形式变得更复杂、意义更抽象，甚至还可以是复杂性谓词性结构或转喻性动量结构，如"给你两下子"①。O_d 如果带修饰语，该修饰语可以和中心语分裂开来使用。自古至今，双宾语都可使用代词，但 O_i 使用更多，各历史时期宾语的代词选用都有不同，总体上有增多的趋势。从整体上看，O_i 结构上经历了由简到繁，再由繁到简，O_d 则持续由简到繁，结构日趋复杂。② 宾语的语义角色和句法位置对有定和无定表达都有影响，对定指程度也有作用，总体上，O_i 倾向于有定，语义上由繁到简，O_d 倾向于无定，语义上由简到繁。

甲骨卜辞双宾结构可视为双宾式的前身之一，双宾式的演变一直稳定，贯穿汉语史全过程，不断稳定和成熟，其原型句式的变化很小。③ 它的发展不是独立自足的，一方面，相关的近义句法格式不断增多和复杂化，另一方面，一些重要语法现象的历史发展也在双宾式的演变中体现出来，如连动式、介词标记、动补式、兼语式以及情态和语态成分、时体标记"了、过"和短语扩展等，双宾式同这些形式互动，在动态平衡中发展。

2.4.3.5 一个基本工作假设

基于上述发现提出工作假设。汉语的宾语具有句法同质性，又有语义异质

---

① 据徐志林(2013：112-114)，O_d 在上古汉语时排斥 NP，到明代以后排斥指代性成分，到现代汉语时排斥光杆名词，该位置能容纳"一+量+名"结构具有重大语法意义：既为宾语的表达多样化提供了可能，也使双宾式的表达能力最大化。

② 据徐志林(2013：111-112)，上古汉语前期，人称代词作 O_i 占优势；从西汉到五代，O_i 主要由 N 或复杂 NP 充当；宋元时期以后又开始趋简，多由人称代词充当，至今如此。

③ 根据徐志林(2013：115-116)，句式发展成熟与否，要看是否基于原式不断衍生出新变式。双宾式大致经历了远古汉语至殷商时期的发生期、西周到宋元时期的发展期和明代以后的成熟期三个阶段，因为宋元时期由双宾式衍生出双宾兼语式，到明代，双宾兼语式又衍生出其他形式，且明代双宾式中核心动词的时体标记"了、过"已经同现代汉语的一致，"一+量+名"结构成熟，Ⅱ式已退出共同语。

性，动宾组合能激活有关的事件框架语义知识，意合性语法的动宾式表义功能强大。双宾式在早期其语义负载量大，满足了经济性原则，但违背了有效性原则。为追求表义明晰性，汉语发生了语法化、语序调整、复音化、句法成分结构复杂化、动补结构出现以及词汇量增大等演变，双宾式也从相对不稳定到逐渐稳定经历了长期发展。介词作用不断增强、分析性表义手段增多等逐渐改变或增加了句法形式，双宾式的大部分次类被新兴的句式取代，语表负载极大地被分担。双宾式演变大势是，其语义类型渐少，最终变成了专司物品所有权转移交接表达的形式，即语义表达窄化或专门化（narrowing or specialization）。自明代以后双宾式的演变都在这个窄化后的句法框架内进行。这种大势体现了汉语句法由综合到分析的特点，以及形、义之间的渐趋严格和单一的对应。这符合构式化的定义，即汉语双宾式经历一个形、义不断稳固和确定的过程，语义表达内容不断窄化，从古至今，形成了一个倒置三角形。

双宾式的基础形式和义类亘古以来不曾改变，而某些语义类型因为不同的原因而逐渐消亡或被淘汰。不同时期允入动词的语义类型虽然较多，但总有一批共有的核心义动词，其变化在较长时间跨度内明显，特别是高频动词。下面讨论各期双宾式的形义特征。

2.4.4 殷墟甲骨卜辞中的双宾式

汉语界对殷墟甲骨卜辞中的双宾式特别是双宾动词的研究已相当深入，例如管燮初（1953/1986）、沈培（1992）、喻遂生（2000）、张玉金（2001）、杨逢彬（2003）、时兵（2002/2007）、陈练文（2008）、齐航福（2010）等。现代汉语里的双宾式类型，在卜辞中都能找到。

卜辞中有非祭祀动词和祭祀动词。根据杨逢彬（2003），前者共有 161 个，后者有 81 个，占所有动词的 33.5%，是仅次于行为动词的小类。可见祭祀活动在当时重要且频繁。这两类动词都能构成双宾句，祭祀动词构成的双宾句有自身的形式特点，它们最终都被废弃不用了，而能带双宾语的非祭祀动词数量有限，都有表达给予的意味，这些动词或者它们的后世替换动词一直延续使用至今。这可能是双宾式的源头。祭祀动词的数量在各家之间有差异，从 50 多个到 130 多个不等（详参沈培，1992；张玉金，2001；郑继娥，2004；齐航福，2010），它们形成的句法结构都记录人类献祭行为，亦即"为何向谁献祭什么"，献祭的原因、对象/神祇和祭牲/品同现时就可能构成三宾句，若只出现两个成分则构成双宾句。一般认为，根据所带宾语的类型差异，祭祀动词可分为甲、乙两种，甲种动词可带这三类宾语中的任何一类、两类或三类，乙种动词却从来不带原因宾语(参邓统湘,2006;曾小鹏,2006)。根据所带宾语的类型,我们对甲、乙两种祭祀类动词进行比较。

2.4.4.1　甲种祭祀类动词所在的双宾结构及相关句法结构

结合沈培(1992)、喻遂生(2000)和郑继娥(2004)等人的统计,甲种动词有"御、祷、酒、告、祐、祝、宁、裸、视、侑①"等。先考察此类动词如何构成双宾句、三宾句及涉"于"的关联结构。来看双宾句。

能构成双宾句的动词共 8 个,且各自构成的双宾句数量不同,依次是"御(30)、酒(30)、祷(10)、告(5)、裸(5)、祐(4)、祝(3)、宁(1)"。这些动词根据双宾语类型的不同又进入三种类型,分别是:a)"V+$O_{对象}$+$O_{祭牲}$",b)"V+$O_{原因}$+$O_{对象}$"和 c)"V+$O_{祭牲}$+$O_{对象}$",各动词在这三个次类中的分布不同,例如,"御"可见于这三种类型,"祷、酒、裸、告"可进入其中 a)、b)两种类型,"宁、祐、祝"只见于其中 a)一种类型,例举如下:

第一类(共计 46 例):V+$O_{对象}$+$O_{祭牲}$

(89) a. 祷大甲卅牛。(1436,沈培,1992:98)

　　b. 乙未卜,其宁方羌、一牛。(32022,沈培,1992:99)

　　c. 庚辰卜,王祝父辛羊豕;乃酒父□。(19921,沈培,1992:100)

第二类(共计 29 例):V+$O_{原因}$+$O_{对象}$

(90) a. 其告秋上甲,其立中。(28207,沈培,1992:93)

　　b. 裸蒙(?)方大丁。(20623,沈培,1992:94)

第三类(共计 13 例):V+$O_{祭牲}$+$O_{对象}$

(91) a. 乙亥子卜,来己酒羊妣己。(21547,沈培,1992:100)

　　b. 丁巳卜,御三牢妣庚。(22294,沈培,1992:100)

这三种双宾句类型有使用频率区分,第一类使用最频繁,"御"是高频词,这些动词内部在双宾式中的使用有明显的选择限制性和分布两极性,卜辞中的双宾式尽管有形式共性,但语义上有一定差别,而这些动词的使用同这些双宾式的语义次类之间有较明显的对应。如果考虑三宾句,那么上述差异就显得不太重要,它毕竟只是共性内的差别。但若考虑后期变化,并将 $O_{祭牲}$ 处理为受事宾语,就能发现,第一类和第三类格式沿用至今,尽管后者主要用于方言和口

---

① 据喻遂生(2000)和贾燕子(2004),"侑"也见于双宾和"于"字句等句式,例如,"贞:翌辛丑其侑祖辛牢。(23002)"、"丙申卜,贞:翌丁酉,禽侑于丁一牛。(《合集4048》)"。但用例很少,本书不计入。

语，而第二类格式同三宾句一样最终都消亡了。

再来看甲种祭祀类动词构成的"于"字句。卜辞中已有"以"字句，不过数量极少。有人主张把含有"于""以"介词短语的句法结构也视为双宾式，例如管燮初（1953/1986）、贝罗贝（1986）和沈培（1992）等，我们支持喻遂生（2000）和张玉金（2001）等的观点，不将语义标准作为唯一评判标准，而认为上述句法结构是区别于双宾式的近义结构。

在类型学意义上，双宾式是有标记的结构，而含有类似"于"介词短语的结构是无标记的。这在甲种祭祀类动词构成的语句中得到验证，它们更常用于"于"字句，"于"字句的出现频率远远高于双宾句的。如前述，"于+NP$_{处所}$"结构后置于动词并位于句尾，符合时空-顺序象似性，它临摹了事件发生的自然顺序，全句有不同的语义表达。

据相关统计，几乎所有的甲种祭祀类动词都构成"于"字句，共约 266 句，包括"祷（100）、御（70）、告（65）、酒（20）、宁（6）、祝（3）、裸（2）"。其中，进入 a）类"V+O$_{原因}$+于+O$_{对象}$"结构的最多，共计 195 句，约占总数的 73.31%。涉及"祷（89）、御（58）、告（39）、宁（6）、祝（2）、裸（1）"；进入 b）类"V+于+O$_{对象}$+O$_{祭牲}$"结构的共 55 例，约占总数的 20.68%，涉及"祷（10）、御（11）、告（26）、酒（6）、祝（1）、裸（1）"；而进入 c）类"V+ O$_{祭牲}$+于+O$_{对象}$"结构的共 16 例，约占总数的 6.02%，涉及"酒（14）、祷（1）、御（1）"。例如：

第一类（共计 195 例）：V+O$_{原因}$+于+O$_{对象}$

(92) a. 甲子卜，其祷雨于东方。（30173，沈培，1992：92）

　　　b. 甲申卜，宾贞：告秋于河。（9627，沈培，1992：93）

　　　c. 癸未卜，其宁风于方，有雨。（30260，沈培，1992：94）

第二类（共计 55 例）：V+于+O$_{对象}$+O$_{祭牲}$

(93) a. 甲辰卜，□贞：告于丁一牛。五月。（2543，沈培，1992：98）

　　　b. 辛亥卜，祝于二父一人，王受佑。（27037，沈培，1992：100）

第三类（共计 16 例）：V+ O$_{祭牲}$+于+O$_{对象}$

(94) a. 丙子卜，祷牛于祖庚。（22186，沈培，1992：101）

　　　b. 酒五十牛于河。（1403，沈培，1992：101）

其中，"祷"和"御"能进入三种句法格式，但主要见于第一类，极少见于第三类，较多见于第二类；而"宁"仅见于第一类；"酒"不见于第一类，主要见于第三类，较多见于第二类；"告、宁、祝、裸"主要见于第一类，较多见于第二类，不见于第三类，且"祝、裸"的使用频率极低。可见，甲种祭祀类动词进入"于"字句的三种类型时，有强烈的选择偏好和明显的分布规律。沈培

（1992：95）指出，若涉及 $O_{对象}$ 和 $O_{原因}$，则"V（+于）+ $O_{对象}$ +$O_{原因}$"的形式仅见 1例，即"祷于河年，有雨。（28259）"，此时最常用格式是"V+$O_{原因}$ +于+ $O_{对象}$"，也少量见于同词序的双宾式，"于"从缺；如涉及 $O_{对象}$ 和 $O_{祭牲}$，此类动词仍会选择类似的"于"字句和双宾句，即"V（+于）+$O_{对象}$ +$O_{祭牲}$"，但又以"于"字句偏多。这表明，甲种祭祀类动词在涉及宾语不同语义角色时表现出两类格式的选择偏好，且动词内部也表现出明显的选择偏好，这两种句法格式对立并存，似乎有某种语义表达分工，"于"字句似乎更能表达对神祇先祖等祭祀对象的尊崇。

最后看甲种祭祀类动词构成的三宾句。三宾句涉及原因、对象和祭牲义宾语，据陈初生（1991）和沈培（1992）等，这仅见于甲种祭祀类动词，如"御、祷、宁、酒、告"等，共计 17 例，其中，"御"的用例最多，凡 8 见，其次是"祷、宁"，各共 3 见，"酒"凡 2 见，"告"则仅见 1 例。沈培（1992）区分的三种三宾语格式，只有 a)"V+$O_{原因}$ + $O_{对象}$ +$O_{祭牲}$"合格，b)"V+$O_{原因}$ +于+ $O_{对象}$ +$O_{祭牲}$"和 c)"V+$O_{原因}$ +$O_{祭牲}$ +于+ $O_{对象}$"属于"于"字句，假如文献释读和断句都可靠的话[①]。使用频率方面，b 式最高，共 41 例，c 式用例很少。无论用哪个句式，动词后总是跟 $O_{原因}$，无论 $O_{对象}$ 和 $O_{祭牲}$ 彼此的语序，都在 $O_{原因}$ 后，"于"总是引介对象，可见其表义是明确和稳定的。a 式三宾句例如：

(95) a. 辛卯卜，甲午祷禾（或"年"）上甲三牛？用。（合集 33309）

　　b. 辛酉卜，宁风亚九豕。（合集 34138）

我们主张汉语单宾句、双宾句和三宾句在宾语亦即动后 NP 处置上的原则一致性。有人质疑甲骨文中 $O_{原因}$ 的属性，徐志林（2009）认为应将其统一分析为补语，否则就违背了时间顺序和逻辑顺序原则和观念距离象似性原则。我们主张，认知语言学原则没有绝对性，认知具有相对性和文化特征，认知和思维方式会影响甚至决定言语方式，包括各语义角色的语序模式和标记方式，语用原则是语言使用遵循的最高原则，因此，常规语序模式因现实表达需求可以变化，非常规语序格局可以形成新构式，例如倒装句和各种修辞格。前文已述，甲种祭祀动词同其所进入的句法格式之间有显著的对应，稳定的对应和分布关系即证明构式的存在。由于语用等原因，三宾句也可能出现语序变化，例如：

(96) a. 甲申卜，御妇鼠姁己三牝牡？十二月。（合集 19987）

---

① 目前学界对甲骨卜辞三宾语有疑。根据杨逢彬（2003），甲骨文中只有"于"和"自"两个介词，一般认为"于"来自动词，但在很多句子里其词性纠缠不清，而"自"也很可能由动词虚化而来。

　　b. 一牛一羊御妇鼠妣己？（同上）

　　c. 一牛御妇鼠妣己？（同上）

以上三句出自同一甲骨，每句都有三个名词关联"御"。（96）a 句中，祭牲名词置于动后，而在 b、c 句中则置于动前。非常规性语序变化的主要动因一般是新旧信息对照和意义凸显，对照和凸显的标准就是常规语序模式，b 句和 c 句就是对照常规的 a 句，也就是三宾句。

　　此外，类型学意义上违背一些认知语言学原则的现象是常见的，各语言借助约定俗成或形成自己特殊的言语方式和组织模式，且不说少见的 OSV、OVS 和 VSO 语序模式，四种基本语序即 SVO、SOV、VSO、VOS 中，动词居前的模式就违背了原则。句法模式作为信息组织的固定方式只要有相对的稳定性和形义对应性，就具有构式性。同时，语言的信息组织方式也有有效性差异。上古时期，语法简古粗糙，受制于各种条件，表达的经济性和有效性之间的矛盾突出，语言特别是句法的演变总体上就是不断适应现实需要，调和矛盾，实现最佳表达。因此，历史上多次出现"短命"的句法格式：不适应要求和需求的旧格式较快或逐渐消亡，被经济有效、表达力强的格式替代，例如补语系统的建立，原先动后的很多成分逐渐前移至动前位置。甲骨卜辞的三宾句、双宾句和相关"于"字句就体现了上述特点和规律。不过，从甲骨文开始，语序固定日趋明显。

　　有关原因宾语的讨论已经很成熟了。朱德熙（1985）指出，判定宾语要坚持形、义兼顾的标准，但形式标准优胜于意义标准。各家在适用时也多偏形式标准。高名凯（1960，2011）认为，宾语是引导动作的目标，它所指的人或物并不表示动作落其上；动作虽只能落于一物，却可同时被两个目标所引导，这就是双宾语。邢福义（1993）指出，宾语处于动后位置，表示相关的人或事物，用于回答"谁、什么"等相关问题；宾语是动词性成分的对待成分，两者间关系复杂。谢晓明（2008）持相同观点。邢向东、兰宾汉（2006）认为宾语是述语的支配或关涉对象，只能通过该关系来确定动宾关系。马庆株（2010）持类似观点，认为受事和宾语的搭配不能绝对化，主语并非施事莫属，宾语并非受事莫属。齐沪扬（2007）有近似的观点，认为述宾语之间缺少停顿，有较紧密的意义和结构联系。这些都跟本书宾语是被动词激活和关联的框架语义角色这一主张一致。

　　各家在宾语语义类型划分上有不同，但在确定原因宾语方面共识很多。从丁声树等（1961）开始，吕叔湘（1979）、宋玉柱（1979，1981）、李临定（1983）、徐枢（1985）、孟庆海（1986，1987）、崔承一（1988）、刘云、李晋霞（1998）、郭继懋(1998)、孟琮(1999)、王纯清(2000)和齐沪扬(2007)等都明确区分出了原因宾语(等非典型宾语),其中,王纯清(2000)从动词对宾语认知域的统辖由强到弱的程度区分出虚体、常体和代体等三种宾语类型,认为原因宾语是动词最难统辖的宾语类型之一。这同邢福义(1991)和谢晓明(2004)的处理方式一致,邢文区分出施事宾语、常规受事宾语和非常规宾语,所谓的(非)常规性和代体宾语及其理解方式就是本书所说的框架概念激活和转喻性表达。

我们所主张的汉语直接宾语的形、义普遍特征,就是稳定和高频使用的动名组合(V·NP),而其特异性特征,就是汉民族基于动词的事件框架语义知识的关联性、整体-直觉-意象性的思维方式和言语组织形式:人们根据该知识将有关参与者角色一概置于动后位置,除了受事、施事等容易激活的角色,方所、方式、工具、原因、目的、对象等其他角色也可激活,只是容易度有差异,比如陈平(1994)总结的语义角色优先等级序列:施事>感事>工具>系事>地点>对象>受事,越靠左的角色越易作主语,越靠右的角色越易作宾语。孔令达、丁凌云(2002)发现,儿童语言的体词性宾语语义成分的发展序列为:受事>处所>结果、与事>系事>对象、工具、材料、内容、施事>角色>方式,儿童习得 V·NP 结构时,越靠右的角色越难理解、越晚习得。这些序列说明,语义角色在人脑关于事件知识的激活操作中有优先等级序列。由于汉语缺乏严格的形态标记,在虚词还不发达时,主要靠稳定的语序模式和与之对应的意义来交际,形成约定俗成的 VO 格式。由于内含多样语义类型,激活和解读时需要靠体验、靠联想和想象等。

某些动词和宾语在一定时期内可能互补分布,作排他性选择。像郑继娥(2004)所说的"集"类只能带原因宾语的动词并不少,"贡"因概念语义限制也通常只接"贡品"义受事宾语。当然,句法恒变,VO 组合更是如此,假以时日,原有结构可能不再使用或不多使用,例如"赐、献"(详参潘秋平,2010:74-94;2011:129-159)和"问"(车淑娅,2008:265-318)的用法。前文已述,像三宾句那样,宾语数量越多,所激活的语义角色类型就越多,角色分配任务就越重,就越容易导致含混和歧义。解决办法就是固定形义匹配,将祭祀活动的事件知识与该形式对应并约定俗成化,或使用"于"等引介角色,或调整角色的位置,或成分简省,或用另外的动名组合分担,减少动后宾语的数量。

自然语言中一个动词能带三个或以上宾语的情形很少见,英语中可能只有 *bet* 能带三个宾语,且含一个 *that*-型非典宾语。因此,三宾句不仅数量很少,而且商代以后不再见,是可以理解的。陈初生(1991)、郑继娥(2004)对此都有解释。就祭祀活动语言表达而言,为何事(O原因)用何物(O祭牲)向谁(O对象)

祭祀这三个要素中，"祭牲"是最受关注的信息，神祇对象也较重要，因此，依次表达它们就成了一种倾向，用"V+O对象+O祭牲"的格式，让"对象"紧跟动词后得到凸显，让"祭牲"处于句尾焦点信息位置。随着祭祀活动重要性降低，语言表达更适用于调整后的人际关系认识，特别是人类自身的重要性，与三宾和双宾句有关的表给予、奉献、进贡义的结构更多用来表示天子和诸侯、君臣以及官奴、主仆、上下级等关系，也是重要的原因。

三宾语结构消亡了，但含原因宾语的单宾句和双宾句并未随之消失。后来，含原因宾语的双宾句也消亡了，但此类单宾结构仍留存至今，在很多地方和语域内仍有生命力，例如现在还说"挠痒痒、拉痢疾、逃荒、逃债、逃难、跑日本、愁经费、操心家务、计较个人得失、救火、晕船、哭威海、哀旅顺、怨平壤"等。

2.4.4.2　乙种祭祀类动词构成的双宾句及其关联句法结构

乙种祭祀类动词不带原因宾语。杨逢彬（2003）认为能带双宾语的甲种祭祀类动词共 8 个、乙种祭祀类动词共 34 个、行为动词共 9 个，总计 51 个，贾燕子（2003）的统计总数是 52 个。沈培（1992）列举了 31 个乙种祭祀类动词，如"燎、帝、岁、施、宜、用、夕、升、肇、日、卯、登、又、以"等，其中21 个带双宾语，分别进入 1)"V+O对象+O祭牲"和 2)"V+O祭牲+O对象"格式，共计229 个用例，其中能进入前者的有 18 个动词，共计 176 用例，能进入后者的有 9 个动词，共计 53 用例。从动词数量和用例数看，乙种祭祀类动词主要进入前一类结构。同样，它们在进入这两类双宾式时也表现出强烈的偏向性和排他性，如最高频动词"业"进入 1)式的有 120 例，但无 2)式用例，动词"又"进入 2)式的有 23 例，但无 1)式用例；同"业"的另一动词"暂"，用在 1)式的有16 例，同"又"的另一动词"登"用在 2)式的有 6 例。即使有动词能进入两式，如"用"，其对比也明显，用于 2)式的有 13 例，而用在 1)式的只有 2 例（徐志林，2013：124-125）。例如：

第一类："V+O对象+O祭牲"格式（共 176 用例）

(97) a. 业父一牛。（272 反，沈培，1992：106）

　　　b. 丙辰卜，尹贞：其夕父丁三牢。（珠 725，沈培，1992：107）

第二类："V+O祭牲+O对象"格式（共 53 用例）

(98) a. 癸丑卜，王升二羌祖乙。（19761，沈培，1992：108）

　　　b. 甲午卜，登泰高祖乙。（32459，沈培，1992：108）

乙种祭祀类动词也排他性地进入相关的两类"于"字句，即前述 b)式"V+于+

$O_{对象}+O_{祭牲}$"和 c)式"$V+O_{祭牲}+$于$+O_{对象}$"。从用例总数来看，b)式的最多，达359 例，而 c)式的也不少，达 119 例，多于"$V+O_{祭牲}+O_{对象}$"格式的用例。同样，动词"㞢"和"燎"排他性地或压倒性地用于 b)式，分别有 241 例和 91 例，动词"又"和"登"排他性地进入 c)式，分别为 55 例和 8 例；其他动词的用例总数很少，要么只进入其中一式、两式或者进入其中三式，偏好明显。像"燎"和"用"这样能进入四式的动词极少。即使如此，"燎"也是压倒性地用于 b)式，"用"也是压倒性地用于 c)式。这一点同甲类祭祀动词的完全一致！

有关双宾句中，动词同构式之间有明显的选择性偏好，中间既有度的差异，两端也有极点的区别，这体现了使用频率对句法格式稳定性的影响，它造成了形义间的对应。频率差异如何产生？比如动词"㞢"和"燎"偏好"$V+$（于）$+O_{对象}+O_{祭牲}$"格式，沈培（1992）指出，是因为它们是经常进行的祭祀活动，而其他类型的祭祀活动一般不单独进行，所以用例就少。徐志林（2013：125）指出，在三个宾语可能构成的六个句式中，祭祀动词更多地用于"$V+O_{对象}+O_{祭牲}$"（73%）、"$V+O_{祭牲}+O_{对象}$"（17.4%）和"$V+O_{原因}+O_{对象}$"（9.6%）。这说明，"$V+O_{对象}+O_{祭牲}$"格式是甲骨文双宾句里的优势形式，祭祀动词内使用最频繁的是"㞢"（120 例）、"酒"（19 例）、"晋"（16 例）和"御"（11 例）。可以把这个高频格式视为双宾式的源头和原型之一，其动词语义都和"献祭"有关，表"虚拟给予"。

但祭祀类动词更多见于"于"字句，如"$V_{甲}+O_{原因}+$于$+O_{对象}$"和"$V_{甲}+$于$+O_{对象}+O_{原因}$"的用例总数比，甲类动词的是 195∶55，远高于两类双宾式用例数（分别低于 50 和 30），乙类动词的是 359∶119，也大大超出两类双宾式用例数。这再次证明"于"字句和双宾句的（有）标记性特征。

2.4.4.3　甲骨卜辞中非祭祀双宾动词和双宾句及其关联结构

甲骨卜辞中的非祭祀动词有 20 多个，能带双宾语的约占一半。杨逢彬（2003）、时兵（2007）和齐航福（2010）等的考证结果和分类差别较大一点。沈培（1992）区分了三类共 10 个动词，分别是：

给予义动词（Va 类）：受、锡、畀，只进入"$V+O_1+O_2$"式；

取得义动词（Vb 类）：求、乞、丏，允入"$V+O_2+$（于）$+O_1$"式

制作义动词（Vc 类）：降、作、以、肇，允入"$V+O_1+O_2$"和"$V+O_2+O_1$"式

张玉金（2001）的分类与此类似，他认为取得义动词不能包含"求、丏"，因为它们只能用于"于"字句，不过时兵（2002）的语料考查显示，"丏"可进入 I 式（$V+O_i+O_d$）和 II 式（$V+O_d+O_i$）。喻遂生（2000）将 Va 类和 Vc 类统归为给

予义动词,并添加了另外四个,即"来、氏(致)、禀、颁",并认为取得义动词有四个。时兵(2007)的动词分类最细致,类似于现代汉语的分类。

比照沈培(1992)的三分方案,给予义动词主要是"受(授)、易(赐/锡)、畀、见(献)"等,取得类动词主要是"乞、丐、取、得"等,制作义动词主要有"降、作、以、肇"等。对"禀"和"肇"等的给予或取得义有争议,这或许表明,某些动词可能像"借、假、贾"那样施受同辞、概念化了双向动作。非祭祀动词中,表给予义动词的双宾句用例如:

(99) a. 甲辰卜,争贞:我伐马方,帝受我祐。(合集 6664 正)

    b. 己未卜,壳贞:岳其禀我旅?(合集 1027 正)

    c. 贞,弗其(颁)鼋邛方?(合集 18811,喻遂生 2000:139)

    d. 贞:易(赐)多女有贝朋。(合集 11438)

    e. 贞:丁畀我束。(合集 15940 正)

表取得义动词的双宾句例如:

(100) a. 甲午卜:惠周乞牛多子。(合集 3240)

    b. 口口[卜],争贞,取汝妾?(合集 657)

    c. 甲子卜,壳贞:得口①甾?(合集 601)

表制作义动词的双宾句例如:

(101) a. 戊申卜:争贞:帝其降我旱/暵。一月。(合集 10171 正)

    b. 贞,帝其作我孽。(合集 14184)

    c. 贞,唯帝肇王疾。(合集 14222 正丙)

能带双宾语的非祭祀动词及其构成的双宾句数量有限,但其语义主要是具体性"给予",制作义动词和用法已见端倪,也表广义给予义;宾语有客事和与事两类,前者都由具体的人充当,后者多是具体离散的物件,也有相当具体而易被人类体认的灾祸、疾病等。这也是汉语双宾式的一个源头。绝大部分给予义动词能进入 I 式,且其中大部分只能进入该式,少数部分,如"受、致、称"等,可同时进入 I 式和 II 式,但是"颁"只能进入 II 式,"人、见/献"除能进入 I、II 式外,也能进入"V+O_d+于+O_i"格式,"延"能进入"V+O_d+(于+)O_i"格式。对照祭祀类双宾动词,非祭祀类双宾动词对句式的选择与之完全一致,既有优选的 I 式(如"受/授、见/献"),也有跨句式的选择可能,同时也有排他性句式选择(如"赐、畀")以及偏好性句式选择(如"人")。这说明了古

---

① 据喻遂生(2000:141),此"口"处甲骨文字表示"罪隶","甾"为方国名,意为"得罪隶于甾国"。

人对祭祀类和非祭祀类动词的使用遵循相同的认知和使用规则，也说明了形式不同却语义相关的句式的存在。

Ⅱ式允入的给予义动词和用例都很少，和"V+O_d+于+ O_i"格式的用例基本相当，例如下面"入、见/献、延"的用法：

（102）己亥卜，壳贞，曰：戈氏齿王。（合集 17308）

（103）a. 乙卯，子见口玉于丁，永用。（合集 49004）

　　　 b. 戊寅卜，翌己子其见玉于丁，永（用）。（花东 H3：1348，时兵，2007：91）

（104）乙亥卜，子其入白一于丁。（花东 H3：791，时兵，2007：92）

（105）戊卜，于【日翌】己［延］休＜于丁＞。（花东子组 53，齐航福，2010：100）

取得义双宾句中，"取、丐"都能进入Ⅰ、Ⅱ式，也能进入"V+O_d+于+ O_i"格式，即"于"介宾式，"乞"则只能进入Ⅱ式和"于"介宾式，"得"只能进入Ⅱ式，"求"只能进入"于"介宾式。根据齐航福（2010：108-109），取得义双宾动词更多地进入"于"介宾式，该格式的用例数最多，Ⅰ式的双宾句多数见于武丁中期，Ⅱ式的双宾句则多数见于武丁中晚期到祖庚时期，这个使用和变化特点平行于"于"介宾式语句。这说明，"于"介宾式是更普遍的的无标记结构，使用"于"介引角色，避免了双宾式可能的表义问题。也可借助动词义来避免这种缺憾，例如制作类动词进入双宾句，则不需要"于"的介引，它和给予义动词一样主要进入Ⅰ式，利用右向转移交接的语义特征，此类用法多见于武丁中晚期到祖庚时期，与上述两类用法平行，而少数动词也能进入Ⅱ式，不大会导致误解，因为它一方面平行和借助于"于"介宾式的表义依托，另一方面，所制作之物品同转移交接的人物在有生性方面差别明显。取得义和制作义动词的用例各举如下：

（106）a. 庚戌卜，其匄（丐）禾马宁？（花东 H3：466，时兵，2007：93）

　　　 b. 戊辰卜，古贞：乎取马于氏（致）。三月。（合集 8797 正）

　　　 c. 丁卜：……乍（作）宾匕（妣）庚。（花东 H3：684＋1152，时兵，2007：97）

这两类动词构成的双宾句在数量、句式偏好和分布等方面同给予义动词的一样。

2.4.4.4　甲骨卜辞中双宾结构形式对后世双宾构式发展的意义

自然语言中双宾式的原型范畴都以给予义为核心，表达离散有形物品的所有权在两个有生实体之间的成功即时转移交接，有生实体有意志和操控力，原型双宾动词通常表"给"义，其次是表信息传递的告诉义和询问义，原型范畴会借助隐喻和转喻等机制引申，表义内容从物质域向非物质域扩展，表示不同类型的给予和导致某种效应(详参张国华，2011：57-114)。

汉语双宾式的源头与甲骨文里祭祀类动词以及表给予义的一般动词密不可分。古人文明程度低，迷信万物有灵，相信世界一切均由其主宰，他们在天神、地祇、人鬼的偶像面前陈列贡品，向神灵献礼和致敬，求其降福免灾。这种灵魂观念的派生物，是把人与人之间的求索酬报关系推广到人与神之间而产生的活动，是比照人间行为而对神灵的讨好与收买。各种祭祀活动频繁举行，是殷商时期人民生活中的大事，所谓"国之大事，在祀与戎"(《左传·成13》)。对频繁祭祀活动的记录自然也反映在相关句法结构和动词使用上，语言结构和现实同构。

上述两类动词在双宾式原型范畴建立方面作用如何？目前并无可靠证据证明，古人间的转移交接行为发生的频率和普遍度要低于祭祀活动所涉及的虚拟给予行为的发生频率和普遍度。古时"神不歆非类，民不祀非族"，祭祀有严格的等级界限：天神地祇只能由天子祭祀，诸侯大夫可以祭祀山川，士庶人则只能祭祀自己的祖先和灶神。照理说，普罗大众举办的祭祀活动应该更高频、更普遍，但现有语料未能反映祭祀类和非祭祀类动词进入双宾式孰早孰晚。不过，祭祀活动的文字表达和记录的技能与手段最初只被少数人掌握，或许只能说，两类动词在双宾式范畴建立的过程中同等重要。

正相反，祭祀对象既然都是神灵等虚幻物，这种给予行为则应衍生于社会中高频发生的人际间的物质予取行为，非祭祀类双宾动词更可能是祭祀类双宾动词用法的来源。实际上，这两类动词允入的句法格式及其反映出的使用和分布规律和特点完全是一致的，难以严格区分，某祭祀类动词的双宾句使用频率奇高，如"屮、酒、晋、御"等，往往是因为该类祭祀活动发生频率高(几乎每个动词代表某类祭祀活动)，而不必然表示该动词影响着人们日常生活中双宾式的使用，也不一定就是双宾式的原型成员。因此，我们倾向于强调非祭祀类双宾动词的作用。再者，三宾句最终消亡、Ⅰ式和Ⅱ式使用最基础，两式同相关"于"字句并存，甚至使用频率更低，而后世双宾式的演变历来以Ⅰ式为主(参张文，2013)，因此，我们主张，像"受(授)、易(赐)、畀、乞"这样的非祭祀类双宾动词对双宾式的建立及其发展至关重要。若依"例不十，法不立"的原则将用例太少的双宾动词排除，那么，高频动词就很少了，这些动词的作用和影响更是凸显。

总之，甲骨文中双宾动词允入的句式很丰富，后世能见到的双宾式各类都已经出现，它们之间有相对独立性和语义关联性，表义更清晰、更符合象似性原则和交际有效性且使用更频繁的格式是"于"字句，与之有形义关联的、"于"字从缺的双宾式即Ⅱ式和Ⅰ式式也有较高的使用频率，它们更经济简约，是后世双宾式发展的基础。非祭祀类双宾动词很可能是原型动词，"受（授）、易（赐）、畀、乞"等在双宾式的范畴化过程中起重要作用，Ⅱ式可能来源更早，但Ⅰ式更具有原型语序特征。

2.4.5 西周时期的双宾式

对此期的相关研究主要涉及青铜器铭文以及传世文献中的双宾句。铭文风格典雅，格式固定，并不是当时口语的很好反映，可作参照。一般所用的传世文献，主要包括今文《尚书》和《逸周书》《周易》《诗经》等中的合适内容，比如徐志林（2013：25）。下文综述西周铭文和传世文献中的双宾句。

2.4.5.1 关于西周铭文双宾句现有的研究发现

关于此期双宾动词的语义类型和双宾语语序特点，已有不少描写性研究，主要见于沈春晖（1936）、管燮初（1981）、时兵（2002，2003，2007）、张玉金（2004）、邓章应（2004）和潘玉坤（2005）等。其中，沈春晖（1936）所用语料很有局限性，实际上讨论了Ⅰ式以及"于"字句等相关格式的结构特点和转换关系，他发现，Ⅰ式使用频率最高，占82.5%。管燮初（1981）的语料范围扩大，已注意到$O_{直接}$出现结构复杂化，也检索到2例Ⅱ式的用例。张玉金（2004）的检索规模更大，主要根据36个双宾动词的使用特点为双宾句分类，其界定标准与本书同，对原型的给予和夺取类双宾动词的句法格式考察发现，使用最普遍的还是Ⅰ式和Ⅱ式，此时某些二价动词已经能构成双宾句，分为使动、为动、因动、对动、在动等几类，共性是，其中一个宾语表受事，另一个宾语与动词有特殊动宾关系。邓章应（2004）对有关动词作的语义分类基本合理，其制作义动词如"作、铸、为"等其实就是进入为动类双宾式，他区分了"所有物发生转移类"，并指出该类占双宾句的主体。

潘玉坤（2005）对40个有关动词作了细致的语义分类，认为单音节双宾动词是主流，单双音节动词所占比例超过了四分之一，Ⅰ式的用例占绝大部分，$O_{间接}$结构多简单，而$O_{直接}$结构形式则可以更复杂，但他认为相关的"V+O+NP"格式（表处所、对象、工具等）是NP前省略了介词，归为补语类。

时兵（2002，2003）的界定及处理与本书相同。他对铭文中双宾动词作了语义分类，对给予类动词作了细分，并将铭文双宾句和甲骨卜辞双宾句以及传世文献部分双宾句作了比较。时兵（2007）又比较了西周和春秋时期 45 个双及物动词的句法格式使用情况，发现所区分的 5 类动词多数进入双宾式，进入双宾式与进入"于"字句和"以"字句时存在语义和语用性差异。某些动词在不同时期允入的句法结构有明显变化，如"教、谓"等在春秋晚期已能进入双宾式，而"夺、取"等在春秋时期可用于双宾式。虽然西周铭文和传世文献中已经大量使用处所类双宾句，但他不承认其双宾式地位。

2.4.5.2　西周铭文双宾动词及双宾句特点

铭文中双宾动词大致可分为四类：给予、夺取、告示和制作。

给予义双宾动词中，单音节动词约 27 个，最常用的是"易（赐）"，它们绝大多数只进入或主要进入 I 式，少数也能同时进入"于"字句。这些动词表示各种类型的给予，对给予者、给予物和接受者之间的类型和关系有细分，例如，"受（授）"表示神灵赐予人们福禄寿，也用于人际间一般性给予，"赏（商）、易（赐）"表示王侯对臣下的物质给予，"降"多表上帝或祖先的神灵赐予人们福分（"降余多福"），"宾（傧）"表示王的使者向受命者传达命令旨意，受命者则用物品馈赠使者，"媵"表示给予陪嫁物，"归（馈）"表示馈赠食物或其他礼物，"报"表报答，"即"表付与，"贻"表赠送，"祝"表赏赐或赠赐，等等。

此时出现了同义连文现象，如"怀授、予授、授赍、册赐、休赐、致归、册命、复付、赐釐"等，"赐"还常和"赏、宾、畀、贿①、祝"等连用。连文能彰显庄严郑重和正式的风格，它可能导致或反映某些后附动词的语义抽象化和概括化，类似语法化，例如，殷墟卜辞中常用的"畀"在西周铭文中单独使用明显见少，而同期传世文献中"畀"也常在连文中处于后附位置，其语义有虚化，表抽象给予义。殷商以后，它已经很少单独用来构成双及物句了，现代粤方言中的"畀"保留了亘古时代的语法特征。此期用例列举如下：

（107）a. 剌（烈）且（祖）文考，戈貯受牆（墙）尔□福襄錄。（史墙盘铭文）

　　　 b. 唯九月初吉戊辰，王才大宮，王姜易不壽裘，对扬王休。（《不壽簋》）

　　　 c. 余赐女秬鬯一卣。（《录伯簋》）

---

① 西周中期偏早的《贤簋》铭文说："……公命吏贿贤百亩粮，用乍（作）宝彝。"这可能是"贿"独用于铭文双宾式最早的例子。

    d. 王受(授)乍(作)册尹者(书)，卑(俾)册令免。(《免簋》)

    e. 易(赐)(釐)无疆。(大克鼎，《集成》5.2836，西周晚期，时兵，2007：123)

    f. 五月初吉甲申，懋父赏御正卫马匹自王，用作父戊宝尊彝。(《御正卫簋》)

    g. 公商(赏)贝束，用乍(作)父辛于彝。(《乍父辛卣》)

    h. 易(赐)畀师永氒田。(《师永盂》)

上述句中的给予义双宾动词具有铭文语言的特点，大部分也在同期和后世传世文献中继续使用，甚至持续到近、现代汉语，如"赏、易(赐)、受(授)、归、舍、致、报、献、偿、赍、分、畀、付"等，另一些动词后来使用渐少甚至废弃，如"降、釐、宾、贿、介、休、蔑、命(令)、媵、令、典、复、光、右"等。"降"的双宾用例始见于殷墟卜辞，多用于Ⅰ式，从西周早期开始有了"V+O_直接+于+O_间接"格式，据徐志林(2013：25-28)，它在《尚书》中仍属于较常用的核心词之一，但在春秋战国时期，就退出了核心动词范围。我们借鉴徐志林(2013：23-24)遴选100个基本双宾动词并再从中挑选出10个核心双宾动词的做法，以这些动词的使用为视角来比较各历史分期里核心双宾动词的变化。

    可见，Ⅰ式中，O_间接的结构通常简短，多为单音节或双音节的人名，O_直接一般也很简单，偶能见到简单的数量短语结构、名词性并列结构或偏正短语、单音节状语等作修饰用。O_直接结构繁复化的倾向已经显现。据潘玉坤(2005：29-30)，"易(赐)"双宾句中的O_直接结构成分复杂，同《诗经·大雅》中"锡(赐)"的用法类似。这或许表明，其结构繁复化最早可能从西周时期已经开始，已能见于该期的铭文和传世文献。关于Ⅱ式的用例，西周早期和中期铭文中给予义的"赏、作、报、受"等可进入，但用例不多(详参潘玉坤，2005：33；管燮初，1981：77；张玉金，2004：283)，而该式在殷墟卜辞中的用例多。可见，从殷商时期到西周中期，Ⅱ式的用例逐渐减少，可以想见，这个趋势在后世还在继续，因为后世双宾式中，Ⅰ式占绝对优势，而Ⅱ式现在主要见于方言，或有仿古色彩(参张文，2013；徐志林，2013)。

    西周铭文中双宾句涉及夺取、告示和制作义这三类动词的不多。夺取义双宾句主要涉及"受、罚、寇、赎、觅、割"等，都表"获取、取得"义，例如：

(108) a. 隹三月，王令荣眔(及)内史，曰：割井侯服，易臣三品。(《邢侯簋》)

    b. 王受皇天大鲁令。(五祀钟，《集成》2.358，时兵，2007：143)

    c. 今大赦女(汝)，便(鞭)女(汝)五百，罚女(汝)三百乎(锊)。(《集

　　成》16.10285，潘玉坤，2005：44)

　　d. 昔馑岁，匡众厥臣，廿夫，寇智禾十秭，以匡季告东宫。(《智鼎》)

　　e. 我既卖(赎)女(汝)五夫效父，用匹马、束丝。(《智鼎》)

　　f. 凡用即智田七田，人五夫，智觅匡卅秭。(《智鼎》)

告示义双宾动词仅"告"一个，它也能进入"于"字句和"以"字句，例如：

(109)告余先王若德，用印邵皇天。(《毛公鼎》)

制作义动词则有"乍(作)、为、铸"等三个，"作为、作铸"也可连文使用，例如：

(110) a. 乍(作)朕皇考叔氏宝替(林)钟，用喜侃皇考，皇考其嚴在上。(《士父钟》)

　　b. 屯蔑曆于□，用乍(作)黹彝父乙。(3847 屯鼎，潘玉坤，2005：38)

　　c. 益公为楚氏龢(和)钟。(《益公钟》)

　　d. 司寇良父作为卫姬壶，子子孙孙永保(宝)用。(《司寇良父壶》)

　　e. 用乍(作)铸引中(仲)宝簠，子子孙孙永宝用。(《小臣守簠》)

制作义双宾动词允入的格式同告示义动词类似，主要是 I 格式，但像例(110)b 句这样也有能见于 II 式的少数用例，这可能是因为该式同"于"字句之间紧密相关，它在春秋金文时期还能见到，例如：

(111)霝(灵)命难老，不(丕)显皇祖，其乍(祚)福元孙。(《叔夷钟》铭文)

　　可见，铭文双宾式在发展之中保持相对稳定，其动词数量较之甲骨文时期要多出数倍，特别是非祭祀类的给予义动词，对此期给予义双宾动词的分类更细(详参潘玉坤，2005：46)。总之，甲骨文非祭祀类给予义双宾动词大部分仍能见于西周铭文，部分高频动词也有沿用现象，变化不大，如"献"，但少数动词所在句法格式更趋稳定，如"受(授)、赐"等更多用于 I 式，极少数动词的双宾用例明显减少，如"入、颁"等，其他类型双宾动词，如制作义和告示义动词，基本无变化。一般认为，自西周铭文开始出现的双宾动词的复化趋势首先发生于西周早中期"畀"开始附着于"赆"或"休"之后，西周时期，"于"虚化为介词，因此，双宾动词的这种复化，可能是在 VV 结构中居后指示运动方向的动词"于"虚化后由"畀"去填补其空间而造成的一种衍生效应，不过，"畀"的这种用法虽然也造成了其他类似动词的 VV 式扩展，但似乎也只有"畀"一个词后来也发生了虚化。换言之，连动式中的居后动词位置是很容易发生语法化的位置，但并非该位置上的动词都会语法化。某(双及物性)实义动词同指示运动方向的虚化了的动词复合时，虚化动词在一定条件下弥补该实义动词的转移交接义表达的不足，像现在说"留给、说给、写给、扔给"等一样，"赆、投"等就是如此，"畀"就像"给"的作用。这种述语的繁复化从给予义动词开始，后来延伸扩展到告示、求取等其他动词，这扩展了双宾式容纳动词的范围。有些双音化动词后来也凝固成了复合词。述语的繁复化也表现为单音节前置状语的修饰，与此同时，O$_{直接}$繁复化的倾向更明显，出现了后置于名词中心语的数量结构修饰成分以及名词性结构的并列。

在语序模式上形成对照的是"畀"和"告"。前者在殷墟甲骨文时期只见于 I 式，但在西周时期又扩展到 II 式中，形成两式并用格局①，而后者则开始出现 I 式的用例，这个用法在后世逐渐成为主流，而在西周及甲骨文时期，"告"多用于"于"字句。动词允入的句式及其优势句式有类似历时改变，有些词变化很大，如"问"。

2.4.5.3 西周传世文献中的双宾句

一般把《诗经》语料处理为西周和春秋时期临界期的作品。徐志林(2013：25)析取了该期 10 个核心双宾动词作调查，借以管窥当时传世文献中的双宾式的主要用法。这并不是说其他文献中就没有使用这些动词(例如《尚书》有关研究，可详参钱宗武，2001；唐智燕，2005 等)，而是考虑到《诗经》的独特地位和采样代表性，这些动词很有代表性。

先看双宾动词类型。徐志林(2013：25)根据 10 个核心动词，检索到 70 个双宾句，我们可明显见到 10 个高频动词的用例频率分布，依次是"赐②、降(与)、贻/诒、授、受、畀、遗、赍、与、取"，其中，取得义动词只有"受、取"。我们聚焦核心给予义动词，但也考虑同期其他类型双宾动词。据各家统计，《诗经》中的双宾句有 120 多个，给予义动词除上述 10 个高频动词里的"赐(予)、降、贻/诒、赍、授、畀"之外，还可见"献、予、绥、复、介、釐(厘)、服、惠、怀、以、卜、饯"等，只是使用频率区别较大，其中大部分动词只见一二例。例如：

(112) a. 天乃锡禹洪范九畴……锡汝保极。(《尚书·周书·洪范》)

    b. 贻我彤管。(《诗经·邶风·静女》)

---

① 一般认为，"畀"的 O$_{直接}$是名词、O$_{间接}$是代词时，会优选 II 式(详参张玉金，2004)。代词宾语一般涉及音节特征限制和信息组合限制，这个条件很早就有且一直延续，"畀"就一直延续到现代粤方言中。

② 据徐志林(2013：25)，先有"易"，再有"锡"，最后分化出"赐"，各期选用的都不同，本书对此类动词不区分假借字和本字的问题，只考虑共同的语义特征。另如"贻/诒"表"赠送"或"遗留"。

  c. 猷告尔四国多方，惟尔殷侯尹民。我惟大降尔命，尔罔不知。(《尚书·周书·多方》)

  d. 釐尔圭瓒，秬鬯一卣，告于文人。(《诗经·大雅·江汉》)

  e. 先后丕降与汝罪疾。(《尚书·商书·盘庚中》)

  f. 神之听之，介尔景福。(《诗经·小雅·小明》)

  g. 疆埸有瓜，是剥是菹，献之皇祖。(《诗经·小雅·信南山》)

  h. 既载清酤，赉我思成。(《诗经·商颂·烈祖》)

  i. 或肆之筵，或授之几。(《诗经·周颂·有客》)

  j. 卜尔，万寿无疆。神之吊矣，诒尔多福。(《诗经·小雅·天保》)

  k. 用赉尔秬鬯一卣，彤弓一，彤矢百，卢弓一，卢矢百，马四匹，父往哉！(《尚书·周书·文侯之命》)

除了核心词汇中的"受、取"外，西周传世文献中其他类型双宾动词主要是告示义("告、诲、示、讯、命、毖、敕、谓、降(与)")和称谓义("谓")，以及一些二价动词，如甲骨文时期所见的"作、为"以及"弄、树、艺、佐、溉、立、生、衣、恒、肆、寝、种、置、成、荒、将、宜"等近30个动词。例如：

(113) a. 欲王以小民受天永命。(《尚书·周书·召诰》)

  b. 人之好我，示我周行。(《诗经·小雅·鹿鸣》)

  c. 告尔忧恤，诲尔序爵。(《诗经·大雅·桑柔》)

  d. 已焉哉！天实为之，谓之何哉！(《诗经·邶风·北门》)

  e. 彼君子女，谓之尹、吉。(《诗经·小雅·都人士》)

  f. 亹亹申伯，王缵①之事。(《诗经·大雅·崧高》)

(114) a. 凡此饮酒，或醉或否。既立之监，或佐之史。(《诗经·小雅·宾之初筵》)

  b. 谁能亨鱼？溉之釜鬵。谁将西归？怀之好音。(《诗经·桧风》)

  c. 文王初载，天作之合。(《诗经·大雅·大明》)

(115) 乃生男子，载寝之床。载衣之裳，载弄之璋……(《诗经·小雅·斯干》)

(116) 定之方中，作于楚宫。揆之以日，作于楚室。树之榛栗，……(《诗经·鄘风·定之方中》)

(117) a. 茀厥丰草，种之黄茂……恒之秬秠，是获是亩。(《诗经·大雅·生民》)

---

  ① 缵(纂 zuǎn)：继承。《郑笺》："亹亹(伟 wěi)，勉也。缵，继也。"《集传》："使之继其先世之事也。"

b. 蓺之荏菽、荏菽旆旆、禾役穟穟、麻麦幪幪、瓜瓞唪唪。(《诗经·大雅·生民》)

(118) a. ……，为公子裳。取彼狐狸，为公子裘。(《诗经·豳风·七月》)

b. ……生我百谷……畀我尸宾……是剥是菹，献之皇祖。(《诗经·小雅·信南山》)

(119) 诞置之隘巷，牛羊腓字之；诞置之平林，会伐平林；……(《诗经·大雅·生民》)

可见，西周传世文献中双宾动词的类型更多，其中，告示义动词虽有增加，但核心动词主体未变，称谓义动词构成的双宾结构，在次级述谓语义关系方面区分别于原型双宾式(如前文述 [BE] vs. [HAVE] 义)，前者更像是英语的宾语补足语结构。另外，"作、为、树、立、生、置"等二价动词在《诗经》中异军突起，也能允入Ⅰ式，例如(118)b 句中的"生、畀、献"、例(112)i 句中"肆、授"以及例(115)中"寝、衣、弄"所在的平行句式。这表明，西周传世文献中双宾式的构式义更丰富，产生了为动、空间方所、使动等次类用法，(114)a 句中，毛传释为"立酒之监"，郑玄笺："有醉者，有不醉者，则立使视之"，孔颖达疏："立监是众所推举"；例(116)中，树"榛、栗、椅、桐、梓、漆"等六种树木"于宫者，曰其长大可伐以为琴瑟。言豫备"。例(117)a 句中的"种"和"恒"(郑玄笺：遍种之)用法相同。这几个次类在那个时候已较常见了。

再看西周传世文献中的双宾式语序模式。Ⅰ式和Ⅱ式在殷墟甲骨卜辞双宾句中都已出现，但Ⅰ式用例最多，约占 75%。西周传世文献中，这个势头依然强劲，若以核心双宾动词而论，据徐志林(2013：26)的发现，西周传世文献中的双宾式主要采用Ⅰ式，占 92.9%，使用Ⅱ式的动词仅见于"献、降、畀、复"等，例如"伊尹既复政厥辟，将告归，乃陈戒于德。"(《尚书·商书·咸有一德》)，(118)b 句中的"献之皇祖"，再如：

(120) a. 王子！天毒降灾荒殷邦，方兴沈酗于酒。(《尚书·商书·微子》)

b. 尔乃自时洛邑，尚永力畋尔田，天惟畀矜尔。(《尚书·周书·多方》)

西周铭文中只有"赏、作"用于Ⅱ式的数例，这发生在大约西周早中期，可以肯定，Ⅱ式自殷墟卜辞时期至西周晚期一直衰减，这不是偶然，因为从信息组织功能、语篇结构、音韵要求等来说，Ⅰ式有其优势，而Ⅱ式有其限制，有关的语义表达还有很多竞争形式，例如"于"字句和"以"字句、简省从缺、话题句(双宾语皆可作话题)等。具体说来，代词表征旧信息，音节简短，在篇章中常先出现，宜作 $O_{间接}$，其后的句尾重心位置理论上不受结构或音节限制，例如(112)k 句中的"秬鬯一卣，彤弓一，彤矢百，卢弓一，卢矢百，马四匹"就是复杂的名词性短语并列而成的 $O_{直接}$。如果 $O_{间接}$ 过于复杂而 $O_{直接}$ 过于简单，则倾向于使用Ⅱ式，当然也有例外，像《诗经》经常"倒文以协韵"，例如"永锡祚胤""福禄宜之""福履绥之""福履将之""福履成之"等。有疑问代词宾语或否定形式的双宾句中，宾语必须前置。

最后来看西周传世文献中双宾语的特点。其语言仍显古雅简练，双宾句亦如此。以前述核心动词为例，徐志林(2013：28)发现，$O_{间接}$ 大多数是极简代词充任，如"尔、我、之"等，约占 60%，或者音节简短的光杆名词或代词和名词同位语，约占 40%，未见名词性短语作 $O_{间接}$。至于 $O_{直接}$，上文已述，Ⅰ式为其结构扩展准备了条件，虽然大多数 $O_{直接}$ 由光杆名词充任，但名词短语的成分已开始增多，据徐志林(2013：28)的统计，前者约占 83%，后者约占 17%，且多为偏正结构或并列结构。如果 $O_{直接}$ 太长、太繁复，《诗经》中还能借助某些词汇和句法手段将它们拆分成适合四字格的小句，前文已举"王遣申伯，路车乘马"例，再如：

(121) a. 显父饯之，清酒百壶。(《诗经·大雅·韩奕》)

b. 王锡韩侯，淑旂绥章，簟茀错衡，玄衮齿舄，……(《诗经·大雅·韩奕》)

$O_{直接}$ 还有语义虚化的倾向，表示抽象性给予。《国风》主要反映寻常百姓男女之间赠礼传情，转移交接物质性实体，如例(112)b 句中的"彤管"和类似的"彼留之子，贻我佩玖"。(《诗经·王风·丘中有麻》)等，但在《雅》《颂》及《尚书》等篇章中还涉及神灵降与的福祉灾祸、贵族赏赐、宴飨祝颂、情爱思绪等，因此有"(景)福、眉寿、昭明、思成、罪疾、百福、百祥、光、纯暇、(福)禄、羞(羞辱)、勇智、咎、灾、(洪范)九畴、保极、休(美)"等较抽象的概念(词汇)。这个变化较明显，对后世双宾句中宾语，特别是 $O_{直接}$ 的语义抽象化和概念引申有引领效应，它应该承自殷墟甲骨卜辞以来双宾句的同类用法。

总之，西周铭文和传世文献中的双宾句大多数使用Ⅰ式，Ⅱ式的使用渐少，核心给予义动词在继承前期用法的基础上有所扩展增加，其他双宾动词也有明显增加，类型更多，但新增动词的用例还很少，复合化双宾动词仍有使用

(例如(112)e句中的"降与"),相关的其他句式仍旧活跃,O$_{直接}$开始出现结构繁复趋势,其语义的抽象化特征开始出现,但O$_{间接}$仍以单音节代词和简短名词为主。双宾语的结构总体上仍简练经济,传世文献双宾句表现与铭文中乃至甲骨文中双宾句的表现基本一致,稳中有变。

2.4.6 春秋战国时期的双宾式

春秋战国时期中国社会发生了深刻变化,因此,语言使用上的发展变化是显著的,语料资源也是非常丰富的。刘宋川(1998/1999)考察了先秦15种代表性文献的双宾语结构的语义特征和动词类型,并对相关句法结构类型的转换、动词和双宾语的语法性质和句法作用进行了较全面的考察,是对先秦时期书面语双宾结构的较具代表性的断代性研究。我们暂以该研究结果作为参照标准,再结合其他学者的专书研究发现和我们自己的语料库调查结果来综观一下春秋战国时期双宾构式的主要特点及其发展变化特征。有关的研究出了上述刘文以外,还有李志军(2001)、郭万青(2008)、徐子宏(1989)、姜汉椿(1990)、邵永海(1990)、何乐士(2004)、潘玉坤、梁春妮(2009)、于竣嵘(2009)、徐适瑞(1987)、张先坦(2002a,b,c,d,2003,2004)等。

2.4.6.1 春秋战国时期双宾句的动词类型和双宾构式语义类型

由于各家界定标准及词汇语义解读不尽相同,相关双宾动词的数量和类型以及双宾句的总用例数和类型也不尽相同。我们依据徐志林(2013:28)确定的该期10个高频核心双宾动词及其用例,来对照和审视其他文献中的语料事实,在重点考察它们用法特点和规律的同时,也兼顾其他低频用例的特点和规律。所谓低频和高频用例并非绝对的,历时层面上,频数可能变化,动词的原型地位也会变化,这种变化也需要考察。

先看核心和边缘的予取义双宾动词。这10个核心动词分别是表给予义的"与(110)、赐(86)、予(54)、授(37)、遗(35)、假(22)、献(15)、馈(10)"及表获取义的"夺(86)、取(18)",根据徐志林(2013:28)对16种文献语料的调查,共473个双宾句。"假"除表"借给"的给予义外,还有"借走/来"的获取义共3例,都采用Ⅱ式,也算进来。由于给予义动词是该期双宾句中的主要动词类型,我们考察部分代表性文献中的上述核心动词及其他较高频动词的使用情况来做初步分析,作品按照年代先后顺序大致归类,如表2-1所示:

表 2-1　　　　春秋战国时期代表文献里的高频给予义和获取义双宾动词

动词\作品	与	赐①	予	授	遗	假	献	诒	降	为	许	归/馈②	输	分	夺	取	赏
《论语》	4						8					1			1		
《墨子》		2	19	7							2				11	1	3
《国语》	9	10	8	5	2		1		4	4	4	1	1	1	9	3	
《荀子》	6	1		3						1					10		
《韩非》	5	7	5	1	12	9	4								6		
《左传》	73	52	4	12	5	1	2	5	6	32	7	4/15	3	4	26	1	1
《庄子》	6	2		3													
《孟子》	6			1	1							3			1	4	
《战国》	24	12	7		12	4	14			5	10	7			8	1	
总数	133	86	43	36	35	14	19	5	10	21	23	31	4	5	72	10	4

可见，就典型和高频使用的给予义双宾动词以及获取义双宾动词而论，《论语》《墨子》《荀子》《韩非子》《庄子》和《孟子》的用例都相对较少，较为单一，尤其是《论语》和《庄子》，仅有四类动词，使用类型和数量最多的是《左传》《国语》和《战国策》，使用最多的给予义双宾动词仍是"与、赐、予、授、遗"这五个，使用最多的获取义双宾动词是"夺"，这个结果同徐志林（2013：28）的发现吻合。其中，《墨子》中不用"与"，而用"予"，其他文献多用"与"，以《左传》最多，除《墨子》外，另一半文献即使用了"予"，比例也不高。据王凤阳（2011：602-603，604，605），"与（予）"是表达给人东西时最常用的词，虽然要求所给物和所给人作双宾语，但更常突出交给谁（即 $O_{间接}$），所交之物或可承前省略，或者用介词在前面介绍，"与"的 $O_{直接}$ 除物品外，还可以是国家、君位、政治权力、天下等较抽象的概念，后来，"与"后也有少量省略表人宾语的用例；"授"也表示"予"，以物予人，但一般它只带表所授之物的宾语（即 $O_{直接}$），带双宾语的情形不多见，"与（予）"相当于现在的"（交）给"，其反义词是"夺、取"，这两个词表示从别人那里拿来或强取过来，"授"的反

---

①　本书不区分所涉假借字，但字形差别明显的古今字的"与、予"和假借字的"诒、遗"等仍区分。

②　"归"此处为归还义，"馈"统一处理为赠送他人他物（如食物）义。

义词是"受",两词大体相当于"递交"和"接受","授"和不同的宾语结合有交出、授予、传授、讲授之义,但一般要求事物作宾语。"遗"本义是无意失掉或留下东西,而表示"有意把东西留给或送给别人"时读作 wèi,表示"送与"或"留下"的"遗"应用范围很广,可以指留下物品、食物、言语信息、信件等;在"送人食物"意义上,"遗"分化为"馈(饋)",也作"餽",或借"归"来写,"馈"在"遗"主要用于表示"遗失、遗留"后,也泛指"赠予";"赐"(賜、锡)和"赏"都表示上对下、尊对卑的授予,但"赐"带有私人性质,是个人之间的赠予,表恩惠,"赏"最初指国家或有关部门根据规定给有功劳的人员以财物、爵位等,即《说文》所谓"赐有功也",《墨子·经说上》所谓"上报下之功也",是对功的酬答,后引申为赞扬、赞许义则是对好处的评价,"赏"的反义词是"罚、刑、诛",所赏之物经常是财物,所赐之物则通常宽泛,不仅是财物,还有更多,可引申至"赐谥、赐言、赐教、赐死"等。"赍"和"赐"是古今同义词,但"赍"在《尚书》中多用,《左传》中不用"赍",而用"赐";"贶"即"赐",源于"祝",含有祝福的成分,多是地位等同的人之间的善意赠与,在《诗经》中已有使用;"赏"是后起的,大约战国初期才开始使用,这从表 2-1 中看得明显,这种行为是交易原则应用于政治上的产物,"赍、赐"则笼罩了一层恩惠、施舍的面纱。上述动词在各期文献中都有所见,例如:

(122) a. 请免死之邑,公与之邑六十,以示子罕。(《左传·襄 27》)

b. 妇或赐之饮食、衣服、布帛、佩帨、茞兰,则受而献诸舅姑。(《礼记·内则》)

(123) a. 帝享女明德,使予锡女寿十年有九。(《墨子·明鬼下》)

b. 君赐臣死,死且不朽……(《左传·成 16》)

(124) a. 晋师……使齐人归我汶阳之田,公……赐三帅先路三命之服。(《左传·成 2》)

b. 于是……予之人百金……俄又益①之人二百金。(《韩非子·外储说右上》)

(125) a. ……中山之君烹其子而遗之羹。(《韩非子·说林上》)

b. 魏王贻我大瓠之种,我树之成而实五石……(《庄子·内篇·逍遥游》)

---

① 据王凤阳(2011:491),"益"义指水量增加,后有引申。古时多表水"增益"是不及物动词,用于双宾式有使动义,如"宣子说,乃益和田而与之和。(《国语·晋语八》)",派生出给予义。此中"益、予"对举。

可见，很多给予义动词使用已经很成熟了。另外，有些动词的使用分布有较明显绝对化倾向，而非平均分布于各文献，例如"分、诒、降、输"和"赏"①等只出现在很少的一两个文献中，且用例少，这既是用法传承，也反映了一种使用偏好，更可能反映了出现某种新用法的倾向，例如：

(126) a. 今君分之土而官之，是左之也。(《国语·晋语一》)

b. 夫惠本而后民归之志，民和而后神降之福。(《国语·鲁上》)

c. 秦穆……犹诒之法，而况夺之善人乎，诗曰："……若之何夺之，……是以并建圣哲，树之风声，分之采物，著之话言，为之律度，陈之艺极，引之表仪，予之法制，告之训典，教之防利，委②之常秩，道之以礼，……"(《左传·文6》)

d. 晋饥，秦输之粟，秦饥，晋闭之籴。(《左传·僖15》)

此外，"许"和"假"的双宾句用例在数量和分布上较突出，不过这并不必然意味着它们有用例增多的趋势。"许"被《说文》释为表"听言也"，即听从别人的话，对其要求表示答应，在上古时期只有应允义，没有容许义，侧重的是答应人的请求，故其宾语经常是"人"，从主要用于单宾结构向可以用于双宾结构的变化，值得关注，与之基本对应的 promise 或 allow 都能用于双宾构式，而在现代汉语通语中"许"一般不能用于双宾式(方言或口语中可以)，作双宾动词能表"(承)许诺式将来给予"，是基于原型"现场给予"的引申。另据王凤阳(2011：608)，在先秦，"假"与"借"同义，表向人求借、暂时使用别人的东西，又表示帮助别人，将自己的所有物暂时给别人使用，"假助"即"借助、给助"义，"假"的宾语是突出关涉对象还是所假之物还会使其含义发生派生；根据《说文》，"借"即"假也"，所以，"假"和"借"可能是同一词的方言变体，无大的意义差别，"借"在先秦常写作其通用字"藉"，但"借(藉/籍)"更多用于借给别人东西，颜师古注，"借，助也"，《正字通》说"借，贷也，助也"，其给助、借助义更浓，求助义更淡；汉代以后，"假"和"借"逐渐分工，"假"逐渐专用于表虚假义，其"借"义逐渐为"借"所专有。既然两字仍有一定的区别，

---

① "分"在西周铭文中已有用例，在春秋战国时期用例显著增加。"赏"在西周铭文中用例较多，《左传》中很少，例如："晋侯赏桓子狄臣千室，亦赏士伯以瓜衍之县。(《宣15》)"

② "委"多用于"于"介宾式，例如"古者天子崩，则世子委政于冢宰三年。(《孔子家语·正论解》)"，但本书也将含"焉、诸"等代词性合音词的句子视为非典型性双宾式，这也适用于"委"，例如，"子皮以为忠，故委政焉，……(《左传·襄31》)""敝邑是惧，……委诸执事，……(《左传·襄22》)"等。

我们也循例将它们区别处理。例如：

(127) a. 天假之年，而除其害，天之所置，其可废乎？（《左传·僖28》）

b. ……，纳我而无二心者，吾皆许之上大夫之事，吾愿与伯父图之。（《左传·庄14》）

c. 昔者晋献公欲假道于虞以伐虢。荀息曰："君……，求假道焉，必假我道。"君曰："……若受吾币不假之道将奈何？"荀息曰："彼不假我道，必不敢受我币。若受我币而假我道，则是宝犹取之内府而藏之外府也，……"（《韩非子·十过》）

d. 魏文侯借道于赵攻中山……君不如借之道，而示之不得已。（《战国策·赵策一》）

e. ……；非其人而教之，赍盗粮，借贼兵也。（《荀子·大略》）

另外，为动类双宾句继续使用，且频率较高，这也是句式的承袭，虽然此时"为"仍能做实义动词，但其语法化倾向已明显，介词性"为(N)"置于动宾式之前的用例明显增多，一些二价动词能进入为动类双宾式，所以此期此类双宾句用例不少，例如：

(128) a. 古者圣王……故书之竹帛，琢之盘盂，传以遗后世子孙。（《墨子·尚贤下》）

b. 覆杯水于坳堂之上，则芥为之舟。（《庄子逍·遥游》）

c. （晋文公）乃命弗杀（叔詹），厚为之礼而归之。（《国语·晋语四》）

d. 赤也为之小，孰能为之大？（《论语·侍坐》）

e. 骊姬既远太子，乃生之言，太子由是得罪。（《国语·晋语一》）

f. 天生民而立之君。（《左传·襄14》）

g. 欲见贤人而不以其道，犹欲其入而闭之门也。（《孟子·万章下》）

《左传》的为动双宾句最多，动词类型也最多，除"为"外，还有"树、着、举、祈、作、立、陈、分"等，$O_{间接}$ 主要是代词"之"，间或用简短的人名，$O_{直接}$ 一般是"所做并所给之物"，偶尔也有较抽象的事物，或官职等，但用例少，常见于与典型双宾式对举成文的格式中，例如(126)c句。春秋战国时期之前就已有为动类双宾式用法，但"为"语法化后，后世文献中的该类用法逐渐衰亡，所以此期的为动类双宾句除有承袭意味，还有个人偏好因素，当代英语里还有为动义双宾句，其 $O_{间接}$ 主要是受益者，而上古汉语为动双宾句的 $O_{间接}$ 虽主要是受益者（如(126)c句），但也可以是受损者（如例(128)e句中的"之"、(126)d句中第二个"之"）。我们发现，含动词"为"的双宾句，$O_{直接}$ 大多比较抽象，多为名词，而"为+NP+VO"格式中，VO 通常都更具体实在，其表义内容因为 V 和 O 的开放性而比为动双宾式中的"为 O"更多样，描述力更强，这或许是此类双宾式衰亡的主因，再举数例①：

(129) a. 大子不得立矣，分之都城，而位以卿，先为之极，又焉得立？（《左传·闵元》）

　　 b. ……百物而为之备，使民知神奸。（《左传·宣 3》）

　　 c. 晋师自郑……晋侯、卫侯次于戚，以为之援。（《左传·襄元》）

除"为"外，承续前期双宾式用法的还有"畀"，但它仅见于《国语》和《左传》，且只有数例，可用于 I、II 式，例如：

(130) a. 庄王……则又畀之子反，卒于襄老。（《国语·楚语上》）

　　 b. ……王崩，周人将畀虢公政。（《左传·隐 3》）

　　 c. ……遂幽其妻，曰："畀余而大璧。"（《左传·襄 17》）

"献"，在《说文》中被释为"宗庙犬曰羹献，犬肥者以献之"，即祭祀中贡献祭品；段玉裁注"本祭祀奉犬牲之称，引申之为凡荐进之称"，郑玄注"古者致物于人，尊之则曰献"；引申为进献宝物、意见。"献"在《广雅·释诂》中又解为"进"，它是"享"的同源分化词，在古代指致物于尊者或所敬者，向客人、尊者敬酒也叫"献"，"享"泛化后，"献"分化出进献义，最早用于祭祀，后泛化，由献神兼及献人。（详参王凤阳，2011：605，623，680）先秦时期，其使用频率很高，多用于单宾式（其 $O_{直接}$ 指具体的人或物）或"于"字句或"以"字句，亦即"献"的与事一般不作 $O_{直接}$②，而必须由介词"于"来引介，用于该式时，有时候 $O_{直接}$ 也从缺，但极少用于双宾式，以《左传》为例，含给予义的"献"共有 224 句，仅 3 句见于双宾式，且是 II 式，例如：

(131) a. 蔡昭侯为两佩与两裘以如楚，献一佩一裘于昭王……，饮先从者酒，醉之，窃马而献之子常……蔡人闻之，固请而献佩于子常。（《左传·定 3》）

　　 b. 晋士会帅师灭赤狄甲氏，……，献狄俘于晋侯。（《左传·宣 16》）

　　 c. 翟人有献丰狐、玄豹之皮于晋文公，文公受客皮而叹曰……（《韩非子·喻老》）

　　 d. 宋人或得玉，献诸子罕，子罕弗受。（《左传·襄 15》）

　　 e. 栾氏之臣辛俞行，吏执之，献诸公。（《国语·晋语八》）

---

① 其他文献中的例如："……冬日则为之饘粥，夏日则与之瓜麮。（《荀子·富国》）"

② 跟"献"一样最开始不直接接与事作 $O_{直接}$ 的动词有很多，例如"委、致、奉"，多数都用于"于"介宾式或"以"字句结构。

前文已述，三价动词允入的句式对应于有关的事件框架语义，有关的语义角色在双宾式中得到不同程度的凸显，动后近宾语得到一定凸显，句尾的远宾语更为凸显，是信息焦点，今人看来似乎有相同或近似配价特征的动词，在上古汉语时期可能有概念框架差异，它们会进入不同的句式，或者会以某种句式为主，像"献、供、赐、委、问、奉、如、进、致、言、语、取、施、加、委"等都有各自的偏好句式，例如（43）a 句中"赐、献、入"各有偏好①，其中"入"一般不带 $O_{间接}$（但《史记》等后世文献里的"入"有双宾式用例）。上古汉语中，"赏、赠"更多用"以"字句，"归"表"归还"，多用于"于"字句。不论是单宾、双宾还是介宾式，都是对与事"受影响"的凸显，只是各自的方式不同。据潘秋平（2010），"赐"和"献"的句法分布互补。总体上，先秦传世文献中未见"献"用于Ⅰ式，自西汉后，始见该用法，例如：

(132) a. 齐王隘之："予我东地五百里，乃归子……"……傅慎子曰："献之地，所以为身也……臣故曰献之便。"太子入，致命齐王曰：……（《战国策·楚策二》）

　　 b. 高祖八年，……，赵王献之美人。（《史记·淮南衡山列传》）

变化是渐进、缓慢的。根据潘秋平（2010），"献"在《史记》中多用于介词短语格式及其他变式，双宾式和介词短语格式的用例比约为 1：7。据张先坦（2002b，2004），古汉语双宾式与其语义关联结构之间有某种转换关系，但其语序模式和双宾语结构等受到语用因素的影响，如强化、经济、明确、节律以及辞气的原则，双宾动词及其宾语的位置之间有一定的对应关系，主因还是动词自身的意义、深层的语义结构关系、时间顺序原则、词性以及语用因素。"献"类动词有这种句法格式选择变化，一个重要动因和条件是言语者需要调节凸显角色，即从凸显客事到凸显与事，使"献+$O_{间接}$"成为可能，在此过程中，除了借助事件框架语义知识和双宾式强大的示范和类推效应，"献诸"用

---

① 前文已述，"遗"可见于单宾句，带与事宾语，或者双宾句或"以"字句，但不见于"于"字句；"贻"（本义"赏赐"）、"贶"（《尔雅·释诂》释为"赐"，"贶"源于"祝"，故有祝福义，多指地位等同的人之间善意赠与，"加惠于人"）和"进、纳、传、贷、赠"等在《左传》中未见双宾句用例，"传、让、施、加"等也极少用于双宾式而主要用于"于"字句或"以"字句。其双宾用法在后世文献中虽有一定传承，但一直少见而未兴起，可见它们彼此为独立的句法格式；《庄子》的求取类动词虽较多，但都不用于双宾式；《韩非子》中含"假、借"的双宾句都表给予义，但二词表获取义时都只使用单宾式或"于"字句。所以，对动词及其句式的选择主要取决于作者的喜好和需要等因素。动词及其允入和偏好句式之间有某种对应关系。

法的增多为"献"最终用于Ⅰ式创造了条件，例如（122）b 句和（131）d、e 句，先秦汉语里，方位处所用"于"介引，舍弃"于"而用"诸"的格式应该有其句法-语义和语篇功能等方面的动因，受双宾式形义的影响以及向其靠拢趋同应该是原因之一。同类用例再如：

（133）……纣囚西伯羑里。……，求美女奇物善马以献纣，……西伯出而献洛
　　　　西之地，……（《史记·殷本纪》）

"献"如何从优先进入一个句式转而进入另一个关联句式，这里暂不深究。从殷商到春秋战国时期，"献"有较高的使用频率，开始从优先进入介词短语式及其他关联句式向进入双宾式转变，从而多个旧格式和一个新格式并用。

　　"夺"和"取"经历了跟"献"、"赐"类似的变化。从表 1 可见，"夺"较"取"使用频率更高，用例分布更广。前文已述获取义双宾式的争议性。潘秋平（2010：88-91）以"夺之牛"等"夺+之+名"结构为例证明，"之"和"其"在该式内可能互为解释，但如虑及之后的有关语言现象就发现，"其"分析为"之"的可能性更大，例如：

（134）a.　田恒……，遂杀简公而夺之政……皇喜遂杀宋君而夺其政。（《韩非
　　　　　　子·内储说下》）

　　　　b.　故群臣陈其言，君以其言授其事，事以责其功。（《韩非子·主道》）

　　　　c.　……，文王梦与武王九龄，武王梦帝予其九龄，其天已予之
　　　　　　矣，……（《论衡·感类》）

　　　　d.　……有人遗其双鹤，少时翅长欲飞。（《世说新语·言语》）

把表领格的"其"分析为非表领格的"之"，符合"其"的历时演变特征。还有一些旁证也能证明表领格的人称代词也可能有表非领格的句法功能，例如"吾、其"在《左传》有不表领有关系的用例：

（135）a.　既定尔娄猪，盍归吾艾豭。（《定 14》）

　　　　b.　乃通吴于晋……与其射御，教吴乘车，教之战陈，教之叛楚，……
　　　　　　（《成 7》）

另外，根据约束理论的 B 原则，下面句中的施事成分"田主"在句法形式上已经 C 式统制了"夺之牛"中的"之"，如果全句合理、合法而遵守 B 原则，即"之"必须在约束域内自由的话，那么"田主"和"之"必不能同指，《左传》的记载和《史记》的解读都证明"夺"的施事是"田主"，如下：

（136）a.　牵牛以蹊人之田，而夺之牛。（《左传·宣 11》）

　　　　b.　……，牵牛径人田，田主夺之牛。……，夺之牛，不亦甚乎？（《史

记·陈杞世家》)

而且，"夺"可以接表人的 $O_{直接}$ 而构成单宾结构，例如"兵破陈涉，地夺诸侯"（《盐铁论·结和》），该单宾结构也能同典型双宾式一起格式平行对举、前后成文，如(126)c句中的"犹治之法，而况夺之善人"等，且其单宾和双宾结构都能作名词性成分的定语，这些都表明"夺"字单宾式和双宾式都是独立的句法结构，例如：

(137) a. 恭者不侮人，俭者不夺人。(《孟子·离娄上》)

b. 天地……汲汲求自饶之利，夺人以自与也。(《老子河上公章句·韬光》)

c. ……用针无义，反为气贼，夺人正气，以从为逆。(《黄帝内经·离合真邪》)

d. 王夺之人，霸夺之与，强夺之地。夺之人者臣诸侯，夺之与者友诸侯，夺之地者敌诸侯。(《荀子·王制》)

e. 昔者文王……，不为暴势夺穑人黍、稷、狗、彘。(《墨子·兼爱中》)

f. 不夺民时，不蔑民功……(《国语·周语中》)

g. 使人夺人衣，罪或轻或重；使人予人酒，或厚或薄。(《墨子·经下》)

h. 民之为淫暴寇乱盗贼……夺人车马衣裘以自利者并作……(《墨子·明鬼下》)

上述用法在后世文献中延续，例如：

(138) a. 君子不夺人名，不夺人亲之所名……(《春秋谷梁传·昭公七年》)

b. 世主多盛其欢乐……以夺人财。(《吕氏春秋·听言》)

c. 于是智伯……此所谓夺人而反为人所夺者也。(《淮南子·人闲训》)

d. ……而盗跖、庄蹻，横行天下……攻夺人物，断斩人身……(《论衡·命义》)

e. 夺人自与，伯夷不多。(《越绝书·篇叙外传记》)

同殷墟甲骨文时期相比，此期获取义双宾动词发生了重大改变，旧有动词几乎都消失了，"夺""取"等取而代之。这同给予义双宾动词既有承袭也有变化和发展的渐变模式不同，其原因不明。而且，"取"的使用频率和分布范围大大低于"夺"。"夺"的框架语义重在凸显与事，强调对其所造成的影响性，所以它常进入Ⅰ式，而"取"则重在凸显客事，所以它多用单宾式，与事多用"于"

87

来引介，这和 *rob* 与 *steal* 的对立类似。即使"取"进入双宾式，一般也用Ⅱ式，且可能使用"诸"等过渡形式。"取"的单宾结构用例如：

（139）a. ……大家伐其小家，……，取其牛马狗豕布帛米粟货财……（《墨子·鲁问》）

　　　　b. 秦虽善攻，不能取六城；……（《战国策·赵策三》）

用"于"介引与事的情形也多见①，也有"取诸"的用法，例如：

（140）a. 故古圣王以审以尚贤使能为政，而取法于天。（《墨子·尚贤中》）

　　　　b. ……，无非取于人者。取诸人以为善……（《孟子·公孙丑上》）

　　　　c. 今之诸侯取之于民也，犹御也。（《孟子·万章下》）

　　　　d. 右师取昭叔于温，杀之于嚣城。（《国语·晋语四》）

　　"取"多见于双宾Ⅱ式。方所-来源角色也是事件框架语义中的独立参与者，它同其他成分如时量、动量等相比，更不易受施事控制，离补语范畴更远，动词同它的结合有形义对应关系以及很高的使用频率，自古至今此类组合仍然活跃，因此，可归为非典型动宾组合。同"取"有关的代词如"焉、诸"也有宾语性质，来源角色可以是方所、人或抽象成分，例如：

（141）a. 舍皆取诸其宫中而用之？（《孟子·滕文公上》）

　　　　b. 一介不以与人，一介不以取诸人。（《孟子·万章上》）

　　　　c. 战而取笑诸侯，不可谓武。（《国语·晋语三》）

　　　　d. 民多旷者，而我取富焉，……（《国语·楚语下》）

　　　　e. 陈氏……豆区釜锺之数，其取之公也薄，其施之民也厚，……（《左传·昭26》）

　　　　f. ……夫厚取之君而施之民……厚取之君而不施于民……进取于君，退得罪于士，身死而财迁于它人……（《晏子春秋·杂下》）

上例中"取之公/君"同"取之于公/君"语义关联，又同"施之民"有对举平行格式，这种形义对应关系说明，某些获取义动词也能进入双宾Ⅱ式。"至人人栏厩，取人马牛者，其不仁义又甚攘人犬豕鸡豚"（《墨子·非攻上》）似是唯一双宾Ⅰ式用例，我们在《墨子》中检索其语境语料，发现类似的表达，推测作者是有意使用两个语义相关但句式不同的表达方式，这是我们判定双宾式性质的主要依据，试比较：

———————————

①　因行文和语篇的需要，语序会变动，例如"虽子墨子之所谓兼者，于文王取法焉。（《墨子·兼爱下》）"

（142）……今有人于此，入人之场园，取人之桃李瓜姜者……而况有逾于人之
　　　　墙垣，担格人之子女者乎！与角人之府库，窃人之金玉蚕絮者乎！与逾
　　　　人之栏牢，窃人之牛马者乎！……此为逾人之墙垣，格人之子女者，与
　　　　角人府库，窃人金玉蚕絮者数千万矣！（《墨子·天志下》）

我们检索到一个含"取"的凭借类双宾式用例，如下：

（143）太子……得赵人徐夫人之匕首，取之百金，使工以药淬之……（《战国
　　　　策·燕策三》）

除上述给予、获取义高频动词用法之外，不同文献中还出现了作者偏好的
双宾动词和双宾句用法，它们在部分文献中都有分布，但分布方式不同，用例
很少，多的达三四例，而多数是1或2例，除前面的"益、攘、施"等，还有
"享、费、加、委、贿、奉、致、得、传、任、资、助、借、问、属、进、
归、反、送、发、奏、与、封"等，它们有的能进入Ⅰ、Ⅱ式，有的只见于Ⅰ
或Ⅱ式，例如：

（144）a. 晋侯使随会聘于周，定王享之肴烝，原公相礼。（《国语·周语中》）

　　　　b. ……疆我田，取邿田，自潮水，归之于我。晋侯先归，公享晋六卿
　　　　　 于蒲圃，赐之三命之服……（襄公）贿①荀偃东锦，……（《左传·襄
　　　　　 19》）

　　　　c. ……欲加之罪，其无辞乎？（《左传·僖10》）

　　　　d. 其无乃不堪任命……其敢忘君命，委诸执事，……（《左传·襄22》）

　　　　e. ……若奉吾币帛，慎吾威仪，守之以信，行之以礼……道之以训辞，
　　　　　 奉之以旧法，考之以先王，度之以二国……（《左传·昭5》）

　　　　f. 夫子……，而聘于王，王思旧勋而赐之路，复命而致②之君，……

----

　　① 此句用了三个给予义双宾动词，但受限于O$_{间接}$的长度和复杂度，"受"使用了O$_{间接}$
前置的单宾结构。据王凤阳（2011：296），"贿"在古代表示将礼物送给别人；通过转指作
名词时表示礼物或泛指生活中所用财物。这种赠送是公开的、合法的，甚至可以索取的。
"贿"因此可能进入双宾式，见脚注56。

　　② 据王凤阳（2011：738-739）和王力（2000：1020-1021），"致"《说文》中释为"送詣
也"，基本用法是使什么到达，它多带宾语，主、宾语之间多具有致使性。换言之，"致"
本身就词汇化了致使义，例如："……乃致其父母昆弟而誓之。（《国语·越语上》）"，其他
还有"致福"、"致功"、"致珍"等。其"使到达并获得"语义引申为"给予、献出"，"致"似
可归入使动类或给予类双宾式。上古时期，"致"主要带O$_{直接}$进入单宾结构，其与事通常由
"于"等介引，该句式象似于致使运动位移事件。

(《左传·昭 4》)

　　g. 乃具革车三十乘, 纳①之梁……秦王以为然, 与革车三十乘而纳仪于梁。(《战国策·齐策二》)

"封"多用于含[BE]型次级述谓结构的双宾式中, 最初是名词, 活用于双宾式表"分封给予"。根据王凤阳(2011: 41, 318, 631, 633, 681, 724), "封"古字象形双手聚土、植树于上之形, 本意是聚土成堆, 培土植树;《广雅·释丘》释之为"冢",《小尔雅·广诂》训之为"界"。人类学研究发现, 在原始公社时代, 氏族间、部落间习惯以堆土植树为界划分彼此的领地, 奴隶制时期就形成了"封建制", 即封土建国: 在世袭领地上堆土种树为疆界, 在中心地带建起城郭都城为堡垒。《说文》中"封, 爵诸侯之土也", 分封诸侯意味着掘沟封土作出标记, 划定范围又意味着将土地委托亲戚治理或赏给臣子, 因此, 名词"封"进入"V+NP"构式后就有了赏赐义, 所赏赐之物为土地或官爵职位, 故此, "封"同"授、除、拜、立、任、命"等表示授予、任命职务的动词有共性。动词"封"在先秦时期主要用于"于"字句、"以"字句(介词引介所封赏给予物, "以"字短语可前置或后置于动宾结构, "于"字短语只能后置于动宾结构)或单宾句(只见以"人"作 $O_{直接}$ 的用例, 不见"于"字短语用例)、"封某人(为)某官职"等格式中, 句式变化较多, 例如:

(145) a. 何不封公子咎, ……?(《战国策·东周策》)

　　b. 赵王封孟尝君以武城。(《战国策·赵策一》)

　　c. 鲁, 周公之后也, 而睦于晋, 以杞封鲁, 犹可。(《左传·襄 29》)

　　d. 孝公以(卫鞅)为相, 封之于商……赵王大悦, 封为武安君。(《战国策·秦策一》)

　　e. 乃封苏秦为武安君。(《战国策·赵策二》)

　　f. 有能得齐王头者, 封万户侯, 赐金千镒。(《战国策·齐策四》)

---

① 据王凤阳(2011: 552-553, 585),《说文》"内(纳), 入也"。把人或物从外部接入或接入内部的过程叫"纳", 但"纳"是可逆的, 它也表示将自己的所有呈现给别人或置于别的器物之中, 可表示"装入……", 也可表示"奉献出", 如"纳粮、纳税、纳贡、纳地"等, 这是一个过程的两方面, 在己为奉献、交纳, 在对方是接纳、收纳。这可视为使动用法重在表达由外入内的过程。"九侯有好女, 入之纣"中的"入"是"内"的简化字, "内"的初始义是混沌的, 既指由外进屋的动作, 也表从外入里的方位变化, 还表从室内角度说的使对方进入。"内"后来分化: "入"表入内的行为, "内"表进入的方位, "纳"在先秦时期分化出来, 表接受进入内部或使其进去, 秦汉时期人们还习惯用"内"或"入"来代替"纳", 后代古文家也常因袭这一习惯。由此观之, 先秦时期"入"、"内"的双宾用法一般都是使动性质。

也有类似双宾式的用例。有合音性质的"焉（于之/于是）"和"诸"、不带介词的方所名词和无"为"的官职义名词出现时，宜视为双宾句，分"给予义"和"判断义"两类，例如：

(146) a. 君其与二君约，破赵则封二子者各万家之县一，如是则……（《战国策·赵策一》）

　　 b. 此蒙谷之功，多与存国相若，封之执圭，田六百畛。（《战国策·楚策一》）

　　 c. 晋荀偃、士匄（丐）请伐偪阳而封宋向戌焉。（《左传·襄10》）

　　 d. 先王欲昭其令德之致远也……配虞胡公而封诸陈。（《国语·鲁语下》）

　　 e. 我先王赖其利器用也，与其神明……配胡公而封之陈，以备三恪。（《左传·襄25》）

上述非典型给予义双宾动词的用例虽然少，分布不均，但仍反映出双宾式用法的传承延续，以及此消彼长、新旧交替的趋势，也折射出个人使用偏好以及语篇功能信息表达等方面的限制。"送"此时已有双宾用例，虽然其语义和现代汉语中的语义有较大区别，但在表示给予和物品右向转移交接方面是一致的。平山久雄（2010）猜测，现代汉语的"给/gěi"（kei$^{\perp}$）源自"过与"（"过"表交付义）的合音，即从"过与"（kua$^{\pm}$jiə$^{\perp}$）经过几次轻读音变及其合音形式 *kuəi$^{\perp}$演变得来。不过，自先秦时期始，"给"已用于类似双宾句中而表提供、供给义，如"孟尝君使人给其食用"（《战国策·齐策四》），这应与其演变有关。

　　春秋战国时期还有较多非典型予取义双宾式用例，其中有些是引申用法，还有一些现在几乎不用了。比如一些边缘性获取义动词。除"假"外，还有"求、藉、贾、免①、乞、得、获、责、买、受、请"等，此类动词使用频率很低，一般只有1或2例，分布不均，更常进入"于"字句，也用于Ⅱ式，表来源的成分可以是处所、人或其他抽象事物。例如：

(147) a. 王欲杀太子以成伯服，必求之申……（《国语·郑语》）

　　 b. 刑馀之人，何事乃敢乞饮长者？（《韩非子·内储说下》）

　　 c. ［梁］车遂刖其足，赵成侯以为不慈，夺之玺而免之令。（《韩非子·

――――――

　　① 在予取义之间有连续统，中间可区分不同给予或获取，比如王寅（2008）的五种给予：显性给予、潜性给予、零给予、负给予、一体两反的正负给予等。像"免"以及消耗、耗费义动词大致属于零给予一类。

外储说左下》）

  d. ……桀石以投人……曰："欲勇者，贾余馀勇。"（《左传·成 2》）

  e. 楚人和氏得玉璞楚山中，奉而献之厉王。（《韩非子·和氏》）

《庄子》使用了不少获取义三价动词，如"贷、假、求、取、受、交、闻、学"等，却基本不见于双宾式，而"闻"在其他文献中有双宾式Ⅱ式用例，此类动词涉及到信息等虚拟性转移交接，可视为获取义双宾式的引申，例如：

（148）吾闻之君子：不以天下俭其亲。（《孟子·公孙丑下》）

像"闻"这样表信息转移交接的教示问告类动词不少，使用普遍和频繁，毕竟言语交际是高频事件，但其内部成员的分布区别较大，比如"告、教、示、导"在《国语》中仅有数例，但在《左传》中有十多例，"语、训、诲"在《左传》中也有多例，"布"有 1 例，但在《国语》中不见，"问"在《国语》《韩非子》等中有数例，但它和"言"在《左传》中没有双宾句用例，"言、谒"在《韩非子》《战国策》中有数例，"谒"在《左传》中有多例含"诸"的双宾句，《韩非子》和《战国策》有各自的非典型双宾动词极少用例。例如：

（149）a. 使其子狐庸为行人于吴，而教之射御①，导之伐楚。（《国语·楚语
   上》）

  b. 晋侯以乐之半赐魏绛，曰："子教寡人和诸戎狄，以正诸华。"（《左
   传·襄 11》）

  c. 怀之以典言……以示②之信……以示之施。（《国语·晋语二》）

  d. 公有嬖妾，使师曹诲③之琴，师曹鞭之。（《左传·襄 14》）

  e. 余语汝三皇、五帝之治天下。（《庄子·外篇·天运》）

  f. 夫固谓君训众而好镇抚之……见莫敖而告诸④天之不假易也。（《左
   传·桓 13》）

---

 ① O_直接"射御"、"和诸戎狄"是转喻用法。

 ② 据王凤阳（2011：748），"示"与"视"是同源分化字，"视"是自己去看，"示"其使动用法，一般接看的人作 O_直接 进入单宾结构，例如"国之利器不可以示人。（《道德经》）"，该用法引申为使人获得信息、了解知晓，相当于信息等的转移交接。这里将其视为引申类给予义双宾动词。

 ③ 《诗经》中有"告女忧恤，诲女序爵"，"序爵"，即按等次授予官爵，可理解为教告义。

 ④ "诸"在先秦时期有时可理解为"之"，这给某些含"诸"的句子被视为双宾句提供了旁证，这些句子联系着"于"字句，"之"解读是形成范畴交集以及部分"于"字句能转换为Ⅱ式双宾句的条件之一。

　　g. 王弗听，问①之伶州鸠。(《国语·周语下》)

　　h. 叶公子高问政于仲尼……子贡问曰："三公问夫子政一也……"(《韩非子·难三》)

　　i. 司马子期欲以妾为内子，访之左史倚相。(《国语·楚语上》)

"谒"②和"言"本来多用于"言/谒+O直接"格式，但也见于"言/谒+之/诸+O间接"格式，因此也算作双宾句，《左传》《韩非子》等中皆有此类用例，例如：

(150) a. 楚有直躬者，其父窃羊而谒之上……(《吕氏春秋·当务》)

　　b. 宣子有环……宣子谒诸郑伯，子产弗与。(《左传·昭16》)

　　c. ……"吾以请③之媪，媪许我矣。"薄疑归言之媪也……(《韩非子·外储说右上》)

　　d. 不如令太子将军正迎吾得于境，……因泄④之楚，曰……(《战国策·西周策》)

我们还检索到"胙、命、饩、食、饮"等少数引申用法，多涉及词类活用。据王凤阳(2011：189)，"胙"在《说文》中释为"祭福肉也"，它源于"酢"，也是其分化字，"酢"是谢神之礼，《书·顾命》中注为"报祭曰酢"，祭祀社稷、宗庙，一为答谢祖宗神灵的保佑，二是向祖宗神灵祈福，这种答谢就是"酢"，经祖宗神灵品尝过的肉就是"福肉"，要散与亲戚、同姓，使全族亲戚并受神佑。《周礼·春官·大宗伯》中记载"以脤、膰之礼亲兄弟之国"，就被注为"脤膰，社稷、宗庙之肉，以赐同姓之国，同福禄也"，所以这种报祭的福肉也称作"酢"，而"胙"是祈福的，它产生的福佑义后来分化为"祚"，"胙"又是报答神的，后来也就用于人事，也表示"报答"。因此，这种"报答"义常涉及给予物品等实体，涉及其接受者和转移交接，同双宾式有语义契合。"胙"引申用

---

① "谓"相当于"告"，接告诉对象，一般用于"谓+NP+曰……"格式。我们发现了一个孤例，其后接直接引语，也算作双宾式："中山君顾谓二人：'子奚为者也？'(《战国策·中山策》)"。

② 据王凤阳(2011：621)，"谒"，"白也"，"诣也，告也。书其姓名于上，以告所至诣者"，因此，其初始义是"秉白、进谒"。"请"是乞求，《说文》中释为"谒也"，一般指进谒地位尊贵者或者诸侯进见皇帝。

③ "请"双宾句更接近获取义。据王凤阳(2011：590，620，629)，"请"为"求也"，"乞也"。其宾语多为事，如"请(事之、除之、祷、老、卖爵子)"等，若为人，则表示"请求他来"，亦即敬辞"延请"。"请"能用于获取义单宾句和双宾式，另如(《韩非子·十过》)中"请地于韩""请地他国"等。

④ 据王凤阳(2011：529)，"泄"，"漏也"，即蓄积的水流出，反义词是"蓄"，语义引申后成为泛称。

法例如：

（151）a. 子丰有劳于晋国，余闻而弗忘，赐女州田，以胙乃旧勋。（《左传·昭 3》）

　　　　b. ……天子建德，因生以赐姓，胙之土而命之氏。（《左传·隐 8》）

上例中"命"的用法类似。据王凤阳（2011：321，439，475），"命"是长辈对晚辈或上级对下级的指示或命令，是支配者对被支配者的差遣、命令、训导。最开始是动词，即发布命令，《说文解字》中说"命，使也"，引申后表给事物命名，此时"命"写作"名"，"命"的名物化写作"令"，"命"也可表所发布的命令，上古时代表发命令一般用"命"，君主的指示就是受委托者所要完成的使命；因此，"命"作谓语多表指派、派遣，作名词时多指"指示"，可引申为"天命、命运、生命、使命、教命"等；所谓"天命"就是上天、上帝对人的差遣、指示，而任命义又引申为"给予（官职）"。于是，"命"同双宾构式义契合。

　　同给予他人饮食有关的几个动词是"饩、食、饮"。据王凤阳（2011：182，183，781），"饩"本作"氣"，亦作"槩"，《说文》曰"馈客之刍米也"；《玉篇》：馈饷也；《周礼·秋官·司仪》：致饔饩。注"小礼曰飧，大礼曰饔饩"；又《周语》曰：廪人献饩。注"生田饩禾米也。又牲生也。《管子问》"问死事之寡，其饩廪何如?"，注"言给其饩廪，饩，生食；廪之米粟之属"；《仪礼·聘礼》曰：饩之以其礼，上賔大牢，积惟刍禾，介皆有饩。注"凡赐人以牲生曰饩；饩犹稟也，结也"。"饩"同"乞、求、给"等同族，人有所需馈而与之谓"饩"，馈赠的食物都是未加工的、生的，馈赠是供人所需，所以"饩"可以是人和牲畜吃的食物，解读为"所供给的食物等所需求之物"。"饩"因此允入双宾式表"供给某人食物或其他所需之物"。"食"源于动词，表示动物吃食物，名词化后"食"为"食物"总称，只表人吃的谷物及其加工品。因动名兼类，能进入使动类双宾式，表"使某人食用某食物"。"饮"本作动词，即饮水义，后引申至饮水状流体或液体，如饮血、饮鸩、饮酒等，后再引申出吞没、隐没义，如"饮刃、饮羽、饮风餐露、饮弹身亡"，从"享用、享受"义引申至表达"承受、经受"义，如"饮誉、饮恨、饮泣"等，又转喻饮品。同样，"饮"也允入使动类双宾式，后接表人或动物的词，即"使之饮（某物）"，此时有变调的屈折变化，均破读为去声①。上述三词的用法例如：

------

① 据王凤阳（2011：622，679，680），"享"，"献也"，是"飨"的分化字之一，"飨"之本义表示设酒食招待人。"飨"后来表"犒劳"、"（普通人之间的）招待"义。用酒食祭神鬼、请神灵祖先来享用也可以用"飨"，通过转喻，所飨祭的对象享用酒食也可以用"飨"。"飨、享"多有混用。"享"最初表示把祭品献给祖先、神明、上帝以求福佑，后引申出将珍贵之物献给天子、盟主。上述语义特征是它允入双宾式的关键条件。

（152）a. 是岁，晋又饥，秦伯又饩之粟。（《左传·僖15》）

　　　b. ……，宜栖之深林，游之坛陆，浮之江湖，食之鳅鲋……（《庄子·至乐》）

　　　c. 卫人归之……陈人使妇人饮之酒，而以犀革裹之。（《左传·庄12》）

　　像"食、饮、示、贡、入"等允入使动类双宾句的动词还不少，且分布较广，相较于前期，此期使动类双宾句有大发展，主要见于《左传》《战国策》。在使动义的"S+V+O$_{间接}$+O$_{直接}$"格式中，S 使得"O$_{间接}$ V+O$_{直接}$"，若 O$_{直接}$表方所，则表达 S 使得 O$_{间接}$在该方所 VP。S 是使动者，O$_{间接}$是被使者以及"VP（+O$_{直接}$）"的施动者。由于使动义较宽泛，此类双宾句中的动词有开放性，主要是单及物动词，也有不及物动词，一些名词、形容词甚至数词等借助活用也能进入，其中，"饮"的频率最高，有近 20 例，其他用例一般是 1 例或 2 例，少数几个有 3~5 例不等。例如：

（153）a. 予必以不享征之，且观①之兵。（《国语·周语上》）

　　　b. 大子帅师，公衣之偏衣，佩之金玦。（《左传·闵2》）

　　　c. 叔向受金，而以见之晋平公……（《韩非子·说林下》）

　　　d. ……，有馀粟者入之仓……遗有奇人者使治城郭之缮②。（《韩非子·十过》）

　　　e. ……今愿复得郑而合③之梁……则弊邑亦愿得梁而合之郑。（《韩非子·内储说上》）

　　　f. 举兵诛齐，败之徐州，胜晋于河雍，合诸侯于宋，遂霸天下。（《韩非子·喻老》）

　　　g. 吾欲以楚扶甘茂而相之秦可乎？（《韩非子·内储说下》）

甲骨卜辞和西周铭文中就有为动类双宾句，用"作、肇、乍（作）、为、铸"等动词；《诗经》里也有使动类、为动类和空间方所类（或称"处置类"）双宾式，动词类型和双宾句用例不少，至春秋战国中后期，上述类型的双宾句有很大发展，其核心、高频动词有一些承续了前期的用法，但也废弃了一些二价动词的

_____

①　意即"使犬戎见识一下我们的兵法"。

②　此句中两处用了更紧凑的使动类双宾式，两处用了新兴的"使、令"字使令句，这说明意义表达的平行性，分析性更强的使令句已和使动类双宾句竞争，为后者最终衰亡埋下了伏笔。

③　"合"用于使动类双宾句，其中也有与动义成分。前面区分的很多双宾式次类语义关系多有重合，可能含有其他类型的语义要素特征。后面的 f 句同空间方所类双宾句有交集，g 句还有名词"相"活用为动词。

用法，同时，新动词的双宾式用例明显增多，这极大地丰富了语义表达内容。为动类双宾句的发展明显，主要动词变成"为"，前文已举例，如例(41)c 句(重引为(126)c)中平行对举格式里的那些动词，如"为、引、树①、陈、举、著"等，例(126)d 句中"晋闭之梁"的"闭"等。而且，例(55)c 句中的"树吾墓"中的"树"用于该式中也有为动义。此外，还有其他双宾动词，略举数例：

(154) a. 颜渊死，颜路请子之车以为之椁。(《论语·先进》)

　　　 b. 一雀适羿……以天下为之笼，则雀无所逃。(《庄子·杂篇·庚桑楚》)

　　　 c. 吾有大树，人谓之樗……立之涂，匠者不顾。(《庄子·内篇·逍遥游》)

　　　 d. 及魏围邯郸，唐尚说惠王而解之围，以与伯阳……(《吕氏春秋·士容论》)

还有空间方所类双宾句。同使动类和为动类一样，其动词也有开放性，其空间性既可能涉及空间位移，也可能牵扯某事件或动作发生的地点，前者为动态义，涉及位移方向、路径和终点，后者为静态义，其内涵远大于"置放"义。两者的共同点是远宾语都是典型的方位处所，全句的意义不表示物品所有权转移交接。前文已论及此类用例，这些动词构成的结构也可能和典型双宾句一样平行对举，例如(128)a 句中的"书、琢"等。其他用例如下：

(155) a. 故大者陈之原野，小者致之市朝……(《国语·鲁语上》)

　　　 b. 卓齿之用齐也，擢湣王之筋，悬之庙梁，宿昔而死。(《韩非子·奸劫弑臣》)

　　　 c. ……令之曰："有能徙此南门之外者赐之上田上宅……"……令之曰："有能徙此于西门之外者赐之如初。"……乃下令曰："……有能先登者，仕之国大夫，赐之上田宅。"(《韩非子·内储说上》)

　　　 d. 弗听，乃入，杀而埋之马矢之中。(《左传·文18》)

　　　 e. 引而置之庄岳之间数年。(《孟子·滕文公下》)

　　　 f. ……女子之嫁也，母命之，往送之门。(《孟子·滕文公下》)

　　　 g. 禹掘地而注之海，驱蛇龙而放之菹。(《孟子·滕文公下》)

　　　 h. 决汝汉，排淮泗，而注之江②，然后……(《孟子·滕文公上》)

---

　　① 这些平行对举格式说明古汉语双宾式的统一句法形式，但其语义类型根据动词的不同而有内部差异，例如，此处的"树"双宾句应该归为(工具)凭借类双宾式。

　　② 按："注之江"，使之注入江(长江)。类似的还有"内之沟中"和"注之海"等。

　　i. 则夫好攻伐之君……有书之竹帛，藏①之府库。(《墨子·天志下》)

　　j. 园死士夹刺春申君，斩其头，投②之棘门外。(《战国策·楚策四》)

　　k. 昔我先君桓公与商人皆出自周，庸次比耦，以艾杀此地，斩之③蓬、蒿、藜、藋而共处之。(《左传·昭16》)

　　此期代表性文献中也有少数原因-目的类双宾句、工具凭借类双宾句和与动类双宾句，同一个动词一般是1~2个用例，最多4~5个用例，它们多见于《左传》《韩非子》等，例如原因-目的类双宾句：

(156) a. 以容取人乎，失之子羽；以言取人乎，失之宰予。(《韩非子·显学》)

　　　b. 明主坚内，故不外失。失之近而不亡于远者无有。(《韩非子·安危》)

(157) a. ……一农不耕，民有为之饥者，一女不织，民有为之寒者。(《管子·揆度》)

　　　b. 农不耕，民或为之饥。一女不织，民或为④之寒。(《管子·轻重甲》)

---

　　① "藏"还见于其他句式，如"……王巾笥而藏之庙堂之上。"(《庄子·外篇·秋水》)。"书、镂、琢"等的双宾用法，《墨子》中还有不少，如，"……故书之竹帛……(《墨子·明鬼下》)"等。

　　② 据王凤阳(2011：701)，"投"，"掷也"，即扔出东西，一般力道不大，多是投在较近处或往下扔，但动作目的性强，所投掷对象多是特定目标，如《诗经》和《左传》中"投桃、投壶"以及后来的"投鼠忌器、以卵投石、投篮、投枪"等，该目标是方位处所，也转喻人或物。相比"抛、掷"，"投"使用较早，引申义很多，但都离不开动作的目的性、方向性和归宿性。因此，"投"既涉及致使物体位移，又包含该物位移的终点，也就可能衍生出某物因此被拥有和掌控义，如位移终点或投掷目标是方所，则一般只涉及致使位移义，但若是人或动物，他们很可能就成了客事的领有者，从而有领有权转移交接义。此外，用双宾式Ⅰ式，句子更像是引申的给予义双宾式(如"王见大王之狗……投之一骨，……(《战国策·秦策三》)")，而Ⅱ式句是典型的空间方所类双宾句。throw 也有类似用法，例如，"I threw him a ball."意味着"我朝他扔了一个球，球至他处，他拥有了球"，但"我扔了他一个球"有歧义(详参张国华2011)。

　　③ 如此处的"(斩)之"指代"此地"，因此整句是空间方所类双宾句，方所因是旧信息而用"之"指代，不能置于句尾，需要调换"之"同 O$_{直接}$"蓬、蒿、藜、藋"等的位置。"共处之"的"之"也解为"此地"。

　　④ 这里"为"解为"因为"。据王力(2000：676)，"为"在春秋战国时期既可以作泛义动词，也可以做实义动词"帮助"解，同时也有虚词等功能。它充任介词，作"替、给"用，也可表"因为"，因此，"为之饥"、"为之寒"就有了解读问题，不过，后人训读多作动词理解，例如："古之人曰：'一夫不耕，或受之饥；一女不织，或受之寒。'(《汉书·食货志上》)"

前例(126)c 句和例(143)已有凭借类用例("树、引、取"),(155)c 句中的"仕之国大夫"就有工具凭借义。此类构式中的动词也有开放性,但其数量和分布都比较有限,再例如:

(158) a. 视君之母与妻,比之兄弟……(《礼记·杂记下》)

　　　 b. 上揆之天,下验之地,中审之人,若此……(《吕氏春秋·序意》)

　　　 c. 上度之天祥,下度之地宜,中度之人顺,此所谓三度。(《管子·五辅》)

　　　 d. 士不信悫而有多知能,譬之其豺狼也,不可以身尔也。(《荀子·哀公》)

　　　 e. 仪之于民,而度之于群生……帅象禹之功,度之于轨仪……度之天神,则非祥也。比之地物,则非义也。类之民则,则非仁也。方之时动,则非顺也。咨之前训,则非正也。观之诗书,与民之宪言,则皆亡王之为也。(《国语·周语下》)

　　上述动词多用于"于"字句或"以"字句,少数用于双宾式,有时在同一语篇中,这两种格式都可以出现,如上例 e 中的"度"。再如:

(159) a. 定之方中,作于楚宫。揆之以日,作于楚室。(《诗经·墉风》)

　　　 b. 取人之道,参之以礼;用人之法,禁之以等。行义动静,度之以礼;知虑取舍,稽之以成;日月积久,校之以功。(《荀子·君道》)

例(158)d 句中的"譬"用于双宾式,称为譬拟或譬况类句,用例不少。据王凤阳(2011:779),"譬",《说文》释为"谕也",表解释说明使人知晓的一种方式,用有类似点的事物来比拟所要说明的事物,即借用类似现象来以此喻彼,现在则说"打比方","譬"之后一般有"如、若、犹、是"之类的系词,也有"于"字句用例,相比之下,"比"从"并排紧挨"义引申出"将事物并列而两相比较"义,"比"是区别事物,"譬"是说明事物,这一点同"况",《广韵》中释为"匹拟也",但"譬"用的是截然无关事物之间的相似处,"况"和"比"用的是同类事物,"况"只说明相似处,"比"是区分各自特征。作为说明事物相似处的方式,"譬"必然涉及所借用的事物,因此有关语句宜处理为工具凭借类双宾句。类似用法如:

(160) a. 以诗书为之,譬之犹以指测河也。(《荀子·劝学》)

　　　 b. 譬之如医之攻人之疾者然。(《墨子·兼爱上》)

剔除了"如、若、犹、是"等系词后所剩结构类似于双宾式,而用来打比方的另类事物本身也同样可以用"以"之类的结构来释说和表述,这正证明了凭借工具来说明事物特点的一种方式,例如同期及后世的一些解释如下:

（161）a. 何不试之以足？（《韩非子·外储说左上》）

b. 以礼齐民，譬之于御，则辔也。（《孔丛子·刑论》）

在"譬之+NP"的格式里，"之"和"于"的结合是自然的，所以，我们将"譬诸+NP"的格式处理为双宾式，例如：

（162）a. 譬之越人安越，楚人安楚，君子安雅。（《荀子·荣辱》）

b. 色厉而内荏，譬诸小人，其犹穿窬之盗也与？（《论语·阳货》）

c. 君子之道，孰先传焉？……譬诸草木，区以别矣……譬之宫墙。（《论语·子张》）

与动类双宾句一般用于人际或国际间的相互和对等行为，比如共同商议、国家间保持友好关系等，例如：

（163）a. 《周诗》有之曰……谋①之多族，民之多违，事滋无成。（《左传·襄8》）

b. 晋为郑服故，且欲修吴好，将合诸侯，使士丐告于齐。（《左传·襄3》）

c. ……，陈女叔来聘，始结陈好也，嘉之，故不名。（《左传·庄25》）

d. 夫三子者曰，若绝君好，宁归死焉。（《左传·宣17》）

e. 公及莒人盟于浮来，以成纪好也。（《左传·隐8》）

同前述，结绝类双宾动词也本多用于介词结构中，结绝的对象可以不出现，而动词的O直接，如"好"，通常与动词同现，这也说明该结构和"于"字结构是可拆分的、无标记的，而双宾式是不可拆分的、有标记的结构，例如：

（164）a. 今楚内弃其民，而外绝其好，渎齐盟，而食话言。（《左传·成16》

b. 宋为无道，绝我小国于周，以我适楚，故我常从宋。（《左传·定元》）

c. 公从之……使归求成……楚子使公子辰如晋，报钟仪之使，请修好结成。（《左传·成9》）

d. ……公即位，修好于郑，郑人请复祀周公。（《左传·桓元》）

e. 晋楚之从……寡人愿结驩于二三君，使举请间。（《左传·昭4》）

命名-称谓类句式属称封类的一种，是上古汉语双宾式的一个非典型次类，

---

① 据王凤阳（2011：830-831），《说文》"虑难为谋"，《左传·襄4》云"咨难曰谋"，《广雅·释诂》"谋，议也"。"谋"是对当前困难、忧患等的思虑，是多人共计、研讨办法或对策。其事件框架语义暗含了商议的对象，"谋"还可转喻指商量出来的结果，如"小不忍则乱大谋"。因此，此处宜处理为与动类双宾句。

双宾式在自身形式保持稳定的同时一直发生语义变化。此期高频称谓双宾动词是"谓"，用例最多，另外也有少量含"呼、谥、为"等的双宾句，例如：

(165) a. 除暗以应外谓之忠①，定身以行事谓之信。(《国语·晋语二》)

　　　b. 分人以财谓之惠，教人以善谓之忠，为天下得人者谓之仁。(《孟子·滕文公上》)

"谓"的命名-称谓用法多见于《左传》，达 60 多例，其次是《墨子》，也有 50 多例，《战国策》少见，只有 2 例，也不见"此/是之谓+NP"模式的句子，而多见于"谓(NP/之)曰 X"一类直接引语格式。"谓"双宾式用例在其他文献中分布相对较均匀。据王凤阳(2011：766)，"谓"表"说"，但在用法上有其自身特点，即有自己的言说对象，是告语、对某人说，换言之，其后接言说对象，其后才同引语相连，告语对象的后面用"曰"，即构成上述句法格式，相当于"对……说"。此外，据王力(2000：1289)，"谓"又可作"叫做、称谓"解，后引申为指称、意指，"谓"不与所说的话紧接，中间需有告知的对象($O_{间接}$)，再加"曰"或"或曰"连用。"谓+告语对象+直接引语"的格式可算作双宾句，相当于"告诉"义，是引申性的给予类双宾式，给予的内容就是 $O_{直接}$ 所指的信息。像"谓"这样有针对对象的、表事物传递的动词如果能接该对象作 $O_{直接}$，那它很可能允入双宾式，或者有进入该式的潜在性，这一点类似"告、问"义动词，例如：

(166) a. 使道而可以告人，则人莫不告其兄弟。(《庄子·外篇·天运》)

　　　b. 丘之所以说我者，若告我以鬼事……若告我以人事者……(《庄子·杂篇·盗跖》)

　　　c. 襄公有疾，召顷公而告之曰：……《国语·周语下》

　　　d. 吾直告之吾相狗马耳。(《庄子·杂篇·徐无鬼》)

　　　e. 尧谓我："汝必躬服仁义……"(《庄子·内篇·大宗师》)

含另外三个称谓类双宾动词的用例很少，各见一例，如下：

(167) a. 之马之目盼则为之马盼；之马之目大，而不谓之马大。(《墨子·小取》)

　　　b. 赫赫楚国……可不谓共乎，请谥之共，大夫从之。(《左传·襄 13》)

　　　c. 昔者子呼我牛也而谓之牛，呼我马也而谓之马。(《庄子·外篇·天道》)

---

① 本书检索和使用的用例多是正常语序的双宾句，涉及某些特殊句法和语用限制的语序模式，比如否定、疑问、使用代词、倒装等，也都应算作双宾式，比如"此之谓+NP"或"是之谓+NP"格式。

2.4.6.2 春秋战国时期双宾构式的发展变化和主要特征

此处总结主要考虑双宾式类型、分布和主要动词，双宾式同语义关联构式之间的关系，双宾语的形义特征、双宾式自身的句法表现特征等。

从统计结果看，春秋战国时期双宾式仍能见到Ⅰ、Ⅱ式，这同西周时期相同，但Ⅰ式更占主导地位，Ⅱ式用例较少，且集中于"传、献、施、畀、授、假"等少数几个给予义动词，这些动词所在双宾式类型的分布也不同，例如"传"全部用于Ⅱ式，"献、施"主要见于Ⅱ式，部分问告义动词，如"问、请、言、谒、奏"等，绝大多数空间方所类动词和进献给予类动词也多用于Ⅱ式，但其使用频率低，用例少。而且，Ⅱ式的双宾语在结构上明显趋于简单，音节简短，$O_{间接}$一般是双音节的人名或其他名词，$O_{直接}$一般是单音节的名词或代词，如"之""诸"，常常形成四字格，Ⅱ式承接前文表述而显得简洁明了，有严肃庄重、洗练扼要的文体风格，例如"传之后世、畀之子反、献之子常、问之潘寿、传国子之、效之子之、谒之大将"等，再如：

(168) a. ……则天乡其德，下施之万民，万民被其利……(《墨子·尚贤中》)

b. ……举三者授之贤者，非为贤赐也……(《墨子·尚贤上》)

c. ……鲁君赐之玉环，壬拜受之而不敢佩，使竖牛请之叔孙。(《韩非子·内储说上》)

d. ……此人遗我玉环……果收文子后车二乘而献之其君矣。(《韩非子·说林下》)

能进入Ⅰ式的动词是大多数。这些动词数量多，用例少，使用频率低，分布不均，如"资、益、致、进、授、借、属、效"等。就高频动词而言，能用于Ⅰ式的动词集中于表1中的给予义和获取义动词，以给予义动词为主。同西周时期相比，在双宾式的语义类型上，此期变化不大，核心的给予义动词已由"与"替代了"赐、降"，但后者的使用频率仍较高，其他给予义动词的使用频率也不低，"予"已经很活跃。有些动词在不同文献中进入不同的双宾式，或在有的文献中进入双宾式，而在其他文献中不见于双宾式。《左传》和《战国策》中的双宾动词和双宾句类型最丰富，"进、纳、传、贷、属"等几乎不见于《左传》双宾句，这反映了作者的语言使用偏好和地域方言等色彩。此期某些始用于双宾式的动词，虽然用例不多，但已经开始重大变化了，或者继续变化，如"问"，它们之后会更频繁和普遍。

现代汉语双宾式的原型是给予义，核心动词是"给"(详参张国华，2011)。古汉语双宾式一直在变化，但给予义双宾式始终具有原型地位。从历时上看，给予义双宾式率先出现并高频使用,有句式扩展和语义引申优势和动词使用广度和频度优势;西周时期给予义双宾动词多达数十个的时候,获取义动词仅见"罚、割"等极少数(潘玉坤,2005)。贝罗贝(1986:65)指出,上古汉语时期,给予义在 I 式中的使用频率占 70%~80%;而从西周时期和春秋战国时期的"夺/获取"义双宾式的使用来看,其比例更低。在西周文献和铭文中就已经出现了给予义双宾式的引申,但这并不显见于获取义双宾式。

这并非偶然。给予义双宾式专用于表达三元参与者事件,其表义重心在被转移交接物上,这体现在 I 式总是占据明显优势;所有权转移又衍生出 O_i 指代者拥有(并能操控处置) O_d 指代者之义,以及 O_i 承受了 O_d 带来和表示的某种效应,这是原型双宾式可以不断引申的语义动因。而获取义动词语义上重在表达被夺取者受夺取行为的影响,或者被夺取物,所表达的本是二元参与者事件,例如"恭者不侮人,俭者不夺人"等用法。由于句法结构标记性的差别,相比于使用"于"字句等双及物结构,使用双宾句应该有特别的语义,亦即对有关事件作整体认知和表达。语义关联的句法结构之间总会有些联系,比如有转换关系,而双宾式由于给予和夺取是镜面反向事件,具有概念上的整体性、关联性和激活的简便性,这两个事件的表达使用同一个语言形式是可能的。给予义双宾式很可能通过句法弥散效应使获取义动词向其靠拢,从单宾式向双宾式的句法转换可能使获取义双宾式的语义表达重心向后推移至远宾语,它可能是被夺取之物或遭受夺取之人,这要视具体动词及其所在的双宾式及其语境等而定。再以"夺、得/取"义用法为例:

(169) a. ……齐能并宋,而不能凝也,故魏夺之。(《荀子·议兵》)

　　　 b. ……夺伯氏骈邑三百,饭疏食……(《论语·宪问》)

　　　 c. 然夫士欲独修其身,不以得罪于比俗之人也。(《荀子·修身》)

　　　 d. 且其先君襄公伐丧叛盟,得罪诸侯……(《春秋繁露·竹林》)

从上面"夺"和"得(罪)"的用法来看,动词的单宾句用法及其加介词(如"于"等)的用法是无标记用法,而其双宾式用法是受到给予义双宾式的强大类推效应影响。反过来,能用单宾句及其加介词短语句式的那些动词,并不一定会衍生出双宾式用法,相反,早先有单宾句用法的某些动词,后来也有可能用于单宾句加介词短语的句式中,这并不矛盾,因为这两个句式本身就是无标记的、自由的,能产性极强,在句法语义及有关动词的使用上不会受跟双宾式等同多的限制。再如"得志、得意"的用法:

(170) a. 故君使其臣得志,则慎虑而从之。(《礼记·表记》)

　　　 b. 不可。得志于郑,诸侯雠我,忧必滋长。(《说苑·贵德》)

c. 言者所以在意，得意而忘言。(《庄子·杂篇·外物》)

d. 网不能止，缴不能继也，荡而失水，蝼蚁得意焉。(《韩非子·说林下》)

e. ……若使此四国者得意于天下，此皆十倍其国之众……(《墨子·非攻下》)

"得"等动词在最终允入双宾式之后还可能继续演变而产生其他句法效果，例如"得罪、得意、得志"等发生双音化而凝固成词，作为单及物动词，它所在的结构就不再是双宾式。

能证明给予义和获取义双宾式被概念化进同一个句法形式的有力证据之一就是施受同辞现象，即同一词项兼具施事、受事或主动、被动两个相反的意义，论当前议题，就是同一词项既可表给予义，也可表获取(右 vs. 左向转移交接)，有歧义性，或称"予夺不明"，例如"买、受、市、贾、假、借、沽、内、见"等(参郝士宏，2008：110-113)。一般认为这是由词义引申和语法功能变化而致，但这其实跟古人的整体、辩证思维方式有密切关系。为精确表义的需要，一般用变调(四声别义的内部屈折方式)和增添语义部首等方式来区分这些同源词，根据梅祖麟(1980)，同源分化字的音义演变规律一般是，念去声就是外向动词(给予义)，非去声就是内向动词(获取义)。这应是有意而为之的规则系统。以"假"为例。原始词"假$_1$"在《群经音辨·辨彼此异音》中释为"取于人曰假，古雅切"，上声，非使动性，即"借来"义，凸显被借物品，被借物的来源亦即该物原所有者一般用"于"引介；另外，滋生词"假$_2$"破读后就有了使动义，《群经音辨·辨彼此异音》中释为"于之曰假，古讶切"，这就是"借给(别人)、借出"义，反映了"假$_1$"语义的引申。前文已有用例，再如：

(171) a. 若过邦，至于竟，使次介假$_1$道，束帛将命于朝。(《仪礼·聘礼》)

b. 兴师径吾地而不假$_1$道，是弱吾孤也。(《说苑·复恩》)

c. 昔者晋献公欲假$_1$道于虞以伐虢。(《韩非子·十过》)

d. 秦假$_1$道于周以伐韩，周恐假$_2$之而恶于韩，不假$_2$而恶于秦。(《战国策·东周策》)

e. 故荀息以马与璧假$_1$道于虞，宫之奇谏而不听，卒假$_2$晋道。(《战国策·魏策三》)

f. 秦假$_1$道韩、魏以攻齐。(《战国策·齐策一》)

g. 晋假$_1$道虞，虞公许之。(《春秋繁露·王道》)

h. 彼求我予，假$_2$仇人斧，假$_2$之不可，彼将用之以伐我。(《韩非子·扬权》)

借助屈折手段区分了"借"的方向，在同一个事件框架语义内，人们倾向于将最靠近该动词的两个 NP 解读为"所借之物"（客事 O_d）和"该物的现拥有者"（与事 O_i）或"该物的原拥有者"（夺事 O_i），而不论它们的相对句法位置。使用双宾Ⅰ式时，位于动词和 O_d 之间的 O_i 作与事或夺事理解是自然的的，使用双宾Ⅱ式时，除了依靠相关事件语义知识和百科语义知识作理解，"于"字结构也会提供句法-语义上的帮助，"于"的从缺有句法学和心理语言学理据和基础，而从缺的高频稳定句法格式被视为另一句法构式。这对给予义和获取义双宾动词都适用。

像这样靠四声别义区分的原始词和滋生词对子不少，比如"借、贷、乞、丐、告、分、遗、受、买、语、妻、饮、食、匄、女、内"等。现就其中部分动词分别举例如下：

(172) a. 魏文侯借₁道于赵而攻中山……君不如借₂之道，……(《韩非子·说林上》)

b. ……故往贷₁粟于监河侯……我将得邑金，将贷₂子三百金……(《庄子·外物》)

(173) a. [重耳]出于五鹿，乞₁食于野人，野人与之块。(《左传·僖23》)

b. 孰谓微生高直？或乞₁醯焉，乞₁诸其邻而与之。(《论语·公冶长》)

c. 买臣……妻自经死，买臣乞₂其夫钱，令葬。(《汉书·朱买臣传》)①

(174) a. ……出必告₁，反必面，所游必有常，所习必有业②。(《礼记·曲礼上》)

b. ……天子发政于天下之百姓，言曰："……皆以告₁其上。"(《墨子·尚同上》)

c. 赵取周之祭地，周君患之，告于郑朝……(三十金)……郑朝献之赵太卜，因告以祭地事。(《战国策·东周策》)

---

① 据王凤阳(2011：600-601)，"乞"为"求也"；"丐"，"乞也"，"乞、丐"同源，用法无区别。"乞"多表达生活生存遇到危难而恳请对方怜悯和施舍，《广雅·释诂》"丐，予也"，《集韵》"乞，与也"。所以"乞、丐"都有"与"义，一说"乞"的施与义的分化字是"给"。

② 据王力(2000：109)和王凤阳(2011：321, 767, 793)，上告诉下，下告诉上，平辈相告，都叫"告"，后来特指下告上；专用于下告上，则是入声，古禄切，例如"出必告"，以及《毛诗序》："……以其成功告于神明者也。"后多有"于"字。但读如去声、古报反的"告"义即告语，多用于双宾式，入声和去声的"告"的使用曾经一度不区分，也不必然使用"于"字，可以告人、告事，而把上告下别做一"诰"字。

  d. 格汝众，予告$_2$汝训：汝猷黜乃心……（《尚书·盘庚上》）

  e. 孔子沐浴而朝，告于哀公曰：……公曰："告夫三子!"（《论语·宪问》）

  f. 有事而不告我，必不捷矣。（《左传·襄28》）

（175）a. 分$_2$人以财谓之惠……是故以天下与人易，为天下得人难。（《孟子·滕文公上》）

  b. 据财不能以分$_2$人者，不足与友。（《墨子·修身》）

  c. 我有二子，一人者好学，一人者好分$_2$人财……（《墨子·鲁问》）

  d. 以德分人，谓之圣人；以财分$_2$人，谓之贤人。（《列子·力命》）

  e. 视人之地而有之，分$_1$人之民而畜之……（《尉缭子·制谈》）

（176）a. 不告于王而私与之吾子之禄爵……亦无王命而私受$_1$之于子……（《孟子·公孙丑下》）

  b. 叔向赋猎，功多者受$_2$多，功少者受$_2$少……法者见功而与赏，因能而受$_2$官。（《韩非子·外储说左上》）

  c. 男女授受$_1$不亲，礼与?① （《孟子·离娄上》）

（177）a. 食不语$_1$，寝不言。（《论语·乡党》）

  b. 叔孙武叔语$_2$大夫于朝，曰：……（《论语·子张》）

  c. 子语$_2$鲁大师乐。曰：……（《论语·八佾》）

使用声调别义的方法对同源词进行语义区分必然意味着语义引申、构建新词以及使用新的句式。然而有密切语义联系的那些成对词或衍生词能够进入同一双宾式，这说明古汉语双宾式很早就已能表示左右向两可的所有物领有权转移交接的意义，这个特点一直保持至今。

  再看此期双宾式同语义关联构式之间的关系。此期双宾式承袭了之前双宾式两个次类的语序模式，随着动词数量、类型、用例的增加，Ⅰ式和Ⅱ式之间有更明显的互补性，这主要跟进献义、问告义以及取得义动词的事件框架语义结构有关，它们本来主要用于"于"介词短语格式，在向双宾式趋同的过程中，先经历了进入Ⅱ式的过渡阶段，在与给予义双宾式共享事件框架语义的条件下，在双宾式Ⅰ式的句法弥散作用下，在某些语篇功能和文体特征限制和要求

---

  ① 据王凤阳（2011：703），"受"本是双向动词，《说文》释为"相付也"，最初既表赋予又表接纳，类似于今天的"（相互之间）给"，后字形分化，"授"表"付与"义，"受"表接纳义。"受"表接受时指泛指性事物，如"庆、赏"之类，但像"诛、罪、答、怨"之类的，现代一般用"遭受"来释译，以示不同。

下，介词的介引显得冗余，但这些动词允入Ⅱ式的同时，绝少能进入Ⅰ式，它们还是主要用于介词短语格式，反过来，主要用于Ⅰ式的那些动词，则绝少能进入Ⅱ式。

倾向于进入Ⅱ式的进献义动词主要有"传、献、施、委、进、致、效、贷、归（"归还"义）、送、让、入、纳、反"等，问告义动词主要有"问、言、谒、闻、奏、请、告"等，取得义动词主要是"取、得"。例如：

(178) a. 今王信爱子之，将传国子之。（《韩非子·外储说右下》）

b. ……寡人请奉齐国之粟米财货，委之百姓……（《晏子春秋·谏篇上》）

c. 齐与晋越，欲此久矣，寡君无适与也，而传诸君……（《左传·昭7》）

(179) a. ……小臣师纳①诸公、卿、大夫……（《仪礼·大射》）

b. 臣为君丧，纳货贝于君，则曰："纳甸于有司"。（《礼记·少仪》）

(180) a. 鲁祝以一豚祭，而求百福于鬼神……今施②人薄而望人厚……（《墨子·鲁问》）

b. 王如施仁政于民，省刑罚……《孟子·梁惠王上》）

c. 降者勿杀，得而勿戮，示之以仁义，施之以厚德。（《六韬·略地》）

d. 忠恕违道不远，施诸己而不愿，亦勿施于人。（《礼记·中庸》）

(181) a. 夫孝……，施诸后世而无朝夕，推而放诸东海而准。（《礼记·祭义》）

b. 故唯毋明乎顺天之意，奉而光施之天下……（《墨子·天志中》）

c. 夫厚取之君，而施之民，是臣代君君民也……（《晏子春秋·内篇·

---

① 前文已论及"纳（内）"。把人或物从外部接入或收入到内部的过程就是"纳"，即"接受"，也可视为使动用法，即"使人或物进入"。"纳"也可表示将自己的所有呈献给别人或置于别的器物，即"奉献、交纳、给予"义。春秋战国时期的语料检索显示，"纳"一般进入介词短语式，在向进入Ⅱ式的演变过程中，"诸"使用较多，应是过渡，之后再出现"纳之+NP"结构。

② 据王凤阳（2011：603-604），"施"同"迤"同源，本义是蜿蜒延展，在《诗经》等早期文献中都有用例，用于人事，将事、物推行、给予别人也叫"施"，现读作 yì，它既可表施加或推行刑政、教化、主张、学说等，也可表给人以物质上的好处、优惠的待遇，或把财物送人。这种给予是加惠于人，其对象有时也涉及物，但其中也隐含了所施的对象。这种语义特征使它能进入双宾式。不过，它主要用于单宾句或者"于"字介词短语式，在进入Ⅱ式的同时或之前，它也经历了用"诸"来联系两式的过渡。

杂下》)

d. 上取象于天，下取法于地，中取则于人……(《礼记·三年问》)

e. ……乐取于人以为善……无非取于人者。取诸人以为善……(《孟子·公孙丑上》)

可见，此期Ⅰ式和Ⅱ式之间有更明显的对立互补。主要进入Ⅱ式的那些动词之所以能进入该式，主要是因为这些动词在概念上凸显受力对象，在句法上，它们主要用单宾式，宾语多为客事，与事的表达或凸显要靠"于"等介引。这体现了观念-距离象似性原则，即形式上更靠近的成分，语义上关联更紧密。然而，由于概念的作用，用"于"经常是多余的，基于共同的语义特征，尤其是受制于语用条件时，用"诸"能联结起两个语义关联构式，当"VP+诸+NP"逐渐向"VP+之+NP"格式过渡时，Ⅱ式的使用就水到渠成了。此中，予取事件的镜像语义特征以及Ⅰ式的句法弥散效应发挥了重要作用，同源词和衍生词之间的形义契合为Ⅱ式的形成和广泛使用创造了便利条件。

不仅Ⅰ式和Ⅱ式之间互补，它们同"于"字介词短语式之间也有互补分布，这就形成了两类、三种句式之间对立互补的关系。上古汉语中典型地用于表达物品所有权转移交接事件的结构就是双宾式Ⅰ式，撇开使动类、为动类、与动类和原因-目的类等非典型类，用于Ⅰ式的主要就是除进献义动词外的给予义动词和"语、教、导、诲、示"等教告类动词，后者为引申用法。如果认定介词"于"源于"往到"义动词"于"，那么，"于"字短语结构(如"VP+O_2+于/於+O_1"和"VP+于/於+O_1+O_2")就经历过结构不够发达和使用不够频繁的阶段(参张玉金，2001；张国宪，2005)，在表义效果上，甲金文时期的双宾语的语义角色就可能丰富多样，而不限于客事和与事，这就可能导致表义含混，管燮初(1986)对殷墟甲骨刻辞中能够通读的157个双宾句进行了语序模式分类，就未列入介词短语结构。因此，介词性"于"字句就有应运而生的色彩，它靠指示运动位移的源点①或动作指向对象来精确表义，也借此引介作用分担了一些从前由双宾语表达的语义角色，这就使双宾式语义表达更明晰。

从甲骨文时期始，Ⅰ式同介词短语结构以及其他有关句法结构之间就平行

---

① 介词"于"最初引介处所，后发展出引介行为的时间和行为所涉对象等用法，卜辞中常见引介接受祭祀或求告的对象。卜辞引介时、地的"于"多有"到"义，还有些引申涉及来源、经过/沿循义。卜辞中少数引介时、地的"于"相当于今天的"在"，《诗经》里已有"在于"的说法。这可能反映了"于"的进一步虚化。时间表达是空间方位表达的引申，实体都有空间性，可作为空间参照物和坐标点而理解为方所，运动位移朝向同终点或源点的解读也是相通的。"于"的解读主要受制于语言性语境。

并用，既有竞争，也有合作。比如，非祭祀动词构成的双宾句中，给予义动词（含一般性给予、赏赐、馈送等行为）优先或更多进入Ⅰ式，而获取义动词优先或更多进入Ⅱ式或介词短语结构，这一特点一直都有延续，例如（详参张玉金，2001，2004；龚波，2010）：

(182) a. 贞：祷于上甲，受我佑？（《合集》1493）

　　　b. 王求雨于土。（《合集》32301）

　　　c. 王宜人方……王赏作册般贝，用作父己尊。（《作册般甗》铭文）

　　　d. ……，公……，赐之三命之服……[襄公]贿①荀偃东锦，加璧、乘马，先吴寿梦之鼎。（《左传·襄19》）

Ⅰ式"S+V+O_1+O_2"有原型地位，其构式义归结为，"S致使O_1拥有了O_2"，在其事件框架语义知识内，这种致使拥有靠"S致使O_2位移至O_1处"实现，原型意义上，这种给予是即时性的、整体性的，它不强调给予的过程，而是强调给予的事实和结果状态，突出施事主语的动作行为及其所交予之物对与事宾语的影响；从"致使"和"拥有"义又衍生出"致使"O_1承受了由O_2表示的某种条件或状态（详参张国华，2011）。上古汉语双宾式（含单宾式）已经出现了$O_{直接}$的抽象化，构式义引申早已发生，再例如"孰予之不辜？……而天予之不祥哉？（《墨子·天志下》）"同时，由某些获取义动词和进献义动词等构成的Ⅱ式及"于"字介词短语结构，主要表达"致使位移"（位移可以是物质的或虚拟的），事物在源点和终点间的位移，又会衍生出表终点的人拥有了该物之义，或者表源点的人失去了该物，这也和领有权转移交接联系起来。终点和源点相对于动词的句法位置并不会影响有关的语义内涵，而这种句法位置的差别一般同语篇和信息组织、音韵限制以及文体风格等语用因素有关。比如，双宾式音韵组合简洁，结构形式洗练，语体严肃正式，像《诗经》"国风"中，基本不用双宾句，而是使用"于""以"等介词短语式，因象似性强而表达生动、明晰，因为"国风"反映的是百姓生活，而该用法在"雅""颂"中几乎不见，《诗经》中给予义动词绝大多数出现于"雅""颂"，因为这两个部分反映的是飨宴、封赏、歌颂、祈福、舞乐等严肃雅致的场景。这种雅俗对照佐证了双宾式和介词短语句式的不同语义-功能特征。所以，这几个句式有各自的表义内容和重心，也有语义交集，它们彼此独立又关联，这是很多动词选择所进入的句式时有明显

---

① 前文已论及"贿"。动词性"贿"接单宾语时，往往接与事，但其客事角色已包含其中，这可以从有关语境以及修饰"贿"的状语看出来，例如，"私贿之"、"重贿之"、"厚贿之"等。未见其"于"字句用例。

偏好和分布的原因之一。

"于"字介词短语句式和双宾式里都含"致使"义素。根据 Shibatani
(2002)，该义素是自然语言原型动宾结构语义内容的必然组成部分。这就是
两式都有使动意义的根本原因，它们也都能接纳部分使动用法的动词，例如
"纳之(于)宋"等，除"纳"外，再如"入"：

(183) a. 使其地之人守其财物，以时入之于玉府，颁其馀于万民。(《周礼·
地官司徒》)

　　 b. 阳入之于阴，病静；阴出之于阳，病喜怒。(《黄帝内经·九针论》)

　　 c. 公因起卒……辅重耳入之于晋，立为晋君。(《韩非子·十过》)

"致使"义因此也能进入同原型双宾式有关的其他双宾式次类，这并非偶然。
像"纳之宋""徙此南门之外"和"移车异路"等空间方所性双宾式用例跟使动
类、结绝类双宾式(亦即与动类双宾式)有性质相同的致使义素，它们都有"施
事使宾语 V(O)"之意，例如：

(184) a. 若弗与，则请除之，无生民心。(《左传·隐元》)

　　 b. 国老皆贺子文，子文饮①之酒。(《左传·僖27》)

　　 c. ……宜栖之深林，游之坛陆，浮之江湖，食之鰍鯈……(《庄子·外
篇·至乐》)

　　 d. 顿子牂欲事晋，背楚而绝陈好……(《左传·定14》)

而为动类双宾句同原型双宾式的语义交集在于，施事主语的给予行为给接受者
带来好处，或者说，接受者获得转移交接物后从中受益，因此，接受者
(O$_{间接}$)可以理解为给予行为的受益者以及指向对象(这又可以引申为原因、目
的等)，因为"施益性"特点吻合，为动类双宾句成为可能，例如：

(185) a. 不如早为之所，无使滋蔓。(《左传·隐元》)

　　 b. 原思为之宰，与之粟九百……(《论语·雍也》)

　　 c. 吴起为魏武侯西河之守，秦有小亭临境……(《韩非子·内储说上》)

为动类双宾式中的 O$_{间接}$一般是人或人性实体，在它高频使用的同时，"为"也
在经历语法化，"为+NP"介词短语居于 VP 之前的结构和用法也在发展，形成
了泛义"为"用于双宾式(含单宾式)和"为+NP+V(O)"结构的并存，除了适应
语义-功能性需要，两式的竞争也能证明为动类双宾句中的"施益"义存在，前

---

① 邵永海(1990)指出，此类结构中的动词多和衣食有关，破读后的"饮、食"用如动
词，表示"给予饮料或食物"，也见于单宾式。因此，此类使动类双宾句仍同原型双宾式有
语义交集，有广义"给予"义。

有(128)f，再如：

(186) a. ……故为之立君上之埶以临之……使天下皆出于治，合于善也。
（《荀子·性恶》）

　　b. 冬，京师来告饥，公为之请籴于宋……（《左传·隐6》）

　　c. 造父过而为①之泣涕曰：……（《韩非子·外储说右下》）

对比各句可见，"为+之/NP+NP"结构表义宽泛，句法扩展能力弱，而"为+NP+V(O)"格式弥补了这个缺憾，不仅NP和V(O)自身可以更复杂，而且之后还能进行多类句法扩展，表义功能大大增强。

　　命名-称谓类双宾式同原型双宾式形式联系紧密，但在语义上一直疏远，这种状态持续至今。在漫长的演变中，双宾式以其稳定单一的形式承载了丰富的表义内容，但这些内容又不断地被其他更有效的表达形式承载，双宾式的意义表达类型逐渐趋简，而命名-称谓类句式依旧维持古老形义对应格局，两式都是谓语动词后接两个NP，较近动词的NP一般有有生性，但较远的那个NP的性质和语义区别较大，前者是一种名称或称谓，后者则是转移交接物，两式的次级述谓性质区别显著。命名-称谓类双宾式后来也出现了将判断性的次级述谓语义关系作显性表述的用法，如使用"谓之+曰/为"等，例如：

(187) a. ……门傍有铜马，故谓之曰"金马门"。（《史记·滑稽列传》）

　　b. ……与三百保虫何以异？而谓之为长而贵之乎？（《论衡·别通》）

现代汉语使用类似的"称为、叫做"等，还可用"把"字句。从共时角度看，命名-称谓类结构应该归为宾补结构，但从历时角度看，其早期用例又体现了同双宾式的交集，它更像两个句法范畴之间的重合，我们应该客观如实地描写这种范畴边界。根据前文工作假设，上古汉语双宾式以"一形"对"多义"，但后来"多义"的种类逐渐减少，其语义表达趋向单一化，但仍有语义次类留存其中而未被(完全)取代，这就包含命名-称谓类。从整体上来看，双宾式的语义变化趋势呈现倒三角形状，但也没有发展到完全专用于表达转移交接。英语也有类似情况，比如 *consider*，*name* 和 *appoint* 等可以有几种句法表现形式，如下：

---

　　① 此类平行语句一般应能释为"为+NP+V(O)"格式，但"为"的具体解读还得依语境，"为之"等可以解读为动词性或名词性结构，处在两种句式之间。例如"秦襄王病，百姓为之祷，病愈，杀牛塞祷。（《韩非子·外储说右下》)"，据王凤阳(2011：678)，"祷"，为"告事求富也"，作不及物动词。"杀牛塞祷"中"祷"用如名词。因此，"为之祷"可以理解为"为他做祷"或"为他祷"。

（188）a. I consider him ［as ∕ to be］ a friend of mine.

　　　b. Zooey Deschanel Gets Apology From Captioner Who Named Her As Bombing Suspect（新闻报道标题语，来源：http:∕∕www. huffingtonpost. com∕）

　　　c. The World Health Organisation appointed Peng as a goodwill ambassador in its campaign against tuberculosis and HIV∕Aids in 2012.

as, *to be* 之类的判断系词在句法功能上类似"为、曰"，其隐现不影响句法结构的性质。Visser（1963：550）讨论过动词加补语的情形，他指出，在类似"They flayed him *alive*."和"They sent him *ambassador* to Spain."的句子中，宾语后面所附加的形容词或名词用来表示宾语指称对象在动作行为发生的那一刻的状态、条件或能力，它们不影响动词的语义，而仅仅是充任宾语的附加语（adjuncts），他主张分析为宾语（性）补足语而不非述谓性附加语。这表明，Visser 把动结式同其他形似句法结构区分开来。在古英语里，表达宾语句法关系靠宾/（受）格（accusative case），宾语补足语因为也具有相同的格标记而同宾语密切关联，例如"læddon hi<u>ne</u> *gebundenne*"和"brohton hi<u>ne</u> *cucenne* to Iosue"，一些习语的补语成分也有宾格，如'they leton hi<u>ne</u> gan *frigne*'（尽管"逻辑上"*hine* 指代的人是 *gan* 的主语）。甚至，当宾语携带与格标记时，补语成分也有与格形式，如"we him *fleondum* fylgeaδ"（="we are following him in his flight"）中的补足语成分 *fleondum*（"flight"）。古英语之后，宾语补足成分的格标记就成了零形式。Visser（1963：550）指出，形容词性的宾语补足语在各个时期内都有一定使用频率（现在还说"They ate the fish raw"），而名词性的宾语补足语更少见，多限于文学作品，在当代英语里，该式多使用 *as* 来引导宾语补足语成分。

Visser（1963：551）指出，能进入此类句式的形容词和名词语义上都指向宾语，否则，句法结构性质就会改变。因此，"S+VP+O+adj.∕（as）+NP"实属宾补结构。Visser（1963：552）还区分了"（V+）O$_{直接}$+述谓性附加语"形式，认为作附加语成分的名词或形容词不仅修饰限定宾语，而且影响动词的语义，例如：

（189）a. I believe Williams *the murderer*.

　　　b. You made me *happy*.

　　　c. Report speaks you *a bonny lass*.

　　　d. The king created him *peer*.

Visser 认为应该把 *make happy* 之类的结构看作类似于及物动词的独立和整体单位；不能把"I found ［the case empty］"之类的句子处理为单宾式，因为通常难以用一个句子或小句来取代方括号内、动词后的两个 NP，例如：

(190) a. I call [her queen].

　　b. I christened [her Margaret].

　　c. He had [a cousin an artist].

这种结构在古英语中已大量出现，Visser（1963：553）指出，不能简单地说，这类句子省略了 *to be*，因为有些句子类型是从来不用 *to be* 的，例如：

(191) a. I call him Peter.

　　b. They christened him Merlin.

　　c. Riachrd adopts thee heir.

所谓简省的形式，其实是独立的句式，关系判断词[BE]在语义上是显性的，这在古英语中存在，在现代英语中仍有留存，如"You liar!""Him, a doctor?"等。Visser（1963：553）指出，古英语中的这个述谓性附加语同前述宾语补足语一样，也同宾语具有相同的宾格标记。但古英语之后，这些附加语也表现为零形式。这表明，该句式的变化其内部是整齐划一的。英语中此类结构一般处理为宾补结构，无论 *as* 隐现。

Visser（1963：552）将这些句式统一处理以方便同动结式作比较。结果发现，两式在语义上差别明显，且对允入的动词有各自的要求。我们可以比照这他的做法来区分古汉语中双宾式同宾补式，同样，显著差别在于各自的次级述谓关系类型。不过，在语义重大差别之外，它们表现出相同的句法形式，其背后或许有深层原因，比如状态变化(所有权转移交接 vs. 取得新的名称)都具有即时性，状态转变对应于相关句法成分彼此紧邻，动作行为都对宾语产生影响(给予 vs. 命名)，使其发生改变(领有物品 vs. 得到新名)。笔者假设，汉语命名-称谓类双宾式的表义内容一直就是双宾式的承载内容之一动词可以改变，但语义核心未变。

还有"以"字介词短语。同样，"以"字介词短语能在一定程度上改变双宾式的焦点信息位置，扩大双宾动词的适用范围，因为 VO 式的使用更自由和普遍，而"以"字结构分担了原先由双宾结构承担的一个工具角色(详参郭锡良，1998；何乐士，2000a)。用"以"来标记该角色并置之于远宾语位置上(多为句尾)，就有强调凸显效果，表述更明晰。邵永海(1990)指出，《左传》中的Ⅰ式和"以"字结构句(码化为"V+O$_1$+以+O$_2$"或者"以+O$_2$+V+O$_1$")表义功能相同，但它们同"于"字句的表义功能有别。前文已论，其根本在于原型语义差别："于"字句表达(致使)移位，双宾句表达物品所有权转移交接，有关的"以"字句凸显工具-凭借角色，不论是引申推导，还是逻辑蕴含，三式间有语义交集，所以，同一个动词有可能进入其中两个或三个句式，例如：

(192) a. 若以先臣之故，不绝季氏，而赐之死……(《左传·昭31》)

　　　b. ……，君不忍加之以鈇锧，赐之以死。《公羊传·昭25》)

　　　c. ……而又为人臣，不如死，尽以其宝赐左右以使行。(《左传·文
　　　　　16》)

介词短语置于动词之前或之后，跟信息配置有关，也跟句法结构限制等因素有
关，比如上面 a 句中"赐之死"宜理解为一个事件整体，b 句中"赐之以死"是
凸显了"死"的工具性或对象性，c 句中"以其宝"即表明'其宝'的定指性及被
修饰状态，也照顾到后面句法的扩展，即目的小句"以使行"，避免出现"*赐
左右尽以其宝以使行"。

　　在中古汉语之后介词短语整体上有了明显的左迁移趋势，位于述谓动词之
前，这是一个大趋势，便于将句尾自然焦点位置空出来留给需要凸显的成分，
除了信息配置的动因，句法结构和句法成分的复杂化也有很大促进作用(详参
张赪，2000；董秀芳，2002)。为焦点成分添加标记以强化凸显效果也是并行
不悖的手段。前移的 PP 一般含旧信息，因其定指度高，结构简短，倾向于尽
早出现，作状语。反之，定指度低的新信息倾向于靠后出现，因其需要更多的
说明，结构就越复杂冗长，而句尾的位置为其复杂性提供了开放空间。所以，
双宾式 I 式中的 O$_{间接}$一般是单音节代词"之"，未检索到句尾用"之"的双宾句。
何乐士(2004)对《左传》中"以"字结构位于动词前、后两种句法位置上的特点
和条件做了比较，发现在涉及表达告知、训示的内容或给予之物时，动后
"以"字结构中的宾语常常冗长复杂；如动词性成分本身复杂多变，"以"字句
往往相对更简单，常在动前。此外，选择近义句法结构还可能涉及语篇组织、
修辞、音韵等因素，比如，"还政成王"比"还成王政"更合乎音韵要求，而有
关"于"字句中，动后客事和"于"后与事对此要求不太明显。再如：

(193) a. ……，奉之以土田，抚之以彝器，旌之以车服，明之以文章。(《左
　　　　　传·昭15》)

　　　b. 故心以制之，玉帛以奉之，言以结之，明神以要之。(《左传·哀
　　　　　12》)

　　　c. 晋献公将欲袭虞，遗之以璧马；知伯将袭仇由，遗之以广车。(《韩
　　　　　非子·喻老》)

上例(193)a 句中，"奉、抚、旌、明"四个动词并行，被凸显的四个名词"土
田、彝器、车服、文章"也平行，构成结构规整的排比句，是应修辞需要；b
句中，同样，作者将"以"的宾语前置，而并置和凸显作为策略的"制之、奉
之、结之、要之"等 VP，且又使得被前置的介词宾语"心、玉帛"和"言、明

神"平行，增强了表达效果；c 句也一样，前后两句格式平行，后置的"以"字短语重在表达为实现入侵目的而采取的军事策略，即佯装赠送礼物来麻痹对方，使对方放松警惕，而不是使用双宾式来表达完成体性的给予事件。因此，我们不主张双宾式和有关介词宾语句之间有转换生成关系，它们虽有语义关联，但各自独立和区分，有各自的表义特征和语篇功能。

关于双宾语的形、义特征，前文已述，此期双宾式的 $O_{间接}$ 的一个显著特征就是以代词为主，兼有结构简单、音节简短的名词或名词性短语。其中，人称代词占绝大多数，有"之、尔、女（汝）、我、吾、余"等，战国末期的"其"也能进入双宾式充任 $O_{间接}$，指示代词"焉"①（"于/於此"）也能参与构成非典型双宾句。前文已举例，再如：

（194）a. 齐人归其玉而予之粲。（《国语·鲁语上》）

　　　b. 梦帝与我九龄。（《礼记·文王世子》）

　　　c. 昪余，余赐女孟诸之麋。（《左传·僖28》）

　　　d. 有能得若捕告者……守还授其②印，尊宠官之……（《墨子·号令》）

据徐志林(2013：30)，代词作宾语的以"之"为常，在核心词汇构成的双宾句中，以"之"作 $O_{间接}$ 的占全部用例的 52% 以上，而在涉及全部双宾动词、所有使用代词的双宾句中，"之"的用例超 87%。也有名词性成分作 $O_{间接}$ 的，其中，名词 $O_{间接}$ 通常是单音节或双音节的，都是已知信息，结构形式和音节数更复杂的名词性 $O_{间接}$ 很少，主要是并列结构或偏正结构，战国末期文献中也开始出现辅助性代词"者"字结构作 $O_{间接}$，但总数很少，总的音节数也很少，所以，结构太复杂的成分不适合作近宾语，例如：

（195）a. 骊姬与犬肉，犬毙；饮小臣酒，亦毙。（《国语·晋语二》）

　　　b. 太宰嚭遗大夫种书，曰：……（《韩非子··内储说下》）

　　　c. ……王夺子禽、祝跪与詹父田，而收膳夫之秩。（《左传·庄19》）

　　　d. ……上与病者粟，则受三钟与十束薪。（《庄子·内篇·人间世》）

　　　e. 臣闻圣王公之先封者，遗后之人③法，使无陷于恶。（《国语·鲁语上》）

---

① 据王力(2000：657)，指示代词"焉"可置于动词后，"焉"可作宾语，还可复指前置的宾语。

② 先秦时期"其"为领格，即"他/她/它的"义，同宾格的"之"对立，战国末期，"其"出现了宾格用法，限于作兼语和双宾语(详参唐钰明 1994)。于是，两种用法并存。

③ 偏正结构的 NP"后之人"似乎是固定成词，用例不少。除了像(195)c 句中的并列结构名词宾语外，其他 $O_{间接}$ 多为概念紧密的实体，类似"之"的简约风格。

同 O$_{间接}$一样，O$_{直接}$也是由名词或名词性短语充当，名词也是以单音节的为主，双音节的结构不多见。这可能是因为先秦时期双音节名词本来就少，且主要是并列结构和偏正结构，例如：

(196) a. 君盍纳王，以教之义。(《国语·晋语四》)

　　　b. 神之吊之，贻而多福。(《诗经·小雅·天保》)

　　　c. ……季武子取卞，使季冶逆，追而予之玺书……(《国语·鲁语下》)

据徐志林(2013：32)，在核心双宾动词构成的双宾句中，由名词性短语充任直接宾语的用例只占总数的约 17.9%，虽然以偏正结构和并列结构为常，但已出现少数的"名+数"短语结构和辅助性代词"所"字结构用例，尽管其句法-音节复杂度还较低，但它还是说明，直接宾语正在复杂化，尤其是并列结构，由于递归性使然，已经出现了较长的并列结构形式，例如：

(197) a. 王拜稽首曰：……与之一箪珠，使问赵孟，曰……(《左传·哀 20》)

　　　b. 公锡魏绛女乐一八、歌锺一肆，曰：……(《国语·晋语七》)

　　　c. 齐侯使公子……归公乘马，祭服五称，牛、羊、豕、鸡、狗，皆三
　　　百，与门材，归夫人鱼轩，重锦三十两。(《左传·闵 2》)

　　偏正结构的 NP 主要借助"之"，并列结构中可使用并列连词，如"与"，"数+量+名"结构也开始出现了，此外，还检索到 2 例"所"字结构作 O$_{直接}$，1 例含"之所以"的"者"字结构的用法，如下：

(198) a. ……今越王……施民所善，去民所①恶，……(《国语·吴语》)

　　　b. ……吾修令宽刑，施民所欲，去民所恶，……(《国语·吴语》)

　　　c. ……敢问君王之所以与之战者？(《国语·吴语》)

此期"所"字结构已较活跃，其句法功能也较多，能作宾语并开始用作 O$_{直接}$，也是自然的。上例说明，双宾式的发展是句法系统发展中的一部分。徐志林(2013：34)提到两个特例，如下：

(199) a. 授子过千盆，则子去之乎？(《墨子·贵义》)

　　　b. 君赐臣死，死且不朽，臣之卒实奔，臣之罪也。(《左传·成 16》)

————————

　　①　"所"字结构有特殊指代性。王力(1989：73)认为"所"是特殊代词，前置于动词作其宾语。它和动词结合成为 NP，初只用作主语或宾语，后也可用作谓语，用作定语则可修饰"者"字，也用作介词的宾语。例如："唯器与名不可以假人，君之所司也。(《左传·成 2》)"、"臣之所好者道也。(《庄子·养生主》)"、"其妻问所与饮食者。(《孟子·离娄下》)"、"……此吾所以不受也。(《庄子·让王》)"等。

徐文认为它们涉及谓词性成分的使用。a 句中"过千盆"仍为名词性，因此该句属双宾式。他主张 b 句中的"死"是动词，因此，"君赐臣死"应为兼语结构。我们认为上述两句都是双宾式，"过千盆"是转喻用法，"赐臣死"和"赐之死"平行，是名词化的表现，反映了古人的抽象思维能力。根据汉语词类的"名动包含"理论，动词是包含在名词里的一个次类，是动态名词（详参沈家煊，2012）。原则上，VP 在人脑中激活的是概念整体，它和 NP 激活的概念具有同一性。很多述谓性结构都能用"之/的"实现名词化，古今皆然，前文已有"赐之以死""X 之死""X 之 VP"的用例，再如：

(200) a. 故天之生物，必因其材而笃焉，……（《礼记·中庸》）

　　　b. 死十一日，虫出于户，乃知桓公之死也。（《管子·小称》）

最后看春秋战国时期双宾式的句法表现特征。此期双宾式能作为一个独立句法成分参与句子构建，在整句中充任句法成分、扮演句法角色，这说明，上古汉语的句子结构在扩展，结构日趋复杂，表义内容渐趋丰富，逻辑趋向缜密。首先，双宾式能独成述谓结构，双宾动词就是谓语动词，整句依托双宾式成为一个独立小句。前文已举多例。双宾式本身可视为整句，有自己的主、谓、宾成分，缺省的部分则可根据语境还原，所以，这些双宾式在句子层都是最高层级。双宾式也可以处在整句下的次级小句内充任其句法单位或小句成分，例如：

(201) a. 他日归，则有馈其兄生鹅者……（《孟子·滕文公下》）

　　　b. 陈氏虽无大德……其取之公也薄，其施之民也厚……（《左传·昭26》）

　　　c. 我执曹君而分曹、卫之田以赐宋人。（《左传·僖28》）

上述例(201)a 句，双宾式在"者"字结构的 NP 中充任定语；b 句中，"取之公""施之民"的双宾结构都做分句的主语，分别接受"薄"和"厚"的判断，这也是双宾式被视为事件整体的证据；c 句中，"我"后连续有三个谓语动词"执、分、赐"，"赐宋人"的 $O_{直接}$"田"被"以"携带为隐含的宾语，前置于"赐宋人"，虽然不是完整的双宾式并在主句中充任句法成分的构成要件，但这也说明，双宾式同其他同级述谓结构合作而构成主句述谓结构的一部分。像这样双宾句中的句法成分在具体语境中承前缺省并在后面的句中充任逻辑上的语法-语义角色的用法，此期文献中较多见，这是不同类型的述谓结构在同一主句内的某种结构和语义契合，是主句的句法延展，例如：

(202) a. ……赐我先君履：东至于海，西至于河，南至于穆陵，北至于无棣。

（《左传·僖4》）

b. ……帝赐之姓曰董，……帝赐之乘龙，<u>河、汉各二，各有雌雄</u>。（《左传·昭29》）

c. ……（惠公）赐我南鄙之田，<u>狐狸所居，豺狼所嗥</u>，我诸戎除翦其荆棘……（《左传·襄14》）

根据徐志林（2013：35-36），（202）a 句中的下画线部分是对双宾式中 O$_{直接}$"履"的范围的补说；同样，b 句中的下画线部分是对"乘龙"情况的补说，c 句中的下画线部分是对前面双宾式中 O$_{直接}$"南鄙之田"的补说，他将这些补说成分处理为 O$_{直接}$的补足语成分。诚然，就双宾式 I 式而言，O$_{直接}$是焦点信息，对其增加表述也合乎情理。除了认知动因，意合语法特点也起了作用，对自然焦点，交际双方心照不宣，因此承前缺省而在随后添加描写信息也有可能。它更像语义信息描述成分，心理上它是独立整句，同主句平行，处理为主谓结构或者话题-述题结构也可以。同样，b 句中的"帝赐之姓曰董"中的"［姓］曰董"也是对该双宾式小句的扩展，它发生在同一主句内，O$_{直接}$兼任"曰董"的主语，其好处在于，让两个小句的表义内容统一于同一主句，行文更紧凑，表达更绵密。类似用例再如：

(203) a. ……卫侯赐北宫喜谥［曰贞子］……而以齐氏之墓予之。（《左传·昭20》）

b. 太宰嚭遗大夫种书，曰："狡兔尽则良犬烹……"（《韩非子·内储说下》）

c. 巫臣自晋遗二子书，曰："……余必使尔罢於奔命以死。"（《左传·成7》）

d. 苏代乃遗燕昭王书曰："夫列在万乘……"（《战国策·燕策一》）

这里有"曰"字点逗何语义解读的问题，上面 a 句和 b 句中的"曰"有语义差别，"NP+曰"是连读还是分开，也有差别，体现了距离象似性原则。"谥曰"一般连在一起读写，但像"遗 X 书，曰"中的"书、曰"的紧密度就差了很多，语义关联度小而逗开的表达显得更加轻松、自然，而合写的形式显得更为严肃规整，甚至紧急迫切，如 d 句。

这种承前句成分而在同一小句内进行句法扩展的现象在现代汉语（含某些方言）中很常见，而所承接的、扩展部分里的句法-语义角色不仅限于宾语，还可能是其他成分，古汉语中也一样，例如：

(204) a. 公锡魏绛女乐一八、歌锺一肆，［公］曰：……（《国语·晋语七》）

  b. 我送她一条狗帮她看家。

  c. 你们谁送我一个宠物帮你养！

  d. 我送她一本书看。

  e. 我送她一把手枪来防身。

  f. 给［他］几件脏衣服他来洗。

关于生命度和语义抽象度，不难看出，$O_{间接}$主要是人和动物，如"犬"，生命度高，$O_{直接}$主要是无生命的、离散性物品，或者作为个人领有物而被转让交接的，例如女乐、美人、城邑、土地、田地等，还有些抽象度较高的事物，如"寿（命）、不辜、不祥、志、福、命、法、天下、政（权）"等。此期$O_{直接}$的语义抽象度已有大发展，双宾句使用范围也扩大了。

  总之，此期双宾式同西周时期的相比变化不大，其基本结构形式相同，最高频动词已由"赐"变为"与"，双宾语都倾向于结构简短，一般是单音节或双音节 NP，但$O_{直接}$的繁复倾向明显，已经开始出现少数并列型或偏正型 NP，"所"字结构和"者"字结构等辅助性代词结构也开始作$O_{直接}$，"数+量+名"结构作$O_{直接}$时不稳定，以"名+数（量）"结构更多。这种$O_{间接}$简短、$O_{直接}$较长的特征符合信息组织原则，可以想见，后者有可能在后期出现更多繁复化。此外，双宾式作为独立成分已开始出现基于$O_{直接}$的小句扩展，虽然扩展还很简单。双宾动词复音合用的现象仍有，但发展缓慢，总数很少。

2.4.7　秦汉时期的双宾式

  本书检索的语料范围比徐志林（2013：37）的略有增加，也采用其核心双宾动词确立方案，它们依次是"赐（用例占比 23.4%，下同）、与（11.6%）、遗（10.6%）、予（9.8%）、授（5.7%）、封（5.3%）、献（2.6%）、夺（13%）、取（10.4%）、受（7.7%）"，其中，"赐"的用例比重有回升，"与"和"予"占比合为 21.4%，获取义的"夺、取"仍有最高使用频率，"受"的用例数有所提升。相比前期，核心高频动词在承继的基础上有变化，"赐/锡、与/予、遗/送/贻、授"得以保留，其他动词则各有益损和更替，这反映了语言使用的变化和规律。

  《史记》是此期语料价值最高的文献，其当朝记事部分含大量鲜活生动的口语语料。对《史记》双宾句的研究见于侯慎伟（1998）、刘宋川（2001）、时兵（2002）、许敏云（2006）等，他们的界定标准相差不大。《淮南子》的语言多方言楚语，也是反映汉初语言面貌的重要文献。对此期双宾句的考察，仍旧关注主要双宾动词、双宾式形式表现、宾语形义特点、双宾式的句法表现等方面。

2.4.7.1 秦汉时期主要的双宾动词及其用例

此期双宾动词仍以单音节为主。除前述最高频前 10 个里的 7 个外，还有"归(馈)、给(供给)、益(加赐)、遗(留给)、分、资(资助)、致(送给)、加(加赐)、输、属(交付、委托)、下(交付)、上(施加)让、降、反(归还)、假、借/藉、赏、贷、酤(出售)、偿、被(加赐)、报(报答)、传、割、奉、乞(饩)、赉、先(先给予)、献、略、赋、卜(赋予)、句、介(匄)、秩(赐予俸禄)、位、爵(赐予爵位)、赏、礼、宠、还、任、委、施、复、行、进、赣、荐"等给予义动词(含少量名词活用的用例)，双音复合给予义动词较前期增幅明显，主要有"赏赐、加赐、褒赐、赐益、赐奉、奉给、增援、分与、分予、归与、赉贷、赉送、给遗、略遗、报遗、益封、益分、益与、益予、复与、复归、复赐"等，用法变化不大，除有"分我一桮羹"(《史记·项羽本纪》)外，另如：

(205) a. 王赐士庆相印而不赐臣，臣死将有日矣。(《新序·杂事二》)

　　　 b. ……，赵王献之美人。(《史记·淮南衡山列传》)

　　　 c. ……而厚分与其女财，与男等同。(《史记·司马相如列传》)

　　　 d. ……，献之周公之庙。(《说苑·权谋》)

　　　 e. ……，诸樊已除丧，让位季札。(《史记·吴太伯世家》)

获取义动词除较高频的"夺、取(拿、娶)、受(接受、领受)"外，还有较多单音节动词及一定数量的双音节动词，前者如"得、请(请求、索求)、假、乞、贷、征、略、窃、盗、责、收、承、禀(受)、仰(仰仗他供)、持、本、求、学、除、免(免除)、减、削、罢(罢免)、赦、夷(灭)"等，后者如"请求、伐取、诈夺、矫夺、袭夺、侵夺、攻夺、削夺、盗买"等，若考虑含"夺"动词的连动性质、前一动词多是修饰成分，表达行为方式或性质等，那么"夺"的使用范围和频率无疑就最高了。除"吾与项羽俱北面受命怀王"外，再如：

(206) a. 试求之故府，果得焉。(《说苑·辨物》)

　　　 b. 孔子学鼓琴师襄子，十日不进。(《史记·孔子世家》)

　　　 c. ……而季平子与郈昭伯以鬭鸡故得罪鲁昭公……(《史记·孔子世家》)

　　d. ……项王乃疑范增与汉有私，稍夺之权①。(《史记·项羽本纪》)

　　e. 今王以徵舒为贼弑君，故征兵诸侯，以义伐之……(《史记·陈杞世家》)

　　f. 齐伐取我襄陵……伐取宋仪台……秦使樗里子伐取我曲沃……(《史记·魏世家》)

　　g. ……三晋攻夺我先君河西地，诸侯卑秦、丑莫大焉。(《史记·秦本纪》)

　　教示问告义双宾动词的数量有增长，既有单音节词，也有双音节词，前者如"教、告、问、白、风(讽，含蓄地劝告)、示(视)、劝(劝说)、说(游说、说服)、语、喻、谢、言、晓、报(报告)、责(追问、追究)、责(要求)、诫(戒)、道(导)、诲、谏、讥、讯(问)、奏、谗、恶、劾、观(显示)、请(请示)、布、诈、许、致(转达、转告)、属(嘱托)、传(教导)、数(责备)"等，后者如"喻告、告语、劝说、风喻、申诫、指示(指给别人看)、指视(同"示")、谏止、教令、喻说、尝教、说教、诮让、教诫、荐言"等。分别例如：

(207) a. 今小国以穷困来告急天子……(《史记·东越列传》)

　　b. 有国有土，告汝祥刑。(《史记·周本纪》)

　　c. 汉王引诸侯兵北，示鲁父老项羽头，鲁乃降。(《史记·高祖本纪》)

　　d. 于是主乃许之。言之皇后，令白之武帝……(《史记·外戚世家》)

　　e. 于是说教单于左右疏记，以计课其人众畜物。(《史记·匈奴列传》)

　　f. ……章告语忠霍禹谋反状，忠以语常侍骑郎杨恽……(《史记·建元以来侯者年表》)

　　关于称封义双宾动词，前文已述，此类双宾式表命名称谓义，还包括官

---

　　① "夺+之+名"结构是否等同于"夺+其+名"结构？(详参陈坤德、曹国安 1998，唐钰明 1994，吕叔湘 1982，何乐士 1998，时良兵 2003)。《史记》中该式约有 13 例。给予和夺取是反面对称的镜像行为，基于整体和辩证思维，编码为同一形式是可能的，两者的 O$_{间接}$都是予、取行为的被影响者，"夺"的事件框架语义凸显对人(与事)的影响，而非客事，它主要接与事宾语，g 句里"(三晋攻夺)我"宾格形式是明证之一。"夺"和"取"凸显语义对立。张国宪(2001)认为，索义类动词更有资格进入双宾式。何乐士发现，"夺"带双宾语是其主要句法格式。上述两结构间有语义上的变换关系，但句法性质不同。不过，"之"确实可能作"其"解，苏轼《范增论》对此句释作"稍夺其权"；另外，"遂杀简公而夺之政……皇喜遂杀宋君而夺其政。《韩非子·内储说下》"、"是天夺之鉴而益其疾也!"可见于《国语·晋语二》、《左传·僖 2》和《说苑·辨物》，但后人将其释为"且夫窃位之人，天夺其鉴，神惑其心。(《潜夫论·忠贵》)"，韦昭注"而又夺之资以益其灾。(《国语·周语下》)"为"夺其资"。可见，这种情形应视具体情况而辨别处理。

职、爵位、身份等的封赏任命，$O_{间接}$和$O_{直接}$之间是说明-被说明关系、判断关系和语义同指关系。由于封赏任命不仅意味着称名的授受，还意味着物质财富和权力等的授受，意味着物质和精神财富的交接，所以，很多用例还能同双宾式原型的给予义关联，在句法形式上有一定联系。① 此期的命名称谓义动词仍是"谓、呼、名、称"等，"谓"占主导地位，封赏任命类义动词如"封、分（分封）、拜、官、爵、赏、立"等，例如：

（208）a. ……忠谏者谓之不祥，而道仁义者谓之狂。（《淮南子·泛论训》）

　　　b. 今取新圣人书，名之孔、墨，则弟子……（《淮南子·修务训》）

　　　c. 称公弟叔仲，贤也。（《谷梁传·僖16》）②

　　　d. 高帝封之乐卿，号曰华成君。（《史记·乐毅列传》）

　　　e. 拜籍上将军。（《史记·秦楚之际月表》）

根据何乐士（1982），《左传》中"谓之"多表示对$O_{间接}$与事的"品题或归类，大多代表社会上共同的看法"。《史记》与之相同，作"品题或归类"的$O_{间接}$一般都是人或作人事理解的事物，而$O_{直接}$很开放，无生命度限制。刘宋川（2001）指出，"何谓+名词/代词"属双宾性质，"何"是疑问代词作特指问。如果"何谓"不作称谓命名理解，则结构非双宾式，例如"敢问何谓也？（《史记·孔子世家》）"，但《史记》中的多数"何谓"③结构都有双宾式性质，即今天的"谓+何+名词/代词"。

　　以《史记》为代表，此期有大量方所义双宾式用例，一般都是$O_{间接}$为人，$O_{直接}$表达运动方向、位移轨迹或事件发生所在方所，理论上这一类动词是开放的，一般是单音节动词，不下 50 个，主要包括"藏、匿、驰、囚、浮、沈、转、筑、葬、种、树、陈、（狙）击、播、立、救、拘、抱、收、受、伏、破、发、盛、屯、围、弑、蒙、叩、祠、捐、牧、运、迁、徙、逢、钻、枭、聚、会、射、杀、挫、烧、观、弃、投、蹑、铸、致、迎、买、堕"，等等。用法例如：

（209）a. （吴王）乃取子胥尸盛以鸱夷革，浮之江中。（《史记·伍子胥列传》）

---

① 例如，"今秦赐之上卿，以相印迎之。（《史记·樗里子甘茂列传》）"和"封/拜之上卿"就共有句法形式。

② 一般认为《谷梁传》成书时间是西汉。

③ 类似用法不少，例如"何谓八风？（《淮南子·墬形训》）"、"宜遗乎义之谓小人。（《淮南子·缪称训》）"等。"上折随何之功，谓何为腐儒……（《史记·黥布列传》）"中"谓何"不再倒置。像"此之谓天解"这样使用"是/此之"时，若无复指代词"之"，那么"是/此"为指代性受事主语，"是/此谓+N"则属单宾性质。

    b. (吴王)不肯见盎而留之军中，……(《史记·吴王濞列传》)

    c. 遂以鲁公号葬项羽谷城。(《史记·高祖本纪》)

    d. 秦伐魏，迁孔氏南阳。(《史记·货殖列传》)

    e. 昔伍子胥说听于阖闾……赐之鸱夷，沈之江。(《新序·杂事三》)

此期双宾式也含使动义次类，某些方所类双宾式也可能涉及使动义，亦即这两类双宾式有语义交集。语义交集还可以发生在更多次类之间，比如例(209)a中的"浮之江中"也有使动意味。有时语义关联所涉类型可能还不止 2 种。我们在区分时遵循语义凸显原则，比如更突出"使($O_{间接}$)动"义的双宾式就归为使动类，更突出处置义和方所角色的就归为方所类。使动类双宾动词主要有"饮、食、衣、佩、出、入、内(入)、妻、生、栖、侯、从、负(承担)、实、王、复(免除租税)、罢、退、致(使到达)、登、渡、反(使回到)、饭、还(使回到)、归(使回到)、招、进(使增加)、分(使分散)、乘、鼓(使进攻)、继、黜(使减少)"等，《史记》中 30 多个，用例 120 个左右，例如：

(210) a. 陈人使妇人饮之醇酒……(《史记·宋微子世家》)

    b. ……昆弟不我衣食，宾客不我内门①。(《史记·平津侯主父列传》)

    c. ……嫁之张耳……女家厚奉给张耳，……(《史记·张耳陈馀列传》)

    d. 臣尝游海上，见安期生，食臣枣②，……(《史记·孝武本纪》)

    e. 昔舜为庶人时，尧妻③之二女……舜已崩，传禹天下……(《史记·陈杞世家》)

    f. 吴王夫差地方二千里……南与越战，栖之会稽④。(《淮南子·兵略训》)

    g. ……申伯仲山甫辅相宣王，拨乱世，反之正⑤，……(《韩诗外传·卷八》)

---

    ① 上古汉语时期疑问代词宾语及否定句代词宾语都需要前置，但《史记》中不多见，已呈减少趋势。

    ② "食"同"臣"构成使动关系，"臣"和"枣"之间无结构关系，意谓"使臣食枣"。

    ③ 妻，七计切，以女适夫、以女嫁人曰妻，去声，相当于"嫁"。春秋战国时期，"妻"只用作单宾动词，例如"季康子以其妹妻之。(《左传·哀 8》)"，《史记》中沿用，双宾式用法例如"于是尧妻之二女……(《史记·五帝本纪》)"等，有给予义和使动义。

    ④ 此处 $O_{直接}$ 是处所义"会稽"，也可将之归为空间方所类双宾式。

    ⑤ 此处形容词"正"用如名词，表"正道"义。"反之正"即使之(乱世)反(返回)正(正道)。

　　h. 夫散其本教而待之刑辟①，犹决其牢而发以毒矢……（《韩诗外传·卷二》）

春秋战国时期比较常见的凭借类、原因-目的类、与动类和为动类双宾式在秦汉时期的使用明显减少，这主要是因为有关动词的语法化程度已经很高，介词短语的表达方式极大地分担了原先双宾式的表义负载。例如：

(211) a. 汉兵因乘胜，……，购吴王千金。（《史记·绛侯周勃世家》）

　　　b. ……则临之以威武；临之威武②而不从，……（《淮南子·兵略训》）

　　　c. 秦二世宿军无用之地……结怨匈奴，绁祸于越……（《史记·律书》）

　　　d. 于是至汉，汉下广吏③。（《史记·李将军列传》）

　　　e. 至邸上，奏献十城为④鲁元公主汤沐邑，……（《新序·善谋下》）

上述诸例中，a 句和 b 句是凭借类，c 句是与动类，d 句是原因-目的类，e 句是为动类。凭借类用例减少，主要因为"以"标记能表示客体作为某种（广义上的）凭借而单独表达且被前置或后置于 VP，有时借助语境因素，客事可不出现而仅用"以"承前省略来表达凭借，形式多样化适应了明晰和有效表达的需要，更好地照顾了语篇衔接和连贯的需要，照顾了信息凸显的需要，分担了本由双宾式负载的表达任务；而且，不仅可用"坐"等表原因，"以"还可引申表原因或目的，例如：

(212) a. 皇太后所赐金帛，尽以赐军吏。（《史记·淮南衡山列传》）

　　　b. ……虚而往者实而归，故不言而能饮人以和⑤。（《淮南子·俶真训》）

同样，与动类双宾式的部分内容由"与"字介词短语分担表达，它一般前置于 VP，"与"也可承前缺省宾语而只作角色（关系）标记。刘宋川（2001）指出，这

---

　　① "之"承前指代百姓；刑辟，刑法。"待之刑辟"，言使之待（等待）刑辟。

　　② 本文所说的凭借类双宾构式是广义的，$O_{直接}$ 可以表工具、手段、方式、标准等，例如："今万人调锺，不能比之律……（《淮南子·人间训》）"中的"律"可理解为"标准"。

　　③ "下广吏"有致使运动位移的意味，即"把广交给吏"，是引申的双宾式。

　　④ 《史记》另载"齐王……献城阳郡，以为鲁元公主汤沐邑。（《史记·齐悼惠王世家》）"，"为"作动词用。

　　⑤ 使动类双宾式同样也能用介宾短语来变换其句式。高注："谕道如川，不言而能饮人以和适也。"（张双棣 1997：170）还有"于"字介宾短语，如"今夫道者，藏精于内，栖神于心……（《淮南子·泰族训》）"，"栖神于心"可说成使动类双宾句"栖神心"，"藏精于内"可说成"藏精内"。

个类型双宾式生命力弱，可能是由于它本身表达过于模糊①，因此在西汉中后期就已消亡。为动类双宾式的主要动词只剩下"为"，此时，"为"还可作泛义动词(上声)用于单宾式，例如"示之以弱，而乘之以强；为之以歙，而应之以张"(《淮南子·兵略训》)，但"为"(去声)字介词短语已经普遍，它前置于VP，引介施益对象或原因-目的，其后的VO在形、义表达上获得解放，表达力大增，例如：

(213) a. 子楚与吕不韦谋，行金六百斤予守者吏……(《史记·吕不韦列传》)

      b. 王恢首造马邑事，今不成而诛恢，是为匈奴报仇也。(《史记·韩长孺列传》)

      c. ……则天与之时……则地生之财……则圣人为之谋②。(《淮南子·主术训》)

我们可以从中管窥此期双宾式的一些新特点。首先是出现了新用法，即某些具有固定意义的凝固性动宾式被切分而在中间插入一个NP，表示有关事件中所针对、关涉或影响的对象，它一般是人，处近宾位，但也有例外，如上例"下吏"及类似的"下议、下事"，以及"弃市、给事、为寿、抵罪、通渠、通沟、给食"等。时兵(1999：101)认为，"下董仲舒吏"由组合词"下吏"(义为"交由法官审讯")切入名词而成，他称之为"切入构成法"。这些动宾组合词拆分后形成新结构，它有一定的能产性，不过，该用法不一定都是通过切分和插入而构成，有些是VO式中的O得到修饰扩展，有些则是在VO后增添了行为针对对象NP，所以都还是类比于双宾式的用法，例如：

(214) a. ……，故以十二月晦论弃市渭城。(《史记·魏其武安侯列传》)

      b. ……，给事平阳侯家，与侯妾卫媪通，……《史记·卫将军骠骑列传》

      c. 外戚多毁成之短，抵罪髡钳。(《史记·酷吏列传》)

      d. 诏下其事廷尉、河南③。(《史记·淮南衡山列传》)

---

   ① 刘宋川(2001)指出，可以用述补结构、状中结构和单宾结构来分担表达与动类双宾式，表义更精密准确，例如《史记》有："结怨于匈奴"、"绛侯乃大与亚夫结交"、"则是王一举而结三国之亲"等。

   ② "与之时"、"生之财"、"为之谋"是平行的给予类、使动类和为动类双宾式，"为之谋"应是承袭前期用法，相当于"为之为谋"，已重合于"为之V"结构，"为之"此时更似介词短语性质。

   ③ "河南"，指河南郡守。与此双宾式关联的还有其他变换格式，例如："书闻，上以其事下廷尉，……"(《史记·淮南衡山列传》)、"……，赵王怨之……事下廷尉。"(《史记·酷吏列传》)等。

    e. ……东方则通(鸿)沟江淮之间……则通渠三江、五湖①。(《史记·河渠书》))

    f. ……使刘贾将二万人……无以给项王军食。(《史记·荆燕世家》)

    g. 堂邑父……穷急射禽兽给食……郁成城守，不肯给食其军。(《史记·大宛列传》)

"下吏"中"下"是"处于低位的"本读词，根据王力(2000：2)，它是方位名词"下面"义，胡雅切，上声，匣母，马韵，鱼部，但此处破读为去声，胡嫁切，祃韵，鱼部，用如动词，表示"(从高处到低处)下降、降落"，引申后有了使动义，解为"使其(从高处到低处)下降""下达、发布"，这从"下"同"(其)事、议"等组合看出，"下"此时解为"(使)交付、吩咐、指派、安排、指示、命令"之义，其事件框架语义知识里就蕴含了交付对象这个角色，整个格式就有了进入双宾式的可能，甚至还可用于双宾式Ⅱ式以及单宾格式的连动句中。这种 VO 用例在《史记》中不少，其宾语的选择较灵活，还可被"其"等简单词汇修饰，整个结构有一定能产性。"给食"与之类似，它虽然使用频繁稳定，但在双宾式里，不仅 O$_{间接}$ 可能不限于单音节名词，O$_{直接}$ 也可以不限于"食"，例如"鱼、酒食、食饮"等，甚至还有"给食其军"等Ⅱ式用例。这可能是"给"最早的双宾式用例。此外，"抵罪"即"判(处有)罪"，虽有"抵+N+罪"式切分用法(如"后张汤果败，上闻黯与息言，抵息罪。(《史记·汲郑列传》)")，但 c 句中"髡钳"即"剃发和以铁缚脖子"等两种刑罚，"罪"和"髡钳"之间有被解释和解释的关系，或说同位关系，之间似有[BE/AS]的次级述谓语义关系，本书将之归于工具凭借类，即用最远端的"髡钳"来强调用何种方式进行惩罚。

    所以，上述特殊用法是基于当时双宾式(含Ⅰ、Ⅱ式)的创新，所谓"切入构成法"只是其中一种体现方式，创新不限于进行 VO 式切分填充，还牵涉对既有双宾式各次类的借用和仿拟，既有为动类用法，如"为+NP+寿"，也有Ⅰ式用法，如"给项王军食"，也有Ⅱ式用法，有空间方所类，如"弃魏其侯市"，也有凭借类，如"抵罪髡钳"。像"给事为廷尉史"和"给泗水卒史事"等用例又显示出称封命名类双宾式的影响。或许，至少在司马迁看来，双宾式是高频使用且有强大弥散作用的句法结构，他依托一些次类进行了一定程度的创新，并没有脱离有关的事件框架语义限制以及结构形式限制。总体上看，此类用法比

---

    ① "通渠、通沟"等既有使动用法，也有方所类意味，例如《史记·匈奴列传》有"往往通渠置田"等。

较受限，不算成熟①，并未普遍、高频使用或传承下来，而只是尝鲜式用法留存于史，昙花一现。

另一个特点就是复音双宾动词的使用显著增长，这主要涉及给予和获取义动词及其引申动词，以"V 遗"（如"输遗、馈遗、献遗、奉遗、给遗、赂遗"等）、"V 与/予"（如"许与、分与、散与、传与、假与、赐与"或"赐予、假予、分予"等）的用法为多（其他还有"益封、食给、益分、荐言、狙击"等）。像"赂遗"能进入"V_1V_2+ $NP_{与事}$+ $NP_{客事}$"结构，贝罗贝（1986）指出，该结构产生于前汉时期，V_2仅限于"与、予、遗"三个，两个宾语都可从缺。我们发现，单宾用法时，"V 遗"多接 $O_{间接}$，"V 与/予"则可以接 $O_{间接}$ 或 $O_{直接}$，涉及双宾式时，则可见于Ⅰ、Ⅱ两式，其他类双宾式中也偶见复音节动词，再如：

(215) a. 我有禁方，年老，欲传与公，公毋泄。（《史记·扁鹊仓公列传》）

　　 b. （缪公）乃使人谓楚曰：……楚人遂许与之。（《史记·秦本纪》）

2.4.7.2　秦汉时期双宾构式的句法形式特点

同春秋战国时期比，此期双宾式的次类在类型数量上没有大变化，仍以双宾式Ⅰ式为主，进入核心动词圈并承袭之前用法的少数动词，如"赐、与、予、遗（送）、授"等都用Ⅰ式，"夺、取、受"等也基本都用于Ⅰ式，若将予取义视为双宾式初始义，那么Ⅰ式一直都是主要句式。在次类方面，空间方所类双宾式使用仍频繁。根据刘海平（2008：41），该次类双宾式在先秦时期较少见，但自《史记》始多见，且在其中所有类型双宾句里用例最多，处所名词宾语用例中，双宾句用例已达到同单宾句用例数接近的水平；此外，凭借类双宾式在先秦文献中偶见，在《史记》中用例也少，算是《史记》的新生格式，但在后世基本消失了。前文指出，凭借类逐渐消亡主要是因为有关的动词语法化后，其介词短语分担了原来双宾式的表义内容，随着语法化的加深和介词短语句法作用的增强，该类双宾式用例逐渐减少。类似的还有为动类、与动类及使动类，前文已述，"使、令"的使令用法一直在发展，同使动类双宾式竞争，分析性更强的用法最终战胜综合性更强的用法，使动类双宾式逐渐衰亡。

Ⅱ式在秦汉乃至两汉时期的使用增多，所涉动词的语义类型有增加，但主要动词限于给予义，如"献、传、委、致、施、加、受、言、奏、进"等。这

---

① 根据本书界定，此类用法语义不明，即使有语境，也显牵强，例如"病热而强之餐，救暍而饮之寒，救经而引其索，拯溺而授之石。（《淮南子·说林训》）"中的"强之餐"平行对应于其后的三字格给予义双宾式，但"强"的语义更倾向于二元特征而非三元特征。

表明该式的使用日臻成熟、独立地位日趋加强，在该句式内，O间接表示转移交接的终点或源点的意义已经高度程式化，无须靠介词"于"等标记。有人主张"于"此期被规模性省略。例如(详参时兵，2002：66-67)：

(216) a. 闻人之善言，进之上，唯恐后。(《史记·汲郑列传》)

　　 b. 惠子为惠王为国法，已成而示诸先生，……，奏之惠王。(《淮南子·道应训》)

　　 c. 戎姬嬖，仲姬生子牙，属之戎姬。(《史记·齐太公世家》)

　　 d. 臧莫言之少师。(《包山楚简160》)

　　 e. 四岳举舜而荐之尧。(《淮南子·泰族训》)

　　 f. ……求先买(卖)，以书时谒其状内史。(《睡虎地秦墓竹简·秦律·金布律》)

对照徐志林(2013：38)对上古汉语语料中100个基本双宾动词的Ⅱ式用例统计，限用于Ⅱ式的只有"献、施、加、传、委、致、畀、授、受、假"这10个，所构成的Ⅱ式双宾句中，获取义动词只有2个，约占全部Ⅱ式用例的7%，可见，即便是Ⅱ式的用例，给予义双宾动词仍旧占优势，获取义双宾动词也倾向于使用Ⅰ式，其用于Ⅱ式会受限。

2.4.7.3　秦汉时期双宾构式的间接宾语

此期双宾式的O间接主要仍是代词、名词或名词性短语成分，不论是Ⅰ式或Ⅱ式，名词性成分的前修饰语或限定语有复杂化的趋势，简单的并列结构、偏正结构、"者"字结构作定语以及这些结构的递归性用法增多了，例如：

(217) a. ……献公戒孙文子、宵惠子食，皆往。(《史记·卫康叔世家》)

　　 b. 孟尝君惧，乃遗秦相穰侯魏冉书曰：……(《史记·孟尝君列传》)

　　 c. 桓公乃分山戎之宝，献之周公之庙。(《说苑·权谋》)

　　 d. 汉王使臣敬进书大王御者，窃怪大王与楚何亲也。(《史记·黥布列传》)

　　 e. 恢私行千金丞相蚡。(《史记·韩长孺列传》)

　　 f. ……(上)因赐天下民当代父后者爵各一级，……(《史记·孝文本纪》)

　　 g. 良与客狙击秦皇帝博浪沙中，误中副车。(《史记·留侯世家》)

较先秦时期，此期O间接的内部结构层次更多，结构和语义关系更复杂，已不限于简单的并列。此外，虽然代词和单音节名词仍是O间接常见的成分，但其用例有减少的趋势。仅就核心动词双宾式用例而言，徐志林(2013：40-41)的统计表明，西周时期和春秋战国时期由代词作 $O_{间接}$ 的比重基本持平，约占 60%，但到秦汉时期就降至 33%；同时，"之"作 $O_{间接}$ 的比重也大幅下降，在春秋战国时期，其占比为 53%、占全部 $O_{间接}$ 代词的 87%，但在秦汉时期则分别降至 23% 和 69%。代词特别是"之"作 $O_{间接}$ 用例下降主要是让位于 NP 性 $O_{间接}$，而后者也容易接受修饰和限定，因而变得更复杂。另外就是其他类型的代词如人称代词用作 $O_{间接}$ 的趋势增强。这些都是此期双宾式 $O_{间接}$ 用法的主要变化。目前尚不能准确判断在全部的双宾式用例中，代词"之"及其他代词作 $O_{间接}$ 的总的变化情况。

2.4.7.4　秦汉时期双宾构式的直接宾语

同 $O_{间接}$ 一样，秦汉时期双宾式的 $O_{直接}$ 主要仍由名词或名词性成分充任，这主要涉及并列结构、偏正结构以及发展中的"名+数+量"结构，体词性短语的"所"字结构仍使用，递归法则仍然适用；Ⅱ式中仍可见代词"之"作 $O_{直接}$，这也符合信息配列原则。例如：

(218) a. 公孙龙曰："与之弟子籍。"(《淮南子·道应训》)

　　　b. (平王)赐之岐以西之地。曰："戎无道，侵夺我岐、丰之地。"(《史记·秦本纪》)

　　　c. (武王)问箕子殷所以亡。(《史记·周本纪》)

　　　d. (盗)夺之车马，……盗遂问之曰："吾夺子财货，……"(《淮南子·人间训》)

　　　e. 乐羊返而论功，文侯示之谤书一箧。(《史记·樗里子甘茂列传》)

　　　f. (卓王孙)分予文君僮百人，钱百万，及其嫁时衣被财物。(《史记·司马相如列传》)

　　　g. 今当凶年，有欲予子随侯之珠者，……又欲予子一锺粟者，……(《说苑·反质》)

　　　h. 始高祖微时，有急，给高祖一马，故得侯。(《史记·高祖功臣侯者年表》)

此期双宾式中名词性成分作 $O_{直接}$ 的用例较先秦时期有所增加，呈缓慢增长趋势。仅就核心高频动词而言，在西周时期和春秋战国时期双宾式中作 $O_{直接}$ 的 NP 分别占 $O_{直接}$ 各类型成分总数的 17% 和 18%，而在秦汉时期则增至 24%(详参徐志林，2013：41)。此期的"数""量""名"结构的组合方式同前期相比变化不大，主要是"名+数+量""数+量+名"(含"一+量+名")、"数+名""名+数"等。现代汉语的"数+量+名"结构，仅就双宾式而言，在春秋战国时期尚在发展阶段，这个趋势在秦汉时期继续，主要表现在此期"数+量"结构的紧密度和使用频率在提高，根据徐志林（2013：42），"名+数+量"结构用例最多，约占44.23%，其次是"数+名"结构，约占39.42%，而"数+量+名"结构约占9.6%（如 h 句），其中"一+量+名"结构就占7.69%，而"名+数"结构和"量+名"结构分别约占5.77%和0.96%。可见，量词倾向于数词后的位置，而数词出现在名词前、后的比例几乎对半，"数+量+名"结构使用渐趋频繁，最终形成"数+量"结构移至名词中心语前的格局。同样，$O_{直接}$的定指度相对于 $O_{间接}$ 而言仍更低，多为无生物质性实体，也有少数被转移交接的有生实体，如人、动物等。这一点没有明显变化。

另外，"数+量+名"结构之前出现了表总量的"凡"和表分量的"各"①，它们主要起修饰限定数量的作用，一般都同数（量）词连用，但可以出现在所修饰限定的名词成分的前面或者后面，再例如：

(219) a. （陈皇后）与医钱凡九千万，然竟无子。（《史记·外戚世家》）

    b. ……典客刘揭身夺赵王吕禄印。益封太尉勃万户，赐金五千斤。丞相陈平、灌将军婴邑各三千户，金二千斤。（《史记·孝文本纪》）

此外，"赐+NP+死"类用例增多，并出现了较"死"更复杂的主谓结构、述宾结构，如前述，这是转喻性、名词化性质，仍视为"转移交接"。另外，主谓结构、述宾结构等前或中间可以用"之"来限定和修饰的用法此期已出现，这也是一种名词化方式，"之"是标记（例如"神农之初作琴也……夔之初作乐也。（《淮南子·泰族训》）"），因此，借助于"赐+NP+NP"形式将此类主谓结构、述宾结构用如名词性成分是可能的。例如：

(220) a. 惠公以重耳在外……赐里克死。（《史记·晋世家》）

    b. 太子已立，遣使者以罪赐公子扶苏、蒙恬死。（《史记·蒙恬列传》）

    c. 朕不忍，乃赐卿死，亦甚幸矣。（《史记·蒙恬列传》）

    d. （王）谓左右赐父老田不租，……谓左右复赐父老无徭役，……（《说苑·善说》）

    e. ……汉之赂遗王财物不可胜言。（《史记·大宛列传》）

"赐之以死。（《公羊传·昭 25》）"和"赐之死"格式互证；同样，"汉赂遗王财物"置于"之"之后，VOO 格式被名词化，其凸显成分是远宾语"财物"，它被

---

① 双宾动词之前出现状语副词如"共、私、阴、稍、厚"等，在春秋战国时期就已经出现，秦汉时期的用例明显增多，从单音节词到双音节词乃至多音节词，都能见到。例如"子为我阴奉之"（《史记·张仪列传》）。

"不可胜言"来述谓。同"赐死"相似的还有"赐盟"，"盟"在春秋战国时期多用作动词，但也用如名词，允入双宾式Ⅰ式和"于"字句等，例如：

(221) a. 成王劳之，而赐之盟，曰：……（《左传·僖26》）

    b. "……请与子盟。"于是与之盟于息壤。（《战国策·秦策二》）

    c. 寡君使举曰：君有惠，赐盟于宋。（《新序·善谋》）

2.4.7.5　秦汉时期双宾构式的句法表现

此期双宾句在承袭前期用法基础上也有变化。借助"之"，双宾结构可以名词化，其语义重心落在远宾语，这仅涉及双宾式Ⅰ式，作为语义重心，$O_{直接}$可以充任后面小句的主语，或所在小句的宾语。此外，借助"所"字结构，双宾式也能取得类似效果，例如：

(222) a. 赵高因留所赐扶苏玺书，而谓公子胡亥曰……（《史记·李斯列传》）

    b. 上崩，赐长子书，……所赐长子书及符玺皆在胡亥所，……（《史记·李斯列传》）

    c. ……悉复收秦所使蒙恬所夺匈奴地者，与汉关故河南塞……（《史记·匈奴列传》）

由"赐"构成的"所"字结构中，不论是单宾式还是双宾式，名词化后的语义核心成分是$O_{直接}$，且用如NP，这在秦汉时期乃至之后的代表性文献中皆如此。这很可能是受限于"赐"的事件框架语义知识是凸显客事的，客事一般须出现，而与事不一定总是出现，表现在"所"字结构中也是如此，例如：

(223) a. 皇太后所赐金帛，尽以赐军吏。（《史记·淮南衡山列传》）

    b. 上所赐甚多，然常让，不敢受也。（《史记·万石张叔列传》）

此期的双宾结构仍可以作"者"字结构的定语，这一点和春秋战国时期的用法相同，表现出传承性，例如：

(224) a. 人有遗其舍人一卮酒者，舍人相谓曰：……（《史记·楚世家》）

    b. 客有言之楚王者，……予以节，使于秦……予之将军之节。（《淮南子·道应训》）

    c. 齐景公奢于台榭……一旦而赐人百乘之家者三，故曰……（《说苑·政理》）

此外，双宾式还见于兼语式，能与其他结构套合并用，或构成连动性质的结构，或见于更大的结构中充任句法角色，或作为一个结构整体接受其他句法成分的修饰限定。这样在表义时更紧凑、绵密和精细，例如：

(225) a. 六年，白公请兵令尹子西伐郑。（《史记·楚世家》）

b. 丞相尝使籍福请魏其城南田。(《史记·魏其武安侯列传》)

c. 汉王赐勃爵为威武侯。(《史记·绛侯周勃世家》)

d. ……魏信陵君亦矫夺晋鄙军往救赵……(《史记·平原君虞卿列传》)

e. 于是资苏秦车马金帛以至赵。《史记·苏秦列传》)

f. (文王)故拘之牖里之库百日①,欲令之死。(《史记·鲁仲连邹阳列传》)

g. 或明惠施以道之忠……明斋肃以道之教②,……(《新书·卷五·傅职》)

此期的双宾式可见能愿助动词及否定词的较多用例,"勿、不、毋"等在春秋战国时期也能同双宾动词连用,但多见于单宾式,我们在《战国策》中检索到1例双宾句,《史记》中的用例更多,该用法一直延续至今,这表明否定范畴在上古汉语末期发展较快。例如:

(226) a. ……子可分我馀光……(《史记·樗里子甘茂列传》)

b. 幸姬曰:"妾愿得君狐白裘。"……入秦献之昭王……(《史记·孟尝君列传》)

c. 毋与齐东国,吾与子出兵矣。(《战国策·楚策四》)

d. 毋贻盲者镜,毋予躄者履,毋赏越人章甫,非其用也。(《淮南子·说林训》)

e. (惠公夷吾)……亦不与里克汾阳邑,而夺之权。(《史记·晋世家》)

2.4.7.6　秦汉时期双宾构式的语义关联构式

此期双宾式在更多的句法范畴内其参与度和活跃度明显提高,这是古汉语演进过程中为提高表义明晰度和交际有效度而自我调适的表现。作为有标记的句式,双宾式有其特别的表义内容,与之有语义关联的其他句式并存,作为表达手段备用,包括话题句、介词短语句、宾语从缺的单宾式句等等(详参张文,2013);此外,在连动式和兼语式特别是使令类兼语式(有人将称封命名

---

① 时量、数量、动量成分不属于事件框架语义元素,而是 VP 的修饰成分,不属宾语,"[拘之牖里之库]百日"是修饰括号里双宾式的补语成分,这也证明该双宾式的语义是"之在[牖里之库]"。再如:"……公亦[答曹]三百。"(《史记·卫康叔世家》)、"……虽[致之]三年,失丧之本也。"(《淮南子·本经训》)。

② 《国语》有类似用例,如"……摄而不彻,则明施舍以导之忠,明久长以导之信……明齐肃以耀之临。"(《国语·楚语上》),也同样含 12 个平行结构。这是述谓性结构同双宾式组合而成为连动式,表行为目的。

类格式归为兼语式)、表存现的"有""无"类兼语式以及"以 X 为 Y"类兼语式快速发展之时,双宾式也与它们发生某种契合和交集,从而衍生新句式,例如《史记》中大量的"V_1+ $NP_{客事}$+ V_2+ $NP_{与事}$"结构,就是涉双宾动词的连动式,该动词与复音双宾动词有关:V_1V_2结构中的 V_2 一般仅限于"与、予、遗",而双宾连动式中的 V_2 一般也限于"与"或"予",少数涉及"遗",此时"与、予"还有一定动词属性。贝罗贝(1986)认为该句式在魏晋南北朝时期始现,似不足信。时兵(2002:67-68)认为它肇始于春秋末期的"V_1+ $NP_{客事}$+以/而+ V_2+ $NP_{与事}$"格式,后来因汉语谓语成分结构复杂化,连动式中连词逐渐消失而最终形成,至迟不晚于西汉中叶。萧红(1999)也认为该式产生可能是受到当时复杂谓语(如并列谓语、连动式、动补式等)日臻成熟的大环境的影响。从《史记》中所见同"与、予"共现的动词 V_1 来看,交集明显,例如"持、散、出、分、取、割、行、传、反、封"等,因此,"与"和"予"无大区别,只是方言或语域上的差异。这种用法跟现在的"V 给"或"VX 给 Y"并无本质区别。例如:

(227) a. ……若初欲<u>分吴国半予我①</u>,……(《史记·越王句践世家》)

　　　b. 子楚与吕不韦谋,<u>行金六百斤予守者吏</u>,……(《史记·吕不韦列传》)

　　　c. 诚得立,请<u>割晋之河西八城与秦</u>。(《史记·秦本纪》)

此期双宾式内部的主要类型数与春秋战国时期的持平,且有"弃市、下吏、给事、为寿"等少量扩展用例,但一部分次类主要因为某些介词短语式的替代而衰亡。与句式取代同步,在使用双宾式的同时,仍大量使用与之有语义关联的含双宾动词的格式②,或涉及使用角色标记"于",或涉及三元参与者事件角色从缺。因此,同期就出现了双宾式 Ⅰ 式(SVO_1O_2,主要是给予、获取及教示问告义类)和 Ⅱ 式(SVO_2O_1,其 $O_{直接}$ 为代词时,或双宾语中有处所、凭借时,都用此式,$O_{直接}$ 为单音节名词时,常用此式。部分获取义动词也用此式)一类的基本句式,有时可以不出现 O_1 或 O_2 而成为单宾式(码化为"(S)+V+O_1"或"(S)+V+O_2",但与使用介词短语结构不矛盾),以及一些变换句式,如:(1)"S+V+ O_1+介词+ O_2";(2)"S+V+ O_2+介词+ O_1";(3)"(S)+介词+ O_2+相+V";(4)"S+介词+ O_1+V+ O_2",所涉介词为"于、于、以、与、为"等,某些特殊句式主要涉及特定格式、否定或疑问形式,例如"此之谓"和"何谓"

---

① 类似用例还有"晋文公重耳伐卫,<u>分其地予宋</u>……"(《史记·卫康叔世家》)等。

② 用单宾式是常态,以《淮南子》为例,如:"是月也,养长老,授几杖,行糜鬻饮食。"(《时则训》)

以及"昆弟不我衣食，宾客不我内门"一类宾语前置的格式。

这些都是独立句式，各自遵循一定的句法和语义条件，有各自的信息组织特点和语篇表述功能。它们之间有时可以转换，但并不完全自由，也不是没有意义区别。它们都是表达工具，而工具都有产生、变化和发展完善的过程。前文指出，构式除了有形义对应关系外，且有足够高的使用频率，有其约定俗成性和能产性，在承袭的基础上也会变化。例如：

(228) a. 我即死……死而<u>置尸于北堂</u>……[灵公]<u>徙丧于堂</u>，成礼而后去。(《新书·胎教》)

　　 b. 夫人<u>置儿叱蟆(绔中)</u>……(《史记·赵世家》)

　　 c. 故曰素成胎教之道，<u>书之玉版</u>，<u>藏之金柜</u>，<u>置之宗庙</u>……(《新书·胎教》)

　　 d. [周公]故<u>纵马华山</u>，<u>放牛桃林</u>……(《淮南子·要略》)

(229) a. 夫萍<u>树根于水</u>，木<u>树根于土</u>。(《淮南子·原道训》)

　　 b. 故橘<u>树之江北</u>，则化而为枳。(《淮南子·原道训》)

　　 c. 晋先轸举兵击之，<u>大破之殽</u>。(《淮南子·人闲训》)

　　 d. ……楚使柱国昭阳将兵而攻魏，<u>破之于襄陵</u>……(《史记·楚世家》)

　　 e. ……于是汤乃以革车三百乘，<u>伐桀于南巢</u>，<u>放之夏台</u>，武王甲卒三千，<u>破纣牧野</u>，<u>杀之于宣室</u>……(《淮南子·本经训》)

　　 f. 吴王夫差<u>破齐艾陵</u>，<u>胜晋黄池</u>……(《淮南子·泰族训》)

　　 g. <u>放欢兜于崇山</u>，<u>窜三苗于三危</u>，<u>流共工于幽州</u>，<u>殛鲧于羽山</u>。(《淮南子·修务训》)

上述方所类双宾式和"于"字介词短语式用例中，(228)a 句和 b 句中的"置"用于两式，c 句中则是平行前文的句式；(229)中的"树、破、放、杀"等也如此，作者会考虑格式平行的需要，如 e、f、g 句；双宾式似更强调某种既成处置效应，而"于"字句在记录事件的同时还凸显被标记的角色。像(229)a 句和 g 句那样的平行句式，还能收到对照比较的表达效果。再如：

(230) a. 相如度秦王特以诈佯为予赵城……秦亦不以城予赵，赵亦终不予秦璧。(《史记·廉颇蔺相如列传》)

　　 b. 欲知轻重而无以，予之以权衡则喜。(《淮南子·泰族训》)

　　 c. ……动以喜乐，以观其守；委以财货，以论其仁……(《淮南子·泛论训》)

　　 d. 爱熊而食之盐，爱獭而饮之酒……(《淮南子·说林训》)

  e. 胜等嫉邹阳，恶之梁孝王。孝王怒，下之吏①……（《史记·鲁仲连邹阳列传》）

  f. 令尹子佩请饮庄王。庄王许诺。（《淮南子·道应训》）

  g. 故不言而能饮人以和②。（《淮南子·俶真训》）

  h. 四岳举舜而荐之尧。尧乃妻以二女……乃属以九子，赠以昭华之玉，而传天下焉。（《淮南子·泰族训》）

  i. 有道之世，以人与国；无道之世，以国与人。（《淮南子·缪称训》）

  j. 昔舜耕于历山，期年而田者争处境埒，以封壤肥饶相让……（《淮南子·原道训》）

这一组例句中，既有双宾式Ⅰ式，如"予赵城"，也有双宾式Ⅱ式，如"荐之尧"；有"以"字结构前置或后置于动宾结构，如"以城予赵"和"予之以权衡则喜"，也有"以"字结构后置于简省的动宾结构中的用例，如"委以财货"和"妻以二女"等，也能见到用"以"前置于动宾结构而凸显$O_{直接}$的用法，如"以人与国"和"以国与人"对照，以及"以"字短语前置于简省的动宾结构的、含"相"的用例，如 j 句；既有使动类单宾式，如"饮庄王"，也有使动类双宾式，如"食之盐""饮之酒"，还有"饮人以和"这样用"以"字短语后置来凸显$O_{直接}$的使动类单宾结构用例。再看"取"的用例：

(231) a. 秦王怒，<u>伐取</u>魏之曲沃、平周，复阴厚张仪益甚。（《史记·张仪列传》）

  b. ……<u>伐取</u>赵中都、西阳……<u>伐取</u>韩石章……<u>伐取</u>义渠二十五城。（《史记·秦本纪》）

  c. 成公二年春，齐<u>伐取</u>我隆。（《史记·鲁周公世家》）

  d. ……盖<u>取</u>之谱牒旧闻，……（《史记·太史公自序》）

  e. 臣闻善厚家者<u>取</u>之于国，善厚国者<u>取</u>之于诸侯。（《史记·范雎蔡泽列传》）

双音动词"V 取"的语义重心是"取"，例 a 句中"V 取"构成单宾结构，其宾语是带修饰限定成分的 NP，被修饰限定的核心成分在双宾式中作$O_{直接}$，而其定语成分则作$O_{间接}$，例如 b 句中的"赵""韩""义渠"等，这是Ⅰ式用法，d 句中

---

  ① 后世亦有作"下阳狱"、"下阳于狱"、"下邹阳狱"的用法，例见《汉书》等。

  ② 可译成："所以说，虽然他不说话，但能让人享受到平和之气"，此处"饮"是引申。

"取之谱牒旧闻"则是Ⅱ式用法，c句中"我"是宾格，作$O_{间接}$，"隆"则作$O_{直接}$，而e句中"取"用于"于"字结构。"求"同"取"的用法类似。"君若使有司求诸故府……（《国语·鲁语下》）"中"求"字双宾结构也可表述为"求之故府《说苑·辨物》）"，"求"（含"索"等）更多用于无标记的"于"字结构，"于"凸显来源成分，这是历史传承，前文所谓单宾加与格结构一直就同双宾式一道作为两种关联构式被广泛使用。"智伯求地于魏宣子，宣子弗欲与之（《淮南子·人间训》）"中的"弗欲与之"既涉及否定算子和情态助动词，也是一个成分缺省的双宾式用例。① 称封命名类及教示问告类双宾式也如此：

(232) a. 晋爵之为上卿②。（《史记·郑世家》）

　　　 b. 身举五羖，爵之大夫，……（《史记·孔子世家》）

(233) a. 故言之者见谓智，……（《新书·修政语上》）

　　　 b. 子归，言之于王曰：……（《史记·樗里子甘茂列传》）

　　　 c. 子归言之王，魏听臣矣，……（《新序·杂事二》）

　　　 d. 申侯乃言孝王曰：……（《史记·秦本纪》）

　　　 e. 蚡不敢言上，而言于太后曰：……太后以丞相言告上。（《史记·韩长孺列传》）

称封命名一类的双宾式在秦汉时期涉及更多动词，$O_{间接}$和$O_{直接}$之间的次级述谓关系通常是"为"，从而形成两种句式并立，例如"爵之为上卿"和"爵之大夫"并立。"为"此时作动词，因为，"O_1为O_2"的格式（"吕不韦为相，封十万户，号曰文信侯。（《史记·秦始皇本纪》）"）也并存，整个句式就是套合延展。同样，"谓"③也不用于单一句式。

　　(233)a、b句是"言"的单宾用法，宾语"之"是被凸显的"所言内容"，a句中的"言之"同后面的"学之"等是平行结构，而b、e句中的"言"用于"于"字结构，"于"标记"言"行为的对象；c句中"言"用于Ⅱ式，无需用"于"；同样，d、e句中的"言"用于单宾结构，直接用所言对象作宾语，动词"告"也如

---

　　① 成分缺省可见于多种句式，包括某些套合格式，如"V_1+$NP_{客事}$+V_2+$NP_{与事}$"格式，例如："九日，叶公入，乃发大府之货以予众，出高库之兵以赋民。（《淮南子·道应训》）"。

　　② 相同表述也见于《说苑·奉使》。另有"皇帝……赐夫人为齐王太后。（《史记·三王世家》）"的结构套合延展用法。也可将VO结构"为齐王太后"视为转喻，即某种待遇，它引申自"赐"的双宾式用法。

　　③ 比如"谓"格式还可用"曰"，例如："金马门者……故谓之曰'金马门'（《史记·滑稽列传》）"。

此，而所告内容用"以"字结构前置于动词，从而凸显句尾对象"上"①。

可见，与Ⅰ式和Ⅱ式相关的诸多句式并存，既与之关联，又与之区分。它们的语义表达多有契合交叉，但它们有各自的表义重心和语篇功能，而且，这些格式并非对所有的动词开放，有些动词或许能进入更多的格式，而另一些动词只能进入有限的格式，例如"进、委、荐、奉、遗、传"等，其句法格式转换能力也不同。

总之，秦汉时期主要承袭了前期双宾式的用法，在基本句式及其次类使用方面变化不大，但允入动词的类型和数量显著增加，某些新创用法出现了。比如，在核心且高频的双宾动词中，获取义动词的数量和用例数有所增加，它们在双宾式主要动词群组内的重要性有提升，此外，双宾语的结构复杂度也有提升，其表义更趋明晰，"名+数+量"格式仍是主体，但"数+量"组合更加紧密，开始出现更多的"数+量+名"用例，这反映了"数+量+名"短语在演变过程中的分化和前移趋势，也是众多格式竞争的结果。同样，双宾式也同其他关联句法结构并存，在竞争和合作中发展，套合延展等新用法出现，其中，连动式和兼语式特别是使令类结构的发展同双宾式关联密切，先秦时期的双宾结构一般都独立充任句子的谓语，秦汉时期也基本如此，但也开始出现少数双宾结构同其他述谓结构组成更复杂谓语形式的用例。这反映了上古汉语的总体发展特点，也说明影响双宾式演变的外部语言环境有明显的变化，例如表达总量和分量意义的副词性状语成分"凡、各"等能见于修饰限定结构，这就使 $O_{直接}$ 的表达更精细，而且，"者"字、"所"字结构和双宾式能进入彼此，"共、阴、私、厚"等修饰限定成分能修饰双宾动词，复音双宾动词及其用例也明显增多。这些都表明，秦汉时期双宾式句法表现更活跃，表述功能增强。

2.5　上古汉语双宾构式及其关联构式的思维方式基础

上古汉语动宾式涉及诸多动宾语义类型以及双宾动词可以带不同语义角色的宾语这个特点，是很多语言不具备的，尤其同英语等印欧语系的屈折型语言

---

①　《左传》有"且告于楚"的用例，可见彼时"告"常需"于"字引介；至秦汉时期，它已不需要"于"引介告诉对象，其双宾式用法就更多了，例如："武王立于社……以告神讨纣之罪。"（《史记·齐太公世家》）"夫冠盖相望，告敝邑其急，……（《史记·韩世家》）"中的用法属Ⅰ式，"……郑告急晋（《史记·晋世家》）"的用法是Ⅱ式。其他关联格式，如"臧、郈氏以难告昭公（《史记·鲁周公世家》）"，则更常见。

相比，更显突出。这可以从汉民族的传统思维方式来解释。语言是认知现实的结果，是心智活动的反映，那么言语方式和使用特点必然对应着或取决于相应的认知特点，亦即思维方式。

思维本质上是思维主体即人脑这一特殊结构的物质，运用归约性的符号系统，遵循一定的运作程序，对客体进行移植或再造的活动过程，其根源是人类为满足主体需要有目的地从事创造世界的社会实践活动。思维为它所赖以生存的特定历史环境所制约，思维方式是由一系列基本观念所规定和制约并模式化了的思维的整体程序，具有鲜明的时代性和民族性；具体说来，它是指在人类社会发展的一定阶段上，思维主体按照自身的特定需要与目的，运用思维工具去接受、反映、理解加工客体对象或客体信息的心智活动的样式或模式，是反映思维主体、思维对象、思维工具三者关系的一种稳定的、定型化的心智结构。它涉及三个基本要素：思维主体就是人，思维对象或客体就是现实世界，包括客观现实和主观现实，含自然界、社会、自身以及主客体关系等，思维工具就是概念和范畴，以及主体运用它们进行运思的逻辑形式（参高晨阳，2000：序；3-4）。所以，思维方式可以简单理解为主体把握客体的特定方式，在内涵上是指综合的或分析的、逻辑的或直觉的、抽象的或意象的，等等，体现为各种思维程序和规则（高晨阳，2000：6）。

中国古圣先哲表现出明显的思维方式。孔子说"吾道一以贯之"（《论语·里仁》），即孔子有一个贯穿于整个思想体系的"一"，亦即忠恕之道，它由自我个体出发，通过譬取由己及彼，由亲及疏，由近及远，将"爱人"之心推至他人，这便是"仁"德、"仁"境和"仁"人。以"仁"为根本内容的忠恕之道和以譬取为方法的合一，即其所谓"一"。《周易》为中华民族传统思维方式构建起了基本框架，对这个方式的形成起到了奠基的作用，其核心哲学思想就是"变"，亦即运动和发展（参袁振保，2016：3；26-69）。根据《易辞》及《易传》，该书包含关于人生宇宙的根本原理，以之为据便可穷尽天地万物之理，因为它设计了一个宇宙整体模式，提供了一套解决问题的根本原则和办法。其64卦各代表一种思维样式，这些样式的总和就是《周易》的思维方式。荀子的礼之"法则"也是思维方式，他说，"忠信以为质，端悫以为统，礼义以为文，伦类以为理，喘而言，臑而动，而一可以为法则。"（《荀子·臣道》）。再如道家提出的"式"的概念，说"圣人抱一为天下式"（《道德经·二十二章》），其"一"即"道"，"式"则是模式、样式、法式，了解了"道"的奥妙，也就掌握了宇宙人生的真谛，以之为天下式，即可穷尽天下万物之理。

中华民族的传统思维方式至迟在商周时期即已确定了它的基本走向，到春秋战国时代则已基本趋于成型(高晨阳，2000：序；另参袁振保，2016：自序)。它主要包括百家思想以及儒、释、道等各家主张的思维。讨论民族思维方式特点，有时候要跟其他民族的语言和思维特点相比较，这也是便利有效的阐释方式。我们会在必要的时候将英、汉两种思维方式作比较，但重点还是说明影响和制约汉民族言语方式的传统思维方式的四个特点或类型，既整体思维、直觉思维、辩证思维和意象思维(另参申小龙，1990：145，147，149)。

2.5.1　整体思维：系统与和谐

注重整体统一的整体思维，是中国传统思维方式最显著的特征之一(参高晨阳，2000：序；7)。古人将世界视为有机的整体或系统，认为构成整个世界的一切事物是相互联系和制约的，每个事物又是小的整体，它除了与其他事物之间具有相互联系和制约的关系，其内部也有多种因素和部件的普遍联系。其中任何环节或部件变化，都会引起整体的变化；任何环节或部位受到损害，其整体都会受到伤害，从而影响其正常运作。西人所说的关联思维、有机宇宙哲学或今人所说的系统思维等，都是指整体思维。古人秉承整体原则，强调事物的相互联系和整体功能，探讨天与人、自然与人为、主体与客体、人与人、人与自我的相互关系，以求得天、地、人、我(心)的和谐统一，注重天人合一、天人和谐。这种整体思维方式在儒家、道家以及中医中表现突出。《周易》"推天道以明人事"，天人合一思想是《周易》整体思维观念立论的基本依据之一，旨在揭示人与天地、自然的相互关系，从而合理指导人之所作所为。在《周易》看来，人与天地"同声相应，同气相求"；人应当随顺天地之道而为，"夫大人者，与天地合其德，与日月合其明，与四时合其序，与鬼神合其吉凶"，如此方可"先天而天弗违，后天而奉天时"(《易·乾·文言》)。温海明(2010：1-5，46)和彭华(2017)都认为，《周易》对天人合一命题的发挥起了关键作用。

孔子的"唯天为大"、圣人"效法天"、君子"知天命"等思想，以及孟子的"尽心、知性、知天、存心、养性、事天下"的思想和老子的"人法地、地法天、天法自然""道生一、一生二、二生三、三生万物"、庄子的"泛爱万物，天地一体""天地一指也，万物一马也""天地与我并生、万物与我为一"的思想以及阴阳五行家的主张，都反映了这种天人合一的系统整体观和以整体为主观察和理解世界的思维方式，《荀子·解蔽篇》则通篇解释整体思维。董仲舒提出"以类合之，天人一也"(《春秋繁露·阴阳义》)，即天人本来合一，故"天人之际，合而为一"(《春秋繁露·深察名号》)。至宋代，张载提出"天人合一"一词，将儒家的天人观、物我观、知行观提升至新的境界和层次(详参楼宇烈，1988，2016；蒙培元，1988；张岱年、成中英，1991：7-17；18-34；74-92；连淑能，2004；舒大刚、彭华，2008：157-173)。

中医药理论最能体现天人合一、天人感应等思想观念，它将这一整体思维观念具体化、实践化。根据《黄帝内经》，人体是有机联系的统一整体，由阴阳二气构成，体内各组成部分及各组成要素之间相互联系而不可割裂，同时又互相制约、互为作用。"人与天地相参也，与日月相应也"(《灵枢·岁露论》)，因此，保健养生应合乎天地之道、日月之行。在临床治疗中，中医反对单纯的"头痛医头，脚痛医脚"，它强调整体而观、全面诊断、辨证施治，讲求"治病必求于本"(《素问·阴阳应象大论》)。此外，中医还认为人、自然、社会也是统一的有机整体。在绘画方面，整体观表现为中国画神似和"以意统形"，重写意，避实就虚，遗形式而尚骨气，鄙呆实而尚空灵(参刘英凯，1994)，讲究反映出主体对客体亦即现实的整体的感受。相较之下，西方文化的个体思维表现为将整体的每个组成个体进行精细分解和区分，找到其各自的属性和运作方式，找出它们相互间的关系和联系，西人将主体和客体、人和自然、精神和物质、思维和存在、现象和本质等作对立和区别，且要用形式的手段来表征这些区别。西医讲究头痛医头，脚痛医脚，西洋画则讲究几何形的焦点透视，重视布局和色光影的形式，重写实，讲究细节的真实和比例的协调逼真，讲究对客体的客观如实地反映。

根据高晨阳(2000：30-31)，整体思维使得古人在观念上不会将人和自然等对立起来，也不会关注或深究对象之物的属性或性质，不会形成分析性思维方式。古人把握世界的方式不是纯逻辑的、纯抽象的，而是直观的、直觉的、意象式的。他们注重的不是获得关于对象世界的某种理性知识以及如何获得这些知识，而是从天人关系的角度确定人在宇宙整体中的地位和人生价值，着意解决人际政治伦理性关系问题，寻求人的安生立命之地。

2.5.2 直觉思维：体悟和意会

直觉思维与逻辑思维相对。直觉就是主体思维性的直观感觉，是基于体验但未经逻辑思辨的认知，直觉思维是将自己置于对象之内而交融于对象之中的体悟，是"置心在物中，究见其理"(《朱子语类》卷九十八)。高晨阳(2000：136)和彭华(2017)都指出，直觉思维不需概念、判断、推理等严格的逻辑形式，不需对外界事物进行分解离析或经验积累，而是主体凭借自己的灵感、自觉、体验、感悟，在瞬间直接把握事物（的属性和本质）。直觉关注和依赖的就是经验、印象（另参高晨阳，1991，1992；张岱年、成中英，1991：7-17；18-34；74-92；129-141；158-174；郭锦桴，2010）。

古代中国的儒、道、释三家都重视直觉思维。孔子倡导"默而识之"（《论语·述而》）、"予欲无言"（《论语·阳货》），孟子提出"尽心、知性、知天"以及"良知、良能"（《孟子·尽心上》）都有直觉思维的特点。宋明时期的程朱、陆王等大儒也都推崇直觉思维。道家认为"道"是宇宙的本体、世界的本原、至上的存在、唯一的终极，但它是不可闻见、无以名状的，不能用名言、概念去认识，只能靠直觉或体验加以感悟或体认，即所谓"悟道""体道""体证""体悟"。庄子倡导通过"心斋""守心"和"坐忘"（《庄子·人间世》）去实现对超言绝象、无形无名、不可言说的"道"的整体感悟和全体把握，其根本就是诉诸自发式神秘直觉。佛教讲的"般若"也是直觉思维，强调通过其虚静智慧而一览无余地洞察真理的特殊智慧。禅宗所谓"禅定""本性是佛""不立文字""禅灯默照""直指本心""明心见性"的"顿悟成佛"说，把直觉思维推至极致。直觉思维重灵感和体验，依赖直觉而无需进行逻辑思辨就实现认知，具有直接性、跳跃性、自发性、整体性、非逻辑性等特点。直觉思维主要依靠体认、意会作为把握对象世界的基本途径。

意会和语言表达不可避免地有转喻性。既然宇宙是个超言绝象的整体"一"，而组成整体的万物万象则外显为"多"，对客体对象的把握总是意会式的由用达体，由个别到一般，由现象到本质，于是出现矛盾：一方面是本体世界的整体、不可言传性和不可思议性，另一方面又要用符号性的语言和概念来理解和表达客体，"道可道，非常道"，"不可道，不可言"，那么语言表述永远只能涵括其一个方面或内涵，而非全部，且只会"言之失其常，名之失其真"（《老子指略》），故有言不尽意的困境和言意之辩。禅宗也说佛性不可言传，不可把名言文字当作大道的本身，云门立"一字关"，正说明语言文字作为符号起着象征或启示（真理）的作用。先哲们强调体用一源、体用如一，通过基于五官感知、借助概念、情感和意志的亲知亲证式的体认来直感、直悟，从部分发散开去展开联想，沟通和联系、推知其所在的整体以及该部分或要素在整体内同其他部分或要素之间的关系。这就是从部分看整体，有转喻性质。所以，体认是获取经验的直觉性体验过程，直觉思维必然带有很强的主观性、个体性和不确定性，其结果可能因人而异，并不明晰或确切（另参刘文英，1988）。

2.5.3 辩证思维：对立和统一

古代思维还具有辩证性。辩证思维模式以动态发展的眼光观察和分析问题，它重视普遍联系和对立统一，以追求和谐协调、统一为目的。在古圣先贤的整体世界观中，世间万事万物都是恒变且处于普遍互联之中；任何事物都包含着相互对立的两面，所有对立的两面都相互依存、相互包含、相互转化。所以，万事万物在相互对立中趋于统一，在统一之中相互对立。普遍联系和对立统一思想是中国辩证思维的主流(详参，张岱年、成中英 1991：7-17；18-34；280-294)。

辩证思维方式广泛见于东周以后的历代典籍，其中，老子思想最有代表性。《道德经》说，"有无相生，难易相成，长短相形，高下相倾，音声相和，前后相随"(第二章)，"祸兮，福之所倚，福兮，祸之所伏"(第五十八章)，"反者道之动，弱者道之用"(第四十章)，都是讲矛盾双方互依而存、彼此对立而统一，且互相转化。《周易》所谓的"八卦"以及两卦相叠而成六十四卦之说，就是从正反两面的矛盾对立来说明事物的变化发展特点。所谓"无平不陂，元往不复"(《周易·泰》九三爻辞)，是强调"平"与"陂"、"往"与"复"的对立统一。其"一阴一阳之谓道"是《易传》辩证思维的核心命题，堪称对先秦以来辩证思维发展的总结。儒家推崇的"中庸之道""执两用中""过犹不及"和"无可无不可"，也是把对立统一起来，有辩证法之实。后世儒家对辩证思想多有继承与发扬。此外，兵家所谓"奇正""日月""四时""五声""五色""五味"等(《孙子兵法·势》)，也是在揭示矛盾双方的对立与统一，韩非的"矛盾"故事也是在描述和概括对立统一规律(详见《韩非子·难一》《难势》)。中国佛教尤其是密宗也蕴含丰富的辩证思想。古代的阴阳学说，用相互对立的阴阳二气的交互作用说明天地万物的产生和变化，中医理论核心的阴阳说被界定为"一分为二"。先哲们认为，阴阳对立之中彼此交融，阴阳互含，通过动态运动可互济互补，以至达"和合"。所以，古人的"二元对立论"是和谐互补性的，而非对立排他性的。逻辑思维秉承经典范畴观，事物一般是非此即彼、非真即假的，而在辩证思维中，事物可同时"亦此亦彼、亦真亦假"，这无碍于思维活动，因为辩证思维以追求和谐为目的，强调两极互补和相反相成的对立统一，讲求"不偏不倚"的中庸哲学，崇尚矛盾的调和统一，不太注重矛盾对立面之间的差异、排斥、斗争，尤其不提倡矛盾对立面之间的水火不容、你死我活，形成了以"应变"为目标的"尚中""用中"的思维路子，古人为维护整体的完善和稳定，确保本体的日新和守常，以不变应万变，以万变应不变(详参彭华，2017；侯玉波、朱滢，2002）。这似乎是片面追求和夸大矛盾的同一性。

2.5.4　意象思维：具象和类比推理

意象思维的根本特点是以带有感性、直观、具体、形象的概念、符号（如语言文字和图形）并运用象征的方式表达对象世界的抽象意义，且以直观性的类比（analogy）方式把握对象世界的联系（高晨阳，2000：170，175；另参王作新，2000）。它强调象征的方式，把名言概念视为只是表达对象的工具，具有重视表现的思维特征（详参张岱年、成中英，1991：7-17；18-34；62-73；74-92；113-128）。

意象思维跟直觉思维密切关联，它融感性和理性、形象与抽象、特殊与共相为一体，凸显思维元素和工具，直觉思维侧重思维主体自身的整体性结构。从运作过程看，意象思维把握和追索对象世界的抽象的、一般性的意义，及其深层的本质和规律。尽管带有直观性和形象性的因素，它仍能超越自身，摆脱直观和形象的束缚，从具象到虚理，从对象的表层到本质，获得对客体对象的总体或本质的认识。中国古代的符号图像系统（如八卦符号）和概念范畴系统（如气、道），就是意象思维的体现和结果。所以，意象思维虽有表象性，但本质上还是抽象物，表征抽象意义（高晨阳，2000：179-180）。中国先民的意象思维还是立足于类比判断和类比推理，以类的观念做依据，理性因素占支配地位。高晨阳（2000：181-182）指出，"类"的观念及以之为基础的比类逻辑原则的产生和形成，需要较高的抽象思维能力，需要对世界进行抽象、归纳和分类，再依据一定的逻辑规则进行判断和推理；中国传统的意象思维不像西方哲学那样用纯粹的抽象概念去揭示对象世界的本质，依据严格的逻辑规则去解释和把握对象事物间的关系，而是通过形象直观的概念和符号去理解对象世界的抽象意义，并通过带直观性的类比推理形式去把握认识对象世界的联系。因此，感性、形象和理性、抽象彼此交织，互相包含，相互渗透和补充，保持着有机的统一，例如"鸡声茅店月，人迹板桥霜。槲叶落山路，枳花明驿墙"。（温庭筠《商山早行》）的表达方式。最典型的例子就是词作《天净沙·秋思》，我们照录两作，如下：

(234) a.《天净沙·秋思》(马致远)

枯藤老树昏鸦，小桥流水人家，古道西风瘦马。夕阳西下，断肠人在天涯。

b.《天净沙·秋》(白朴)

孤村落日残霞，轻烟老树寒鸦，一点飞鸿影下。青山绿水，白草红叶黄花。

两作选取典型的秋天自然景物（即意象），以名词并列组合的形式，由远及近，描绘出一幅色彩绚丽而凄凉动人的秋郊夕照图，营造出宁静、寂寥的氛围，形象地传达旅人凄苦的心境。词作语言简练，含义隽永，集中体现了古典诗歌的表意特征：用并置意象组合引人联想、以景托情，在景情交融中构建意境，烘托作者的苦恨情思。清王夫之《萱斋诗话》曰："情景名为二，而实不可离。神于诗者，妙合无垠。"王国维《人间词话删稿》云："一切景语皆情语也。"

意象思维具有象征功能，"象"是对客观事物的概括性摹拟。古代先民主要借助"象征"来实现由感性到理性、由形象到抽象的过渡，这要通过联想、想象、比拟来沟通感性符号或概念和对象世界的联系。象征的原则是用能指的"象"去表述所指的"意"，文字符号、图像符号、象数等都是"能指"。《周易·系辞下》云，"古者包牺氏之王天下也，仰则观象于天，俯则观法于地，观鸟兽之文，与地之宜，近取诸身，远取诸物，于是始作八卦，以通神明之德，以类万物之情。"这是对"象"的来源及立象尽意思想的确切表述。概念就是范畴（化），如果概念明晰，把握精准，则意义和表达、理解通常就准确，不过，中国传统哲学和语言中的形象思维符号和概念主要还是对客观对象的直接摹拟和复制，其本身就是一种象征，所以，要摆脱和超越作为思维材料的形象符号和概念的限制，就要靠想象和联想、类比、推理并诉诸百科语义知识等来实现认知，先哲们因此强调追索象外之意、言外之意。这种象征性的意象思维常见于诗歌中的比兴手法，以及易经的卦象。汉字草创时实为象形的图画字，即使后来形声字占主体，这种意象和关联的特征依旧显著。高晨阳（2000：186）指出，意象思维的两种方法是寄言出意和立象尽意，语言文字和图形符号都是概念性思维工具，文字符号思维表现出寄言出意，图像符号思维表现出立象尽意。名言只是能指，是对对象的象征，并不直接蕴含对象世界的意义，只是对它起指示、导向、隐喻、转喻的作用，须摆脱名言的束缚和限制，才可能获得言外之意。名言概念既有表述、解释功能，也有象征功能。象形、象声、形声字都具有形象性特征，以之为思维工具，自然会带来形象性概念和抽象性意义之间的对立。相较于西方的声音语言和拼音文字，中国传统哲学更重视概念的象征功能，而西方人更强调概念的表述功能。

意象思维跟意会式直觉挂起钩来。意象和直觉两种思维彼此制约和规范着的对方，它们互为前提，互为结果，互动交融。

中国的天人合一的单极性思维同西方的天人对立的二极性思维相对立，有机性或系统性思维同机械性思维相对立，直觉-辩证思维和逻辑思维相对立，意象思维和抽象思维相对立。上述思维方式也是一个有机整体而相互支持、影响和印证，保持了很大的稳定性和延续性，对语言使用产生了巨大影响。在整体观之下，古人注重获取事件框架的整体印象，从整体去把握它，而不对其组成部分即语义要素进行细致剖析和区别。古人通过观物取象和类比推演以及想象、联想等手段直觉和意象式地体验和表达现实，这就能解释为什么一个单一的 VO 式会表达如此繁多的语义类型：通过直觉感知和把握现实，其语言表达就是大量使用名词（联系事物）和形容词（联系特征）、动词（直观可感）等，通过它们转喻事件整体，通过概念并置性的 VO 式激活一个整体性事件框架语义时，其中的语义要素都具有同等地位，等同地置于动词之后，无论使用哪个要素，如方所、工具、施事、受事、来源、终点、对象等等，人们都能通过关联、联想和类比等方式激活大致相同的事件框架语义知识。高晨阳（2000：47-48）指出，古人甚至把物质存在本身视为时空形式本身，物质存在概念本身就是时空形式本身，时空概念和物质存在概念合一的整体结构观为中国哲学所特有。因此，方所成分作为一个语义要素充任宾语是很自然的。同样，借助辩证思维，古人从相反的两个角度看待同一事物，并将这两个反向的对象性特征统一起来，合二为一地处理，因为这些转喻性表达会激活相同的内容，施受同辞就是典型，再如主动和被动关系，是对同一施受力事件的两个对立角度的表达：以"A 杀 B"表征事件整体 W 的话，则可说"A 杀"，也可说"B 杀"，它们都能激活同一个 W，因为 A 和 B 的关系统一于"杀"的动作行为和事件框架，其中的主动和被动关系，则要依靠语境来确定。至于 VOO 格式，其组织运作方式跟 VO 式完全一样，通过语义角色的机械并置去表征和激活事件框架语义，这也是为什么上古汉语的 VO 和 VOO 格式的内部动宾语义关系基本一致。

　　总而言之，我们前文对单宾式、双宾式以及"于"字介词短语句式所做的分析和界定，都有深厚牢固的思维方式基础，是有足够理据的。

2.6　小结

　　本章讨论上古汉语双宾式的主要句法-语义特点。我们首先对构式、宾语和双宾构式作了界定，并区分了上古汉语单宾构式的主要动宾语义类型，双宾式的动宾语义类型也照此标准区分。同时，我们也讨论了跟双宾式有关的"于"字句问题，包括"于"的语义来源、发展演变及其句法属性，双宾式同涉"于"句之间的语义联系，并对后者的演变大势作了分析。我们认为，"于"是上古汉语用来引介事件语义角色的标记，它功能强大，可以引介包括受事在内的几乎所有角色，受整体思维和概念语义知识等影响，"于"引介常常没有句法必要性，但特定时期特定动词的使用也可能强制性需要"于"；"于"是参与构建(致使)运动位移构式的关键句法-语义成分，这是该构式同双宾式的重大区别。

在此基础上，我们对上古汉语双宾式做了分期式描写，着重描写其主要语义类型、动词构成及其发展变化特征，同时也考察了双宾语自身的变化，以期将双宾式的变化放在一个更大的背景和框架内作观察。上古汉语双宾式有丰富的动宾语义类型，但从后期开始，由于语法化等作用，有些介词短语的使用逐渐变得普遍和高频，逐步取代双宾式某些语义次类的表达，例如使动类、为动类、凭借-工具类等，高频、核心的双宾动词基本维持不变，包括予取义动词，但以给予义为主，给予义和获取义的核心动词已经出现替换。最后，我们从思维方式入手，主张上古汉语双宾式的句法-语义特点主要是受汉民族传统思维方式的影响，具体说来，它是相互联系又彼此区分的整体思维、直觉思维、意象思维和辩证思维等思维方式共同造成的结果。

第3章 中古汉语的双宾构式

柳士镇(2002)指出，中古语法在继承上古语法的同时，语音、词法与句法中均有较显著的淘汰与新生，这是中古语法的重要内容，它为近代汉语语法演变奠定了基础，唐宋时期许多流行的语法现象均萌芽发展于中古。中古语法体现了新旧语法形式的交替，起前承上古后启近代的作用，在汉语语法史上具有重要地位。国内对中古汉语双宾式的研究相对较少，本书主要通过批判性文献阅读方法反思有关的语言现象，并根据一些疑问和分歧以及自身的关注点来检索有关语料，进行查漏补缺、归集整理和纠偏矫正。研究思路和关注内容与前期的相同。

3.1 东汉时期的双宾构式

从东汉始至魏晋南北朝，古代汉语发生了重大变化，出现了许多新词、新义和新句式，形成了上古汉语向近代汉语过渡的中古汉语。东汉是个转折点，此期陆续出现了一些反映口语用法的语料，如汉乐府等民间诗歌以及部分文人著作，而佛教已传入中国，为传播教义、宣讲佛法，汉译佛经也多采用口语体语言。成书于东汉末年的原始道教经典《太平经》①，主要采用问答式语言，有鲜明和丰富的口语用法。中土文献中的口语化语料同汉译佛经中的浅近表达形式均对丰富当时及后世的语言产生了影响。东汉时期一般被视为中古汉语的起始时期，主因是出现了零星分散的口语化语料(柳士镇，2002)。

语法发展具有渐变性，总要以前期的语法为基础，同时对后期的语法产生影响，尤其是，语法发展变化总是跟语音特别是词汇的发展变化密切关联，表现出不同程度的承上启下的特点。秦汉时期甚至春秋战国时期的某些语言形式依然占主导地位的同时，六朝乃至唐宋时流行的许多新的词汇和语法形式此期

① 有关统计和分析主要以王明《太平经合校》(中华书局1960年版)为依据。

已现端倪。

3.1.1 东汉时期的主要双宾动词及其用例

根据徐志林(2013)所确认的东汉时期双宾式核心高频动词及其双宾式用例总数，我们可以测算出主要动词的使用比，即给予义双宾动词用例中，"赐"的使用约占 23.44%，"与"约占 10.94%，"授"约占 9.38%，"予"约占 7.81%，"传"约占 6.25%，"给"约占 5.47%，"遗"约占 3.13%，获取义双宾动词用例中，"夺"的使用约占 14.84%，"受"约占 14.06%，"取"约占 4.69%。同秦汉时期相比，东汉时期的核心高频双宾动词有一定变化，获取义双宾动词仍以"夺、受、取"为主，但"取"的频度开始超越"受"而居第二，给予义双宾动词中，"赐"和"与"占比仍居前两位，"与、予"的用例总比仍次于"赐"，这反映了语法规则的沿袭，但前期排名第三的"遗"的用例此时已减少许多，位次被"授"取代，前期的"献、封"此时已不属核心高频动词，被"传、给"取代，这两个词连同"授"一起至少在东汉时期用例明显增多。

而且，东汉时期双宾式用例的总数和动宾语义类型数量较之前期已有明显下降，前期很多仍有使用但用例已经很少的双宾动词此期已不再用于双宾式，但主要的双宾式次类以及动词用例还能见到，包括"赐、献、传、赠、与、致、奉、假、遗、予、授、施、分、属、封、取"等，"给、益、借、付、乞、报"以及"假贷、购求、乞问、请问、谨问、付与"等双音动词等开始较多用于双宾式，例如：

(235) a. 善者……教戒后生，可给先祖享①。(《太平经》)

b. 极思此书，传之后世②，……(《太平经》)

c. 诸吕举兵关中……今我……是益吕氏资也。(《汉书·高五王传》)

d. 美人赠我金错刀，何以报之英琼瑶。(张衡·四愁诗)

e. 光武破圣公，与朱伯然书曰：……(《东观汉记·世祖光武皇帝》)

f. 当袭父般爵……致国弟宪③，……(《东观汉记·刘恺》)

---

① 类似用例还有"……以给诸公费。(《东观汉记·世祖光武皇帝》)"、"华实以给民食，使得温饱。(《太平经》)"等。"给"仅在《太平经》中就有至少 10 例双宾句，而单宾句更多不过，此时其语义仍是"供给"。

② 类似用例还有"耿恭以毒药傅矢，传语匈奴；……(《东观汉记·耿恭》)"等。

③ 类似用例还有"……云台致敬祭祀，礼亦宜之。(《东观汉记·世祖光武皇帝》)"等。像"致敬"一类的 VO_2 最终变成复音动词，使得原来的双宾式变成单宾式，像"致信+NP"等用法，有历史渊源。

g. ……其素所假贷人间数百万，……(《东观汉记·樊重》)

h. 愿从陛下复借寇君一年。(《东观汉记·寇恂》)

i. 帝甚喜，赐我一笥，……帝属我一瞿犬①。(《论衡·纪妖》)

j. 拜，乞②汝三十万。(《东观汉记·赵勤》)

此期出现了"借"对"假"的替换。根据胡波(2013)，可能在战国晚期汉语的口语中，"借"就已经替换了"假"，这种替换在书面语中进程较缓。汪维辉(2000：47)指出，"汉语的文言词汇系统有着极大的保守性，即使新词实际上已经取代了旧词，旧词往往也不会轻易退出词汇系统，而是采取'和平共处'的方式跟新词长期并存，这是书面语词汇系统的一个特点。一般来说，这种情况在口语中是不大可能存在的。"口语中"借"能战胜"假"而成为表"借用"义的常用词，胡波认为，主要是由于"借"表义更明晰、更易感知，且语言交际的经济性原则使然。下例涉及较常用的获取义动词：

(236) a. 窦宪……遂以贱直夺沁水公主园田，……(《东观汉记·窦宪》)

b. 身体发肤，受之父母，弗敢毁伤。(《论衡·四讳》)

c. 天禀其命，令使孝善，子孙相传。(《太平经》)

d. ……知伯益骄，请地韩、魏……请地于赵……(《论衡·纪妖》)

e. 丹尽得父财，身又食大国邑。(《汉书·王商史丹傅喜传》)

f. 太原郝子廉……一介不取诸人。(《风俗通义·太原郝子廉》)

g. ……霍光寝其奏，免武官③。(《汉书·李广苏建传》)

对前期语法承袭的一个表现就是引述前世经典表达，或因其思想价值高，或因其表达形式美，例如双宾式Ⅱ式的"受之父母"，在此期的很多文献中都能检索到该用例，比如《孝经·开宗明义》《中论·夭寿》《白虎通德论·崩薨》等，这种承袭关系可窥一斑。

此期双宾式用法还能见到少数凭借-工具类、原因-目的类、使动类、空间方所类和为动类，例如：

(237) a. (孔子)上揆之天道④，下质诸人情，参之于古，考之于今。《汉书·

---

① 类似表述见于更早的文献，如"……而专属之昭奚恤。(《战国策·赵策》)"。

② "乞"引申出"给与"义，如"……买臣乞其夫钱，令葬。"(《汉书·朱买臣传》)。

③ 像"赦横罪"等用法，如"上遣使赦横罪。(《前汉纪·高祖皇帝纪三》)"，若将"给予"和"获取"视为连续统，那么"暂扣、免除、赦免、赊欠"等，也可归之，因此也属广义"予取"。

④ 类似用例如："《月令》所用，参诸历象，……传之于世。"(《蔡中郎集·月令问答》)。

董仲舒传》)

b. 一夫不耕，或<u>受之饥</u>；一女不织，或<u>受之寒</u>①。(《贾谊·论积贮疏》)

c. 今殴民而<u>归之农</u>②，……(《贾谊·论积贮疏》)

d. 太后诏<u>归贺昌邑</u>③，……(《汉书·霍光传》)

e. 因说汉王烧绝栈道……亦<u>视项王无东意</u>④。(《汉书·高帝纪》)

f. (陈完)使为工正。<u>饮桓公酒</u>⑤，……(《风俗通义·皇霸·六国》)

g. 若小儿，我素所爱，今<u>解我缚</u>⑥，……(《东观汉记·彭宠》)

h. ……何以定而<u>制之死</u>乎？(《吴越春秋·勾践十年》)

i. (卓氏)乃求远迁。<u>致之临邛</u>⑦，……(《汉书·货殖传》)

j. 诸吕<u>举兵关中</u>，……(《汉书·高五王传》)

k. <u>著名录籍</u>⑧，常在不死之位。(《太平经》)

l. 不者罚谪<u>卖菜都市</u>，不得受取面目。(《太平经》)

m. ……汝亦<u>祀我百邑</u>⑨，余将赐汝林胡之地。(《论衡·纪妖》)

n. (子胥)……<u>乞食溧阳</u>。(《吴越春秋·王僚使公子光传》)

上组例句中，a 句为凭借类，b 句为原因类，c、d、e、f 句为使动类，h、i 句是

---

① "原因"也可作远宾语，例如"太仆王音举<u>武贤良方正</u>，……"(《汉书·何武王嘉师丹传》)。

② "归之农"即谓"使他们回到农业生产中"。

③ "归贺昌邑"即谓"使刘贺归昌邑"。

④ "项王"后省略"汉王"，本为"视项王(汉王)无东意"，意谓使项王看到汉王没有东扩之意。

⑤ 此例不同于下面的为动类双宾句："晋文公反国，<u>酌士大夫酒</u>，……(《新序·节士》)"此期也还能见到"食"的使动用法，例如："王食我残鱼……"(《吴越春秋·阖闾内传》)。

⑥ 类似的还有"夜解宠手，令作记告城门将军云……"(《东观汉记·彭宠》)为动类用法至少在战国时期开始被"为"字介词短语替代，《史记》中已不少，东汉时期这种格式替代更明显，《汉书》《太平经》等中使用尤多。但是，某些经典用法仍沿用，例如："为师旷寿。"(《论衡·纪妖》)同一文中，两种用法都会用。

⑦ 前期用法与之相同："(卓氏)乃求远迁。致之临邛，大喜。"(《史记·货殖列传》)

⑧ 此时"把"字句未出现，需借助"于"字句，例如《太平经》有："骨肉者无复存也，付归于地。"

⑨ "祀我百邑"在前期和后期的文献中均不同的表述，如"余将使女反灭知氏。女亦立我百邑，余将赐女林胡之地。"(《史记·赵世家》)和"……亦立我三百邑，余将使赐若林胡之地。"(《风俗通义·皇霸·六国》)。

为动类，其余各句为空间方所类，空间方所类仍是相对更开放的次类。一个特点是，"其"虽还能作领格用，但作为指示代词而用作 $O_{间接}$ 的情形已较多见，上例中"受之饥、受之寒"至迟在秦汉时期已可表达为"受其饥、受其寒"，该用法不仅见于文风严谨的史书，更多见于传经讲道的口语中，例如：

(238) a. ……天下有受其饥者……天下有受其寒者。(《淮南子·齐俗训》)

　　　b. 闻佛授其封拜之名。(《佛说成具光明定意经》)

　　　c. ……故天不予其不死之方仙衣也。(《太平经》)

　　　d. ……赐其彩帛酒肉，长吏致敬……(《太平经》)

　　　e. 此言人将起，天与之辅；人将废，天夺其佑。(《论衡·问孔》)

　　　f. 九龄之梦，天夺文王年以益武王……天虽夺文王年以益武王，……九龄之梦，文王梦与武王九龄，武王梦帝予其九龄，……(《论衡·感类》)

根据徐志林(2013：48)，代词"其"作双宾式 $O_{间接}$ 的用法在东汉时期明显增多，这主要是因为原来强势的"之"作 $O_{间接}$ 的用法在逐渐衰减，为"其"等代词的发展提供了空间和机会，就核心高频的双宾动词用例而言，秦汉时期"之"字在全部代词宾语用例中占比接近 70%，而到东汉时期只占 37%，"其"逐渐在双宾式句法环境中取得宾格地位，这为它最终成为第三人称代词提供了关键的句法条件。

东汉时期的文献和口语里，教示问告类双宾式和称封命名类双宾式也不少见，主要的动词分别是"问"和"谓"，也有"告、戒、示、白、风、封"等，例如：

(239) a. 请问天师，万二千国之策符各异意……(《太平经》)

　　　b. 谨问天师道。(《太平经》)

　　　c. 请问一事天师，……(《太平经》)

　　　d. 愿乞问明师前所赐弟子道书，……(《太平经》)

　　　e. 其承远游进贤者，施以掌导，谓之介帻。(《东观汉记·车服志》)

　　　f. ……则天示之灾①以戒不治。(《汉书·文帝纪》)

　　　g. 行戒真人一事，……(《太平经》)

　　　h. 莽又风群臣奏莽功德，……(《汉书·匡张孔马传》)

---

① 鉴于"示"的语义特征，此例及类似用法有使动意味，前期类似用法如"既入焉，而示之璧，曰：……"(《左传·哀 17》)、"示之璧"，即谓使之示(视)璧，这里也可将之归为教示问告类双宾式。

i. ……其封宪冠军侯，邑二万户。（《东观汉记·窦宪》）

j. 告真人一大要，……（《太平经》）

k. （天上诸神）……白之天君。（《太平经》）

l. 诸真人思念剧也，……告诸真人矣。（《太平经》）

m. 帝告我晋国且大乱，……（《论衡·纪妖》）

特别关注"问"的用法。a、b、c 句中都有"请问"一类表述，a 句用法已同现代用法，b 句为双宾式Ⅰ式用法，c 句用Ⅱ式，这是现代汉语中少见的，d 句是"问"的Ⅰ式用法，以及作其 $O_{直接}$ 的"所"字结构中又嵌入一个由动词"赐"构成的Ⅰ式结构。l 句是含"诸"的过渡性Ⅱ式，m 句中，"告"的 $O_{直接}$ 是一个完整小句。

3.1.2 东汉时期双宾构式的主要形式和宾语特征

综合来看，此期双宾式Ⅰ式和Ⅱ式仍并用，但Ⅰ式仍是主流。此期文献中的"献之昭王""传之后世""致国弟宪""奉书洛阳""施之种民""受之父母""受命中兴""请地韩、魏""请问一事天师""白之天君""告诸真人"以及"传语匈奴""致敬祭祀"等用法都是Ⅱ式，所涉动词不限于给予义或获取义。有些动词用于Ⅰ式或Ⅱ式可能是受到某些限制，但有些动词能进入这两式，那么，在选择句式的时候一般会受到代词宾语以及新旧信息组织或篇章组织要求的限制或影响，例如，如果有代词宾语，如"之"，那么，无论哪个宾语，"之"作为旧信息且更简短就应先出现，这可能用Ⅰ式，也可能用Ⅱ式。除上述双宾式两个次类语序模式用例外，下面再举数例，b 句摘自《东观汉记·冯勤》，其余均摘自《太平经》：

(240) a. 天师前所赐予愚生书本文，有男女反形，……

b. 冯勤为郎中，给事尚书。

c. 然，上善之弟子也，受师道德之后，念缘师恩……

d. 后世无子，传书圣贤及与道士，……

e. 吾见诸弟子言，无可复以加诸真人也。

f. 闻大神言，前比白生意，进之天君。

g. 此致大贤要言奇道，价直多少乎哉？

h. 五行者，主传成凡物相付与之两手也。

其中，a 句是Ⅰ式，b 句特殊一些，其余各句是Ⅱ式用法。此期双宾句里的 $O_{间接}$ 由名词充任的占大多数，根据徐志林(2013：47)的统计，代词充任 $O_{间接}$ 的约占名词的一半，这和秦汉时期 $O_{间接}$ 的构成基本无异。此期 $O_{间接}$ 的结构复杂度大体也同前期的相似，仍以并列、偏正等结构为主，但个别用例中，其长度明显增加，此外，此期双宾式仍承前使用"所"字、"者"字 NP 作宾语，前文已有举例，再如：

（241）a. 信乃赐所从食漂母千金。（《前汉纪·高祖皇帝纪三》）

  b. ……比若寇盗贼夺人衣服也，……（《太平经》）

  c. ……反夺少弱小家财物，……（《太平经》）

  d. ……赐观者食。（《东观汉记·世祖光武皇帝》）

  e. ……其加赐鳏、寡、孤、独、高年帛。（《汉书·宣帝纪》）

  f. ……赐宗室有属籍者马一匹至二驷，三老、孝者帛五匹，弟者、力田三匹，鳏寡孤独二匹，吏民五十户牛酒。（《汉书·元帝纪》）

从"夺"和"赐"双宾式里的 O$_{间接}$可见，它可以是单音节代词（如"汝"）或名词（如"人"），也可以是偏正或者并列结构（如"观者""少弱小家""鳏、寡、孤、独、高年"），f 句中还有双宾语并列，更复杂。这个特点也见于 O$_{直接}$。此期双宾式的 O$_{直接}$同样也主要由 N 或 NP 充任，仍以名词占多数，同样也有涉及"数+量"NP 以及偏正、并列等结构（例如（240）d 句），也包含"者"字结构，例如：

（242）a. ……不告于王而私与之子之爵禄。（《论衡·刺孟》）

  b. ……数劫夺人财物。（《太平经》）

  c. 使光禄勋赐将军黄金五十斤，安车驷马，其上将军印绶。（《汉书·王商史丹傅喜传》）

  d. 故赐国家千金，不若与其一要言可以治者也；与国家万双璧玉，……（《太平经》）

  e. 子自思之……无夺子志者也。（《太平经》）

  f. ……洒帝王赐之王者。（《太平经》）

上组例句中的 O$_{直接}$，a 句中是偏正结构，b、c、d 句中是各类并列结构，e、f、g 句中是"者"字结构。涉及"数+量"结构的 NP 中，c 句有"名+数+量"结构，d 句有"数+量+名"结构（前例还有"分我一杯羹"）。虽然后者在数量上仍不占优势，但这种用法既是承续，也表明"数+量+名"结构仍在发展。此类 NP 通过不同的语法手段而相互杂糅、套合，使宾语表义更丰富精密，也使全句表述和谐自然，避免重复拖沓。所以，从双宾语的形式变化来看，它既是汉语句法形式的重要组成部分，也折射出古汉语句法演变的缓慢过程，同其他语法范畴，特别是句法范畴一道，双宾构式范畴的发展变化都在朝着更加有利于经济简明和有效交际的方向发展。另外，东汉时期双宾式的宾语一方面承前表现出一定的语义引申，如"人与之鲜"和"传之无穷"，还有转喻用法，这反映了古人抽象思维的发展，例如：

(243) a. 夫人赈穷途少饭，亦何嫌哉？（《吴越春秋·王僚使公子光传》）

　　　b. ……而不忍赐人一钱；……而不忍贷人一斗。（《潜夫论·忠贵》）

3.1.3　东汉时期双宾构式的主要句法表现

就句法表现而言，此期双宾式仍承袭前期用法，主要充任句子的主语（或话题）、述谓成分和定语，用在"所"字结构中的双宾式，其语义更强调离动词更远的 O$_{直接}$，作为名词性成分，该宾语的句法功能更加多样化，同时，双宾式也能用于兼语式特别是连动结构，能同某些情态助动词连用，前文已有"所赐弟子道书""所假贷人间数""所赐予愚生书本文"等，再如：

(244) a. 赐人帛，……，天与之谷，何故谓之凶？（《论衡·异虚》）

　　　b. 今师前后所与弟子道书，其价直多少？（《太平经》）

　　　c. ……，受师道德之后，念缘师恩，……（《太平经》）

　　　d. ……，余将使赐若林胡之地。（《风俗通义·皇霸·六国》）

　　　e. 欲与国千斤金，不若与一要言，……（《太平经》）

　　　f. 毋予蛮夷外粤金铁田器；……（《汉书·西南夷两粤朝鲜传》）

上组例句中，a 句中的"赐人帛""天与之谷"与后文的"之"同指，因此双宾结构更倾向于作话题，b 句中的"所"字结构凸显的句法中心成分是有关的名词，即"道书"，双宾结构或作话题，再如 b 句，或作前置宾语，如（235）g 句，至于作主语或作 O$_{直接}$的，是很常见的，c 句中"受师道德"借助助词"之"充任"后"的定语，这也再次验证了前文所主张的，双宾式被视为一个整体事件和动作行为来处理，d 句中涉及兼语式，e 句中涉及双宾式同情态助动词连用，f 句中涉及双宾式同否定词连用。

3.1.4　东汉时期双宾构式的主要关联句法构式

前文特别关注了同双宾式有语义关联的句法构式，如基于双宾式的某些缺省类单宾式和话题句、"于""为""以""与"等介词短语格式，等等，它们同双宾式并存并用：形式表达有关联，语义表述有重合，但不能完全彼此取代，也不是对任何动词开放，我们主张，这些彼此独立的句法构式是语法演进变化的体现，是语言自我调适的结果，它们服务于信息组织需要和语篇组织需要，有各自的表达功能和风格，都是备用的表意手段。新形式的产生及旧形式的衰亡正说明优胜劣汰的普遍演化原则，人类会调整语言、开发新手段在语言表达经济性和有效性之间保持平衡，语言形式的兴衰是自然结果。东汉时期的情形也不例外，以"受、取、请、夺、得、乞"等获取义动词为例，它们或可进入单宾加介词短语结构，或可进入有领属关系的单宾结构，试举例如下：

（245）a. 我受命于天，……（《吴越春秋·越王无余外传》）

　　　 b. 今人杀白犬以血题门户……取法于此也。（《风俗通义·祀典》）

　　　 c. 周公因必效之梦，请之于天，……（《论衡·感类》）

　　　 d. 今子当得饮食于母，……（《太平经》）

　　　 e. 吾尝饥于此，乞食于一女子，女子饲我，……（《吴越春秋·阖闾十年》）

　　　 f. 吾昔日受夫子之言，自免于穷厄之地。（《吴越春秋·勾践十年》）

　　　 g. 晏子不为夺人之功，……（《风俗通义·怪神》）

再看"为"字介词短语前置作状语的用法：

（246）a. 子为天来学问疑，吾为天授子也。（《太平经》）

　　　 b. 天为之感，地为之动……为天地之间大不仁人。（《太平经》）

　　　 c. 葬羽于谷城山下，汉王为之发哀，……（《前汉纪·高祖皇帝纪三》）

　　　 d. 观其诏文，……非为汉室创制丧礼而传之于来世也。（《中论·佚文》）

　　　 e. ……为之流涕。（《前汉纪·高祖皇帝纪三》）

　　　 f. ……为新君而杀故君之子，非义也。（《吴越春秋·阖闾二年》）

　　　 g. 阴阳为其乖逆，神灵为其战斗。（《太平经》）

显然，此期"为"字介词短语已经相当成熟，其后的 VO 结构已经相当复杂，表义丰富，这是为动类双宾式极大衰减的主因。《左传·文2》中说"丁丑，作僖公主"，西汉前期的《公羊传》解释为"作僖公主者何？为僖公作主也。"《谷梁传》解释为"作，为也；为僖公主也"；《史记·楚世家》在表述《战国策·齐策二》中所记画蛇添足故事时，解释"为之足"和"为蛇足"，改成"此为蛇为足之说也"。可见秦汉时期双宾式的为动用法至少在口语中已经令人感到陌生了，需要用当时更为人熟悉和常用的介词短语即状中结构"为僖公作主"来解释。可见，最迟从西汉开始，为动类双宾式在口语中逐渐消失的趋势很明显，它渐渐被状语性"为"字短语格式替代，用"为"字短语来表达原本由双宾式表达的施益(对象)或原因、目的等。至东汉时期，该趋势更加明显。

　　与"为"相似的还有"与"，试看：

（247）a. 今每与天师对会，……（《太平经》）

　　　 b. 所以详者，比与天师会见，……（《太平经》）

c. 或见人且入正道，因反怒人，与人争斗。(《太平经》)

d. 始皇从其册，与之亢礼，衣服饮食与之齐同。(《论衡·骨相》)

e. 当此之时，稷、契不能与之争计，禹、皋陶不能与之比效。(《论衡·答佞》)

f. 韩太傅为诸生时，借相工五十钱，与之俱入璧雍之中，……(《论衡·骨相》)

"与"短语结构可以被状语、能愿助动词等修饰，"与+NP+VP"的组合能力大大增强，这表明，上古汉语的与动类双宾式在东汉时期也极大减少了。下面一组例句中，双宾式的 $O_{直接}$ 用补语性的"以"短语来标记，这不仅改变了双宾式的韵律结构，$O_{直接}$ 表征的信息也得到凸显：

(248) a. ……人即报之以善，响亦应之以善。(《太平经》)

b. 天上有常神圣要语，时下授人以言，……(《太平经》)

c. 樊晔为天水郡，……不假下以权，……(《东观汉记·樊晔》)

d. 吾欲因而赐之以书，增之以封，东至于勾甬，……(《吴越春秋·勾践七年》)

e. ……乃使相如责唐蒙，因喻告巴蜀民以非上意。(《史记·司马相如列传》)

f. 然见贤者赐以文，见饥者赐以食，见寒者赐以衣。(《太平经》)

g. 生男二，贶之以壶酒、一犬，生女二，赐以壶酒、一豚。(《吴越春秋·勾践十五年》)

在使用结构末端的"以"字短语结构凸显 $O_{直接}$ 信息时，原来的双宾式变成了单宾式，而且该式还可以在承接前文或语境信息的条件下让该宾语从缺，例如 f 句和 g 句。此外，可用"以"或"用"字短语结构来分担原来的双宾式表述内容，它们前置于 VP 作状语，尽管这种标记的信息凸显效果仍存在，但前置于动词时一般都是已知信息，相比之下，更大的信息凸显效果则在置于整个句法结构末尾的 $O_{间接}$ 上，试看：

(249) a. 但以文书付归德君。(《太平经》)

b. 今以光烈皇后假髻、帛巾各一、衣一箧遗王，……(《东观汉记·东平宪王苍》)

c. 为我以是遗赵无恤。(《论衡·纪妖》)

d. 况遗春申君书，刺楚国，因为歌赋以遗春申君，……(《风俗通义·孙况》)

e. 单于乃复以其父之民子昆莫，……(《论衡·吉验》)

　　f. 即以粟赏赐群臣，及于万民。(《吴越春秋·勾践十三年》)

　　g. ……天用雀与鱼乌命授之也。天用赤雀命文王，……(《论衡·初
　　　禀》)

　　h. 孤父……以其道传于羿，羿传逢蒙，逢蒙传于楚琴氏……琴氏乃横
　　　弓著臂，……加之以力，……琴氏传之楚三侯……(《吴越春秋·勾
　　　践十三年》)

　　不难看出，"以"和"用"字短语结构也能被一些单音副词作状语修饰，这表明，作状语的介词短语结构的使用已经比较稳定。特别是，c 句中指示代词"是"指代 $O_{直接}$ 内容，d 句中的 $O_{直接}$ 内容"歌赋"虽未在"以"后，却也承袭了之前的宾语前置于"以"的用法，而且，该结构也契合了连动结构的句法要求，g 句中不用"以"而用"用"，h 句则涉及几种情形，"以"字结构前置于"于"字结构，"其道"可以从前缺省后使用"于"字节构，"加之以力"是凸显作为手段的"力"。

　　以下例句同"传""致""施""加"有关，其中，a 句和 b 句是 Ⅱ 式用法，其余各句则涉及上述动词在介词短语格式句中的使用：

(250) a. 陛下不致之法，顿首死罪。(《汉书·东方朔传》)

　　　b. ……则泽被万世，传之子孙，施之无穷。(《汉书·严助传》)

　　　c. 吾已悉传付真法语于子，……(《太平经》)

　　　d. 念高祖之勤苦垂立制度欲传之于无穷哉！(《汉书·何武王嘉师丹
　　　　传》)

　　　e. 谓天报其祸，加罚于楚，……(《吴越春秋·阖闾九年》)

　　　f. 有善道者皆相教闭藏，不肯传与其弟子，反以浮华伪文教之。(《太
　　　　平经》)

　　　g. 无夺民所好则利也，……，重赋厚敛则夺之……(《吴越春秋·勾践
　　　　七年》)

　　　h. 赀至巨万，而赈赡宗族，恩加乡闾。(《东观汉记·樊重》)

此期"传与""传付""赐奉"等复音给予义双宾动词使用较多，上例中"传与"之后缺省了前置的 $O_{直接}$，h 句中 $O_{直接}$"恩"前置于动词"加"，两例都似话题句；同样，"教"双宾式也用"以"引介 $O_{直接}$，"之"为 $O_{间接}$，平行对应于前面的"其弟子"，而且，无论是哪个宾语，引申都比较常见了，例如"法""无穷""德惠""真法语""辞""罚""国""浮华伪文""所好""赋敛""恩"等，这也是此期双宾式的一项显著发展。

　　另一个关联结构是"相 V"，此时"相"相当于受益者和施事的重合体，所

以，这也算是双宾式的特别表达内容和方式，例如《太平经》中各句：

(251) a. 唯诸神相假借，使得自责，……

b. 故使相主，移转相问，寿算增减，转相付授。

c. ……岁上月簿，司农祠官，当辄转相付文辞。

下面第(252)和(253)组例句分别是连动结构和双宾结构的省略式表达，这与前文对秦汉时期双宾式的有关讨论无异：

(252) a. 帝王戒赐兵器与诸侯，……（《太平经》）

b. ……赵王闻之，卒取其头与秦，……（《风俗通义·虞卿》）

c. ……，数疏光过失予燕王，……（《汉书·李广苏建传》）

d. ……胥乃解百金之剑以与渔者。（《吴越春秋·王僚使公子光传》）

e. 蠡复为书遗种曰：……（《吴越春秋·勾践二十一年》）

f. 夜姑、义臣也，引罪自予已，……《论衡·祀义》)

(253) a. 尧授之，天亦授之，百官臣子皆乡与舜。（《论衡·谴告》)

b. 犹物生以青为气，或予之也；物死青者去，或夺之也。予之物青，夺之青去，去后不能复予之青，……（《论衡·论死》)

c. ……吾不忍杀之，以赐公。（《前汉纪·高祖皇帝纪三》)

d. 夫虞卿一见赵王，赐白璧一双、黄金百斤；……（《风俗通义·虞卿》)

e. ……赐奉世爵关内侯，食邑五百户，黄金六十斤。（《汉书·冯奉世传》)

前面论及成分从缺，根据大小语境条件以及作者的表达偏好或需要，在有关句式中某些句法成分可从缺，或是 $O_{直接}$ 缺省，或是 $O_{间接}$ 缺省，或者在前置的"以"字结构中省却其宾语，也就是双宾式中的 $O_{直接}$，如 a、b 句，且 a 句从缺的双宾式可以在主语之后、动宾之前用"之"实现授予事件整体名词化，c 句里的"以[此马]赐公"也是 $O_{直接}$ 从缺，d 句中"赐、受"的用法，主要靠文化背景知识来确定施受关系，e 句承前从缺 $O_{间接}$。"赐死"等在东汉时期文献里仍可见到，总体来说，"赐 X"结构仍沿袭旧法，但 $O_{直接}$ 可以是 VP 等结构，转喻名词性成分，如某种待遇：

(254) a. 今汝不用吾言，反赐我剑……反赐我死，岂不谬哉！（《吴越春秋·夫差内传》)

b. 惟大王赐其死。（《吴越春秋·阖闾元年》)

c. 使中御府令高昌奉黄金千斤，赐君卿取十妻。（《汉书·霍光金日磾传》)

倒是称封命名类双式的用法一般都可以将两个 NP 之间隐含的次级述谓语义关系用"为"表达，如此形成的句式，有人称为兼语式，下面各句中，a、e 句中为双宾式，其余各句中都含"为"字：

(255) a. 自楚之三侯传至灵王，自称之楚累世。(《吴越春秋·勾践十三年》)

　　　 b. (逢萌)少有大节，……给事为县亭长。(《东观汉记·逢萌》)

　　　 c. 更始遣使者即立公为萧王。(《东观汉记·世祖光武皇帝》)

　　　 d. 十四年，封孔子后孔志为褒成侯。(《东观汉记·世祖光武皇帝》)

　　　 e. 西益宅谓之不祥，……(《论衡·四讳》)

　　　 f. 臣以为龙又无角，谓之为蛇又有足，……(《汉书·东方朔传》)

同"谓"有关的命名类双宾式有一个特别的格式，即"O_1+是/之/兹+谓+ O_2"，其中，间接宾语 O_1 是名词性成分，这包含代词和用如名词的动词和形容词等，"是/之/兹"是复指代词，前指 O_1，直接宾语 O_2 与 O_1 的结构形式类同。其实，"(夫)是之谓+NP"格式使用较早，较多见于《荀子》《礼记》，此时可理解为 O_1 被前置，或者被处理为话题，之后再用复指代词对其进行复指，所以实质上还是 $O_{间接}$ 前置于谓语动词，是一种语用现象，但也形成了特定的句式，可解读为"这就叫做……"。先秦时期不用"兹"，《汉书》多用"兹"。例如：

(256) a. 夫是之谓道德之极……夫是之谓德操……夫是之谓成人。(《荀子·劝学》)

　　　 b. 夫是之谓能贵其所贵。(《说苑·臣术》)

　　　 c. 夫是之谓定论，是王者之德。(《韩诗外传·卷三》)

　　　 d. 故近者歌讴而乐之，远者竭走而超之……夫是之谓人师。(《新序·杂事五》)

　　　 e. 有德遭险兹谓逆命……害正不诛兹谓养贼……(《汉书·五行志》)

　　　 f. 貌之不恭是谓不肃。(《汉书·五行志》)

从该格式可能衍生出了另一个类似格式，即前有副词"唯"来强调 $O_{间接}$，则使用指示代词"是/之"作宾语并将其前置，后面动词一般用"为"，也就是"O_1+是/之+为+ O_2"格式，其双宾语的结构特点完全相同。较早可见于《史记》，东汉时期使用较多，例如：

(257) a. 然河灾衍溢，害中国也尤甚。唯是为务。(《史记·河渠书》)

　　　 b. 人苟生之为见，若者必死；苟利之为见，若者必害……(《史记·礼书》)

　　　 c. 然河灾之羡溢，害中国也尤甚，唯是为务……(《汉书·沟洫志》)

　　　 d. 庆忌……然性好舆马，号为鲜明，唯是为奢。(《汉书·赵充国辛庆

忌传》)

"何谓+NP"的格式更值得关注，此时它已显出常规语序SVO模式的特点，又类似于更早时期涉疑问代词宾语的语序倒置用法，这可能是古汉语语序整体向SVO趋同变化的组成部分之一，而"谓"的语义也有变化，不再是"报、告、说、谈、称为"，而类似于"叫作"。它较早见于《史记》，东汉时使用更多：

(258) a. 何谓社稷之臣？(《说苑·臣术》)

　　　b. ……何谓土崩？秦之末世是也。(《史记·平津侯主父列传》)

前文已述，给予义双宾式I式自先秦至两汉时期是双宾式用法的主体形式，其在所有双宾式用例中的占比也逐渐增高，其句法语义的衍生能力也最强、衍生历时也最长。不过，疑问代词作O_1而前置的双宾式用例反过来却渐趋消亡，这主要是因为古汉语里疑问和否定语境下宾语前置于动词的规则正在变化而逐渐趋同于一般性SVO语序模式，比如，据刘文正(2009)，《太平经》中疑问代词作动或介词宾语可前置，也可后置，在用量上已经相当，这反映出东汉时口语中疑问代词作宾语已呈迅速向后置发展之势。否定句中代词充当O_1则要前置的仅检索到有一例，此例同《史记》中用法，应该是承古延续：

(259) 始吾贫时，昆弟<u>不我衣食</u>，宾客<u>不我内门</u>，……(《汉书·主父偃传》)

　　刘宋川(2001)指出，汉以后，在接近口语的作品中继续保持生命力的只有给与、取得、告示、称谓四类；为动类逐渐被"为_{介词}+宾₁+述动+宾₂"的状中结构替代，处置类(基本等同于本书的"空间方所类")因"以"以及新生介词"把"的处置式出现而消亡，使动类只在刻意仿古的文言作品中还有先秦用法的残留。其说正确。东汉时期的双宾式发展总体上同前期的情形一致，从动词类型、双宾语的结构和引申特点、双宾式的句法表现等方面看，并未出现明显的新创或突破用法，除了少数高频核心动词的用例出现一定波动和变化、复音双宾动词的数量有所增加外，基本是承袭前期的用法，且在总数上还有一定减少。这可以用刘宋川(2001)的统计结果来验证。他发现，为动类双宾式在《新书》中使用约占2.12%，在《史记》中约占38.04%，在《盐铁论》中约占1.94%，在《新序》中约占1.85%，在《说苑》中约占4.71%，在《汉书》中约占43.86%，在《论衡》中约占3.69%，在《风俗通义》中约占3.79%。可见，该次类在《史记》和《汉书》中的使用基本持平，仍有较多用例，这可能反映了某种风格承袭和个人偏好，但在其他同期和后世文献中呈现剧减的趋势，除引述上古文献用语外，在当时活的语言中，为动类双宾式已消失。使动类双宾式的用法呈现与之相同趋势。除《史记》中尚有40.98%左右的用例，《汉书》中约有44.26%的用例，其他文献中只有1、2或3例，几乎可以忽略，只是《说苑》中稍微多点，共 8 例，约占 6.56%。至于空间方所类（即其所谓"处置类"）和与动类双宾式，其消失速度快，趋势显著，前者在《史记》中约有 35.82% 的用例，在《汉书》中约有 63.43% 的用例，其他文献中已不见，只有《论衡》中见到 1 例；而后者仅在《史记》中见到 4 例，其余文献中皆不见，完全消失了。

仅就两汉时期的双宾式用法而言，占主导地位的还是给予、获取、告示和称谓四类，为动类仍有一定用例，而对比先秦和两汉时期的双宾式述语动词类型和总数以及核心高频双宾动词类型和总数就可看出，从先秦到两汉时期，这两组数字都呈现总体上增长的势头，但主体还在给予、获取、告示三个次类上，像称谓类等其他次类则是趋减，特别是称谓类，其动词总数减少而用例总数增加，这表明核心的称谓类动词逐渐向某一词靠拢，而以前的其他词汇逐渐消失，为动类核心动词只在少数文献中还有较多使用，但总体上同其他类型的双宾式及其核心动词一样逐步减少并最终衰亡。

总之，自先秦至两汉时期，古汉语双宾式中的给予、获取、告示三类不断发展壮大，其用例总数和核心动词数量和类型都增加了，而称谓类双宾式在使用不断增多的同时，其核心动词不断减少和趋同，其他类型双宾式总体上不断减少并最终消失。因为给予和获取类表达互为镜像的所有权转移交接，而告示类可视为给予义的引申，称谓类不能算典型的双宾式，所以，截至两汉时期，古汉语双宾式语义变化的倒置三角形趋势已经很明显了：非主流的语义表达内容不断被其他更经济有效的表达形式分流，得以留存的次类不断发展壮大，这就是双宾式专司用于表达领有权在两个生命实体之间转移交接的意义。

3.2　魏晋南北朝时期的双宾构式

魏晋南北朝时期的口语化语料较前期更丰富、集中和系统，一般被视为中古汉语的主体阶段。本期文献检索主要涉及《三国志》《世说新语》《搜神记》《百喻经》《魏晋世语》《搜神后记》西京杂记》《后汉书》《洛阳珈蓝记》《六度集经》《颜氏家训》《抱朴子》以及三国两晋时期的一些佛经。① 《论语义疏》受其文献及写作目的与要旨的限制，双宾句的使用多与上古时期相同，因此只做参考。

---

① 佛经材料的选取基本依照徐志林（2013：50）的标准。佛经时代划分依据任继愈（1981）的《中国佛教史》中的观点。对有些经文的核实也对照参考了"CBETA 电子佛典 V1.0（Big 5）普及版"。

3.2.1 魏晋南北朝时期的主要双宾动词及其用例

据徐志林(2013:50)统计，此期核心高频双宾动词主要是"与""赐""授"等 10 个，共有双宾式用例 423 例。同样，我们也可以测算出上述主要动词的使用比，即给予义双宾动词里，"与"约占 30.26%，"赐/锡"约占 18.44%，"授"约占 12.53%，"施"约占 8.98%，"假"约占 4.26%，"给"约占 3.55%，"封"约占 3.31%；获取义双宾动词中，"受"的用例占比约为 8.51%，"夺"的约占 5.44%，"取"的约占 4.73%。可见，给予义双宾式用例仍表现出上升趋势，"与"的使用频率首次超过"赐/锡①"，跃升为最高频双宾动词，"施、假、封"的使用频率跃升到前十位，"假"不再具有歧义而专司表达给予义，原来的"传、遗、予"的用例下降并退出了前十位的行列，"给"的双宾式用例继续增长并维持在前十名内；获取义双宾动词排名在前十位内的仍然是前期的三个，但"受"的使用频率首次超过"夺"而成为最常用的获取义动词，"夺"的使用稍减，但也仍排在"取"之前。从总数上看，魏晋南北朝时期核心高频双宾动词的双宾式用例总数较前期有显著增长，约是其 3.3 倍。

先看给予义双宾式。此期给予义双宾动词明显增多，一些较为核心高频的动词继续使用，例如"赐/锡、传、与、奉、遗、还、授、假、献、施"等动词，有些动词如"传"可进入Ⅰ、Ⅱ式，还有一些较新的动词也进入双宾式，且多为Ⅰ式，例如：

(260) a. ……有相识小人贻其餐，……(《世说新语·方正》)

　　b. 于时人有饷桓公药草，……(《世说新语·排调》)

　　c. 劝尔一栝酒。(《世说新语·雅量》)

　　d. 上汝一栝酒，令汝寿万春。(《世说新语·排调》)

　　e. "……，尽以名珠雇吾金盘，……且加尔杖。"……"还吾宝来。"(《六度集经卷第四》)

　　f. 丐吾金钱二枚，……(《六度集经卷第四》)

　　g. 大贤有十行：学闻高远、不犯经戒、敬佛三宝、……(《大正藏第十七册》)

　　h. 王为诸众生供给走使……教化众生法则礼仪如大博士……(《大正

---

① "锡"是"赐"的借字，上古汉语中多见，后来渐少，此期主要见于《三国志》，用例不少于 20 个，多见于诏书、策命等文书，这可能是由于它作为正史追求文笔风格端庄古雅的缘故(参徐志林 2012:51)。

藏》)

　　i. 佛语瓶沙王：“给其田地赐与谷食，……”(《大正藏》)

　　j. 以为可封禅为扶风王，锡其资财，供其左右。(《三国志·邓艾传》)

此外，还可见到“谢、寄、归、付、加、进、赠、委、托、赍、送、许、惠、予、益、受(同“授”，赏赐义)、贡、畀、馈”等单音节动词，除了“教化”，还有“供给、供养、供奉、供施、追赠、布施、惠施、惠与、施与、送与、给与、增益、赐遗、垂遗、授与、遣送、传送”等双音节动词(甚至“布施与”等个别三音节动词)，后者用例较前期明显增多，但这些用法几乎都出自佛经典籍，绝少见于中土文献，可见其口语色彩鲜明，例如：

(261) a. ……是故父母当给与我珍宝所有及诸侍女。(《大正藏》)

　　b. 若我此生若于余生，……，乃至施与畜生一揣之食，……(《大正藏》)

　　c. ……臣朝早将园华道路逢佛，……，即授与我决。(《大正藏》)

　　d. 我曹种所收粳米，各各供给君衣食。(《大正藏》)

　　e. 各各赐遗清信士女一具体衣。所以者何？(《大正藏》)

须注意，在复音甚至三音节的“V₁V₂(V₃)OO”格式中，靠后的那个动词(即 V₂ 或 V₃)使用“与”的用例很多，仍是表给予义的主要动词，“与”此时类似于现代汉语的动词“给”，只是像“供养”这样的动词语义重心还在“供”上，作为动词，还需借助其事件框架语义特征来解读“给予”的义素。此外，获取义双宾式的使用也不少，主要涉及“受、夺、取、追、请、得、借、免、贷、获、敛、求、乞、盗、买、禀、授(同“受”)、争、索、食、攫、坏、破、杀、截”等单音节动词以及“求夺、侵夺、劫窃、求索、盗取、劫夺、奉受、强劫、窃取、假取、贪着、段截、求取、承受”等双音节动词。例如：

(262) a. 王念无常，自惟曰：…… 于是敛民金。(《大正藏》)

　　b. 于时谢尚书求其小女婚……不能复与谢衮儿婚。(《世说新语·方正》)

　　c. 我得善利，年少，买我心髓及血，与我财宝得供养师，使我……(《大正藏》)

　　d. 悉获诸佛无量功德。(《大正藏》)

　　e. 手不盗取人财物，口不说人恶，……(《大正藏》)

　　f. 今彼人王慈润涝霈福德巍巍，恐于志求夺吾帝位。……佯恐怖求哀彼王，彼王仁惠必受尔归……希王当相惠而夺吾食乎。(《大正藏》)

　　还有基于给予义的教示问告类双宾式，主要涉及“教、问、告、劝、启、访、明、劝、授、训、语、现、示、咨、询、属、白、请、质"等单音节动词以及"启问、咨问、问讯、教授、指示"等双音节动词，它们也多见于佛经（译文），绝少见于中土传世文献，例如：

(263) a. 我今欲请大王一事。（《大正藏》）

    b. 我欲诫大人一事。（《大正藏》）

    c. 历年后讯其所由，妾具说是北人遭乱……（《世说新语·德行》）

    d. 绍咨公出处，公曰……（《世说新语·政事》）

    e. （净饭王太子）至年十四。启王出游。（《大正藏》）

    f. 我无智力能问如来如是深义……不能咨问如来如是智慧大海法性虚空甚深之义。（《大正藏》）

    g. 无有狐疑心，指示①人道路。（《大正藏》）

看得出，"告、语、问、示、教、授"等的双宾式用法都是承袭性的，但在此期口语中已经常用直接引语作宾语，这跟现代汉语相同。另一些动词，如"请、诫、咨、讯、启"等，则是较新用法，复音动词"X问"比"问X"更多，尽管"问"和"X"是近义词，但"问"的语义更宽泛，居于后而被修饰的用法更常见，这个特点也延续至今。此外，称封命名类双宾式还有一定用例动词"谓、拜"外，还有"名、呼、号、称、以为"等动词，例如：

(264) a. 寂意，何故名之楼由？……由斯世尊号之楼由。（《大正藏》）

    b. 马融曰："以为②伯鱼孔子之子，……"（《论语义疏·季氏》）

    c. 潘安仁、夏侯湛并有美容，喜同行，时人谓之③"连璧"。（《世说新语·容止》）

    d. 前太守臣逵，察臣孝廉，后刺使臣荣，举臣秀才。（李密《陈情表》）

    f. 诏书特下，拜臣郎中，寻蒙国恩，除臣洗马④。（同上）

此期双宾式用例中还能见到少数空间方所类用法、为动类、使动类和凭

---

① "指示"在《新序》《史记》中就有使用，双宾句1例："上指示慎夫人新丰道。"（《史记·张释之列传》）

② 这种用法很少见，即心理义动词"以为"或"以……为"格式表达的是心理活动中的称谓认可。

③ 例句"……是谓沙门。"（《大正藏》）中，"是谓沙门"不再是复指代词前置，而已属常规的主谓宾语序。

④ 此期还有一种特殊的双宾式，"其三人者一人有福今在天上，一人生海中为化生龙王，……（《大正藏》）"，因为有相同的隐含次级述谓关系，性质当与此类相同。

借-工具类用法，但主要见于《后汉书》《三国志》和《世说新语》等中土文献，仿古意味明显，所涉动词不多，佛经译文中也有少量用例，这些应该不是当时口语通行用法。空间方所类用法例如：

(265) a. 顾和始为扬州从事。……，<u>停车州门外</u>。(《世说新语·雅量》)

　　　b. 太傅使人逆止之，<u>住船淮中</u>，……(《三国志·王凌》)

　　　c. 沛公……乃使使者以梓宫<u>招魂幽野</u>。(《水经注·河水》)

　　　d. 拷掠榜笞，五毒并至，<u>戮之都市</u>。(《大正藏》)

　　　e. ……收其官属三百余人，皆轊裂支解，<u>投之漳河</u>。(《大正藏》)

同以往的情形一样，空间方所类用法涉及运动位移事件，也可用来描写事件发生的场所，其所能容纳的动词也具有很大的开放性，前期一些传统的动词用法，如"投、藏、置、传、迁、遣"等仍旧可用，同时，也出现了一些新的动词，如上述"停、住、招"等，还有"着、著、避、散、了"。再来看少数为动类和使动类双宾构式用例，这一般也只是涉及少数几个原型或传统而高频使用的动词，如"为、作"和"饮"等，① 如下：

(266) a. 夏侯孝若<u>为之叙</u>，极相赞悼。(《世说新语·言语》)

　　　b. 人<u>为之歌</u>②曰："山公时一醉，……"(《世说新语·任诞》)

　　　c. ……垂哀一切，欲度脱之……<u>为之导师</u>，而令灭度。(《大正藏》)

　　　d. ……与一婢于内宰猪羊，<u>作数十人饮食</u>，事事精办，……(《世说新语·贤媛》)

　　　e. ……便有良医，来<u>饮病人汤药</u>，……(《大正藏》)

　　　f. 既见，<u>坐之独榻上</u>③与语。(《世说新语·排调》)

和为动类和使动类双宾式的使用类似的是，此期也能见到少数凭借-工具类双宾式用法，主要见于《后汉书》和《三国志》，限于"揆、测、论、试、验、稽、考、求、比、譬、断"等少数动词，仿古有利于打造正史庄严肃穆和精致典雅的风格，不过此类用法不能反映真实的口语使用。例如：

(267) a. ……<u>揆之人事</u>则悦耳，<u>论之阴阳</u>则伤化，……(《后汉书·肃宗孝章

---

① 为动类和使动类双宾式此期已基本消失，其用例仅限少数泛义原型动词，而彼时"为"字介词短语已成熟，使令范畴也已基本完备。"食"虽偶尔还能用于使动义，但基本只见于单宾式。

② 此类为动用法此期不多见，同一文献中"为"字介词短语的替换表达方式更多见。

③ 此例也有空间方所类双宾式意味，两者有交集。

　　帝纪》)

b. 袁绍之在河北，军人仰食桑椹①。(《三国志·武帝纪》)

c. 考之古法则不合，稽之时宜则违人，求之吉凶复未见其福。(《后汉书·光武十王列传》)

d. 贪王募之黄金千斤、钱千万……吾闻新王募吾甚重……(《大正藏》)

e. 永惟大宗之重，……，询谋台辅，稽之兆占。(《后汉书·孝桓帝纪》)

上述内容一般可以用"以"或"用"字结构，以单宾式形式来表达，而当时的"以"字结构可以出现在动宾结构之前或之后的位置，作状语或补语。至于与动类双宾式，未检索到合格用例，因为"与""共"字介词短语结构前置于动(宾)结构的用法彼时已很成熟，基本替代了该式。不过，上例中"询谋台辅"②有一定的特色，或可训释为"与台辅询谋(商议)"，或者"询谋于台辅"，若是后者，则类似于动词"问"的双宾式用法，理解为"为谋而询问台辅"。

3.2.2　魏晋南北朝时期双宾构式的主要形式和宾语特征

　　从检索情况来看，魏晋南北朝时期双宾式Ⅰ式的使用较前期占更明显的优势，而Ⅱ式的用例继续减少，上古汉语和中古汉语早期里常用在Ⅱ式里的一些动词，此时一般都出现在Ⅰ式中，如"献、施、传、受、白"等，这是个显著变化，它表明，经过漫长的历时发展和演变，占主导地位的Ⅰ式发挥了强大的句法弥散作用，对其他关联句式中的动词产生了"吸附和同化"效应，在语义上同双宾式核心语义有密切关联的一些动词，逐渐变换自身过去所在的句式而向Ⅰ式靠拢，并最终完成了这种转换和同化。使用Ⅱ式的仅限于少数动词及其少数用例，除去非主流和非典型的空间方所类、凭借-原因类等用例仍旧使用类似于Ⅱ式的结构外，某些给予义和获取义动词也能用于Ⅱ式，这可能也是存古仿古而已。例如：

(268) a. ……用能平定天下，遗福子孙。(《三国志·卫觊传》)

---

　　① 前期有类似用例，如"……衣食皆仰给县官。"(《史记·平准书》)，此中"桑椹"异于"县官"，它是直接所食之物，所以归之于凭借-工具类。类似的"袁绍孤客穷军，仰我鼻息……"(《三国志·袁绍传》)中，"鼻息"是隐喻性用法。下一句"仰食仓廪"中的"仓廪"既可解释为来源，也可解读为凭借-方式。

　　② 还有一例，即"王丞相……欲结援吴人，请婚陆太尉"(《世说新语·方正》)，似可解为"为支援而与吴人结交"，有与动、为动义，也可将"结援"理解为复音动词，表"结识、攀附"，则该结构是单宾式。

  b. 帝纣时，……大悦之。<u>锡之宫人</u>。宫人悉淫乱(《金楼子·箴戒》)

  c. ……帝欲申宪，<u>乳母求救东方朔</u>。朔曰……(《世说新语·规箴》)

  d. 今璋<u>得罪左右</u>，备独踉惧，非所敢闻，愿加宽贷。(《三国志·鲁肃传》)

  e. 彼之邈尔独往，<u>得意嵩岫</u>①，岂不有以乎？(《抱朴子·明本》)

  f. 潜退之士，<u>得意山泽</u>，不荷世贵，荡然纵肆，……(《抱朴子·逸民》)

  g. 王敬豫有美形，<u>问讯</u>②王公。(《世说新语·容止》)

部分动词在允入Ⅰ式，或者说，更多见于该式的条件下选择进入Ⅱ式，如前文述，原因很多，既有凸显焦点信息的需要，如"遗福子孙"更凸显"子孙"，"求救东方朔""得罪左右""得意嵩岫""得意山泽"也更凸显方所-来源义的"东方朔""左右""嵩岫"和"山泽"，这可能也是"求救""得罪""得意"等动宾短语后来演变为复音动词的原因之一，此外，也与语篇的谋篇组织有关，即满足连贯和衔接的需要。比如，复指前文已出现的旧信息，则使用代词"之"，因此它就不能作远宾语，而作远宾语的名词正好用作下面小句的主语或其他句法成分，因此是相对更凸显的信息，例如"锡之宫人。宫人悉淫乱"中，"之"指代前文的"淫鱼"，O_{间接}"宫人"作下句的主语。还有音韵方面的考虑，比如更短音节的成分倾向于前置于更长音节成分，尤其是单音节名词或代词。类似用法还有"(今彼人王)求夺吾帝位……佯恐怖求哀彼王……(《大正藏》)"，等等。

  此期双宾式中，O_{间接}仍然多为名词，其次是人称代词和名词性短语。据徐志林(2013：52)，名词作O_{间接}的用例约占39.95%，代词则约占37%，名词性成分则约占22.93%。这虽不能说明全部类型的双宾式用例特点，却很有代表性。对比来看，魏晋南北朝时期双宾式里，代词作O_{间接}的比例较两汉时期稍高，但代词"之"的占比下降很多，仅占全部类型O_{间接}的2.8%，而东汉时期同类用例较前期虽有下降，却还保持在13%左右，这是因为代词词类的内部次类增多了，而且"其"作为人称代词的用法开始增多，大有取代"之"的势头，

---

  ①　类似用法还有"因败获成，延命深吉。<u>得意岩岫</u>，<u>寄欢琴瑟</u>"(《列仙传·毛女》)。《列仙传》旧题刘向所撰，但一般疑为魏晋间方士为之，托名于向。

  ②　"问讯"一词应是传承上古汉语问告类双宾动词的语序模式，但此时它已有双音词的意味，处于变化之中。另例如："裴政出服，问讯武帝，贬瘦枯槁，涕泗滂沱……"(《颜氏家训·风操》)

而"其、卿、吾、尔、汝、我、他"等常用于口语，"之"则多见于《三国志》等正史，颇有文言古风。此外，第三人称指示代词"彼"的 $O_{间接}$ 用例也开始出现，前文已有含"其"等代词的例句散见，如"小人贻其餐""有人遗其双鹤""劝尔一栝酒""甥还其金"等，再如：

(269) a. 众人问其故，衡曰……(《三国志·荀彧传》)

  b. 长者即见，进其所赍馈遗之具，以其长者名，……(《大正藏》)

  c. 如来今当施我法药，令我还吐烦恼恶酒。(《大正藏》)

  d. 彼如来受我饭已当般泥洹，又持众宝床帐供具献彼如来。(《大正藏》)

  我们也发现，名词性短语充任 $O_{间接}$ 的情形多见于《三国志》等，限于"赐、封、与"等少数动词，少见于口语语料，一般来说，不论中土传世文献还是佛教译本，$O_{间接}$ 的结构成分日趋简单，以单音节名词、代词或者双音节名词短语居多，语体差异明显。这同徐志林(2013：53)的发现一致。比如下例中，$O_{间接}$ 的结构成分都很简单，即使稍微复杂，内部能区分出一定的结构层次来，也不至于读来拗口或者引发误解或理解困难，前文已述，这主要是语篇信息安排的要求所致，旧信息结构趋简、位置居前，而 $O_{直接}$ 正相反，结构趋于复杂、音节更多、修饰限定成分也更多，是语义凸显成分，置于结构的右端或尾端则便于形式扩展。所以，$O_{间接}$ 有上述特点，是遵循信息组织原则，如有违背，则通常是承古、仿古，为实现庄严肃穆和精致典雅等文体效果，前文已有用例，再如：

(270) a. 国家追嘉其事，复赐其子爵关内侯。(《三国志·王修传》)

  b. ……尔时，长者各赐诸子等一大车，……(《大正藏》)

  c. 孔子此语，是讥冉求与子华母粟之太多也，……(《论语义疏·雍也篇》)

  d. 帝……复赐褚子孙二人爵关内侯。(《三国志·许褚传》)

  e. 权特赐米酒衆肴，宁乃料赐手下百馀人食。(《三国志·甘宁传》)

  f. 曾行布施或守净戒，乃至施与畜生一抟之食。(《决定毗尼经》)

总体来说，传世文献中的 $O_{间接}$ 在结构和内容上几近相同，但在佛经译本中的表达由于接近口语而更丰富多样，除佛教用语涉及的大量专有名称和译词外，一些生命度较低的名词和一些隐喻、转喻性方所名词、抽象名词也能充任 $O_{间接}$，例如"他家、官御府、来世、头上、法、畜生"等。"君、彼女、我等、手下、他、他人、卿、子、其子、诸子"等有人称指代功能的表达及"人、男人、女人、学人、一切人、人民、众生、大众、弟子、夫人、仁者、贫者、富

167

者、国王、法师、长老、剃头师、此生、余生"等体现构词法并沿用至今的固定表达也能充任 $O_{间接}$。$O_{直接}$ 的形义特征同 $O_{间接}$ 的类似,也由名词或名词性成分充任,结构简单的常见,结构复杂的也不少,因为双宾式的主要类型仍是物质性或非物质性的予取,所转移交接之物表达起来可能简单,也可能繁复冗长,特别是在正史类的皇帝诏书、政府文告之类的文字表达中,作者追求庄重严肃、客观记述的表达风格,内容机械并陈、成分修饰叠加的并列或偏正结构不少,例如:

(271) a. 每所止家,辄给其衣服食饮,得无辞让。(《三国志·王粲传》)

b. 南越王献高帝石蜜五斛、蜜烛二百枚、白鹇、黑鹇各一双,……(《西京杂记·卷四》)

c. ……,是用锡君虎贲之士百人。君振威陵迈,宣力荆南,枭灭凶丑,罪人斯得,是用锡君鈇钺各一。……,是用锡君彤弓一、彤矢百、玈弓十、玈矢千。(《三国志·吴主传》)

d. ……生在医家学医弟子,……,贡上其佛若干九药,……(《贤劫经卷第五》)

涉及"名+数+量"结构的用例,此期基本还是遵循或沿袭前期的用法,以"名+数+量"结构为多,但"数+量+名"结构用例也有增多,如前面例句中的"一梧酒""三百余人",以及"不责汝衣食,岁上一匹绢,亦可足用耳。(《三国志·孙休传》)"等。相对于 $O_{间接}$ 基本都是"人"这一语义特征,此期 $O_{直接}$ 虽多是现实世界中的离散有形的物体,如金银财宝、衣被饮食、田地山川、酒水药物、官职处方、车马器皿、奴仆牲畜等,非物质性的抽象事物或概念如宗教思想教义、知识、礼节、福分、恩惠、功名、思想、感受、名分等,也都出现了,像"消息、要义、道力、德行、功德、趣向、所求、所需、所说、所乏、所赐、所愿、此事、福田、俸禄、功勋、财物、金银珍宝、一切奇珍、拭手手巾、斋戒、布施、鹿皮、粳米、两乳、饭食、衣食、灯火、床座、法律、经行(之处)、识辨、楚痛、愍哀"等体现构词法并沿用至今的一些表达,其用例不少,还有些是为传教目的的音译外来词,这些表达极大地丰富了汉语的形式和内容,例如:

(272) a. 我欲启问如来至真深远之法。(《大正藏》)

b. 应为我等咨问如来应正遍知不生不灭法门。(《如来庄严智慧光明入一切佛境界经》)

c. ……而今世尊与诸大众哀愍纯陀,受彼最后檀波罗蜜。(《大正藏》)

d. ……以是故十方诸佛授汝阿耨多罗三藐三菩提记,……(《悲华经第

二卷》)

一般地，$O_{直接}$的绝大多数是多音节，少数是单音节成分，特别是佛经译本中，当$O_{间接}$是单音节或双音节的时候，$O_{直接}$往往也是单音节或双音节，至少两者音节数一般相差不大，整个 VOO 格式的总音节数保持在 3 至 4 个，例如"与人决""得福无量""学菩萨法""与我等药""惠我肉""施与人酒""劫夺他财""许我女"等。也有少数沿袭前期用法的用例或例外，例如"王命赐父老田不租，又无徭役(《金楼子·杂记下》)"是承袭旧法，述谓结构"田不租，又无徭役"可视为一种待遇，同"赐死"一样。

再就是，某些高频动宾搭配组合由于使用频率高而逐渐固定下来，宾语成为了动词的特有指示对象，这就形成固定双宾式用法，这主要见于"与+书""假+节""授+决""答+书""答+问""封+侯""赐+爵""赐+死""授+记"等，例如：

(273) a. 魏署载凌与太傅书曰：……(《三国志·王凌》)

  b. 亮后出祁山，答司马宣王书，……(《三国志·温恢传》)

  c. 秉尝答司马文王问，因以为家诫曰：……(《三国志·李通传》)

  d. 难陀女人，复来诣佛，头面作礼，于时世尊，即授其记：……《贤愚经》)

  e. 太和四年，诏封表安阳亭侯，又进爵乡侯……(《三国志·文德郭皇后》)

一方面，双宾动词同这样的$O_{直接}$高频共现，另一方面，双宾动词在一定条件下常可省略$O_{间接}$角色而只接$O_{直接}$，以单宾结构出现，该结构在高频使用后也逐渐固定下来，形成双音节短语结构，其中一些凝固成复合词，例如"与书、赐死、答问、答书、进爵、封侯、授记、授决、假节"等，这可能会产生一定的词汇弥散效应而产出新的类似动词，如"修书、持节"等，作为军事、政治、宗教等领域的专有词汇流传并沿用至今，此外，像"施恩、还礼、攫食、致敬、进爵、启辞"等一类用于 II 式的动宾组合也可能凝固成词而沿用至今，例如：

(274) a. ……饷米千斛，修书累纸，意寄殷勤。(《世说新语·雅量》)

  b. (仪)据实答问，辞不倾移。……(《三国志·是仪传》)

  c. 丰被收，……，赐死狱中，其诸子皆并诛。(《三国志·张既传》)

  d. 于是王女，闻佛授记，欢喜发中。(《贤愚经》)

  e. 何谓菩萨施恩众生？(《大正藏》)

　　f. 杖节统事，州郡莫不奉笺致敬①，……(《三国志·崔林传》)

3.2.3　魏晋南北朝时期双宾构式的主要句法表现

　　魏晋南北朝时期使令范畴发展比较成熟了，因此，双宾式继续和兼语式糅合，使用更频繁，此期兼语动词已不限于"使、令"，又增加了"遣"等，因此，用例就更多了，有时兼语成分或双宾式内的句法成分可省略或从缺，例如：

（275）a. ……帝已遣使赐甄后玺书，闻宣言而悔之，……(《三国志·周宣传》)

　　　b. 及恪被诛，孙峻因此夺和玺绶，徙新都，又遣使者赐死。(《三国志·孙和传》)

　　　c. 诏使使者即授印绶，进爵封容城侯，……(《三国志·卢毓传》)

　　　d. 汉以策远修职贡，遣使者刘琬加锡命。(《三国志·吴主传》)

像"愿""见"②等感官义动词之后能接小句，这包括双宾式小句，例如：

（276）a. ……，惟愿如来授我阿耨多罗三藐三菩提记。(《悲华经第六卷》)

　　　b. 惟愿如来垂大悲心，惠施我等秘密严净之法，……(《楞严经》)

　　　c. ……，是以梦中见十方诸佛与我莲华。……，是以梦见十方诸佛与我宝盖。(《悲华经第二卷》)

　　至于双宾式同其他述谓结构糅合而形成连动式扩展，这在先秦时期就已有用例，不过彼时多用"以""而"等连词来连接两个结构，甚至后人句读时在连词之前(或无连词但共有主语时)还可能以逗号相隔，至魏晋六朝时期，这种用法虽还有延续，但由于连动结构本身已有大发展，此类连词已可省却，例如：

（278）a. 锡尔介圭，以作尔宝。(《诗经·大雅·崧高》)

　　　b. 公与之环而佩之矣。(《左传·昭4》)

　　　c. 大王见臣列观，……，传之美人，以戏弄臣。(《史记·廉颇蔺相如

---

　　①　"致敬"等双音动词结构可能源于含"致"的"于"介宾式，例如"璋……遣河内阴溥致敬于曹公。(《三国志·刘焉传子璋》)"，"得罪、得意"等可能类同，但也可能受"假节"类构词法影响。再如"求救"和"求婚"，既有"……备求救于布。(《三国志·张邈传》)"，也有"……备求救吕布……(《水经注·泗水》)"，既有"……于是乃求婚于颜氏。(《孔子家语·本姓解》)"，也有"于时谢尚书求其小女婚，……(《世说新语·方正》)"。一般"王汝南少无婚，自求郝普女。(《世说新语·贤媛》)"之类被求者是婚事的主导者。

　　②　"臣观大王无意偿赵王城邑，故臣复取璧。(《史记·廉颇蔺相如列传》)"中的"观"的用法与之类似。

　　　　列传》)

d. 仲子奉<u>黄金百镒</u>，<u>前为聂政母寿</u>。(《战国策·韩策二》)

e. 君<u>赐之卿位以尊其身</u>，<u>宠之百万①以富其家</u>，……(《说苑·臣术》)

f. 尊贤达德，动作有礼，<u>赐之纳陛以安其体</u>，……(《白虎通德论·考黜》)

其中，d 句没用连词，仅以逗号停顿，但实际上是连动结构，这类句子所涉表连续动作的动词已做标识，前后动作行为有先后顺序，连贯进行，共有同一个动作者。其实，动作的连贯不一定涉及宾语，如果两个动作连贯紧密，则可以直接并用，前文所列诸多双音动词，如"追赠、侵夺、奉送"等，即属此类。这也说明了形式象似性，即形式象似于意义，结构上越靠近的成分，语义关联越紧密。《国语·齐语》中有"为游士八十人，奉之以车马、衣裘，多其资币，<u>使周游于四方，以号召天下之贤士</u>"，就涉及使令性兼语式同连动结构的杂糅，兼语成分从缺，可理解为"使(八十个游士)周游于四方，以(让他们)号召天下之贤士"；也有保留兼语成分的，如"秦王乃使使者<u>赐之剑(,)自裁</u>(《史记·白起王翦列传》)"。上述各类用法在魏晋六朝时期也还存在，但也有不用连词的情形，例如：

(279) a. 武帝觉，即<u>遣使者问少君消息</u>，且告近臣曰：……(《神仙传·李少君》)

b. 太祖……，<u>绍遣人招绣</u>，并与诩书结援。(《三国志·贾诩传》)

c. 廷尉请徵彪治罪，……，<u>使兼廷尉大鸿胪持节赐彪玺书切责之</u>，使自图焉。(《三国志·楚王彪传》)

d. ……私通宾客，为有司所奏，<u>赐干玺书诫诲之</u>，曰……(《三国志·赵王干传》)

e. 若吾临江授诸将方略，则抚军当留许昌，……(《三国志·文帝纪》)

f. "……，<u>且持我印绶去以为信</u>。"乃投其印绶以与之。(《三国志·齐王纪》)

上述例 a、b、c 句中，兼语式置于双宾式之前，d 句和 f 句中，双宾式之后再接连动结构的其他成分，e 句中，连动结构成分之后再接双宾式(含其省略形式)。这些都说明兼语式和连动式在魏晋南北朝时期已得到较大发展，特别是连词缺省而形成新句式，沿用至今。其中，f 句中动宾组合或动词组合之后出

---

　　① 这意会式的双宾式用例。现在也说"支援他家两袋小米""帮助了我们一万块钱"等。古汉语的"宠"的概念框架一般涉及给予物品。

现一个类趋向补足语成分"去"。据梁银峰（2007：1-39），这种趋向补语肇始于先秦的趋向连动结构，最开始时，这些趋向动词的使用仍是连动结构性质，后来因为语用因素，借助重新分析和类比推理机制，"来""去"等动词开始虚化而向趋向补语转变，例如：

(280) a. 佛时与诸比丘留止是国，……，著衣持钵，<u>出国而去</u>。(《大正藏》)

　　　 b. 有一国王，……适斗争已，便<u>出宫去</u>。(《大正藏》)

　　　 c. 府吏<u>还家去</u>，上堂拜阿母。(《孔雀东南飞》)

　　　 d. 你且躲避，我要<u>去那里去</u>。(《五灯会元》①卷 19》)

其中，a 句和 b 句里的仍是趋向动词，所在句法结构属连动结构，但据梁银峰（2007：14），c 句中的"去"已基本失去句法独立性，因为"家"表示趋向运动的终点，"去"只是同"VO$_{方所}$"结合在一起表示一个完整的动作，开始向表趋向的语法成分演变，以 d 句中的第二个"去"为例，唐宋以后，"去"纯粹表示位移方向的就很多了。换言之，"来""去"等表示的位移方向的解读主要取决于其所依附的"VO$_{方所}$"结构中 V 的与位移方向有关的语义特征。而汉魏六朝时期出现了与双宾式有关的趋向动词用例，例如（a 句和 c 句例参徐志林 2013：57-58）：

(281) a. ……语将车人言："<u>与我物来</u>。"(《百喻经之五六》)

　　　 b. 珠在何处？<u>还我珠来</u>。(《大正藏》)

　　　 c. 于是命左右："<u>取吾青丝履来</u>!"以贻班。(《搜神记卷四》)

　　　 d. ……语比丘言："<u>归我珠来</u>。"(《大正藏》)

梁银峰（2007：15）指出，汉魏六朝时期，"V$_1$+来/去"格式如果出现受事宾语，其位置一般位于两动词之间，而不能位于它们之后，在不违反该规则的前提下，某些语境里的受事宾语可置于句首（施事主语之前）作话题，于是造成了"V$_1$+来/去"格式，这为"来/去"等趋向动词进一步虚化为趋向补语成分创造了条件，因为后面小句中的"来/去"等趋向动词的句法作用主要是表示受事话题的运动趋向，而非施事主语的行为，于是"V$_{来/去}$"开始整合为一体，被重新分析。而双宾式本身借助整体扫描又可视为整体性结构，相当于 VP，因为其语义中包含了位移信息，也就有运动方向的义素，通过类推，这个 VP 类同于上述 V$_1$，因此，动补性质的趋向成分"来/去"也可以附着在双宾式之后。不过，这样的句法变化在魏晋六朝时期还在进行，"来/去"等的动词意味在不同语境

---

　　① 宋普济《五灯会元》卷 19〈杨岐方会禅师〉，第 1229 页，苏渊雷点校，中华书局 1984 年版。

中都不同，例如：

(282) a. ……曰："众生！汝**来**共行取米耶？"彼则答曰："我已并**取**，汝自**取**
去。"……彼便并**取**明日米**来**。……彼则答曰："我已并**取**明日米**来**，
汝自**取去**。"……，彼众生即便并**取**七日米**来**。(《大正藏》)

b. 我已**取来**旦暮二时所食香稻。(《大正藏》)

上例中"并取明日米来"仍是连动式性质，受事宾语"明日米"在"取、来"两动
词之间，而"取来旦暮二时所食香稻"是唐代之后产生的动趋式结构，受事宾
语"香稻"被置于谓语动词之后。梁银峰(2007：16)指出，汉语经过魏晋南北
朝时期的剧变后，在唐宋时期，此类格式中的趋向动词作为专表位移方向的语
法范畴逐渐稳固，发生了结构上的重新分析，"$V_{来/去}+O_{/NP}$"格式出现，动词后
是专表动作趋向的固定位置，这标志着趋向补语范畴确立。因此，魏晋六朝时
期的含"来/去"的双宾式用例，其实同动趋式一样，还处在起源于连动式的发
展变化之中：一方面，"来/去"还有一定动词意味，另一方面，它们也正逐渐
失去该意味而在向趋向补语成分转化(另参柳士镇 1992)。

再看例(279)f 句"投其印绶以与之"中的"与之"。此时"与"是动词，整个
结构是连动式，但在同样的"$V_1+O_1+($而/以$)+V_2+O_2$"结构中，原先的 V_2 逐渐
由"与、予①、遗"等窄化为"与"，V_1 的类型窄化程度也很大，这就导致"与"
的语义逐步虚化，而较之稍晚但在前期也已存在的另一连动式即"V_1+与/予$+$
O_1+O_2"中，由于"V_1"②和"与/予"在表示动作导致位移和转移交接方向方面
一致，"与/予"的动词性也逐渐淡化，例如：

(283) a. 于是襄子大义之，乃使使持衣**与**豫让。(《史记·刺客列传》)

b. 欲见君，无他，欲附书**与**女婿耳。(《搜神记卷四》)

c. 尔时五百弟子，闻佛授**与**决，皆大欢喜。(《大正藏》)

d. (昌容)能致紫草，卖**与**染家，得钱以遗孤寡，……(《列仙传·昌容》)

e. 闻此贫女奉上一灯受记作佛，……并各施**与**上妙衣服。(《贤愚经》)

f. 时跋提国送狮子儿两头**与**乾陀罗王，……(《洛阳伽蓝记卷五》)

"V 与+O"中的 O 可以是 O$_{直接}$，如"**赐与**钱财，给其资粮，……"(《三国志·
陆凯传》)，也可以是 O$_{间接}$，如"……所幸婢妾，皆**赐与**亲近"(《三国志·韩当
传》)，但在后者，"与+O"中"与"的语义逐渐主要表达转移交接的对象，或位

---

① 例如"……引罪自**予**已"(《论衡·祀义》)和"……犹河精为人持璧**与**秦使者"(《论
衡·无形》)等。

② 其中的 V₁ 包括"分、传、散、赐、许、假、赠、授、惠"等。

移的终点。一般来说，给予事件及其转移交接物对接受者来说具有施益性，所以"与"事件中的 $O_{间接}$ 也常常被理解为受益人，因此，"与+O"进而演变为指示受益者或施益对象，而不再侧重表动词，这恰好同"为"字介词短语结构前置于动词的用法一致①，因此，在此期中土文献和佛经译本中都能看到不少"与+O_2+V+O_1"结构用例（按：此处 O_2 和 O_1 相对区分，此中，O_2 相当于 $O_{间接}$，O_1 相当于 $O_{直接}$），这是"与"在句法和语义上的大变化，这也和上古汉语中以"与"为核心高频双宾动词（之一）的双宾式格局变化有密切关系。例如：

(284) a. 昔与汝为邻，今与汝为臣。上汝一栝酒，令汝寿万春。（《世说新语·排调》）②

b. ……其中一人语此婢言："与我浣衣。"又有一人复语浣衣。婢语次者："先与其浣。"后者恚曰："我与前人③同买于汝，……"（《百喻经》）

c. 佛不为取，过与阿难，……，阿难语言："汝从谁得钵，还与本处。"……佛即敕剃师，与难陀剃发。（《杂宝藏经》）

d. ……曰："与我往欠挐太子及近臣帝稣噜处，……"（《大正藏》）

可见，"与+NP"在当时有不同的句法属性和语义特点，"与"可作连词，相当于"和"，或介词，介引动作行为所涉对象，相当于"跟、同"等，也如"为、替"，引介施益对象，也可作动词，表"给予"，而在"V 与+O_i"格式中（例如"卖与染家"），"与"处在从动词向副动词或准介词过渡的阶段，就像现在说"卖给他们"，"给"指示"卖"行为的针对对象以及所卖物转移交接的终点。④ d

---

①　尚不能确定，这种"与+NP"前置于 VP 的用法是否与"为"字介词短语有密切关系，但两者有历时先后顺序和句法-语义类同关系，在同一文本中可并用。例如"……女问是谁，答言沙弥，为师迎食。女心欢喜，我愿遂矣，即与[之]开门……亦常有心，当与我愿。（《贤愚经卷第五》）"。

②　唐李延寿《南史·刘穆之传》载："……歆之因效孙皓歌答之：'昔为汝作臣，今与汝比肩。既不劝汝酒，亦不愿汝年。'"另见南朝(梁)沈约《宋书·刘穆之传》。

③　另作"共前人"，见柳士镇(1985b)，可见"共"正在从介词向"与"一类的连词转化。另见《三月三日华林园马射赋》："落花与芝盖同飞，杨柳共春旗一色。"以及《滕王阁序》："落霞与孤鹜齐飞，秋水共长天一色。"据何乐士(1992：135)，《世说新语》和《敦煌变文》中，这种"与"已全部在谓语中心词之前。

④　"与"念作 yù，作动词，表示"赞同"或"参与"的不计，前者如"固君子之所不与也。（《中山狼传》)"，后者如"蹇叔之子与师。（《左传·僖 32》)"。"与"念 yú 时，作语气助词、表疑问、反诘或感叹，相当于"吗、吧、啊"等，后来写作"欤"的用法也不考虑。例如："王之所大欲可得闻与？（《孟子·梁惠王上》)"。

句中"与"已高度虚化，类似于现在的"给（我 V）"的用法；c 句中的"V 与+O"用法，不论后面接哪个宾语，"与"的宽泛给予义都弱化了，因为它之前的动词，如"赐、授、还"等，语义上更具体，且在物品转移交接的方向上同"与"的一致，因此，"与"的作用虚化了，多用来指示位移方向或终点，并引申为动作指向对象，"与"短语前置于动词之后它又引申为引介施益对象。这种句法-语义上的变化与其其他变化一致，这是双宾式演化史上的重要现象，也为后来"给"对"与"的彻底取代提供了条件。同样，也就好理解 a 句中"晋武帝"为什么后悔让"孙皓"作"尔汝歌"而让对方找到机会揶揄讽刺自己，合情合理地实施大不敬行为了。据《世说新语》，晋武帝问孙皓："闻南人好作尔汝歌，颇能为不？"晋武帝本是想借此羞辱前孙吴国君，而孙皓也借机作"尔汝歌"，"与"在"与汝为邻"中是连词，在"与汝为臣"中是介词，他利用"尔汝"称呼词的便利以臣和囚的身份对皇帝对称"我和你"，"帝悔之"，只能尴尬无语。"与"的各种用法，在魏晋六朝时期都已较普遍。

此期双宾式里的双宾语同样沿袭前期用法而使用"所"字结构。本来，"所"字结构构成 NP，理论上能充任 NP 的一般都能充任的句法成分，而在魏晋六朝时期，佛经译本里有大量"所"字结构，其后动词有单音动词，或者音节并不复杂的动词或动词性短语，因此，此期"所"字结构作双宾式成分的用例更多，有基于双宾式成分缺省的"所"字结构，而且，"所"字结构还能同"者"字结构套合形成新的 NP，这是前期双宾式用例中未见的①。考虑到前期的"（之）所（以）""是所谓"一类用法，这种结构性的扩展应是语法递归性机制使然，它体现了语法结构的发展。例如：

(285) a. 菩萨摩诃萨欲……，……给众所求，能令具足。(《放光般若经卷第一》)

  b. 时，阿差末取佛所赐，……(《大正藏》)

  c. ……王家盗贼，怨家债主，不能侵夺所施之物。(《大正藏》)

  d. ……帝问温前世所以得天下之由，温未答。(《世说新语·尤悔》)

  e. ……其赐行所过二千石长吏已下及三老、官属钱帛，各有差；鳏、寡、孤、独、笃癃、贫不能自存者粟，人三斛。(《后汉书·孝和孝

---

① 魏晋六朝时，双音化已很普遍，"所"同 VP 特别是单音节动词结合已经成为一个高度能产的构式，如"所说、所做、所谓"等；同样，VP 特别是单音节动词同"者"的结合而构成指代某特征的人，如"听者、行者、主宰者、供养者、侍者"等，也是高度能产的词汇构式。(详参董秀芳，2017)

殇帝纪》)

　　f. ……赐所过道傍年九十以上钱，各有差。(《后汉书·孝桓帝纪》)

此期双宾式涉及教示问告类时，直接引语常常可作 O$_{直接}$，也可直接用谓词或谓词性短语表达教示问告内容而充任 O$_{直接}$，动词除"告、语、问"外，还有"戒、劝、教授"等，例如：

(286) a. 佛告弥勒："吾语汝等，……，敢有犯此，当历恶趣。"(《大正藏》)

　　　b. 王欲为其太子娶妇，即问左右群臣："天下宁有智慧如我者不？……"(《大正藏》)

　　　c. 修先戒植："若门不出侯，侯受王命，可斩守者。"(《三国志·陈思王植传》)

　　　d. 我当行六波罗蜜，教授众生净佛国土……(《大正藏》)

　　　e. ……，欲劝众生布施之故便自施与，持戒忍辱，精进一心，智慧亦复如是。(《大正藏》)

同现代汉语"告诉+NP+(说)"结构有关的表达，自上古汉语以来就有较多选择，多用"曰"，之后用直接引语，但除了"曰"的施事主语可以是"人"之外，代表"人"并表述其思想或信息的物件，如"书(信)"等，也可以后接"曰"，大约在汉魏之后，还可用"言""云"等，因此，"书"等词可以进入连动结构同"曰"共现；但在使用"语""告"等双宾动词时，也可以不用"曰"而后接直接引语，例如：

(287) a. 父母问女言："萨陀波伦今为是谁？"(《放光般若波罗蜜经卷第三十》)

　　　b. ……，语比丘言："还我珠来，……"比丘答言："谁得汝珠？"(《大正藏》)

　　　c. 于是无言菩萨白世尊曰："我欲启问如来至真等正觉所怀疑结，……"世尊即告无言菩萨："……"(《无言童子经》)

可见，表问告的"说"的表达在上古和中古汉语里不少，而像现代汉语里"告诉他(说)：……"等双宾式或类双宾式表达在魏晋南北朝时期已出现，这是一个重要补充和变化。另一个变化同"给"有关。"给"是现代汉语原型双宾动词，但对其来源，一直有不同看法，如果认为上古汉语的"给"就是现代汉语"给"的直接源头(详参洪波，2004)，那么，它的动词初始义是"供应，供给"，例如下面的 a 句，但也能表示类似"给予"之义，例如下面 b 句和 c 句：

(288) a. 若残竖子之类，恶能给若金？(《吕氏春秋·权勋》)

　　　b. 伤甚者令归治病家善养，予医给药，赐酒日二升、肉二斤，……

（《墨子·号令》）

    c. 孟尝君使人<u>给其食用</u>，无使乏。(《战国策·齐策四》)

"给"的上述用法在魏晋南北朝时期都存在，但是，由于"供应、供给"的概念框架意义本身就同一般性的给予义非常接近，都涉及物品转移交接，所以很容易引起关联，特别是"给"也可以占据"与"的常规句法位置而与之有基本相同的句法表现，并且同其他动词一样可以同这个表一般性给予义的动词稳定高频组合共现的时候(即"V 与"对"V 给"产生的类推效应)，军事和政治意义上的定期和大量"供应，供给"行为及有关物品很容易逐渐转向人们日常生活中的临时、随机、小量的一般性物品给予和转移交接，此期文献中，我们比较容易感受到这种语义和用法的渐变性，例如：

(289) a. 乃为作长檄，告所在<u>给其廪食</u>。(《三国志·贾逵传》)

    b. ……翻若尚存者，<u>给其人船</u>，发遣还都。(《三国志·虞翻传》)

    c. 夫山之金玉，水之珠贝，虽不在府库之中，不<u>给朝夕之用</u>，然皆君之财也。(《抱朴子·逸民》)

    d. 太祖在官渡，……，繇送马二千余匹<u>给军</u>。(《三国志·锺繇传子名毓》)

    e. 恪自领万人，余分<u>给诸将</u>。(《三国志·诸葛恪传》)

    f. ……又左右皆饥乏，不如以谷振<u>给亲族邻里</u>，……(《三国志·文昭甄皇后》)

    g. 时方<u>给与姜维铠杖</u>，白外有匈匈声，……(《三国志·锺会传》)

    h. (先帝)……其夫复役，赐与钱财，<u>给其资粮</u>……(《三国志·陆凯传》)

    i. ……问所不足，疾病者<u>给医药</u>，饥寒者赐衣粮。(《三国志·吕蒙传》)

    j. 自今已往。莫复行乞。我当<u>给汝作灯之具</u>。(《贤愚经》)

    k. 策又<u>给瑜鼓吹</u>①，为治馆舍，赠赐莫与为比。(《三国志·周瑜传》)

上例 a 句中，"廪食"还有军事意义的定期供应性质，b 句中的"人船"就不那么明显了，c 句中已经明说，"山之金玉，水之珠贝"跟"府库之中"的军资供

---

① "鼓吹"有转喻性，代指"(战场上)鼓吹者、鼓吹手"，类似用例还有"将其部众降，拜归义王，赐幢麾、曲盖、鼓吹，居并州如故。"(《三国志·鲜卑传》)等。另如："……妾恚怒，故与之杖耳。"(《神仙传·伯山甫》)其中的"杖"转喻关联的动作，即"杖责"。这是以"与"为核心动词的双宾式用法的重要发展。

应有共同特点，即"君之财"，d 句和 k 句中"马二千馀匹"和"鼓吹"就不是定期供应了，而且"给"占据了连动式中"与"的位置，e、f、g 句中的"分给、给与、振给"都是同一结构，说明"给"和"与"有合流之势，"所给予物"已经不做军用民用之分，h 句和 i 句中"钱财"和"资粮"、"医药"和"衣粮"互文对举，从语料检索看，给予物还可以是"衣服食饮、民、田、钱帛"，甚至 j 句中的"作灯之具"，因此，"给"的句法-语义演变及后来的语法化的确跟其自身的"供应、供给"义以及早期高频动词"与"有关。具体说来，随着所给行动和转移交接物质性质的逐渐变化，"给"逐渐从"官方保障性供给"转变为"民间一般性给予和转交"，其中还有它同"与"的趋同性变化，在句法结构基本未变的情况下，"给"的语义逐渐变化。这是跟"给"有关的此期双宾式的一个重要变化，这为研究"给"的其他变化提供了重要条件。

3.2.4　魏晋南北朝时期双宾构式的主要关联结构形式

同前期任何阶段的双宾式句法表现一样，此期双宾式的使用也同其他涉及双宾动词的句法结构密切关联，它们语义表达内容接近，一般都涉及带"于、以、用、向、从"等标记的介词短语，也有些是 $O_{直接}$ 或 $O_{间接}$ 前置于动词，张文（2013）归之为话题句。这些介词短语或置于 VP 前后，或者还有"于"和"以"字结构并用，前文已述，从中古汉语开始，介词短语出现了左移位前置于动词的趋势，形式变化导致语义表达变化，这主要是为了满足信息组织、篇章组织、韵律组织以及其他语用等需要或限制，将句子的自然焦点信息留给动后位置，或是宾语，或是补语。这些有标记的表达，表义更明晰，因为跟动词发生句法和语义关系且由该动词激活有关事件框架语义来指示的语义角色减少了，这种角色越少，结构表义就越清晰，介词的引介分担了原由双宾式表达语义角色的任务。例如：

（290）a. ……，竟遣使赍金屑饮晃及其妻子，赐以棺、衣，……（《三国志·高柔传》）

b. ……，遣使韩忠赍单于印绶往假峭王。（《三国志·牵招》）

c. 王乃遣人持黄金五十斤送博。（《汉书·宣元六王传》）

d. 今宗室子孙……，裂地而王之，分财而赐之，……（《汉书·武五子传》）

e. 见其外生女年老多病，将药与之，……（《神仙传·伯山甫》）

f. 太子取头上宝冠无利著身珍衣授与车匿，……（《大正藏》）

g. 项羽侵夺之地，谓之番君。（《汉书·高帝纪下》）

上述各例句基本都是连动式，g句是两个双宾式构成连动式，a、b、c句涉及兼语式，选用这样的格式主因还是表意顺序形式摹拟或象似于客观事实，即事件和动作发生的先后顺序和阶段性，因为前面的动作和双宾式中的有关动作并非连贯即时完成的，比如d句中是先"分财"，再"赐之"，e句中，先"将药"，再"与之"。作者表达的重点不是转移交接这一事实，而是这之前发生的一系列动作和事件，至于转移交接结果本身，可能并非最重要，也可能是隐含或可借助语境知识推知的结果，总之，不是凸显内容。a句使用了"以"字结构后置凸显$O_{直接}$信息，而"赐"的对象即$O_{间接}$承前从略①，亦即"晃及其妻子"，而"赍金屑饮"的形式，是凸显"使者"受命所做之事，即某种惩处，而非重点表达已经让"晃及其妻子""饮"使者所"赍"的"金屑"。像这样使用"以"字结构表达$O_{直接}$的很多，它可以作补语或状语，后置或前置于VP，有时"以"的宾语还可以承前缺省（按：用方括号补出），例如：

（291）a. ……，帝敕以宫女五人<u>赐之</u>。（《后汉书·南匈奴列传》）

　　　b. ……，务<u>以经法教授开化人民</u>②，……（《大正藏》）

　　　c. 昔以金钱一枚着亡父口中，欲<u>以[之]赂太山王</u>，……，可取以献王也。（《大正藏》）

　　　d. 若起，则受公侯之位；不起，<u>赐之以药</u>。（《后汉书·独行列传》）

　　　e. 有获少金以<u>贡王</u>者，<u>妻[之]以季女</u>，<u>赐之上爵</u>。（《大正藏》）

　　　f. ……，<u>授与大王以天子之位</u>，……（《三国志·先主传》）

　　　g. 丸私写其文要，……，<u>饮[诸年少]美酒</u>，<u>与[诸年少]止宿</u>，……（《列仙传·女丸》）

　　　h. 皆会诸道人，……<u>归命诸道人</u>，……，<u>供养[道人]以饭食</u>。重悔过自首，<u>归命众道人</u>。（《大正藏》）

　　上面各句中，"以"字结构凸显$O_{直接}$而前置或后置于VP，动词仅带$O_{间接}$，若"以"字结构前置于动词，则"以"的宾语和动词的宾语（亦即双宾式的双宾语）都可以承前缺省，但"以"字结构后置的，不能缺省。再看h句中双宾式的

---

　　① 有时$O_{直接}$的内容不明，需从语境推导，但或是作者有意为之，例如："……如言刘已具矣，当授与人也。《三国志·向朗传》"其中，"授与人"的应该是"刘所已具（之物）"。

　　② "开化"不是双宾动词，"教授"是，说"以经法教授人民"可以，说"开化人民"也可以，将两者杂糅，原$O_{直接}$"经法"已前置，"教授"就不强制用于双宾式，就可同"开化"共一个单宾语。

"归命道人"①和前例中"求救东方朔"，不论是给予义还是获取义动词，都有可能使用"于"字结构来引介和凸显表位移终点或源点的 O$_{间接}$，有时出于语用需要，还可调整"于"字结构语序，但魏晋六朝时期，除了表达运动位移事件的"于"字结构必须置于 VP 之后外，一般该结构都可以置于动词之后、O$_{直接}$之前，而极少置于动词之前，② 试看：

(292) a. 备败走海西，饥困，<u>请降于布</u>③。(《后汉书·刘焉袁术吕布列传》)

    b. 陈宫等沮其计，<u>求救于术</u>，……(《三国志·武帝纪》)

    c. ……，太史慈为<u>融求救刘备</u>，……(《水经注·潍水》)

    d. ……佛以音声说，而<u>授于我决</u>。(《大正藏》)

    e. 其比丘、比丘尼、……，从我受教，……，<u>处于法地，归于法地，归命于法</u>，不处他地，不归余人。(《大正藏》)

    f. 惠献<u>言于同</u>，讽以五难、四不可，……(《三国志·孙贲传》)

    g. 翔恨靖之不自纳，搜索靖所寄书疏，尽<u>投之于水</u>④。(《三国志·许靖传》)

    h. ……然绣以游军<u>仰食于表</u>，表不能供也，……(《三国志·荀攸传》)

    i. ……帝<u>置之于宫内</u>⑤……(《三国志·洞冥记》)

上面 d 句中的"授于我决"本常作"授我决"或"授决于我"，其语序变动基于语用动因。"以"字结构还可同"于"字结构即单宾加介宾式⑥连用，虽然用例不

---

    ①　类似的还有"梵志，尽形寿<u>归命诸佛无上尊</u>……(《大正藏》)"等。也可用"于"，如"今我以所事非真故<u>归命于佛</u>耳，……(《大正藏》)"

    ②　此类用例也开始出现，例如："……即令选日，<u>于河上致斋</u>，广召众多……(《大正藏》)"。应属大变化。

    ③　先秦时期"请降"不用于双宾式，如"其有请降，许而安之。(《吴子·应变》)"，最早的 1 例见于"日逐王<u>请降于吉</u>。(《前汉纪·孝宣皇帝纪三》)"，但同期及后期文献中单宾式是主流。用于"于"字句是新变化。

    ④　此双宾式用法再如："……阿足则指壮力者三四人，扶拽其子，<u>投之河流</u>。(《大正藏》)"。

    ⑤　"置"也用于双宾式。如："及姙娠，愈更嫉妬，乃<u>置药食中</u>，……(《三国志·锺会传》)"。

    ⑥　"于"字句更自由，成句能力更强。根据时兵(2002)，"于"字格式内对长音节的 O$_2$ 的接受能力远远强于双宾式的，O$_2$ 为无定成分时，它更适于进入"于"字句而非双宾句。像"求+NP$_1$+NP$_2$"的表达，在《世说新语》和《三国志》中相较于"求+NP$_1$+于+NP$_2$"格式都是少数。

多，但这表明句法结构的杂糅又有发展，句式延展又有了新限度，例如：

（293）……，三日常以普慈加于众生。（《大正藏》）

上例 e 句中"从我受教"也是利用"从"字介词短语分担获取义双宾式表达的内容，用介词标记引介转移交接的"来源"或位移起点角色，它可表述为"受我教"或"受教于我"，"从"的使用此时已同现代汉语一致，用于和双宾式表达有关的结构中也是自然的。类似的还有介词"向"，它表达动作行为指向对象，例如：

（294）a. 仙叹即还从王贷金五百两，……（《大正藏》）

   b. 昔汉太后从夏侯胜受《尚书》，……为胜素服一百日。（《抱朴子·勤求》）

   c. ……（王）具向梵志说之。梵志答曰："吾等自为民除害，……"（《大正藏》）

   d. 又法欲向他人处索所爱物者，取白菖蒲咒之一千八遍，……（《大正藏》）

"为"字介词短语已经普遍使用，此外，称谓类表达也有使用"为"一类的显性次级述谓动词的用例，这里也涉及句法成分从缺，例如：

（295）a. 祖光禄少孤贫，性至孝，常自为母炊爨作食。（《世说新语·德行》）

   b. ……，使其二兄初、雅及其弟成持归，为母作食，……（《三国志·阎温传》）

   c. 国家使我来为卿作君，我食①卿，卿不肯食，我与卿语，卿不应我，如是，我不中为卿作君，……（《三国志·管宁传》）

   d. 自古书契多编以竹简，其用缣帛者谓之为纸。（《后汉书·宦者列传》）

   e. ……即持熟麦施与佛，……时彼马将谓[之]为佛食。（《大正藏》）

可见，与双宾式并存的还有很多相关句法形式，除了"于"字句格式，以及后来的前置或后置的"以"字句格式，省略或缺省原双宾式某成分的单宾格式，"以"字格式内成分从缺的表达式、兼语式、连动式、兼语-连动杂糅句式、话题句以及新兴的"向""从"等介词短语格式等也都发挥各自作用。基于这些句式的结构杂糅和延展也有所增加，用例增多，这些都是古汉语自身发展演变的

---

  ① "食"用作单及物动词的用法仍可见到，例如"三谓饥者能食之，劳者能息之，有功者能赏之。"（《三国志·华核传》），但此时双宾式用法极少。

体现。①

　　双宾语的话题化，即将 O$_{直接}$或 O$_{间接}$置于句首位置作话题，其后接一个单宾语结构对该话题行述谓表述。其语义表达仍基于双宾式的表述内容，所激活的事件框架语义知识同双宾式的一致，但根据我们的界定标准，上述形式都不属双宾式范畴，虽然它们有形、义相关，而且，一般认为话题化不是句法范畴，而是语用范畴。然而，话题化本身要依托特定的句法形式，有与之匹配的语义内容，这符合构式语法理论的主张和构式界定标准，而且构式语法本身也将语用因素考虑进来，语用特征也是意义的一种。因此，本书也对此期同双宾式有关的话题化问题作简单考察。毋庸置疑，话题化的语用动因是一种信息凸显或强调，而强调的方式不同于一般的句尾焦点处置。两个宾语都能借助句法手段而在句尾得到凸显②，比如双宾式Ⅰ、Ⅱ式中，宾语居于末尾，使用后置的"于、以"等介词短语也有相同的效果，同样，两个宾语也都可以通过话题化来强调。话题化现象并不是在魏晋南北朝时期才出现，但同双宾式有关的话题化在此期明显增多，试看：

（296）a. 其少智者教令博闻，贫穷者教以大施，……，<u>病瘦者给与医药</u>，……（《大正藏》）

　　　　b. <u>无阴盖者</u>，谓之泥洹。（《大正藏》）

　　　　c. 于时比丘慧王<u>所得分卫食膳</u>，授与幼童而谓之曰：……（《大正藏》）

　　　　d. 我念宿命无数世时，……，<u>床卧浆粮</u>，供给众僧。（《大正藏》）

上例中，a 句和 b 句是 O$_{间接}$被话题化，c 句和 d 句中是 O$_{直接}$被话题化，b 句中用复指代词"之"指代话题。双宾语都能话题化，一个条件就是双宾动词本就可以同 O$_{直接}$或 O$_{间接}$构成单宾式，而且也都涉及转移交接事件中最易激活和被关注的概念角色。话题化表达，在先秦时期就已比较成熟，在句法形式方面，双宾语被话题化没有技术操作上的问题（详参孙良明，1994b）。通常，O$_{间接}$更易表现出有定性和具体明晰性，而 O$_{直接}$更易表现出无定性和不具体性，因此，O$_{间接}$更易作为旧信息或谈论对象被话题化，O$_{直接}$话题化的较少，检索表明，O$_{间接}$充任话题的情形较之 O$_{直接}$更多。这至少是中古汉语双宾语在话题性上的

---

　　① 前文谈及双宾式同助动词、否定词以及前置状语的共现，此期双宾式同样有发展，例如"我作功德巍巍如此，而佛<u>不与我决</u>。（《大正藏》）""……，乃<u>多与之金财</u>。（《三国志·先主传》）"等。

　　② 暂不讨论施事是否话题化，例如："今日三处懊恼涕哭宁可言也……<u>此三人者</u>，报以涕哭。（《大正藏》）"。

差异。

总之，魏晋南北朝是汉语发生重大变化的时期，人口大迁徙和民族大融合特别是佛经翻译语言及其传播都对汉语产生了重要影响。此期双宾式的主流仍是转移交接性质的给予、获取和教示问告类三个次类，它们继续发展，用例增多；核心高频动词在传承之中有一定变化，而原有的双宾式次类除称封命名类仍有维持发展外，其他都在衰败，为动类、使动类、凭借-工具类等有极少数原型性用例，也都见于中土传世文献特别是正史中，有明显的承古、仿古意味；双宾式Ⅰ式仍是主流，用例增多，而Ⅱ式持续逐渐式微，很多前期仍用于或主要用于Ⅱ式的动词此期都只能用于Ⅰ式，Ⅱ式用例因此骤减，这反映了Ⅰ式强大的句法弥散作用；此期 $O_{间接}$ 仍以名词、代词和 NP 为主，但代词的类型和数量增多，代词性 $O_{间接}$ 的用例较前期有小幅增长；而 $O_{直接}$ 仍以名词和 NP 为主，但其结构内容更多、音节更长，虽然结构层次没有明显复杂化，多为偏正型或并列型。由于佛经译文的特点，此期 $O_{直接}$ 出现了很多反映社会生活和宗教思想方面的新词汇，其中音译词特别多，表抽象事物的和基于"所""者"等构词法的新词也特别多，NP 机械并置的用法普遍，少数转喻性 $O_{直接}$ 也出现了；同双宾式并存的其他句式同样也在发展，如兼语式、连动式、话题句、已有的"于""以""用"以及新兴的"向""从"等介词短语前置或后置于 VP 或动词的表达，都同双宾式杂糅结合，特别是两个双宾式之间的连动表达，或者双宾式居前或居后的连动表达，以及用例明显增多的两个宾语的话题化，都表明汉语句法发展到了一个新阶段。其中，连动结构内可以不再需要连接词，"与+NP"已明显虚化而前移至 VP 来介引施益对象，以及像"来、去"这样的趋向动词开始出现在双宾式之后表现出补语特征，都是汉语发展特别是双宾式发展史上的重要变化。

下段佛经译文说明，双宾式及其关联句式联系紧密，协作分工，服务于更好地语篇构建和交流，限于篇幅，仅引数句：

(297) 须史有一女人，名曰俱夷，……菩萨言："请夫人手中优钵华。"俱夷言："……，我当以华上之，华不可得！"皆以百种杂华，散佛头上，华皆堕地。菩萨持华五枚，散佛头上，……；菩萨持俱夷华，散佛头上，……（《大正藏》）

第4章　近代汉语的双宾构式

隋朝立国不过数十年，它和初唐、中唐时期基本构成语言发展史上的过渡期，为行文便利，本书将隋唐五代时期一并考察，视为近代汉语的发端期。我们遵照前文的分析思路，分小节专门讨论此期双宾式的几个重要问题。

4.1　隋唐五代时期的双宾构式

根据徐志林(2013：59)，隋唐五代时期核心高频双宾动词主要有给予义的"赐"(16.96%)、"与"(15.55%)、"还"(10.60%)、"授"(6.36%)、"传"(5.30%)、"遗"(4.24%)六个，以及获取义的"受"(18.73%)、"夺"(10.95%)、"取"(8.48%)、"偷"(2.83%)四个。对比前期可见，从前用例不算最多的"还、传、遗"此期进入了排名前十，而"施、假、给、封"的用例减少了；此外，主要获取义动词增加了"偷"，"夺、受"的排名靠前了一步。但是，从核心高频动词全部用例占比看，"受"的用例总数和占比首次超出了"赐、与"，位列第一，"夺"的用例和占比较给予义动词也很突出和靠前，排在"还"之前。这也是个重要变化。从双宾式类型看，此期主要包括给予类、获取类、教示问告类、称封命名类等，但在某些涉及古文古事的文献中，仍能见到一定的使动类、为动类等当时已古旧的形式。下面进行具体分析。

4.1.1　隋唐五代时期的主要双宾动词及其用例

根据刘坚、蒋绍愚(1990)，隋唐时期的双宾句，除了上述主要的给予义动词，还有"付、返、还、赔、归、赍、上、发、施、加、假、资、赠、偿、降、献、赏、劝、救、许、寄、饶"等单音节动词，以及"施与、度与、嫁与、给赐、授予、赠送、付与"等双音节动词。给予义双宾式的用例如下：

(298) a. 霸王闻奏，……，开库偿(赏)卢绾金拾斤。(《敦煌变文集》)

b. 拟差一人入楚，送其战书，……(《敦煌变文集》)

c. ……，还我明上座父母未生时面目来！(《传心法要》)

d. 吾今返礼汝，以答其恩耳。(《祖堂集》)

e. 上座若入闽，寄上座一个锹子去。(《祖堂集》)

此期双宾式还能见到一些承袭性用法，特别是一些正史和着意显示严肃正式文体的文献中，Ⅱ式的用法和常用动词都能见到，例如"付之天下""还政太甲""献之朝廷""献计太子""施之武人"、"传语我王"等，Ⅰ式使用更多，如"元帝在江陵，遗弘直书曰……"(见于《陈书》)、"与汝柴"(见《旧唐书》)、"我遗汝五百缣"(见《大唐新语》)、"酬所获者铁钱十万"(见《陈书》)等。同时，也出现了现代汉语双宾式较常用的一些动词，如"赏、送、还、返、寄"等，c句和e句中双宾式之后还用了趋向补语"来、去"。另外，同魏晋六朝时期一样，"与"在此期文献和口语里除能表给予义外，还能兼作介词和连词，"与+NP"仍可前置于谓语动词成分表示"为、替"的施益性意义①，而且，此时的"与"的这种语义虚化程度更高，其后的宾语已不仅限于原来的$O_{间接}$接受者角色，而是一般性动作行为受益者角色，其后的动词或动宾短语也扩大到非双宾动词或双宾式类型，例如：

(299) a. ……，待到村中与诸多老人商量，却来与和尚造寺。(《敦煌变文集》)

b. 吾不幸孀居，誓与汝父②同穴……(《旧唐书》)

c. 白庄处分左右："与我寺内寺外，处处搜寻，……"(《敦煌变文集》)

d. 臣启陛下，与陛下捉王陵去。(《敦煌变文集》)

e. 与老僧过净瓶水来。(《祖堂集》)

上述各例中，c、d、e句中的"与"③都表示"为、替、给"，其句法功能已与现在无异。同时，"与"还能作为动词或动词性成分附着于另一个语义更实的动

---

① 在同一文献中常有两式并用，例如《祖堂集》中有"与老僧造个无缝塔"和"一饷时为某送茶饭来"等。

② "与"和"共"有平行用法，如："……与子娶妇，……，共子争妻，……"(《敦煌变文集》)

③ "与"可作"以"解，表工具或手段等，例如："舜子拭其父泪，与舌舔之，……"(《敦煌变文集》)

词后，即用如"V与"①结构，此时其动词性大大减弱，兼表动作针对的对象或物品转移交接的终点，其中的 V 也主要限于给予义动词，整个结构类似于现在的"V 给"。可以说，这是"与"在语法化过程中，兼有动词和介词意味，而该特点仍存留于"V 给"格式至今。正因如此，"与"仍可单用，后接宾语，而跟在另一个动词或动宾短语之后形成连动结构，例如：

（300）a. ……逢李公使者赍牒与浑公。（《奉天录》）

　　　b. 将饭与人吃，感恩则有分，……（《祖堂集》）

　　　c. 莫是将皮肤过与汝摩？（《祖堂集》）

　　　d. 天皇每食已，常留一饼与之，云：……（《祖堂集》）

　　　e. 师父问他："日在什么处？"……，佛日倾茶与师。（《祖堂集》）

　　　f. 单于闻语，遂度与天使弓箭。（《敦煌变文集》）

获取义双宾式所涉及的动词，除了上述四个之外，还有"请、得、图、收、劫、征、吃、误、假、受、割取、收夺、夺取、吃受"等，例如：

（301）a. 不用别物，请大王腰间太哥（阿）宝剑！（《敦煌变文集》）

　　　b. 我弟子行脚，得上人法，……（《祖堂集》）

　　　c. 掳掠他人，夺他妻女，劫他财物。（《敦煌变文集》）

　　　d. 和尚图他一斗米，失却半年粮。（《祖堂集》）

　　　e. 受国恩，报在此。今日受贼一品，何足为荣？（《朝野金载》）

　　　f. ……前两行有美女十余辈，持声乐，皆前后所偷人家女子也。（《广异记》）

　　　g. 我死之后，割取我头，悬安城东门上……（《敦煌变文集》）

教示问告类双宾式仍旧主要使用"谓、问、告、称、教、示、呼、白、付嘱、问白"等动词，前面已有"问"的双宾式用法，再例如：

（302）a. 适来和尚问智师弟这个因缘，合作么生祇对？（《祖堂集》）

　　　b. 百草之首……呼之茗草，号之作茶。（《敦煌变文集》）

　　　c. 师问白舍人："汝是白家儿不？"（《祖堂集》）

　　　d. 循义……，与凤贤书示其祸福。（《北齐书》）

　　　e. 因付嘱家人，度女为尼，放婢为平人，事事有理。（《广异记》）

---

① 像"我有一领袈裟，传授与汝"（《祖堂集》）中这种连动式双音结构后再接"与"的用法，"与"更似介词。在连动结构的末尾，"与"的介词性逐渐发展，最终可携带其宾语而作为一个 PP 左移至谓语动词前。

　　f. ……而北江公以忧去，……，白之巡抚大中丞右江欧阳公，……
　　（《旧唐书》）

此类双宾式的特点是，"问"不仅可以用直接引语作 $O_{直接}$，而且可以同时使用两个 NP（含代词作 $O_{间接}$）作宾语，而"告"不仅可以同时用两个 NP（含代词作 $O_{间接}$）作宾语，而且大多用在直接引语作 $O_{直接}$ 的语境中，多见于《祖堂集》等口语体文献。"问、告、教、谓"此期仍是最高频动词，其中，"问、告"已是常用口语动词，其用法与现在基本无异。而其他的几个使用不多，或许是受个人喜好和方言的影响，或许只是仿古、存古的需要，或许是用法沿用太久后已具有成语性质，这些动词的用例多见于正史文献。这同给予类和获取类双宾式里的主要动词类型及其使用特点一样，核心高频动词集中于少数几个，而其他动词，如"施、加①、收、征"等，要么用例很少，要么多见于正史文献。

　　至于其他双宾式次类，此期已基本不见，尤其是口语体文献中。倒是某些文学作品中仍有少数残留，但它不能代表汉语在那个时期的发展变化，例如：

（303）a.（刺使颜证）与衣食，吏护还之乡②。（柳宗元《童区寄传》）

　　b. 彼童子之师，授之书而习其句读③者，……（韩愈《师说》）

　　c. 下马饮君酒，问君何所之。（王维《送别》）

　　d. ……柳子载肉于俎，……追而送之江浒，饮食之。（柳宗元《送薛存义之任序》）

据何乐士（1992），此期介词类型众多，使用成熟、普遍，如"因、缘、自、从、对、向、于（於）、在、用、依（据）、据、并、背、沿、望"等，以及先期已经普遍使用的"以、为"等，再加上"至、经、由、随、当、到、往"等大量使用，从中古汉语开始比较明显的绝大部分介词短语左向移位前置于动词的语序模式此时已经完成，可想而知，从前由双宾式来表达的相关语义角色，如原因、目的、依据、方所、对象等，都借由这些介词短语来表达，表义更明晰，语篇组织更灵活，双宾式部分次类的消失也就是理所当然的了④。特别是此期"将、把"的语法化和处置式的形成，将动词以及动宾短语之后的句法位置腾出来，让给语义最凸显的补语，而原来该位置上成分，大多经由介词短语移动

---

　　①　"加"等动词绝少见于口语体，而多见于史书类文献，如"加之兵刃""加之病疫""加之罪"等。

　　②　"还之乡"，即谓"使之（区寄）还乡"。

　　③　"其"同"之"，承前指代"童子"。"习其句读"，即谓"使之（童子）习句读"。

　　④　例如："……，啜以金狮子带、紫袍示之，曰：'降我与尔官，不降即死。'"（《朝野金载第六卷》）

到了谓语动词之前的状语位置上，多为已知信息或非凸显信息。可见，上古汉语双宾式很多次类的消失，是汉语句法自身发展的体现、要求和结果，也是其中一个组成部分。

4.1.2　隋唐五代时期双宾构式的主要形式和宾语特征

从此期语料检索看，双宾式 I 式仍是主流，但较之前期，双宾式 II 式用例有一定增加，形成反弹，这主要涉及"传、假、遗、委、献"等在史书中的使用。不过，除"传"外，其他四个动词的 II 式用例并不多，它们主要仍用于 I 式，用于 II 式的绝对数量几乎只是各占一例，较之前期用法，趋减势头较明显，可见这个发展趋势仍是承袭前期的，其 O$_{直接}$ 一般都是第三人称代词或单音节名词，仿古、存古色彩浓厚，相当于那个时候使用成语，而并不能代表这些动词所在句式的变化。常见用例如"假手 X""委政 X""献之 X""遗书 X"等，例如：

（304）a. 皇天辅仁，假手朝廷，聊申薄伐，应时瓦解。（《隋书》）

　　　b. 是时帝既冠，当亲万机，而委政大臣，……（《晋书》）

　　　c. 勇有马五百匹，……遗启尽献之朝廷。（《北齐书》）

　　　d. ……来为白府主，请遗书崔相国铉，令致之。（《因话录》）

上述用例中的"假手、委政"因高频使用而凝固成词，留存至今。"传"与之类似，但更显绝对，就检索结果看，它都用于双宾式 II 式，基于"传"的双音复合动词更多，后世所用的"传话、传语、传令、传位"等都来自 II 式源头，即所谓的"动宾式动词+宾语"①。除上述几个"传 NP"外，还有"传国、传之、传檄"等，能产性强，再例如：

（305）a. 传令四人，谕德、赞善，……（《旧唐书》）

　　　b. ……改署四辅官，传位太子，……（《隋书》）

　　　c. 臣唯有一子，……当为陛下杀之，传国晋王。（《旧唐书》）

　　　d. 宜且收众固守，传檄四方，其势必分……（《晋书》）

　　　e. 传语大众：寒者向火，……（《祖堂集》）

"传+NP"结构在那个时期还是双宾式性质，该结构同其他典型双宾结构一样还能用于一些关联结构，其词汇化过程尚未完成，例如：

（306）a.（常州刺史）……矫制传檄于苏、杭、湖、睦等州，……（《旧唐书》）

　　　b. ……言周宣帝崩后一年，传位与杨氏也。（《隋书》）

---

① 此类结构不限于给予义双宾式渊源，它应该同部分次类有关，例如"授权邠宁节度"（《旧唐书》）中的"授权"，以及"登陆、投书、致信、求救、投资、投稿、联动"等。

 c. 时帝谅阴不言，委政于庾冰、何充。(《晋书》)

 d. 陛下虽过世为神，岂假手于苻登而图臣，……(《晋书》)

 e. 成帝时，……，乃使谒者陈丰求遗书于天下。(《封氏闻见记》)

上述各例所涉动词，或能进入"于"字句，或能同其他动词或动宾结构一起构成连动结构或扩展结构，或携带宾语后还能同后面的动宾结构组合，或可被状语修饰，可见其独立动词意味明显。所以，上述格式应视为Ⅱ式。总之，"传"等双宾式都用于Ⅱ式且用例较多，仍是仿古、存古性质，其使用范围有限，不能反映口语的特色和变化。总体上看，Ⅱ式的使用还在衰减，而Ⅰ式出现核心动词更集中、用例更多更频繁的态势，其主导地位仍在加强。

 在$O_{间接}$的句法和语义特点方面，充任该成分的仍以名词、NP 和代词为主，主要变化是，NP 使用占比锐减，据徐志林(2013：62)，此期基于核心高频动词的双宾式中，$O_{间接}$的名词、NP 和代词三者的占比约为50.53%：9.54%：39.93%。而作$O_{间接}$的代词和名词一般形式和意义都简单，代词的占比已高于魏晋六朝时期的37%，更高于两汉时期的33%，可见，$O_{间接}$在结构上是朝着趋于短小洗练、简明经济的方向发展。就Ⅱ式中的$O_{直接}$和$O_{间接}$而言，仍旧维持双宾语简短洗练的风格，如上述"传"的用例，$O_{直接}$多为单音节名词或代词，$O_{间接}$一般是双音节名词，从而形成四字格，其中很多$O_{间接}$可以由方所类名词来转喻有关的人，如"远近、江南、四方、天下、左右"等，沿用至今。

 总体上看，此期 NP 充任$O_{直接}$的情形较之前减少了，而从西周时期开始，直到魏晋六朝时期，这个比例都维持逐渐增高态势，到魏晋六朝时期达到峰值，到隋唐五代时期稍有回落，但也仍高于东汉及以前的任何时期。因此，相对于魏晋六朝时期过高的占比，隋唐五代时期的$O_{直接}$仍维持着结构逐渐繁复的势头，这同$O_{间接}$总体上趋简的势头相反。徐志林(2013：62)认为，双宾语在发展过程中尝试了不同的发展方向，从隋唐五代时期开始各自选择一种适合自己的形式稳定下来。此说有理。总体来说，此期$O_{直接}$仍以偏正结构、并列结构、"数+量+名"结构、"名+数+量"结构和"所"字结构为主，除前述有关例句，再如：

(307) a. ……赐远公如意数珠串，六环锡杖一条，意着僧衣数对，……(《敦煌变文集》)

 b. 得他一石面，还他拾斗麦。得他半足练，还他二丈帛。(《王梵志诗》)

 c. ……其道诚遂与惠能银一百两，以充老母衣粮，……(《祖堂集》)

　　d. 四大天王以净信心而施我钵，……是故我今总受四王所献之钵①。

　　　（《方广大庄严经卷第十》）

　　e. 谁能与我如是净草？（《方广大庄严经卷第八》）

对比可见，$O_{直接}$有单音节名词（如"钵"），有偏正结构名词（如"如是净草"），有并列结构（如 a 句），有"所"字结构（如 d 句），还有数量短语和 NP 组合，有"数+量+名"结构、"名+数+量"结构，它们又能构成 NP 性并列结构。虽然"名+数+量"结构用例仍不少，表现出承袭传统，但主要见于正史及追求典雅古风的文献，而"数+量+名"结构使用显著增多，且多见于口语体文献，这表明，"数+量+名"结构加快了替代"名+数+量"结构的步伐。

4.1.3　隋唐五代时期双宾构式的主要句法表现

　　此期双宾式的句法表现较前期其变化不算显著，但在前期用例句式的基础上，同类型用例普遍增多。这表明，前期某些句式继续焕发生命力，有不断成长之势，比如，双宾式用在"者"字结构中作定语以及在"所"字结构中作名词性成分的用例更多了，这主要涉及获取义动词和给予义动词的Ⅰ式和Ⅱ式用法，例如：

（308）a.（我）……，欲得送药山尊者，……（《祖堂集》）

　　　b. 若有清信善男子，受我教者，……（《方广大庄严经卷第七》）

　　　c. 所赐卿春衣，有司制造不谨，……（《旧唐书》）

　　　d. ……，而汤素贪盗，所收康居财物，事多不法，……（《旧唐书》）

此外，双宾式仍同前期用法可见于连动结构，它可以作该结构的前半部分，后面由另一个动词或动词短语承接，也可以作后半部分，承接前面的动词，而连词的使用不强制，例如：

（309）a. 承嗣马被箭，……，夺贼壮马乘之，……（《朝野金载第六卷》）

　　　b. ……吐蕃果犯瓜州，……，取军赏仓粮而去。（《大唐新语·知微》）

　　　c. 行者遥见明上座，便知来夺我衣钵，则云：……（《祖堂集》）

双宾式居前而后接动词或动词短语的用法，是因为获取义双宾式表施事获取了某物，从而拥有了对该物的处置权，相反，给予义双宾式如果居前，则表示施事失去了对某物的领有权和处置权，因此其后的动作一般由 $O_{间接}$ 或 $O_{直接}$ 来实

---

　　① "受+NP_1+NP_2"格式里，"受 NP_2"常可作固定词组，因此，双宾式用法类似于在这个动宾短语之间插进去，类似用例很多，以《祖堂集》为例，如"南方有能和尚，受弘忍大师记，……"等。其他动词的用法如"……如释迦牟尼授弥勒记矣"。

施，而非像获取义双宾式里的那样两个动词共一施事主语，比如现在说"我偷了他一个苹果吃"，"偷"和"吃"都是"我"发出的，但是，"我送了她一个苹果吃"则不同，再如"我送了她一条狗看门"中，"看门"是"狗"的动作。徐志林（2013：64）认为下例特殊：

(310)（高亮）为徐州刺史，坐夺商人财物免官。（《陈书》）

　　句中"坐"并不同"免官"连动，也非兼语式，徐氏将双宾式"夺商人财物"分析为"坐"的补语，或者说"免官"的状语成分。关于"坐"的句法属性，据王力（2000：152），"坐"可作动词，即"被罪"，例如《汉书·贾谊传》："古者大臣有坐不廉而废者"，但它又可作连词，表示"因为、由于"，早在《乐府诗集·陌上桑》中就出现了："来归相怒怨，但坐观罗敷"，唐代诗歌中已明确此用法，如杜牧《山行诗》："停车坐爱枫林晚"，这两种解释都比较适合这里"坐"的用法，此处"免"作被动解，故此，此处"坐"宜处理为连词，它和双宾式一道共同做"免官"的状语。

　　此期双宾式仍承袭前期用法，其前或其后大量使用"来、去"等成分，此类成分用在双宾式之前，则多为动词，用在双宾构之后，则有明显的补语色彩，形成动趋式，据梁银峰（2007：16，36），趋向补语结构产生于中古六朝至唐时期，在唐宋时期稳定并最终形成。据此推断，在隋唐五代时期，动趋式已经处在成型的晚期了，使用颇多，至五代十国和宋时期，已经成熟。从检索用例看，"卿等远来上帐""却来与和尚造寺""昨从寮杨（辽阳）城来""达磨大师从西天来此土""来为白府主""来迎远公入内敕既行下""夺汝诸人尘劫来粗识""便知来夺我衣钵"等中的"来"都是动词，"偷珠先去"中的"去"是动词，用于连动结构，而"明夜还来""抄录将来""有计但知说来""与老僧过净瓶水来""速领将来见我""礼拜起来"等中的"来"就有动趋式补语色彩，其语义虚化较之魏晋六朝时期更甚。就双宾式中的趋向补语而言，主要涉及"还、取"两个，且"来"还附着于双宾式后，而非紧接动词后，形成"V+O_1+O_2+来"的格局，多见于祈使语境或使令结构，表示未然事件，其中动词具有[可控性]和[致使位移性]，受事宾语可位移，$O_{间接}$多是"我、你"等第一、二人称单音节代词，前例有"还我明上座父母未生时面目来"，再如：

(311) a. 太使极怒，令我取你头来！（《敦煌变文集》）

　　b. 取我苏武节来！（《晋书》）

　　c. 汝莫归家，但取你亲阿娘坟墓去，……（《敦煌变文集》）

　　d. 寄语冥路道：还我未生时！（《王梵志诗》）

　　e. ……现十八变，不如还我死灰来。（《江西马祖道一禅师语录》）

从检索用例看，O$_{直接}$同样不限于具体有形的离散物，还常见抽象无形的事物、概念、思想，或不可位移物，这一点较前期更明显，因此不可能同"来"再形成连动结构，可见"来、去"的语义很虚。而且，这部分也可省略而不至影响语义表达，如"还我本来面目"和"还我未生时"，这也证明，"来、去"的此用法已属趋向补语。说明该趋向补语正在或已形成的，再如《敦煌变文集·庐山远公话》中各例：

（312）a. 寺中有甚钱帛衣物，速须<u>搬运出来</u>！

   b. （云庆）……良久乃苏，<u>从地起来</u>，乃成偈……

   c. 你也大错，我若之处<u>买得你来</u>，……

   d. 昔时声少，貌似春花，今既<u>老来</u>，阿（何）殊秋草。

   e. ……相公先遣钱二百贯文，然后<u>将善庆来</u>入寺内。

  总体来看，隋唐五代时期的双宾式较前期有一些变化。其中，基本的Ⅱ式用法出现了一定反弹，但也只限于"传"字构成的有限用例，多见于正史文献，并不能反映真正的语言变化，正因此，基于某些动词的Ⅱ式中的 VO$_2$ 式最后都出现了复音词汇化趋势，成为动宾结构后再接宾语的结构的源头之一，而其他同类动词的Ⅱ式用例，还维持着衰减的态势。此外，O$_{直接}$的语义抽象化和转喻用法继续增多，而 O$_{间接}$ 同样也维持更精简短小的趋势，代词使用类型更多，出现频率更高，结构简短、音节数少的名词或 NP 也在增多，相对更长、更复杂的 NP 的使用在减少；双宾式继续同其他动词或动词短语结合而形成连动结构，可位于其前部或后部，同其他语义相关结构继续并存。而且，此期语法化进程加快，更多介词短语能前置或后置于动宾结构，从而更多地分担了双宾式的表义内容，也使得表义更明晰。此期双宾式较新的用法集中于具体和抽象的给予义、获取义次类，其他次类，如使动类，也只偶见于文学作品，具有习语性质，不再是当时口语的特征，双宾式继续用于动趋式，动词"来、去"的语法化程度更高了。

4.2　宋元时期的双宾构式

  如前文述，隋唐五代时期是中古汉语和近代汉语之间的过渡，晚唐五代以后的汉语，更接近近代汉语。从宋元时期始，近代汉语的特点就很明显了，我们将之分为宋元、明代和清代三个时期来讨论，考察内容与前文同。

  据徐志林（2013：67）的统计，我们计算出此期双宾式中主要高频动词及其用例占比，依次是，"还"（29.60%）、"与"（23.68%）、"赐"（6.85%）、"传"

（6.85%）、"授"（2.49%）、"献"（2.49%）、"委"（2.49%）、"取"（7.48%）、"受"（6.54%）、"夺"（6.54%）和"借"（2.80%）共 11 个。对比前期，排名前四的给予义动词不变，但其内部顺序有变，而"授"取代了"遗"成为核心高频动词，"献"和"委"是新晋成员；此期主要获取义动词维持前三个不变，但同样其内部顺序变了，此外，"借"取代了"偷"成为获取义核心高频动词。

4.2.1 宋元时期的主要双宾动词及其用例

根据刘坚、蒋绍愚（1992），此期双宾式主要给予义动词除上述 7 个之外还有"付、答、降、寄、赠、送、许、馈、赏、还、报、判、加、放、递、输、依、回、饶、取"等单音节动词以及"付与、割与、赐与、写与、还与、偿还、交与、挪与、过与、粜与、回付与、供与、拌馈、借馈、做馈、就与、揣与、招与、买馈、摘馈、打馈、放还、出馈、布施、周济、赍发（与）、取给、饶润"等复合双（三）音动词。例如：

（313）a. 天只生得许多人物，<u>与你许多道理</u>。（《朱子语类》）

　　　b. ……，教人许多道理，便是<u>付人许多职事</u>。（《朱子语类》）

　　　c. ……，终未可教以仙道，当<u>授君地上主者之职司</u>。（《太平广记》）

　　　d. 季绎<u>劝蔡季通酒</u>，止其泉南之行。（《朱子语类》）

　　　e. ……千里远没盘缠，全<u>取我两文钱</u>。（《张协状元》）

　　　f. ……，自是天理<u>付与自家双眼</u>，不曾教自家视非礼。（《朱子语类》）

此期同样也承袭旧法，例如，有"赐唐僧金钱""与人书""与之粟""赏之金""传之门人""献之高宗""委之旄钺""献神绿蚁"等，同时，也有一些新动词进入，如"放、递、输、依、回、饶"等。前述"取我两文钱"有些特殊："取"一直用于获取义双宾式，而在宋元南戏作品的口语体作品中，它已能进入给予义双宾式表给予义，这足以表明Ⅰ式的构式弥散力已达到新高度，是一个重大发展。此期获取义双宾动词除前述的"取、受、夺、借"外，还有"少、误、赖、欠、亏、得、劫、买、坏、要、吃、损、诈、杀、侵、索"等单音节动词以及"讨得、收得、学得、考订得、获得、少欠、侵占、打碎"等复合双（三）音节动词。例如：

（314）a. 左家<u>侵著我五尺地</u>，……，我必去讼他<u>取我五尺</u>。我若<u>侵著右家五尺地</u>，……，合当还右家。（《朱子语类》）

　　　b. 刀是自己刀，就此便<u>割物</u>，不须更<u>借别人刀</u>也。（《朱子语类》）

　　　c. 奴只得，往庙前，<u>借取大公些个典</u>，<u>与奴做盘缠</u>，……（《张协状元》）

　　　　d. (净)赖我房钱！(丑)它劫我钱！(《张协状元》)

　　　　e. (净)买我一本，不还我钱！(丑)把我钱，不还我记！(末)……，我
　　　　　　赠你一本，……(净)白干骗了我三文。(《张协状元》)

　　　　f. 今日一阵，杀吾三将，……(《武王伐纣平话》)

　　　　g. 兄弟坏了袁绍两将，……(《三国志平话卷中》)

此期获取义双宾式中动词多了"少、误、赖、欠、亏、吃、损、骗、诈、少
欠、打碎"等，主要用于口语，它们共同的语义特点是，本身并不表示鲜明的
(给予或)获取义，而进入双宾式后，在各自的事件框架语义基础上表"不/少
给予"或"应该给予"，或"使对方损失(但自己并不一定得到)"等义，这是因
为在以给予和获取义为极点的予取连续统上存在着既不明确给予也不明确获取
的状态，这还包括"许、留、劝"等动词表示的意图性给予，以及"饶(润)"等
表"不使对方损失(但自己并不一定得到，而相当于使对方得到)"的意义，它
们不表典型予取，其词汇概念语义和双宾式构式义契合，仍允入双宾式。此
类用法留存至今(详参张国华，2011)。可以说，现代汉语特别是方言中大量
使用的此类非典型双宾动词，最早显见于宋元时期口语，动词的这种典型性扩
展也是双宾式的重大发展。

　　此期教示问告类动词主要有"问、教、告、唱、央、说、谓、示、答、
谒"以及"告诉、教与、说与、吩咐、道与、埋怨、嘱咐"等，但"问、教"的频
率最高。例如：

(315) a. ……乃遣童子示其旧路。(《云笈七签》)

　　　　b. 拟待告诉天公，减秋声一半。(《全宋词》)

　　　　c. ……或告之读书穷理，或告之就事物上体察。(《朱子语类》)

　　　　d. 把庙门闭，勘问你何处归来。(《张协状元》)

　　　　e. 先生教某不惑与知命处，……(《朱子语类》)

　　　　f. 孔子只是答他问礼之本，……(《朱子语类》)

称封命名类双宾式次类仍有使用，主要动词还是"谓、称、呼"等。例如：

(316) a. ……生而白首，故谓之老子。(《太平广记》)

　　　　b. (丑白)……头须千万买归，亚哥。(末)称你娇脸儿。(《张协状
　　　　　　元》)

　　　　c. 棣，栘，似白杨，江东呼夫栘。(《朱子语类》)

此外，"自谓 NP"的用法此期多见(例如"师成自谓东坡遗腹子，……(《朱子
语类》")。此外，还能见到一些使动用法、为动用法和空间方所类用法，主要
见于谈史、说经、释义，有一些列举古事、引用旧文的例子，如《资治通鉴·

淝水之战》："老秦师"，即谓"使秦师老"，但也不排除作者对某些句法结构和特定用法偏好，或者追求庄严典雅文风的可能，甚至还出现了少量新创用法。例如：

(317) a. 其弟守代州，辞之官①，教之耐事。(《新唐书·娄师德列传》)

b. 诸人持议，甚失孤望②。(《资治通鉴·卷六十五》)

c. ……如正风雅颂等诗，可以起人善心。(《朱子语类》)

d. ……到得为他人谋，便不子细，致误他事③，便是不忠。(《朱子语类》)

e. ……须是留他地位，使人各得自尽其孝弟不倍之心……(《朱子语类》)

f. 今士无一罪，驱之行阵之间，委之锋镝之下，使肝脑涂地，……(《新唐书》)

上述 a、b、c、d 句皆为使动类，e 句属为动类，f 句中"驱之行阵之间""委之锋镝之下"有空间方所类性质，后者还有基于给予义的转喻意味；《朱子语类》中有较多"起人+X-心"句式，显然是有意而为之，因为在同一上下文中，除了有使动类单宾式来表使动义，如"兴发人之善心"，还有用"使"或"令"的使令句式，例如"使人各得自尽其孝弟不倍之心"和"无令父子兄弟离散之类"的表达，可见作者是在穷极使动义的表达手段以服务于语篇表达和组织。除了特定表达需要和要求外，也有作者个人方言的色彩，应该是朱熹偏好的表达。不过，这两种双宾式次类已非此期主流。

4.2.2 宋元时期双宾构式的主要形式和宾语特征

宋元时期双宾式的语序模式仍延续前期特点，以Ⅰ式为主，但也有基于少数动词的Ⅱ式用例，如"传、施、委、献"等，其中"传、施"主要用于Ⅱ式，"委、献"用于Ⅰ式的不少，像"献神绿蚁""委之将佐""委之事务""施之君臣"等；用于Ⅱ式时，常是四字格式，即 O$_{间接}$为单音节的代词或名词，O$_{直接}$也简短，一般是两字或三字形式，如"献"的Ⅱ式用例多数是"献之高宗""献之明

---

① 辞之官，使之(其弟)辞官。《新唐书》是欧阳修等人合撰的纪传体断代史书。

② 失孤望，使孤失望。《资治通鉴》是司马光主编的编年体通史。

③ 据王凤阳(2010：510)，形容词"误"，"谬也"，例如"关内侯鄂君进曰：群臣议皆误。(《史记·萧相国世家》)"；用于 VO 式则有使动义，表"耽误，贻误"。"误他事"即"使他误事"。

公"一类，表现出循古、仿古、存古的特点，也是对隋唐五代时期双宾式用法的承续，"传"尤其如此，如"传之子孙""传之后世""传位许王""传语官员""传法后人"等，再如：

(318) a. 施之君臣，则君臣义……(《朱子语类》)

  b. ……刽子蒙令，斩了崇侯虎。献首级武王①，……(《武王伐纣平话》)

  c. ……，遣人入传语婚姻之家，亦拜送之。(《朱子语类》)

  d. 曾子刚毅，……，而后可传之子思孟子。(《朱子语类》)

  e. 蔡阳传令众军排开阵势。(《三国志平话卷中》)

"委之事务"是 I 式，"施之父子"是 II 式，"传"多用于 II 式，其 $O_{直接}$ 主要是第三人称单数代词"之"，也有部分是单音节普通名词。无论用于 I 式还是 II 式，紧接动词之后的一般是承前表达的已知信息，或人，或事物，这符合句子信息组织的一般规则。显然，"传"的用法完全承袭旧法，颇有习语色彩。②

  此期双宾式的 $O_{间接}$ 表现出这方面更强的色彩，由单音节代词或名词作 $O_{间接}$ 的趋势更明显，其他类型的名词或 NP 的占比则大大降低，以核心高频动词构成的双宾式为例，根据徐志林(2013：68)的相关统计数据测算，单音节代词作 $O_{间接}$ 的约占 62.31%，简短名词则约占 34.27%，结构较复杂的 NP 仅占 3.4%。秦汉以前双宾式中，名词作宾语是主流，代词次之，但从西汉开始两者明显此消彼长，而 NP 的占比逐渐增加，至宋元时期，代词作 $O_{间接}$ 成了主流，直到今天，双宾式仍维持这一特点；在唐五代时期，NP 作 $O_{间接}$ 的增长态势开始反降，随着代词性 $O_{间接}$ 用例渐增，NP 的占比也越来越少。可见，汉语双宾式的 $O_{间接}$ 总体上不断趋简，这主要是语言表达更加符合信息组织原则和规律，即交流都从双方共知的信息开始，已知信息先出现，且结构简明，无须修饰限定成分，最简形式就是用代词指代旧信息，未知信息即焦点新信息，是表义重点和关注点，它应该出现在最容易感知的、信息流的端点位置上，而结构末端或句尾是最重要的位置，这就是末尾重心原则(end-weight)。新信息自然需要诸多修饰限定成分，而末尾位置理论上没有终极边界，也就可以无限制

---

  ① 此句也有不同的句读："……，刽子蒙令斩了崇侯虎，献首级，武王封为夜灵神也。"但同篇文中还有类似结构，"……拥见太公。太公教斩了。刽子蒙令，斩飞廉，首级献武王，封为大将"和"……拥见太公。太公教斩了者，刽子蒙令，斩了豹尾，献首级与武王。武王大喜"。

  ② 类似动词还有"降"，其后世用法相当于成语，例如"作善降之百祥，作不善降之百殃"(《朱子语类》)。

地描写说明下去。从转移交接事件表达来看，交接事物的接受者或丧失者相较于该事物来说不重要，交接事物处于运动中，是更容易被感知和关注的界标（figure），而接受者或丧失者多是背景，是相对静止的，也就不被特别关注。这是认知科学的一般原理和规则。

因此，$O_{间接}$趋向于结构简明，$O_{直接}$趋向于结构繁复，是符合认知规律的。上古汉语双宾式的有些用例并不经济简明，同基本认知规律相违背，但是到宋元时期，双宾语的一简一复在多年发展演变后调整成为更符合认知规律的形式，毕竟，语言作为最主要的交际工具，会不断调整自身结构来服务交际，在有效性和简明性两大需求的天平上保持基本平衡。下文再举数例，并增加宋元时用例：

(319) a. ……，赐天下鳏寡孤独穷困及年八十已上、孤儿九岁已下布帛米肉各有数。(《史记·孝文本纪》)

　　b. 因赐天下民当代父后者爵各一级，……(《史记·孝文本纪》)

　　c. 赐宗室有属籍者马一匹至二驷，三老、孝者帛五匹，弟者、力田三匹，鳏寡孤独二匹，吏民五十户牛酒。(《汉书·元帝纪》)

　　d. ……，令景丹赍鸩酒取太子首级，……，谓燕丹曰："……将鸩酒赐您死也。"……曰："咱无罪，因甚赐吾死罪?"(《秦并六国平话》)

　　e. 老贼，…… 敢偷我物！(《太平广记》)

　　f. 你问一切人："我擦胭抹粉，……"(《张协状元》)

前后对照可见，$O_{间接}$结构复杂，多用于正式文体，显得严肃庄重、不拘繁琐，而结构简单并使用代词的，多是口语体，或追求表达简明精干，或强调结构工整对称。我们认为，造成这一结果的一个重要条件就是此时（人称）代词系统已经相当完备，为精简指代创造了条件，特别是在《秦并六国平话》等口语体色彩浓厚的平话类及对话体文献中，人称代词使用很多，这也同晚唐五代的禅宗佛学兴盛、以简明精要而通俗易懂的大众化问答形式宣扬教义、辩口利舌间流布妙理玄机的影响有关，口语交流必然受到影响。且看：

(320) a. 还我洞山鼻孔来。(《禅林僧宝传卷第三》)

　　b. 辞谢床上女，还我十指环。(《乐府诗集》)

　　c. 还我九十日饭钱来。(《五灯会元》)

　　d. 度尽无遗影，还他越涅盘。(《五灯会元》)

　　e. 如人与我一把火，将此火照物，……(《朱子语类》)

　　f. 我往日贫，天赐我钱。(《太平广记》)

　　g. 我且问你："你见谁家成败?"(《张协状元》)

　　　h. 我且问伊："进人以礼，退人以礼。"(《张协状元》)

至于 O$_{直接}$，此期主要还是名词或 NP 充任，就高频核心动词构成的双宾句来说，根据徐志林(2013：70)的有关统计可以计算出，名词和 NP 作 O$_{直接}$的占比分别是 58.88% 和 41.22%，与前期相比，这基本持平，虽 NP 的占比略增；而在结构类型上，仍是并列、偏正结构以及"数+量+名"结构和"所"字结构常见，其中，"数+(量)+名"结构用例增多，"名+数+量"用例基本维持。例如下面偏正结构的 O$_{直接}$：

(321) a. 哀我有志，授我秘方服饵之法。(《太平广记》)

　　　b. 如太宗，……，只取他济世安民之志，……(《朱子语类》)

　　　c. ……，则不可问其才志之高下优劣，……(《朱子语类》)

　　　d. 我献他新罗附子，他酬我舶上茴香。(《五灯会元》)

　　　e. 至孔子教人"居处恭，执事敬，与人忠"等语，……(《朱子语类》)

《五灯会元卷一》中已有"密授我信衣法偈"之语，再看下面并列结构作 O$_{直接}$：

(322) a. 王公赠仆马及缣二百。(《太平广记》)

　　　b. ……，赐女子金冠裙佩凤钗，……，与此人妆饰。(《武王伐纣平话》)

　　　c. 奴家便相怜，与它身衣口食。(《张协状元》)

《朱子语类・洪范》中有"其父打碎了个人一件家事"的用法，再看下面"数+量+名"结构及其关联结构①：

(323) a. 如人与我一把火，……(《朱子语类》)

　　　b. 又赐臣一具百斤大斧，……(《武王伐纣平话》)

　　　c. 师曰："乞我一文钱。"曰："道得即与汝一文。"(《五灯会元卷二》)

　　　d. ……，不免与他数两金银，……(《张协状元》)

　　　e. 旧尝收得先生一本祭仪，……(《朱子语类》)

　　　f. ……，换与他一个黑脊白马骑了。(《蒙古秘史卷二》)

　　　g. 有小儿年十岁，偷刈邻家稻一束。(《太平御览》)

"所"字结构充任 O$_{直接}$的例如《朱子语类》中各句：

(324) a. ……因借先生所点六经。

　　　b. ……问其所为，则不过曰饥则食而渴则饮也。

　　　c. ……因请问其书中所言。

　　　d. 秦无语，但取金人所答国书，……

-----

　　① 数量表达有新形式，例如："……自是著饶润它些子。"(《朱子语类》)

e. ……尚收得上世所藏机头，……

值得关注的是，O_{直接}的语义抽象的普遍性和程度已达到新高，同现代汉语里的说法基本无异，例如如下语句（d 句摘自《旧五代史》，其余摘自《朱子语类》）：

(325) a. 上谓泪揣合果如端言，封还其说。

b. 只为自家元有一个性，甚是善，须是还其元物。

c. 若能穷得道理，则施之事物，……

d. 赠典既无其官爵，易名宜示其优崇，……

e. 只是要教人分别是非教明白，是底还他是，不是底还他不是，……

f. ……未问其见于事与未见于事。

g. ……（佛家）多是偷老子意去做经，……又却偷佛家言语，全做得不好。……故曰'空即是色。受、想、行、识，亦复如是'，谓是空也。……只偷得他'色即是空'，……佛家偷得老子好处，后来道家却只偷①得佛家不好处。……后来道家却只取得佛家瓦砾，……

上述句中语义抽象的 O_{直接}，多涉及思想文化、政治制度、时间概念、事物道理与性状、价值评判、宗教教义等，多见于学术或宗教类著述，再如"示其阶位之始""示其宿因""示之弱""示其生理""付之当然之理""付他事""还其力"等，这体现了双宾式的语义承载内容和性质已有质的飞跃，而且这种飞跃必须以人们认知和思想的跃升为前提，这无疑与唐宋时期宗教和哲学、文学大发展分不开，特别是与儒（理学）、释、道渗透合流、调和之风兴盛分不开。反映抽象语义特征的还有"与"的双宾式和非双宾式用法。例如（e 句摘自《张协状元》，其余摘自《五灯会元》）：

(326) a. 未出剑门关，与汝三十棒了也。

b. 我劈脊与你一棒。

c. 檗便打。师约住与一掌，檗大笑。

d. 大愚老汉饶舌，待来痛与一顿。

e. 懦弱底与它几下刀背，顽猾底与它一顿铁查。

上述各例中，"与"可用于双宾式，但 O_{直接}不再是具体有形的离散物，而是与动作有密切关系的转喻性表达，它表示基于"与"的双宾式中，施事主语借助该动作对接受者造成影响，使其受到某种力的处置，就像现在说"我给了他一脚"，是表达"我脚踢了他一下（他因此受到脚踢所致的影响）"，英语也说"I gave the car a push"，都体现了双宾构式义"导致受到影响"，它衍生自物品转

---

① "偷"的双宾式中用法表抽象语义的还有《朱子语类》的"偷一两时闲"等。

移交接义，从转移交接完成后所致的"O_1[HAVE]O_2"状态的意义中引申出来，是更抽象的意义。"与"的这种用法同现在"给"的一致。此外，"与"在用如动词（"给"）、连词（"和"）和介词（"跟、同"）的同时，在表施益性介词"为、替"及指示动作针对对象的"给"意义这两方面，也同现在"给"的用法一样，这是长期发展演变的结果。先看"与"用作动词和连词：

（327）a. ……慈孝是天之所以与我者。（《朱子语类》）

　　　 b. ……乃赐马与师乘骑，……师唤院主："与我做个木拐子。"（《五灯会元》）

　　　 c. 吾今与汝不是因缘。（《张协状元》）

　　　 d. 朕方比迹洪古，希风太皇，神与化游，思与道合，……（《太平御览》）

上述例句中，a 句和 b 句中的"与"用作动词，或动词意味更明显，b 句还涉及双宾句的延伸扩展，有兼语式性质，在此句法环境中，"与"丧失了部分动词性功能而有一定的介词属性，比如"赐马与师"中"与"来自连动结构，但其指示的运动方向同"赐"的重合，其给予义较"赐"的更宽泛，因此它主要指示"马"的运动位移方向或终点的作用，而"与师乘骑"结构中，"与"更表施益性介词属性，类似"赐马给他骑"，其句法功能的转变明显。c 句中的"与"用作连词，相当于"和"，d 句中的"与"用作介词，表示动作针对或共同参与的对象，相当于"跟、同"。下面的用例中，"与"表现出更强的对象指示介词性，或用作施益性介词（含上面 b 句中的"与我做个木拐子"，（314）c 句中的"与奴做盘缠"、（322）b 句中"与此人妆饰"，除下面 e 句的"与你商量"外）：

（328）a. ……，尚可以随其所长，交付与他。（《朱子语类》）

　　　 b. 盖横渠多教人礼文制度之事，……然只可施之与叔诸人。若与龟山言，……（《朱子语类》）

　　　 c. 我与你说个譬喻，汝便会也。（《五灯会元》）

　　　 d. （丑白）孩儿放心！……有好因缘与你选一个，……（《张协状元》）

　　　 e. （丑）堂后官，与我叫过野方养娘来，……相公有事，与你商量。（《张协状元》）

　　可见，"与"的语义虚化很明显，从给予义延伸出去，或表示给予的对象，或表示施义性行为的对象，进而可以同其宾语前置于谓语动词或动词短语，这些用法同现在"给"一致，前者类似于说"我寄了一本书给他"，后者类似于"我为他寄了一本书"。这种变化在前期已经发生，但在宋元时期更显著，使用更普遍，与现在"给"的用法完全相同了。

4.2.3 宋元时期双宾构式的主要句法表现

（327）b 句中的"（龙颜）乃赐马与师乘骑"是句式的杂糅和延展，即"乃赐马与师"（"VO_2+与+O_1"）同"（与）师乘骑（马）"（"（与）+O_1+V（O_2）"）两式的杂糅或嵌套。这种句法操作是语言追求结构经济性和交际有效性相统一的需要，避免了对双宾式语义角色的拆分和冗长表述。不过，这种杂糅是受限的，理想的情形是，同一个小句内一个谓语动词最多能携带两个宾语，其典型就是双宾式（Ⅰ式或Ⅱ式），但在小句表义重心基础上，围绕该重心可以出现另一个动宾组合，它只涉及表示某宾语的语义角色，换言之，双宾式同后续动宾组合之间有句法和语义角色上的交集，而动宾组合的施事可能是双宾语之一，但该组合本身表示双宾式所表动作的目的，正因如此，在双宾式和其后动宾组合之间有可能插入目的连词，如"以"或"来、去"等[①]；在中古汉语中，还可能涉及 $O_{直接}$ 作为信息载体（如"书"）的内容表述，这种用法现在几乎不见。由此形成的句法结构，在某些语境下也会发生句法成分从缺，出现诸多表现形式[②]，但上述句法和语义属性都不变，也都相同。例如：

（329）a. 爹娘……不免<u>与他数两金银</u>，<u>以作盘费</u>。（《张协状元》）

    b. 知渠担百石担不起，且<u>与渠一升一合担</u>。（《古尊宿语录卷一》）

    c. 福曰："道得<u>与汝瓜吃</u>。"……福度与一片，师接得便去。（《五灯会元》）

    d. （丑）……有个老公去赴试，<u>寄我三文买个科记</u>。（《张协状元》）

    e. 明日索一般<u>供与他衣袂穿</u>，一般<u>过与他茶饭吃</u>，到晚<u>送得他被底成双睡</u>。（《诈妮子调风月》）

上述用例中"与"同现在"给"的用法等同，这种古今词汇的替换现象并不会影响我们的讨论和基本主张。这些用例可以总括为"$S+V_1+O_1+O_2+V_2（+O_2/O_3）$"格式，其中，$V_1$是双宾动词，$V_2$是单宾动词，全句的意思是"S 把 O_2 给 O_1，其目的是让 O_1 来V_2 O_2"，例如，"与汝瓜吃"是"把瓜与汝，让汝吃瓜"，前句中"换与他一个黑脊白马骑了"是"他骑了那个黑脊白马"，就是说，V_2 和 O_2 构成逻辑上的动宾关系。另一种解读是"S 把 O_2 给 O_1，其目的是让 O_2 来

---

    ① 并非全部加了"以"等连词的格式都是此类双宾式延展格式，例如"传之子孙，以贻后代"。

    ② 徐志林（2013：73-74）转录前人的句型概括，共 17 类，实际上都涉及给予义双宾式。

V_2O_3",就是说,O_2和V_2O_3构成逻辑上的主谓宾关系,例如"与他数两金银,以作盘费"就是"与他数两金银+金银作盘费"。可见,双宾式之后的动宾结构,同该动宾式一样也表达一个事件,且一般是未然事件,如果宾语承前从缺,则$O_{间接}$是该未然事件和述谓结构中的施事主语,从缺的宾语就是双宾式中的$O_{直接}$,而如果宾语不是承前缺省,而是另有一个,那么,$O_{直接}$就是该未然事件和述谓结构中的施事主语。像"赐行者金钱三百贯打发了"(《朴通事》)中,"打发"的受事宾语是"行者",施事主语是"赐行者金钱"的人,像这样V_2反过来以双宾式内$O_{间接}$为自己的宾语的表达不多见,且在后世语言发展和方言中也少见①,可能是因为它解读成本太高。

　　某些获取义动词构成的双宾式也可以作同样解读,例如,"略借陛下宝看"(《朱子语类》),只不过由于获取义双宾式涉及物品转移交接至施事,亦即被施事拥有,那么后续动词V_3是由该施事发出的。一般来说,Ⅱ式(按:只用于南方方言)的用法也不例外,但通常只能由更靠近右向外围的$O_{间接}$做施事主语:

(330) a. 我送了她一个苹果吃。(她吃苹果。)

　　　b. 我送了她一条狗看门。(狗看门。)

　　　c. 我偷了他一本书(来)看。(我看书。)

　　　d. 我送了她一千块钱做路费。(一千块钱做路费。)

　　　e. 我把了十块钱他吃早饭。(他用这十块钱吃早饭。)

　　　f. 我把了个袋子他装菜。(他用这袋子装菜。)

其中,a句可以转换成Ⅱ式而语义解读基本不变("我送了一个苹果她吃"),但b句不能(*"我送/把了条狗她看门"),可能是因为Ⅱ式转移交接至$O_{间接}$的意味更重,即表义重心是$O_{间接}$,而置于末尾的$O_{间接}$优先同后续宾语作动宾组合。双宾式和与之有语义角色关联的单宾式的这种句式杂糅和延展不是孤例,而是同类语言现象和操作方式之一,比如"云、曰"等动词可依附于双宾式或其关联句式之后同$O_{直接}$一道构成表达信息内容的结构。试看:

(331) a. 沙以偈示之曰:"……"(《五灯会元》)

　　　b. 世昌临别,赠之诗曰:"……"(《朱子语类》)

　　　c. 遂为夫妇。赠诗一篇曰:"……"(《太平广记·女仙六》)

　　　d. 又答人书云:"……"(《朱子语类》)

---

　　① 据笔者调查,该句在方言或通语中须拆分,或用"把"字句,如"赐行者金钱三百贯,把他打发了"。

　　e. 公乃<u>授素书二卷与帝</u>曰："……"（《太平广记·神仙十》）

　　f. 是天骥<u>得一书与他</u>云："……"（《朱子语类》）

上述用例中，杂糅的句式涉及较多，可见扩展不只发生于双宾式。虽然此期双宾式的这种扩展只涉及给予义动词，也没有类似现代汉语中的其他更多的句式出现，但显然这是一个基础句式，它对后世各种变化句式或关联结构的产生必然有意义。

　　除此新兴句式外，此期双宾式也继续能用于"所"字、"者"字结构而构成 NP，"所"字结构表义重心是 O_{直接}，"者"字结构的则强调双宾式整体，即动作实施者。例如：

（332）a. 道夫遂以萧先生<u>所答范公三书</u>呈。（《朱子语类》）

　　　 b. 龟山集中<u>所答了翁书</u>，论华严大旨。（《朱子语类》）

　　　 c. ……，可以<u>传之不朽者</u>，今看来那个唤做知道？（《朱子语类》）

　　　 d. 皆前后<u>所偷人家女</u>宫也。（《太平广记·刘甲》）

　　　 e. 并罢其子弟与<u>所赠父</u>官。（《金史》）

上述几组例句中出现了不少"答+NP+书/问"格式的表达，主要见于《朱子语类》，用来表达"回复某人书信"或"答复某人的某问题"，形成了固定格式"答+NP$_1$+NP$_2$"。这里再举《朱子语类》数例：

（333）a. 孔子只是<u>答他问礼之本</u>，……

　　　 b. 所以告子问性，孟子却<u>答他情</u>。

　　　 c. 圣门学者问一句，圣人<u>答他一句</u>……

　　　 d. 其<u>答人书</u>①，只是数字。今宰相<u>答人书</u>，……

　　　 e. "……"这是<u>答他不能享些快活</u>，徒恁地苦涩。

Ⅰ式的表义重心一般都是 O_{直接}，既然是名词，就可以用如话题，例如上面的 e 句，而下面的 O_{直接}也可前置于动词，之后用代词"之"复指，这种话题句式也是为满足语用和篇章组织需要的表达：

（334）<u>小雅</u>……，<u>大雅</u>……。<u>小雅施之君臣之间</u>，大雅则止人君可歌。（《朱子语类》）

此外，此期双宾式的动词之后已出现完成体标记"了"。一般认为，"了"在"动+了+宾"结构中完成语法化，时间大致在宋代，而我们在宋代文献中只见到一例涉双宾式的情形，不过，"了"用于单宾句在同期却极普遍，在元代文献中，双宾式中动词后带"了"的用法增多，徐志林（2013：72）怀疑双宾结构的

---

　　① 现代汉语里还在用"告+NP+书"格式，与此类同。

这一句法特征演变很可能基于类推，即受到了单宾式结构类化的影响。该说有理。试看以下有关完成体标记的例句：

(335) a. 王贲取了汴京，……(《全相平话五种·秦并六国平话》)

b. ……成吉思使者别、忽必来尽夺了他所得的财物。(《蒙古秘史》)

c. ……房蓝儿乞百姓时，将脱黑脱阿子忽都的妻与了斡歌台，……(《蒙古秘史》)

d. ……你将王罕的言语，说与了我，……(《蒙古秘史》)

再看下组涉及双宾式后接完成体标记的例句：

(336) a. 不如去掳了他百姓。(《蒙古秘史》)

b. ……还了金人四州，……(《朱子语类》)

c. 与了他一个无鞍子甘草黄白口不生驹的骒马……(《蒙古秘史》)

d. 先生你借了我三卷阴书，何不送来？(《全相平话五种·乐毅图齐七国春秋后集》)

e. ……，要了他两个女儿并他妻子；又掳了他二子，……(《蒙古秘史》)

f. 既收捕了秃马惕后，赏与了孛罗兀勒一百秃马惕的百姓，与了豁儿赤三十个秃马惕的女子，忽都合别乞处与了孛脱灰答儿浑。(《蒙古秘史》)

从所用动词的语义类型、述谓动词组合以及宾语的指称抽象度来看，宋元时期，无论是基于单及物动词还是双及物动词的动宾或双宾结构中，使用完成体标记"了"已很成熟和普遍。另一个使用成熟的范畴是"来""去"，其语法化在前期已完成，此期使用更普遍，虽然它们还能用作动词。例如：

(337) a. ……，便似去亲临这职事；……(《朱子语类》)

b. ……哥哥弟兄每商量着，却来掳他。(《蒙古秘史》)

c. (光明宝藏)被人偷将去，……(《朱子语类》)

d. 深洞莺啼恨阮郎，偷来花下解珠珰。(《太平广记·昆仑奴》)

e. ……(一个穷乏的人)，引着一个儿子行来。(《蒙古秘史》)

f. 那合必赤的母，从嫁来的妇人，字端察儿做了妾，……(《蒙古秘史》)

g. 后来到太祖时，……(《蒙古秘史》)

h. 这般看来，显是天的儿子，……(《蒙古秘史》)

上例 a 句和 b 句中的"来"和"去"已经语义虚化，有表行动目的意味，而 c 句至 f 句中的"来"和"去"显然作趋向补语，g 句和 h 句中的"来"语义更虚，有凑足音节的作用，它们同上例(320)a 句和 c 句中与"还"结合使用一样，极为常见。在使用双宾式的同时，大量的形、义关联结构同样并用，前文已有分析，这些结构有关联但不等同，不可随意相互替代，它们各自服务于不同的表义和语篇需要。从历史角度看，与双宾式有关联的句式总体上不断增多，表义也愈加生动明晰，这是语言自适应的表现，张文(2013)对各时期的关联构式有总结、描写和分析，以下列举一些：

(338) a. 见之于身，……；施之于国，……；施之于天下，……(《朱子语类》)

b. 是争取于民，而施之以劫夺之教也。(《朱子语类》)

c. 德配天地，不私公位，称之曰帝。(《太平御览·叙皇王上》)

d. ……一旦被人"言提其耳"，以"小子"呼之，……(《朱子语类》)

e. ……乌合之众，奈何避之，示之以弱！(《资治通鉴》)

f. 夫人赠以玉壶一枚。(《太平广记·神仙二十五》)

g. 值相国赠钱二十万，……(《太平广记·裴航》)

上面各句中，有"于"字结构，有前置和后置的"以"字结构，有使令结构、连动结构和 O$_{直接}$或 O$_{间接}$缺省结构，等等，它们同双宾式一样，有各自的结构和语义特点，承担着各自的表义任务，作为备用形式手段共同为有效交际服务。

总之，宋元时期的双宾式仍承袭前期的基本语法，但 O$_{间接}$简化的趋势更明显，变化的步子加快了，主因之一就是人称代词的选择更多了，代词的更多使用使原来主要由名词充任 O$_{间接}$的格局发生变化，从而推动了 O$_{间接}$结构的简化。同时，NP 充任 O$_{直接}$的用例有一定增加，仍维持主要以名词作 O$_{直接}$的格局，而且，双宾式内更普遍地使用完成体标记"了"或"来""去"等趋向补语，在维持前期主要句法特征的同时，表目的的双宾式延伸结构出现了，它为后世其他有关句式的产生奠定了基础。

4.3　明代的双宾构式

明代双宾式用例较前期显著增加，这很可能是由于转移交接类事件更频繁发生，更多被记录，文字作品总量增多了。根据徐志林(2013：75)的有关统计，我们计算出此期核心高频动词的双宾式使用占比和排名，给予义动词有 6 个，排名和用例占比依次是"还"(21.01%)、"与"(17.51%)、"传"(16.34%)、"赐"(8.37%)、"赏"(6.23%)、"赠"(5.64%)，获取义动词是 4 个，与前期相同，但排名有变化，依次是"偷"(8.56%)、"夺"(6.03%)、

"取"（8.37%）和"受"（4.67%）。相比前期，"授"和"遗"已不再是高频动词，"还"和"赐"互换位次，"与"仍排名第二，获取义的"偷"和"受"也互换了位置位次，"夺"和"取"仍维持原来各自排名第三和第四的位次。这表明，明代双宾式的核心部分与前期相比变化不大，只是少数核心高频动词的使用频率略有变化，口语性更强的"还"和"偷"分别成为最高频给予义和获取义动词，这很可能是因为所检索的语料多是小说，反映民间日常生活和对话的内容特别丰富。由于两期变化不大，我们仍用相同的编排形式加以讨论。

4.3.1　明代的主要双宾动词及其用例

明代双宾式还是给予义次类表达更多，其动词类型更多、用例更多。主要动词除上述六个外，还有"授、委、加、把、送、饶、借、助、欠、酬、递、度、贴、管、赠、喂、馈、奉、捧、让、回、问₁、许、依、放、派、使、赔、添、认、封、待、该"等单音节动词以及"赐与、把与、遗赐、钦赐、传与、配与、留与、算还、打发、送还、管待、照顾、带挈、惩治、找还、侍奉、饶让、资助、赍发、布施、交付、交纳、管顾、安顿、孝顺、吃还、接济、交割、哄喂、答贺、成就、兑与、钦赏、答赏、回递、酬劳、奉劝、斟（上）、馈送、保佑、祈保①"等双音节动词。以《西游记》《金瓶梅》等的语料为例，如：

(339) a. 道是封他这官职，即便休兵来投。（《西游记·4》）

b. 只是加他个空衔，有官无禄便了。（《西游记·4》）

c. 快实实供来，我饶②你性命。（《西游记·91》）

d. 赶早儿送还我师父、师弟、白马、行囊，仍打发我些盘缠，……（《西游记·34》）

e. 天馈你儿子，……（《训世评话》）

f. ……，问₁他个死罪也不多。（《金瓶梅·76》）

g. ……，只为这西门庆……，又放官吏债，……（《金瓶梅·1》）

明代文献获取义双宾式中主要动词除上述四个核心动词外，还有"获、赦、买、恕、免、借、贷、拿、留、赢、领、要、抢、讨、寻、娶、落、当、拣（拿）、回、典、撰（赚）、挝、拐、诈、哄、骗、诓、摄、拘、收、得、接、

---

① "保佑、祈保"等表"希望给予"，属于情态类给予。

② 关于"饶"，《西游记》中还有其他用法，如"饶了他的性命，……（第 21 回）"和"……我饶你唐僧取经去。（第 34 回）"。前例不是双宾式，后例是双宾式（扩展句）。

着、吃、学、图、求、央、贪、费、丢、坏、斩、破、饮、服、套、捉、摘、赚、盗、劫、占、换、穿、窃、中、见、误、居、揽、溜、使(用)"等单音节动词，以及"抢夺、打劫、活捉、剜取、遭受、饶受、图谋、图求、指望、赢得、耽搁、辜负、弄破、糟蹋、断送、掣取、禁过、拣要、收取、少欠、情夺、塌下、拦夺、抵盗、吓诈、偷盗、难为、叮当、搀夺、奸骗"等双音节动词。例如：

（340）a. 望万岁赦臣死罪。(《西游记·4》)

　　　b. ……，讨他那原文书我瞧瞧。(《金瓶梅·71》)

　　　c. 他赖我拐了他半船货，……(《金瓶梅·96》)

　　　d. 你早些来时，不受这淫妇几场气了。(《金瓶梅·56》)

　　　e. ……你某年借了我三十两银子，……，本利该①我四十八两，……我那里借你银子来？就借你银子，……你如何来抢夺我货物？……再宽他两日儿，……我几时借他银子来？就是问你借的，……我教鲁大哥饶让②你些利钱儿，……谁借他甚么钱来！"(《金瓶梅·19》)

除给予义和获取义双宾式外，另一个较重要的次类是教示问告类，主要涉及动词"问、告诉、告诵、吩咐、回复、告禀、回、指、复、教、备、缠、告、说、夸、篡"等以及由"问"或"与"等构成的复合双音动词，如"指与、求问、嘲问、审问、摘问、题(提)醒、说与、批与、教与、透与"等。例如：

（341）a. ……，便问他杀人的公事，……(《金瓶梅·9》)

　　　b. ……，求问他一个过河之策，……(《西游记·22》)

　　　c. 但望你指与我那神仙住处，……(《西游记·1》)

　　　d. ……这娘子告诵你话，……(《西游记·23》)

　　　e. 西门庆教与他："你说是熊旺的老婆，……"(《金瓶梅·78》)

明代文献中也能见到称封命名类双宾式，所涉动词较以前更多，有"谓、封、叫、称呼、骂、算③"等。例如：

（342）a. 行者最恼的是人叫他弼马温，……(《西游记·17》)

　　　b. 莫不爹不在路上骂他淫妇，……(《金瓶梅·21》)

----

①　"该"语义上近似"欠、少欠"等，解为"应该给"，情态性用法。

②　"饶让"不同于"饶"，前者语义重心是"让"，即一种给予，而"饶"是"不取、不拿"，更倾向于获取义。但有时"不取"相当于让对方保留，也是某种形式的给予，故也可归入给予类。

③　"算"可视为某种认知、态度或对待方式，次级述谓关系是[BE]，与称谓命名关系一致。或为方言现象。

　　c. ……玉皇封我齐天圣①。（《西游记·63》）

　　d. ……一口一声只称呼他"薛爷"。（《金瓶梅·50》）

　　e. 你敢拿了去，我算你好汉！（《金瓶梅·23》）

除上述四类双宾式外，此期还能见到少许空间方所类和为动类、对动类、凭借-工具类、原因类和使动类双宾式。例如：

(343) a. 今宜斩十常侍，悬首南郊，……（《三国演义·2》）

　　　b. 琴童儿是他家人，放壶他屋里，……（《金瓶梅·31》）

　　　c. ……拣了他几件首饰，该还他三两二钱银子，……（《金瓶梅·90》）

　　　d. 任道士……，取了他个法名，……（《金瓶梅·93》）

　　　e. 我如今助他②一功，……，等我老君助他一功。（《西游记·6》）

　　　f. 仍买治民间田地，与老爷起建寺院，立老爷③生祠，……（《西游记·87》）

　　　g. 我……，去请老怪，磕了他一个头。（《西游记·34》）

　　　h. ……，甚而等之仇敌，败坏彝伦，灭绝天理。（《初刻拍案惊奇·卷13》）

　　　i. 袁绍孤客穷军，仰我鼻息，……，绝其乳哺④，立可饿死。（《三国演义·7》）

　　　j. 你怎么不来谢我活命之恩，……（《西游记·15》）

上组例句，a 句和 b 句中的双宾式是空间方所类，d、e、f 句是为动类用法，h 句是凭借工具类用法，j 句中"活命之恩"表示原因⑤，g 句中是对动类用法，

---

　　①　对比(339)a 句，区分了"封"的两种双宾式用法。

　　②　"助"本作"帮助"，若同"功力"组合，结构更似为动类双宾式，但由于事件框架语义知识的作用，给予帮助往往意味着给予物品，因此允入双宾式表给予义，如前述，是意会式用法。

　　③　为动类双宾式多为施益性，类似的还有"升他一官半职（《金瓶梅·97》）""方趁我平生之志。（《金瓶梅·88》）""长他人志气（《西游记·42》）"等。损益性的也有，如"倒趁了他机会。（《金瓶梅·88》）"。

　　④　此涉隐喻性用法："仰我鼻息"是获取义，"绝其乳哺"是使动类。

　　⑤　心理义动词"爱、念、寻思、敬(重)、贪图"等也有类似的用法，如："……石公遂爱他勤谨，……（《西游记·14》）"。"谢"表某种动作，其后可接体标记"了"，或这之后再接一个宾语，这表明"谢+O"是实义动词性的，"爱"则不然，现在说"我喜欢她老实"，倾向于把"喜欢"等之后的成分做整体处理。这里"爱"的例句不属双宾式。还有"负"，如"你今果是负了奴心（《金瓶梅·4》）""你不要辜负了我这一点心！（《儒林外史·53》）"，"负"的宾语有"你、恩情、心、性命、盛情"等，比照"损伤"义，它可用于双宾式。

即表明针对某对象而实施某行为，该行为由 VO 表示，如"磕头"。从理论上讲，方所类、为动类、对动类双宾式的用法对动词较开放，我们还见到"注你这场头功""也算你一番降妖之功""我再延他阳寿一纪""也了我一场事""起了他个名叫玉儿""他就吹他一口仙气"等多例；c 句"拣了他几件首饰"，本是为动类双宾式，即"拣几件首饰"是为了"他"，但这是意图给予，而非事实给予，不过，该结构用于一个连环的表示已经完成动作或事件的结构中，也就被这种形式"感染"或压制而被赋予了完成体意义，也就是"首饰"已经给了"他"。类似用例还有，是否是已然动作，要视上下文而定，例(344)中"封了礼钱"是准备给"韩伙计女儿"的，但最终给了没有，倒不一定(据上下文判断，应该还没给)：

(344) ……送了爹一匹青马，<u>封了韩伙计女儿五十两银子礼钱</u>，又与了小的二十两盘缠。(《金瓶梅·38》)

4.3.2 明代双宾构式的主要形式和宾语特征

从抽样调查看，明代双宾式总体上仍维持以Ⅰ式为主的格局，Ⅱ式使用少见，主要集中于动词"传"，另外，"委、归、受、赐"等也有少数用例，一般来说，它们涉及的 $O_{直接}$ 都是代词"之"或单音节名词，但如果 $O_{直接}$ 是较复杂的多音节名词或 NP，则通常会用双宾式Ⅰ式，这是自上古汉语以来形成的固定模式，沿用数千年。可以说，Ⅱ式的用法，特别是限于"传、委"等的用法，多是上古汉语的遗留。例如：

(345) a. ……(备)合当匡扶汉室，何敢<u>委之数与命</u>？(《三国演义·37》)[1]

b. ……况乃锦衣玉食，<u>归之自己</u>，担饥受冻，<u>受之二亲</u>，……甚而<u>等之仇敌</u>，败坏彝伦，灭绝天理，……(《初刻拍案惊奇·卷十三》)

c. "这都是些卖国之臣，<u>违误我王大事</u>。"……"我王国土，<u>受之祖宗</u>，<u>传之万世</u>，……"(《三宝太监西洋记·26》)

d. ……，故此传令四处头目抵死相迎，……(《三宝太监西洋记·34》)

"传"在Ⅰ式里也有使用，如"传他本领"，它在Ⅱ式里的用法一般涉及少数单音节名词，如"令、语、命、谕、位"等，由于结构简短紧凑，表义简明直白，使用频率高，动宾短语"传+O_d"内部的关系发生变化，由短语结构演变为一个双音节韵律词，于是，"传+O_d"组合再同 O_i 组合，形成一个动宾短语，这是基

---

[1] 《三国演义》中未见"传"的双宾式用法，但有 1 例关联："君有二子，何不<u>传之</u>？(《三国演义·12》)"。

于重新分析的词汇化，原来的动宾短语变成复合动词，原来的双宾式变成了单宾式。此类词汇化在魏晋六朝时期就已开始，但明代以前，"传"仅见于Ⅱ式，而至明代，其允入结构一般取决于O_{直接}的音节数，因此，"传令"之类的表述，在明代以前是Ⅱ式性质，从明代开始，整个结构变成了单宾式，换言之，原来的Ⅱ式也就消失了，剩下来的，就是"传"都用于Ⅰ式。比如，《三国演义》中已基本不见"传"的Ⅱ式用法，"委"则仅见一例①，"委"在其他文献中用于Ⅱ式的也极少。这表明，Ⅱ式用法继续整体趋减，在明代活的口语中，此类用法基本消失，尚存的多是仿古、存古用法，或是方言性用法，比如现在南方方言中给义动词"把"。取而代之的，主要还是Ⅰ式以及一些语义关联结构。"传令"等动词短语后紧接"着"等完成体标记，证明该结构已经词汇化成复合动词，而且该过程还在加速。完成体标记在明代早已是很成熟的动词性体范畴，"传令"等此类用法，或是类推效应的体现。试看：

（346）a. 即时<u>传令</u>四营大都督，……再<u>传令</u>各游击将军，……再<u>传令</u>四哨副都督，……（《三宝太监西洋记·78》）

　　　　b. 道犹未了，一面<u>传令</u>诸将帐前颁赏。（《三宝太监西洋记·82》）

　　　　c. 元帅<u>传令</u>开船，……（《三宝太监西洋记·78》）

　　　　d. 即时<u>传令</u>五营大都督，……；<u>传令</u>四哨副都督，……；又<u>传令着</u>两员水军头目：左巡哨百户刘英、右巡哨百户张盖，领哨船五十只，……；又<u>传令着</u>南京江淮卫把总梁臣，济川卫把总姚天锡，各领战船一百五十只，……（《三宝太监西洋记·64》）

　　上例中，a、b、c、d 句里的"传令"语法上相当于使令动词，"传"的动词性大大减弱，相当于副词，语义重心在"令"上，所以"传令"之后接兼语成分，而 d 句中完成体标记"着"证明，"传令"类结构已同动词，其词汇化已完成。

　　明代双宾式的双宾语在结构类型和语义特征等方面同前期相比变化不大，主要是承续前期特点，并有急速拓展壮大之势。O_{直接}出现了无定代词，如"多少、什么、一些、些(儿)"等；O_{间接}仍以简短的单纯代词、名词为主，但很少再由 NP 充任，通用代词以及文言色彩浓厚的古语代词甚至方言中通用代词都很活跃，作 O_{间接}，例如"我、你、他、尔、汝、您、其、吾、俺、吾等、汝等、我等"等，以及各种人名和称谓语，这同当时小说、戏曲话本等反映民间对话和生活的文献增多、方言用词多样化以及戏曲表演的普及等有关。例如：

---

　　① 另一例是"以"字单宾结构，语义上关联双宾式，即"袁绍……奈何欲<u>以州事委之</u>？（《三国演义·7》）"。

（347） a. 董卓屯兵虎牢，截俺①诸侯中路，……（《三国演义·5》）

b. 枪法好了，赐你脚踏风火二轮，……（《封神演义·14》）

c. 宋江……却唤这军校直到馆驿中，问其情节。（《水浒传·83》）

d. 皇帝赐俺一瓶酒，一斤肉，你都克减了。（《水浒传·83》）

e. 难得官人与老身段匹绸绢，……（《金瓶梅·3》）

f. ……问我师父沿途可曾看见，……他……，赐了我等御酒，……（《西游记·21》）

O$_{直接}$方面最显著的变化是"一+量+（名）"结构使用猛增，量词类型和数量激增，量词"个"的使用似井喷，并且，使用最小数"一个"时，数词"一"可省略②，这不仅是"个"量词通用性的体现，也是当时量词使用普遍以及"数+量+名"结构占据绝对优势的证明。此类用例俯拾皆是，下面以"与"举例：

（348） a. 又与了他一条夹裤，一领白布衫，一双裹脚，一吊铜钱，一斗米："……"（《金瓶梅·93》）

b. 于是又与了他一朵。（《金瓶梅·27》）

c. 我每人与你这两对金裹头簪儿、两枝金花儿做一念儿。（《金瓶梅·62》）

d. 俺弟兄就与了他一斋，……（《金瓶梅·76》）

e. 菩萨当年在蛇盘山曾赐我三根救命毫毛，……（《西游记·75》）

核心动词"与"能表更抽象的致使意义，表达施事主语给 O$_{间接}$造成某种（负面）影响，或使其接受某种处置，此时它不再表具体物质性转移交接，所导致的结果是抽象概念、事理（道理、方法、技艺等）或状态、结果等，而此时 O$_{直接}$也是形式多样，不再限于具体的名词，还可以包括动宾结构的复合动词或动词性短语成分，但可以借助"一个"等泛指的、起强调作用的物态量化手段、意会式解读的"类名词性数量短语"，用修饰限定具体事物的数量结构来修饰限定表抽象事物的名词或 NP，这种语义引申表明，双宾式的形义演变在承袭前期特点的基础上又有扩展，例如：

（349） a. 与他个甜头儿，……（《金瓶梅·93》）

---

① 《三国演义》中，"俺"仅有数例。比较句"小俺师父五岁"（《三国演义·35》）形似双宾式。

② "些"也如此，不仅"一些+NP"中的"一"可省略，"一些"或"些"甚至可转喻"数+量+名"结构，以《金瓶梅》为例，如"时常得西门庆赏发他些盘缠"（第4回）、"且落他些好供给穿戴"（第38回）等。

　　b. 不如先与他一个下马威，……(《三宝太监西洋记·38》)

　　c. ……但有品职者，都与他一个瞌睡虫，……(《西游记·84》)

　　d. 左右的，每人赏他酒一瓶、肉一肩，与他一个醉饱而死。(《三宝太监西洋记·27》)

　　e. 只是父王之忧，须要与他一个宽解。(《三宝太监西洋记·64》)

仅以"他"等单音节代词或"人"等单音节名词作 $O_{间接}$ 的情形中，作 $O_{直接}$ 的还有"(个)顺手牵羊①、手段、快活、武不善作、方便、护身法儿、恶鹰雕食、捣蒜打、断根、两全其美、好脸儿、两句伶仃话、一个紧箍子咒、一个喜兆、一个不开言、一个不动手、一个单方、功德、功到自然成、两全其美、嘴(儿)、这个前程、满肚红"等。涉及其他动词的类似用法则更多。

　　汉语史上，"数+量+名"结构晚于"一+量+名"结构出现，虽然后者看似前者的特例，如前例有"与之一箪珠"，但这两类结构似乎彼此独立、沿各自的轨迹演变发展，在双宾式演变过程中有各自表现，比如，"数+量+名"结构直到大约秦汉时期才见于双宾式，而"一+量+名"结构出现虽更早，也更早用于双宾式，但发展速度远低于"数+量+名"结构，在宋元以前，"一+量+名"结构极少充任 $O_{直接}$，自宋元以来其用例才增多，前有举例，而至明代，此类结构使用得更频繁、更广泛，在双宾式中大量充任 $O_{直接}$，与现在的用法相同。此外，此期的 $O_{直接}$，并列和偏正型的名词性结构更多，"所"字和"者"字结构减少许多。这也同现代汉语里的情形一致。可以说，汉语双宾语的形义特点，至明代时已经定型和稳定，而一直维系至今，这是汉语句法不断自适应性调整变化并最终达到相对持衡的结果。

　　"与"的语法功能发生重大变化，不仅体现于双宾式，还体现在构词法上，此期"V 与"的构词能力大大增强，允入双宾式的此类动词更多了，且不限于三价动词，某些二价动词也能借此形式进入双宾式，表达同给予义有关的意义。这种变化得益于双宾式的语言环境和条件，因为"与"早已虚化为指示转移交接对象的介词性附加成分，同前期用法一样，不仅可用在动宾结构之前或之后，或表达施益性质并修饰该动宾结构，或表示运动位移的终点，或用于连动结构表示给予行为，而且还可附加于某些二价动词后，这种用法较普遍，更

---

　　①　"与他个顺手牵羊"(《西游记·16》)类表达有双宾式特征，"他"为实指，即对他造成影响，但有可能从这个用法延伸出去，产生了"他"的虚指用法，如"坑他个三天""他打个措手不及"等，"他"后面的成分相当于动词的补语成分，"个"是用极小值的量词使之实义化和个体化，有凸显重心的作用。

多见于方言口语，因此，此类复合性双宾动词的数量显著增加。这是"与"语义虚化的另一个体现，前文已有举例，再如：

（350）a. 我欲不留<u>些圣水与你们</u>，……；若要<u>与你</u>，……好<u>留与你些圣水</u>。（《西游记·45》）

  b. ……，<u>秤了一钱五分银子与掌柜的</u>。（《金瓶梅·96》）

  c. ……，适间蒙你<u>送了一陌钱纸与我</u>。（《金瓶梅·88》）

  d. 不急你<u>送与</u>①他一半，……，问你下落。（《金瓶梅·81》）

  e. ……只靠<u>官人与奴作个主儿</u>，……，奴情愿<u>与官人铺床叠被</u>，<u>与众位娘子作个姊妹</u>，……（《金瓶梅·16》）

上面各句中，a 句里前两个"与"是动词，而"留与你些圣水"中的"与"则已附着在动词后，协助它进入双宾式；b 句和 c 句中的"与"在连动结构中，但 c 句中"与"已有介词性意味，d 句中的"与"同"留与"的"与"，e 句中前两个"与"是施益性介词，但第三个"与"表示施为对象，相当于"跟"。总之，"V 与"是较有能产性的构词格式，理论上讲，凡涉及事件框架语义内有物品转移交接或运动位移义素的动词，不论二价或三价，都可进入该格式，进而允入 I 式，这特别见于《西游记》《金瓶梅》《三宝太监西洋记》、三言二拍等方言用语、口语色彩明显的文献，比如"交割与、还与、换与、降与、布施与②、交还与、打点与、兑与、包与、把与、丢与、递与、买与、借应与、说与、透与、教与、批与、传与、输与、交与、配与"等，种类和数量多，这是前期双宾式使用中并不很突出的特点。③

同样，这些方言和口语色彩浓厚的文献中出现了大量的新创双宾式用法，有关动词的类型之杂、数量之多，任何前期双宾式使用中都未曾见过。语义类方面，比照原型双宾式的形式及给予或获取义，凡表示与事物（含人）转移交接有关的赏赐、给予、惩罚、物品损坏、（遭受或实施）利益伤害、获取、消耗、希望、允诺、交易、资助、派遣、祝贺、传递、款待、馈赠、物体抛物线运动、施益行为、意图予取行为、提供饮食等行为，有关动词都可能进入双宾式，这导致明代双宾式动词和用例的类型和数量猛增，这些都是前期各历史阶

---

  ① 《金瓶梅》中"送与"仅此一例双宾式，其他的，都是将 O_{直接}用"把"、"将"前置的方法单独表述，承前表达后，"送与"用于单宾式，"还与、交与"等也主要用于非双宾式。

  ② 三音节的双宾动词较少，例如："……，<u>布施与我一套衣料</u>，……"（《水浒传·24》）

  ③ 在前期元曲中已能见到"V 与"用法，如"揣与、画与、赏与、送与"等，此时，"与"还有动词意味。

段上官方或文学著述中未见到的。通过意会而允入双宾式的非常规双宾动词此期异军突起，例如：

(351) a. ……，早喂他些饭，……(《金瓶梅·58》)

　　b. ……，不赚他些儿是傻子，……(《金瓶梅·58》)

　　c. 你灌了他些姜汤儿没有？(《金瓶梅·19》)

　　d. ……，且落他些好供给穿戴。(《金瓶梅·38》)

　　e. ……，得个人度他一口气便好。(《西游记·39》)

　　f. ……，你好歹打发他个好处去，……(《金瓶梅·82》)

　　g. 不费他一丝儿东西，……(《金瓶梅·37》)

　　h. ……，又亏他管了我们一顿斋饭，……(《西游记·21》)

　　i. 皆因我来迟了一步，误了你性命。(《金瓶梅·88》)

　　j. 你若有心，吃我这半盏儿残酒。(《金瓶梅·2》)

正因为口语和方言中的此类新创性用法突然增多，可能形成某些类双宾构式的结构形式，这为我们进行句法构式的描写和归类带来了麻烦。本书主张，对双宾构式的确认要紧紧依靠形式和意义两个标准，相互倚赖，形式上的相似性有时很具有迷惑性，此时就必须牢牢把握双宾构式的构式意义，参照有史以来存在并留用至今的一些次类句法格式来判定这些句法构式的性质归属。以"骂""叫"为例，称封命名类双宾构式中的次级述谓关系是判断性质的[BE]，汉语中对应的逻辑词项是[作/做/为/是/曰]等，即对某种身份、官职、称谓的判定，就命名意义而言，即某人"被称呼为""被叫作是"。有关的用法很多，类型各不相同，例如：

(352) a. ……，故又叫他做①沙和尚。(《西游记·22》)

　　b. ……，那一日不叫他几声父王？(《西游记·37》)

　　c. 你骂我奴才！(《金瓶梅·11》)

　　d. 那潘金莲见月娘骂他这等言语，……(《金瓶梅·75》)

　　e. 他倒把眼睁红了的，骂我："狗攮的淫妇，管你甚么事！"《金瓶梅·62》)

　　f. 我……，并没教主子骂我一句儿，打我一下儿，……，莫不为瞎淫妇打我五板儿？(《金瓶梅·76》)

　　g. 俺丈母……，骂我一篇是非。(《金瓶梅·86》)

---

　　① 再如"后就把玳安改名做西门庆，……，人称呼为'西门小员外'"(《金瓶梅·100》)。

上述用例中，a 句已补出逻辑谓词，整个结构式兼语式，b 句中有"数量"结构即"(几)声"，是修饰动词"叫"的补语，"叫他两声"是动补式，"两声"不转指"叔叔"，而"叔叔"才是[BE]判定的内容，即"他[BE]叔叔"；同样，c 句中"骂"用于双宾式，d 句中"这等言语"转指所骂之辞，e 句中直接引语作 O$_{直接}$；f 句中"一句儿""一下儿""五板儿"①都是动量成分，不是 O$_{直接}$，所在结构是动补性质。同样，g 句中"一篇是非"也是"骂"的补语成分，表程度义。

此期文献中检索出的某些用例出现了一些特殊表达，按照本书界定标准，它们不属双宾式，例如：

(353) a. 老兄依我，你有银子<u>与他</u>些盘缠罢。(《金瓶梅·96》)

　　 b. 贤侄，这衣服鞋袜与你身上，那铜钱<u>与你</u>盘缠，赁半间房儿住。(《金瓶梅·93》)

　　 c. ……，因<u>赐号三藏</u>，……，所以人都<u>呼我为唐三藏</u>。(《西游记·91》)

　　 d. ……，我还<u>打发你杭州</u>做买卖去。(《金瓶梅·25》)

　　 e. 妇人又<u>与他几钟酒</u>吃，打发他厨下先睡了。(《金瓶梅·82》)

上例 a 句和 b 句中，"与他/你"后面的"些"或省略成分"银子/铜钱"与"盘缠"之间有一个隐含的逻辑谓词，比如"作"，而 c 句中"号"和"三藏"是同位语关系，在检索语料中，"打发"一般是使令动词，后接兼语式，所以，"打发你杭州做买卖去"宜理解为"(去)杭州做买卖去"，而不是空间方所类双宾式。像 d 句和 e 句这样的用法不少，应该是将方所成分前置于动词性短语的特殊句式，形式上类似于双宾式。

再说"给"。"给"一直作"供给"义，此期某些用法仍表现出该特征，但也有悄然变化，即其意义在不同的语境中、在高频使用和搭配中，逐渐表现出现在"给"的普通给予义，试看下面三组"给"的用例：

(354) a. ……，升为参谋之职，<u>月给米二石</u>，……(《金瓶梅·98》)

　　 b. 二嫂处请<u>给皇叔俸禄赡</u>，……(《三国演义·25》)

　　 c. 将谡家小加意抚恤，按月<u>给与禄米</u>。(《三国演义·96》)

　　 d. 孔明令右将军高翔，……，往来搬运粮草，<u>供给蜀兵</u>之用。(《三国演义·102》)

① 类似的还有拆分动宾短语，如"告了陈敬济一状"(《金瓶梅·93》)，同"打了某人一下"格式平行，"告了某人一状"也是比照该结构强调对"某人"(即"陈敬济")的负面影响或处置，这异于双宾式范畴。

（355）a. ……有人捕获首告官司者，官<u>给赏银五十两</u>。（《金瓶梅·88》）

　　　b. 操获全胜，将所得金宝缎疋，<u>给赏军士</u>。（《三国演义·30》）

　　　c. 令民间上上之户赴仓上米，讨仓钞，<u>派给盐引支盐</u>。（《金瓶梅·48》）

　　　d. ……封为左将军，许于还都之时，<u>换给印绶</u>。（《三国演义·17》）

（356）a. ……将花太监住宅二所……估价变卖，<u>分给花子由等三人回缴</u>。（《金瓶梅·14》）

　　　b. ……，取衣服与他换了，<u>给以饮食</u>，……（《金瓶梅·47》）

　　　c. 艾将原赐财物，尽<u>分给被害将士之家</u>。（《三国演义·114》）

　　　d. 孔明即令去其缚，与衣服穿了，赐以酒食，<u>给与鞍马</u>，……（《三国演义·87》）

　　　e. ……道："……，<u>只给了百十来两银子</u>。"（《金瓶梅·62》）

对比可见"给"用法的大致演变过程。"给"最初表示按照某种官方或军队的规章制度、依照某种标准定期供给生活或作战所需，多为钱粮米衣、俸禄或其他战备物资，这可见于例（354）；例（355）中的给予行为还带有浓厚的官方色彩，但又属临时性或一次性的奖励、赏赐物品，不再是定期供给；而在例（356）中，给予行为成了个人之间的转移交接，这种给予不再有官方定期供给性质，而是私人间的授受，最典型的是 e 句，实为集市交易中的付钱，虽然它未用于双宾式，但其语义结构已经和双宾式的构式义吻合，"给"此时已完全可用于双宾式了。

4.3.3　明代双宾构式的主要句法表现

　　明代双宾式的句法表现仍承袭前期的主要特点，但已有明显壮大之势，主要表现为所涉动词类型和数量增多，口语性动词和意会性动词双宾式用例增多，高频动词的某些用法使用频率特别高。尤其是，双宾式动词后加完成体标记"了"的用法更普遍，自宋元时期开始的这一现象至明代时已很成熟。前文中已有举例，再如：

（357）a. （母子）<u>算还了小二店钱</u>，……（《西游记·9》）

　　　b. ……，果被这厮<u>占了我巢穴</u>。（《西游记·58》）

　　　c. 黄四摆了这席酒，也<u>与了他十两银子</u>，……（《金瓶梅·68》）

　　　d. 朱武……，<u>赏了王四五两银子</u>，……（《水浒传·2》）

　　　e. 我生前不合混<u>赖了五台山和尚百两银子</u>，……（《初刻拍案惊奇·卷三十五》）

再者，双宾式更多地用于动趋式，即双宾式用如一个单宾动词，后面接补足语成分。前期较多见到"来"，宋元时期"来"就已开始虚化，有用如语气词的意味，至明代，这种虚化完成了①。此外，"去"的使用多了起来，用作典型趋向补语。例如：

（358）a. 你拿出手来，我与你一个字儿去罢。（《三宝太监西洋记·58》）

b. 你便再与他三二斗米去。（《水浒传·15》）

c. ……，起心要去偷他些来用……，偷了他五六十两银子去，……（《初刻拍案惊奇·卷三十五》）

d. ……来此打杀师父，抢了行李去了。（《西游记·57》）

可见，在附着"去"作补语的用法上，双宾式同单宾式的操作方式一样，它作为一个整体已用如一个动词或动宾短语了。这也是双宾式成熟的一个标志。

双宾式的表目的的兼语式扩展还在继续，前文对这种句式杂糅已有分析，由于涉及两个宾语，在后面延伸出来的动宾结构中，视双宾动词不同，其施事可能是原双宾式的主语，或者某个宾语。较之前期，明代的用法有个变化，即双宾动词后可加完成体标记"了"，在延伸结构后面可再添加该标记"了"，或者再添加趋向补语，这是递归性的作用。试看：

（359）a. ……叫他在热炕上睡，与他烧饼儿吃。（《金瓶梅·93》）

b. 朝廷……，赐他一个绣墩坐下，……（《三宝太监西洋记·14》）

c. ……我再与你十四五两银子做本钱。（《水浒传·26》）

d. 这厮从小儿也不知偷了人家多少猪牙子、羊羔儿吃了。（《西游记·86》）

e. 嫂嫂，借扇子我使使。（《西游记·59》）

f. ……，还与薛爷一匹黄褐缎子做袈裟穿。（《金瓶梅·50》）

双宾式的延展结构主要表示目的行为，即施事主语转移交接物品其目的或用途是什么，从逻辑上讲，双宾式之后可以跟表目的的"以"（或者逗号停顿，并使用了副词"且"等），而明代语料中，可以用"去""相"来表目的，于是，动词"去"可能导致连动式。例如：

（360）a. 伯伯，你须还我这个大虫去解官。"……你颠倒赖我大虫。"（《水浒传·49》）

b. 既知我鲍仁是个英雄，慨然赠我百金去求功名，……（《新编绘图今

---

① 根据梁银峰（2007：33-36），除"来"的补语性虚化已完成，动趋式的"V起来""V+N+起来"和"V起+N+来"也都出现了，此时它纯表动作或性状的开始，几乎已成了体标记。

　　　古奇观·苏小小魂断西泠桥》)

　　c. ……，我们自多与你些银子相谢。(《水浒传·37》)

这种杂糅句式有个特点，即"去"之后的动宾组合有自己的宾语，而非以双宾式的 O$_{直接}$ 为其逻辑上的宾语，该动宾结构的逻辑施事主语是双宾式中的 O$_{间接}$，这就可能加重理解负担。实际上，这种句式使用频率并不高。此外，此期双宾式同以往一样，可以用于连动结构，或在前，或在后。例如：

(361) a. 这孽畜偷了我金刚琢去了！(《西游记·52》)

　　b. 反贼盗我战马来此，可早早还我！(《三国演义·120》)

　　c. ……，到明日使小厮送他一两银子，……(《金瓶梅·75》)

　　d. ……，到那里等我打发他钱就是了。(《金瓶梅·68》)

　　e. ……，偷了我首饰物件，夜间逃走了。(《喻世名言二刻·2》)

　　f. 你两个护持著师父，待老孙上去讨他个口气，……(《西游记·67》)

不难看到，双宾式动词和延伸结构动词或动词短语之后又接完成体标记"了"，这是语法规则的类推效应和递归性在起作用，也说明此期句法结构的新变化。除了连动结构，此期双宾式还能用于小句，或附接定语标记"的"充任定语，或充任其他句法成分，或跟上一些加强语义的双音节语气词。例如：

(362) a. ……，恰似收了我三魂六魄的一般，……(《金瓶梅·2》)

　　b. 这个便是那施主，与老身这衣料的官人。(《水浒传·24》)

　　c. ……，与你一口剑也可，……(《三宝太监西洋记·17》)

除 c 句中"也可"外，常见的语气词还有"(也)罢(了)、便了、就是(了)、则个"等，充任中心成分的可以是施事主语(如 b 句中的"官人")，也可以是O$_{直接}$，以及转指性施事主语。分别例如：

(363) a. ……，此是青州徐知府老爹送与小道的酒。(《金瓶梅·84》)

　　b. 这个是夺你女儿的不是？(《水浒传·73》)

上例中，"夺你女儿的"的是转指性质，表示"夺你女儿的[人]"，这同现在说"开车的、骑马的、炒菜的"一样。同样，双宾式的语义关联构式与之并存，且有进一步发展。例如：

(364) a. 吾兵法皆授与姜维，……(《三国演义·104》)

　　b. ……，悄悄与了个熟老娘三钱银子，才得了。(《金瓶梅·50》)

　　c. ……，分文不要与他赏钱，……那厮……，把五两银子赏他，……
　　　(《水浒传·37》)

　　d. 你回家把盘缠交与老爹，……(《金瓶梅·9》)

　　e. 陈敬济取出他那五百两银子，交与西门庆打点使用。(《金瓶梅·17》)

  f. 原来孔明临终之时，<u>授马岱以密计</u>①，……(《三国演义·105》)

  g. 见是<u>送他歌童</u>，心下喜之不胜。(《金瓶梅·50》)

  h. 我到家里，便<u>取一锭银送来与你</u>。(《水浒传·24》)

  i. 长老到重梁之上，<u>取下一个小匣儿</u>，打开来，取出血书一纸、汗衫一件，<u>付与玄奘</u>。(《西游记·9》)

  j. 他……，<u>雇了一匹驴儿与敬济骑著</u>，……(《金瓶梅·93》)

  k. ……，<u>梯己交与奴收著之物</u>，……(《金瓶梅·14》)

  l. 玳安磕头出门，<u>两个抬盒子的</u>②与一百文钱。(《金瓶梅·15》)

上组例句中，a 句里的 $O_{直接}$ 前置于句首③，l 句中是 $O_{间接}$ 前置于句首或动词短语之前，b 句中双宾式之前有更多类型的状语④使用，c 句中双宾式之前有情态助动词，尤其是否定加强调的用法，d 句和 e 句中用"把"标记(或介词)将 $O_{直接}$ 前置以突出其处置方式或结果，即交给了谁，e 句为连动式，$O_{直接}$ 仍前置，但在 $O_{间接}$ 角色之后又有与双宾式操作方式一样的兼语式延伸，表达交与行为的目的，f 句用"以"字结构后置凸显 $O_{直接}$，g 句在双宾式之前用表强调的"是"，h 句是连动式，中间有"来"既可表连续动作行为，也可表示目的，i 句是扩展的连动式，$O_{直接}$ 被提前，它强调一系列连续动作，而非强调给予事实。有趣的是最后两句，是几个结构的自然杂糅，j 句是连动式，"与"若靠在之前"雇"字短语来解读，则理解为动词，若靠在之后部分来解读，则似施益性介词。同样，k 句中，"交与"应作给予义动词理解，即"奴"是 $O_{间接}$，但后接一个偏正名词短语后，"奴"又似同"收著"有主谓关系，最后这两句或可视为"V+NP$_1$"同"NP$_1$+VP"格式的套合，它们享有公约成分"NP$_1$"，而整个结构又充任定语成分。这些表明，此期双宾式的用法不仅传承前期的特点，而且结构也变得更紧凑绵密了，类型也更多。

  总体看来，明代双宾式还是承袭了前期的主要特点，也有一些变化，主要表现为六点。第一，Ⅰ式用法的绝对优势更稳固，Ⅱ式除了少数仿古、存古用

---

  ① 同类格式还可见于"乃唤丁奉<u>授以密计</u>"(《三国演义·86》)、"<u>授与一锦囊</u>"(《三国演义·104》)。

  ② $O_{间接}$ 前置于句首的，还可以用复指代词，例如《金瓶梅》中："<u>两个唱的</u>，月娘每人与他二钱银子。"(第十五回)若用"每人"指称多人时，也倾向于前置，例如："……，<u>每人</u>罚二两银子，……"(第十二回) 空间方所宾语也可前置，如："……<u>脸上</u>刺了两行金字，……"(第十回)

  ③ 类似用法再如"<u>犀牛肉还留与龙王贤父子享之</u>"(《西游记·92》)等。

  ④ 此类用法较普遍，状语类型也较多，再如"常""却再""多"等。

法外，已基本上从文献里消失，现主要留存于南方方言以及一些文言文语料。此期Ⅱ式的特点是 $O_{直接}$ 简短而 $O_{间接}$ 相对更长、更复杂。总体来说，Ⅱ式整体比较简短，而相对于给予和获取等事件及其表达来说，被转移交接物是运动的，也是新信息，而依照信息组织的基本原则，未知信息需要更多的语言描写，它更复杂冗长，也更应置于句尾以获得最大凸显，因此，这种句式就同语言表达和信息组织的规律和要求有矛盾，而只有Ⅰ式满足这个要求，即 $O_{间接}$ 相对更简短，$O_{直接}$ 相对复杂。所以说，Ⅰ式和Ⅱ式数千年来的竞争及其此消彼长的结果其实是语言不断自适应变化以满足交际需要和要求的必然结果。第二，以"一/数+量+名"结构为核心的 NP 及其省略形式有空前发展，量词系统的快速发展发挥了重要作用，此类结构大量地占据了 $O_{直接}$ 位置，成为其主要结构类型。第三，$O_{间接}$ 更趋简短，以代词和简单名词为主，而 $O_{直接}$ 在长度和结构复杂度上达到更高水平，其语义抽象度也明显提升，表述类型多样，内容丰富，与现在的有关用法非常相似了。第四，双宾结构继续出现在连动结构中，继续能与兼语式杂糅，而且结构长度增长，套合的结构体更多，其内部结构层次更复杂，其后的趋向补语、完成体标记或语气词使用更多了。第五，双宾式能充任定语成分了。第六，随着"与"的虚化及其句法位置前移，大量的"V与"动词组合允入双宾式，而且，基于给予义和获取义双宾式的的语义特征，很多与之有语义关联的动词，借助意会机制也能进入双宾式，并在方言和口语中大量使用，所以，此期双宾式的动词类型骤增，这使得双宾式的语义表达类型更多、内容更丰富、表述更生动。这些变化表明，双宾式的演变是整个语法系统特别是句法系统及其各要素不断变化发展带来的产物，它也必须在这个宏观语境中以其他各部分的发展为先决条件而不断调整变化，既跟上句法体系的发展步伐，又融入这个变化的体系，成为其必不可少的一部分。

4.4 清代的双宾构式

清代双宾式的用法总体来说已经同现代汉语的情形没有实质性差异了。在核心高频动词方面，根据徐志林(2013：84)的有关统计，我们可以计算它们的使用频率排名及其占比，大致情况如下：给予义动词依次是"给"(46.86%)、"送"(18.39%)、"赏"(13.17%)、"还"(6.41%)、"委"(3.91%)、"赐"(2.85%)六个，获取义动词依次是"罚"(3.56%)、"拿"(2.02%)、"骗"(1.42%)、"赚"(1.42%)四个。可见，至清代，"给"已跃升为核心高频动词，"与"和"传"不复进入，"赏"和"还"还维持高频使用，但次序调换了，"赐"仍维持原来的次序，"委"的使用突增，而上期的 4 个获取义动词全被替换。从总体看，这些动词的口语体色彩更浓厚，双宾式的使用更贴近百姓生活和日常语言使用。我们仍依照先前的分析模式分别来讨论清代双宾式的特点。

4.4.1　清代的主要双宾动词及其用例

清代语料中，给予义双宾式的用法增多，高频和较高频动词有一定集中趋势，除上述六个核心动词外，还有"赔、托、馈、与、教、借、让、（找）补、加、委、罚、谢和、馈送、孝敬、责罚、答应"及含"给""馈"或"与"的复合双音动词，如"借馈、借给、买馈、出馈、做馈、舍馈、打馈、摘馈、拌馈、赐与、还与、借与、教与、指与、断与、写与、解与、送与、传与、检与、粜与"等。例如：

（365）a. 我赔你一条罢。（《红楼梦·28》）

　　　b. 一家还与你五两银子，五石杂粮，……（《醒世姻缘传·22》）

　　　c. ……，不如罚我一杯。（《红楼梦·108》）

　　　d. ……，连忙还了他个揖。（《儿女英雄传·38》）

　　　e. ……我叫他再找补你一万银子就是了。（《官场现形记·37》）

　　　f. ……结结实实责罚了他三十板子。（《儿女英雄传·22》）

　　　g. ……，忽见几家仆人常来孝敬他些东西，……（《红楼梦·36》）

　　　h. ……，一概委之幕友、官亲、家丁、书吏，……（《儿女英雄传·1》）

　　　i. 许他一年给他一两二钱工食，……（《醒世姻缘传·88》）

　　　j. 舒军门听到耿二又答应史耀全三千银子，……（《官场现形记·28》）

上例 i 句中，"许他……"的应允类双宾式的 $O_{直接}$ 不是一个名词，而是应允的具体内容，即一个完整命题，而该命题又包含一个双宾式。获取义动词，除上述高频的四个之外，还有"得、偷、租、借、弄（著）、赢、买、少、欠、扯、要、落、吃、着、灭、坏、问、亏、罚下、糟蹋、哄骗、借用、昧起、搬出"等，例如：

（366）a. 这个差使，你卖给姓胡的拿他几个钱，……（《官场现形记·37》）

　　　b. ……，偷了总爷二十块洋钱。（《官场现形记·15》）

　　　c. ……，道台要罚他们的钱，一个人也不过罚他们几钱，……（《官场现形记·50》）

　　　d. ……，糟蹋我两棵花，……大不了罚他几角洋钱就了不得了。（《二十年目睹之怪现状·67》）

　　　e. 既然赚他一笔大大的利息和扣头，还白白的得他一个二八提

来，……(《九尾龟·163》)

f. ……与你也无益，弄不著他一个钱。(《儒林外史·13》)

g. 他同我拉交情，说明不要我一个大钱！(《官场现形记·28》)

f 句中"弄"通过(否定式)附加补足语"著"的方式进入双宾式。另外，"罚"也能说明类同于施受同辞的效应。据王凤阳(2011：654-655)，"罚"是"上报下之罪(《墨子·经说上》)"，《说文》"罪之小者"，是对小罪的处分，不似"刑"在上古是摧残身体的，"罚"仅限于罚款、罚服劳役、罚受责打，后世受责打也叫"刑"，所以"罚"就更轻了，一般是缴纳金银财物、削职夺位、服劳役，也有答挞击打的惩处，郑玄曾注"罚，谓挞击之"，至李白《春夜宴从弟桃花源序》"如诗不成，罚以金谷酒数"，即指对违反规定者罚酒，这已超出了罚罪范围，是对罚的借用。"罚"从获取受罚者的金银钱财物品到责打答挞令其承受痛楚有个关键变化，即不再限于获取，而是给予其某种苦难经历(顶多触及皮肉)，这也是借助了 I 式的抽象语义即致使 $O_{间接}$ 角色受到(负面)影响的特点，而致使当事人饮酒(或做出其他行为)在人看来也会带来一定负面效应，因此，"罚"同时有两个意思，既可能表原有的"获取(金钱财物)"义，也可表"使其遭受负面影响"义，所以，在不同的语境中，它允入给义双宾式(如例(365)c 句)，也可入获取义双宾式(《红楼梦·24》有"就罚他二十两银子的东道"，从施受双方看，似乎表给予和获取义皆可，即"给对方处罚""从对方获得银子")，同时，其单宾式用法也并存，也可用作使令动词，即后续动作行为由当事人做出且对当事人来说有负面效应并被作为惩处方式或手段，这可能形成简省结构，例如：

(367) a. 如今罚你取一枝来，……(《红楼梦·50》)

b. ……，遂将包勇罚看荒园。(《红楼梦·108》)

c. 至于现在每人罚他几千银子，……(《官场现形记·50》)

d. 昨儿胡贵不是说道台大人要罚他们的钱吗？(《官场现形记·50》)

e. ……，算是罚我个包揽闲事，……(《红楼梦·50》)

上例中，a 句涉使令性兼语式，b 句也是，但兼语成分从缺，c 句的 $O_{间接}$ "每人"前置以后又使用了复指代词，d 句中"罚某人 NP"的格式被换用成"的"字定语结构单宾格式"罚某人的 NP"，这同现在的"罚你的酒""拖他的后腿""告他的状""出他的洋相""(中医)补他的(中)气"等结构一样①，既是"V+NP"结

---

① 例如："……，难道他倒说继之的好话不成?"(《二十年目睹之怪现状·60》)中，"说继之的好话"即"说(关于继之的)好话"从而使之因此受益。

构的插入式用法，也表示对其中的动作对象的某种影响（一般是负面影响），我们暂不深入讨论，但可见，这个结构在明末清初左右已出现。e 句中，"（一）个包揽闲事"是"罚"的原因，该归入凭借-原因类双宾式，不过这种用法少见。

此期教示问告类动词仍可用于双宾式，但仅限于少数，包括"问、告诉、嘱咐、称呼、叫、谓"等，例如：

(368) a. 袭人又嘱咐他："……"（《红楼梦·37》）

　　b. 鸳鸯……，悄悄的嘱咐了刘姥姥一席话。（《红楼梦·40》）

　　c. ……，告诉他如此这般①，……（《儒林外史· 10》）

　　d. 幼恽……，回头低问厚卿那倌人叫甚名字。（《九尾龟·5》）

　　e. 大家都不叫他赛金花，都叫他作赛二爷。（《九尾龟·175》）

　　f. ……忽听得那人称呼他"秋翁"，方才……（《九尾龟·8》）

上例中，"嘱咐"的 $O_{直接}$ 可以是 NP，也可以是直接引语，或使令性兼语式，如《红楼梦·47》有"叫我嘱咐你散的时候别走"，但兼语式的内容也可视为一个整体作转喻理解，故仍是双宾式性质。另外，"谓"的双宾式用法是仿古，而非口语的说法，例如"先生，你这一番议论，真可谓之发蒙振聩!"（《儒林外史·44》）。就核心高频动词而言，此期双宾式的一个特征是，给予义"与"的使用骤减，虽然其给予义用例还可见，但双宾式用例基本不见，仅少见于书卷语体色彩浓厚或文言性较强的文本。例如：

(369) a. 我有个宝贝与你，……（《红楼梦·12》）

　　b. ……吾曾种有雪桃数株，尔去摘十余枚与之，以成彼孝。（《绣云阁·23》）

　　c. 那封肃便半用半赚的，略与他些薄田破屋。（《红楼梦·1》）

　　d. 尔释吾归，吾与尔食，可乎？（《绣云阁·29》）

　　e. 而今多谢客人与我本钱，……（《儒林外史·38》）

此时"与"主要用如介词以引介动作行为的指向对象，相当于"给"且联系着给予义和施益性，或引介动作行为的关联涉及对象，相当于"同、跟、向"，或用如连词，表示"和"，几乎都是先秦时期就有的用法。例如：

(370) a. ……，亲与他带上。（《红楼梦·3》）

　　b. 邢夫人等……，命人拿椅子与他坐。（《红楼梦·13》）

---

① 此期"告诉"允入兼语式，类似"教、指导"义，如："……告诉憨仙倾出多少纹银。"（《儒林外史·15》）

223

　　c. 不明白的，……，我讲<u>与你</u>就是了。(《红楼梦·48》)

　　d. ……，为此只得<u>与你</u>挪借些还他利钱则个。《初刻拍案惊奇·卷十三》)

　　e. 怀春手提画戟，……，<u>与之</u>大战半空。(《绣云阁·131》)

　　f. <u>吾与尔</u>素无仇隙，……(《绣云阁·1》)

上组例句中，a 句和 b 句中的"与"相当于施益性的"给"或"为"，c 句中的"与"相当于指示对象的"给"，d 句中的"与"相当于"向"，表来源，e 句中的"与"相当于"同"，f 句中的连词"与"相当于"和"。上述"与"都是虚词。"与"的上述用法都已出现了替代表达，而不仅限于动词"与"被"给"替代。所以，"与"的各种用法面临强有力的竞争，其使用大多限于书面语体或文言文色彩浓厚的文本，显得古朴素雅，有学者气，这同"给"多用于口语体对话中的风格不同，例如：

(371) a. 你得了好事情，一年<u>给我</u>多少钱？(《官场现形记·38》)

　　b. 好歹今晚<u>给我</u>一个回信。(《官场现形记·17》)

　　c. 但是马上总要<u>给我</u>一点好处，……(《官场现形记·25》)

　　d. 嫂子是为俺赤春头里，待每人<u>给俺</u>石粮食吃？(《醒世姻缘传·22》)

　　e. ……回来<u>给他</u>几个酒钱就完了。(《儿女英雄传·3》)

根据徐志林(2013:86)的有关统计，动词"与"构成的双宾式仅在《绣云阁》这样的文言性较强、有仿古意味的作品中使用较多，而其他作品中，"给"的双宾式用法占绝对优势，甚至完全取代了"与"字双宾式。"与"的这个使用特点一直延续至今。

　　"给"对"与"的双宾式用法取代值得关注。前文已析，"给"初始义表"供给、提供给养""供应生产生活或军事物资"等，至宋明时期未变，但在《金瓶梅》等作品中，已能见到表一般性"给予、使对方得到"的"给"用法了，不过只是动宾结构，而宋代文献中可见一例双宾式，尽管不是一般性给予义，如下(转引自徐志林，2013:85)：

(372) a. ……，仍赠昶坟庄一区，<u>给守坟人米千石、钱五万</u>①。(《宋朝事实·卷十七》)

　　b. 太祖……，仍<u>给赐钱帛</u>以遣。(《宋史·卷四百七十九》)

　　c. ……，悉以钱帛<u>分给战士</u>。(《宋史·卷四百七十九》)

可见，不论是否双宾式，"给"都同"(官方)供应"义有关，"给与、供给"等含

―――――――

① 该例也见于《宋史·卷四百七十九》。

"给"的复音动词，也都表"赏赐、分发物资、供应物品"义，变化仅在于是否定期供应：官方非定期的或一次性给予后来也叫"给"，这是其语义的关键引申，是允入双宾式的语义条件。徐志林（2013：85）指出，单音节"给"的双宾式用例在清代骤增，迅速摈弃"供给"义，一改近代汉语中"给"字使用局面，完全取代"与"而成为最高频核心动词，表一般性给予。这一用法延续至今，清代是其演变关键期。一般认为，《醒世姻缘传》是汉语史上第一次大量使用现代意义的动词"给"的文献，从其中"给"的使用大致可见其演变过程和机制。

　　根据蒋绍愚（2002）、李焱（2003）和路广（2006）等，《醒世姻缘传》中的"给"主要用作动词和介词，其动词性用法共计 351 例，大体有 5 类功能：1）"给予，使对方得到"，这是主要用法，约占用例总数的 90.31%；2）"致使对方遭受"，约占 4.56%；3）"容许、致使"，用法与"叫、让"相近，约占 2.56%；4）"供应、供给、发放"，约占 1.14%；5）与今天"请假"的"请"相近，约占 1.43%。分别例如下：

（373）a. ……，作每月赎谷，给孤贫，给囚粮，助贫穷冠婚丧祭，……（《醒世姻缘传·12》）

　　　b. 这老官屯的地，……嫂子肯就干给了俺罢？（《醒世姻缘传·7》）

　　　c. 我还有好几顷地哩，卖两顷给他嫖！（《醒世姻缘传·52》）

　　　d. 那素姐……声也不做，给了婆婆个大没意思，……（《醒世姻缘传·45》）

　　　e. 次早，向先生给了假，要到湖上……（《醒世姻缘传·37》）

a 句内的"供给、供应"的原始义现在已少用；b 句内的一般性给予义已成主体用法；c 句内的"容许"义源于给予义双宾式表示目的义的扩展结构的引申用法；d 句内的"使对方遭受"义，其实是"给"的一般性双宾式用法的引申，即从"给予"到"致使（拥有）"到"婆婆拥有了'一个大没意思'所代表的效应"；e 句内的用法同一般性"给予"义是何关系，尚需探讨①。而"给"的介词性用法共有 156 例，主要有 3 项功能：1）引进交付、传递的接受者，用在动词后，其之前多为交付、传递义动词，也有少数例外，这类用法约占总用例的 74.36%；2）引进动作的受益者，约占 23.72%；3）引进受话的对象，相当于"对"，约占 1.92%。例如：

（374）a. 俺有是俺的，没的是奶奶分给俺的？（《醒世姻缘传·22》）

---

　　① 类似用法还有："晁夫人叫人往书房里师傅跟前与小和尚给了三日假……（《醒世姻缘传·30》）"。

  b. ……进的门，先把这种子**打给一顿**，再把老婆也打顿给他。(《醒世
   姻缘传·40》)

  c. 人家嗔怒<u>没给他说成秀才</u>，……(《醒世姻缘传·41》)

  d. 你<u>不给我说</u>，罢，我把这腊嘴进给老公，……(《醒世姻缘传·70》)

上例中，a 句里"给"后接 O~间接~角色，这是普遍用法，b 句内未带该角色，这是少数情形，c 句中介词"给"与现今的一样，都在动词前，未见用在动词后的，"给"后省略宾语的有一例；介词性的用法是从"给"的双宾式用法引申而来，因为双宾式既涉及**致使**物品位移和**致使**接受者拥有，也涉及**致使**后者(通常)受益。《醒世姻缘传》中还有一个基本相当于"给"的"己"字(纯记音字)，它和"给"一样，也同时用作动词和介词，共有 38 例，其中动词"己"共 23 例，分两种用法：1)"使对方得到"，共 18 例；2)"使对方遭受"，共 5 例。介词"己"共 15 例，也有两种用法：1)引进交付、传递的接受者，共 11 例，和"给"一样，都在动词后；2)引进动作的受益者，都在动词前，共 4 例。例如：

(375) a. 你<u>己我</u>那丫头稀米汤呵！(《醒世姻缘传·11》)

  b. 这件事晁大哥也没得了便宜，叫大爷<u>己了</u>个极没体面。(《醒世姻缘
   传·9》)

  c. 我有本事哩。你<u>传己我</u>罢。(《醒世姻缘传·58》)

  d. 这也顾不的，叫人<u>己他</u>收拾去处，明日使人接他去。(《醒世姻缘
   传·7》)

上述"己"的用法跟"给"类同，很可能是后者的变体。但"己"仅见于第 6 至第 58 回，第 58 回后全部用"给"，原因不详，或许是因前后作者不同，也可能是图书流传过程中，校雠者等人因为某种原因把"己"修改替换。在《醒世姻缘传》中已经出现了"给"表"使役"、"容许"和"使对方遭受"的用法，但用例很少，而表示"被动"的用法未被检索，不过，在较之稍晚的作品中已能见到"给"引进动作的受害者的用法，例如：

(376) a. ……，我把你的腿<u>不给你</u>砸折了呢。(《红楼梦·67》)

  b. 我那么老长的个大针，你纫了纫，咋的<u>给我</u>剩了半截子了？(《儿女
   英雄传·24》)

上述两例都表示引进受害者，还是和"给"的双宾式用法自身携带的"致使、使役"义素有关，原型的供给和给予事件是包含转移交接事件的致使事件，其 O~间接~角色都是致使行为及其效应的受益者，在引申情景中出现受损者也是自然的，这也表明，"给"的表意功能在扩大，而这种扩大都基于双宾式原型义(素)。表被动关系的用法，据蒋绍愚(2002)，在《红楼梦》中有零星用例，在

《儿女英雄传》中有较多用例。所以，总体看来，"给"从表"给予"到表"被动"中间经过了表"使役"的环节，有关句法结构，其每一步都经过基于句式演变的重新分析，表使役的"给"和表被动的"给"有先后关系。"给"在现代汉语中全部的句法功能和用法在晚清时期已全部具备。不过，"给"（包含"与"）的动词用法和介词用法之间并非截然区分，而可能存在连续统，"给"的虚化首先在连动结构中因为在其之前的动词语义特征（即本就表显著的给予义）而显得其语义冗余之后发生，若该动词的语义在给予义表达方面不很明显，"给"的动词性则比较明显，"给"在逐步虚化为指示物品转移交接对象的介词后，跟其他介词短语一样，其句法位置就可前移，或者它可以附着在某动词后，一般都表对象，尽管它也可同该动词构成连动结构，例如：

（377）a. ……，悄悄<u>送了孙雪娥两方绫汗巾</u>，……（《金瓶梅·25》）

　　　b. ……玳安<u>送了四盘羹菜</u>……，<u>送与李瓶儿做生日</u>。（《金瓶梅·15》）

　　　c. 西门庆先差玳安<u>送了一百石白米与夏提刑、贺千户</u>。（《金瓶梅·26》）

　　　d. <u>送菜给你</u>，外头没放着小方门么？（《醒世姻缘传·43》）

　　　e. 若给了穷人，一则与他们也无益，……要<u>舍给</u>穷人，何不就<u>散钱给他们</u>呢？（《红楼梦·29》）

　　　f. ……，我还<u>留下二十两给我表侄</u>。（《儒林外史·36》）

　　　g. 那魏氏盗去的银子<u>留给了魏才一百多两</u>，……（《醒世姻缘传·42》）

在明代文献中"与"未被"给"完全替代，其主要用法同后来的"给"基本一致，都出现了"V+O+与/给+O""（O）+V 与/给+O""V 与/给+O+O"以及"与/给+O+V（O）"等格式，乃至后来发成了平行替换①。上组例句中，b 句里"送"带单宾语，a 句中则在双宾式里，c 句中"与"在连动结构里还有较强的动词性，因为"送"的动作经过了一段时空距离，"昨日蒙哥送了那两尾好鲫鱼与我，送了一尾与家兄去"（《金瓶梅·34》）句中的"与"失去了强动词性，因为"送"同"与"几乎同时发生，于是"与"更像是指示转移终点或对象，其介词性更强，正因如此，所以有了 b 句中"送与"，此时"与"语义较虚，后面例句中"送"和"给"的情形类似，而 e 句中，"舍给"里的"给"语义较虚，而"散钱给他们"里的"给"语义较实，因为"散"的给予义色彩并不浓厚，这就需要"给"来弥补并指

---

① 比如："还剩了一个缺，谁知……要求<u>与他孩子捐</u>，……"（《红楼梦·13》），也能表达为"今年是上京<u>给他儿子捐官</u>，……"（《红楼梦·10》），两种用法可互换。

示给予对象①；同理，f 句中"给"动词性也强，但在"头上拔下这枝金簪子递给我"(《醒世姻缘传·41》)的连动结构中，"递给"中"给"动词语义较虚，在 g 句中，附着在"留"之后，"给"的动词语义虚化了，而在"连我这身子都要托付给你哩！"(《醒世姻缘传·39》)中，"给身子"的说法更能说明"给"的语义虚，当属介词类。

4.4.2　清代双宾构式的主要形式和宾语特征

双宾式Ⅱ式同Ⅰ式自上古汉语以来就一直竞争，也分工合作，但从历时角度看，Ⅱ式一直处在劣势，在萎缩和衰败，至明代，Ⅱ式在主流文献和口语当中基本上消亡了。前期曾有习惯上还用于Ⅱ式的少数动词，如"献、传、授、委、施、加、遗"等，在清代都基本未再见，即便是文言仿古色彩浓厚的文献如《绣云阁》中也几乎不见，《儿女英雄传》仅见一例"委"用于Ⅱ式，即(336)h，算作四字格成语式用法②，不代表口语用法，重列如下：

(378) ……不知感化民风，不知爱惜民命，讲得是走动声气，好弄银钱，巴结上司，好谋升转。甚么叫钱谷刑名，一概委之幕友、官亲、家丁、书吏，……(《儿女英雄传·1》)

清代双宾式的 O$_{间接}$ 依旧承袭前期的特点，不论语义和动词类型，仍以人称代词占绝对优势，其中复数性的表达有增加，然后是音节简短的名词(含人名)，NP 作宾语的不多见，这与现代汉语的情形无异。而 O$_{直接}$ 方面总体上也是延续前期的特点，较明显的变化就是"一+量+名"结构使用很成熟了③，这主要表现在使用频率剧增和文献分布广泛，"量词"的数量和类型增多，现代汉语中的主要量词，在清代基本都能见到，而名词的所指也是内容丰富、五花八门，量词中"个"最常见，形成了泛化泛用态势，再就是"(一)些"，随着"一个+NP"等 O$_{直接}$ 的大量使用，O$_{直接}$ 的语义内容也更抽象，各种结构性成分都能进入该位置，表达信息、感受、体验、结果、处置或效应等，例如：

(379) a. ……，爽俐狠狠给他三十两，打发他个喜欢。(《醒世姻缘传·34》)

---

①　类似再如："而今这一千两银子，送与你……今晚送来与你。"(《儒林外史·25》)和"……，上岸先兑五百两银子与你。"(《儒林外史·25》)"……，我已把三百两银子兑与了他。"(《儒林外史·32》)

②　成语式用法不算"鲜活"。再如"……要暂借他三千金，了你这桩大事"(《儿女英雄传·9》)。

③　"名+数+量"结构仍可见，例如"还要赔我名誉银子若干"(《官场现形记·58》)，两式的凸显信息不同。

b. ……，不讨你一声知感，……(《儒林外史·14》)

c. 到了衙里，……，就给他个下马威①。(《醒世姻缘传·96》)

d. ……，总还求你赏他一个脸，……(《官场现形记·26》)

e. ……，劈头子没给人句好话！(《醒世姻缘传·22》)

f. ……，大大的给他一个没趣。(《九尾龟·35》)

g. ……，给他个斩钢截铁，……(《儿女英雄传·21》)

h. ……那位姑丈只给他一个不见。(《二十年目睹之怪现状·71》)

i. 莫如给他个不说长短，不辩是非，……(《儿女英雄传·30》)

从上述用例看，有原型性较高的实物和信息转移交接，还有"（一）个+NP"
"（一）个+AP"和"（一）个+VP"等转喻性用法，某些熟语也能进入其中作
$O_{直接}$，可以说，$O_{直接}$位置能容纳的结构和语义成分空前丰富多样，这种涵括力
的扩张充分证明汉语双宾式的表达力已达新高，而这些内容都同双宾式原型义
即"致使某人拥有某物"和抽象语义"致使某人拥有该物所带来的体验或效应"
有密切联系。

有趣的是，$O_{直接}$出现了更多指代性成分②。指代性成分能强化名词性成分
的定指度，使之更有定，有一定的强调凸显作用，纵观汉语双宾式的发展史，
$O_{直接}$一般都是不定指的，如果定指，则是前文已出现的旧信息，则通常用代词
如"之"指代而进入Ⅱ式，清代双宾式中近指代词"这"和远指代词"那"以及疑
问代词却能进入$O_{直接}$，或者用于定语结构，且不论双宾式次类的类型，有时
候代词还能直接作$O_{直接}$，这些都值得关注，例如：

(380) a. ……，他就告诉娘子前日路上没有盘程的这一番笑话，……(《儒林
外史·33》)

b. ……，细细告诉他这得病的缘故。(《儒林外史·16》)

c. ……，匡超人告诉他这些话，……(《儒林外史·19》)

d. ……上天赐我家这一双贤孝媳妇！(《儿女英雄传·27》)

e. ……又怪不的上年竟给你那些梅花。(《红楼梦·63》)

f. ……所以他们就顿顿给我这个吃。(《二十年目睹之怪现状·101》)

---

① 前有"与他一个下马威"，《醒世姻缘传·2》中有"已是与了我两三遭下马威"，在
清代，"给"基本已取代"与"。

② 明代文献中已能见到少数此类用例，如"我与你这封书，……(《水浒传·5》)"
"我们胡乱也买他这桶吃，……(《水浒传·99》)""……，你拿我这个银钱，……(《三宝太
监西洋记·74》)"。

g. 太老爷何尝交给我什么冠来！(《七侠五义·83》)

h. 难道老爷就不赏人家点儿甚么吗？(《儿女英雄传·40》)

i. ……到家告诉浑家向太老爷这些恩德，……(《儒林外史·26》)

j. ……，他告诉我如此。(《儒林外史·42》)

明清时期这种语言现象表明 O~直接~ 的构成还在变化中，朝着多样化的方向发展，因为名词和 NP、动词和形容词乃致熟语甚至代词等成分都能进入 I 式，这表明 O~直接~ 位置的容纳能力似已达极限。但是，这种用法可能也只是尝试和历史传承，不必然代表最优配置，毕竟 O~直接~ 位置应留给不定指成分，这关乎基本认知原则和信息组织规则。对这种定指度较高的成分，汉语已为它准备好了更合适的句法位置和表达手段，即使用"把、将"等介词将其提至动词短语之前的位置①，这样就改变了表达形式。换言之，双宾式 I 式并非高定指度 O~直接~ 信息的最佳表达形式，在语言表达经济性和交际效果最大化的制衡杠杆作用下，弃绝该法，可能理所当然。

4.4.3　清代双宾构式的主要句法表现

清代双宾式在句法表现上承续了前期几乎全部特点，比如动词后添加完成体标记"了"，已很成熟，此外，双宾式继续出现在连动结构中，在表目的的扩展结构(含获取义双宾式)中，兼语式也进一步发展，特别是扩展结构中的动词，已可见重叠用法，如"看看、尝尝"，表示短时体语法范畴或尝试义，例如：

(381) a. ……可是谁给咱顿饭吃，……(《醒世姻缘传·28》)

b. 你若不信，给你件凭据看看。(《儿女英雄传·8》)

c. 叫人端一碗你尝尝。(《儿女英雄传·38》)

d. 在外国的中国使馆是租人家一座洋房做的。(《官场现形记·56》)

e. 他借你柜台摆摆篮子，……(《官场现形记·54》)

f. 病重了，给了你二三十两银子叫你买布妆裹，……(《醒世姻缘传·41》)

g. ……，给了我一坛薄酒来了。(《醒世姻缘传·34》)

h. 求军门借给我五万银子盘费。(《二十年目睹之怪现状·83》)

_____

① 前置是避免在 O~直接~ 中使用定指成分的方法之一，例如："奶奶把这文书总里交给俺两个。"(《醒世姻缘传·22》)"这文书"和"两个"之间的对比说明有定名词较之无定名词更宜居前。

  i. ……，还要<u>罚</u>他一个<u>东道儿</u>再说。(《红楼梦·37》)

  j. ……，我<u>送</u>你<u>盘费</u>回去。(《儒林外史·15》)

上例中，a 句和 b 句中 I 式后接动词所表示动作都由前面 O_{间接}发出，c 句是 II 式用例，像"端一碗你""把一个我"等表达仍常见于现在南方方言，此时，"你""我"是转移交接物的位移终点，而它们又开始扩展而构成一个新结构，其中，它们往往充任主语，是"端一碗你"和"你尝尝"两句的糅合。当然，双宾式内的成分在该延展结构中充任什么成分，也取决于词语义类型和上下文，例如 d 句，"做的"和 e 句中"摆篮子"的逻辑主语对照，这两句中都是获取义动词。其余句中，双宾式和兼语式、连动式的杂糅显而易见，倒是 j 句"我送你盘费回去"中，"盘缠"是"我"送的，"回去"的则是其接受者"你"，但"你"和"回去"及"盘缠"之间没有动宾关系，不是"我送你盘缠用/东西吃"类的典型用例。其语义不难理解，是"我送你盘缠，以便你拿着这些盘缠回去"，这也是"送盘缠"行为目的的表达，没有脱离双宾式扩展结构的语义，但其理解成本更高，虽说也算较新的形式①，但显然只照顾了经济性而牺牲了一定的有效性，应属竞争力较弱的结构②。不过，重叠式对动词使用而言是重要的手段，一般认为表短时体和尝试义的重叠式在元明以后已很普遍，但那也只是出现在单宾结构中或单纯的动词重叠，出现在双宾式里并能构成兼语式的用法应该是在清代才出现，这值得关注。

  清代双宾式中除继续使用完成体标记"了"以及趋向动词"来""去"、语气词"罢""不成"③等外，还能使用经历体标记"过"。双宾动词一般是瞬时动词或非持续性动词，因此不适用于进行体或持续体标记"着"，可见，双宾动词能带"过"是体范畴上的一大变化，其句法表现和语义表达更成熟。不过，此期能携带该标记的动词很少，例如：

(382) a. ……，而且还<u>赏</u>过他<u>顶戴</u>、<u>匾额</u>。(《官场现形记·54》)

  b. ……，我已经替你<u>送</u>过他<u>五百两银子</u>。(《官场现形记·16》)

  c. 我曾<u>给</u>过<u>牡丹</u>一对玉钗，现在哪里？(《七侠五义·90》)

  d. ……，到底老师<u>委</u>过<u>门生</u>这们一个差使，……(《官场现形记·56》)

---

  ① 此用法不多，再如："……，我<u>送</u>你些<u>盘缠</u>投奔他去。"(《儒林外史·31》)

  ② 更有效的表达是："横竖是<u>要给他钱他才肯走路</u>"(《官场现形记·22》)，即明示下面小句里的主语。

  ③ 《儒林外史》相关用法例如："只求开恩还我女人罢！"(38 回)"严老爷还有些贴与你不成？"(6 回)

清代双宾式整体上用作定语的用法明显增多了，一般使用结构助词"的"或"之"，例如：

(383) a. 这个人……，<u>拿过他一万二千块的一个大主顾</u>，……(《官场现形记·5》)

　　　b. ……，赵不了<u>给他钱的时候</u>，……(《官场现形记·13》)

　　　c. ……，<u>王孝廉给他两个铜钱买烧饼吃的那个二爷</u>，……(《官场现形记·2》)

　　　d. ……，<u>我岂有仅给你三个毫子之理</u>，……(《二十年目睹之怪现状·57》)

上面 c 句，将双宾式扩展结构作为一个整体作定语，其特别处在于，被定语修饰的关系化成分或核心成分是 $O_{间接}$，在现代汉语里对 $O_{间接}$ 作关系化处理时一般要增加复指代词，一来在语义上指代被关系化的 $O_{间接}$，二来满足双宾式的形式条件。另一个同定语结构有关的就是对 $O_{直接}$ 的关系化，此类用例常见，主要是因为对 $O_{间接}$ 关系化时，形式处理和语义理解都要更大成本，所以不够经济，我们尚未发现其他用例，而对 $O_{直接}$ 的关系化一般简单沿用双宾式的语序模式，通常加"的"标记，例如：

(384) a. <u>奶奶给咱的那银子</u>合粮食是做甚么使的？(《醒世姻缘传·22》)

　　　b. 这算是<u>我送给你的一份贺礼</u>，……(《二十年目睹之怪现状·83》)

　　　c. 这是<u>他给你的下马威</u>，……(《醒世姻缘传·43》)

　　　d. 早已打点下行装细软以及<u>馈送亲友各色土物人情等类</u>，……(《红楼梦·4》)

前文已述，涉双宾式语义表达的另一种常见形式是借助句法或语篇等手段将某个宾语前置，例如用"把"字句，或话题化，等等，此时，不仅仍能使用由双宾动词构成的单宾结构(未被前置的一个宾语)，该结构仍可作类似双宾构扩展的操作，形成同类型的句式套合和结构延伸，检索显示，将 $O_{直接}$ 前置更多见，例如：

(385) a. 你换几个好的<u>给他</u>罢。(《醒世姻缘传·41》)

　　　b. 香钱我<u>送与你</u>。(《儒林外史·16》)

　　　c. ……连钟凉水也没<u>给他们</u>吃。(《醒世姻缘传·22》)

　　　d. 把咱两个的<u>让给这二位</u>客吃罢，……(《醒世姻缘传·23》)

　　　e. 快把输的银子<u>送来给我</u>置办东道，……(《醒世姻缘传·38》)

　　　f. ……，还肯把潍县城外一块地方<u>借给我们</u>做操场。(《官场现形记·58》)

g. 我有些刀法、拳法，传授与你。(《儒林外史·38》)

h. ……请夏老爷自己剪下来，借给我供一供祖宗。(《二十年目睹之怪现状·56》)

i. 叫库吏把那前日拆封的余银兑一百二十两来，交付靳时韶等送还晁夫人。(《醒世姻缘传·22》)

j. 靳时韶、任直将了银子，……，送还与晁夫人，……(《醒世姻缘传·22》)

k. 我有十两银子在此，把与你夫妻两人，……(《儒林外史·38》)

l. ……你若不弃嫌，就把与你做个孙媳妇，……(《儒林外史·21》)

m. ……，两副行头，租与两个戏班子穿著。(《儒林外史·26》)

n. 你这房子既是我家太老爷买与你的，……且拿五十两银子与你去。(《儒林外史·32》)

上组例句中，a、b、c句中的$O_{直接}$都直接明了，d、e、f句重则借助"把"字句将之前置，并且有的句中出现了连动或延展结构或兼语式，g句中用了表拥有或存现义结构，h句中$O_{直接}$没有明说，由前文给出，i句中既使用了"把"，也使用了有致使义的兼语式，j句中使用了连动式，k句也用了拥有义的存现句①，但"把与"进入双宾式，l句中前文对$O_{直接}$有描述，"把与"后的双宾式则有兼语式的延展，m句中$O_{直接}$话题化，n句中$O_{直接}$直接描述，"买"虽同"与"结合，表义重心却在"与"上，其之后的用例，则是连动式，"去"虚化了。上述例句说明，众多关联构式跟双宾式并用，适应了语篇要求和信息组织要求，更有利于修饰、限定或补充性等句法成分的组织安排，增强表义效果。至于$O_{间接}$的前置，同前文所述，如果涉及"每人"②等复数而需前置时，一般会在后面结构中补足"他"作$O_{间接}$，形式完整而表义明晰，也有不是用的，例如：

(386) a. ……，后来又每人送了他一石小米，一石麦子，……(《醒世姻缘传·22》)

b. ……叫他们来，每人分给他几亩地，……(《醒世姻缘传·22》)

c. 此外再每人分给杂粮五石，银五两，……(《醒世姻缘传·22》)

d. 如今用四个骰子掷去：掷不出名儿来的罚一杯，……(《红楼梦·108》)

---

① 也有否定式的，例如："……，别说没有一个钱的东西给他们，……"(《醒世姻缘传·22》)

② "每人"的用法不同："……，待每人给俺石粮食吃?"(《醒世姻缘传·22》)

前面(381)j 句"送你盘费回去"的有关讨论说明句法结构扩展的一个规律，即双宾式的结构扩展被限定在最多一个小句内，一般涉及最多一个述谓动词，有关语义角色在双宾式的三个角色中选择，这样就可能出现不同的兼语式表达，也可能牵扯表达或理解的经济性，一般地，涉及给予义双宾式的更复杂，其中又以涉及 $O_{间接}$ 为兼语式逻辑主语而不涉及 $O_{直接}$ 角色的表达成本更高，理解更困难，反过来，由双宾式的句尾成分充任"公约数成分"而自然扩展出来的结构最易理解，所以最常见，例如：

(387) a. 且说赛金花听得那位卜大人竟<u>叫他做总统宪太太</u>，……(《九尾龟·174》)

　　　b. 所以一店里人都<u>称呼他是个"老阿呆"</u>。(《儒林外史·9》)

　　　c. ……，人<u>叫他"新娘"</u>，他就要骂，要人<u>称呼他是"太太"</u>。(《儒林外史·26》)

　　　d. ……吾<u>赐汝号为"乐道"</u>焉。(《绣云阁·44》)

　　　e. ……，所以<u>继之给他个名字叫撇儿</u>。(《二十年目睹之怪现状·59》)

上述命名称呼类表达式，在 $O_{直接}$ 和后续扩展结构之间有表判定的"为、叫、是、做"等系词。不过，这些用法只是表明，这种句式扩展遵循普遍的规则，同样适用于其他结构，而不限于双宾式，例如：

(388) a. 范进即将这银子<u>交与浑家打开看</u>，……(《儒林外史》)

　　　b. ……银子，都<u>把与你去丢在水里</u>，……(同上)

　　　c. ……，你<u>把那汤端了来我尝尝</u>。(《红楼梦·35》)

　　　d. 今年果子……，<u>不信摘一个姑娘尝尝</u>。(《红楼梦·67》)

　　　e. ……，现在罚他<u>把已收到的节礼，退出一半</u>，……(《官场现形记·45》)

　　　f. 所以<u>嘱咐你别理会他</u>。(《红楼梦·3》)

　　　g. ……，<u>讲开一年给他两数银子制衣裳</u>，……(《醒世姻缘传·88》)

　　　h. ……，每人五十亩，<u>分给你八家耕种着吃</u>。(《醒世姻缘传·22》)

　　　i. ……胡师傅，<u>央他写个字给你们罢</u>。(同上)

从上组例句可见，包括双宾式在内的句式扩展有普遍性，基本原则是，前后套合的相邻结构的句法和语义上要关联和"公约"，即重合共用，例如"有人把银子送上门来给他用"可视为"有人把银子送上门来"叠加"银子给他"后再叠加"他用(银子)"，这已成规约，便于理解。倒是 c 句和 d 句值得关注。最可能的理解是，"你把那汤端了来"叠加"我尝尝(那汤)"，那么，"端来(给我)"中的"给我"逻辑上存在，虽无形式表征，但根据语言、文化和交际知识等背景信息都能理解，南方方言里能说"端碗汤我(尝一下)"，但"端了来我"不成立。再看"不信摘一个姑娘尝尝"，"摘"的施为者是前文的"我"还是后面的"姑娘"？而"摘一个(果子)姑娘"似乎大异于Ⅱ式，所以，更可能的理解是"(姑娘)不信，(你自己)摘一个(果子)尝尝"，或者"(姑娘)不信，(我为你)摘一个(果子)，给你，你尝尝"。所以，这个表达有些偏离既有格式，须借助语境知识进行意会。不过，总体来看，句法编码和解码仍离不开既有的句法结构，它们是先决条件和资源手段，而句法形式的扩展也会受到制约，借助语境和意会等，人们总在尝试在经济性和有效性之间寻找平衡。

总体来说，清代双宾式在明代已经基本成熟的基础上又有发展，同现代汉语里双宾式的用法基本等同了，一个显著变化是，"给"实现了对"与"的全面替换，经历体标记"过"开始频繁使用，$O_{直接}$的"一+量+名"结构已成熟，量词和名词的搭配丰富多样，组合灵活，基于"给"的给予义双宾式的抽象核心语义进一步扩展，基于"一+量+名"结构的多种句法形式如形容词短语、动词短语、小句和熟语表达等都能作 $O_{直接}$，这既可以使之更抽象，也能令其表达更形象生动；双宾式的扩展还在发展，表现出杂糅的尝试，出现了一些新形式，虽然它们自身还在调整适应。

4.5　汉语双宾构式历时考察的总结和基本结论

我们对有关考察结果和研究发现做个总结。关于范畴界定，汉语双宾结构有史以来就一直存在，它码化为SVOO，双宾语的语序可互换，从而形成同一结构的Ⅰ式和Ⅱ式的对立，$O_{间接}$在 $O_{直接}$之前的是Ⅰ式，码化为SVO_1O_2，反之则是Ⅱ式，码化为SVO_2O_1，这种形、义之间有较稳定的匹配对应，双宾语对应着基于双宾动词的事件框架语义相关角色，尽管其中角色类型多、句法结构语义次类多，它都是汉语双宾式。这两个变体的演变脉络和结果不同：Ⅰ式一直发展和成熟，Ⅱ式虽然起源同时，但维持着衰退式微的大势，其所容纳的动词在语义类型上渐少，最终在明代从汉语共同语里基本消亡，只有极少数涉及给予、获取义的动词和语义类型仍残存在现代汉语南方方言口语。Ⅱ式的衰亡主要由其结构组织和信息表达不够经济和有效导致，反过来，Ⅰ式的发展和成熟主要是由于它符合和满足了信息组织和语义表达的原则和要求，即记录物品转移交接事件时，已知的接受者信息不是关注重点，其形式表达趋简，常以代词指代且先出现，而被转移交接物发生运动位移，更受关注，是新信息，它常常需要修饰限定，因此结构繁复、冗长，多置于句尾占据自然焦点位置(详参陆丙甫，2005)。两个变体的演化与分流是汉语发展变化的自适应性选择和结果，是人们在核心语用原则制约下的自然选择，即言语方式必须实现表达经济性和交际有效性之间的平衡。这是语言演变中优胜劣汰的结果。

Ⅰ式的肇始同古代祭祀(献祭)活动及其语言表达密切关联，同三宾式联系紧密。从那时起，它就存在多种语义类型，这些语义次类曾长期并存，但又有使用限制，主要是因为古汉语的语法系统特别是介词系统尚不发达的时候，三宾式及双宾式承担了很大的表义任务，但仅靠一个谓语动词关联起多个语义角色，势必造成理解负担，影响表达准确性和交际有效性，因此，随着语法化进程及介词数量和类型的增加，宾语类型减少，部分双宾式次类逐渐被含有介词短语的单宾式取代，比如"为(/替)""以/因/用""使/令""于/在""对/与/向""与/同/共"等介词短语的出现使得为动类、凭借-工具类、使动类、空间方所类、对动类(含与动类)等次类逐渐消失，虽然消失的时代和步幅不同，但大势一致。同时，Ⅰ式的给予义、获取义和教示问告义次类保持发展或维持平稳，直到近代乃至现代汉语，从核心高频动词的使用看，Ⅰ式始终都在向物品(所有权)转移交接这个表义核心集中，历代核心高频双宾动词都表达"给予"或"获取"义，在各历史时期，具体动词有一定消长替代和频次变化，但在核心和基础语义上维持不变。① 总体上看，Ⅰ式的表达愈加适于口语，其书面语体色彩逐渐减退，但"传"基本只见于Ⅱ式，流传至今，有习语性质，表现出古雅庄严的风格，它和其他动词如"遗、致"等的双宾式用法很多都复音化而凝固成词，因此，所谓"动宾结构带宾语"的句法格式一般都有双宾式的渊源，这不仅限于给予或获取义类，实际上，此类句式还同双宾式的其他曾经存在但现已消亡的次类用法密切关联。因此说，双宾式的演变趋势就是一个语义类型不断趋简、其核心语义类型使用频率不断提升的过程，这就像一个倒置的三角形，Ⅰ式最终语义简化而集中单一，成为专司表达物品转移交接的句法构式。

核心高频双宾动词发生历史性竞争和替代。例如殷商甲骨文时期最常用的是祭祀类动词，上古至中古乃至近代宋元时期，赐与义动词使用最高频，自明清以来，最常用的则是给送义类动词。从表义内容看，双宾式从表达上天神祇赐与到帝王皇权赐与再到平民百姓之间的转移交接，经历了三个阶段。除了清代双宾式中"给"对"与"的替换，东汉时期"与"也战胜了"予"，成为上古、中

---

① 综合徐志林(2013)的统计，排前十位的核心双宾动词在各期的用例总数分别是：西周 70，春秋战国 473，西汉 509，东汉约 130，魏晋六朝 423，隋唐五代 283，宋元约 310，明代 514，清代 843，现代汉语时期 666，主要动词有"给、送、借、还、让、赏、罚、夺、骗、偷"等。双宾式的使用总体上维持上升趋势。

古乃至近代汉语核心给予义动词。"给"对"与"的替代不能排除社会原因，如政治、军事、经济、文化教育和传播活动等，其句法功能相对更简单，能提高表达经济性和交际有效性也起了作用。结合现代汉语来看（详参张国华，2011），基于"给"的双宾式在语义引申方面已达到很高的水平，单音节的"给"和"V给"格式已成为近代汉语自清代以来乃至现今最核心的词汇模式。这种原型性双宾式引申抽象出来的关涉"施益-指向对象"，特别是"致使 O$_{间接}$角色承受某种效应"的意义使得"给"的句法和语义功能变得更多、更复杂，这就对双宾语特别是 O$_{直接}$产生了重大影响。

Ⅰ式和Ⅱ式都经历了双宾语结构和语义上的变化。Ⅱ式的比较简单，居前的 O$_{直接}$一般是音节简短的代词或名词，居后的 O$_{间接}$一般是音节更复杂的名词或名词短语，总体变化趋势是二者都在趋简，尤其是 O$_{直接}$，大多以代词"之"充任，不过，这期间也有短期的反复和波动。Ⅰ式中的 O$_{间接}$经历了由简趋繁，再由繁趋简的过程。具体而言，上古汉语前期，O$_{间接}$多是人称代词，从秦汉到隋唐五代时期，它多由名词或 NP 充任，显得相对繁复，但自宋元时期开始，它又开始更多由代词充任，该趋势维持到晚清至今。在其语义特征方面，它是有生的、转移交接物的接受者，是该物位移的终点，它拥有该物且对之有操控处置力。在原型意义上，有生性程度高的是有意志力的人和动物，在基于"给"的双宾式因高频使用而语义不断抽象后，构式可纯表"致使受影响或效应"义，因此 O$_{间接}$引申而不必有高度有生性，生命性低甚至无生的事物也可以充任之，比如"我给了松树一脚"。O$_{间接}$趋简是认知规律和语言信息组织原则的要求和体现。

O$_{直接}$的语义特征相反，其原型是无生的离散物，实际的予取物通常是生命度很高的人或牲畜动物、不能移位但领有权可交接的土地等也能作 O$_{直接}$。进入近现代特别是民主共和时代，不再有给予或获取人类（所有权）的现象，因此，O$_{直接}$又变成无生离散物。总体来看，O$_{直接}$维持趋繁之势，上古汉语里多由光杆名词充任，中古和近代汉语里其修饰限定成分渐多，而 NP 更多由"数+量"结构充任限定修饰成分①，它最早更多在名词之后，但后又逐渐移位至名

---

① "数+量"成分修饰名词经历了漫长的前移过程。O$_{直接}$受到"数"的修饰限定最早见于甲骨文，在名词前；量词出现后就移至名词后，至战国时期，"数+量"成分可移至名词前，但受限，如用"之"标记；至西汉时期，《史记》中"数+量"成分可不用"之"而灵活居于名词前或后，但用例少。这种相对自由灵活位置的用法持续到唐五代时期，居前使用"数+量"结构的用法出现微弱优势，至宋元时期该优势明显。

词之前，在宋元时期，尽管"数+量"结构在名词之前和之后的用例并存，但居前的用法占优势，这种优势一直增强并持续至今。此外，还有并列结构的 $O_{直接}$，并列性成分曾经一度较多，但后来又逐渐维持适中的长度和复杂度，包括"所"字结构和"者"字结构的使用。这两个结构增强了 $O_{直接}$ 名词性成分的有定性。至清代，使用指示代词的 $O_{直接}$ 出现，有定性更高，但这作为一种尝试或习惯传承对信息组织原则有违背，通常如果不是为了强调，有定具体的成分要借助其他手段居前表述，如"把"字句、话题句等。所以，在 $O_{直接}$ 的有定性确定方面，汉语有许多尝试和调整，最终选择了更符合事实的中度有定成分，它典型地由"一+量+名"结构及其变体表达，既避免使用无定光杆名词，又避免使用有定的带指示代词的名词，毕竟，被转移交接物是该物所属范畴的体现，可量化表达，但不适合用指代词最大限度地去凸显，"一+量+名"结构最佳。这是现代汉语里 $O_{直接}$ 的显著特征，该特征在明清时期已明显，直至今日都是主流。

　　双宾式的发展不能脱离语法体系的发展而独立自足地进行。后者是前者发展的条件和使用的背景，该条件既促进也制约其发展，两者的发展必相适应。双宾式最初同连动式关联密切，它可用于连动式，或在前，或居后，这两个句法位置都为其发展变化准备了条件。换言之，双宾式的很多发展变化都在连动式的语境中实现，比如"与"和"给"的语法化。反之，其他一些句法范畴也在连动式①里形成，如动补结构，以及"与、给、为"等介词的产生和"了、过"等体标记的产生。双宾式的兼语式结构扩展同其他句法结构的扩展都遵循同样的规律和法则，即作为双宾式表义重心的成分可兼作后续扩展结构的句法和语义角色。另外，双宾式的表义内容还可用其他多种结构来表达。换言之，双宾式只是众多表义手段选项中的一个，对这些结构的选择通常受语言内外因素的影响，比如信息结构和篇章组织等。双宾式同这些关联构式一样，有各自的表义侧重和信息组织特点，语言使用者须作恰当选择，以更好地服务于信息组织需要。纵观整个发展史，双宾式及其语义关联句式如"于"字结构一直并存，随着语法化进程，"以"、"为"等其他介词短语结构以及话题化等语用手段都为双宾式的表义提供了选择，这些自适应调整变化都是为实现交际目的。包括

---

　　① 最早的连动式通常需要连词，如"而"，约在魏晋六朝时可不再需要连词，兼语式同双宾式的相连较早见于《史记》，但此时使令行为和给予行为还是同一人，至唐五代时期产生新兼语式，两动作可由不同的人发出。"给他一本书看"等在宋元时期渐趋频繁，在明清之际已臻成熟，已能用如动词而携带完成体标记。

双宾式兼语性扩展结构在内的句法结构扩展现象说明，人们总是在经济性和有效性之间保持平衡。

汉语的动宾语义关系从一开始就复杂多样，这是因为汉族先民的整体—直觉等思维在追求形式简明的同时赋予了动宾结构过多的表义内容：靠动词构建事件框架语义，靠直觉的事件角色机械并置来凸显意象，动词后的名词角色组织遵循相同的规则，不论角色的数量多少，因此，双宾式、三宾式都比照动宾式承担表义负载。换言之，在语法化大规模发生之前，双宾式有过重的语义负荷，因角色多样而可能导致歧义和模糊。为表义明晰，动宾式特别是双宾式调整自身的形、义对应就成了必然。动词允入的句式受制于其事件框架语义，但句式的选择还受到其他因素影响。就双宾式及双宾动词来说，有的始终只能用于双宾(性质)结构，如"赐、与"等，有的一开始不用于双宾式，但后来逐渐能用于且主要用于双宾式，比如"献、问"，还有的一开始能进入双宾式和其他构式，但后来逐渐淡出双宾式，而只允入其他格式，例如"示"①。另外一些词，本不允入双宾式，但与虚化的"给、与"等复合后就能进入了，这种方式较能产。这些也说明，论元结构具有开放性和动态变化特征，受语用等因素影响，它会产生历时变化；导致变化的一个必要条件是动词的高频性，亦即使用和组合频率高的动词，其论元结构通常不稳定，高频使用的双宾式其形义特征不断强化，会对其他有语义关联的动词产生句法弥散作用，对它们允入双宾式产生强大的趋同或压制效应。双宾式在形义变化过程中逐渐变得更具口语性，逐渐用于表达纯粹的物品转移交接事件，而其他涉及更多语义角色及其内部关系的事件，通常要借助介词短语同动宾结构的合作来表达。汉语双宾式的这种语义表达专门化或窄化过程有满足表义明晰的动因。

总之，双宾式在殷商时期的三宾式逐渐消亡后继续发展演变；从春秋战国时期到宋元时期，不论是双宾语结构和语义特点，还是动词的语义和类型都在调整，其中，Ⅰ式不断壮大，语义表达范围不断缩小，而Ⅱ式不断衰退；约至元末明初，双宾式的发展趋向成熟，现代汉语中见到的兼语式扩展结构此时已出现，一般动词具有的时体标记此时已具备，"一+量+名"结构使用成熟，成为 $O_{直接}$ 的主要形式，$O_{间接}$ 主要采用简短的代词或名词，Ⅱ式基本退出共同语，$O_{直接}$ 的各种隐喻、转喻表达明显增多；至明代，双宾式用法同现代汉语时期基

---

① 根据陈练军(2010)，"示"从春秋时期到唐代经历了从及物性降低的过程，其句法自由度随着双音化进程在唐代大幅下降，使用受限，经过元明时期进一步降低，至清代，"示"已发展成为不自由语素。

本无异，这是其基本成熟期，而清代则是其活跃期，已同现今用法无异了。前文的工作假设，即汉语双宾式的演变过程是个语义表达专门化的过程，最终演变为专司表达物品转移交接事件，大致成立。

第 5 章　现当代英语的双宾式

英语双宾式是论元结构及句法-语义接口研究中的经典课题之一，也是构式语法研究的热门话题之一，国外有关研究很多（详参 Mukherjee，2005：1-69；Colleman & De Clerck，2011：186）。过去，研究聚焦于与格变换，但基于构式语法的与格变换研究不多（例参 Goldberg，2002；Mukherjee，2005：52-54；Wolk et al.，2013：385），近年来相关的研究增多，例如 Cappelle（2006：18）和 Perek（2012，2015：153，629）等。他们提出了构式变体/构式位（allostruction / constructeme）模型，认为构式间的交替变换不只是副语言现象，它应该有独立的理论地位和价值；参与与格变换的是双宾式和与格式（也称介词与格式、"to 型介词宾语式"（to-POC）等），它们意义接近，但并非因为允入动词有很高重合度，两式关联紧密，体现于共有一个图式性的上位形式，这个更具概括性的结构叫"构式位"①，两式是其变体。该说有理。采用构式语法理论框架研究与格变换有独特的理论价值和现实意义。考虑到英语历时发展的特殊性及其同汉语的类型差异，我们将重点考察该构式位及它同两式的动态关系，先从构式语法视角审视双宾式，关注双宾动词及论元结构构式如何决定小句的意义。根据 Perek（2015）的基于用法的动词价理论以及构式义的词汇性源头的观点，我们要讨论一般性论元结构构式问题，分析动词词汇义和构式义间的互动，考察一些关联构式，分析当代英语双宾式的语义结构，描写其原型意义范畴，并归纳各语义次类中典型动词的语义特点。此外，我们会对与格变换中的不对称分布作分析，简评相关解释方案，并引入基于变换的能产性的概念，亦即与格变换的句法操作具有的能产性。

---

① 这类似于音位、词位等，是抽象单位，有各种变体。就句法性构式位而言，它是基于形式迥异但语义近似的几个句法构式所做的概括化形式。

5.1 论元结构构式和双宾式

一般认为，动词和论元结构构式都会影响其所构建的小句的意义。构式实为抽象图式，它限定了特定语义角色以及小句涉及的论元数量和类型，是决定小句意义的关键因素，这一主张跟基于动词的事件框架语义学一致。句法构式的形成又依赖于原型动词及其高频使用，满足一定语义条件的动词才允入一定的句法构式，造出无限的句子，亦即构例，它们例示或体现同一抽象构式，因此，动词在决定构例意义方面也很关键。动词及其所例示的构式如何影响小句的意义，两者是何关系，谁起决定作用，一直众说纷纭。对与格变换，我们先要把握构式语法研究的核心原则，还要了解基于用法的构式语法本身。根据该理论，语言表征形式主要是在语言使用当中由普遍且高频的具体用法决定，不论是共时还是历时意义上，用法都直接反映形式表征，用例代表和反映语言结构及其背后的认知结构。

考察当代英语双宾式的语义结构，就能确定其核心意义是否也表达物品所有权转移交接，确定其构式义是否也多样化且具有特异性。搞清楚了共时性双宾式构式语义的结构和类型，就为我们考察双宾式历时性语义变化以及与格变换的语言学性质和地位提供参照，有利于更好地审视双宾式及其相关构式的历史演变特点和总趋势。分析双宾式语义，必须结合动词和构式的相互关联性，这样也有助于理解构式知识和构例之间的关系，Croft（2003）提出了词汇性-图式性层级网络，这启发我们从该角度去描写和解释双宾式的语义结构，厘清上述抽象和具体间的关系。

5.1.1 聚焦论元结构构式：动词和构式的互动

关于动词在决定论元的数量和类型方面起何作用，有两派观点。动词中心说或投射论都强调动词的作用，认为论元的实现方式就是具体词条限制条件的投射（详参 Perek，2015：16）[1]。有人认为动词词条的输入会受限，图式性论元结构构式的作用更大。Perek（2015）等基于构式语法理论提出一个折中观

[1] 词汇投射论者主要有 Levin（1985，1993）、Levin & Rapoport Hovav（1988，1995，2005，2008）、Rappaport Hovav & Levin（1988，1998）、Gropen et al.（1989）、Pinker（1989）等。但构式语法学家对其多有批判，例如 Goldberg（1995：9-23；2013，2014）、Croft（2003：50-53）、Perek（2015：15-23）、Boas（2014）等。

点，即言语者既需要有丰富的词汇知识，又要了解动词和构式间的分工协作（另参 Herbst，2011）。我们认为，词汇输入在构式语义产生过程中起重要作用，两者具有一体两面的互动关联性和不可分割性。根据 Perek（2015），考察论元结构须走自下而上基于用法的路子，要辩证和综合地考虑词条和构式的互动合作、相辅相成。

多数动词都表现出一些普遍特征。相同语义类型的很多动词可进入某些一般性句式，这表明动词概念语义特征同其句法表现之间有某种系统性联系，比如，某些动词的及物性特征以及允入句式的数量和类型相同或近似，通常一个动词允入多种句式，见例（389）各句里的 *cook* 和 *build*：

(389) a. Tom *cried*.
　　b. Tom *cooked*.
　　c. Tom *built* a house.
　　d. Tom *cooked* a dish.
　　e. Tom *built* Kate a big house.
　　f. Tom *cooked* Kate a nice dish.

根据 Goldberg（1995：21），动词进入句法结构并非取决于动词本身，这些结构本身就是具有独立地位的构式。构式处于一个相当抽象的图式性水平上，可称为框架性句法构式，人脑中存储着关于构式以及各种（动词）词汇性构式的知识，这些语言知识是心智或百科语义知识的一部分。框架性句法构式将众多的论元（语义）角色投射于形态句法形式（含各种功能性范畴），而这些论元角色由相关事件框架语义类型来具体指派或规定，这就是框架性句法构式自身的意义。据此，图式性双宾式含三个语义角色，即施事（体现为主语）、接受者（O$_{间接}$）和客事（O$_{直接}$），它用于表达转移交接事件，即物品在两个有生实体之间成功转移交接，其基本语义可概括为"致使得到"。上述关系如图 5-1 所示（Goldberg，1995：50）：

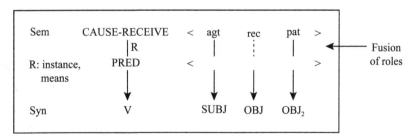

图 5-1　英语双宾式的图式特征

有人主张，构式对特定的论元角色有限定和要求，而具体动词在自己的事件框架语义基础上也要求或携带特定的参与者角色，如果某动词允入某句法构式，那它本身携带的论元角色就会"熔入"构式所限定的那些角色，从而整合为一（详参 Jackendoff，1990；Goldberg，1995：50-52；Perek，2015：24）。这种相熔要遵循语义连贯原则和对应原则。前者要求有关角色在语义上和谐相融，不能彼此矛盾（详参 Goldberg，1995：50），亦即基于动词的事件框架语义要与这个抽象构式的意义一致（详参 Perek，2015：24）。后者则与论元的勾勒（profiling）有关，亦即使得论元角色高度凸显且总是可及的（详参 Langacker，1987；Goldberg，1995：44，50），它要求对参与者角色的词汇性勾勒和表达必须跟构式的被勾勒的论元或语义角色相熔。Perek（2015：28）指出，如果遵循了上述原则，而且构式和动词各自限定的角色之间又和谐一致，两者就具有内在兼容性。以表达给予事件的动词（如 *give*，*pass*，*hand* 等）为例，被勾勒的语义角色间的语义兼容和对应是直接限定的，因为"X 致使 Y 得到 Z"的结构意义就是由动词本身的语义规定的，而且，该结构中被勾勒的语义角色与该动词关联的参与者角色之间也有一一对应关系，该关系被投射到小句中相应的句法位置上，就形成了双宾句。见图 5-2（Goldberg，1995：51）：

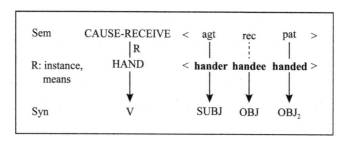

图 5-2 含动词 *hand* 的双宾式的混成性熔接结构（composite fused structure）

不过，语义角色的识解和判定必然带主观性。若将有关参与者角色识解为例示了该构式的论元角色，那么判定语义兼容性就有灵活性（详参 Perek，2015：25）。例如，根据这种强制性识解要求，人们必须把 '*John sent Paris a post*' 一句中的目标角色解读为接受者论元。同样，如果表未来转移交接或信息传递义的动词用于双宾式，也须将之解释为动词义的隐喻性引申，即信息是转移交接物。动词性角色和构式性角色在熔接过程中若出现其他问题，也可以用角色勾勒作统一解释：或是角色数量错配了，或是违反了构式性限制条件。反正，构式总会影响语句的意义解读，还赋予其组合性意义之外某种意义。比如动词 *post*（含近义词 *mail*），其事件框架语义已经限定了两个被勾勒的参与者角色(即'poster'和'posted'),还有一个角色'postee'一般不被勾勒。在双宾式中,所有的论元角色基本同等显著,它们都有形式表征且都靠近动词,因此在勾勒方面基本都对称。在双宾式和动词的混成性熔接结构中,postee 角色被勾勒而地位得以抬升,换言之,双宾式使得在无标记的、一般性句法结构中原本不被勾勒的角色获得了同等被勾勒的地位,如下面的 *you*:

(390) a. I'll post the manuscript when I leave. (无标记句式)

b. I'll post **you** the manuscript when I leave. (双宾式)

有时候,用于双宾式的动词在构式义压制(coercion)下会获得新的语义解读,比如 *bake* 和 *kick*,跟 *post* 一样,在各自的事件框架语义中也有类似的语义角色限定(分别是 baker、baked 和 kicker、kicked),它们一般性用于单宾式,并不与独立存在的接受者论元联系,但在双宾句中,例如'*Joe baked* **Marina** *a cake*',接受者论元出现并得到勾勒,这个额外的新义由双宾式赋予(详参 Goldberg, 1995:52-56; Croft, 2003:50-53; Boas, 2013:236-237; Perek, 2015:25-27)。通过压制效应,就能解释非典型结构成分如何允入构式并在该语境中获得新义,那就是,构式义凌驾于动词义并迫使它在构式框架内获得与之和谐匹配的语义解读(详参 Michaelis, 2005; Lauwers & Willems, 2011)。

总之,从构式语法角度看,论元结构涉及构式和动词的互动,是二者协作调适的结果,二者都会影响表达和理解。这个描写方案很有解释力,它与投射论不同,投射论强调动词的决定性作用,主张用动词性一词多义解释各种论元实现形式及其内部差异。

构式的来源是个大问题。从语言产生和语言获得角度看,是先有构式还是先有动词?我们如何知晓动词及其构式能提供或限定多少和哪些参与者角色呢?毕竟,很多动词常用于不同的构式,如果我们认可相互关联的句式用于勾勒不同的语义角色和凸显不同的信息,都具有转喻性,那么,动词的概念性输入信息就能在不同的构式中得到不同的凸显(详参 Perek, 2015:28; Fillmore, 1977c&d; Langacker, 1987, 2008; Talmy, 1996, 2000; Croft, 2012)。比如动词 *cry* 和 *die* 可用于不及物、单及物和双及物结构等句式:

(391) a. She cried.   b. She cried her eyes blind.

c. She cried me a river.   d. She died.

e. She died a violent death.

在 b 句 *cry* 的动结式中,受其构式意义压制,整句的表义重心是"*cry* 造成 *her eyes* 变得 *blind*",c 句的双宾式中,得到勾勒的是整个事件,表示"她为我哭出了一条泪河",e 句 *die* 的同源宾语构式中,受构式义限制,整句的表义重心是

"She died in a violent way"或"Her death was a violent one"中的 *violent*。动词 *sell* 也如此，从勾勒特征看，在单宾式中，转移交接事件的肇始阶段得到勾勒(例如"*Tom sold his car.* ")，而在双宾式中，得到勾勒的是整个事件，是整体扫描结果，表达"卖方致使买方得到了所卖物"之义(例如"*Tom sold Tim his car.* ")，而不及物性的中动结构中，得到凸显的只是 selling 行为本身，买方和卖方不勾勒(例如"*The book doesn't sell.* ")。

　　故而，对 *sell* 的基本价模式就可能有多种解读，它关联两个或三个参与者，那就要对它的双宾式用法和单宾式用法分别进行基于压制的论元增减解释，这又有悖于语感。Perek (2015：30-31, 33)指出，多数动词在使用时极少会表达出自己所关联的全部参与者角色。一般来说，如果考虑进识解①因素，亦即不同的人甚至同一个人对同一个事件可以作不同的体认，那么，人脑中动词的概念性意义本就是明确的，言语方式是主观化的、灵活的，人们会根据动词义和构式义的互动而将动词用于不同构式，从而勾勒或凸显不同的角色，传递不同的信息(另参 Langacker, 2008, 2009)。言语表达必然具有转喻性。另外，很多动词都表现出程度不一的特异性句法行为，这很难用高度抽象的构式来解释。因此，人脑中既要存储大量的图式性论元结构构式知识，还要存储大量零散琐碎的基于特定词条、因词条而异的知识，在动态性语用过程中，动词既可能有规约性用法，也可能有新创用法，比如，*donate* 和 *whisper* 目前还不能合法用于双宾式，*explain* 用于双宾式还很有争议(详参 Goldberg, 2019)，*provide* 越来越多地用于双宾式。Diessel(2015：314)因此认为，动词和构式之间的关系就像某个概率网络的一部分，该网络取决于语言使用，动词和构式就依靠不同的激活值发生关系。这个观点有大量实证研究的支持(详参 Perek, 2015：33-37；Nemoto, 2005；Iwata, 2008；Boas, 2008, 2013；Faulhaber, 2011；Herbst, 2011)。

　　Perek (2015：43)还指出，动词并不只有一种对其事件框架语义的识解方式，只要有规约性，它常有多种识解。有人将这种观点解读为：动词可以实际表现为多个词条且各自对应着特定的参与者角色，这是将其视为抽象的词位，在实际语句中的那些词条就类似于该词位的变体，尽管这些变体在拼写和语音方面都相同(详参 Diessel, 2015：314)。不过，Perek (2015：43)认为，并非动

---

　　①　索绪尔也承认，语言符号与所指物始终隔了一层。这个"一层"就是认知，具体说来就是识解。认知语言学认为，语言是对同一事物的不同描写过程，一旦识解被锚定于某特定情形，就增加了主观色彩的疏离。

词的每次新创用法都会形成新的变体词条，关键还是取决于其高频使用。因此，词条的性质和数量如何判定，不完全有任意性。Perek 对价模式的认知地位与其使用频率的相关性的实证研究很有洞见，所谓价模式，就是与动词有关的参与者角色形成的框架在句法上的表现形式，但他没有明确词位的句法学地位。本书主张的事件识解方式同句法构式的形式之间存在对应关系，这与他的核心思想完全一致，动词能关联和激活一个而非多个事件框架语义，尽管它可能因语言文化、因时因地而异，它进入的构式不同，也只是不同识解和表达的需要所致，动词及其概念本身是唯一的，我们不主张句法性词位的存在。另外，不论是强调抽象构式所起的作用，还是强调动词自身的作用，或者更凸显图式或层级的作用，在构式语法的框架内，各方观点都足以统一解释基于具体词条的知识及其概括性表征形式（详参 Croft，2003：65；Boas，2008；Traugott & Trousdale，2013；Barðdal & Gildea，2015）。

我们认为，动词是第一性的，构式是第二性的，论元结构构式通常是在原型动词用法的基础上形成并逐渐形成一定抽象意义的，构式多有衍生性。也就是说，词汇材料在构式义自然显现的过程中起关键作用。言者对具体的、有完全（词汇）填充的模式有体验，它为句法构式奠定了基础（详参 Diessel，2015：312）。论元结构构式的意义与其分布关系密切，这方面证据很多，包括动词的分布偏好性和习得偏好性等。Perek（2015：80）和 Diessel（2015：312）都指出，句法构式通常与特定的词汇甚至某个单一词汇关联，两者的意义相匹配。而且，构式往往对那些在语义上与构式义相兼容的词汇（如动词）开放。可以说，论元结构构式的意义其实是抽象自例示该构式的那个或那些动词。

有不少语料库研究的结论都支持上述观点，比如 Stefanowitsch & Gries（2003）做过构式搭配分析，Zehentner（2016）做过显著共现词位分析（distinctive collexeme analysis）。Stefanowitsch & Gries（2003：211）认为，使用构式搭配分析法能揭示动词同构式的语义兼容程度，利于发现特定语法结构中特定槽位（slots）在多大程度上偏好或局限于某特定集合的或语义类的词条。他们发现，在 ICE-GB 语料库中，最常用的双宾动词是 give，它是双宾动词的原型成员和最佳范例（详参 Stefanowitsch，2006 & 2013）。Stefanowitsch & Gries（2003）和 Stefanowitsch（2006）还发现，其他常用双宾动词还有信息传递义动词，如 tell，ask，show 等，以及各种类型转移交接义动词，如 send 等具体转移交接义动词和 offer，promise，allow，leave 等意图转移交接、情态转移交接和未来转移交接义动词，等等。这些发现都支持双宾式表转移交接义这一观点（详参 Green，1974；Erteschik-Shir，1979；Pinker，1989；Goldberg，1992，1995，

2013：19；Rappaport Hovav & Levin，2005；Goldberg，Casenhiser & Sethuraman，2005）。有些动词，如 *do*，*keep*，*make*，*have*，*cry* 等，其内在的事件框架语义并不涉及转移交接，但偶尔也用于双宾式，如 *do me a favour*，这都属于习语式固定表达，能产性很低。因此，就不能说这些动词决定构式语义（详参 Stefanowitsch，2013：294）。不过，Stefanowitsch（2013：5；2006：65）又指出，某些动词确实能够用于它们通常不关联的句法结构，这又说明动词和构式一定程度上彼此独立。有些动词事件框架语义结构同 *give* 以及双宾式构式义有兼容性，但它们并不能用于双宾式，例如 *donate*，*murmur*，*shout*，*whisper*，*say*[①] 等，这表明，语义兼容性不是动词允入双宾式的唯一条件，应该还有其他因素制约着这些动词的进入。

语言获得研究发现，构式对允入动词有分布上的偏向。Goldberg，Casenhiser & Sethuraman（2004：298）发现，在某儿向语语料库中，最高频双宾动词是 *give*（占全部双宾式用例数的20%）。Goldberg（2006：92）指出，某动词在构式中的主导地位会强化其语义同该构式间的关联，这能帮助习得者搞清该构式义。还有研究检验双宾式用作预测转移交接义表达的提示效度，结果也发现，构式义是从其原型动词的语义中推衍出来的，在孩童获得构式义的过程中，这些动词发挥了关键作用（详参 Goldberg，2006：109-111；Casenhiser & Goldberg，2005；Boyd，Gottschalk & Goldberg，2009）。这种效应有普遍性，也见于二语习得以及成年人一般性语言学习。Perek & Lemmens（2010）发现，ICE-GB 语料库中，多达50%的双宾式用例都使用 *give*，这同 Stefanowitsch & Gries（2003）等人的研究结果一致，同 Tomasello（1992）提出的"动词孤岛假设"也吻合。[②] 我们相信，成年人也会有类似的心智处理过程，他们也会从高频使用的原型性用例中抽象出更具一般性的概括形式，即位于不同图式性水平上的各种构式，这些构式既可能联系着一定数量的语义兼容性动词，也可能联系着兼容性不强的一些动词。Stefanowitsch（2013：9）和 Perek（2015：111）都认为，在处理具体和抽象的过程中，通常不是谁取代谁或消灭谁，而是将具体实在的语言范例跟抽象出来的构式及其有关知识一并处理并存储于人脑。

---

① 古汉语的"言"和古英语的 *say* 都能用于双宾式，这是我们必须从历时角度考察双宾式变化的原因之一。

② 该假设认为，孩童最开始获得的都是基于具体词项的语言知识，随着语言经历的逐步丰富，他们会从大量的同类型用例中进行抽象，最后获得构式知识，包括其形式和意义等。

5.1.2 双宾式的语义和动词类型

英语双宾式的构式义一直受到各家关注。结合 McRae et al. (1997) 和 Croft (2003) 的主张，我们还关注所谓动词特有的、动词类特有的和抽象的构式，以及一些特异性双宾式用例。

Goldberg (1995: 33) 认为，英语双宾式具有构式性一形多义，即同一个形式对应于各不相同但又彼此关联的意义。*give* 是原型双宾动词，其意义与构式核心义联系最紧密，该核心义就是，施事自主地且成功地致使有意志的有生接受者接受了某物。核心义之外还有各类的关联意义，这些次类意义在原型度方面不同。有些动词跟 *give* 一样内在地表达给予行为，如 *pass*, *hand*, *serve*, *feed* 等，有些动词因具备一定意义特征，也可用于双宾式表达"成功的转移交接"，例如表弹道运动位移义的动词(如 *throw*, *fling*, *toss*, *kick*, *slap*, *shoot*)、有特定方向指示的动词(如 *bring*, *take*, *send*)，等等。根据 Green (1974)，Gropen et al. (1989)，Pinker (1989) 和 Levin (1993) 等①的有关研究，Goldberg (1995: 38, 75, 148-149) 列出了双宾式核心义之外的六种次类意义，她 (2002: 333) 后来又添加了另外六种次类意义，使其语义分析和描写更精细(另参张国华，2011: 59-60)：

1) Conditions of satisfaction imply 'X causes Y to receive Z' (e.g. *promise*, *guarantee*, *owe*)

2) 'X enables Y to receive Z' (e.g. *permit*, *allow*)

3) 'X causes Y not to receive Z' (e.g. *refuse*, *deny*)

4) 'X intends to cause Y to receive Z' (verbs of creation or obtaining, e.g. *bake*, *knit*, *make*, *get*, *buy*, *grab*, *win*, *earn*)

5) 'X acts to cause Y to receive Z' (verbs of future giving, e.g. *leave*, allocate, grant, *bequeath*)

6) 'X causes Y to lose Z' (e.g. *cost*)

Goldberg 用一形多义联系来解释这些次类意义跟核心义间的关系，从而对构式义内部的关系作统一描写。对跟主语和双宾语有关的非典型用法，她用隐喻性引申联系来解释，也同构式核心义联系起来，表明它们之间有隐喻性映射关系。例如，双宾式的核心义是源域，'*John gave the car a push*' 和 '*His question gave me headache*' 一类句子从源域引申而来(详参 Goldberg, 1995: 33,

---

① 有关语义分类还有 Wierzbicka (1988: 359-387) 和 Hunston & Francis (2000) 等。

75-77，141-151）。Goldberg（1995：143-149）还指出，允准引申句的隐喻类型可以不同，有的是隐喻性动作行为，即故意针对某人的动作行为是一种实体并被转移交接给当事人，有的是管道隐喻，比如 *tell* 的双宾式用法，是将被传递的信息视为实体朝向听者运动位移并最终被其接受（详参 Reddy，1979）；*show* 的双宾式用法中，"展示"行为可概念化为某种知觉结果向知觉者转移，所见即所获。原型双宾式语义有一些限制条件，例如，施事必须是自主的、有意志的，接受者必须是有生的，客事是三维有形的离散实体，等等，但有些用例明显违反这些条件，例如"*The music lent the party a festive air*"，Goldberg 也将之解读为隐喻性引申，即"致因事件即为被转移交接的实体"之引申。该句表明，无生的三个语义角色也能被压制进双宾式。

　　Goldberg 的语义描写得到了一些跨语言证据的支持，例如，Geeraerts（1998）对荷兰语双宾式的分析也基本适用她的这个框架（另参 Colleman & De Clerck，2008，他们赞同 Geeraerts 的分析）①。关于核心义和引申义之间的关系，特别是引申方式方面，Colleman 和 De Clerck（2008：201）认为荷兰语不同于英语。Goldberg 提出辐射集状的表征形式，它有一个基础义和多个独立附加性意义，两类意义之间直接联系；而 Geeraerts（1998）提出，表征形式带有语义引申，引申的维度多样，每个引申都对应于双宾式语义核心的特定组成部分。此外，对特异双宾动词 *forgive*，*envy* 和（*not*）*begrudge* 同双宾式语义联系的解释，看法也不同。Goldberg（1995：131-132）认为，*forgive*，*envy* 等词的双宾式用法有词源学理据，因为它们的原初意义就与'give'密切相关：*forgive* 最初表达'to give，to grant'义，*envy* 则表达'to give grudgingly'或'refuse to give'②。Colleman（2006）和 Colleman & De Clerck（2008：202）则认为，*forgive*，*envy* 等能用于双宾式是因为发生在多个维度上的几个变化：1）从物质性向抽象性转移交接的隐喻性引申；2）从朝向 $O_{间接}$ 的转移交接向源自于 $O_{间接}$ 的转移交接的方向上的变动，以及/或者 3）从领有性转移交接的实际导致发生向对该转移交接表明态度的引申。

　　该方案也适用于 *cost* 等褫夺义动词的双宾式用法，它不具原型性，主语常

----

① Geeraerts（1998）认为荷兰语双宾式也会语义引申，其初始义是"自施事向积极的接受者发生的物质性实体的施益性转移交接"，引申沿不同维度进行，有的是方向，有的是转移交接对有生参与者产生的影响，还有的是被转移交接实体的性质以及随后发生的领有关系。

② 查询古英语词典及古英语语料库后得知，该意义并非其初始义，而是较晚后才出现的。

常不具自主性和意志力，不具施事性，也不一定最终实际上领有了客事，但可以解读为"主语施事致使 O$_{间接}$ 所指之人失去（而非得到）O$_{直接}$ 所指之物"，亦即领有关系并未建立，而是终止或撤销，例如，"*The new car cost him a lot of money. / John's mistake cost Kate her job.*"（详参 Colleman & De Clerck，2009：34；Colleman & De Clerck，2008：204-206）。因为有生的宾语由于有关动作行为而失去了某物，褫夺义动词的双宾式用法表达的是剥夺领有权，或导致领有权失去。此说也有道理（另参 Pinker，1989：111；Goldberg，2002）

这个特异性意义同双宾式的转移交接的核心义反差很大，从转移交接的位移方向看，它们正好相反：给予义等多数意义类型都联系着右向运动，而 *cost* 等表达的意义类型联系的近乎左向运动（另参石毓智，2004a）。Goldberg（2002：333）和 Colleman & De Clerck（2008：204-205）对该语义特点的解释近乎一致。Goldberg 指出，心理语言学研究表明，概念及其反义形式通常密切联系。Colleman & De Clerck 指出，人们在一定程度上可以预期：关联着给予行为（或者阻止给予行为，比如 *deny*）的框架语义也可能编码反义关系。这样就等于承认同一个结构可以表达相反的语义类型，从而将反向给予、不给予、阻止给予、条件式给予、未来给予、情态式给予等多种关联语义类型统一于一个解释框架内，承认一形多义关系（这让我们想到古汉语的施受同辞现象、"于"的语义角色标记功能和双宾式的左右向转移交接概念化特点有其认知理据）。我们也可将 *cost* 的双宾式用例表达的事件作隐喻性解读，即"X 致使 Y 得到了 Z 这个损耗或代价"，*cost* 代表了从核心义沿着方向性维度发生的引申。同理，在 '*I forgive you your sins*' 中，*forgive* 表示负给予，即"拿走某物"，因为"被人谅解或宽恕"可识解为失去了负面消极行为所导致的心理负担，在 '*to charge sb. some money*' 中，隐喻性解读就是"将付钱的义务交接给某人"；反向转移交接义动词 *ask* 表达针对接受者论元所做的问询或要求，也可以作类似解读，例如 '*Tom asked Jerry the time / a favour*'，可以是要求从接受者论元处获得答案或其他事物（详参 Colleman & De Clerck，2008：196-198，204-205，2009：34-36；另参 Goldsmith，1980：439；Goldberg，1995：131-132；Geeraerts，1998）。在 Goldberg 的描写框架内，这些特异性双宾式用法似乎都能得到统一且合理的解释。

Colleman & De Clerck（2008：210）又指出，特异性双宾动词和 *give* 类动词的双宾式用例在能产性和句法位置方面差异显著（另参 Mukherjee，2005）。根据 Stefanowitsch & Gries（2003）所做的构式搭配分析，*give* 类动词的双宾式用法同构式核心义紧密联系，但 *forgive*，*envy*，(*not*) *begrudge* 这样的心理-态度义动词则位于语义网络的边缘。可以推断，这些词很有可能最终不再用于双宾式。根据 Stefanowitsch（2006：64）的统计，*cost* 高频用于双宾式（在 ICEGB 语料库中检索出 *cost* 的总共65例，双宾式用法就占35%），但从横向看，这些用例占比较其他动词的双宾式用例占比显著更低，比如，*give* 的双宾式用例总数为560，而 *cost* 的仅有23例，相差24倍以上。边缘性双宾动词不仅使用频率更低，能产性也更低。例如，*deny*、*refuse* 等阻止转移交接义动词，*forgive*、*envy*、（*not*）*begrudge* 等心理-态度义动词，*cost*、*charge*、*fine* 等褫夺义动词①，都是类频较低的双宾动词，其能产性显著低于那些同转移交接义密切关联的动词类的能产性，有的甚至不具能产性。根据 Barðdal（2008，2009），拒绝义动词的双宾式用法只有部分能产性，它们的类频很低，而语义连贯性强，所以图式性也很低。根据 Goldberg（1995：136）和 Stefanowitsch（2006），如果双宾动词的成员数（动词类）数量太少，那就会不具能产性，因为用例太少就不足以构成一个相似类。相反，表信息传递的双宾动词次类有很高的能产性，这可能是因为科技进步带来的新词（例如社交软件名称）在示范效应下可以活用为动词而进入双宾式，例如 *to fax*、*e-mail*、*text*、*skype*、*whatsapp*、*snapchat* 等，例如（Goldberg，1995：130；另参 Bresnan & Nikitina，2009：164-165；De Clerck et al.，2011b；De Clerck，Delorge & Simon-Vandenbergen，2011）：

（392）a. Sally *refused/denied/ * prevented/ * disallowed/ * forbade* **him** a kiss.

b. Sally *cost/fined/charged/? lost/ * robbed/ * stole/ * cheated/ * stripped/ * deprived* **him** £ 5.

c. I blackberried him twice and skyped him a happy Father's day. ②

d. … even I ***whatsapped him the pics*** of internet not working …（http：//forum. tikona. in/viewtopic. php? f = 41&p = 396265，accessed Jan. 25, 2020）

另外一些边缘性动词的特异性双宾式用法通常具有方言变体性质，或是地域方言，或是社会方言，遵循的句法限制条件更多，其可接受度因人而异。比如，歌曲名'*Cry me a river*'，例示蛮勇行为构式（'derring do' construction），Goldberg（1995：150-151）认为它一般用于发布命令，接受者论元是代词形式

① 见张国华（2011：323-326）的双宾动词列表分类。

② 此例来自论文标题，文献名：Verroens，Filip，De Clerck，Bernard & Willems，Dominique. 2010. *I blackberried him twice and skyped him a happy Father's day.* Lingvisticae Investigationes 33（2）：285-306.

（另参 Oehrle，1976）。再比如"*do me a favor*"等复杂谓语的三分式结构，也是固定用法，词汇化特征明显，通常含表泛义性动作行为的轻动词，如 *do*、*give*、*have*、*make*、*take* 等，以及一个不定冠词及其修饰的动转名词，如'*give a kiss*、*take a look*、*have a talk*'等（详参 Brinton & Akimoto，1999b：2；Mukherjee，2005）。此类动词少数允入双宾式。

　　创制义动词构成的双宾句有高度能产性和受限性，一般有施益性，例如 *make*、*sew*、*knit*、*cook*、*build*、*bake* 等。由于其释义表述须使用 *for* 而非 *to*，Kay（1996，2005）认为应将此类句式单独划类，但该观点未考虑创制义双宾句和给予义双宾句的历史渊源，一般认为，该意义同双宾式的构式义吻合，可归为意图转移交接义（详参 Goldberg，1995；Stefanowitsch & Gries，2003），Geeraerts（1998：196）认为，施益类双宾句激活两个次事件，即创制事件和涉及接受者的转移交接事件（详参 Fillmore，2007；Colleman，2010a：205-206；2010b）。这两类事件的表达同样也能引申，即隐喻性创制，只不过它仅限于对接受者有益而非使之受损。因此，此类双宾式用法排斥替代性施益（deputatitve/substitutive benefaction），即某参与者因他人动作行为而受益但并不接受或得到任何东西①。替代性施益事件不涉及物品的转移交接，也叫纯粹施益，例如（另参 Colleman，2010b：225）：

（393）a. ＊Can you *open* me the door, please? vs. Can you *open* the door for **me**, please?

　　　b. ＊She fixed **me** the computer. vs. She fixed the computer for me.

　　　c. ＊Water me the flowers. vs. Water the flowers for me.

　　　d. ＊Rob me a bank. vs. Rob a bank for me.

替代性施益双宾句并不见于当代英语，但在历史上是合格用法，且留存于某些英语变体，例如，约克郡方言有'*Open me the door*'一类用法（详参 Petyt，1985：236；转引自 Colleman，2010b），美国加州英语有'*Rob me a bank*'一类用法，美国南部方言土语有'*Ima drink me some beers*'一类用法，它强调主语指代者的施事性（详参 Webelhuth & Dannenberg，2006：36；Colleman，2010b：227；Haddad，2011）。施益性双宾句仅限于特定事件的表达，即施事创制出来或准备好客事并且意图将其给予接受者，施事推想受益人能得到它，这就是"意图

---

　　① 替代性施益行为可理解为替人办事而使之从中受益，即纯粹的施益行为，后者并未获得某物，有关讨论详参 Van Valin & La Polla（1997）；Kittilä（2005）和 Colleman（2010b）等。

性给予-接受"限制条件。因此，此类双宾句还是跟给予义双宾句联系和统一起来（详参 Goldberg，2002；Nisbet，2005；Colleman，2010a：194；另参 Wechsler，1995）。

不过，Colleman（2010b：195）指出，某个事件是否能被识解为表达"意图致使接受发生而使之成为事实"，是个度的问题。就是说，意图接受者和替代性受益者只是相对区分，两者有连续统式的差异，有时它可能是模糊的。前例"蛮勇行为"结构通常被视为施益结构的一个次类，接受者施益和替代性施益之间的模糊边界一般可见，例如（例自 Goldberg，1995：150；Green，1974：95；Conroy，2007）：

(394) a. *Crush* **me** a mountain.　　b. They're going to *kill* **Reagan** a hippie.

　　c. She bought *her* a house.　　d. She bought *herself* a house.

　　e. She bought *her* / * *herself* a house <u>for her son</u>.

(395) a. I only need to sell *me* a dozen more toothbrushes.

　　b. I only need to sell *myself* a dozen more toothbrushes.

根据 Colleman（2010a：226）和 Green（1974：95），例（394）a 句和 b 句中，施事并未进行实体转移交接，而是实施一种悍勇行为，目的是给观看该行为或结果的人留下深刻印象并取悦之（另参 Fawcett，1987：149；Van Valin & La Polla，1997：383-384；Takami，2003：211-212）。例（394）c、d、e 句以及（395）a 句和 b 句中使用的是所谓的人称与格成分（personal dative，PD）和相应的反身代词式双宾句。根据 Horn（2008）和 Haddad（2011），两式之间有系统性形义关联差异和分布上的互补性差异：PD 所在的结构包含了一个接受者或受益者角色，意思是"言者认定所述动作行为对主语指代者（会）产生某种积极的效应"，通常是，"它满足了他所感知到的意图或目标"，而在反身代词格式中，反身代词所指代的主语必须解读为受益者（同时，也是接受者，是给予的对象），因此，如例（394）c 句和 d 句的语义不同，这种不同可见于 e 句中的对立，其中 *herself* 和 *her son* 语义冲突，例（395）中，只有 a 句才表示：多卖点牙刷才能解决"I"面临的困难。Goldberg（1995：150-151）认为，这些用法是转移交接核心义的隐喻性引申，引申维度是"为某人之利益而所施之为就是转移交接物"，但这受到 Takami（2003：208-209）的批评。

尽管英语双宾式的语义结构内部有差异，对双宾句的可接受度判断也因人而异，但一般认为，双宾式明显有核心义和众多关联义，这个语义网络表现出原型范畴特征，表达给予事件的动词类型最具原型性，在框架语义和事件类型方面相去较远的一些双宾式次类意义，比如原谅、嫉妒、耗费和蛮勇行为结构等，则处于语义网络的边缘，创制义动词、获取义动词等构成的次类意义类，在语义网络上位于上述两大类之间，表现出不同的(非)原型性特征。越是边缘性用法，越会在某些方面表现出更高有标记性，或是方言变体，或限于某些文体，或是早期英语的留存，形、义方面都有某些特殊性(另参 Oehrle，1976；Goldsmith，1980；Gropen et al.，1989；Goldberg，1995)。

从比较角度看，自然语言的双宾式都会囊括一定量的核心意义和次类意义。Hay & Bresnan (2006)发现，新西兰英语双宾式的语义结构更复杂，类型更多。就我们来说，需要关注汉、英双宾式中精细区分的那些次类意义和相应动词类。如何区分，目前有两种意见，即 Goldberg (1995)的构式性—形多义模型和 Croft (2003)提出的词汇性-图式性模型。

Goldberg (1995：38)的双宾式形式描写具有图式性，即[S V O_1 O_2]结构，它以放射状方式关联着一组意义，其核心就是原型义，其他意义次类则远近不一地分布于核心义周围，比如前述意图给予、条件式给予、未来给予、阻滞给予(blocked transfer，使转移交接不能发生)等。其核心观点是，一个单一抽象形式跟多个次类意义匹配对应，即"一形对多义"，意义类型都会隐喻性引申。该观点受到 Croft (2003：53-65)、Boas (2003：94-97，2013：250，n11)和 Kay (2005)等人的批评。Croft (2003：56)认为，构式性语义差异跟词汇性—词多义本质不同，因为这些次类意义跟相应的动词类别有系统性关联，甚至完全依赖于这些动词。他提出"多层级/水平"方案，主张区分"动词类特有构式"(verb-class-specific)，这些亚型构式包含了双宾式有关论元占据的槽位，其动词只限于与亚型构式意义和谐一致的那些；处于较低层级上的从属性概括形式会对有关的动词槽位进行语义限制，这些限制条件源自于并对应于相关联的动词类别。可见，Goldberg 主张的是一个凌驾于众多动词类型的抽象构式，Croft 强调的是依动词类型而异的构式。Croft(2003：56-57)以两种意义的表达形式为例来说明其中的差异：

A.

a. [[S V O_1 O_2] / [领有权的实际转移交接]]

b. [[S V O_1 O_2] / [使得领有权的转移交接能发生]]

B.

a. [[S GIVING. VERB O_1 O_2] / [领有权的实际转移交接]]

b. [[S PERMIT. VERB O_1 O_2] / [使得领有权的转移交接能发生]]

除了动词类特有构式，Croft (2003：58-60)还认为在更低层级上还存在"动词次类特有构式"和"动词特有构式"，在各层级构式之上，可能还有个高度概括的上位双宾式（superordinate DOC），这个上位双宾式对其所有的亚型构式的共性特征作出限定，因为它拥有全部亚型构式的共同特征（详参 Croft，2003：59-60；Croft & Cruse，2004：274）。这就是说，Croft 认为双宾式代表了一个构式集合，这一组构式位于各个图式性水平上，形成一个层级性网络，这可以用图 5-3 来表示（详参 Croft，2003；Barðdal et al.，2011；Barðdal & Gildea，2015）：

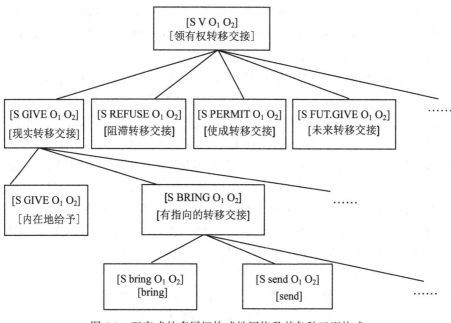

图 5-3　双宾式的多层级构式性网络及其各种亚型构式

　　上图中，大写的动词表类别，如 GIVE 表示以 *give* 为代表的一类动词，小写的动词表具体单一动词。网络的最高层级是抽象的双宾式，表达宽泛的转移交接义，它并未对允入动词类型作限定；该层之下是动词类特有构式，这些亚型构式对允入动词类型有限定。再往下，就是动词次类特有构式，这些次类还可再细分，其意义也相应地细化，例如，现实转移交接义又可分为内在地给予义和指向性转移交接义，等等。处于最底层的各具体动词逐级与上级构式对应，构成了有关动词类的有限子集。层级越往下，构式越具体，越往上，则越抽象。最底端的动词特有构式（即构例）表达的意义范围单一且具体，它仅含一个动词。可见，Croft 更强调构式的个体性和特异性，而非系统性和统一关联性。其方案未明确整合进原型性特征，但其中的原型性特征已很明显，因为各种亚型构式在固化程度、使用频率、能产性和范畴隶属度等方面有明显差异。

我们认为，Croft 和 Goldberg 在基本立场和核心观点上没有重大分歧，他们只是各有侧重。Perek（2015：113）就认为，Croft 的方案算是双宾式基础性转移交接义模型的调校版。Goldberg 对当代英语双宾式核心义的描写是被普遍认可的，最典型、最高频的 *give* 也是最早被孩童获得的双宾动词。双宾式的其他意义也都跟转移交接有关，即使边缘性意义也跟该义有某种历时联系，尽管这种联系相较之下不很透明且透明度各不相同，例如，*deny*，*refuse* 等表拒绝或阻止转移交接义的动词和 *forgive*、*envy* 等心理状态义动词历史上都和 *giving* 义关联，其双宾式用法也可以解读为隐喻性引申。但如果从历时角度看，比照前文对汉语双宾式的考察，我们不禁要问：双宾式允入动词是否都和转移交接义有关？如果不是，是否这些非转移交接意义类型完全基于动词？双宾式为何还能接纳这些动词类型？它们用于双宾式的理据和机制是什么？其语义该如何解读？双宾式核心义如何或者能否做概括？动词语义同双宾式核心义之间是什么关系？各类动词及其双宾式用法是否都有使用频率和能产性的显著差异？通常会涉及哪些维度和来源的引申，其认知理据是什么？可否在统一的认知框架内对全部的历时性双宾式用例做出合理解释？Goldberg 和 Croft 提出的方案，哪个更具描写力和解释力？是否需要提出第三个方案来？上述问题都需要回答。

我们接受上述双宾式的图式性范畴属性和语义结构描写，主张各次类意义都是核心义的不同维度的引申，不同水平上的亚型构式在各层级上最终都与最高水平上的抽象图式范畴相联系。Croft 的激进的构式语法思想也有优势，我们相信，各类关联构式构成一个层级性构式网络，据此可以更好地解释双宾式的一些特异性用法和限制条件，而且，看似孤立甚至不合理的用例理应以某种合理的方式联系着更高层级上的亚型构式。根据基于用法的构式语法理论，双宾构式网络自下而上地构建起来，从具体特定的动词以及动词（次）类逐级向上抽象和集中，各图式的抽象度不同。我们认为，语言（特别是动词）的用法是塑造和决定认知-表达形式的主要因素，特定句法结构的使用频率在语言演变过程中发挥关键作用，必须在验证语料和语言数据的基础上审视语法的表征形式和特点。我们也相信，英语双宾式允入动词类型及其在语料库中的相对使用频率能反映有关（亚型）构式及其各句法部分的认知表征方式。我们将关注与格变换现象的历时性演变，因为它反映了双宾式历时演变的背景、条件、形式和特点，折射出双宾式的发展演变全貌。Perek（2015）就认为，变换形式其实是独立的句法范畴，反映不同的事件类型，其语义重合只是表象。

5.2　与格变换和论元结构交替现象

很多双及物动词可用于双宾式和介词与格式，有人认为，后者是前者的释义格式，释义通常使用 to 或 for，例如：

(396) a. Tom *gave* **Jerry** a carrot.　　　b. Tom *gave* a carrot **to Jerry**.

(397) a. Tom *cooked* **Jerry** a nice dish.　　　b. Tom *cooked* a nice dish **for Jerry**.

两式之间是否有同义或近义关系？语义重合度有多少？重合的原因是什么？两式之间是否存在基础和推导关系？诸如此类问题，一直众说纷纭。与格变换是一种句法变换，后者是普遍的句法现象，关于论元结构构式变换问题，Goldberg（1995，2002）和 Cappelle（2006）与 Perek（2012，2015）等都有讨论，Levin & Rappaport Hovav（2005），Mukherjee（2005：1-69），Ozón（2009），Gerwin（2014）等从不同的理论视角也探讨了类似现象，功能学派的研究关注在语篇中影响构式选择的各种语义性和语篇-语用性因素，De Cuypere（2015a：227）在讨论英语史上宾语语序特征和限制以及相应的句法格式选择问题时，也讨论过与格变换。我们先看 Goldberg（1995，2002）的观点，看看为何须将交替表达形式视为构式性网络的组成部分，两式的分布性偏好和能产性特征如何。

5.2.1　从构式语法视角看与格变换的表现和性质

构式语法研究反对过度强调句法构式之间释义关系的关联性，但是否能对形式相异的构式作出某些归纳和概括化，则通常语焉不详，或简单否认。Goldberg（1995：89；2002：329；2006：33）提出的表层概括假说就是一种回答，她说：

> ……一般都认为，现在的问题不是动词是否能遵循某种词汇性或句法性规则，而该规则改变了这些动词的语义结构或次范畴框架。相反，新问题是：各独立构式的语义之间是什么关系？为什么同其中一个构式有关的动词类与关联于另一个构式的动词类之间有重合？
>
> **表层概括假说**：通常，存在一些更宽泛、涵括更大更广的句法和语义性概括形式，它们跟一种表层论元结构有关，而并非存在于该表层形式和另一

个不同形式之间，人们认为，该表层形式在句法或者语义方面从该形式推导派生出来。

在 Goldberg 看来，分别关联两式的动词会激活近似的事件框架语义，句式间的交替表达只是附带现象。语义重合和释义关系都有偶然性，理论意义不大，所以，变换交替不重要（另参 Perek，2015：148-149①）。Goldberg 更重视构式及其例示结构之间的纵向关系，构式的不同用例（含所涉不同的动词）之间关系更密切，近似度更高，而同一个动词在不同论元结构构式中的用例之间属于横向性关联，关系并不紧密，所以不受关注。

尽管双宾式有各种释义结构形式，Goldberg 还是将它视为一个大一统的构式，而 Kay（1996）认为用 *for* 和 *to* 来释义表达的双宾式用法之间有差别，前者属施益性，如例（367）a 句，后者为接受者型，如例（366）a 句②。Goldberg 认为，如果不考虑双宾式释义形式表征之间的关系，可以将 *to*-POC 分析为致使位移构式的一个子构式，致使位移构式码化为"SVO+PP"，其图式性更高，其核心义是"S 通过 V 的动作行为致使 O 发生某种运动位移"，运动位移的方式通常表现为动态性介词短语（PP）。下列语句例示致使位移构式：

（398） a. Joe *kicked* the bottle **into the yard**.

b. John *loaded* the hay **onto the truck**.

c. Frank *sneezed* the tissue **off the table**.

d. Sam *threw* the ball **over the fence**.

Goldberg（1995，2002）强调，*to*-POC 中，位移路径是射体，它得到了勾勒，而双宾式致使领有义则强调领有关系变化，这是两式核心语义差别之一。此说得到普遍认同（例参 Langacker，1991：13-14；Pesetsky，1995；Panther，1997；Harley，2002；Krifka，2004）。由于致使位移构式有很多隐喻性引申用法，Goldberg 对 *to*-POC 作了细致的分析，她（1995：89-97）把致使位移构式的释义结构叫作"转移交接所致位移构式"，即把所有权转移交接视为物理性转移交接。"*Tom gave a pear to Jerry*"一句例示了致使位移构式，但"*Tom showed a pear*

---

① Michaelis & Ruppenhofer（2001）专辟第三章从构式语法角度讨论这一问题。

② Goldberg（2002）后来将 *for* 型介词宾语式分析为及物式和施益性（benefactive）附加语构式的结合体。"I *sent* a book **for Mel**"尽管被视为"I *sent* **Mel** a book"的释义结构，但前者有歧义，它与下例同，与一个涵括更大的句式有联系："I *sent* a book **for the library / for my mother's sake**."

to Jerry" 一句则表达发生了隐喻性引申的致使领有权转移交接义。不过，Colleman & De Clerck（2009：16）指出，这个隐喻性引申用法并不能解释为何 *to*-POC 仅用于表达更为抽象的转移交接事件。Goldberg（1995：90）用图 5-4 来表示致使位移构式与其释义结构之间的近义关系，在图 5-4 中，底部不再是 CAUSE-MOVE 的意义，而是 CAUSE-RECEIVE 之义，可见，只有隐喻性转移交接事件才会通过同义联系跟双宾式关联起来，Goldberg（1995：91）说，这种隐喻性语义引申等同于双宾式（图解见下页）。

致使位移构式 (Caused-Motion Construction)

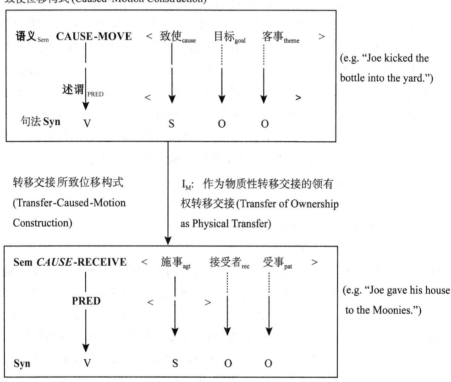

图 5-4　致使位移构式的表征形式及其隐喻性引申（因转移交接而导致的运动位移）

我们据此认为，（366）中的两句有语义差别：a 句的双宾式表示物质实体被转移交接了，而 b 句为"致使物质实体运动位移（至接受者这个终点）"，它只是表达空间位移事件，其物品所有权转移交接义是蕴含或语用推导性质的。而 'Joe gave his house to the Moonies' 一句涉及隐喻和转喻性转移交接，"房子"

不会位移，它隐喻和转喻关联的领有处置权及其交接。于是，表具体实在的和隐喻性转移交接义的 *to*-POC 同双宾式语义重合，彼此统一起来。Goldberg（1995：67，91；2002：347）遵循构式无同义原则，即句法上相区分的构式在意义上也有/要区分。双宾式和 *to*-POC 式应该在信息结构、文体、语篇结构特征等方面不同。比如，两式在双宾语的语篇-语用性地位方面差异明显，双宾式的 O_{间接} 必须是已知的，可作话题，*to*-POC 中的接受者大多数是新信息，多置于句尾。这是功能语言学研究中的常识。①

Goldberg（2002：331，345）指出，*to*-POC 式和双宾式应该区别于 *for* 型介词宾语式（*for*-POC），因为后者包含附加语成分而非论元成分，比如下面各句在 *yesterday* 上有句法行为对立：

（399）a. *Mina bought a book yesterday **for Mel***.　　　　vs.

　　　 b. [?]*Mina sent a book yesterday **to Mel***.　　　　vs.

　　　 c. [*]*Mina bought / sent **Mel** yesterday **a book***.

可见，*to*-POC、*for*-POC 和 DOC 在结构内部的整体性严密度方面不同，对 *yesterday* 的插入，各句结果不同。Goldberg（2002）认为，两式与双宾式的唯一共性就是一种宽泛的释义关系。②

Mukherjee（2005：53）等人对 Goldberg 的立场持批评态度，认为她不够重视上述形式迥异的句式之间存在的系统性和规律性对应关系。很多人重视对句法变换现象和交替形式本身的研究，例如 Iwata（2005，2008）、Cappelle（2006）、Boas（2010，2011）、García Velasco（2011）、Perek（2015）等。如果从历史发展角度来考虑更多的语言事实和现象就能发现，上述三式之间的联系其实很紧密。对此，Cappelle（2006）提出了"构式位变体"模型理论，尝试在构式语法的理论框架内研究句法变换，Perek（2012，2015）提出了大量的实证研究证据，对该理论进行了补充、丰富和扩展。Zehentner（2016）也在构式位变体模型理论的框架内，从历时角度考察了与格变换现象兴起和演变过程，以及它的出现和变化对参与变换的结构产生的影响。这些都对双宾式语义演变考察多有裨益。

---

① Zehentner（2016：84-87）认为，这个差异跟 *to*-POC 的语法化有关（另参 Colleman & De Clerck，2009；Perek，2015：155-156）。

② 她（2006：44）又承认，三者间存在同义联系，释义关系在为表达而作构式选择的时候也起作用。

5.2.2　与格变换中的分布失衡和能产性差异

并非所有动词可以自由地进行与格变换，很多都表现出明显分布性偏好。反过来看，与格变换交替形式对动词的词汇性偏好（排斥）表现出度的差异，有连续统特征，这就是动词在构式间的分布失衡（详参 Levins，1993；Gries，2009：4）。例如，*loan* 在双宾式和 *to*-POC 中的分布有轻微偏好，*cost*、*deny* 和 *refuse* 基本只用于双宾式，*whisper*、*mutter*、*mumble*、*bark*、*yell* 等交流方式义动词，*say*、*talk* 等信息传递义动词，以及外语借词 *donate*、*contribute* 等只用于 *to*-POC。Gries & Stefanowitsch（2004）的显著共现词位分析表明，*bring*、*take*、*pass* 等持续运动位移义动词以及 *sell*、*supply*、*pay* 等商业交易义动词强烈偏好 *to*-POC，表达物理性或隐喻性致使接受义的动词 *give*、*offer*、*tell*、*show*、*teach* 等强烈偏好 DOC，*lend*、*send*、*write* 和 *get* 等几乎均衡分布于上述两式（另参 Goldberg，1992：69）。本来，结构变体通常就是互补分布，这有较大普遍性，比如否定前缀 *in*-、*im*-、*il*-、*un*-、*ab*-、*dis*- 等，复数词尾形态 *-s*、*-es*、*-ren* 等，过去时形态的变体等，它们的互补性分布特征主要归因于音韵条件。因此，双及物性构式位变体基于动词或动词类表现出一定的句式选择偏好并不难理解。

但 Gries（2009：4）和 Stefanowitsch（2006，2011）发现，上述限制有统计倾向性，在特定语用条件下（比如信息结构要求）也可以被突破。很多研究发现，有些动词的句式选择表现出灵活性，而另外一些动词的选择却遵循严苛的限制条件，其原因需要探究。例如，在非正式场合中，*deny*、*refuse*、*cost* 也见于 *to*-POC，*push*、*drag*、*whisper* 也见于 DOC，其语义表达足够明确，但可接受度往往因人而异，这可能跟个人语言使用习惯有关。Goldberg（1995：92）和 Colleman & De Clerck（2009：37）在谷歌上输入 'asked a favor/favour to you' 后并未找到任何网络用例，这似乎印证了一个传统主张，即某些习语式表达只用于 DOC 而排斥 *to*-POC，例如 *give sb a kick/ punch/ headache*，*ask sb a favour/ the time*，*do sb a favour*，*intend sb harm*，等等，但其实有的习语表达也有变换交替形式（有关动词的语义分类和句式选择以及例外情形可参 Bresnan & Nikitina，2009）。反例往往被视为不合法或不可接受，例如（例自 Stefanowitsch，2011：110；Bresnan & Nikitina，2009）：

(400) a. John *said / whispered* goodnight to Mary.

    b.　* John *said / whispered* Mary goodnight.

    c. Finally a kind few (three to be exact) came forward and *whispered* me the answer.

d. As Player A *pushed* him the chips, all hell broke loose at the table.

e. ... Shinbo explained while Sumomo *dragged* him a can of beer and ....

f. ..., unless you take pride in ***giving a headache to*** your visitors ...

前文说到，*explain* 用于双宾式，其合法性判断因人而异，但 *provide* 越来越多地用于 DOC，它们和 *donate*、*announce*、*contribute*、*supply*、*confess*、*reveal* 等一样是外来词（借自于拉丁语或法语等），有人认为拉丁语源限制（详参 Green，1974：77-79；Oehrle，1976：121-125；Pinker，1989：118-119）影响了它们的句式选择，还有人从重音模式等形态音韵特征找原因，但这些解释说服力不足（另参 Harley，2007；Coppock，2009）。试想，并非每个言语者都有语源知识，而很多同样语源和音韵特征的动词也能用于双宾式，如 *assign*，而另外一些非拉丁语源且无特定重音模式的盎格鲁-撒克逊本族语词汇现在却不能用于双宾式，如 *say*。根据李赋宁（1991：53-54）和 Kastovsky（2006），*give/take* 都来自古诺斯语，分别是 *gefa/taka*，它们曾经都能用于很多语言的双宾式①，*give* 的原型双宾动词地位具有跨语言普遍性。可见，语源和音韵因素不是唯一影响条件，社会规约和个人语言习惯等因素不应忽视。

Goldberg（1992：69，1995：92）用语义要素解释上述不对称分布。她认为，阻止转移交接义动词缺乏致使位移的义素，因此不能进入 to-POC，而轻动词结构限于双宾式，是因为双宾式在语义上聚焦于客事表示的动作行为而非接受者（如 *give sth a push*）。还有人从动词-构式语义差别及其他语义-语用性因素的角度来解释（例参 Wierzbicka，1986；Gropen et al.，1989，1991；Pinker，1989；Ambridge et al.，2009；Coppock，2009），但这些方案的解释力有限，对某些极端用例的解释比较牵强，有专设规则之嫌。Boyd & Goldberg（2011：58）指出，这些方案没有回答孩童习得特异性用法的方式和过程问题。Foraker et al.（2007）和 Hoffmann & Trousdale（2013）都认为，很多习得研究都表明例频数和统计性占先效应（statistical pre-emption）作用很大（另参 Pinker，1984：400；Bates & MacWhinney，1987；Clark，1987；Di Sciullo & Williams，1987；Goldberg，1995，2006，2011；Marcotte，2005；Stefanowitsch，2008，2011）。

一般来说，高频用于某句式的动词往往导致该用法的固化度不断增高，它就不大可能出现新创用法。根据 Stefanowitsch（2011：115），统计性占先是指语言学习过程中的各种阻滞效应，这是一种简单但功能强大的心理机制。孩童

---

① 例如：1) *Gif **him** his sweord.*（Give **him** his sword.）；2) *Se cyning **him** benam his land.*（The king took his land away from **him**.）。

在大量接触到规则性的动词过去时形式后（比如 *walked*、*opened*、*smiled* 等）就习得了一般性的屈折性或词汇性过去时构式 'V-ed / PAST'，他们认定 'V-ed' 规则也适用于 *go* 等，但实际上输入的是 *went*，这个例外可能会对该构式和规则的习得造成阻滞（详参 Stefanowitsch，2011：115；另参 Pinker，1984；Clark，1995）。Hoffmann & Trousdale（2011：6；2013：10-11）认为，占先机制也会在构式发展演变的过程中起作用，它可能导致变体的功能性差异和多样性，每次使用其中一个构式，就会强化与之有关的各种语境性联系，假以时日，人们会认为原以为同义的那些构式其实应该用于不同的语境，他们会不断地强化对变体功能性差异的认识，这就会影响到每个变体在特定语境中的统计性概率，并最终导致两个交替形式之间的功能区分，影响它们的演变。不过，Stefanowitsch（2011：117）主张"语境错配导致占先"，他认为，如果某人在某语境中使用了某构式（比如 DOC），而该语境通常会关联起另一个变体构式（比如 *to*-POC），那就表明这个变体构式被占先了或阻滞了。不过，这两派观点都还需要更多实证支持。

　　Perek（2015：199-205）考察了句式变换的能产性。他发现，只能进入 *to*-POC 而非 DOC 的动词更多，只能进入 DOC 而非 *to*-POC 动词更少，前者动词的类频数高于后者；要区分基于构式的能产性和基于变换的能产性，前者受新用动词跟有关构式义的语义兼容性影响，该兼容性取决于用于该构式的动词；言语者会积累使用构式的有关体验，并基于此作类推性引申扩展，在该构式中使用新动词而形成新创用法。这个发现已有实证支持（例参 Bybee 1995；Bybee & Thompson，1997；Suttle & Goldberg，2011；Wonnacott et al.，2012；Zeschel，2012；Perek，2016）。基于变换的能产性是指动词虽已常规用于特定构式变体，但借助范式类推（见 Perek，2015：169），它又能用于另一构式变体，动词的论元因此可映射于不同论元实现形式中的不同槽位，且该用法有能产性。比如，孩童本就知道 *say* 用于 *to*-POC，而其他一些同类动词又可以并用于 DOC 和 *to*-POC，他就可能过度法则化而说出 '*Don't say me that*'（例自 Gropen et al.，1989）等句，他认为这些结构表义相同，那么同样换用动词就很自然。Perek（2015：167-173）还对成年本族语者做了与格变换和方所变换（locative alternation）①方面的语言实验，结果发现，双宾式和 *to*-POC 的能产性有不对称

---

　　① 　根据 Perek（2015：158-163），方所变换指在致使位移构式和 *with* 型施用构式（*with*-applicative construction）之间存在的交替表达关系，前者如 '*John loaded hay onto the truck*'，后者如 '*John loaded the truck with hay*'。

性：之前若接触过双宾句，就会影响后面 *to*-POC 语句的产出，之前若接触过 *to*-POC 语句，却不会影响后面双宾句的产出。Perek（2015：189-193）认为基于变换的能产性同 Pinker（1989）和 Marcotte（2005，2006）等人的方案有颇多相似（类似研究可见 Conwell & Demuth，2007；Wonnacott et al.，2008；Perek & Goldberg，2015），构式语义、语篇-语用性因素、句法启动效应等都可能影响上述分布不对称性。

Perek（2015：197-206）用关联构式在类频上的差异来解释这种动词分布失衡，这就同 Cappelle（2006）和 Perek（2015）提出的构式位变体模型相联系。所谓构式位变体，是指"部分未限定的构式"在语用中表现出的形式各异的变体，他们认为，形式不同但语义近似的那些句法构式应该涵括于某个更具图式性的抽象形式，这个涵括形式就是构式位，它囊括或表达上述构式共有的元素或方面。Zehentner（2016：65）认为，构式位变体的能产性除了取决于上位性构式位的类频，还取决于自身的类频。能作变换交替的动词的数量越多，新用动词用于交替形式的可能性就越大。根据 Perek（2015：198），还有大量动词不能进行变换交替表达，这理应会使得新用动词在变换交替形式中的用法显得稳固和保守（详参 Wonnacott，Newport & Tanenhaus，2008；Perek & Goldberg，2015）。

因此，在交替变换表达中，双宾式具有能产性。Perek & Goldberg（2015：125）指出，能用于 DOC 和 *to*-POC 的动词仅需要达到一个最低类频数即可产生该效应，因为少数几个动词能进行变换交替就足以引发其他有关动词用法的引申扩展，它们先前能用于其中一个交替形式或构式位变体，然后逐渐扩展到用于另一个交替形式（另参 Wonnacott，Newport & Tanenhaus，2008）。只不过，这个关系并无对称性，由于只能进入 *to*-POC 的动词有更高的类频，这就会使得能产性偏向 *to*-POC。

5.3 关于双及物构式位变体模型

有人批评 Goldberg 关于双及物构式和其他句法变换形式的观点零散琐碎，条条框框太多，有悖于语感，他们认为人脑中应该存在很多抽象的概括化语言表达，它们将形义关联变体统揽在一起。Cappelle（2006：13）考察了英语小品动词交替变换形式（e. g. *pull up sth* vs. *pull sth up*）的语序，他认为，不能将这两种交替形式视为存储于人脑的独立构式，因为它们缺乏心理现实性；应该承认存在一个上位表征层次，人们会认为这两个交替形式在该层次上语义近似或等同。这个抽象上位范畴即构式位变体，他以该模型来描写和解释关联构式之间的对应联系。Cappelle（2006：21-25）认为，构式位变体和构式位都是构式网络的一部分，它们跟 Langacker（1987）提出的分类关系（categorising relations）很相似，很容易理解。Perek（2015：153）也认为，构式位和关联起每个构式位变体的那些承继联系都表明，关于构式在哪个层级上在哪方面近似，构式位变体本身还可能包含更多的形、义信息，彰显各自的特点和差异。构式位变体模型思想跟 Traugott & Trousdale（2013）和 Diessel（2015）关于各水平上的构式之间横向联系的研究发现吻合，相互印证。

Perek（2015：156）使用该模型考察与格变换。参与与格变换的句式有明显形式差异，但它们编码的是同一事件类型，反映了各自特定意义的形式化表征。他提出的图式性结构表达"X 致使 Y 拥有 Z"义，这个抽象范畴同时联系着双宾式和 to-POC，两式就是该抽象构式位的变体，它们几乎同义，其结构和关系如图 5-5 所示（见 Perek，2015：156）：

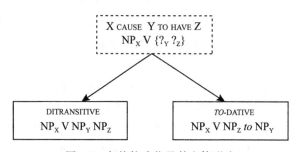

图 5-5　与格构式位及其变体形式

Stefanowitsch & Gries（2003）和 Gries & Stefanowitsch（2004）对 to-POC 做的共现词位分析支持 Perek 的上述主张，但有研究表明，两式在双宾语句法位置或语序特征方面有差别，在宾语信息的新旧度、双宾语的语篇可及性、结构复杂度和长度（重度）等语篇-语用性特征方面差异显著（详参 Bresnan，2007；Bresnan et al.，2007；De Cuypere，2015a：227）。Perek（2015：158）承认，这些因素会限制两式的适用范围，言语者须根据具体的语篇-语用条件在两式间做取舍。既然有的动词有明显的分布性偏好，甚至还有排他性分布特征，那么两式间的同义性就大打折扣。Perek 用动词特有的构式位变体来解释该现象，认为这是变体在特定语境信息的显著性方面不同造成的。

以 provide、deny、refuse 及 cost 为例说明构式位变体模型理论的适用性（详参 Perek，2015：163-167）。有些非典型动词经过构式压制可合法进入与格变换格式，如果它能用于其中一式，之后它就因此可能进入另一式，即使该式之前拒斥该动词，或者二者语义冲突。例如，*provide* 典型用于 *provide sb with sth* 和 *provide sth for/to sb* 格式中，用 *for* 或 *to* 引介接受者，用 *with* 引介客事（详参 Quirk et al.，1985：1210），但 COCA、BNC 的语料调查显示，它近来在美式和英式英语双宾式中的用法渐增，新用法已被多部词典收录（详参 Mukherjee，2001；2005：13；De Clerck et. al，2011b），例如：

(401) a. The company will <u>provide us food and drink</u>. ①

　　 b. The law <u>provided them no other way of getting a living</u>. ②

　　 c. Mrs. Bracebridge <u>provided her a dainty cap and apron</u>.

　　 d. ..., the organiser <u>provides every human a small bag of dry dog food</u>.
　　　 ［BNC A17380］

在事件框架语义特征方面，*provide* 同 *give* 等颇为近似，所以，这个新用法可能与类推（详参 Anttila，2003）机制有关，*provide* 受到其他能参与变换的动词句法表现的影响。Hunston & Francis（2000：97）对此有深入探讨。

　　to-POC 中，*to* 有明显的空间性语义内涵，因此，它与 *cost* 的词汇义冲突，*deny* 和 *refuse* 同 *cost* 一样，典型用于 DOC，所以，凡用于 *to*-POC 的，都是非常规范的、有标记的用例。Colleman & De Clerck（2009：36）指出，*cost* 用于 *to*-POC 很不自然，在 BNC 中仅检索到 2 例；不过，Zehentner（2016：58-59）在（北美站）google. com 中输入词串 'cost billions to the'，就能检索到不少用例。Colleman & De Clerck（2009：24）发现，在 BNC 随机采样 3000 用例中，*deny* 和 *refuse* 的 *to*-POC 式用例只占其总用例数的五分之一，上述三个动词的有关用法例如（另参 Goldberg，1992；Panther，1997；Krifka，2004）：

(402) a. Graffiti taggers <u>cost millions to the @ CityofSeattle</u>（twitter. com）

　　 b. ..., Kate ..., unable to <u>deny to him the truth of his words</u>.（1993；Kristy MacCallum, *Driven by love*；BNC）

　　 c. ... the nuns ... and <u>refused access to a ministry vet</u>···（1985-1994；Independent；BNC）

对此类非常规用法，不少人用构式压制效应来解释，以证明构式位和构式位变

---

① 例自《文馨当代英汉词典》（蔡进松、曹逢甫、陈献忠等编，中国青年出版社，2001）第 1452 页。

② b 句和 c 句例自《现代英语用法词典》（修订版，张道真主编，首都师范大学出版社，2009）第 1147 页。

体的存在有心理现实性。这些研究都从句法启动效应入手进行检验(详参姜琳，2009；Vasilyeva & Waterfall，2011；Goldwater et al. ，2011；Perek，2012，2015：163)。启动效应常见于相似句法结构之间，多跟关键词汇有关(详参Pace-Sigge 2013：30-55)①，很多研究发现，人们先期对语言刺激的处理会影响后期对语言刺激的反应：如果之前接触过某结构，很可能以后会继续使用该结构(例参 Chang, Bock & Goldberg，2003；Gries，2005；Gries & Wulff，2005，2009)。有些句法启动常常发生在有形式重合的句式之间，但这些格式并不编码同一事件或表达相同的语义，因此人们认为它们之间有某种关系。相反，人们并未发现无启动关系的构式之间有某种关系，这些构式形式差别明显，但通过第三方模式却有语义重合，比如双宾式和 to-型目标义介词宾语式之间。因此，Bock & Loebell (1990)、Chang, Dell & Bock (2006)和 Goldwater et al. (2011)等认为，启动一个构式就意味着牺牲另一个关联构式，因为句法启动就是变体构式之间竞争，变体构式意味着语义角色的不同配置模式。Zehentner (2016：60)也认为，to-POC 和 to-型目标义介词宾语式相互启动，从而常常牺牲掉双宾式。Bencini & Goldberg (2000)和 Perek (2012)的实验都证明，交替形式独立存在，与格变换式之间的语义近似性显著。

　　然而，Goldwater et al. (2011)发现，语义相关但形式迥异的构式之间也可能有启动效应，与格变换的两个交替形式也能彼此间启动，该效应可能具有较强的跨语言普遍性。比如，如果人们先前知晓某个句法变换交替，一旦他受到其中一个形式的启动，他随后使用两种交替形式的概率就同样增加，因为有了语义结构启动的效应，变体都从关联对方和使用对方之中受益。这个发现支持Perek (2015：167)存在构式位的观点，这个抽象概括形式统揽着这些交替形式。

　　我们相信构式位模式的理论价值：有些句法结构形式相异，但编码的事件类型近似或相同，人可以基于此进行抽象，形成更高层次的概括化形式，并将其作为语言知识存储于心智。与格变换变体之间的联系就是这个性质，它们编码转移交接事件，双及物构式位是存在的。

---

　　①　比如，根据 Traugott & Trousdale (2013：54)，"He was hit *by the bulldozer* ."能启动"He was digging *by the bulldozer* ."；根据 Chang, Dell & Bock (2006：249)，"He drove a car *to the church* ."能启动"He gave a car *to the church* ."，前者 to 指示方所-目标，后者 to 指示接受者。

5.4　构式位变体网络系统

与格变换所涉构式都能表达成功实现转移交接，被转移交接物有原型性，其表达可能有隐喻性，即使是例外和边缘性用法，也都跟这个核心义有关。动词对交替形式的选择是有理据的。构式义一般以自下而上的方式建构起来，是在频繁用于构式的动词及其意义基础上概括出来的概念结构。双宾式和 to-POC 式共有原型动词 give，其事件框架语义特点决定了两式的基础义。依照 Croft（2003）的观点，跟两式有关的各次类意义代表了动词类特有构式，它们在构式网络系统中位于较低图式性水平上，且从更高水平上、更具概括性和抽象性的双宾式那里承继特征。这些动词类特有构式又跟一些图式性水平更低的动词次类特有构式有联系，下位构式造就和限定了上位构式的语义。一般来讲，抽象构式的语义就是一种概括化形式，在构式网络系统中，各水平上图式性构式的语义有抽象度差异，水平层级和抽象度呈正比。

双宾式和 to-POC 式因语义联系而被视为同义构式。两式统摄于一个更抽象的上位性双及物构式位，它们互为对方的构式位变体，共同构建了一个关系系统。这个构式位独立地存储于人脑，使用其变体就具有相互激活效应。Perek（2015）的实验表明，两式在人脑中有系统性密切关联，与格变换本身具有能产性，动词如能用于其中一个变体，则通常也能用于另一变体，即使之前只能用于其中一个变体，但借助于基于构式或变换的压制，它以后也可能逐渐用于另一变体。这种基于变换的能产性效应凸显了与格变换的理论地位和价值。与格变换中出现动词的构式性分布偏好差异，是构式位变体关系中很自然的现象。Zehentner（2016：67）指出，如果两个构式因为某些语篇-语用性特征（比如宾语的话题性）而呈现互补性分布，就说明两式密切关联。

5.5　小结

本章主要讨论当代英语双宾式的主要形义特征及与之密切关联的与格变换和论元结构交替现象。双宾式的语义可视为一个层级架构，其核心义是物品领有权的成功转移交接，从中可以发生不同维度的隐喻性引申，转移交接多为右向，因此双宾式的表义比较单纯，极少数动词用于其中仍能表达左向转移交接（如 cost、charge 等褫夺义动词），但它们很可能在历史上曾经能够用于双宾式，而且，获取义和给予义的天然反义联系使它们可以联系起来得到统一的解释。

此外，双宾式和 *to*-POC 式因为有天然的语义共核而密切关联，统摄于更抽象的双及物构式位，并彼此互为变体，各层级上的构式在纵横联系之中形成了构式位变体网络系统。使用其中任何一个变体都可能激活另一个变体并提升使用后者的可能性。

　　变体之间的发展演变必然相互关联、彼此影响。我们接下来从历时角度考察 DOC 和 *to*-POC 等变体及与格变换现象，这会涉及早期英语各阶段上同两式有关的语言背景、两式的历史发展和演变、双宾式表义内容的变化、双宾动词的历时变化等。两式的发展变化是整个英语语言系统宏观发展演变的一部分，必然会受其影响和制约，同时也反映其演变态势。

第6章 古英语及之后的双宾式

双宾式演变是句法演变的一部分，它伴随着与格变换的兴起，也离不开语言全系统变化特别是句法演变的背景和条件。本章主要考查以下问题：其一，英语格标记系统的消失对双及物动词的补足语模式发展有何影响，或者说，双及物结构发生了哪些重大形式变化？其二，介词性交替表达形式为何以及如何兴起？它跟双宾式的形、义变化有何关系？其三，英语双宾式语义是否也窄化了？其四，形态系统消失对英语句法造成的哪些影响同与格变换直接相关，尤其是其形、义变化方面？各种句法变化彼此相关，总会有某种因果关系，因此要作一些相关性分析。接下来的分析主要包括古英语双及物结构中格标记系统的消亡、介词性双及物结构和与格变换的兴起、双及物结构语序模式的历时变化以及古英语及之后双宾式的语义特点。对比古今英语双宾式的语义结构，就能发现其中的变化。

6.1 古英语双及物结构中的格标记系统及其消亡

古英语是综合型语言，其语义和语法关系、功能的表达主要屈折变化。传统研究不重视语序的作用，只是把它视为表达特殊语用意义（如强调）的文体手段。至少20世纪中叶以前，古英语研究重心都在单词层形态分析上，Classen（1930：24-25）、Baugh（1957：66）、Nist（1966：124）、Fries（1940a；1940b：250-251）、Davis（1955/1980）以及 Quirk & Wrenn（1955）等都有类似表述。[①] 中古英语时期，格系统逐渐消亡。诺曼征服之后，英国社会经历了复杂的语言（方言）接触，由于语音、词汇、拼写等系列变化，古英语发生重大改变，逐渐从综合语向分析语转变，主要靠固定语序和使用介词来表义。形态

---

① 他们都提到了句法问题，指出有基本的语序模式，但都维持传统观点而未深入系统阐述。

系统消失对语言系统产生深远影响，标志着古英语向中古英语转变，这包括对双及物结构的影响。下文将分析古英语的格标记系统，梳理其消亡的基本过程，简析演变背后的结构性、社会性、功能性等原因。

6.1.1　古英语双及物结构中的格标记系统

关于古英语形态系统的讨论，可见于 Mitchell（1985）、Lass（1992）、Allen（1995）、Campbell（2001）、Campbell & Janda（2001）、Hogg（2002）、Quinn（2005）、Baker（2003-2012）、Kim（2009）和 Hogg & Fulk（2011）等。古英语名词性屈折系统传承自日耳曼语族①，基本上维系原状，包含四种格类型，即主格、受格、与格和属格，还有单、复数两个数范畴和阳性、阴性和中性三个性范畴。根据 Lass（1992：103），古英语时期，屈折性差别的消失已较活跃，发展较快，名词已很少有上述三方面相区分的格标记。很多屈折形态类彼此间都融合或趋同，比如，主格-受格融合普遍见于复数形式（详参 Allen，1995：160-165）。Fries（1940b：251）指出，至少在阿尔弗雷德大帝时期（公元900 年左右），古英语里有不足 10% 的用例没有显性屈折形式表达格一致和主谓一致关系；格标记类型和词尾形式之间有复杂度不一的对应关系，这可能导致歧义或含混，仅凭格标记还不能确定语法关系，甚至难以确定主、宾语。尽管很多屈折性后缀在功能方面表现出两可性，仍有一些词尾专门表达单一范畴，形容词性和代词性词形变化之间真正的重合很少。Allen（1995：163）认为，尽管格标记系统已显著减量，但古英语的范畴差异并未消失。

格形态的句法功能主要是指示或区分动词论元。一般来讲，主格标记主语施事，受格典型见于及物动词的 $O_{直接}$，它一般表受事或客事。根据动词的不同，宾语也有携带与格标记或属格标记的（见 Fischer & van der Wurff, 2006：164）。其他格形式也表现出规律性，通常用来表达特定语义关系。例如，根据 Traugott（1992：203），与格多用来表达经事和接受者②，而属格多用来表达某种情绪或心理状态的缘由，如不重视、关心、愉悦等，它有别于与格。同一动词所带宾语的格标记不同，其语义解读也会有差异。Allen（1995：25）指出，

---

① 日耳曼语言的与格、处所格、夺格和工具格等四个格统一为单一的格形态，即与格，这四种格在古英语时期以同一形式出现。所以，古英语双及物结构能够接纳给予义和获取义等几类动词是完全可能的。

② 此外，与格还可以表达利益关联、来源、领有关系、相似或等同的对象、工具、手段、方式等，甚至可以是 $O_{直接}$ 的形态标记，表义内容丰富。

动词能携带哪些格类型主要跟其自身的语义有关。① 这跟动词的框架语义特征吻合。也有一些特异性用法，有些看似同类的动词具体所在的格框架之间还是会有差异。比如，动词 *lician* 'to cause or feel pleasure' 和 *ofhreowan* 'to cause or feel pity' 携带的有生的经事就可能携带与格、受格或主格，而原因/刺激物角色则可能携带主格或属格，如例（373）（例自 Allen，1995：68，另参 Mitchell，1985：449-464②；Allen，1995：24-29, 66-95；Smith，2009：94-123；Barðdal，2009：138）：

（403）him^{DAT} *ofhreow* þæs mannes^{GEN}

　　　　him caused-pity the man

　　　　'the man caused him pity' or 'he felt sorry for the man'

　　　　he pitied the man（Ælfric's Catholic Homilies I p. 192/16）

介词的名词性补足语成分也有很多格标记差异，语义高度近似的两个介词也可能跟不同的格形式共现，比如，被动句中，旁格性的施事用介词 *fram* 'from' 引介时要带与格标记，用 þurgh 'through' 引介时要用宾格标记（详参 Traugott，1992：202；另参 Mitchell，1985：497-498；van Kemenade，1987：81；Lundskær-Nielsen，1993：19-24；Alcorn，2011：143-152）。同一个介词所适配的格形式会因方言或文本而异。

古英语格标记用法表现出的多变和差异也反映在双宾式和介词宾语式语句中。在标记两个宾语论元的时候，双及物动词可以有至少五种格框架模式、三种格标记组配，如表6-1所示：

表6-1　**古英语双及物动词标记双宾语的格框架（引自 Allen，1995：29，稍有改动）**

	接受者论元/RECIPIENT	客事论元/THEME	动词用例
1	与格/DAT	受格/ACC	*giefan* 'give'
2	与格/DAT	属格/GEN	*forwyrnan* 'forbid'
3	受格/ACC	属格/GEN	*bereafian* 'deprive'

---

①　一般认为，动宾搭配以及宾语所带格标记主要是约定俗成而非受语义驱动（Mitchell，1985：§1082 提供了简表，说明不同的动词习惯上所接宾语的格形式）。

②　Mitchell（1985：455-464）提供了一个古英语动词及其对应变化形式表，但他没有明确施事或经事论元的格标记选项，而只关注了及物动词携带的受事/客事。

续表

	接受者论元/RECEPIENT	客事论元/THEME	动词用例
4	受格/ACC	受格/ACC	*lǽran* 'teach'
5	受格/ACC	与格/DAT	*bereafian* 'deprive'

其中，第一种最常见，即接受者论元携带与格标记而客事论元携带受格标记的 [DAT_{REC}-ACC_{TH}] 框架（详参 Allen，1995：28-29；2006：205-208；De Cuypere，2015a：231-232），能进入该框架的动词类型和数量众多，例见（404）a。这个模式中，大多数双及物动词会选择与格形式的（类）接受者、来源或目标及受格形式的客事（详参 Allen，1995：28）。不过，它具体如何分布，是类频高还是例频高，讨论不多。上述组配模式中的第二、三种，即与格或受格形式的（类）接受者搭配属格形式的客事，使用较少，例见（404）b&c；第四种模式中，（类）接受者和客事论元都用受格标记，例见（404）d，第五种模式中，受格标记的对象表示被褫夺者（也称夺事），客事携带与格标记，表被褫夺物，例见（374）e，De Cuypere（2015a：232）指出，第四种模式，即 [ACC_{REC}-ACC_{TH}]，使用频率最低，只接纳几个动词。关于上述模式的更多用例及其使用频率①，可参 Visser（1963：607-637）、Mitchell（1985：455-464）、Allen（1995：28-29）和 De Cuypere（2015a：231-233）等。

(404) a. *dǽldon* heora æhta^{ACC-TH} ealle þearfum$^{DAT-REC}$
'distributed their belongings to all the poor'（出自 coaelive，ÆLS_[Basil]：54. 479）

b. …and him$^{DAT-REC}$ mancynnes^{GEN-TH} *benǽmde*
'and took mankind away from him'（出自（*COE*）ÆCHom I, 31 460. 8）

c. and *bereafode* Godes templ$^{ACC-REC}$ goldes and seolfres^{GEN-TH}
'and stole gold and silver from God's temple'（出自 coaelive，ÆLS_[Maccabees]：6. 4838）

d. hine$^{ACC-REC}$wædum^{DAT-TH} *bereafian*

---

① 也有 [DAT-DAT] 或 [GEN-GEN] 等表达某种双及物性关系的其他词法-句法模式（例见 Fischer & van der Wurff，2006：164），但 De Cuypere（2015a：233）指出，含双属格成分或双与格成分的句子都不属双及物结构。

'to deprive him of his clothes' （出自 ÆCHom I, 29 426. 4）

e. Se Halga Gast hie^{ACC-REC} æghwylc god^{ACC-TH} lærde,

'The holy spirit taught them every good thing' （出自 Blickl. Homl. 12: 13121. 1613）

上述五种不同的格框架在表义方面无明显的范围或条件限制，只是有的可能更常接纳特定动词类。例句中斜体词是双宾动词，如 benæmde 和 bereafian（'deprive'/'夺'）、dældon（'distribute'/'分发'）、bereafode（'steal'/'偷/窃'）和 lærde（'teach'/'教'）等。Mitchell（1985: 453）指出，古英语里的格框架并未明显关联特定动词类或意义表达，因此，想要"寻求探究精细严格的框架用法，不大会奏效"（另参 De Cuypere, 2015a: 231）。一般认为，很多动词和动词类可在这些格框架之间自由转换。例如，涉属格的第二种模式，即［DAT_{REC}-GEN_{TH}］型语句，通常接纳像 bereafian 'deprive' 这样表剥夺或获取义动词，但同时也能接纳（ge）unnan 'grant' 或（ge）ti þian 'allow' 等意义的动词。剥夺义动词在语句中并不一定要求必须出现属格论元，因为客事论元也可能由与格标记，亦即这些动词还可用于第五种格框架模式：［ACC_{REC}-DAT_{TH}］（详参 Visser, 1963: 621; Mitchell, 1985: 453; De Cuypere, 2015a: 232）。

尽管如此，还是能找出倾向性模式。van Kemenade（1987）、Allen（1995）和 Quinn（2005）等认为，古英语有些动词表现出的特异性格框架偏好反映的是词汇性格指派而非结构性格指派。根据 Allen（1995: 25），词汇性格指派是指个别动词对自己论元的格标记选择有特异性，比如古英语的动词（ge）helpan 'help' 要求带一个属格或与格而非受格的 O_{直接}，结构性格指派则区别标记主语和宾语，主语多为主格，宾语多为受格，格的分配或指派取决于句子结构。不过，Barðdal（2011）认为题元格指派理论不具概括力，词汇性和结构性的格指派二元观不成立。她对冰岛语的有关格框架做了基于构式语法理论的历时、共时和习得方面的分析，发现冰岛语动词论元的格标记都是词汇性的，都跟特定词条"绑定"，不同的格框架反映且对应于不同的论元结构构式，而这些构式位于各种图式性水平上。Zehentner（2016: 72）认为，Barðdal 的分析也适用于古英语双及物结构，双宾式的具体格框架构成了不同的构式，它们彼此关联，同时也和另一个更具图式性的双宾式关联，后者没有格标记限定，但它联系着各种次类意义，这些意义由特定的动词类表达。这些语义上的亚型构式并不完全对应于形式上的亚型构式，尽管它们之间可能有疏密不一的联系。此说有理。

晚期古英语文本里已出现介词性双及物结构（to-POC 等），它们很可能也能用于众多的格框架，例如例（375）。根据 De Cuypere（2015c），to-POC 最常使用的格框架形式是[toDAT$_{REC}$-ACC$_{TH}$]。Mitchell（1985：497-498）也指出，很多介词携带的 NP 型补足语成分都标记为与格，这个倾向也见于双及物结构。可见，不同的格框架之间有一定语义重合，句法框架和它所表达意义之间并不存在显著的系统性对应。不过，关于古英语里涉双及物动词的介词型格框架结构的具体类型、数量、频率分布和语义表达内容，尚不得而知。

(405) He sende þone halgan gast^{ACC} to eorþan^{DAT}.

  He sent the holy Gohst to earth

  'He sent the Holy Ghost to the earth. '   （ÆCHom I, 22 360. 168）

6.1.2　古英语双及物结构格标记系统的消亡

从晚期古英语开始，格标记系统逐渐消失，到中古英语末期，基本不再有屈折形态标记。在语言系统内部及各方言中，这种变化都是渐进的，变化最快、最大的主要都在英国北部地区，这主要是因为斯堪的纳维亚半岛语言对该地区的影响更大。诺曼征服后，复杂的语言接触为语言加速变化创造了社会条件，Mustanoja（1960：67-68）、Fischer（1992：207- 208）、Lundskær-Nielsen（1993：19-24）、Allen（1995：212）和 Fischer & van der Wurff（2006）等都有讨论。不过，形态系统的消失并非大一统过程，并非对全部语法范畴和形式同时造成影响，它只是特定历史时期内众多变化的总称①。例如，主格和受格间的差异在古英语时期的很多词类身上都已消失，但在另一些词类身上留存。Allen（1995：165）和 Quinn（2005：13）都认为，这种屈折形式的融合虽是特例，但在中古英语时期还在继续发展（另参 Allen，2005；2006）。

根据 Allen（2005：230-231），屈折形态系统发生的三个重大变化使得各种格范畴之间的差别极大地模糊化了：其一，动词携带的带属格标记的宾语逐渐消失；其二，代词系统和名词系统内的与格-受格区分对立逐渐消失；其三，修饰成分（限定词、形容词和数量词）的格一致形态逐渐消失。关于第一种变化，根据 Fischer（1992：225-232）和 Allen（1995：217-219；2005：227-242），及物动词和双及物动词的属格标记的宾语论元自晚期古英语开始逐渐被与格、

---

  ① 这里讨论的格标记及其系统性消亡，主要指名词、代词等宾语成分。古英语的格标记不限于名、代词，还有动词和形容词等。消亡过程中，动词词尾变化的消失也起作用，在古英语和中古英语早期存在着动词词尾在单复数上的系统差异，这有助于区分主、宾语（详参 Fischer et. al, 2000; Fischer & van der Wurff, 2006）。

受格标记的或介词的宾语替代(例如:"yearn+ O^{GEN}"变成"yearn+after O")。至12世纪末,各种属格结构和属格标记的宾语论元已基本消失。不过,根据 Weerman & De Wit (1999),该变化不代表宾语属格和其他格类型形态差异上的消失,因为属格标记在形式上一般都明显异于其他格形式,尤其是使用频率最高的阳性 a-型词干。结果,属格形式的功能性空间被压缩而为其他表达手段腾出位置,比如其他格形式及介词短语等手段。其变化的原因,Barðdal (2009:17-18)认为跟结构的类频差异相关,带属格论元的结构之所以消失,是因为其他格形式(所在的结构)有更高类频和更高的能产性,这些格形式有近似的表义功能,因此替代起来也比较顺利。这跟 Croft (2000:121-124)的主张一致。

作宾语的代词和名词,其与格和受格之间范畴性差异消失叫做"抹平",这在北部地区更早发生,约12世纪早期和中期之交时基本完成,在南方地区迟至13世纪末和14世纪初时才实现,于是宾语基本都使用宾格形式(objective)。在消亡之前,上述地区的方言里,与格和受格彼此区别性标记曾经是任意的。Lass (1992:110)指出,与格偶尔也会用新的通用与格标记-e 来标识,但该法并不稳定或一致,常受韵律-文体因素影响,算不上真正的范畴标记(另参 Baugh & Cable,2002:160)。在确定介词引介的 NP 角色的格方面,Lass (1992:110)指出,介词一度失去其多变性,使用与格成了标记 NP 补足语成分的常规做法(另参 Lundskær-Nielsen,1993:120-124;Allen,1995:185-195;2005:233)。另外,不同的代词在不同的历史时期都受到影响,比如,第一、二人称代词更早发生了格标记融合。Allen (2005:233)指出,这表明一个形式"侵入"了另一形式的功能性领域。例如,第三人称单数代词 hine 曾仅用于受格性语境,但与格形式的 him 也能承担受格功能。因此 Lass (1992:108-112,116-121)主张,只有当最初的受格形式 hine 真正消失后,与格和受格间的范畴差别才算消失(另参 Allen,1995:213-217;Polo,2002;Quinn,2005:14-17)。根据 Allen (1995:210),这个变化直到1300年左右才完成,这之后,中古英语的形态系统就跟当代英语的基本相同了。古英语的屈折后缀留存至今的,主要是属格的-'s 和复数标记-s,它们都派生自阳性 a-型词干(例参 Huddleston & Pullum,2002:479-481)。当代英语只有代词系统还能反映古英语时期主语性的格和宾语性的或旁格性的格差异。

屈折形态系统消失对动词短语和名词短语都有影响,对前者影响更大。比如,定式动词逐渐丧失了人称和数方面的屈折形态(第三人称单数还残存),这对语序影响很大,包括双宾式的语序。Zehentner (2016:74)指出,在中古英语早期文本中，双及物动词携带属格宾语的用例已经很少，其中有些已难以同与格和受格形式相区分，这可能使得 [DAT_{REC}-ACC_{TH}] 模式更加高频使用和普遍化，双及物性格框架的总数量因此减少。这一趋势在中古英语时期不断增强，与格和受格间的形式差异愈加模糊。到中古英语晚期，双宾式里的双宾语通常就变成了无屈折形式且无标记的 NP，统一使用原形，分属接受者和客事角色，例如（406）a、c&d①。由于缺乏形态标记，宾语语义角色区分就成了问题。Fischer（1992：379）指出，此时就须依赖语境以及它们在生命度方面的不对称性。例如（406）b 中，须根据语境而非语句的形态标记去理解，区分 *Joseph* 和 *merchants* 之间的买卖关系：

(406) a. & *sealde* ðam fix**um** sund & ðam fugel**um** fliht

and gave the　fishes sea　and the birds　　flight

'And gave the fishes sea and the birds flight'　　（*ÆCHom* I, 1 182. 106）

b. *Wolle* we *sullen* Iosep$^{OBJ/TH}$ þis chapmen$^{OBJ/REC}$　þat　here come ?

Shall we sell　Joseph　　these merchants　　that　here come

'Shall we sell Joseph [to] these merchants that have come here?'

（出自 *Jacob & Joseph*, 118；引自 Fischer et al. , 2000：74）

c. And I wol give him al that fall-*es* to a chambre; and al hys hall-*es* [I wol do peynte with pure golde,]

'And I will give him everything that belongs to a bedchamber, and all his rooms [...]'

（Geoffrey Chaucer's *Book of the Duchess*, ?1370, Lines：275-276）

d. me marvaylyyth mychil why God ʒeuyth wyckyd men　swych power

me marvels　　much why God　gives wicked　men　such　power

'I wonder a lot why God gives wicked men such power. '

（*Dives and Pauper*, I. 1336. 2）

这种显明标记的消失可能也促成了 *to*-POC 式兴起，其零星用法至少在晚期古英语文本中就已出现（例参 Mitchell, 1985：512；Allen, 2006；Sówka-Pietraszewska, 2012；De Cuypere, 2013, 2015c：2-7），在中古英语时期，它逐步兴起并最终取代光杆 O$_{间接}$ 的表达方式，成为高能产性表达（例参 Visser，

① 例（406）c 摘自 Geoffrey Chaucer 所著《公爵大人之书》，例（406）d 出自对话集 *Dives and Pauper*，二者都是 14 世纪晚期至 15 世纪初的作品。可见，至中古英语末期，双宾式用法已经很稳定。

1963：637；McFadden，2002：110）。关于当代英语与格变换的语义差异有不少讨论（例如 Thompson，1995，Pesetsky 1995，Davidse，1996），但关于交替变换形式出现之初的语义差异，研究很少。不过，用 *to* 引介接受者，就能实现接受者论元和客事论元角色区分。例如：

(407) Betir is that Y ʒyue hir to thee than to another man.

　　　　Better is that I give her to you than to another man

　　　　'It is better if I give her to you than to another man.'

(Wycliff Gen. 29.19)

to-POC 用例中，格框架[*to*DAT$_{REC}$-ACC$_{TH}$]的使用频率渐增而变得更普遍，这很可能以牺牲其他句法框架为代价，直到与格和受格标记趋同后，出现了无标记的[*to*O$_{REC}$-O$_{TH}$]形式。

　　格标记系统是古英语的关键表义手段，用于区分句内成分间的角色关系，它的消失对整个语言系统的演变有巨大影响，促成古英语的类型转变。根据 Fischer & van der Wurff（2006），由于英语内部音韵的弱化以及英语在几次外族入侵之后同其他诸多语言的密切接触，甚至还有凯尔特人语言残留其中的影响，屈折形态迅速消失，格一致的适用范围迅速缩小，引发了语言系统内一系列变化，主要涉及名词短语和动词短语的构成方式及其构成句子的方式（含小句性成分）、小句性成分组合排列的顺序模式，以及其他更复杂的句法结构和句法现象的出现，例如关系分句、补足语结构、介词悬空结构及其扩展、其他类型从属小句、否定和疑问，等等。这一系列变化代表了语言系统特别是句法系统的重大变化。英语不得不开发利用其他表义手段来作弥补和替代，更多使用迂说式的分析性表达手段并固定语序。这些变化在中古英语时期几乎同步实现。语言接触带来音系侵蚀，即重音转移到第一个音节，于是单词里末尾的那些无重音音节开始弱化，这就导致拼写的变化，如字母缺失，从而这些音节及其表征的格标记最终消失（详参 Lass，1992：105；Fischer，1992：222；Allen，1995：158-220；Barðdal & Kulikov，2009；Barðdal，2009：123-125，142）。另一方面，古英语里已有大量形态标记所致的歧义现象，要消除或者避免形态相异的格结构之间出现语义重合，就可能最终导致格形态差异的融合趋同及格形态的消失（详见 Barðdal，2009：140-141，另参 Luraghi，1987；Croft，f2000）。因此，Lass（1992：103）和 Bertacca（2009）都认为，即使没有重音转移，古英语格系统的成熟也使得它也能进行类比式重构，自然走向消亡。Van Trijp（2013）则主张，发生纵聚合性形式趋简，主因是各种交际需求和限制，因为言语者在信息处理、发音以及感知觉方面追求更好的效果、更大的便利，而减

279

少格标记就是一种好办法，只要利于消歧，人们都会开发利用合适的手段或策略来改变言语方式和形式。在当时，减少格标记是有利的。

　　Barðdal & Kulikov（2009：474）认为，古英语格标记系统的衰亡在中古英语时期加速和扩大规模并最终完成，是众多机制复杂互动的结果。Bertacca（2009）也认为，语言系统内在的驱动力跟社会因素等外在原因都发挥了关键作用。就双及物结构的变化而言，影响主要表现在：第一，那些使用频率较低的格框架逐渐消失，出现了向单一格框架转变的趋势，即 [DAT$_{REC}$-ACC$_{TH}$] 模式；第二，在中古英语早期就开始出现无标记的双宾式形式 [V-NP-NP]，以及相应的介词性句法模式 [V-*prep*NP-NP]；第三，其介词性释义结构兴起且使用日渐频繁，这个变体促成了与格变换的发生。

6.2　古英语介词性双及物结构和与格变换的兴起

　　综合型语言主要依靠形态结构来表达语法关系，分析型语言则主要依靠迂说式分析性结构，具体就是使用介词等功能词系统和固定语序（详参 Szmrecsanyi，2012；Barðdal，2009）。Baugh & Cable（2002：314）指出，古英语向中古英语的转变过程中，介词性的释义表达逐渐增多，特别是带某些功能词的结构的使用频率大幅度提高，于是，得以留存的、更具综合性特征的格形式就更少了（另参 Iglesias-Rábade，2011）。双宾式就属于更具综合性特征的结构。下文会讨论古英语的介词性结构及其在中古英语时期的发展，重点是涉双及物动词的部分。此类分析性结构同双宾式既竞争也合作，相关的动因、方式、过程和结果值得讨论。

6.2.1　古英语中的介词性双及物结构

　　古英语本就有介词（短语），有些动词含介词词素，不过，介词在较晚时期才作为独立的词类来使用，例如，动词 *ofsendan* 最后被 *send for* 取代（详参 Lundskær-Nielsen，1993：17-19；Fischer & van der Wurff，2006：164-165）。不过，介词和介词短语发挥着跟综合性的、带有格标记的名词性结构相同或者近似的句法-语义功能。例如，与古汉语类似，Traugott（1992：207）指出，NP、介词和 PP 都能作状语成分或表达状语的语义。换言之，至少这两种形式能实现同一功能，NP/PP 或能作时间状语，或能表时间持续，或能表伴随状态，甚至也能偶见 *of* 短语替代中心词后的形态性属格表达，或者在古英语某些文本中它们也能表达来源义（例见 Zehentner，2016：76-77；另参 Allen，2005：

227；Rosenbach，2002：179；Wolk et al.，2013：384）。

　　Traugott（1992）还指出，在竞争形式中，如果被动句中含表施事或工具的 NP，则几乎总是由介词来引介，但介词使用无强制性，常用介词是 *from* 或 *through*。而且，PP 还可用来在各种论元结构构式中编码语义角色、标示论元，而非直接使用 NP 作论元。对很多动词而言，只有搭配了介词性结构的形式才留存至今，'V+NP'形式反而废弃不用了（比如：* *rejoice* +NP vs. *rejoice in NP*）。如前述，PP 常用来替代属格论元，这在古英语时期很常见（详参 Allen，1995：217-219；2005：239-240）。总之，使用分析性的 PP 相对于综合性的表达手段虽然只是任意性的替代，但它在中古英语之前就已常见和稳定。

　　不过，Mitchell（1985：517-523）指出，在整个古英语时期，PP 的使用似乎并没有整体式、系统性地增长（另参 Lundskær-Nielsen，1993：28-32，184）。对此，Traugott（1972：110）、Schibsbye（1977：30）、Kniesza（1991）与 Sato（2009：184）之间有分歧，此处不赘述。重要的是，释义表达的使用常常局限于表达某些特定语义关系，这一点在双及物结构中尤为显著。一般认为，*to*-POC 是双宾式的迂说式表述，其早期的用法与两个特定动词类的普遍高频使用有关，即致使位移义动词（例如 *beran* 'bear'，*bringan* 'bring'，(*a*)*sendan* 'send' 和 *feccan* 'fetch' 等）和信息传递义动词（例如 *cweðan* 'say'，*tellan* 'tell'，*secgan* 'speak'），分别如例（408）a 句 & b 句（例自 De Cuypere，2015c：8，18）：

（408）a. *sende* ［ … ］ þis ærendgewrit **him to**

　　　　　　send　　　this letter　　him to

　　　　　'（and）sent this letter to him'

　　　　　　　　　　　　（coaelive, ÆLS_［Abdon_and_Sennes］：86.4777）

　　　　b. God *cwæð* **to Moysen** ðæt he wolde cumin

　　　　　God said　 to Moses　 that he would come

　　　　　'God said to Moses that he would come'　　　（cocathom2. o3：196, 16）

不难看出，*to*-POC 的用法已较成熟，它不限于引介方所性目标，还可引介涉人的接受者，即人被视为特殊的方所性目标，这已有隐喻和转喻性。De Cuypere（2015c：3-7）基于 YCOE 语料库的量化研究表明，使用上述特定次类动词时，*to*-POC 式的使用频率超过了双宾式，其例频数占比较之双宾式的更大。此外，若使用'say'等信息传递义动词，客事更多是直接引语而非 O间接形式（例参 Koopman & van der Wurff，2000：262）。这些都表明，基于至少两个特定动词次类的 *to*-POC 式在古英语中的发展和稳定比人们之前认为的要显著得多，传统上，一般认为，这种迂说式表述在中古英语后才出现。尽管 *give* 等典型动词也涉及人类的或有生的接受者，但在同期未见它(们)在 *to*-POC 式中的用例。这可能表明，最开始，古英语的双宾式和 *to*-POC 式语义关联并不紧密，它们有各自比较独立的衍生和发展轨迹，但在后来的发展演变中，因为某些原因，两式逐渐密切联系起来并可变换交替。Mitchell (1985：513) 和 Allen (2006：214)都指出，从历时角度看，古英语晚期的 *to*-POC 式的用法，在使用频率和普遍性、表义内容广度和所接纳动词的语义范围和数量等方面，远远没有像后来那样显著。

De Cuypere (2013：126-127；2015c：18，19-21) 对上述涉及信息传递义动词的 *to*-POC 式用法做过评价，他认为，*to*-POC 式中的 *to*-PP 引介接受者(亦即受话人)的用法可视为隐喻性表达接受者，属语法化性质，不过，该句式在古英语中的使用只能算作萌芽，试看例(409)(例自 De Cuypere 2015c：3；20-21)：

(409) a. Ic oswulf ond Beornðryð min gemecca *sellað* to **cantuarabyrg to cristes cirican**[REC?]

　　　　I Oswulf and Beornthryth my wife　　give　to　Canterbury　to Christ's church

　　　　ð<u>æt land æt stanhamstede</u>[TH]

　　　　the land at Stanstead

　　　　'I, Oswulf and my wife Beornthryth give to Christ's church at Canterbury the land at Stanstead'

　　　　　　　　　　　　　　　　　　　　　　　(codocu1. o1：Charter 37. 2)

　　b. Denewulf bisceop & ða hiwan　　in Wintanceastre *leton*　　to **Beornulfa**[REC?] <u>hiora</u>

　　　　Denewulf Bishop & the community in Winchester　have let to Bearnwulf of their

　　　　<u>xv　　hida　landes</u>[TH]

　　　　fifteen hides land

　　　　'Bishop Denewulf and the community at Winchester have let to Beornwulf fifteen hides of their land'　　　　　(S1285, dated：c. AD 902)

　　c. and we [···] ðe[TH] eft　*genimað* to **us**[REC?]

　　　　and we[...] you　again take　to us

'and we will take you again <u>to us</u>'

(cocathom2, ÆCHom_II, _22：197. 241. 4383)

d. & his halgan Fæder þe hine asende to us

and his holy father who him sent-out to us

'and his holy father, who sent him out to us'

(coaelhom, ÆHom_12：231. 1878)

从(409)a 句可见，'give sth to sb'和'bring / send sb to somewhere'之间有了交集，因为'Christ's church'既能指示方所，也转喻"人"，换言之，介词引介的可视为方所性目标或接受者，指代对象的统一使双宾式和 to-POC 语义契合；(409)b 句和 c 句中包含人类接受者及较抽象的客事转移交接。De Cuypere (2015c：21)认为，后者已高度接近今天的用法，堪称合格的 to 引介接受者。不过，此类用法在古英语文本语料中罕见，在整个古英语时期，真正意义上的 to-POC 式并未出现。所以，此期未见发展完备的句式与双宾式竞争。究其原因，De Cuypere 认为是 to-POC 式在句法上受到［ACC+DAT］型双宾式的阻滞。毕竟语言演变是渐进的，不大可能一种意义向另一种意义骤变，或许，to-POC 式作为表达接受者论元的新形式逐渐普及而高频使用，它逐渐变得成熟和稳定，逐步形成和双宾式的竞争和表义分工格局，各司其职(另参 De Cuypere，2015c：22)。

在释义表达双宾式时，古英语双及物动词还能同其他介词短语共现，用例不少(详参 Visser，1963：633；De Cuypere，2015a：233)。例如，像 afyran 'take away, remove', biniman 'steal'和 ætbregdan 'take away'等褫夺-获取义动词就能规则地进入介词宾语式，通常由 from 或 of 引介夺事角色，例见(410)：

(410) a. *afyrde* **fram hire** […] þa leohtnesse

'took the brightness away from her'

(Wærferth Dial. Greg. 288, I；自 Visser，1963：633)

b. Ðu *afyrdest* of Jacobe[REC] ða graman hæftned[TH]

'you took the troublesome captivity away of/from Jacob'

(Ps. Th. 84, 1. ; Bosworth-Toller, s. v. *a-fyrran*；自 Zehentner，2016：80)

c. he him *ageafe* þæt[TH] he ær on him[REC] *bereafode*

'he restored him what he had before stolen on/from him'

(Ors. 3, 11；S. 146, 30. ; Bosworth-Toller, s. v. *be-reafian*；自 Zehentner，2016：80)

283

尽管古英语里类似于 *to*-POC 式的用法不少，但现有研究主要关注 *to* 的有关用例，是否有关动词类也可以跟 *toward* 和（*un*）*till* 等能引介目标的介词同现，还不得而知。不同类型的介词宾语式在古英语时期的使用频率相较于双宾式到底是多少，还需深入探究。我们猜测，至诺曼征服时期，已出现含 *to*-POC 式的数个介词宾语式，它们已能接纳有限的双及物动词次类，但是，*give* 还不能进入此类格式。此期双宾式和介词宾语式之间可能因个别动词类和个别介词而在很低水平上存在松散关联。

6.2.2　与格变换的兴起

真正意义上的与格变换兴起于中古英语时期。这是语言类型转变的结果：*to*-POC 等介词宾语式作为迂说式表达释义或替换更具综合性的双宾式是历史大势。从古英语晚期开始，使用介词宾语式已呈现出增长态势（详参 Mustanoja，1960：348；Strang 1970：274-275；Traugott，1972：127；Lundskær-Nielsen，1992：113-115；Fischer 1992：233-234；Fischer & van der Wurff，2006）。特征如下：第一，介词的类频开始增长，还增加了几个新成员，比如 Hoffmann（2005）考察过 *by means of* 等复杂介词的兴起（详参 Mustanoja，1960：345-346；Strang，1970：274-275；Lundskær-Nielsen，1993：113）；第二，中古英语时期介词语义虚化而迅速扩大使用范围，借助隐喻，很多介词有引申性用法，这是介词宾语式成熟的标志（例参 Traugott，1972：127；Lundskær-Nielsen，1993：114；Iglesias-Rábade，2011）；第三，同双宾式有关的 PP 在中古英语时期高频使用。比如，迂说式的 *of* 型属格形式出现且基本替代了形态性的属格形式（详参 Mustanoja，1960：75；Fischer，1992：225；Rosenbach，2002：178-179；Allen，2003，2005，2009）。这也对及物动词的属格标记论元产生影响，比如动词 *wundrian* 'wonder'，在古英语时期通常携带一个属格 NP 论元，而在中古英语时期常用于 *of* 介宾式（详参 Fischer，1992：233-234）。

过去携带其他格标记论元（如与格和受格）的及物动词也有类似改变，同样也更多地被介词短语形式替代，这样在同一时期可能至少两种近义格式并存。例如（411）中，中古英语动词 *hlysnan* 'listen' 可带受格的 NP 宾语，也可跟 *to*-POC 式共现（例自 Zehentner，2016：81）：

(411) a. *Listneð* nu **a wunder**[ACC]?

　　　　Listen now a miracle

　　　　'Listen now [to] a miracle'　　　　　　（Bestiary 398；OED, s. v. *listen*）

b. *Lustniez* nouþe **to mi speche**

listen now to my sppech

'Listen now to my speech'

(S. Eng. Leg. I. 462/2; OED, s. v. listen)

Zehentner (2016: 81) 指出，古英语格形式间的差异在中古英语的介词短语用法上也有同样表现，比如中古英语动词 *wondren* 'wonder' 除可搭配 *of* 短语，还能搭配 *on*、*upon*、*at* 和 *over* 等介词短语，但 *wonder* 现在只跟 *about* 共现。有人认为上述用法是试验性的，即尝试多种用法之后再优胜劣汰、循规蹈矩，比如 Strang (1970: 274-275) 持此观点（另参 Lundskær-Nielsen，1993: 113-114）。Traugott (1972: 127) 也指出，某些用例当中，介词短语的概括化程度提升，幅度比现在的还要大，但是，在中古英语和早期现代英语里发展起来的很多介词短语，之后又废弃不用了。Fischer (1992: 233-234) 认为，更早的文本当中，介词短语使用上的差异更小，只是后来发生了扩展，最开始，在新的介词短语形式和旧的格形式之间多少都有一点对应关系，但后来更多的介词参与，能更精细地表达语义角色差异。的确，在有语言接触等外部因素影响的时候，更多新形式可能出现并形成竞争，但在形式经济性和表达有效性等条件制约下，只有更具优势的表达才会留存。这在汉语语法发展史上是常见现象：曾一度使用或流行过的一些表达形式最后都废弃了，多被更具优势的结构淘汰。

与格变换更具系统性，它的出现体现了介词短语结构的兴起，因为介词的分析性手段使英语表义功能增多，更具表达优势。根据 Allen (2006: 206) 和 De Cuypere (2015c)，在中古英语早期，*to*-POC 式所接纳的动词类型已更开放，开始向包括转移交接义动词在内的其他动词类扩展。在中古英语时期，它逐渐发展成为双宾式的竞争者，作为其替代表达，它具有高度能产性。从中古英语早期开始，*to*-POC 式中双及物动词的用法大幅增长，是一个明证。根据 Mustanoja (1960: 96)、Fischer (1992: 379-380) 和 Sówka-Pietraszweska (2012)，至中古英语晚期，*to*-POC 式的使用频率上已与现在的大致相当。换言之，*to*-POC 式和双宾式之间的使用格局从那时起就维系至今。关于两式联系的历史过程，McFadden (2002) 有过分析。我们认为，这种频率增长导致了两式之间密切的语义联系，这反过来又极大地促进了双及物构式位的确立，并直接影响了当代英语与格变换构式性网络的形成。

Polo (2002)、McFadden (2002) 和 De Cuypere (2015c) 等人的研究提供了

双宾式和 *to*-POC 式在中古英语时期(各时段内、各条件下)使用频率分布上的差异, 各方主要的量化数据汇总如表 6-2 至表 6-6 表所示:

表 6-2　　　双宾式(DOC)和 *to* 型介词宾语式(*to*-POC)
在中古英语时期的使用频率分布

	DOC	*to*-POC	总数	*to*-POC 所占百分比
M1	166	10	176	5. 68
M2	22	52	74	70. 27
M3	85	180	265	67. 93
M4	60	44	104	42. 31

McFadden (2002: 113)

表 6-3　　　双宾式(DOC)和 *to* 型介词宾语式(*to*-POC)
在中古英语时期的使用频率分布

	DOC	*to*-POC	总数	*to*-POC 所占百分比
PCI	9	1	10	10
PCII	2	2	4	50
AW	24	22	46	47. 83
St. Iul.	2	7	9	77. 78
Rolle	0	52	52	100

Polo (2002: 141)

　　注: PCI/PCII = First/Second Continuation of the *Peterborough Chronicle*; AW = *Ancrene Wisse*; St. Iul. = St. Iuliene; Rolle = Richard Rolle's *The Form of Living*.

表 6-4　双宾式(DOC)和 *to* 型介词宾语式(*to*-POC)在中古英语时期的使用
频率分布对比(基于 **Cassidy 1938**, 转引自 **De Cuypere, 2015c**;
仅限于表信息传递义和致使位移义两类动词)

	DOC	*to*-dative construction
V$_{communication}$	1, 357(42%)	1, 869(58%)
V$_{caused-motion}$	258(47%)	296(53%)

表 6-5　　　　　　　*to* 型介词宾语式在古英语到中古英语时期的
使用频率增长（转引自 De Cuypere，2015c；仅限两类动词）

	925	975	1000	1050	1075	1100	1125	1150	1200
V$_{communication}$	50	141	446	495	35	26	86	446	137
V$_{caused-motion}$	24	36	43	75	7	17	22	38	32

表 6-6　　　　　　　双宾式和 *to* 型介词宾语式在中古英语时期的
使用频率分布（De Cuypere，2015c；仅限 6 个动词）

	Construction	
	DOC	*to*-dative construction
lcedan	1(1%)	95(99%)
sendan	58(42%)	81(58%)
bringan	90(62%)	56(38%)
asendan	10(22%)	36(78%)
beran	10(40%)	15(60%)
cweðan	6(18%)	28(82%)

　　Polo（2002）的取样规模较小，所涉动词数量少，其数据的意义可作参考。McFadden（2002）的研究基于权威语料库，其数据可信度较高。在中古英语的四个分期时段中，M1 语料中检索到的 *to*-POC 用例占比较低，McFadden（2002：111）指出，有些文本里没有这个格式，但此期之后，双及物动词用于 *to*-POC 式的频率骤增。一般认为是格标记消失导致需要更多借助介词表义。Allen（2006：215）认为英、法语接触也起了作用。大量法语借词进入英语，也引进了动词联系的句法框架，包括双及物动词在内的有些动词就出现在介词 *à* 等构成的介词性结构中（*à* 类似 *to*），这可能有示范效应，而有些动词及其法语式用法常常整体取代英语本族语的对应用法，这也导致 *to*-POC 式用例增多（另参 Visser，1963：624；Gerwin，2014：142）。我们很关注格标记系统消失带来的影响，以及介词短语结构语句的句法-语义等特征。

　　根据 McFadden（2002：113），M1-M2/M3-M4/M1-M4：p < 0.001，φ ≈ 0.7/0.2/0.4；M2-M3：p > 0.05，到中古英语末期，*to*-POC 的用例明显呈下降趋势，从 70% 降至 40%。而且，该趋势很可能一直持续到早期现代英语时期。

Wolk et al.（2013）就想弄清，*to*-POC 和 DOC 的用法在这段交叉时期内，特别是早期现代英语时期内，出现了什么变化，分布态势有何改变。基于语料库（1650-1989）考察，Wolk et al.（2013：392-393）发现，在这段时期，相较于 DOC，*to*-POC 的使用占比一直保持显著稳定，在 30% 至 39% 之间小幅波动。不过，Gerwin（2014：144-145）的统计结果和发现与之稍有出入，她发现，在 17 世纪开始后的三百年间，*to*-POC 的使用占比从 20% 左右增长至 29% 左右，这个持续增长趋势是显著的，直至 20 世纪的头十年左右之后，DOC 才开始有更多的使用占比，从 20 世纪初期的约 50% 增长至 80 年代的约 70%。上述两组研究基于同一数据库，虽然发现和结论有出入，但关于两式使用历时分布特点的基本结论仍一致，他们关于当代英语与格变换的基本特点、规律和变化趋势的结论跟 Röthlisberger（2015）的发现也基本一致，各方都认为，*to*-POC 使用频率增加、范围扩大以及由此导致的与格变换都发生在中古英语时期。当代英语中双宾式的使用占比超出 *to*-POC 的 2 倍多。当然，这个比例在各方言变体中会有一定差异。

　　另外，施益变换跟与格变换有类似的性质：很多创制-准备义动词（如 *make*、*bake*、*build*、*knit*、*prepare* 等）可在双宾式和 *for*-POC 式之间交替表达。Zehentner（2016）就关注了有关问题，如施益变换何时出现，它跟双宾式之间是否也存在类似于与格变换的动词次类接纳限制和使用频率与分布上的区别，或者在时间上是否与之平行发展。她发现，施益变换是在早期现代英语和现当代英语之间的某个时段内才出现的。后文将涉及这一问题。

6.2.3　*to*-POC 的语法化

　　介词短语的语法化似乎有普遍性，*to*-POC 的语法化就是一个典型。介词性结构的兴起和延伸扩展是语法化现象，相关讨论很多（详参 Traugott，1972，1982；Langacker，1992；Lundskær-Nielsen，1993；Fischer，2000；Heine & Kuteva，2002；Hopper & Traugott，2003；Sato，2009；Iglesias-Rábade，2011）。石毓智（2011：2）指出：语法化是一个新兴语法手段产生的历时过程，语法手段包括语法标记和语法结构两大类，在汉语语法史上，一个语法化过程往往同时涉及新标记和新结构的产生，两者经常是同一变化的两个方面，比如处置式的发展结果，一方面导致了指示谓语中心动词之前受事名词的语法标记"把"的出现，另一方面又引起了新语法格式"把"字句的产生。同理，英语的此类语法化涉及语法标记和相关语法结构的变化，即格标记系统消失和介词标记系统与介词短语结构（特别是 *to*-POC 式）出现。跟双宾式有关的介词有 *to*、*from*、 *of* 等，介词是编码空间关系的词类，之后开始承担语法功能，标示双及物性事件中的语义角色，那些(抽象的)接受者、被褫夺者、受影响者等都被隐喻为空间概念。例如，*from* 最初引介来源，在古英语里有生参与者被解读为来源，被褫夺了某物，或者说，从他那里获取了某物，获取物可以是具体的或抽象的。De Cuypere (2013：127，2015c：18-19)分析了 *to* 的语义演变，认为其空间语义表达功能在古英语时期仍存在(见 (412) a，另参 Colleman & De Clerck，2009；Colleman et al.，2010)，但同时也已显著虚化，因为三分之二以上的有关用法都表达非空间意义(见例(412)b 句)，而且 *to* 的语义内容多样，在不同的事件类型表达中，除可表达目标和受话人、状态、质量或要达成的条件，还可用来指示非空间性的具体时间点、价格、要参加的场合、来源、比较或者目的。比照 Heine & Kuteva (2002：38)提出的"向格>与格"蕴含模式，可知介词 *to* 已经高度抽象化和语法化(例自 De Cuypere，2013：126)：

(412) a. ðæt he *cumen* to Galileum

　　　　that they come(subj.) to Galilee

　　　　'That they may come to Galilee' (cocura. o2：43, 20)

　　　b. Crist hi *gebrohte* to ecere reste

　　　　Christ her has brought to eternal rest

　　　　'Christ has brought her to eternal rest' (cocathom2. o3：440, 28)

因此，此时介词宾语式的使用占比远远高于双宾式。De Cuypere (2015c：5)根据 Cassidy (1938)的研究和观点指出，这个趋势在信息传递义动词(如 *say*)身上表现得比致使运动位移义动词(如 *bring*)更明显。这两类动词，尤其是前者，对促成 *to* 的语义虚化起关键作用。如前所述，*to* 型介词短语从指示空间目标变成能指示接受者等角色，得益于一种桥接性语境，即目标和接受者这两种角色可以统一，有歧解可能，如(409) a 中，被引介的方所借助转喻也可以指人(另参 Visser，1963：624)，而人有空间占位，可转喻方所，因此形成一种两可的语境，借助两种语义角色之间的相似性，隐喻和虚化得以实现：可将接受者视为客事运动位移指向或抵达的目标，它相当于客事运动路径的终点。有关分析和论证可参 Newman (1996：88)、McFadden (2002：108)和 Colleman & De Clerck (2009：9)。

尽管 Newman (1996：88)和 Heine & Kuteva (2002：37-38)等都认为，to-POC 的语义发展特点有力证明了它的语法化性质(另参 Jespersen，1927：291；Lehmann，2002：73；Lambert，2010：14；Hagège，2010：277-278)，但对 *to* 的语义内容及其虚化程度，各家还有分歧。Tyler & Evans (2003)、Evans & Tyler

（2007）和 De Cuypere（2013）等都关注其语义问题，Colleman & De Clerck（2009）更关注其使用的句法环境特征。他们认为，当代英语的 *to*-POC 式中 *to* 的语法化程度较高，但其标记时空路径终点上目标的基本语义内容仍然保留，它从空间性的源初义扩展至表达各类型的致使拥有事件，如给予事件、隐喻性转移交接（如 *to lend sb. support*）以及拒绝/阻滞转移交接行为（如 *to deny/ refuse sb. the job*）等。不过，*to*-POC 接纳某些类型动词（如 *refuse*，*cost* 等）的用法是有标记性或罕见的，这就表明 *to* 最初的空间语义特征仍有阻滞效应，它抵制彻底的语义虚化。

遵循 Colleman & De Clerck（2009）和 Perek（2015）的分析思路，我们认为，*to*-POC 在双及物性构式网络中有独立地位，它从更具图式性的上位致使位移构式那里承继特征，横向上又同方所义 *to* 介词短语构式有联系。*to*-POC 式语义虚化后足以构成双宾式有关语义次类的近义表达式，用于表达同一事件的不同方面。因此，双宾式和 *to*-POC 式之间语义联系逐渐密切，与格变换的出现促成了双及物式位的构建。不过，与格变换究竟如何实现？介词宾语式和双宾式各自经有哪些语义变化？两式的关系如何动态发展？这些需要更多研究。

6.3　古英语双及物结构的语序模式及其历史变化

语序的稳定跟双及物结构形式问题紧密关联。我们要讨论双及物结构的语序变化，先要讨论小句层面上 SVO 语序的固定，再讨论双宾语论元结构的语序问题，后者是在小句层面语序的框架内变化的。关于小句层面的语序问题，学界达成的共识很多。SVO 语序模式的稳定，意味着主语居首并跟基于动词核心的述谓结构形成相对关系，后者意味着宾语槽位待填补，而这种相对关系又受到有生性、话题性等语篇性特征的影响，SVO 格式再跟一个宾语发生关系，有时候双宾语都可能是代词，这些都使得句法位置和语序问题变得复杂。

6.3.1　古英语的总体语序特征

古英语语序问题很复杂，因为它很可能是一种过渡状态。原始日耳曼语是 SOV 语序，当代英语是 SVO 语序，古英语里 SVO、SOV、VSO 等模式都有，它们的使用频率接近，传统上有人将之归为 SOV 语序。其语序相当自由，因为它主要依靠格标记系统表达语义关系。传统的语序研究有 Bean（1983）和 Mitchell（1985）等，现有语序历时研究大多基于生成语法理论，例如 Koopman（1990a）、Pintzuk（1995，1996）、Koopman & van der Wurff（2000）、Kroch &

Taylor（1997，2000）、Bech（2001）、Trips（2002）、Roberts（1997）和 Taylor & Pintzuk（2012a&b）等。Denison（1993）、Fischer（1992）、Fischer et al.（2000）和张连文（2005）等对上述有关研究做过介绍。较近的研究多关注信息结构对语序模式的影响，例如 Los（2009，2015）、van Kemenade & Los（2006）、Los & Dreschler（2012）等。从构式语法角度考察英语语序历时演变的研究不多，例如 Zehentner（2016）。

关于古英语小句语序模式和特征，Allen（1995：32）指出，有人认为动词有严格占位规则，但他们都不可能穷尽描写和合理解释现有和潜在语序模式的可能性。根据 Allen（1995）、Barðdal（2009）和 Möhlig-Falke（2012）的讨论，对古英语中主语、动词和宾语的句法占位常常难以描写清楚。由于古英语有以 *it* 或 *there* 等作主语的无人称句结构，而且有时句子主语也并非必须出现，通常跟主语有关的那些语法特点也就不存在，比如主格标记、动词一致性要求和反身代词化触发效应等。有人认为古英语属主语脱落语言（详参 Harbert，2007：175-315，Bech，2001：45-49）。尽管古英语的主、宾语已表现出明显的句法角色对立，但由于存在大量的使用差异，是否确有"主语 vs. 宾语"句法占位模式，仍旧存疑。其实，有的主句使用 SOV 语序，有的却使用 VO 模式，还有的 OV 和 VO 模式都用，而且，古英语的主句语序有明显的 V2 倾向（verb-2 rule，即动词出现在句子第二个位置上）和 V3 格局（此时通常动词之前是一个代词），例如：

(413) a. Ac mid þon worde   þæs godcundan gewrites **he**   **hine**   *oforswiðde*

　　　 But with the word   of-the divine   writ   he   him   overcame

　　　 'But with the word of divine writ he overcame him'

　　　　　　　　　　　　　　　　　（BlHom, 33：20；自 Bech 2001：58）

　　b. **Se mæsse-preost** *sceal* monnum *bodian* **þone soðan ʒeleafan**

　　　 the mass-priest   must   people   preach   the   true   faith

　　　 'The mass priest must preach the true faith to the people'

（Ælfric's letter to Wulfstan 1, 175, ed. Fehr/Oz；c1070；自 Gast 2007：48）

　　c. **God**　**him**　*worhte*　ða　**reaf**　　　**of fellum**

　　　 God　them　made　then　garments　of　skins

　　　 'God then made them garments of skin.'

（Ælfric's Homilies I, 147-148, ed. Clemoes；c990-994；自 Gast 2007：48）

Bech（2001：51-69）根据句子主语、动词和 X 成分槽位的相对句法位置关系就区分出了十多种语序模式类型（X 可以由名词性、代词性或小句性宾语、主语

补足语或任何类型的状语填充,如副词、状语小句、状语性介词短语等)。这
表明,古英语的语序模式和句法结构模式多样,它取决于包括小句类型和句子
成分类型在内的众多因素。例如,主句一般都是(S)VO/SVX(如(414)a 句),
从句往往都是动词居尾型(如(414)b 句),如果句首是疑问代词、状语(尤其
是 þa 'then')或否定义小品词,则不论是代词或名词主语,主语和动词都倒
装,使用 XV(X)S 语序,如(414)c 句;如果出现代词,它常常前置且紧邻动
词,违反 V2 规则而表现出不同于名词性成分的特点(如(413)c 句);如果主
句句首是连词①,如 ac 'but' 或 ond 'and',那它倾向于使用 SOV/ SXV 语序
(如(414)d 句)(另参 Allen,1995:36):

(414) a. **Se** *bið* eallenga blind〔se ðe noht ne ongiet be ðam leohte
ðære uplecan sceawunge〕

He is quite blind〔he who nothing not understands of the light of-
the sublime contemplation〕

'He is quite blind〔he who has no conception of the light of sublime
contemplation〕'

　　　　　　　　　　　　　　　　　　　　(CP, 65: 6;引自 Bech, 2001: 51)

b. þa **he** þa wiþ þone here þær wæst *abisgod* *wæs*
when he then against the army there west occupied was

'when he then was occupied against that army in the west'

　　　　　　　　　　　　　(ASC. 894;引自 Lundskær-Nielsen, 1993: 62)

c. *Hwi noldest* ðu **hit** secgan me.
why not-would you it say me

'Why didn't you want to say it to me.'(引自 Koopman, 1990b: 170)

d. ac **hie** nugiet *ricsiende sindon*
but they still reigning are

'but they are still reigning'　　　　(Or, 38: 7;引自 Bech, 2001: 58)

此外,非定式动词和定式动词的结合用法,其占据的句法位置不稳定,但也有
较明显倾向,根据 Lundskær-Nielsen(1993:52),定式动词倾向于尽早出现,
非定式动词要么紧接在定式动词之后,要么出现在所谓"支架结构"(brace
construction)中(如(415))。

---

　　① Bech(2001:89)指出,古英语中由并列连词引导的小句更常用 SVX 模式,所有的
联合小句中,以这个模式出现的占 27.9%,只有 15.3%的此类小句使用 SXV 模式。

(415) Hwi   *sceole*   **we**   oþres   mannes   *niman*
      Why   should   we   another   man   take
      'Why should we take those of another man?'

(ÆLS 24.188；自 Haeberli，2000：110)

然而这些概率性倾向并非金科玉律，例外很常见(详参 Bech，2001)。因此，很多人认同 Fries (1940a&b) 的观点，即古英语语序模式缺乏系统性，完全就是自由的①。但 Bech (2001：194)指出，古英语语序模式并非纯偶然和绝对自由，在特定条件下，它是有规律可循的，比如动词在句中的位置(句首或靠后甚至句尾)在很大程度上决定句子的语序模式选择，这跟句法、语义、语用、文体等因素有关，比如，主语和其他句法成分的信息新旧特征和可及性是重要条件，表新信息的论元往往在动词之后较晚和靠后出现，而已知信息论元常在小句中动词前的位置尽早出现(例参 Los，2009；Los & Dreschler，2012)。还有论元自身的重度特征，即重度成分多在小句的靠后或尾部位置出现(例参 Pintzuk & Taylor，2006：254；另参 Taylor & Pintzuk，2012a&b)。

　　至中古英语时期后，语序模式多样化逐渐不再，稳定的单一语序模式逐步显现。Lundskær-Nielsen (1993：65)和 Bech (2001：197-198)都指出，VP 逐步固定在了主语论元右边的句法位置上，到晚期中古英语时，SVO 模式成为主流(另参 Kroch & Taylor，1997，2000；Trips，2002；Haeberli，2002a&b)。不过，之前并存的其他语序模式在晚期中古英语时期仍有使用，Bech (2001：194-195；198)认为那要归因于语用因素，比如古英语时期高度能产的 XVS 模式逐渐仅用于存现句，以形式主语 *there* 开头为主，留存至今，那是对动词居中规则的遵从。van Kemenade (1987)、Lightfoot (1991)、Lundskær-Nielsen (1993)和 Trips (2002)等人也关注语用因素对语序的影响，认为语用因素最终导致之前的众多句法规则(比如 V2 倾向)被颠覆，例如，主语若因为语篇-语用性原因而频繁出现在紧靠动词之前，那么该位置可能被重新分析为主语专位。一般认为，古英语格标记系统的消失以及英语同外来语的接触是导致 SVO 语序得以固定的重要原因(详参 Kroch & Taylor，1997，2000；Trips，2002)。

　　介词短语的句法位置跟双及物结构的演变密切相关。Alcorn (2011)对影

---

① Fries (1940a；1940b：250-251)说，古英语里，语序对相关语法关系(的表达)没有任何影响，语序不具语义区别作用，它只是从属和隐含性的，几乎所有的语法关系都可以且基本都是由屈折形式来表达，也有一些由功能词来表达。

响具体语序模式选择的因素作了分析。古英语介词短语内部的语序较自由，它常会受到介词后补足语成分类型的影响：如果该成分是名词性成分、指示代词、疑问代词或关系代词 *se*，那么介词就居前；如果出现某些副词，如 *her* 'here' 和 *þær* 'there'，以及疑问词 *hwær* 'where' 和关系词 *þe* 'that/who'，介词就居后；根据 Alcorn（2011：8），简单人称代词出现在介词前、后都有可能（例参 Visser，1963：394-396；Mitchell，1985：441-444）。不过，这些差别在中古英语文本中就很少见了，Lundskær-Nielsen（1993：44）认为，这归因于标准化运动，即在 12 世纪时，对介词及其人称代词性补足语的语序模式有标准化，统一规定使用"介词+代词"模式，自此再未改变（另参 van Kemenade，1987：190-192）。

根据 Lundskær-Nielsen（1993：66），一般都认为，介词短语在古英语小句中的位置非常灵活，在主句和从句中似乎不受限制，特别是附加语性质的 PP，更是自由。具体说来，PP 可以在主语和动词之前，或居于句首，或在句首的状语之后，或在动词和主语之后的小句中间位置，或是插在主语和动词之间，或者在小句末尾位置。对此，Fischer（1992：377-378）和 Sato（2009：177）有细致分析。

中古英语时期，介词短语在句中的位置仍旧灵活多变，可在动词前或后。但是，根据 Fischer（1992）和 Lundskær-Nielsen（1993），介词短语越来越偏好于小句边缘位置，该趋势明显，先前在主语和动词之间位置上的用法逐渐消失。Bech（2001：119-143）也发现，状语性 PP 明显从居中位置移至其他位置。据她统计，早期古英语时期，主句中状语性 PP 位于主语和动词之间的用法占几乎 40%，但到了晚期中古英语时期则骤减至不足 5%，同时，古英语时期的PP 状语位于主语和动词之前的高频用法（约占 50%），在众多模式竞争之中留存，到晚期中古英语时期已成主流模式。此外，PP 出现于句尾或靠后出现的用例可能在从属小句中有更高的使用频率（详参 Lundskær-Nielsen，1993）。而且，如果将古英语时期就已经出现且在中古英语时期使用已经相当普遍和频繁的其他类型（非状语性）的 PP 也考虑进来，有关结论会有所变化。比如，根据De Cuypere（2015c：10），绝大多数跟受格 NP 宾语共现的 to 短语强烈倾向于占据句中靠后的、宾语后位置，例如（416）a&b 的方所义用法（例自 De Cuypere，2015c：7）：

(416) a. & Florus hine[ACC] *astrehte* **to Maures fotum**[to-DAT]

and Florus himself stretched out at Maures' feet

'and Florus prostrated himself at the Maures' feet'

（coaelive，ÆLS_［Maur］：180. 1601）

b. & his heafod^{ACC} mon lædde **to Lindesfearena eae**^{to-DAT}

and his head they brought to Lindisfarne island

'and they brought his head to the island of Lindisfarne' （ibid. ）

显然，介词短语居于句中靠后或末尾位置，对用介词引介接受者角色的双及物结构句来说也是合理的语序选项，它反映了顺序象似性。中古英语时期的介词短语倾向于位于句子的两端，以及中古汉语时期介词短语出现前移的大势，这两个类似变化背后的动因值得关注。

6.3.2 古英语双及物结构的语序模式变化

中古英语之后，英语变成了分析型语言，必须借助语序固定和使用介词等功能词来区分和表达功能。语序固定首先表现在小句，含主句和从句，也涉及介词短语等状语成分的句法位置，双及物结构的语序模式及其变化发生在这个大背景下。下文关注小句语序变化中的几个问题，再讨论双宾语的语序变化，含涉代词宾语的双宾式语序问题。

6.3.2.1 关于小句语序变化的几点认识

语序问题研究分歧较大，主要问题就是，屈折变化和语序模式在区分和表达语义方面有何作用？其他问题包括：在表达句内词汇间语法和语义关系时，古英语的词尾屈折变化和语序模式起多大作用？是否存在基本的语序模式？小句语序的任意性有多大？语序变化会带来意义变化吗？哪些因素会限制或影响语序？

古英语 V-2 规则消失是重大变化之一①，对语序固定产生重大影响。古英语小句中述谓动词的句法位置很灵活，但到了中古英语晚期，语序固定下来，不论主句还是从属小句，宾语要紧接动词后，形成稳固的 VO 模式，而主语要置于动词前，于是构成 SV 模式，SVO 模式便稳定下来。为维护此语序总格局，英语开发出其他句法手段，发生了一系列句法变化，比如，do 虚化形成助动词，轻动词出现等，满足了让 S 和 O 尽量靠近主要谓语动词的要求（详参 Denison，1993：467-468），同样，之前状语居句首时 S 和 V 必须倒装的规则也基本消失了，稳定的动补语序也出现了，小句中动词末位和主句中动词居二的

---

① 从 14 世纪中叶开始，V-2 规则逐步弃用，17 世纪时基本废止，但倒装句和某些存现句留存至今（详参 Kroch et al. ，2000；Fischer et al. ，2000）。

规则消失后，动词和 O$_{直接}$ 倾向于紧密相连而不能再插入其他成分。① 总之，SVO 模式渐趋固定的过程中，一系列句法变化都要服从和服务于这个总格局，双宾式及与之相关的双及物性介词宾语式的语序选择也受到影响。

V-2 规则仅适用于主句，动词可在主语前，不论它前面的成分有什么功能②，但这只是一种倾向，毕竟还有 V-3 规则③，在某些句法条件下也会出现其他很多例外。自 1980 年代以来的研究，如 van Kemenade（1987）和 Pintzuk（1991）等，大多认为，古英语的语序模式是遵循严格规范的，尤其是 V-2 规则。但对于 V-2 规则本身及其在主句和从句中的分布规律，依旧众说纷纭。同时，从句里却遵循动词居末（尾）的规则（此处记作'V 尾'规则）④，'V 尾'规则也有例外⑤，但它比 V-2 规严格得多。而且，为何主句和从句会遵循不同的语序规则或表现出不同的语序倾向，尚无定论。小句被视为作句法描写的最理想单位和对象，最能体现本真的句法规则和规律。对语序模式的讨论多限于小句内部，重点一般是"主语+动词+宾语/补足成分"组合模式和关系，修饰限定性关系一般不讨论，例如中心词与其限定词之间的语法关系。小句分从属性和非从属性，古英语的语序模式在这两种小句内部区别显著。虽然其区分标准并不严格统一，一般要看关系代词或从属连词标记，但动词和宾语分类同现代语

---

①　副词插在动宾之间的用法，到 1500 年左右时开始减少，但直到 19 世纪时还有使用，消失的原因主要是动词屈折形态消失（见 Fischer & van der Wurff, 2006）。

②　在陈述句的主句中，V-2 很常见，其实是倒装性质。下列条件时一般没有 V-2：1）句首是外接词（disjunct）或句子状语成分；2）句首是同小句完全融合的成分（如动词的宾语）；3）句子主语是人称代词（详参 van Kemenade, 1987）。根据 Crystal（1980），三分之二的口语句子中都含有状语成分，早期英语也如此。不过，有副词 þa 'then' 的时候，动词绝对紧跟其后，真正体现 V-2 规则，但原因不详。

③　例如，代词主语须紧邻定式动词后，形成 V-3 语序，有些副词若处于话题位置，同样如此（例参 Pintzuk, 1991；Kroch et al., 2000）。

④　Pintzuk（1991）和 Kroch & Taylor（1997：305-307）等认为从句也遵循 V-2 规则，这与德语和荷兰语等其他 V-2 型语言不同，后者只允许主句中出现 V-2 模式。她们把古英语归为类似冰岛语和依地语（Yiddish）的 IP-V2 语言，区别于德语和斯堪的纳维亚诸语言所属的 CP-V2 语言。van Kemenade（1987）则认为古英语应属于 CP-V2 型语言而非 IP-V2 型语言，但他们都无法解释为何古英语的主句和从句不遵循相同的移位规则。Burnett & Ferch（2005）指出，对上述 V2 语序特征，现有的基于生成语法的方案都不令人满意。

⑤　一般的解释是，这是个特殊的话题槽位置，它能把述谓动词吸引到紧接其后的位置上，即'[话题 v$_{finite}$[主语+ 小句其他成分]]'格局，详参 van Kemenade（1987）。但是，动词前成分不仅限于主语，其他非主语成分也能占据所谓话题位置，例如 O$_{直接}$、介词短语、副词或者状语附着成分。

法体系分类相同。非从属小句常见的语序模式是：1）S+V；2）S+V+O（副词可在动词或宾语之后；状语性短语多在宾语后）。其中，不及物动词小句（SV 和 VS）和及物动词小句（SVO、SOV、VSO、VOS、OVS、OSV）是主流，比例基本相当，在各小类当中，更常见的是 SV、SVO、VSO、VS 和 SOV 格式，系动词小句可能有 7 种语序模式（即 SV、VS、SVC、SCV、VSC、CSV 和 CVS），但无论其类型总体还是个体，所占比例都很小。无主语的小句所占比例与之持平，且几乎都是非关性小句。偏离于基本语序模式最常见的就是主语和动词的倒装，一般都是副词或状语置于句首。有人统计过，动词居首格式用例约占全部格式用例的 28%，可见，VS（O/C）格式是古英语的重要句法形式。用 SOV 格式多是因为代词宾语在定式动词之前。

从属小句根据携带的关系代词或从属连词一般分成两类：带从属连词的非关系性小句和带关系代词的关系性小句。在前者，主流语序模式是"主语+（宾语/补足语）+动词"（S（O/C）V）；副词或状语成分通常前置于动词，宾语（含代词性的）也前置于动词。若有复合动词，非定式动词一般前置于定式动词（含助动词）。这也适用于关系性小句。在后者，主流语序模式是'S（O/C）V'和'O/C+S+V'。具体来说，在 SV 格式中，主语必定是充任关系性成分的指代词或关系化小品词 þe。在及物性关系小句里，若主语是关系性成分，则宾语或补足语在主语之后，若有副词或状语，则也前置于动词，表现为'S+O/C+V'格式。若宾语是关系性成分，则是'OSV'格式，且主语紧接宾语后。在从属性小句内部，非关系性小句占比最大，超过一半，关系性小句占比稍低，据统计占近四成，无主语小句占一成左右，尽管非关系性小句（SV、VS、SOV、SVO、SCV、SVC）和关系性小句（SV、SOV、OSV、SCV、SVC、CSV）各有六种次类语序模式，但前者比例最大的次类是 SV 和 SOV，后者比例较大的次类依次是 SV、OSV 以及 SOV。SCV、SVC 和 CSV 占比很少。因此，一般认为，从属小句中主流语序模式为'S（O/C）V'，绝大多数从属小句中动词居于句尾。所以说，从属小句的语序模式较之非从属小句更严格，也更趋一致。Fries（1940b：250-251）用来证明古英语中语序对于语法关系表达毫无意义的观点的那些证据①恰恰可以拿过来证明，语序在古英语中看似自由，其实有章可循，

---

① Fries（1940b：250-251）用来支撑其古英语语序自由观点的语料统计显示，小句中，受格宾语位于动词前的占比为 52.5%，位于动词后的占比为 47.5%，代词宾语在谓语动词前或后的占比几乎持平，名词宾语在谓语动词后的用例占比几乎是用于动词前的用例占比的 3 倍。

有分布规律和大势，在句法中有较大作用，特别是代词宾语前置于动词，近84%的与格宾语都是代词，从属小句中 S(O/C)V 语序占主导，非从属小句中 V-2 语序特征显著，句首出现副词或状语时必然导致主语和动词倒装。语用原因导致的语序偏离其实也有规律可循。上述特征明显见于散文等非诗歌语料。不过，即使是语序看似极度自由的诗歌创作，语序因素不仅存在，且是经常依赖和应用的一种手段。①

在多种语序模式中，S 在 V 之前以及 S 在 O 之前的格局是主流，这并非偶然，很可能反映了古人对施事、受事和动作行为三者关系基于体认和事件框架语义的规约性认识。传统上认为，古英语基本语序格局是 OV，该主流语序持续到中古英语时期，适用于任何宾语，开始缓慢和稳定的消失过程后，在散文等很多文体内的使用越发受限。比如，出现助动词和被否定的宾语时，才可能使用 OV 式；16 世纪中叶以后，OV 用例很少见于散文，仅存的限于历史留存、引用及固定表达，但 OV 的各种用例仍常见于诗歌，直至 20 世纪。从 OV 语序(含 V-2)转向 VO 语序，常见于包括英语在内的很多语言，其主要原因，是语言接触导致格标记消失，它促成了语序的固定。但固定下来的新模式理论上也可以还是 OV，而非必然是 VO，英语为何选择了 VO 并在主、从句中统一实现为 SVO，除了有来自法语的直接影响和来自斯堪的纳维亚语的间接影响外(双语或皮钦语现象都促进了 VO 的发展，详参 Kroch & Taylor, 2000)，维系原有的"S 居前尽早出现"的强大传统和习惯也是主因之一，在无形态标记区分角色的情况下，英语选择将 S 和 O 分置于 V 左右两侧予以区分。此外，在 OV 语言中，处理嵌入小句的成本过高可能也是主因之一(见 Colman, 1988a)。②

总之，SV(O) 和 SOV 语序本就是古英语的主流模式，在语言类型变化的过程中，英语作出了成本最低、效果最好的句法选择，选择了统一的 SVO 模式，这既维系传统和习惯，又简化规则(放弃主、从句中的两套规则)，实现信息组合排列的最优配置。这对双及物结构的变化产生了重大影响。

---

①　Klaeber (1950: xciv)对此有论述。语用因素对语序的影响似乎具有普遍性，例如"献"在卜辞和《诗经》中就有双宾式用法，这可能并未反映其真实的句式偏好。

②　VO 语序相较 OV 语序能更快地确立 VO 之间的关系，利于降低理解成本，增加信息量和提升表达效果，因为名词的修饰成分都在名词之后，这会造成名词宾语同动词的距离拉大，加大信息处理负荷。比如，OV 型格局会造成如下句子：'*This is the cat that the rat that the malt that in the house that Jack built lay ate killed.*'

6.3.2.2 双宾语的语序变化

双宾语的语序、影响语序模式选择的因素及影响与格变换交替形式选择的因素，一直是学界的关注点，但对这些问题的历时考察不多。De Cuypere（2010，2013，2015a，b&c）一系列历时研究在一定程度上推进了这项研究。古英语时期的双宾式语序，尤其是双宾语之间的相对顺序，跟主句的一般性语序模式一样，相当灵活自由，[O^{REC}-O^{TH}] 和 [O^{TH}-O^{REC}] 模式都很常见，Koopman（1990b）对此有讨论，这两种模式分别例如（417）a 句和 b 句（例自 De Cuypere，2010：340；另参 Kim 2009）：

(417) a. and　þær　*geoffrode* **Gode**^{REC} menigfealde lacTH

　　　　and　there　offered　God　manifold　gifts

　　　　'and offered God manifold gifts there'　　　（出自 Ælfric, AS Hom. 578）

　　b. Ðu *cyðest* […] mildheortnysseTH **ðinum ðeowan**^{REC}

　　　　you show　　　mercy　　　your　servant

　　　　' * you show mercy your servant ／ you show mercy to your servant'

　　　　　　　　　　　　　　　　　　　　　　　　　　　　（ibid. 146）

根据 Koopman（1990b）、Allen（1995：48）和 Fischer & van der Wurff（2006）的考察，[O_i/REC^{DAT} vs. O_d/TH^{ACC}] 的上述两种双宾语语序模式的分布相当均衡。Koopman 指出，不能断定哪个是基础性质的，哪个是转换派生性质的。[1] 尽管这种分布倾向也可能受到语料抽样规模和类型构成等因素的影响，但该基本事实至今仍普遍接受。De Cuypere（2015a：226，244）的混合效应逻辑回归分析将双宾式中的名词性和代词性宾语都考虑进来，结果发现，[O_d/TH^{ACC} - O_i/REC^{DAT}] 格框架相对于其逆序的 [O_i/REC^{DAT} - O_d/TH^{ACC}] 格框架的用例占比是 38%：62%（N=1，832）。其研究表明，上述两种语序模式在古英语末期的竞争势均力敌，且各自具有能产性，但在随后的演变中拉大了差距，这同 Koopman、Allen 等人较早的一些研究结论有明显差别（另参

---

① van Kemenade（1987）、Pintzuk（1991）、Kiparsky（1994）以及 Kroch & Taylor（1997）等认为，古英语的基础语序是 SOV，但 Fischer et al.（2000）主张其 VO 语序是基础生成的。Newmeyer（2000）认为，自然语言的原型语序都是 SOV 模式，都曾是主导，但历史上 OV 向 VO 转变较之其反向转变更普遍和自然，若元角色无显性形态标记，SVO 优于 SOV，其主因同语言功能有关。Kroch & Taylor（1997）也从语用和功能的角度解释从句中的语序规则和特征。

Koopman & van der Wurff, 2000；Fischer & van der Wurff, 2006）。

当代英语双宾式有严格的语序规则，即 SVO$_i$O$_d$，若双宾语的重度严重失衡，那么，更长、更重的宾语成分通常置于句尾，并使用介词来引介 O$_{间接}$。一般认为，古英语中影响语序模式选择的主要因素也跟句法成分的相对长度有关，即较短的在前，较长的在后。根据 Koopman（1990a：192；1991）和 De Cuypere（2015a：239-240, 244），O$_i$/REC^{DAT}如果比 O$_d$/TH^{ACC}更短，那 O$_i$前置于 O$_d$的可能性就更大，反之亦然。此外，代词对语序高度敏感，无论作主语还是宾语，句法表现很独特（例参 Fischer & van der Wurff, 2006①），无论在单宾句里还是双宾句中。Mitchell（1985：979）、Fischer（1992：381）、Allen（1995：48）和 Koopman & van der Wurff（2000：261）都指出一个总倾向，即代词成分倾向于出现在名词性成分之前（另参 Koopman, 1990a；何晓炜, 2008；De Cuypere, 2010）。这得到了 De Cuypere（2015a）数据分析的支持，其统计结果显示，涉及代词宾语的双宾语语序模式[*pron*ACCTH-DAT^{REC}]和[*pron*DAT^{REC}-ACCTH]都比各自对应相反的模式使用得更多、更普遍，上述两种语序模式分别例如（418）a 句和 b 句（例自 De Cuypere, 2015a；另参 Allen, 1995：48）：

(418) a. þæt heo hi^{ACC} *dælde* **þearfum and wædlum**^{DAT}

　　　　that she them distributed to poor and needy

　　　　'that she distributed them to the poor and needy'

　　　　　　　　　　　　　　　　　　　（coaelive, ÆLS_[Eugenia]：140. 276）

　　　b. þæt hi **him**^{DAT} heora lac^{ACC} *offrian sceoldon*

　　　　that they him their offerings offer should

　　　　'that they should offer him their offering(s)'

　　　　　　　　　　　　　　　　　　（cocathom1, ÆCHom_I, _31：439. 11. 6079）

若涉及两个代词宾语，则句法表现跟其他组合模式差异明显，情况更复杂，对此后文再论。除了代词宾语影响语序模式外，根据 Koopman（1990a：196），ACCTH的确指性或具指性和"具体性 vs. 抽象性"也是重要的变量（另参 De Cuypere, 2015a：237-238, 243）。客事宾语在这些特征方面的差别也会影响双宾式的语序选择，例如（用例引自 De Cuypere, 2015a）：

(419) a. and he *æteowð* þa wunda^{ACC} gewislice **him**^{DAT}

---

① Fischer & van der Wurff（2006）指出，主、宾语若都是人称代词，则语序固定，尽管这并不多见。

and   he   showed   the   wounds   truly   him

'and he truly showed the wounds to him'

(coaelhom, ÆHom_11：290. 1637)

b. þæt   he   *sealde*   sum þing^ACC   þearfendum mannum^DAT

that   he   gave   something   poor   men

'that he give something to poor people'

(cowsgosp, Jn_[WSCp]：13. 29. 6924)

c. þæt   hi   *moston*   him^DAT *beran*   unforboden   flæsc^ACC

that   they might   him   bring   unforbidden   flesh

'that they might bring him unforbidden flesh'

(coaelive, ÆLS_[Maccabees]：90. 4871)

d. and   him^DAT *forgeaf*   ingehid   ealra   gereorda^ACC

and   them   give   knowledge   of all   languages

'and gave them knowledge of all the languages'

(cocathom1, ÆCHom_I, _22：358. 109. 4414)

上例(419) a 句中，客事是确指的，b 句中，客事不确指，c 句中，与格的客事宾语'flesh'是具体的，d 句中，客事宾语'knowledge of all languages'则是抽象的，两者对立。更加确指的和/或具体的客事宾语理应位于更加不确指的和/或抽象的客事宾语之前。De Cuypere (2015a：245)指出，这些主流模式的分布特征和规律似乎主要受制于语篇-语用性因素，反映了话题性原则，也称和谐排列原则(harmonic alignment)①。

De Cuypere (2015c)指出，古英语时期 *to* 型介词宾语式语序模式之间交替表达背后的各种动因也和上述原则密切相关。前者的有关研究发现跟后来有关较晚时期英语与格变换的研究发现大致吻合。如前述，该句式主要涉及信息传递义动词和'bringing/sending'一类的致使位移义动词，其中，介词引介受话人或空间目标或方所时，PP 在其中的句法位置很灵活，这一特点跟双宾式一致。比如，De Cuypere (2015c：10, 14)发现，*to* 型介词宾语式语句中，[ACC-

---

① Bresnan & Ford (2010：183)将该原则定义为：在某个级阶(scale)上或多或少具有显著性的语言成分往往会不成比例地分布于相应的或多或少具有显著性的句法位置，比如在语序上靠前出现，或者占据某个上位句法位置。De Cuypere (2015c) 关于 *to*-POC 语句双宾语的语序模式选择规律的观点支持此原则。

*to*DAT]模式和[*to*DAT-ACC]模式都常见，虽然前者的使用频率远远高于后者，但 PP 居首的模式在古英语时期是常态，可是，如今 PP 的常规句法位置是句尾或动词之后更靠后，只有在特定语境中，为语用目的或修辞需要，比如重成分前移、衔接和连贯等语篇功能要求、音韵条件限制和强调凸显等，PP 才会前移至句首，它是有标记的用法。[ACC-*to*DAT]模式和[*to*DAT-ACC]模式的用例分别如(420) a&b(例自 De Cuypere，2015c)：

(420) a. & *sende* his gewrit^{ACC-TH} **to þam wælhreowan casere**^{DAT-REC}

     and sent his letter to the cruel emperor

     ' and sent his letter to the cruel emperor'

                              (coaelive，ÆLS_[Julian_and_Basilissa]：249.1090)

   b. God *cwæð* **to Moysen**^{DAT-REC} <u>ðæt he wolde cumin</u>^{ACC-TH}

     God said to Moses that he would come

     ' God said to Moses that he would come'   (cocathom2.o3：196，16)

De Cuypere (2015c：13，15)指出，*to*-POC 式上述语序模式的分布在古英语时期是稳定的，其相对频率一直没有根本变化；影响该模式选择的因素主要是 *to*DAT 中接受者角色的代词性、确指性、相对长度和数特征，比如，复数形式的 *to*DAT 更可能出现于句中第二位置，有生的接受者则往往出现于[*to*REC-TH]语序模式，无生的接受者会选择相反的语序，即[TH-*to*REC]。这就跟古英语双宾式的情形完全一致。De Cuypere (2015c)的考察再次证明，尽管古英语的双宾式和 *to*-POC 式都存在多种语序模式可能，这些模式也都有相当高的使用频率，但两式的语句结构已经表现出对语序模式选择的决定性作用：双宾式偏好于[REC-TH]模式，而 *to*-POC 式倾向于[TH-REC]模式。这些偏好及两式语序模式的分布特点都有语篇-功能性动因。

上述构式对特定语序模式的偏好在中古英语时期更明显，最终，双宾式的[O_i/REC-O_d/TH]模式逐渐在竞争中胜出而奠定了自己在通用语中的主流语序模式地位，它也是当代英语双宾式的原型，而 *to*-POC 式选择了[O_d/TH- O_i/REC]模式(详参 Fischer，1992：379；Kroch & Taylor，2000；Polo，2002)。McFadden (2002)基于 PPCME2 语料库①对中古英语时期双及物结构的名词性宾语的语序特征作了考察，其分析结果支持上述观点。有关数据汇总如表 6-7 所示：

———————————

① 即 *Penn-Helsinki Parsed Corpus of Middle English* (*2nd edition*)，120 万词的规模(参 Kroch & Taylor，2000)。

表6-7 　　　中古英语各阶段双及物结构中完全名词性宾语的排序特征

（基于 McFadden，2002：113，表2）

构式 分期		双宾式（用例数和占比）			*to*-POC 式（用例数和占比）		
		REC-TH	TH-REC	% TH-REC	REC-TH	TH-REC	% TH-REC
DOC：*to*-POC		$(O_i\text{-}O_d)$	$(O_d\text{-}O_i)$	$(\% \ O_d\text{-}O_i)$	$(toO_i\text{-}O_d)$	$(O_d\text{-}toO_i)$	$(\% \ O_d\text{-}toO_i)$
M1	16.6：1	109	57	34.3	3	7	70
M2	0.42：1	18	4	18.2	5	47	90.4
M3	0.47：1	85	0	0	33	147	81.7
M4	1.36：1	60	0	0	14	30	68.2

注：其分期时段如下：M1（1150-1250）；M2（1250-1350）；M3（1350-1420）；M4（1420-1500）

从表6-7看出，在早期中古英语时期，[O_i/REC-O_d/TH]已是双宾式的偏好模式，不过，在中古英语第一段时期（即 M1）内，其逆向的[O_d/TH- O_i/REC]模式也有相当高的使用占比，占总用例的约三分之一，同时，该模式双宾式的用例显著减少；至晚期中古英语时，该用法几乎不见（另参 Koopman & van der Wurff，2000；Polo，2002；Allen，2006）。不过，若是代词性客事，还是有可能继续使用该模式，因其满足已知信息尽早出现的信息配置要求，根据 Allen（1995：420），该用法可能一直沿用至15世纪。这可能是因为代词的信息地位独特，代词宾语的语序敏感性消失更慢。

在 M1 时期，双宾式相对于 *to*-POC 式占绝对优势（16.6 比 1），后者用例总体上已衰减，但在 M2、M3 和 M4 等三个阶段上有回升，占比一度超过双宾式。其中，在 M4 时期，即中古英语晚期，其使用频率已与双宾式的比较接近（1.36 比 1）。另一方面，介词宾语式的[TH-*to*REC]模式的用例从一开始就在增长，它在该式的各个时期中用例占比持续维持高位，且曾一度占绝对优势（超90%），但该优势没有维系到中古英语末期。McFadden（2002：113-114）的观点跟 Koopman & van der Wurff（2000：263）的主张一致，他们都认为，介词宾语式在中古英语晚期之后的更晚时期才最终成为稳定和主流句式。究其原因，McFadden 认为可能跟重度客事成分 NP 后移有关，但此说存疑，因为此时双宾式的主流语序模式已经是[REC-TH]，若有重度的客事成分，使用双宾式应很便利。至于[*to*REC-TH]模式的使用频率持续增高，Gerwin（2014：142-143）认为主要是受外来语影响，即14至15世纪大量法语动词进入英语，直接借用这些动词的句法框架（有的含有介词 *à* 构成的短语）可能是主因（详参 Visser，1963：624）。一般认为，[*to*REC-TH]模式在进入16世纪后逐渐消失，只在当代英语中有少量留存（例参 *Visser*，1963：687f.；Rissanen，1999：268）。① McFadden（2002：113-114）和 Allen（2006：214）都认为，*to*-POC 和[TH-REC]模式的 DOC 在使用频率上有一定负相关性：在同一文本中，若前者使用频率较低，则后者使用频率较高。Allen 指出，前者使用频率的增高和普及会导致[O_d-O_i]模式使用的减少，因为两式都通过将接受者论元置于句尾作强调，在语用功能上重合（详参 Fischer & van der Wurff，2006：190）。另外，De Cuypere（2015c：16）指出，一边是偏好[TH-REC]模式的 *to*-POC 式兴起，另一边是[REC-TH]模式的 DOC 胜出并强势弥散，两股势力彼此促进和相互强化，最终导致[TH-REC]模式的 DOC 衰亡。Zehentner（2016：103）认为，POC 的兴起及其地位的巩固离不开它的状语性附加语历史渊源，以及相应的那些语篇-功能性特征，同样，[REC-TH]模式的 DOC 的稳固也反映了有关论元在语篇-功能方面的属性，双宾式和 *to*-POC 式的联系不断紧密，最终发展成为一种近似互补的分布态势并形成交替变换的关系。

　　McFadden（2002：116-121）也认为，句法成分的重度或长度特征、宾语的代词性或名词性，以及宾语指代对象的生命性特征都可能影响宾语的句法位置。De Cuypere（2015b）考察了中古英语里影响双及物结构四种语序模式（即[REC-TH]，[TH-REC]，[*to*REC-TH]，[TH-*to*REC]）选择的各种变量，认为是主要受制于语篇-功能性因素，而且从古到今，这些因素基本未变，双及物结构对双宾语语序模式的选择都遵循几乎相同的条件。现有的有关研究已有一些发现支持这一观点。目前，早期现代英语的有关研究不多见，倒是 Wolk et al.（2013）基于 ARCHER 语料库对晚期现代英语里的与格变换作了考察。② Wolk et al.（2013：22-24）的主要发现和结论跟 Gries & Hilpert（2010）以及 De Cuypere（2015a：246）等之前和之后的一些研究发现基本一致。关于影响当代英语双及物性交替表达选择的因素，De Cuypere（2015a：227）总结出有如下七类：

　　（1）相关动词的事件框架语义（详参 Levin，1993；Bresnan et al.，2007）；

　　（2）REC 和 TH 论元信息的新旧程度，这决定了它们的语篇地位（详参

---

① 根据 Fischer（1992：381）和 Gerwin（2014：145），此模式消亡主要是因为缺乏一个成熟稳定的同类代词性结构支持（如 '*He gave to him the book*'），而且，该用法在节奏韵律上不和谐，比如 '*I gave to the man the book*' 一句中，紧邻轻音节 *to* 和 *the* 不和谐，而 '*I gave the man the book*' 更和谐。

② 即 "A Representative Corpus of Historical English Registers"，Wolk et al.（2013）考察的语料包括从 1650 年至 1990 年，约 340 年的跨度。

Givón，1984b；Thompson，1995；Bresnan et al.，2007；Ozón，2009；Theijssen et al.，2010，2011）①；

（3）REC 和 TH 论元的确指性（详参 Bresnan et al.，2007；Theijssen et al.，2010，2011）

（4）REC 论元的有生性和人称特点（详参 Bresnan，2007；Bresnan & Nikitina，2009；Bresnan & Ford，2010；Theijssen et al.，2010，2011）；

（5）REC 和 TH 论元的重度特征（详参 Hawkins，1994；Arnold et al.，2000；Snyder，2003；Wasow & Arnold，2003；Ozón，2009；Theijssen et al.，2010，2011）；

（6）语言外的各种语用因素，例如年龄、性别等言者变量（详参 Bresnan & Ford，2010；Bresnan & Hay，2008；Theijssen et al.，2010，2011），或者方言背景（详参 Hughes & Trudgill，1996；Gast，2007；Siewierska & Hollmann，2007；Bresnan & Hay，2008；Wolk et al.，2013；Gerwin，2014；Yáñez-Bouza & Denison，2015）；

（7）文体和情态特征（详参 Bresnan et al. 2007）

将上述变量跟前述和谐排列原则（或话题性原则、显著原则）相对照就能看出，它们在宾语的代词性、有生性、信息新旧度等很多方面一致，我们遵循该原则来解释和预测历时层面上宾语语序模式选择应该是有效的。De Cuypere（2015a&c）指出，尽管在不同的历史分期内，影响双及物结构语序模式选择的因素会有一定差异和变化，但总体来说，后来的各种语序模式乃至与格变换基本都受制于同样的语篇-功能性因素，这条规律始终未变。

6.3.2.3 双代词宾语的语序变化

古英语双宾式中双宾语都是 NP 时，其语序模式是多样的，但主流的还是'O_d+O_i+V'和'O_i+O_d+V'的语序，两式使用频率基本持平（详参 Koopman，1990b，Fischer & van der Wurff，2006），试看（例自 Fischer & van der Wurff，2006）：

（421）a. ðonne he nyle **ða bisne**[Od] **oðrum**[Oi] eowian ða he mid
ryhte eowian sceal
when he not-wants the example others show that he properly
show must

---

① Theijssen et al.（2010）对施益变换也作了分析，认为它也受制于同样的因素。

'When he does not want to set the example to others that he properly ought to set?'

(*CP* 59. 449. 29)

b. & noldon **Iuliuse**[Oi] **nænne weorþscipe**[Od] don

　　and not-wanted Iulius no worship do

　　'and did not want to worship Iulius' (*Or* 5 10. 124. 9)

但如果出现一个代词宾语，则双宾语序会有显著的倾向性变化。它通常是 O_i，几乎总是前置于名词宾语，毕竟，代词在小句中倾向于尽早出现。若两个宾语都是代词(如'*give me it*'或'*give it me*')，情况就更复杂，这在当代英语标准语中见不到①，但在某些方言或特定文体的文本中还能见到②，其历史发展轨迹跟常规的双 NP 宾语的双宾式的发展轨迹有所不同(详参 Gast，2007；Gerwin，2013，2014；Yáñez-Bouza & Denison，2015)。根据 Fischer & van der Wurff (2006：188-190)，出现双代词宾语时，主导的语序就是 O_d 先于 O_i；O_i 也多在动词之前，它更靠近动词，这显示古英语的 OV 语序特征，也可能说明，古英语双宾式有一定的语义倾向，即 O_i 角色受到更大影响，因其更靠近动词，符合距离象似性原则，例如：

(422) þu hit[Od] him[Oi] of þinum handum **sealdest**

　　　 You it him from your hands **gave**

　　　'you gave it to him with your own hands' (LS 34 (*Seven Sleepers*)

607)

古英语双宾式里双宾语的语义特征差异会影响它们各自的句法表现，比如是否能被动化而作被动句的主语。根据 Fischer & van der Wurff (2006：168-169)，古英语中只存在 O_d(作主语)的被动式，O_i 和介词宾语作主语的被动句到中古英语时才出现，O_i 作被动句主语的用例最早见于 14 世纪末的文本中，例如：

(423) a. Dæm[Dat] scipmannum[Dat] is beboden … þæt … hig Gode þone teoðan dæl

　　　 agyfen

---

① 根据 Quirk et al. (1985：1396n)、Biber et al. (1999：929)和 Huddleston & Pullum (2002：248, n23)等，此时，当代标准英式和美式英语通常使用介词性双及物结构(例如'*He give it to me*')。

② 各地英语变体中差异很大。根据 Hughes & Trudgill (1996：16)，[REC-TH]语序模式 在英国北部地区常见，根据 Siewierska & Hollmann (2007)，[TH-REC]语序模式在英格兰中部地区常见，详参 Cheshire et al. (1993)、Koopman & van der Wurff (2000)、Gast (2007)、Hughes et al. (2012：20)和 Gerwin (2014)。

| the | | traders | | is ordered | | that | | they God the | | tenth | part |

the　　　　traders　　　　is ordered　　　that　　they God the　　tenth　part
give

'The farmers are ordered to give a tenth part to God.'

(ThCap 1 (Sauer) 35. 375. 12)

b. whan　he was gyvyn the gre　be my lorde kynge Arthure

When　he was given the prize by my lord　King Arthur

'When he was given the prize by my lord King Arthur'

(Malory, *Morte Darthur* 699. 19)

c. Eche bischop … is ordeyned … that he offer　ʒiftis and sacrifices for synnes

every bishop　is ordered　　　that he offer　gifts and sacrifices for　sins

'Every bishop is ordered to offer gifts and sacrifices to atone for sins.'

(Wyclif, Hebr 5. 1)

(423)a 句是古英语句子，格式为[S+O_i+O_d+V]，句首的 NP 带与格，小句是空主语，而中古英语时期的同类结构(见 c 句)中，句首的 NP 不再有格标记，接受者论元占据了主语的典型句法位置，经类推后可分析为主语。(423)b 句是较早的 O_i 作被动句主语的用例。由于两类宾语先前携带的受格标记和与格标记被抹平而趋同，因此，句法表现也有类似的趋同效应，O_i 可以像 O_d 那样前置于句首作被动句的主语。普通名词的格标记消失之后约 200 年才开始出现 O_i 作被动句主语的情形，V$O_i O_d$ 格式稳定出现于 14 世纪。假如，被动式对句法线性顺序很敏感，只允许紧邻动词之后那个名词作其主语，那就可以说，是 V$O_i O_d$ 句式触发了新的被动句式：即先有 O_d 作主语的典型被动式，然后，到了中古英语时期，V$O_i O_d$ 句式稳定下来并成为主流格式，于是，O_i 作主语的被动式也出现了。

一般认为，到中古英语时，如果双宾语都是代词，那么古英语时期的[S+O_d+O_i+VP]模式仍旧沿用而最常见，该用法沿用至今(但是，19 世纪时，至少在英国南部地区，[O_i+O_d]模式却一度占主导)①；如果只有 O_i 是代词，那么[O_i+O_d]模式最常见，根据 Visser（1963：623）、Koopman（1990a：175）、

①　这可能是因为双宾语都是 NP 时必须使用[O_i-O_d]模式，因此有偏好。但这难以解释为何含代词的[O_d-O_i]模式顽强留存，而同时 NP 的双宾语一直都使用[O_i-O_d]模式。其原因待考，或许跟某种地域或语言使用习惯有关。'*I gave it him*'一类用法现在还在不少方言中留存(详参 Biber et al.，1999：929)。

Allen（1995：48）、Fischer & van der Wurff（2006）等人的观点，双代词宾语的 [*pron*TH-*pron*REC]语序模式曾是显著偏好或绝对选择，而其他语序模式的普及都很缓慢。中古英语时期上述两类双宾句例如（例自 Fischer & van der Wurff，2006）：

(424) a. deð　hearm^{Od} moni$_i$　ancre^{Oi}

　　　　does harm　many　anchoress

　　　　'does harm to many an anchoress'　　　　　　　　　（AW 62. 21）

　　 b. leafdi do me are

　　　　Lady do me mercy

　　　　'Lady, have mercy on me'　　　　　　　　　　　　（AW 26. 3）

（双宾语都是 NP 时）[O$_d$+O$_i$]格式在中古英语早期还存在，但以后渐少，直到 14 世纪中叶左右完全消亡，因为与格、受格标记消失导致语序稳定，此时 [O$_i$+O$_d$]格局稳定下来①，因为通常当 O$_i$ 是代词时采用该式（但这难以解释为何[O$_d$+O$_i$]格式在格标记消失之后仍长期留存）。另外，如前文述，可能是 [O$_d$+O$_i$]格式面临来自 *to*-POC 式的竞争，丧失了优势。关于上述[*pron*TH-*pron*REC]模式的显著偏好性，De Cuypere（2015a：246-247）也提出了质疑，他认为这种偏好性被夸大了：即使是两个代词性宾语，[DAT^{REC}-ACCTH]模式和 [ACCTH-DAT^{REC}]模式的使用分布也较均衡；即使某些条件下显现出一定的对 [ACCTH-DAT^{REC}]模式的偏好性，例如（425）a，b&c，也不具普遍性（例自 Gast，2007：49）：

(425) a. &　　Ø　　*hæfde* **hit**TH　　**him**^{REC}　　wel　neh　twelf　　monæð

　　　　　and　PRO　had　　it. ACC　him. DAT　well　near　twelve　months

　　　　　'and kept it for himself for about twelve months. '

　　　　　　　　　　　　　（*Anglo-Saxon Charters* S 1467, ed. Sawyer; c1040）

　　 b. … *gelæste*　　**hit**TH　　**him**^{REC}　　*georne　ær　oððon　æfter*

　　　　… should. pay　it. ACC　him. DAT　eagerly　before　or　　after

　　　　'… (he) should pay it to him readily before or after [the feast]. '

　　　　　　　　　　（*Laws of England*：VI Æhelred 25, 2, ed. Liebermann; c1008-011）

---

　　① Fischer & van der Wurff(2006)还指出，中古英语之后，O$_i$前置于动词的旧用法就很少见了，这部分是因为带 O$_i$的小句的数量总体上在下降，因为英语词库中以往很多本土的双及物动词都消失了。

c. *He   þe   bæd   langes lifes,   and   þu   hit*[TH]   *him*[REC]   *sealdest ...*

he   you   asked   long   life   and   you   it. ACC him. DAT   gave ...

'He asked you for a long life, and you gave it to him ...'

(*Paris Psalter* 20, 4, ed. Stracke; a900)

De Cuypere 的上述观点跟 Gast（2007）的非常接近，Gast 认为这两种语序模式在中古英语中都能见到，例如（426）a-d（例自 Gast, 2007: 50-51）：

(426) a. he   wule   hit[TH] me[REC] *forȝeuen*

he   will   it   me   forgive

' * he will forgive it me / he will forgive me for it '

(MED, s. v. *mīld-herted*, Lambeth Homilies; a1225, W-Midlands)

b. 'Gossip',   quod   þe wolf,   '*forȝef* hit[TH] me[REC] '.

Close friend   said   the wolf   forgive it   me

' "Close friend", said the wolf, " * forgive it me" '

(MED, s. v. *god-sib* 2., The Fox and the Wolf; a1300, prob. Kentish)

c. Gode faith   me[REC] it[TH] *tauȝte*

Good faith   me   it   taught

'Good faith taught me it'

(MED, s. v. *tēchen* 10., Piers Plowman B; c1378, W-Midland)

d. A pure man [···] prayed   þaim   to *giff*   hym[REC] it[TH]

A pure man   prayed   them   to give   him   it

'A pure man prayed them to give him it'

(MED, s. v. *thirst* 1. (b), Alph. Tales; c1450, 方言不明)

根据 Fischer & van der Wurff（2006: 190）和 Gerwin（2013: 448），英国英语中 [O$_i$/REC- O$_d$/TH] 模式的双宾式是较新用法，从 19 世纪开始慢慢变得常用起来。Yáñez-Bouza & Denison（2015）对 15 世纪至今英语文本中上述语序模式做了大规模调查和量化分析，他们认为，上述语序模式的用法在 20 世纪初期才成为能产的表达形式。可见，上述多项研究的结论基本吻合，但同 De Cuypere 和 Gast 等人的观点差别较大。

其实，上述有关语序模式不一定彼此排斥。中古英语中 [REC-TH] 模式和 [TH-REC] 模式很可能存在互动关系，亦即从古英语向中古英语演变的约四百年间，两种模式的使用频率可能基本相当，之后可能小幅此消彼长，但在 19、20 世纪时又开始大致持平。毕竟，在某些特定条件下，有关语序模式的用法可能会波动，这给准确把握不同语序模式的演变特征造成困难。De Cuypere（2015a: 247）就发现，不同代词偏好不同的语序模式，例如，古英语中 *tat* 'that'和 tis 'this'作宾语时，常用的是[Oᵢ/REC- O_d/TH]模式，(h)it 'it'却强烈偏好于其逆序模式，而且延用到中古英语时期。所以，Gerwin（2014）和 Yáñez-Bouza（2015）等许多人都重点关注(h)it 'it'宾语。因此，认为有关语序模式分布失衡，也就不难理解了。究其原因，Jespersen（1927：288）和 De Cuypere（2015a：248）都认为和(h)it 'it'的音韵特征和前指特征有关，它弱读，前指已知信息，而 this 和 that 通常后指，引介新信息。Gast（2007）和 Yáñez-Bouza & Denison（2015）则认为还跟高例频的'动词+it'词串产生的效应有关，Gerwin（2014：187-188）也认同此说。Gast 认为[TH-REC]模式反映了基于频率的排序原则，该词串由于高频使用而能抵制双宾式和其他模式造成的类推压力；Yáñez-Bouza & Denison 将该词串处理为 Bybee（2013）所称的"预制件"（'prefabs'），认为高频使用的词串可能构式化而导致有关模式的更大独立性，使用频率不高的那些模式则关联着更具图式性的双宾式或 to-POC 式，其宾语的语序配置差别就很大。上述解释各有根据，分别说明了相关非常规用法在不同时期的运作理据，从构式语法角度看，此类模式也是低水平上的特异性用法，如果其例频足够高，就可能产生足够的固化，作为习语式的语言习惯或特殊构式留存至今是完全可能的。

　　双及物结构包含双代词性宾语时，如今通常使用介词性[TH-toREC]模式（如'I gave it to him'），根据 Gerwin（2014：181-186），该模式在中古英语时期出现，在很多方言中，其使用都愈加频繁，同时，其相关结构，即双宾式的[TH-REC]模式的使用频率相应越来越低。它们的发展演变跟双及物结构的总的演变趋势有些不同，一方面，双名词性宾语的双宾句基本都用[REC-TH]语序模式，另一方面，双代词宾语的变体有更多的语序模式选择，此外，to-POC 式的兴起，为使用介词的双代词宾语格式提供了可能，可见，两者联系紧密，有明显的衍生关系。至于方言中的一些例外，比如偏好使用双宾式而非介词宾语式，其性质不同。

6.4　重大语义变化：相较于当代英语双宾动词和双宾式语义类型

　　当代英语双宾式的构式义有原型性及多种次类意义，这些意义之间围绕着核心义有各种关联，是核心义的某种引申，几乎所有的意义类型都跟相应的动词类及其代表性动词的事件框架语义密切关联，即使在共时层面上有少数看似例外的或特异性用法，它们都应跟核心义有某种历时关联，像 forgive、envy、 *begrudge* 等的双宾式用法已有合理解释。构式的原型义是物品的领有权在两个有生实体之间成功转移交接，其原型动词表达内在的给予义，这具有跨语言普遍性，自然语言原型双宾动词几乎都是"*give/给*"①。如从类型学角度来看就会发现，双宾式除了表达狭义的转移交接外，还常用来表达其他意义，这些意义类型在各语言里的分布各不相同，既有共性，也有个性，似乎各语言之间都有交集，而各次类意义跟核心义之间的关系是否完全相同，也有待考证。这是描写和比较英汉双宾式语义结构和特点的背景。上述特点可以从 Newman（1996）、Kittilä（2006）、Lambert（2010）、Malchukov et al.（2010）和 Haspelmath（2005/2013）等有关研究中管窥一二。其中，Malchukov et al.（2010：51-53）为双及物结构勾画出语义网络图，描写上述语义特征。我们可以比照这个语义图来观察英语史上双宾式的语义变化，具体说来，就是观察在哪些历史时期、哪些阶段上，哪些语义类型及其关联的动词逐渐消亡（或加入）了？双宾式的历时语义变化有何特点？如何解释这些特点？

　　首先，很多语言的双宾式都有"间接受到影响"这个次类意义，亦即个体因施事的动作行为受到某种影响（例参 Dąbrowska, 1997：16-68；Newman, 1996：45-48；Kittilä, 2006；Kurniasih, 2009；Delorge & Colleman, 2006；Proost, 2014），其内部又可以细分为纯粹施益、损益（malefaction）、褫夺（dispossession）②等几类，可见于现代高地德语、波兰语、现代希腊语、荷兰语、俄语、罗马尼亚语、法语等，例如：

(427) a. Krystyna　　　　*otworzyła*　Oli[REC]　drzwi[TH]

　　　Krystyna[NOM]　opened　　Ola[DAT]　door[ACC]

　　　'Krystyna opened the door for Ola'

　　　　　（引自 Dąbrowska, 1997：35；波兰语，原文格标记标注如此）

　　b. Autoritatile　i- au　　　　retras　Mariei　dreptul　de　a

　　　profesa　ca　medic

　　　Authorities[def]　CL.3sG. DAT-have.3PL　withdrawn　Mary[DAT]　right[DEF]　of　a

　　　profess　as　doctor

　　　'The authorities have withdrawn Mary her medical authorization.'

　　　　　（引自 Proost, 2014：51；罗马尼亚语，原文格标记标注如此）

---

①　Margetts & Austin（2007）和 Margetts（2007）的跨语言调查表明有极少数例外，但也不能推翻上述认识。

②　常用的褫夺义动词主要有 *rob*、*steal*、*snatch*、*deprive*、*bereave*、*cost* 等。

c. （Die Menschenschmuggler werden immer brutaler. ）

Auf der Seestrasse von Otranto　beraubten　sie　in der letzten Woche eine　　Gruppe von 26

on　the Strait　　of Otranto　robbed　　they in the last　　week

a. $_\text{ACC. F}$　group　of　26

Flüchtlingen　ihrer　　　letzten　Habe

refugees　　their. $_\text{GEN. F}$　last $_\text{. GEN. F}$　belongings

（Human traffickers are becoming ever more brutal. ）

'In the Strait of Otranto, they robbed a group of 26 refugees of their last belongings last week. '

（引自 Proost，2014：54；德语，原文格标记标注如此）

d. Sud　　　liši-l　　　　　Annu　　svobody.

court $_\text{. NOM}$　deprive $_\text{. PST. M. SG}$　Anna $_\text{. ACC}$　freedom $_\text{. GEN}$

'The court deprived Anna of her freedom. '

（Margetts & Austin 2007；俄语，原文格标记标注如此）

Dąbrowska（1997：17-18；25-35）指出，在波兰语中，跟 give 构成的典型双宾句一样，带与格和受格两个宾语的结构表达典型的领有权转移交接事件，同时，它还能编码另一种事件，即某人为他人之利益而做某事或做某事而令他人从中受益，其中，与格宾语分别表示接受者和受益者。她列举了很多波兰语用例，为阅读方便，我们将部分用例简化处理，也省略了大部分有关名词携带的格标记，标记出机械的词汇对应表达及其英译（按：括号内），这足以说明其双宾式语义次类的基本样态，如下：

（428）a. John+splashed+Mary+dress.　　（John splashed water on Mary's dress. ）

b. John+did+Mary+homework.　　（John did Mary's homework for her. ）

c. John+sharpened+Mary+pencil. （John sharpened the pencil for Mary. ）

d. John+pulled out+Mary+knife+from+hand $^\text{GEN}$.

（John snatched the knife out of Mary's hand. ）

e. John+yielded+Mary+place $^\text{GEN}$+in+bus $^\text{LOC}$.

（John offered Mary his seat on the bus. ）

f. John+bought+Mary+book.　　（John bought Mary a book. ）

上述（428）d 句和 e 句中涉及使用属格和方所格，稍显特殊，但两个介词短语都在双宾式之外，类似于附加语成分，所以并不应影响对双宾式语义次类的分析。如放眼英语的更多亲缘语言，比如同属（原始）日耳曼语族的斯堪的纳维亚半岛诸语言的双宾式，不难发现，双及物性远远不只是转移交接这一个概念，它表达的意义以及接纳的动词语义类型丰富多样。Barðdal（2007）和Barðdal et al.（2011：57）对瑞典语和挪威语的方言以及冰岛、法罗群岛、挪威等西斯堪的纳维亚半岛上的一些语言的双宾式做了调查，发现这些语言中的双宾式表达的意义和动词类型远不止于给予事件和给予义动词。举例来说，冰岛语双宾式在众多意义类型中就有领有义、赋能义、阻止义、限制义以及思考/心智状态义等，以下用例也同样简化处理（例自 Barðdal et al.，2011）：

（429）a. animals ＋ had ＋ themselves$^{.\,DAT}$ ＋ homes$^{.\,ACC}$ ＋ and ＋ families$^{.\,ACC}$　（领有/Possession）

'Animals⋯had houses and families.'

b. to＋facilitate ＋him$^{.\,DAT}$＋his＋general$^{.\,ACC}$＋work$^{.\,ACC}$　（赋能/Enabling）

'⋯ to make his job easier for him ⋯'

c. that＋this＋situation＋has＋possibly＋blocked ＋him$^{.\,DAT}$＋view$^{.\,ACC}$　（阻止/Hindrance）

'that this situation may have blocked his view'

d. health＋set ＋him$^{.\,DAT}$＋some＋restrictions$^{.\,ACC}$＋with＋attendance　（限制/Constraining）

'His health restricted his attendance.'

e. there＋may＋think ＋oneself$^{.\,DAT}$＋that ＋possibility$^{.\,ACC}$＋that⋯　（心智活动/Mental activity）

'One can imagine the possibility that …'

他们发现，古诺斯语（Old Norse）中也有类似结构使用褫夺义动词的用例。[①] Barðdal et al.（2001：79）指出，古诺斯语和斯堪的纳维亚半岛诸语言中双及物结构的次类意义丰富多样，可见得北日耳曼语族中该结构允入动词的类型在至少数百年间变化都很小。Barðdal（2007：25）和 Barðdal et al.（2001）据此认为，这种表义类型丰富和直接承继都跟间接受影响义有关。若将斯堪的纳维亚半岛诸语言（含前述德语、荷兰语、法语等日耳曼语族和罗曼语族的某些语言）的双宾式同当代英语双宾式作一比较就能发现，英语缺乏其他语言里很多的次类意义，例如（430）a 句和 b 句，而同类结构和语义类型至少可见于现代高地德语（见 c 句和 d 句，例自 Zehentner，2016：87）：

---

① 古诺斯语被视为现代斯堪的纳维亚半岛诸语言的始祖语，比如，古诺斯语动词 *stela* 'steal sth from sb' 就主要出现在 'O$_d$/ACC-O$_i$/DAT' 格框架中。

(430)　a.　* John *stole* **Mary** a book.

　　　　b.　* John *broke* **Mary** the shoulder.

　　　　c.　John *hat* **Mary**^{REC} ein BuchTH *gestohlen*.

　　　　　　　　　　　　　　　('John stole a book from Mary')

　　　　d.　John *hat* **Mary**^{REC} die SchulterTH *gebrochen*.

　　　　　　　　　　　　　　　('John broke Mary's shoulder')

不过，各语言双宾式之间这种语义缺失和差异并非从来如此并且一直未变，相反，很多语言的双宾式除有转移交接义外，还有各种次类意义(这就对应着因动词词汇语义不同而区分的各种类型)，它们在这些次类意义的组成方面不尽相同，有交集，也有差别，这些交集和差别在历史演变过程中也会有不同变化，有的留存，有的消亡，还有的可能在允入动词方面有内部成员变化。比如，早期英语的双宾式也能表达众多次类意义。Rohdenburg（2007）、Hoffmann & Mukherjee（2007）和 Colleman & De Clerck（2011）都有讨论。Rohdenburg（2007：219-229）对 16 世纪晚期到 18 世纪早期的一些双宾式用例作语义考察，他发现，大约从早期现代英语(1500—1700)开始，双宾式的表义范围就缩小，表义类型开始减少：此时的双宾式已不再能表达从前曾能表达的意义，比如驱逐(banishment)义动词、褫夺义动词、发布指令义动词(如 *command*)等动词类型不再进入双宾式。此外，还有一些佐证。Mukherjee & Hoffmann（2006）和 Hoffmann & Mukherjee（2007）考察了印度英语里的双宾式表义类型，他们将其中某些看似怪异的用例跟早期英式英语的某些用法及其影响联系起来，认为这些怪异用法很可能是宗主国语言使用特点在印度英语里的留存。Colleman & De Clerck（2011）的跟进研究①完全支持 Mukherjee & Hoffmann（2006）和 Hoffmann & Mukherjee（2007）的主张。

　　Colleman & De Clerck（2011：185）将 18 世纪双宾式(第一个分期时段是：1710—1780)的(次类)语义同当代英语双宾式的语义作比较，以了解语义范围的变化。结果发现，后者并未根本突破 18 世纪双宾式的语义范围，前者允入的动词类型几乎全部囊括在后者范围内。换言之，就其次类意义而言，至少从 18 世纪开始，就未发生明显变化。唯一的例外，就是当代英语双宾式接纳的信息传递方式义动词是较早时期英语里没有的，例如 *to text*、*to e-mail*、*to fax*、

---

①　Colleman & De Clerck（2011）对 17 世纪到 19 世纪的英国英语文本语料(详参 De Smet 2005)做了分析，对比发现，印度英语保留了彼时英国英语的一些双宾式用法，后者在当今英式英语中已属不合格用法。

to skype 和 *to whatsapp* 等反映时代科技发展的名词（活用为动词）。① Colleman & De Clerck（2011：190-191）发现，较之范围更大的发送义或信息传递义动词里的一些对应动词并不见于18世纪的语料（另参 De Clerck et al.，2011a）。此外，当代英语双宾式可接纳弹道运动义动词，比如 *throw*、*fling*、*toss*、*flip*、*shoot*、*blast*、*slap*、*poke* 等②（详参 Goldberg，1995：126），根据 Barðdal（2007：16 -18）和 Barðdal et al.（2011：60），这些动词并不见于北日耳曼语族诸语言的双宾式；根据 Visser（1963：629）和 Colleman & De Clerck（2011），它们也不见于18世纪的英式英语双宾式。这可能是英语双宾式表义类型的小发展。

Colleman & De Clerck（2011）的研究表明，亚型语义类（动词类）可以维持历时稳定性，但在特定动词类内部成员方面，历时变化是可能的：有些原来可以进入双宾式的动词后来不再能用于双宾式，反之，有些原来不能用于双宾式的动词后来可以用于双宾式。比如，Rohdenburg（2009）提到过某些动词的创新性用法，如 *to issue* 和 *to feed* 等转移交接义动词，但同类的 *to deliver* 后来就不大能进入双宾式了。换言之，双宾式的语义类型和义类内的动词成员都可能发生历时变化，有进有退。③ De Clerck & Colleman（2009）和 Sówka-Pietraszewska（2013）举例不少。还有个别动词因为弃用（罕用）或语义变化而可能（基本）不再适用于双宾式，比如 Colleman & De Clerck（2011：192）就提到 *bespeak*、*reach*、*engage* 等词，*bespeak* 的初始义是'order/'arrange for'，但后来变成了'to be evidence of'，不再适用。

Colleman & De Clerck（2011：193-194）的研究发现跟 Rohdenburg（2007：

---

① 不过，他们没有发现 *to pigeon*, *to pen*, *to post* 等同类等义词的验证用例，这可能是偶发因素导致或者不同时代人们思维方式的改变导致的，而非两个时代的语法差异所导致。

② 例如，'*The boss threw him a football / an angry look*'的隐喻性用法表明该式已经比较成熟。

③ 汉语的"示"等最后也退出了双宾式，该变化具有普遍性。Rappaport Hovav & Levin（2008）提出"动词敏感"方案，强调每个动词有各自句法和语义属性，不重视动词类的句法和语义共性。Sówka-Pietraszewska（2013）根据该方案分析中古英语和当代英语中拉丁语源双及物动词。这些动词很多都强烈偏好 to-POC 式，其特异句法表现如何被获得，值得关注。根据 Kastovsky（2006），中古英语时期，约1万个法语词汇进入英语，多是日常词汇，用于双宾式的就有 *advance*、*allow*、*grant*、*pass*、*refuse*、*rob*、*save*、*serve* 等（约75%的法语词沿用至今），*donate* 不能进入，*permit* 却可以；且 *give* 也是外来词。所以，语源不是唯一影响因素。De Clerck & Colleman（2009）、Boyd & Goldberg（2011）、Colleman & De Clerck（2011）和 Colleman（2011）等人认为占先效应和句法启动效应起主要作用（另参 Pinker，1989；Goldberg，2011；Stefanowitsch，2011；Perek，2015）。

219-229)的基本一致。他们都发现，*banish*、*expulse*、*dismiss*、*discharge*、*expel*、*eject*、*drive*、*discard* 等驱逐义动词和 *forbid* 在 18 世纪普遍用于双宾式，但现在不再适用①，例如(431)a 句至 d 句(例自 Colleman & De Clerck，2011：194)：

(431) a. I will put it entirely into your power to *discharge* her[REC] the house[TH], if you
think proper. (Richardson，1740)

　　b. I therefore for the present *dismiss'd* him[REC] the Quarter deck[TH].

(Cook，1771)

　　c. From some hints in the two letters, I should expect that **the eunuchs**[REC]
were not *expelled* the palace[TH] without some degree of gentle violence.

(Gibbon，1776)

　　d. [He] therefore *forbade* her[REC] the court[TH]. (Walpole，1744)

至少在 18 至 19 世纪的英语双宾式里皆属常见用法的语义次类还有纯粹施益和损益，前者涉及受益者角色而非原型的接受者，根据 Shibatani (1996)、Newman (1996：95-97)和 Kittilä (2005)，该意义类型普遍见于很多语言的双宾式，损益表达也是如此。古代汉语里纯粹施益义双宾式是常见的，损益义双宾式也能见到(如"生之言")。双宾式的抽象语义包括但不限于"致使受到间接影响"，该影响是益或损，并无限定。下面(432)a 句和 b 句是纯粹施益义用法，c 句和 d 句中是损益义表达(例自 Colleman & De Clerck，2011：194-197)：

(432) a. … and the young Benedictine *holding* him[REC] the torch[TH] as he wrote, he
set it down …

(Sterne，1767)

　　b. He would expect his wife to hand him to the coach, to *open* him[REC] the
door[TH], to *reach*
him[REC] a chair[TH]. (The Sporting Magazine, January 1819：164)

　　c. þe　deofol him[REC] *scorteð*　　his daȝes[TH]
the devil　him　　shorten　his days
'The devil shortened him his days' (Lambert Homilies，1175)

　　d. …a mischievous mob of colliers… attacked us in the street … and *spoiled*
me[REC] a complete set of blond lace triple ruffles[TH]… (Smollett，1751)

类似用例还有 *flowering him a waistcoat* (Richardson，1740)、*voted him a*

---

① 有些古语色彩浓厚的化石化用法留存下来，如 'He was *dismissed* her **Majesty's** service.' (引自 Colleman & De Clerck，2011：205)，另参 Rohdenburg (2009：202)。

golden statue（Gibbon 1776）、*clean me my house*，and ... *write me my poetry*（Jean Ingelow 1882：176）、*Then shall I false her my promise*（Lord Berners，*Huon of Burdeuxe*，circa 1540），等等（详参 Colleman & De Clerck，2011：194-197），它们在 19 世纪之后逐渐不再能用于双宾式，作为一个语义次类消失于标准英语，但在某些英语变体如美国、印度等某些方言中留存。前文所谓的"蛮勇行为"施益结构①其实就类似于纯粹施益结构，根据 Takami（2003），这类结构普遍见于美国英语通俗口语中，指主语指称对象实施某胆大冒险行为而去取悦 O$_i$ 所指对象或给他留下深刻印象，例如（433）a&b，再比较 c 句和 d、e、f、g 句（例自 Green，1974）：

(433) a. All you have to do to gain my confidence is rob me a couple of banks.
(Oehrle，1976：111)

b. Open me t'door.　（Petyt，1985：236）

c. *Krystyna*　　　*otworzyl*　　*Oli*　　　*drzwi*.
Krystyna.$_{NOM}$　opened　　Ola.$_{DAT}$　door.$_{ACC}$
'Krystyna opened the door for Ola.'　　　（Da̧browska，1997：35）

d. Crush me a mountain.　　e. Cry me a river.

f. Slay me a dragon.　　　g. They're going to kill Reagan a commie.

我们可以将蛮勇行为施益结构视为纯粹施益结构的次类，解读为动作行为是主语施事论元代$_{/替}$接受者 O$_i$ 论元而为并使之从中受益，即替代性施益（详参 Kittilä，2005；Colleman，2010a&b）。同时，我们又将施益结构和损益结构合统一处理，即施事论元所为之事可能给接受者论元带来某种影响，它并不涉及任何意图性（隐喻性）转移交接，这样，就跟涉及意图性的（隐喻性）转移交接的用法（例如 make、bake、build 等创制-准备义动词构成的双宾句）相对区分，使有关语义分类在类型学意义上更清楚，也更利于比较，因为不同的语言至少在施-损益义和创制-准备义双宾式用法的分布有差异。② 这和古汉语为动类双宾式何其相似！

Colleman & De Clerck（2011：194-197）认为，英语双宾式在某历史时点上

---

① Goldberg（1995：150-151）认为此类用例可能涉及隐喻（性转移交接），它基于双宾式核心义的有限引申，但源域不是'X 致使 Y 接受 Z'，而是'X 致使 Y 接受某物（不一定体现为 Z）'，目标域则是'X 为了 Y 的利益而实施某行为'，Z 则投射于 X 动作行为所及对象上。

② Goldberg（1995：150）指出，如今施益义双宾式的可接受度因人、因地而异，损益双宾式不见于标准英语。

似乎出现了"意图给予-接受"的限制，要求接受者论元编码的参与者必须既是受益人也是意图的接受者，而且限定为仅表达施益性，这可能并非很久远的事情。反过来看，至少到 19 世纪时，英语双宾式都还没有出现领有权意图转移交接方面的限制，此类用法仍可见到，而且，共时层面上，这种限制在当今英语的方言中有程度不一的可接受度。① 关于褫夺义动词双宾式用法的演变，汉语从古到今都有获取义双宾式，根据 Rohdenburg（1995）②，该用法在 16—17 世纪的早期现代英语中都还有常规性，但根据 Colleman & De Clerck（2011：200-201）和 Hoffmann & Mukherjee（2007：16），该用法在晚期现代英语之初就已经很少见了，而在 18 世纪及之后的文本中就已完全消失。这些动词的事件框架语义特征表明主语具有明显的施事性，即主语实施有关动作行为有主观故意，Colleman & De Clerck（2009, 2011：200-201）强调主语的施事性，借以解释当前 *cost* 的双宾式用法，然而，即使有些动词具有强施事性，也不能说明它们必然能（持续）用于双宾式。大致上，英语褫夺义双宾式用法退出历史舞台应该在 18 世纪早中期时段内。褫夺义双宾句例如（434）a、b、c 句：

（434） a. ... she gave him such a nip by the heart, as did altogether *bereave* **him**[REC] his night's rest[TH] with the bruise thereof.

　　　　　　　　　（G. Gascoigne, 1575；例自 Rohdenburg, 1995：108）

　　　 b. Ceres nor Joue, nor all the Gods aboue, Shall *rob* **me**[REC] this rich purchase[TH].

　　　　　　　　　（Heywood, 1613：I；例自 Visser, 1963：635）

　　　 c. All joy[TH] was *bereft* **me**[REC] the day that you left me.

　　　　　　　　　（Scott, 1804；例自 Colleman & De Clerck, 2011：200）

类似褫夺义动词的还有言说方式义动词。此类动词的变化规模相对较小、步伐相对较慢，而且变化得也不彻底。前文已有 *say* 例，"言"也曾用于双宾式，但 *say* 的语义相较 *whisper*、*shout*、*scream*、*yodel* 等更宽泛，并不限定具体的言说方式，英语双宾式接纳言说方式义动词至少在 18 世纪之前是常规用法，例如（435）a 句至 d 句（例自 Colleman & De Clerck, 2011：198），而 *whisper* 如今少量见于双宾式。Colleman & De Clerck（2011：197-198）指出，这只是统计性倾向，而非金科玉律不可逾越（另参 Stefanowitsch, 2006：69）；总体上，此类动

---

① Colleman（2011：403）提出佐证，即作为英语亲缘语言的荷兰语，其双宾式在这种意义范围限定方面走得更远，连施益性双宾式用法在其标准变体中也已非法。

② 原文为德语写作，感谢武汉大学外国语言文学学院的何晋源翻译全文。

词不再能合法进入当代英语双宾式。双宾式开始逐渐排斥言说方式义动词应该是在 18 世纪之后：

（435）a. At her departure she took occasion to *whisper* **me**[REC] her opinion of the widow[TH], whom she called a pretty idiot. （Fielding，1751）①

b. [She made enquiries] among all those who she could imagine were able to *inform* **her**[REC] any thing concerning him[TH]. （Haywood，1744）

c. I wish, my dear, you understood Latin, that I might *repeat* **you**[REC] a sentence[TH] in which the rage of a tigress that hath lost her young is described. （Fielding，1751）

d. I will *state* **you**[REC] a case[TH] in your own department. Suppose you are…

（Chesterfield，1749）

e. I was going on to more particulars, when my master *commanded* **me**[REC] silence[TH].

（J. Swift，1726；引自 Rohdenburg，1995：108）

显然，早先还能用于双宾式的一些言说方式义动词（如 *inform*、*state*、*repeat*、*command*），现在都不再能了。18 世纪的文学作品中，此类动词普遍用于双宾式来表达各种信息传递事件，动词种类繁多，如今它们多用于 *to*-POC 式（详参 Rohdenburg，1995：108；Mukherjee & Hoffmann，2006）。这很可能是双宾式表义范围缩小，窄化之后，语义要求更严苛所致。

另一个消失的语义次类跟心理-情感态度义动词有关，如 *forgive*、*envy*、*begrudge*、*excuse*、*wish*、*intend* 等，Colleman & De Clerck（2011：198-200）有深入讨论。尽管如今其少数动词还能用于双宾式，但作为一个意义类，它不再能产。Colleman & De Clerck（2008：195-196）的调查表明，在过去几百年间，*envy* 和 *forgive* 双宾式用法的相对频率持续大幅下降。两词的由介词引介客事的结构逐渐兴起，例如 '*envy/forgive* NP₁ for NP₂'。旧的句法手段消亡往往会导致新手段对它的替代和兴起。动词不再能用于双宾式后必会转向其他结构，尤其是介词短语结构，*to*-POC 是主要的替代形式，其次是 *for*-POC 等。如今，褫夺义动词逐渐退出双宾式，取而代之的是 *from/of* 结构，这两个介词引介原来双宾式里的"来源-夺事"角色。总体来看，此类动词正逐渐淡出双宾式，这个

---

① 还有 *whisper* 带从句宾语的例子，如"…, the Duke took occasion to ***whisper*** the King, that his Majesty had a villain of a chancellor. （Cibber，1753）"。可见，其双宾式用法比较稳定。

趋势跟 Goldberg（1995：132）所做的相关思考和预测完全一致，她说，句法演变的一个趋势应该就是，句法模式在语义上对言语者来说更透明，若双宾式的核心义有心理现实性，则类似 *forgive* 和 *envy* 的双宾式怪异用法逐渐弃用和消失当属自然。此外，替代性施益结构中的动词如今只限于 *for* 短语，与之相对的损益义动词不再用于双宾式后，通常使用属格结构来表示受影响者，上述三个介词短语的用法分别例如（436）a、b、c 三句（括号里是对应的原双宾式表达）：

(436) a. They only *stole* sheep **from the Romans** . (= They only *stole* the Romans sheep.)

（BNC；1989，Magdalen Nabb：*Death in springtime*）

　　b. Do you think you could just *open* the door **for me** . (= Do you think you could just *open* me the door?)　　（BNC；1985-1994，s_conv）

　　c. He *broke* **Sonny's** nose. (= He *broke* Sonny his nose.)

（BNC；1991，Thomas Hayden：*The killing frost*）

尽管 *envy* 和 *forgive* 的双宾式用法总体上在持续减少，但 *wish* 和 *intend* 等极少数心理-情感态度义动词还能见于当代英语双宾式，这表明，同类动词内部的各成员在所属句法框架的变化过程中各自表现不一，变化并非同步。因此，退出旧框架和进入新框架亦非同步，其原因尚需深究。根据 Colleman & De Clerck（2011：199-200）和 Stefanowitsch & Gries（2003），*wish* 和 *intend* 在 18 世纪的双宾式用法中还能携带较多类型的客事，但现在，*intend* 的双宾式用法范围缩小，限于 *evil*、*harm*、*good* 等客事，实为化石化短语用法，而 *wish* 的双宾式用法虽然在客事类型方面还有较多选择，但也仅常见于固定单一的表达和文体，如祝福用语。可见，它们的双宾式用法也在缩减表义范围，只不过，留存的用法却因为高频普遍使用而显得稳固，还看不出消亡的迹象。

前文已述，*to*-POC 等介词短语从中古英语之初开始兴起，很多动词在仍能进入双宾式的同时，已开始进入介词宾语结构，在同期，同一个动词往往至少可以进入这两种句式，形成竞争，各动词类和具体动词竞争的过程、方式和结果不完全相同，但一般来说，通常其中一个相对胜出，另一个相对败落，就本文所论，就是分析性的介词短语式相对胜出，综合性的双宾式相对败落，胜出者表义范围可能更大、功能更强大，使用更普遍、更频繁，败落者表义范围可能缩小，使用范围可能更受限。两式竞争的用例如下（例自 Rohdenburg，1995）：

(437) a. …, I <u>banish you my Court</u> , … (G. Wilkins, 1608)

a'. ... and therefore **was banished**①**forever from their quiet kingdom** ... (Th. Deloney, 1597)

b. ..., he **was**, with Dr. Reynolds and others **expelled his College** ... (I. - Walton, 1665)

b'. ... that he left, or was ... **expelled out of Corpus Christi College** in Oxford ... (ibid.)

c. ..., that knowing he ... must therefore be*ejected* **his College**, ... (ibid.)

c'. ..., Dr. Sanderson **was ejected out of the Professor's Chair** in Oxford, ... (ibid.)

d. ... a Farmers sonne, ..., and **challenged him the field**, ... (*The Pinder of Wakefield*, 1632)

d'. ..., yesternight you **challenged a stout fellow, a notable old soldier to the field**, ... (ibid.)

例(437)中，a组句同一动词的两种句式的用法时间差可以忽略不计，可视为同时代用法，而其他各组句内的同一动词的用法都出自同一部作品，可见句式的并用是普遍的。

前文假设(另参张国华，2014)，英语双宾式的语义范围发生历时性缩减，朝着表义专门化发展，这是一种语义窄化。Allen (1995：28-29) 和 Visser (1963：606-635)对古英语双及物性格框架(即双宾式前身)有过讨论，也认为它们的表义内容要比今天英语对应格式的表义内容更丰富。Colleman & De Clerck (2011：201-203)对18世纪和当代英语里双宾式允入动词的语义做了比较，认为在过去三百年间，双宾式的表义范围缩减了，而且这种变化很可能在晚期现代英语之前就已发生。他们把当代英语双宾式的表义范围视为早期英语各阶段上双宾式语义表达范围的一个子集，该变化是典型的构式语义专门化。这种语义专门化至少还在其他亲缘语言里同样发生了。② 最近的一些研究(如 Zehentner，2017)也支持上述表义范围缩减和语义表达专门化的主张。

① 在诗歌等特殊文体中，*banish* 的句法结构可能突破常规语序，例如：'Myself was from Verona banished For practising to steal away a Lady' ... (Shakespeare, Gent. IV, i, 47; cf. Visser, 1973：2228)。另外，动词 *excuse* 现在还可进入双宾式(多见于被动句)和介宾式，例如：'I was excused (from) football practice' 等。

② 比如，根据 Colleman (2010a, 2010b)和 Lambert (2010)，荷兰语双宾式也发生了这种表义范围缩减，其他一些日耳曼语族的语言连同德语的双宾式相较之下其语义表达范围缩减幅度没有英语和荷兰语那么大。

Geeraerts（1997：47-68）、Grondelaers et al.（2007：991）等提出，原型效应在语义专门化过程中起了很大作用：原型构式义相对稳定而不易变化，但边缘性表义内容容易变化或消亡。Colleman（2011：406）和 Colleman & De Clerck（2011：204）也赞同此说，指出英语双宾式"致使接受和拥有"的原型义自古英语以来一直存在，至少在 18 世纪的文本语料中已占主导地位。据其统计，给予义动词一直高频使用(41%的用例都含 *give*，N＝2，205，这是最高例频数)，这很可能是双宾式的原型义留存至今的主因。Zehentner（2016）对中古英语双宾式的考察也表明，英语双宾式的语义进一步朝着内部更趋一致的方向演变，专门用于表达领有权转移交接，从前更加边缘化而远离核心义的那些动词和意义逐渐退出双宾式范畴大约是在中古英语晚期的时候，自那时起，双宾式的表义范围维持至今。

　　我们基于语料库检索和文献研读、语料搜集，汇总了古英语中能用于双宾式的双及物动词，如下表所示，表中提供了有关动词的释义表达，可以看出，尽管古英语有关动词的词汇语义相较于如今明显不同，但从表义类型看，给予义、信息传递义、驱逐流放义、褫夺义、心理-情感态度义等上述类型动词全具备，像 *do*、*make*、*create*、*perform* 等泛义性"作、为、创制"义动词也能见于双宾式。其他未被囊括的动词类型，多与致使间接受损义有关：

表 6-8　　　　　　　　　　**古英语双宾动词列表①**

No.	OE Ditr. V	PEDE equivalents
1	*abiddan*	**ask**（**for**）, request, require, demand; get or obtain by asking
2	*ablendan*	**deceive**, make blind, darken
3	*acsian*	**ask**, inquire, seek for, demand; call, summon; examine, observe
4	*ætbredan*	**take away**; carry off; **deprive of**; snatch away; withdraw

---

　　① 古英语动词的拼写形式及其变体很多、很复杂，很多都带前缀，此处记录遵循源文本的拼写方式，有的前缀置于圆括号，有的则没有写前缀。原则上只记录动词的原形，其语法变体一般不录，例如，*bringan* 的过去分词有很多种，如 *brōht*（*e*）、*brōhton* 等，但此表只录 *bringan*；*getǣht* 是 *gctǣcan / getæcan* 的过去分词形式之一，但此表只录其中一个原形动词 *getæcan*。少数词项，如 43，78，198，257，对应形式标记了问号，表明对解释存疑。加粗的释义表达是双宾式用法的主要义类。

续表

No.	OE Ditr. V	PEDE equivalents
5	*æteawian*	**show**, reveal, display, disclose,
6	*ætfæstnian*	**commit**, deposit
7	*ætwitan*	**reproach**（with）, censure, taunt, blame, upbraid
8	*ætywan* = *æteowan*	**show**, reveal, display, disclose, manifest, ostendere
9	*afeormian*	**cleanse**, wash away, purify
10	*aferran*	**remove, take away**
11	*agan*	**give**（**up**）, **deliver**, restore; have to **pay**, **owe**; own, obtain
12	*agi(e)ldan* = *agildan*	**offer; yield; allow**;（re）**pay**; **permit; reward**; compensate
13	*agi(e)fan*	**give**
14	*agnian*	**own, possess**; **claim**; usurp, to prove or claim as one's own
15	*aleogan*	**deny, deceive**, lie, tell lies, belie, be false to
16	*alyfan* = *aliefan*	**allow, permit, grant**; give leave to, yield up
17	*andettan*	**confess, promise**, vow, acknowledge; give thanks
18	*andwyrdan*	**answer**
19	*arædan*	**appoint, utter**; prepare; arrange, interpret, read to sb.
20	*aræran*	**spread, disseminate**, disturb; raise, set up, build, create
21	*areccan*	**say, explain**; declare, speak out, expound, translate
22	*arnian*	**obtain, win, earn**, merit
23	*ascippan*	**make, appoint**, create; determine, assign
24	*asecgan*	**say, tell**
25	*asendan*	**send forth**
26	*asettan*	set; put; place; **build; take away**; transport oneself over
27	*astellan*	**afford, appoint**; set forth, set, supply, display, set up
28	*a þeodan*	**separate**
29	*awrit(t)an*	**write**（**down**）, describe, compose; mark, inscribe, draw
30	*bebeodan*	**command**

续表

No.	OE Ditr. V	PEDE equivalents
31	*becweðan*	**say**; **speak to**; admonish; bequeath, **leave** by will
32	*bedælan*	deprive, release, strip, **bereave of, rob**; free from
33	*bediglian*	conceal, hide, keep secret
34	*befæstan*	**entrust**
35	*begitan*	**get**; **find**; **acquire**; **attain**; receive; take; seize
36	*behatan*	**promise**, vow, pledge oneself
37	*behydan*	**conceal**, shelter
38	*belean*	**forbid**, dissuade, prevent; charge with
39	*bemiðan*	**hide**, conceal
40	*beodan*	**offer**
41	*beran*	**carry, bear**
42	*besettan*	**put, place**, appoint; own, keep, occupy; beset, invest; set going
43	*bestan*	bear, stand by; cast stones at sb.?
44	*betæcan*	**command**
45	*bewarnian*	**guard against**, on one's guard
46	*bicnian*	**beckon**; summon; wink, **nod**; signify
47	*biddan*	**ask, bid**
48	*bis(e)nian*	**give**, set or follow an example; express figuratively
49	*blotan*	**sacrifice**, kill for sacrifice
50	*bodi(ge)an*	**offer**
51	*bringan*	**bring**
52	*bryttian*	**dispense, distribute**; possess
53	*bycg(e)an*	**buy**
54	*cennan*	**attribute, give**; show oneself, beget, create, **bring forth**, cause, declare, ascribe, **assign**
55	*cneodan*	**attribute to, assign to**
56	*cnodan*	**attribute to, assign to**

续表

No.	OE Ditr. V	PEDE equivalents
57	*cunnan*	know
58	*cweðan*	say, speak
59	*cyðan*	tell; utter; confess; proclaim; show (forth)
60	*dælan*	give to many; distribute; bestow; dispense; obtain a share; utter; hand over to sb
61	*deman*	tell, declare; assign sth to sb; appoint
62	*dihtan*	give direction to sb; dictate, direct; arrange; appoint
63	*don*	do
64	*eawian*	show, display, reveal, disclose
65	*eowan*	show, display, reveal, disclose, point out
66	*eowian*	show, display, reveal, disclose,
67	*fæstan*	entrust, commit
68	*fedan*	feed
69	*findan*	find
70	*forbeodan*	forbid, prohibit; restrain; refuse; repeal, annul
71	*forberan*	forbear, abstain from
72	*forstandan*	help; protect; withstand, prevent, hinder; benefit, avail
73	*frignan*	inquire
74	*gefeallan*	overthrow
75	*gehatan*	promise
76	(*ge-*)*hydan*	hide, conceal, preserve
77	(*ge-*)*icean*	add to, increase, enlarge, augment, prolong
78	*ge*(*i*)*ecan*	add, increase
79	(*ge-*) *iewan* variant of 132, 146, 147	show, display, reveal, disclose, point out
80	(*ge-*)*lænan*	lend
81	*gelæran*	teach, instruct, guide; advise
82	(*ge-*)*læstan*	serve, follow, help

续表

No.	OE Ditr. V	PEDE equivalents
83	*geleanian*	**present**, **bestow**, **give**, present one with a thing
84	(*ge-*)*lihtan*	make 'light', easy, **relieve**, alleviate
85	(*ge*) *mænsum*, (*ge*) *maensum*	**impart**, partake of, participate in
86	(*ge-*)*metgian*	**moderate**, control, govern
87	(*ge-*)*offrian*	**offer**, **sacrifice**
88	*geotan*	**pour**, **pour forth**, shed; overwhelm; cast
89	*geræcan*	**give**; obtain, speak to; attain
90	*gereccan*	wield (authority), **give judgment**, direct
91	(*ge-*)*ryman*	clear, open up, **make room**
92	*gescyftan*/(*ge-*)*sciftan*	**divide**, **distribute**, allot, appoint, place
93	(*ge*)*sceawian*	**look**, **gaze**, see, behold, observe
94	*gescrifan*	**allot**, **assign**, prescribe, ordain, impose, hear confession
95	*gesecgan*	**avoid**
96	*gesellan*	**die**
97	*gesettan*	**garrison**
98	*gesittan*	**sit out**, finish
99	(*ge-*)*streonan* = a variant of 100	**gain**, **get**, **obtain**, acquire (with *gen. acc.*)
100	(*ge-*)*strienan* cp. 99	**acquire**, **gain**, **amass**, beget, increase
101	gestrinan = gestrýdan:	**rob**; deprive, **obtain**, **get**, **acquire**, gain
102	*geswutelian* = *swutelian*	**show**; reveal; state; **explain**; make manifest;
103	*gietan*	**get**
104	*forbiddan*	**forbid**
105	*forbindan*	**bind** (**up**), muzzle
106	*foreberan*	**prefer**
107	*forebringan*	**bring**, adduce, lead, produce, bear, **carry**
108	*forecweðan*	**preach**, predict

续表

No.	OE Ditr. V	PEDE equivalents
109	*foregielpan*	**boast** greatly
110	*foresecgan*	**proclaim, preach**; **foretell**
111	*foreseon*	**provide**; **provide for**
112	*foresettan*	**place before**, shut in; **propose**; **prefer**; **precede**
113	*(for)giefan*	**give**
114	*forgyldan/forgieldan*	**give**; **pay for**; require, **reward**; pay double (as penalty)
115	*forhelan*	conceal, **hide**, protect
116	*forlætan*	**abandon**, let go
117	*(for)lēosan*	l ose
118	*forsettan*	**obstruct**, hedge in; **oppress**
119	*forsittan*	block, **obstruct**, besiege; absent oneself (from); **give out**
120	*forslean*	cut through, **strike**, **break**, kill
121	*fortendan*	**burn away**, sear
122	*(for)stelan*	**steal** (away); **deprive**; rob
123	*gad(e)rian*	**gather**, assemble; collect
124	*geær(e)ndian*	**ask, tell**
125	*geagnian*	**own**, possess, inherit, claim as one's own
126	*ᵗgeahnian* = *(ge-)agnian*	**own**, claim, dedicate, possess
127	*geandettan*	**confess**
128	*geanlican*	**liken**, make like
129	*gearcian*	**prepare**; **procure**; **supply**
130	*gearwian*	**equip**, **prepare**, facilitate, **do**, **make**; procure, **supply**; **grant**
131	*geatan*	**consent**, **grant**, confirm
132	*geawian* = 79, 146, 147	**show**, **display**, reveal, ostendere, disclose, point out
133	*gebeodan*	**command**, **order**, summon; **offer**, **propose**, **give**, **grant**
134	*gebeoran*	**bear**, **bring**, **offer**
135	*gebetan*	**improve**, remedy

续表

No.	OE Ditr. V	PEDE equivalents
136	*gebodian*	**tell**, make known, proclaim
137	*gebrycgan*	**use**
138	(*ge-*) *brytnian*	**distribute**, divide, dispense
139	*gecweðan*	**order**, give orders; consider
140	*gecyðan*	**confirm**; make celebrated
141	(*ge-*) *dælan*	**divide**, part, separate
142	(*ge-*) *deman*	**judge**, determine, decree, sentence, condemn
143	*gedihtan*	**write**
144	*gedon*	**halt**, encamp, cast anchor
145	(*ge-*) *dreogan*	lead (a certain) life, **do**, work, perform, conduct
146	*geeowan* = (*ge-*) *iewan* cp. 79, 132 & 147	**show**, **display**, **reveal**, disclose, point out
147	*geeowian* cp. 79, 132 & 146	**show**, **display**, **reveal**, disclose, point out
148	*gehalgian*	**take oath**, swear
149	*gemetan*	**find**, **find out**, discover⁷
150	*gesyllan* = (*ge-*) *sellan*	**give**, **furnish**, **supply**, **lend**
151	*getacnian*	indicate; **express**, denote, portend; demonstrate
152	*getæcan*	**dismiss**
153	(*ge-*) *tellan*	**reckon**, count, number, compute, calculate
154	*geteohhian*	**appoint**, **determine**, decree, assign
155	*geteon*	**make**; **form**; appoint; decree; ordain; arrange
156	*getitelian*	**entitle**, ascribe, **assign**, ascribe
157	*ge þafe*(*ge*)*an*	consent, **give consent to**
158	*geðafian*	strip; rob; **plunder**
159	*geðeodan*	**give**; proclaim; **offer**; **grant**; order, summon
160	(*ge-*) *twifealdian*	**double**, **add**
161	*ge þeodan*	translate

No.	OE Ditr. V	PEDE equivalents
162	*geunnan*	**grant, allow, bestow, give; wish,** see, desire
163	*(ge-)wearnian* = *warnian*	**warn,** beware of
164	*gewendan*	**translate;** return
165	*(ge-)wrecan*	**revenge,** avenge, punish
166	*geyppan*	**utter**
167	*gieldan*	**yield**
168	*gi(e)fan*	**give**
169	*habban*	**have; possess, own,** hold; keep; get, obtain
170	*helan*	**conceal,** cover, hide
171	*herian*	**extol, praise,** commend; help
172	*hordian*	**hoard**
173	*iewan*	**show;** disclose; display; reveal; point out
174	*ingelædan*	**bring in, bring forward,** lead in, introduce
175	*lædan*	**let, lead**
176	*læfan*	**bequeath;** spare; leave (behind)
177	*lænan*	**lend; give, grant,** lease
178	*læran*	**teach; instruct; guide;** advise; persuade; preach
179	*læstan*	help; **serve; do;** perform; furnish, **pay, grant**
180	*læwan*	**betray**
181	*lean*	**blame,** reproach
182	*leanian*	**reward, repay,** recompense, requite
183	*lēon* (= *līhan*)	**lend**
184	*licettan*	**feign,** dissimulate; flatter
185	*liefan*	**allow, grant,** concede
186	*mētan*	**find**
187	*miðan*	**hide, conceal** (oneself); **keep to oneself,** avoid, shun, refrain from
188	*myntan*	**give up to; intend;** bring forth

续表

No.	OE Ditr. V	PEDE equivalents
189	*nemnan*	**name, call**; enumerate; **address**; invoke
190	*nẹrian*	**save**
191	*niman*	**take; receive; get**
192	*ofergesettan*	**set over**
193	*offrian*	**offer**
194	*ofgiefan*	**give/give up**
195	*onbeodan*	**command, order**; announce, proclaim
196	*onbestælan*	**convict** of a crime
197	*onblotan*	**sacrifice**, kill a victim
198	*onbringan*	**bring** (forth)?
199	*ongeniman*	**take away** (from)
200	*ongewrecan = a-(ge-) wrecan*	thrust out, **utter**, drive away, strike
201	*ongierwan*	**unclothe**, divest, strip
202	*oniewan*	**show**, manifest
203	*onlænan*	**lend, grant, let, lease**
204	*onsecgan*	**deny**; renounce, **offer** sacrifice; impute; **inform**
205	*onsendan*	**send out, send forth, transmit; offer to**
206	*onsettan*	**impose**; oppress
207	*onstellan*	**create, give** the example of
208	*onstyrian*	**move**, rouse, stir, agitate
209	*onwendan*	**deprive; return**; change, exchange;
210	*openian*	**disclose; declare**; reveal; expound
211	*oþfæstan*	**inflict upon**; set to (a task), **entrust, commit**
212	*oþiewan*	**show** (oneself), appear
213	*oþwitan*	**charge with**, blame
214	*rǽcan*	**offer, present, give, grant**; reach, extend

No.	OE Ditr. V	PEDE equivalents
215	*rædan*	**give** advice to sb; ask advice; **provide for**; tell by conjecture; read (to oneself); **bring, deliver**
216	*reccan*	**extend, give; tell, say**; unravel; give a solution; give judgment; **explain**
217	*ryman*	**yield**; make room; give place; make way for sb
218	*sceawian*	**provide**; **show, exhibit**, display; **grant**, decree
219	*scencan*	**pour out**, pour out liquor for drinking, **give drink**
220	*scrifan*	**decree, appoint**; allot, **assign**, inflict, impose
221	*sculan*	owe
222	*secgan*	**say**
223	*sellan*, *sęllan*	**give**
224	*sendan*	**send**
225	*settan*	**set**
226	*singan*	**sing; read**; recite; narrate
227	*sprecan*	**speak**
228	*sprytan*	**yield** (fruit), put forth (a shoot), **bring forth** (fruit)
229	*swerian*	**swear; speak**
230	*syllan*	**give**
231	*tǣ(c)ean*	**teach**
232	*tacnian*	**demonstrate**; express
233	*tǣcan*, *tǽcan*	**show**; demonstrate; declare; **teach**; assign;
234	*talian*	**tell**, relate; impute, assign
235	*tellan*	**tell, assign**
236	*teohhian*	**intend**, judge, propose; consider **make, do**, produce, **prepare**
237	*þafian*	**allow; permit**; submit to
238	*þeni(ge)an*	**stretch** (out), **spread out, extend**; exert one's self; spread the fame of

续表

No.	OE Ditr. V	PEDE equivalents
239	þe(g)nian	serve a person, minister to, supply, **provide**
240	þurhdrifan	**drive or push through, strike**; imbue, penetrate
241	þurhteon	get sth accepted; **bring to sth, afford**; draw, drag
242	tellan	**tell**
243	ti(g)þan (as) tithian	**give, bestow, grant, permit**
244	timbran	**build**; construct; erect; effect; **do**; edify; **instruct**
245	toœtecan	**increase**
246	toœtycan	**increase**
247	todœlan	**give**; **distribute**; **bestow**; obtain a share; utter
248	toforlœtan	**dismiss, leave to sb**
249	toge þeodan	**adhere, cling to**; adjoin
250	tolœtan	**dispense**, relax, release
251	tosendan	**send to** or out, disperse
252	tosprecan	**speak to** (another)
253	towitan	**depart**, pass away
254	under þeodan	add; subdue, reduce,
255	unnan	**grant, allow, bestow, give**; see, **wish**, desire
256	upgebredan	reproach with, upbraid
257	utbringan	**bring forth**?
258	utrœcan	**offer, present, give, bestow**, reach, hold forth
259	ðennan	extend
260	weardian	guard, **keep**, protect, **preserve**; **hold, possess**
261	weorpan	**throw**
262	wiernan	withhold, **deny, refuse, reject, decline**; **forbid**
263	wilnian	**wish**, desire, entreat, petition for; tend towards
264	wissian	**instruct, guide**; **show**
265	witan	**know**

No.	OE Ditr. V	PEDE equivalents
266	*wit(e)gian*	prophecy, predict
267	*wiðmetan*	compare to, liken to
268	*wrecan*	push; advance; utter, deliver, expel, banish
269	*writan*	write
270	*wyscan*	wish
271	*wyrcan*	make, produce, form
272	*ymbsellan*	endue, clothe; beset

总体来看，古英语双宾式可能只是笼统地表达动作行为对某参与者的间接影响，只有这样理解，才能将其各语义类型(含核心义和边缘义)统一起来。*give* 及其所在句式本身就表致使义，或者说，其事件框架语义本就含致使义素(参 Newman，1996：33-60；171-180)。但是，其表义范围后来逐步缩减，最终变为专司表达领有权成功转移交接。若原型效应的确起作用，那么，更靠近语义结构边缘的五类意义最终都淡出双宾式，转而使用介词宾语式等其他格式来表达，褫夺/剥夺义动词以及可用于表达纯粹施益/损益的其他动词类不再适用于双宾式。这主要是跟格标记系统消失以及介词短语结构兴起等语言内部因素以及语言接触和社会变化等语言外因素有关。据前文分析，双宾式表义范围缩小跟 *to*-POC 式兴起及与格变换的出现密切联系，两式的合作分工和密切关联推进和促成了双宾式中某些表义类型消失，因为这些表义类型跟 *to* 短语结构表达的语义关系相龃龉。两式在此消彼长中愈加紧密关联。

6.5 有关变化背后的主要语言学动因

古英语在主、从句中的语序灵活多样，但在某些条件下还是表现出一定的语序选择规律和规则。至少从晚期古英语和早期中古英语开始，语序模式发生一系列重大变化，其中，SVO 模式的使用频率不断增高，VO 结构更加紧密而不易被插入其他成分。不过，根据 Fischer & van der Wurff(2006)，如认为仅由于格标记消失而导致 NP 型主、宾语解读产生歧义，为消歧而采用统一的 SVO 语序，就似乎将问题简单化了。主语典型地表已知信息，多为人称代词，它们对语序很敏感，这些形式直到现在仍然保留格区分。因此，语序固定之后，SVO 模式成了近乎强制性的选择，一般将之归因于语篇-功能因素，而有些模式使用更多，主要都跟信息结构因素有关。Fischer & van der Wurff 指出，解码过程还应考虑进语用-语境和语义因素，这些因素综合起来，共同导致最终 SVO 的选择，Allen（2006）也持此观点。可以肯定，语序模式的变化对双宾式的变化、to-POC 的兴起以及与格变换的形成产生了重大影响。从原型性语篇-功能地位看，接受者论元成分在 SVO 模式中占据了主、宾语之间的特定位置，这并非偶然，而是跟基于原型动词的事件框架语义特征密切联系。同样，与双宾式语义关联密切并且最终逐步形成稳定的交替变换表达的 to-POC 也因为其构式性语义特征而将接受者论元置于固定的句尾位置，这似乎跟当时的普遍性规则相违，亦即状语性的介词短语成分被排除在"主-谓-宾"核心结构外，它最终移至语句边缘（句首或句尾），这句法位置变化特点既是与格变换的原因，也是它的结果，如前文述，这是对运动位移事件的象似性记录，接受者作为终点和目标处于位移终端。在中古英语时期因为与格变换关系而日渐紧密并出现表义分工的过程中，双宾式选择了 [REC/O$_i$- TH/O$_d$] 模式，to-POC 式选择了 [TH/O$_d$-toREC/O$_i$] 模式，而两式在古英语时期是可以选用上述两种语序模式的。导致这个语序模式互补的主要动因关乎和谐排列原则，跟话题性/焦点信息表达有关。①

　　语序固定和使用介词系统来表义是整个语言系统对格形态系统消亡被迫作出的反应，语言作为自适应系统总是不断改变自身而开发新的有效手段来实现表达效果。语序作为形式本身就有意义，句法位置和语义角色形成对应，而以介词引介语义角色可以实现清晰表义，这是双宾式固定语序的动因。同时，to-POC 式等介词宾语式随之兴起，它作为双宾式的释义构式也逐渐固定语序，两式之间逐渐形成变换交替，与格变换出现了。Fischer（1992：374）、Fischer & van der Wurff（2006：166）和 Gast（2007：50）都指出，这是一般性的看法（另参 Lehmann，1985；van Kemenade，1987；Stockwell & Minkova，1991；Roberts 1997；Trips，2002；Iglesias Rábade，2011：191），但该变化不是孤立的。根据

---

　　① 该选择可能有类型学意义。Malchukov et al.（2010：12）指出，若语序固定，则双宾语语序的主流模式是 [REC-TH]，它符合和谐排列原则。若语序自由，用置词加标的接受者论元就更可能在客事论元后，若用格标记，则语序相反。这跟 Hawkins（1994，2014）的"直接成分尽早确立原则"（EIC，Early Immediate Constituents Principle）一致（详参 Hoffmann 1999；Heine & König 2010）。我们认为，语序模式在 to-POC 式和双宾式间的互补分布反映了两式语篇-功能性语用特征的对立，这种对立就是与格变换发生的标志。

Malchukov et al.（2010），英语的很多亲缘语言也表现出类似相关性，像荷兰语和罗曼语族的一些语言，同样由于格系统衰减或形态标记也相对缺乏，也多用介词来标记语义角色。古英语时介词短语虽少，但业已存在，Allen（2005）曾提到，对双宾式进行介词短语式的释义以及某些语序模式固定的倾向在古英语时期就已存在，彼时语义-功能表达并未特别依赖于格标记手段。那就有个问题：若格形态系统没有消亡，或消失缓慢，那么与格变换还会出现吗？格形态系统消亡必然会导致介词结构兴起和语序固定吗？根据 Barðdal（2009：129-131），日耳曼语族语言中，冰岛语的格标记系统尽管基本没有变化，但其语序逐渐稳定，荷兰语丧失了大部分格形态，但其语序依然相对自由。看来，格形态系统消亡或许不是导致上述变化的唯一主因。那还有哪些主因？双宾式和 to-POC 式之间到底如何变化？双宾式语义窄化和 to-POC 式语义泛化是如何发生的？两者之间有高度相关性吗？与格变换如何发生？似乎就可能都还有新解。①

　　Malchukov et al.（2010：6）指出，自然语言编码论元的主要手段一般就是固定语序和使用加标或标杆（flagging）的形式，例如添加格标记或使用介词。标记角色的这些不同手段通常在功能方面基本相同（详参 Zwicky，1992：370-371），但对不同手段之间的关系，众说纷纭。Haspelmath（2015：31-32）认为，如果某语言中至少有一个宾语加标，其语序往往就比较灵活，但如果缺乏加标，则语序会更加固定（另参 Allen，2006：214②）。这表明，角色标记策略和手段之间有竞争和互斥关系。而根据 Hagège（2010：37），在策略选择和使用方面有个明显倾向，即语言会发生历时性变化：如果有多种策略来标记小句成分，通常就会有策略最终弃用和消失，或者相互间竞争的那些编码手段通常其

---

　　① 就其亲缘语言来说，有些形态标记系统消失或作用减弱的语言，其双宾式语义也会窄化，如荷兰语和瑞典语，德语和法罗语（Faroese）保留了较丰富屈折系统，很多古老的双宾式表义类型留存下来，这些类型如今已基本不见（详参 Barðdal，2007；Barðdal et al.，2011；Colleman，2010b，2011）。因此，可以把英语双宾式的历时性语义窄化视为格标记系统消失带来的长期效应，但两种变化之间不一定有必然因果关系，比如，冰岛语双宾式的表义就有一定限制，但其格标记系统的作用还很大（详参 Barðdal，2007；Barðdal et al.，2011）。

　　② Allen（2005，2006）指出，如果因为屈折形态减少而发生表义功能弱化，双宾式的一种语序模式因此就更加频繁使用，那么，言语者可以将句法位置跟语义角色联系起来，这就可能导致格标记使用不慎或出错。这表明，句式高频使用可能促成语序稳定并造成竞争性句法手段衰亡。

功能会变得不同。英语在各历史阶段采用的策略虽然有相关性，但不一定有必然的因果关系，我们不敢断定一个策略的消失是另一个策略兴起的直接原因或结果。为此，有人提出推进链假设，从反向来说明变化的动力和方向，即语序逐渐固定，介词短语使用更加频繁，这就导致格形态标记变得冗余和非必要（例参 Traugott，1972：81；Mitchell，1985：518；Allen，2005：232）。上述两个观点存在对立，但有人想将它们整合起来（详参 Lunskaer-Nielsen，1993：25-28）。

　　McFadden（2002：108-112）和 Polo（2002）则提出了牵引链假设，认为 to-POC 的出现和双宾式宾语语序的固定都跟格标记系统消亡有关，双宾语的与格和受格显性区别一旦消失，语义区分就会困难复杂，灵活自由的语序会让区分更困难，于是 to-POC 适时出现，双宾语语序开始固定，这两项变化弥补了上述功能缺失的空白。Allen（2006）谨慎接受该假设，她认为，只有在 "* Him was given a book" 等与格宾语前置型被动句消失后，形态区别才算最终消亡，随后便是［TH-REC］语序模式消亡，格标记消失不大可能是导致变化的<u>唯一</u>的原因；既然古英语时期的语义-功能表达一定程度上可以依靠介词宾语式，双宾式的介词短语式释义结构及其用法也已有端倪，那么，格标记手段并没有功能绝对化，没有传统上认为的那样特别受依赖。看来，她倾向于支持推进链假设。Zehentner（2016）则基本采纳 Allen（2005，2006）和 Lundskær-Nielsen（1993）的观点，她主张各变化之间形成互动，并非上述片面的单向影响关系。她秉承 Allen（2005，2006）的观点，主张双宾式的介词性释义形式的持续高频使用可能导致屈折形式融合加速，这反过来又使言语者在解读和编码语义时更依赖语序，亦即促成了双宾式语序固定，两种变化相互促成和推进，最终导致与格变换出现。与格变换的发生本身也很重要，因为交替表达之间联系愈加密切，会推动双宾式构式义窄化，也促成 to-POC 表义范围扩大。另外，Colleman & De Clerck（2011：201-202）将双宾式的语义专门化进程跟有关论元的语义角色标记不够明晰和确定联系起来，这实际上就是从格标记消失和介词宾语式兴起来找原因。Zehentner（2016）则在此基础上再从与格变换关系形成对双宾式表义窄化影响的角度探讨背后的因果关系。

6.6　对中古英语及之后双宾式语义变化和与格变换的考察

　　Zehentner（2016）和 Colleman & De Clerck（2011）等对中古英语时期及之后一个时期（即较晚的现代英语时期）双宾式语义变化的考察比较具有代表性，

Zehentner 还考察了此期与格变换问题。由于双宾式语义变化特别是窄化主要发生在中古英语时期，且在此期基本完成，同时，与格变换也在此期出现并迅猛发展，这一小节对有关研究成果作梳理分析。

6.6.1　Zehentner（2016）的研究问题和工作假设

Zehentner（2016）主要基于 PPCME2，其研究目的是：第一，考察与格变换的历史成因；第二，厘清双宾式和介词与格式（即 *to*-POC 式）形、义特点的演变脉络。其工作假设如下：

第一，格标记系统消失对有关构式特别是双宾式影响重大。中古英语之前类频更低的［DAT-GEN］和［ACC-ACC］两种格框架模式已基本废弃，此时双及物动词的主流格框架是［DAT^{REC}-ACCTH］，中古英语初期，屈折形式融合进展已相当快，那么在其末期，格标记形式应该不复存在，若出现名词性双宾语，可能导致歧义。

第二，*to*-POC 式相较于双宾式的相对使用频率应该跟其自身的形成和与格变换的出现密切关联，分析性 POC 的发展很可能要以综合性双宾式的变化为代价。

第三，具体动词以及某些动词类型在 DOC 和 POC 中的相对动态性分布不同，由于词汇和构式义变化，特别是事物运动位移的方向不同，动词和动词类在中古英语时期（特别是末期）会在上述两式中选择，新旧用法可能并存。此外，涉 *to* 的 POC 可能是使用频率最高、最显著的 POC 类型，能接纳转移交接义动词或相关动词，只有这样，与格变换才能实现①。

第四，双宾式语义窄化应该在中古英语时期某个时段就已开始。根据 Colleman & De Clerck（2011），褫夺义和纯粹施益/损益义动词的双宾式用法在 18 世纪已极少见，因此，需要弄清包括它们在内的双宾动词都是在中古英语时期的哪个阶段上逐步淡出双宾式的。

第五，双宾式和 *to*-POC 式各自的原型语序模式（即相对的［REC-TH］和［TH-REC］）应该是在中古英语时期的某个时段逐步形成和稳定的，因此，必须搞清不同阶段每个构式可能出现的语序模式、语序模式间的相对使用频率、

---

①　当代英语一个特征是，不同语义类型的动词有明显的句法表现差异，双宾式语义窄化后，转移交接义动词中的褫夺义动词以及过去可用于表达施益、损益的动词不再能进入 DOC，而是进入 POC 式，考虑到运动位移的方向性特征，上述句式差异跟句法构式自身的意义应该有密切关系。

变化的渐进性及其他有关发展演变。①

第六，影响双及物结构的那些变化不是独立发生的，它们之间可能有时间上的相关性，从此类相关性中可能推导出某种因果关系。具体讲，与格变换的确立和发展对双宾式和 *to*-POC 式都有深远影响，尤其在语序模式、宾语类型偏好和语义特征方面，两式可能在适应彼此的过程中不断演变并不断加强语义联系。

6.6.2　Zehentner（2016）的语料使用和研究方法

Zehentner（2016）排除掉两类用例，即双宾式被动句和带小句性客事论元的用例，只检索和统计分析同时含有一个 NP 性的 O_1（$O_{d/TH}$）和一个 NP 性的 O_2（$O_{i/REC}$）的句子，被排除掉的两种用例类型分别例如：

(438) & hit^{TH} *schal beo for 3eue* þe^{REC}

'and it shall be forgiven you'　　　　　　（CMANCRIW-1，II. 102. 1233；M1）

(439) no-man may be so bold *to aske* þe^{REC}：'Why dust þu so ?'^{TH}

'Nobody may be so bold as to ask you：'Why do you do this?'

（CMAELR3，43. 512）

为尽量减少朝向双宾式的偏态性②，Zehentner（2016）的检索筛选对象只限于能同时合法进入双宾式和介词宾语式的用例，在手工语料筛查基础上筛选出双及物动词 205 个，双宾式用例总数 2542 个，再搜寻这些动词选择一个 PP 型接受者宾语和一个 NP 型客事宾语的用例，总数为 2886 个，视之为双宾式的可能释义表达。由于介词性释义结构不限于 *to* 和 *for* 等介词，她手工删除掉非释义性用例以及存疑的用例（详参 De Cuypere，2015c）。此外，她循例保留了含无生命接受者论元的用例。在界定标准上，她所谓的双及物结构仅限于带两个非小句宾语的、主动句形式的双宾式和介词宾式，其中，只有接受者可由 NP 或 PP 表达或标记，客事不能由介词引介。这样，中古英语时期双宾式用例总数 2535，介词宾语式用例总数为 2886。被排除的存疑用例主要包括涉

---

①　双宾式、一般性介词宾语式和 *to*-POC 式三者在宾语排序上可能有差异。在中古英语之初，双宾式语序模式的分布应该更均衡，而一般性介词宾语式更偏好介词短语居后，这种偏好到了末期就有压倒性优势。而双宾式会选择相反的［REC-TH］模式。三式在服从于总的 SVO 语序格局方面可能也有差别，因为格标记系统消失导致同样具有话题性的主语和接受者论元之间更大的歧义性，双宾式必须借助稳定语序来消歧，该过程会更快，更严格遵循 SVO 格局，而 *to*-POC 式可能语法化程度更高。

②　由于格标记分析只针对 DOC 而非（*to*-）POC，因此朝向双宾式的偏态性不可避免。

介词的各种空间-方所性用法、动结式用法、宾语补足语用法、伴随义用法、比较义用法、改变状态义用法以及目的标记语用法等。

　　Zehentner 根据多项标准对中古英语的双及物结构（DOC 和 POC）分类，对两式用例都从格标记的歧义性（仅限 DOC）、介词类型（仅限 POC）、成分次序（即 S、V、O₁、O₂）以及动词的语义类型等作了分析。其主要困难在于厘清宾语的格标记类型和数量（若有的话），由于早期中古英语时期格标记融合的程度已很高，（代）名词保留了古英语时期少数屈折词缀，但其表义有歧义，有时难以区分宾语是 REC 还是 TH 的角色，有时不能断定某些特定词尾（如 -e）表达的是古英语的与格、受格还是代表中古英语的新的通用（即跨变格）与格标记。有的双及物动词因为还可进入不同的格框架而可能导致其句法性质难以判断。Zehentner（2016：118）主要依据 Baker（2003-2012）提供的古英语名词和代词词形变化表，以及 *Bosworth-Toller Anglo-Saxon Dictionary* 的数字化版本提出解决方案，一方面，从古英语的视角分析宾语，考虑名词所带各种标记所属的屈折类型，搞清它们的格类型，另一方面，从晚期中古英语的角度来处理这些宾语，其依据 Smith & Horobin（2002：104，109-110）提供的名词和代词变化表。① 作者检查了宾语的语义解读歧义性，看它们是否可解读为与格、受格或属格。这种处理不一定稳妥，因为 -e 等词尾的书写形式并不绝对可靠。② 但总体来说，可能存疑的用例毕竟是极少数，而且从上述角度分析用例的句法特征，其可靠性有保证。第一，区分构式类型，是 DOC 还是 POC，若是后者，区分所涉介词；第二，考察小句成分的语序信息（另参 De Cuypere，2015c）。例如：

（440）　a. Yef þabbesse offirs <u>ani þing</u> **til ani of hir sisturs**, and sho refuse it

　　　　　　 'if the abbess offers anything to any of her sisters, and she refuses it'

　　　　　　　　　　　　　　　　　　　　　　　　（CMBENRUL, 30. 1009; M3）

　　　　b. Drihhtin me^{REC} ʒifeþ **witt & mihht**TH

　　　　　　 'the lord gives me skill and power'　　　（CMORM, I, 101. 867; M1）

上述用例中，a 句归为 *til/to*-POC 式，b 句归为［S-Oᵢ-V-O_d］型双宾式。句中的

---

　　① 若无格标记，歧义的可能性就很大，因为与格宾语单数只是偶尔才带词尾 -e 标记，而复数形式时根本就不区分。同样，人称代词的单数形式才偶尔有格标记区分，特别是用古旧的阳性受格形式 *hine* 的时候。

　　② 这是因为中古英语后期中元音脱落严重，后缀也可能是一种拼写习惯或规约，而非实际发音。

插入成分，包括呼语、副词、从属小句等，由于并不指示动词或主、宾语，因此不做标示和分析，这涉及[V-O$_i$-x-O$_d$]、[V- O$_i$-x- O$_d$]、[aux- O$_i$-V-x- O$_d$]① 等模式，具体用例可参 Zehentner（2016：121）。

另外，大量用例无明确的主语，在祈使句和非定式形式中尚能推知，但主句中也可能缺主语，如（441）a 句，助动词或情态动词也可能跟主动词分离，如（441）b 句，宾语还可能有其他特别之处，比如出现回指性宾语，如（441）c 句，而且，宾语可能分裂，如（441）d 句，介词可能悬空，如（441）e 句，等等。这些都是非常规语序用例，但也保留在分析数据中作特殊标识。上述情形分别例如（例自 Zehentner，2016：121-122）：

(441) a. Oþerhuyl / him^{REC} be-nim þ þane mete / and þane drinkeTH

　　　‘at other times [SUBJ] steals of him food and drink’

　　　　　　　　　　　　　　　　　　　　　（CMAYENBI, 29.475; M2）

　　 b. him^{REC} ich habbe meiden mi meiðhadTH iʒettet

　　　‘I have given him my virginity as a young girl’

　　　　　　　　　　　　　　　　　　　　　（CMMARGA, 58.63; M1）

　　 c. alle þe delites þatTH þu myʒt schewen hym^{REC}

　　　‘all the delights that you might show him’　（CMAELR4, 31.150; M4）

　　 d. he gate hem^{REC} lyfTH that slowe him^{REC}

　　　‘he gave them that slew him life’　（CMAELR4, 21.635; M4）

　　 e. And þei alle þat^{REC} sche schewed hyr secretysTHvn-to

　　　‘And all those that she showed her secrets to’

　　　　　　　　　　　　　　　　　　　　　（CMKEMPE, 3.29; M4）

Zehentner（2016）对所涉双及物动词和结构语义信息的分类很大程度上受同类研究的影响，例如 Barðdal（2007）、Barðdal et al.（2011：65）、Colleman（2011：404）、Colleman & De Clerck（2011：191-197），以及 Goldberg（1995：38，75-76）和 Pinker（1989：110-118）等人使用的分析模型（另参 Levin，1993；Gropen et al., 1989；Croft, 2003；Perek, 2015）。根据 Barðdal & Gildea（2015：27），基于词汇语义的动词类别例示且决定了双及物结构的各亚型构式义，她们根据动词所在语境中的解读，区分出 10（到 12）个较宽泛的动词类，如下：

---

　　① 定式和非定式动词的组合形式记作'aux-V'，不考虑那个时候定式动词有无助动词性质。

表 6-9   双及物动词语义分类

编号	类 型 名 称	举　例
1	实质性转移交接 ACTUAL TRANSFER —具体有形转移交接 concrete transfer —抽象转移交接 abstract transfer	*giving/delivering，lending，paying，sending，bringing，obtaining，taking paying sb a visit，giving sb a kiss*
2	意图-未来转移交接 INTENTION /future transfer	*offering，promising，guaranteeing*
3	信息传递 COMMUNICATION	*telling，asking，showing*
4	褫夺（阻碍和限制）DISPOSSESSION：hindrance，constraining	*stealing，robbing，taking away*
5	阻滞转移交接：拒绝 REFUSAL：blocked transfer	*denying，refusing，withholding*
6	逆向转移交接 REVERSE TRANSFER	*asking sb mercy/ one's name*
7	心理活动-情绪态度 MENTAL/ATTITUDINAL：mental activity，emotion	*envying，forgiving*
8	施益/损益行为 BEN/MAL：benefactive，malefactive —纯碎施益/损益 'pure' benefaction/malefaction —创制 creation	*opening sb the door，break sb his arm creating，building，making*
9	轻动词类型 LVb：light verbs/ complex multi-word predicates	*doing so. harm / a favor / good*
10	其他类型（领有、比较、指示）other（possession，comparison，signifying）	

　　注意，轻动词用法已经成熟，可以构成一些双宾式，比如 *do sb. harm /a favor* 可以是施益/损益类，*give sb. a kiss* 可以是抽象转移交接义。上述分类可能会有小问题。例如，不少动词有多义性，可能进入不同的句式而归属于不同的类，比如（440）a 句中的 *offer*，在该句式中表"意图-未来转移交接"，而在下面的双宾式中表实质性转移交接义，对比明显：

（442）*Offre* **me** þine sune Ysaac

　　'offer[i. e. sacrifice] me your son Isaac'　　　　（CMVICES1，111.1342；M1）

再就是，动词范畴本身并非泾渭分明，分类标准常常多样，并无内部一致

341

性和排他性,所以,各范畴之间可能有交集,比如,'intended / future transfer'类跟'benefactive / malefactive'类有一定重合,因为前者的分类标准是意图性或事实性,后者的则是所造成影响的性质。两个不一致的标准平行描写同一动作行为的两方面特征,因此,同一个双宾句可分属于两个次类,例如,未来给予且对他人有益(或者损益,见(443)a 句和 b 句)。而且,有些介词短语,如 to 和 for 短语,在中古英语时期同个别类型动词共现时也有类似问题,其语义区分和对立不像今天双宾式及其介词短语释义式那样显著,例如(例自 Zehentner, 2016:123):

(443) a. þe wið þe wurð of heouene *buð* hire helle

    'who with the price of heaven buys herself hell'

                              (CMANCRIW-1, II. 120. 1508; M1)

   b. [⋯] *breideð* þe crune of blisse

    '[he] weaves you a crown of bliss'

                              (CMANCRIW-1, II. 174. 2423; M1)

   c. Salamon *bildide* a noble hous **TO himself**

    'Salomon built a noble house for himself'

                              (CMPURVEY, I, 12. 477; M3)

   d. God *ha þ wrou ʒt* **FOR him** meny a faire miracle

    'God has often worked great miracles for him'

                              (CMBRUT3, 101. 3058; M3)

如遇类似两可的用例,Zehentner 或将之归为其中一类,或两类都计入,但用例数各算 0.5。某些动词类型的使用频率相当低,比如拒绝-否认义动词,难以归于其他类型,例如(444)。好在用例数量极少,不影响数据和研究结论的可靠性(例自 van Kemenade, 1987:112):

(444) Hwi wolde God swa lytles þinges *him forwyrnan*.

    why would God such small thing him deny

    'Why would God deny him such a small thing?'

    总之,Zehentner 对 DOC 和 POC 用例都从格标记的歧义性、介词类型、成分次序以及动词的语义类型等方面作了分析,对一些语言外变量,如历史分期、方言、体裁等,每例都作标明。然后再用不同的方法对该数据库进行分析,虽然其手工语义性标注可能有主观性(详参 Perek, 2016:14),一定疏漏不可避免,但总体可靠。

6.6.3 Zehentner（2016）的数据统计分析

Zehentner（2016）研究的一个亮点，就是她使用 R 软件对所有数据作处理分析，该软件适用于统计计算和绘图。多数统计性检验都涉及构式等语言成分的（相对）频率分布以及组间比例比较，她在处理具体变量相对频率的历时发展变化时，对中古英语时期每个相邻时段的数据也做了比较，如 M1-M2，M2-M3，M3-M4 的组间比较，同时也作 M1-M4 比较，通过拉长时间段来观察整个中古英语时期的变化。在对数据进行 Bonferroni 纠偏处理后，她对比较结果作了独立性的 2×2 卡方检验，以提升多重比较结果的可信度。①

不过，这个检验方法只能显示有关演变是否显著，而不能显示演变的方向。其所涉语料的数据点只有 4 个，因此不能适用历史语言学研究中的其他测量方法，比如 Kendall 的 tau 系数（等级相关系数）。一般地，通过检验两个变量（比如时间和相对频率）之间相关性的强度，该系数可用于对分布性数据的评估（例参 Hilpert & Gries，2009：390；Gries，2010：15-17）。不过，Zehentner 的统计方法总体上可以通过观察视觉表征和比对数据来搞清语言变化方向。在对一个时段内多个数值作比较时，比如要搞清在某个时段内 DOC 和 POC 的比例频率之间是否有显著差异，是否分布不均衡，就可以进行适配性（或拟合优度）卡方检验。如果是后一种情况，会计算 Cramer V 值来评估效应规模（量），比如在 2×2 列联表（独立性检验）中，会对每次检验计算出 Cohen φ 系数，一般计量方式为，0.1＝小效应量，0.3＝中效应量，0.5＝大效应量。

Zehentner（2016）的另一个亮点，是在统计数据和分析的基础上做了显著共现词位分析。根据 Gries & Stefanowitsch（2004：97），该分析尤其适用于考察近义语法构式对及其词位，它能揭示竞争构式之间的分布性差异，搞清某些词位是否更偏好于其中一个构式，并确定这种偏好的强度。具体做法是，在词位对词位的基础上，确定 4 个值：两个构式 A、B 有关形式的出现频率，以及两式中其他动词的出现频率（亦即构式 A/B 的出现频率 vs. 构式 A/B 中词位的出现频率）。通过有关值构建出 2×2 表，再对其进行 Fisher 精确检验（Fisher exact test，详参 Gries & Stefanowitsch，2004），所得各 P 值就表明某词位对构式 A 和 B 的显著度。

---

① 这就是说，其各组检测的显著水平值 0.05 要除以检测的总次数 4，所得结果才是各次检验 P 值显著性的新阈值。在该例中，所有的 P 值都小于 0.05/4 = 0.0125 时，才可视为经过 Bonferroni 纠偏或校正后具有统计显著性（详参 Aaron et al.，2009：336）。

Zehentner 还使用分层凝聚聚类分析法（HCA，hierarchical agglomerative cluster analysis）作解释性研究：将一组元素分割成聚类或组群，从而，组群内各成员之间非常近似，同时也跟其他组群内的成员截然区分（详参 Gries，2009：337）①。Zehentner 采用的合并规则是 method = "ward"，她希望借此搞清楚，构建语料库时对某些方言和体裁的偏向是否会扭曲其研究结果？如果是，程度如何？

6.6.4　Zehentner（2016）的统计分析结果

其统计涉及格标记消失、介词性双及物结构出现、双宾式语义变化、小句层语序固定（亦即双宾语语序固定）以及对上述四类变化之间因果关系的分析。下面分别摘析要点。

6.6.4.1　结果 1：格标记系统消失

格标记对立消失在古英语开始向中古英语变化的时候就已相当明显。Zehentner（2016：126-129）没有考虑整个格标记系统，只关注其中涉及双及物结构的部分，因此，它不能揭示接受者和客事论元格标记凸显度之间是否有相关性。但是，其分析说明，双及物动词所涉双论元格标记上的歧义性是形态标记消失导致的直接结果之一，而且，这种歧义性与时俱增。晚期中古英语时期双宾式里的双宾语格标记要么已整体消失，要么高度歧义。

在中古英语之初，带显性格标记、歧义值很低的 REC 论元用例数已非常低，从歧义值更高（评分为 2~3）的 REC 用例中可见更大变化：歧义值最高的 REC 用例跟分值为 2 的 REC 用例的比值在 M1 时期为 49.3%：46.6%，维持微弱高位，但随着时间的流逝，前者用例减少，后者用例增多。从 M2 开始，只剩下歧义值为 2 和 3 的 REC 用例，两者间的差异在晚期即 M3 和 M4 时期更显著，在两期中的用例比都是 40%：60%，而且，p<0.001，小中度效应量值 V≈0.2。这表明，若仅看形式，中古英语时双宾语的角色指示越来越有歧义，越靠近晚期，这种对立和差异越显著。Zehentner 认为，用例中绝大多数接受者论元是代词（占双宾式接受者论元总数的 99%），代词的格融合常常都偏向

① 根据 Gries（2009：339），HCA 分析一般分三步：1）根据用户定义的相似性/相异性度量标准计算出相似性/相异性矩阵；2）根据用户定义的合并规则计算出集群结构（cluster structure）；3）在系统树图（dendrogram）中勾勒出集群结构并予以解释。Gries（2009）在第六章有阐释。

于最初的与格形式而非受格形式①，这很可能是分值为 2 和 3 的 REC 用例表现出上述特点的原因。

而客事论元 TH 的歧义值为 0，在 M1 时期的用例占比超过 20%，但随后其用例骤降（p<0.001；小中度效应量值 φ≈0.2）。不过，代词客事占比只有8%。Zehentner 指出，回指性客事占比较大的影响几乎是 M1 时期所有客事的20%，这可能起了很大作用。M1 时期回指代词结构里的指示代词，其绝大多数都无歧义，分值为 0，而分值为 2 和 3 的客事论元占了所有用例的约 40%。这中间有个动态性对立：分值为 3 的客事用例在此期显著上升（p<0.001；中度效应量值 φ≈0.3），分值为 2 的客事用例的相对频率则下降（p<0.001；小效应量值 φ≈0.1）。Zehentner 认为，接受者和客事论元在语义角色表达歧义性方面的表现差异，主要归因于此期大量法语动词的借入，对客事表达造成了更大影响。

6.6.4.2 结果 2：介词短语句法格式兴起、与格变换出现

先看 DOC 和（*to-*）POC 式这两个句式的基本分布情况。

分析显示，在中古英语早期 M1-M2 时段内，DOC 的使用频率（比例）显著增加，该期为显著变化阶段，M2 和 M3 时期内的用例频率仍差异显著；从整体上看，M1-M4 时段内，其用例又有下降，接近中古英语末期时，该变化趋势开始逆转。在早期，DOC 和 POC 用例占比差异显著，但在 M4 阶段就不显著了，两式似乎势均力敌，用例占比基本持平（DOC：47% vs. POC：53%）②。这表明，在中古英语时期，POC 用例渐增，DOC 则相反，至该期末尾阶段，两式用例基本持平，但 POC 表现出微弱优势。

这可能是因为能用于 POC 的介词数量很多，导致表义更明晰，有关用例数量也会更多。Zehentner 聚焦于能跟 DOC 交替表达的 *to*-POC 式用例，这是POC 中占比很小的次类。结果发现，DOC 和 *to*-POC 分布的变化也遵循基本相同的路径，差别在于，早期中古英语时期（M1），两式间的分布差异较之 DOC和 POC 间分布的差异大得多，其中，80% 的用例是 DOC，而 M1-M2 时期，DOC 的使用频率下降幅度也大得多。同样，前述至中古英语末期时发展趋势

---

① 例如，古英语的 dat. *him* / acc. *hine* 如今表现为 *him*，古英语的 dat. *hire* / acc. *hīe*如今表现为 *her*。

② 这里所作相对频率的比较包括 DOC 和 POC，但后者使用多个介词，包括但不限于*to*，例如还有 *from*。

逆转对 to-POC 而言则更为显著：在 M3 时期，to-POC 的用例频率较之 DOC 显著更少，占 40% 左右，但至 M4 时期，该数值升至 60%，两式的分布性失衡明显。这种分布态势跟当代英语中的情形基本一致，to-POC 并没有完全取代 DOC，而是作为一个强势伙伴跟 DOC 保持密切关系。这表明，在中古英语的四百年左右时间内，to-POC 伴随着 POC 的总体兴起而兴起，在 DOC 用例持续衰落的同时，逐渐与之形成大体相当、分庭抗礼的局面，该局面一直持续至今（另参 Röthlisberger，2015）。至于在现代英语时期某时段内，两式之间的平衡是否有过大的变化，暂且不论（Gerwin（2014：143）对此有论及）。前文提到，to-POC 在发展过程中相对于 DOC 句法表现的这个逆转趋势跟 McFadden（2002）对中古英语双及物结构的有关分析结果完全一致，两人的发现和总的结论完全一致。只不过，Zehentner 发现的这个突然转向没有 McFadden 描述的那么突兀和大幅度。① 下面表 6-10 是对 DOC vs. POC 使用的比较，以及 DOC 中能与 to-POC 交替表达的那一组（DOC(alt)）跟 to-POC 的比较（含绝对用例和相对用例数，详参 Zehentner 2016：131）：

表 6-10　　**中古英语各个时段内 DOC vs. POC 的用例占比及**
有相互释义关系的 DOC vs. to-POC 的用例占比

	DOC(all)	POC(all)	TOTAL	%DOC	DOC(alt)	to-POC	TOTAL	%DOC(alt)
M1	905	346	1251	72.3	701	125	826	84.9
M2	246	366	612	40.2	214	241	455	47
M3	645	1352	1997	32.3	577	849	1426	40.5
M4	739	822	1561	47.3	688	487	1175	58.6

由此可以基本断定，早期中古英语是变化最大、最显著的时期。Zehentner 的这个判断也跟 Wolk et al.（2013）基于 ARCHER 语料库的有关发现相吻合，Wolk 等人对早期和晚期现代英语（1650—1999）DOC 和 to-POC 的发展演变作了考察，如果将两个研究的结果缀合起来看，它们之间保持了内部连贯性，这足以证明 Zehentner 观点的可靠性。缀合图如图 6-1 所示：

———————————

① 比如，McFadden（2002）发现，to-POC 用例占比在 M1 时期为 6% 左右，后增至 70% 左右，涨幅过 10 倍，而 Zehentner（2016：131）发现，从 12% 左右增至 50% 左右，涨幅约 4 倍。

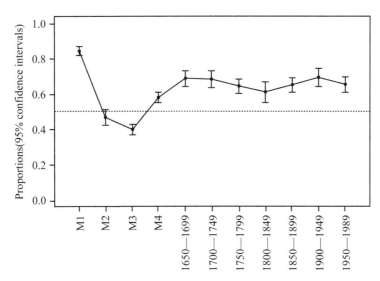

图 6-1 DOC 和 *to*-POC 中动词的使用占比分布图（1150-1999）（来自
ARCHER 语料库；Wolk et al. 2013）
注：左侧纵轴为使用占比（置信区间为 95%）

　　Zehentner（2016：132）指出，从 18 世纪早期开始直至晚期现代英语时期约 300 年间，双宾式和 *to*-POC 的相对频率基本维持稳定，并无重大变化，DOC 用例占 65%～70%，*to*-POC 用例占 30%～35%。这同 Wolk et al.（2013）的发现更为接近，但跟 Gerwin（2014：143-145）的调查和分析结果有出入。Gerwin 使用了几乎同样的晚期现代英语语料库，她发现，17 世纪时，*to*-POC 只占双及物结构用例的约 20%，至 1900 年之后，使用频率和占比略有升高，但在 20 世纪，其使用再次减少；她用 S 曲线来描写和解释该变化，认为 *to*-POC 的使用在晚期古英语和早期中古英语时缓慢增长，而在 14 和 15 世纪快速增长，其使用范围和句法环境扩展较大，然后在随后的几个世纪中，其增势又逐渐放缓。但 Zehentner 认为，*to*-POC 的使用在早期中古英语时就已经出现急剧增长，之后，其用例开始减少。依照 Gerwin 的分析，*to*-POC 的使用在数百年间就应该呈现出上下起伏并循环重复的状态，即在中古英语时期先增多再减少，在晚期现代英语时期再增多，在 20 世纪时再减少。这似乎可信度不大。

　　Zehentner 还考察了 POC 的其他各次类（作为 *to*-POC 的竞争者）在这个宏观句法架构内的表现，主要包括 *to*-POC 相较其他次类（如 *of*-POC、*on*-POC、*for*-POC、*from*-POC 和 *upon*-POC 等）的分布特点或使用频率。据其统计分析，

to-POC 的用例在所有四个分期时段内都占比很大，在 M2 和 M3 时期甚至占 60%。据其统计(2016：133)，介词 to 在中古英语之初就已经普遍使用，这在整个中古英语时期都得以维持。在使用占比方面，较其他次类，to-POC 最先迅速增长，但在 M3—M4 时期，又显著回落。不过，该式的总体变化显著，在 M4 时期，其用例占 POC 总用例的大部分，约为 45%。关于中古英语时期 POC 式用例总量中 to-POC 的占比情况，见 Zehentner(2016：133)。该发现跟上述 POC 和 DOC 以及 to-POC(alt.) 和 DOC(alt.)之间的相对变化趋势一致。①

总之，(to)-POC 的用例在中古英语早期大幅增长，在中古英语中期时其相对频率达到顶峰，之后又开始下降，不过，它没有超越一般性 DOC，到中古英语末期，DOC 再次稍占上风，和 POC 的用例基本持平。在 POC 内部，(un)to-POC 使用最频繁，该势头一直维系，这表明，(un)to-POC 在介词短语释义形式中发挥最重要的作用。中古英语时期为如今的与格变换奠定了基础。

Zehentner 的考察还涉及 DOC 或(to-)POC 对具体动词和动词类型的选择，亦即双及物动词对句式的偏好性。偏好性不同，出现频率也不同。Gries & Stefanowitsch（2004：106-107）的显著共现词位分析发现，give、tell、teach、show、offer 等偏好选择 DOC，bring、take、pass、sell、supply、pay 等偏好 to-POC。他们(2004：97)指出，该分析能确定词位在构式对成员之间的选择偏好，有助于区分此类成员间的分布差异。可以假设，动词对句式的偏好跟同义或近义动词相对应，这些语义关联动词理应能构成更大的类。如果对用于同一构式的动词的类型作考察，并调查它们相互之间例频分布情况，将有助于搞清构式整体的语义。Zehentner 对中古英语语料也作了同样分析，所得数据丰富，发现较多，但由于涉及有关动词类和具体动词的句法表现，我们这里只就其主要的、共性的特点作汇总分析。如下表示，表 6-11 显示在四个分段时期内动词对两

---

① Zehentner(2016：134)认为这种显著性没有预期的高。首先，此期一些双宾动词类型还不能用 to 短语来释义表达，POC 的总用例数增长不大。其次，在中古英语早期，不同的动词能与不同的介词同现，其内部差异较大，有的动词用法能用 to-POC 作释义表达，还能用其他近义介词表达，反之亦然。这种情况到了中古英语晚期因为英语标准化和规范化运动就有改变，一些动词越来越局限于跟某些特定介词搭配(例参 Strang，1970：274-275；Traugott，1972：127；Lundskær-Nielsen，1993：113-114)。第三，从 M3 时期开始出现了一些介词组合形式，如 un-to / on-to(详参 Mustanoja，1960：415)，其当时的用法应该跟 to 的很接近，因为它们见于相同文本和语境，也都跟同样的动词搭配，例如 he ȝaf þe londe to þe Saxones / vnto Saxonus（'he gave the land to the Saxons'）。如果考虑这些介词形式，可以说，在中古英语时期，(un)to 的使用更显著增多。

式的偏好，表 6-12 显示能作与格变换的动词（基于 Zehentner，2016：137-139）：

表 6-11 动词对 DOC vs. POC 构式选择偏好的显著共现词位分析（M1-M4）

	Verbs /动词	pref. occur /偏好构式	coll. strength /搭配强度
M1	*yeven* 'give'	DOC	17. 28
	bihōten 'promise'	DOC	1.63
	nimen 'take（away）'	POC	13.49
	taken 'take'	POC	8
	evenen 'level, make equal'	POC	4.99
	setten 'set, place, appoint'	POC	4.99
	willen 'direct, give directions'	POC	1.37
M2	*binimen* 'steal, take away'	DOC	3.6
	bringen 'bring'	POC	1.39
M3	*tellen* 'tell'	DOC	11.1
	techen 'teach'	DOC	10.5
	foryeven 'forgive, give up, provide'	DOC	6.06
	graunten 'grant, give'	DOC	3.57
	bireven 'rob, steal, take away'	DOC	2.71
	geten 'get, give'	DOC	2.54
	binimen 'steal, take away'	DOC	2.09
	chesen 'choose'	DOC	1.96
	crien 'shout; cry out'	DOC	1.96
	leren 'teach, learn'	DOC	1.31
	taken 'take'	POC	25.56
	senden 'send'	POC	6.14
	yelden 'yield, give'	POC	4.07
	bitaken 'take'	POC	2.6
	speken 'speak'	POC	2.47

续表

	Verbs /动词	pref. occur /偏好构式	coll. strength /搭配强度
	seien 'say'	POC	2.09
M3	*leven* 'add; rise; enlarge'	POC	2.05
	bringen 'bring'	POC	1.98
	asken 'ask'	POC	1.48
	yeven 'give'	DOC	9.66
	graunten 'grant, give'	DOC	7.35
	tellen 'tell'	DOC	7.04
	foryeven 'forgive, give up, provide'	DOC	3.6
	geten 'get, give'	DOC	2.34
M4	*lenen* 'grant, lend'	DOC	1.78
	techen 'teach'	DOC	1.5
	taken 'take'	POC	34.78
	yelden 'yield, give'	POC	5.64
	seien 'say'	POC	3.65
	paien 'pay'	POC	2.33
	deliveren 'deliver'	POC	1.8

表 6-12　　动词对 **DOC vs.** *to*-**POC** 构式选择偏好的显著共现词位分析
（**M1-M4，仅限真正的交替表达动词**）

	Verbs /动词	pref. occur /偏好构式	coll. strength /搭配强度
	yeven 'give'	DOC	9.5
	evenen 'level, make equal'	*to*-POC	6.32
M1	*nimen* 'take (away)'	*to*-POC	3.34
	taken 'take'	*to*-POC	2.42
	willen '*direct, give directions*'	*to*-POC	1.49
	techen 'teach'	DOC	3.39
M2	*yeven* 'give'	*to*-POC	1.73
	bringen 'bring'	*to*-POC	1.53

续表

	Verbs /动词	pref. occur /偏好构式	coll. strength /搭配强度
M3	*tellen* 'tell'	DOC	9.16
	techen 'teach'	DOC	8.61
	foryeven 'forgive, give up, provide'	DOC	4.77
	graunten 'grant, give'	DOC	2.66
	geten 'get, give'	DOC	2.48
	chesen 'choose'	DOC	1.63
	crien 'shout; cry out'	DOC	1.63
	senden 'send'	*to*-POC	6.97
	yelden 'yield, give'	*to*-POC	4.05
	taken 'take'	*to*-POC	3.41
	bitaken 'take'	*to*-POC	3.39
	bringen 'bring'	*to*-POC	2.76
	leven 'add; rise; enlarge'	*to*-POC	2.51
	seien 'say'	*to*-POC	1.79
	speken 'speak'	*to*-POC	1.78
M4	*graunten* 'grant, give'	DOC	5.12
	tellen 'tell'	DOC	4.34
	yeven 'give'	DOC	4.05
	foryeven 'forgive, give up, provide'	DOC	2.69
	geten 'get, give'	DOC	1.91
	lenen 'grant, lend'	DOC	1.3
	yelden 'yield, give'	*to*-POC	7.44
	seien 'say'	*to*-POC	3.91
	writen 'write'	*to*-POC	2.95
	paien 'pay'	*to*-POC	2.83
	taken 'take'	*to*-POC	2.7
	deliveren 'deliver'	*to*-POC	2.68
	senden 'send'	*to*-POC	2.3

从表 6-11 看出，各内部分期和语义相关动词内部和之间有一定差异：并非所有动词类在中古英语各时段内都有明显或一贯的句式偏好，对具体动词来说也是如此。动词在各时段内都一直偏好 DOC 或 POC 的情况不多见，即使语义类相同，动词的偏好都可能因时段而不同。比如，在 M1 和 M4 时期，*yeven* 'give' 明显偏好 DOC，但在 M2—M3 时期，没有明显偏好（其搭配强度值很低）。在后期，其近义词 *graunten* 'grant, give' 和 *geten* 'get, give' 也更多见于 DOC，而近义词 *yelden* 'yield, give' 在 M3—M4 时期更多见于 POC。同样，信息传递义动词的格式偏好也没有系统性，如 *tellen* 'tell'、*techen* 'teach'、*seien* 'say'、*speken* 'speak' 和 *asken* 'ask' 等，其中，*tellen* 'tell'、*techen* 'teach' 在 M3—M4 时期更偏好 DOC，*seien* 'say'、*speken* 'speak' 和 *asken* 'ask' 更偏好 POC。褫夺义动词，如 *binimen* 'steal, take away'（M2—M3）和 *bireven* 'rob, steal, take away'（M3），反而偏好 DOC 而非 POC，但到了末期，这些动词在句式选择方面没有明显偏好。中古英语里选择 POC 的显著词位跟 Gries & Stefanowitsch（2004）发现的当代英语中偏好选择 *to*-POC 的显著词位基本吻合，主要包括 *bringen* 'bring'、*senden* 'send'、(*bi*) *taken* 'take'、*nimen* 'take (away)' 和 *paien* 'pay'。可见，这些动词的句式偏好自中古英语开始至今没有发生根本变化。

表 6-12 说明，中古英语时期 DOC 和 *to*-POC 之间的交替变换跟前文所述更宽泛的 DOC 和 POC 之间的交替变换大体对应，*yeven* 'give' 在较早时期的 DOC 和 *to*-POC 之间的交替变换差异较大（M1：DOC，M2：*to*-POC），而在 M3 时期在两式中的选择偏好不明显，至 M4 时期，又开始偏好 DOC。原型双及物动词的这种变化交替似乎跟前述 DOC vs. (*to*-)POC 的相对频率变化中的逆转趋势有一定关联。

Zehentner（2016：140）承认，很多动词都没有在全部四个时段内有同时能进入上述两式的验证用例。因此，上述具体动词的句法表现只供参考，而不一定能反映或代表全部事实。或许，在中古英语时期，特别是早期，很多动词并不能同时进入 DOC 和 (*to*-)POC 式，能在两式之间进行释义转换的动词数量不多。但到后来，至少是在当代英语里，能够参与与格变换的双及物动词的数量和类型都增多了。Zehentner 的关注点转而变成：是否特定的动词语义类别更偏好 DOC 或 POC，是否某些动词语义类型跟特定的 POC 中的次类之间有明显相关性，比如，转移交接义动词是否更偏好 *to*-POC 而非其他介词类型？*to*-POC 是否更偏好表达空间运动位移义？

统计发现，转移交接义动词的用例折射出 POC 的总体增长态势，而 DOC

的同期用例呈减少势头，在一定幅度内两者此消彼长。在实际转移交接、意图转移交接和信息传递等三类语义动词中，实际转移交接义动词明显地更多用于POC，这个此消彼长在整个中古英语时期（M1—M4）都很显著。就 DOC/POC（DOC/to-POC）使用的总体情况看，使用转移交接义（或与之相关义）动词的POC 的比例频率至中古英语末期不再突出，甚至出现逆转。另外，在中古英语之初（M1），转移交接义（及其相关义）动词使用 to-POC 进行释义表达的频率最高，超过50%的相关动词用例（用于 POC 的转移交接义动词）都选择使用 to 而非其他介词，这是个显著偏好。此分布特点也反映了上述趋势，亦即若只考虑 to 一词，则整个中古英语时期 POC 的使用都没有显著的整体性变化；但若一并考虑 unto 和 onto 等近义介词，那就有显著增加；如果合并考虑上述三类动词的用例，该变化则尤为显著。Zehentner（2016：142）因此认为，当代英语与格变换的基础（亦即 DOC 和 to-POC 之间形成密切的共核语义关联）在中古英语时期奠定，to-POC 最经常跟转移交接义动词及关联义动词共现，使用此类动词时，DOC 和 to-POC 之间关系密切，在整个中古英语时期，这种关系愈加密切。

另外，在 M1 时期，具体转移交接义动词和抽象转移交接义动词在 DOC 中的使用占比分别是75%左右和85%左右，这两个数字到了 M3 时期就减少到40%以下，它们更偏好 POC 式①，到 M4 时期时两个数字都上升到50%，这个变化也是逆转，到中古英语末期，DOC 和 to-POC 似乎力量均衡。研究发现，在整个中古英语时期，具体转移交接义动词是造成 to-POC 用例增长的主因之一。该意义和 to-POC 式之间的关联从中古英语之初就更紧密，其紧密性与时俱进。古英语时期，'bringing/sending' 一类的致使位移义动词和信息传递义动词就能用于 to-POC，前者属具体转移交接义动词，后者类似于抽象转移交接义动词，但在 M1 时期，抽象转移交接义动词跟 to-POC 的联系还不很紧密。因此推测，to-POC 最开始就是表示致使位移义，并没有和 DOC 产生明显语义交叉和关联，具体转移交接义动词是该构式引申所及的第一类动词，抽象转移交接义动词更晚进入 to-POC。换言之，to-POC 至少在最开始的时候，语义引申比较缓慢。例如，意图转移交接义动词（如 promise）在 M1—M3 时期的 POC 用例占比上升，而在 M3—M4 时期又减少，但此类动词用例在整个中古英语时

---

① Zehentner 指出，表达抽象事件/隐喻性转移交接义的动词（例如'pay sb. a visit' 等）的相对频率同样也显著减少，具体转移交接义动词和抽象转移交接义动词使用的总趋势一致，但它们的演变路径差异显著，在四个分期时段内有不同的消长。

期的取样总量太少，其代表性存疑。不过，在该时期，信息传递义动词在 DOC 中的用法较之在 POC 中的用法频率都更高。即使在 M1—M2 时期，DOC 的相对频率略减，但还是能维系跟 POC 的均衡。用 POC 形式来释义信息传递义动词的用例中，在 M1 时期，使用(*un*)*to*-POC 的就占了约一半，在 M3—M4 时期则超 80%。

褫夺义动词最早脱离 DOC 而进入 POC 式。根据 Zehentner（2016：146），在中古英语早期，褫夺义动词都用于 DOC 的占比显著多于用于 POC 的占比，后者的用例只占约 26%，至晚期中古英语时，其占比达 86%。可见，褫夺义动词明显越来越多用于 POC 而更少用于 DOC，用于 POC 时主要选择 *from*，也用 *of* 和 *at*(都取 *from* 义)。另外，拒绝义动词在整个中古英语时期的用例都很少(比意图转移交接义动词还要少)，在 DOC 和 POC 中的使用并未表现出明显的系统性，但此类动词在中古英语时期会选择不同的介词，试看例(445)a、b 两句(例自 Zehentner，2016：147)：

(445) a. But Crist *denye* þ þis to hem

'But Christ denies this to them'（CMWYCSER，I，374. 2660；M3）

b. he *wil* not / *denye* his feet fro the

'he will not deny his feet from you'（CMAELR4，19. 544；M4）

这可能是因为，拒绝义动词在自身事件框架语义特征方面不够清晰，跟其他类型动词相比，跟 DOC 语义契合度不高。相反，表达反向转移交接的复合述谓组合形式(如 *take one's leave of sb.* / *take an example of sb.*)在整个中古英语时期绝对偏好 POC，且通常用 *of*，该偏好性一直在增强。

反向信息传递义动词(如 *ask*)的双宾式用法在整个中古英语时期其相对频率降低，直到最后，在双宾式和 POC 中的用例平分秋色，但有关变化不明显。如今 *ask* 还是能进入这两个构式，如 *ask sb. a favour* 跟 *ask a favour of sb.* 。另外，分析表明，心理-态度义动词在中古英语时期一直更偏好 POC，绝大多数是轻动词，例如(446)a 句中的复合性多词组合，此类形式用于双宾式的例子很少，例如(446)b 句(例自 Zehentner，2016：149)①：

(446) a. the feende that *had* gret envy to hym

---

① 此类复合性述谓形式用于 POC 时，多与 *of* 或 *to* 共现。其用例总数在四个分期内占所有 POC 用例的 65% 至 89% 之间，其中，M2 是例外，此期中 *have mercy on someone* 使用频率很高(也常跟 *of* 和 *to* 共现)，POC 的总体用例数也较低。这会影响数据的信度。

'the fiend that had great envy to him/ the fiend that greatly envied him'

（CMEDMUND，168.158；M4）

b. ase muche luue as þu *hauest* sum mon

'as much love as you have（for）some man'

（CMANCRIW-2，II.299.895；M1）

但 *forgive*、*envy* 等少数简单的心理-态度义动词一直更偏好 DOC。这可能说明，有的动词有特殊的、一贯的句式偏好。从心理-态度义动词和有关复杂述谓形式在当代英语中的特点也能看出这个大类中各次类的不同表现：*forgive*、*envy* 能进行与格变换；上述轻动词构式通常只限于 POC，其中就包括除 *to* 外的其他介词形式的 POC（*have sb. love/ *have love to sb.* vs. *have love for sb.*）。这些结构如今并不限于某个介词，其内部所涉其他介词，差别较大，例如，*feel envy towards* vs. *have love for* vs. *feel hatred against*，等等。此外，POC 用法显然也跟单及物动词用法竞争，例如，*love sb > have love for sb*。

施益/损益动词类内部则可以区分出纯粹施益/损益类和创制类动词这两个次类（例如 *John repaired Mary her house / Jim baked Maria a cake*），纯粹施益/损益类动词的双宾式用法在 M1—M3 时期大幅下降，在 M3—M4 时期则大幅增长，双宾式用法在中古英语末期扳回频率竞争，逐渐跟 POC 用法势均力敌。可见，此类动词的句式选择有显著消长和反复，不过，在标准英语中，纯粹施益/损益类动词最终还是脱离了双宾式（*John broke Mary the shoulder*），这可能是因为这个次类动词的很多用例都是复合性述谓结构。它们的 DOC 和 POC 用例如（447）a 句、b 句和 c 句、d 句所示①（例自 Zehentner，2016：151）：

(447) a. his louerd he *dede*［⋯］michel harm

his lord he did ⋯ much harm

'he did much harm（to）his lord' （CMVICES1，115.1415；M1）

b. Acc nohht ne mihht itt *oppnenn* hemm þe ȝate off heoffness blisse

'and it could not open the gate of heaven's bliss（to/for）them'

（CMORM，I，142.1171；M1）

c. And *do þ*/ to þe poure men / greate harmes

and does / to the poor men great harms

'and［he］does to the poor men great harms'

（CMAYENBI，40.678；M2）

---

① 此类双宾式用法如今一般还是可能的，至少当接受者论元是代词时。

  d. sche *openyd* hir hert to hym

   'she opened her heart to him'　　　　　　（CMKEMPE, 224. 3623; M4）

跟心理-态度义动词一样，这个次类当中也有简单（如 a、b 句）和复合述谓结构（如 c、d 句）的区分，Zehentner（2016: 151）指出，这两类用法的一个差别就是，中古英语时期，复合述谓结构的施益/损益用例主要由 *to*-POC 式释义（占总数的 65%），而此期简单的施益/损益用例并未明显地跟某种 POC 次类相关。但是，如果只考虑简单的施益/损益用例，研究发现，此类动词的句法表现清楚：在 M1 时期，DOC 的用例占此类动词用例的 80% 以上，但在 M2—M4 时期，其占比持续减少，在 M4 时期，此类动词再无双宾式用例。可见，纯粹施益/损益义动词跟褫夺义动词的双宾式用法最后都在中古英语晚（末）期被 POC 用法取代。

  如今施益性创制义动词进入 *for*-POC 而跟双宾式作施益变换，但该用法在中古英语早期并不存在（在整个中古英语时期都不存在，它应该是后来才出现的），此类动词跟其他次类动词不同步，它稳定在 DOC 中。到 M3 和 M4 时期，*to*-POC 已成为转移交接义动词的标准迂说性表达，创制义动词可以跟不同的介词共现于 POC，其 *for*-POC 和 *to*-POC 的用例此时强势存在（主要是后者），但偏好性不明显，有的动词进入 POC，可以搭配不同的介词，就此类动词而言，系统性或关联性似乎不明显①。*for*-POC 和 *to*-POC 的创制义动词用例如下（例自 Zehentner, 2016: 152）：

（448）a. Salamon *bildide* a noble hous to himself

   'Salomon built a noble house to himself'

           （CMPURVEY, I, 12. 477; M3）

  b. God ha þ wrouȝt for him meny a faire miracle

   'God has often worked/caused great miracles for him'

          （CMBRUT3, 101. 3058; M3）

  c. so mych sorow *wrought* to þ=e= Britouns

   '[he] worked/caused so much sorrow to the Bretons'

          （CMBRUT3, 45. 1365; M3）

可以推断，施益变换可能在中古英语之后某个时期发生。上述分析说明，在各

---

  ①　Zehentner（2016: 152）承认，此类动词的用例总数较少，所以有关数据的代表性只供参考。可能在中古英语时期，有关介词的语义相互之间有联系和重合，不像现在这样区分明显。

具体动词类之间，它们的 DOC 和 POC 用法分布或存在显著差别，其基本倾向是：第一，有一类动词的发展变化极大促成了与格变换发生。其 POC 用例（主要是 *to*-POC）从中古英语之初就开始增长，随后其 DOC 用例较之有小幅减少，然后再增加，这最终导致了两式分工、平分秋色的局面。这些动词主要是转移交接义动词及其关联义动词，如具体的、抽象的、意图性转移交接义动词以及信息传递义动词，*forgive*、*envy* 和 *deny* 等心理-态度义动词也有同样的句法表现，至今都能作与格变换，施益/损益义复合述谓结构的 DOC 用法（例如 *intend sb. harm*, *do sb. good*）是有标记的习语式表达，虽不具能产性，但至今也能作与格变换。第二，褫夺义动词和简单施益/损益动词在中古英语时期越来越多地用于 POC 并最终淡出 DOC，如今基本仅限于 POC 式等形式。这表明，竞争当中 POC "战胜" DOC。第三，其他次类动词各有异质性表现，例如创制义动词、反向信息传递义动词（如 *ask sb. a favour*）、反向转移交接义动词和表情感或心理的复合述谓结构（如 *have love/ envy*）等。它们过去和现在多多少少都能见于双宾式，但不再能作与格变换，且主要用于 POC 式，会使用不同的介词。

最重要的，就是与格变换出现在中古英语时期，是 *to*-POC 在介词性释义结构表达中占主导地位的结果之一，其主要触发条件就是 *to*-POC 在语义上跟高频使用的转移交接义动词的事件框架语义及其 DOC 用法（含 DOC 的构式义）和谐兼容。

根据 Barðdal（2008，2009），构式能产性主要取决于类频，因此，Zehentner（2016：154-155）也特别关注 *to*-POC 式在中古英语时期的类频变化，考察有关构式的能产性。这从三方面进行：第一，通过考察动词类型的变化来发现（*to*-）POC 式的语义变化；第二，考察用于（*to*-）POC 式的每个动词类的使用频率；第三，考察跟（*to*-）POC 式有关联的每个动词类内部各动词的类频。研究发现，跟（*to*-）POC 式有关联的动词的类型有历时稳定性，在中古英语各时段中，没有哪个动词类别添加进来或脱离出去。根据 Visser（1963）和 De Cuypere（2015c），这个情况很可能在中古英语之前就存在了，转移交接义动词在 *to*-POC 中的用法在古英语时期就已萌芽并初具雏形。所以，向新动词类最早的扩展很可能在古英语时期就发生了，跟 POC 有关联的动词类的数量还有可能在中古英语时期有增长，各动词类的类频数同样也可能会增长。随着时间的推移，POC 和（*to*-）POC 中的动词类的原始数量都在增长，根据 Traugott & Trousdale（2013）的观点，这可能是前构式化的构式性变化迹象，表明动词类的使用语境有扩大。但 Zehentner 又指出，此时"类-例比"（Type-Token Ratio）

一直在下降而非升高。所以，有关数据可能并不完全具有代表性。中古英语时期，(to)-POC 式中动词的类-例分布情况如下表所示（自 Zehentner，2016：155）：

表 6-13　　　　　中古英语时期(to)-POC 中动词的类-例分布情况

POC	M1	M2	M3	M4	to-POC	M1	M2	M3	M4
Types	62	52	89	80	Types	37	44	68	59
Tokens	346	366	1352	822	Tokens	125	241	849	487
Type-Token Ratio	0.2	0.14	0.07	0.097	*Type-Token Ratio*	0.296	0.18	0.08	0.12

调查显示，*to*-POC 中类频数最高的是信息传递义动词以及具体和抽象转移交接义动词，前两种较之抽象转移交接义动词在 M1 更显著，从它们的类-例比都在下降这个特征看，具体动词范畴内部间的语义和谐连贯性在增强。这跟 Barðdal（2008，2009）的主张一致。

核心的发现就是，POC（特别是 *to*-POC）经历了一次相当规模的语义拓宽，它应该发生在古英语和中古英语之间，主体变化是在中古英语期间。它最开始只表空间位移义，但在引申之后获得新的语法功能和表义内容，其中包括编码双及物性事件。

6.6.4.3　结果 3：双宾式语义窄化

Zehentner（2016：155-160）还发现，中古英语时期双宾式发生了语义窄化，亦即语义表达专门化。这主要是从允入该式的动词的类别和数量以及使用频率等方面来确认的。她发现，在中古英语之初，跟转移交接义有关的动词就占全部 DOC 用例的 70% 以上，这个占比随后一直上升。这主要包括具体和抽象转移交接义动词、意图转移交接义动词和信息传递义动词四类。在整个中古英语时期，转移交接义动词都是 DOC 用例的主体与核心，其占比呈显著增加趋势。晚期中古英语时期的 DOC 用法已经奠定了当代英语里 DOC 用法的基础，其转移交接义表达如今最显著和稳固。所以说，至少从中古英语时期开始甚至更早，双宾式的原型义就是表达转移交接，这个典型和主导性用法持续至今。

在四种转移交接义动词中，具体转移交接类在中古英语时期的增长最显著，从初期到晚期，增长了几乎一倍，而抽象的、隐喻性转移交接义动词的占比同期却在减少。这表明，DOC 语义朝着更具基础性的现实给予义在变化，表达抽象事件的动词和动词结构使用越来越少，例如，*to pay sb. a visit*，因为其转移交接的具体性不明显。意图转移交接义动词（如 *promise* 和 *offer*）的 DOC 用例在早期中古英语时期占比相对较少，但到了中古英语末期，几乎翻了一倍。Zehentner 认为，该趋势能说明晚期中古英语和当代英语之间出现的更多变化，例如，*offer* 是如今最常用双宾动词之一，此类动词在中古英语之后的 DOC 比例频率肯定就有升高（另参 Stefanowitsch & Gries，2003；Gries & Stefanowitsch，2004；Mukherjee，2005）。至于信息传递义动词（*tell* 和 *ask* 等），它们在中古英语时期的 DOC 用例并未增多，但在全部 DOC 动词用例中的占比一直维持在 23% 到 29% 之间，相对稳定，成为 DOC 用例中常用的三类动词之一。另外两类是具体转移交接和抽象转移交接义动词。这个特点一直维系至今（详参 Gries & Stefanowitsch，2004）。可见，至少在中古英语时期，核心的转移交接义在原型用法和引申用法方面一直在发展，是双宾式语义变化的主体内容。

中古英语时期，褫夺义动词的发展趋势正好跟转移交接义动词演变的趋势相反。此类动词的双宾式用法在 M1 时期就已很少，占全部 DOC 用例的约 5%；而在 M1 到 M4 之中，其所占比例持续减少，M4 时期用例仅检索到 8 个，最终完全不再能用于双宾式。这表明，古英语双宾式的 'X CAUSES Y to lose Z' 这一次类意义在历史演进中逐渐退出了双宾式（详参 Rohdenburg，1995；Colleman & De Clerck，2011）。褫夺义动词转而越来越多地用于 POC。这跟转移交接义动词的变化趋势形成对照，至中古英语末期，后者在 POC 使用频率逐步增高之时、逐渐与之势均力敌。

简单施益/损益动词的占比分布也有类似变化。*bake*、*build*、*knit* 等创制义动词的 DOC 用例如今很显著，但在中古英语时期却很少（在 M1 时期仅有 3.5%），此后逐步减少，至 M4 时期，仅有 0.8%。这是个特殊情况，可能其中施益变换起了分流作用。不过，简单纯粹施益/损益动词的 DOC 用例在整个中古英语时期都显著减少，到了末期就检索不到其用例了。如今，'*John opened Mary the door/ John broke Mary the shoulder*' 等都不合语法。不过，复合施益/损益述谓表达在某种程度上至今还能用于 DOC。研究发现，复合式施益/损益表达结构在中古英语时期的用例占比并无显著变化，而 '*do / intend sb. harm, do sb. a favour*' 一类的表达在中古英语各时期内 DOC 的总用例数中占比都在 4% 到 9% 之间。虽不入主流，但还留存至今。拒绝义动词的 DOC 用例与上述情形类似，它们较多用于非 DOC／POC 的其他句式（详参 Visser，1963）。此外，*take* 等反向转移交接义动词和 *ask* 等反向信息传递义动词的

DOC 用法（如 *take sb. leave*，*ask sb. a favour/ the way*）以及心理-态度义动词的 DOC 用法基本也是同样的表现。上述 5 类动词在整个中古英语时期用例很少，但都沿用至今，颇有生命力。

在中古英语期间，DOC 所能接纳动词的类别呈数量递减趋势，尽管在动词类型之间和类型内部，动词使用差异较大。根据 Barðdal（2008，2009），类频跟语义连贯性反向相关，因此，DOC 在历史演进中的语义透明度在提升。由于其构式义内部更趋一致，其构式能产性会有提升，因为更多同义动词进入 DOC，会使同类动词数量和用例增多。语义透明度提升和构式义内部趋同说明 DOC 的表义范围缩小，趋同和凸显的那个语义就是转移交接义（尤其是具体有形的转移交接）。这就是语义表达专门化或语义窄化（详参 Colleman & De Clerck，2011；张国华，2014）。从 Zehentner 的调查看，在中古英语之初，跟核心的转移交接义有关的动词使用就已很频繁，非转移交接义动词此时使用还相对很少，其他类型动词的双宾式用法可以理解为构式核心义的隐喻性扩展，虽非核心语义范畴，但沿用至今，即使如 Goldberg（1995）和 Colleman & De Clerck（2008）预测，它们最终会淡出 DOC，但淡出的速度应该缓慢。

6.6.4.4　结果 4：小句层语序固定

Zehentner（2016：160-169）的第四个发现跟语序固定有关。这主要涉及一般性的 SVO 语序固定和 DOC、POC 中宾语语序固定。中古英语时期，语序固定下来，因此可以预期，至中古英语末期，DOC 理应表现出主流的 [REC-TH] 模式，POC 则应朝着更为严格的 [TH-REC] 语序模式发展。从其讨论看，一个总印象就是，此期双宾式用例中，双宾语直接彼此紧邻的类型的用例占比呈持续增长势头（即 O_1O_2 模式，不区分宾语类型），至 M4 时期，此类用例占比达到 85%。双宾语并不彼此紧邻的那些用法，可能是语言使用习惯使然。毕竟，旧用法退出通常都是渐进和迟缓的。

DOC 的 [O_i/REC-O_d/TH] 和 [O_d/TH-O_i/REC] 模式的演变态势正好相反。从 M1 到 M4 时期，前者使用占比激增，基本维持显著增长；而后者从中古英语之初开始就一直持续减少，至 M4 时期，其占比降至约 3%。这最能代表 DOC 的发展态势。另外，不论是在四个分期之中，还是在整个中古英语时期，[O_i/REC-O_d/TH] 模式用例数量都显著高于 [O_d/TH-O_i/REC] 模式用例，前者占显著主导地位。Zehentner 的发现跟 McFadden（2002）的发现有一定重合。虽然他们在各个时段内的占比调查数据有些差异，但双方都认为，含直接紧邻双宾语的 DOC 用例中，[O_i/REC-O_d/TH] 模式在之后的各个时段内是几乎绝对主导格式，［O$_d$/TH-O$_i$/REC］模式用例极少（详参 McFadden 2002：113），而且，主体变化是在 M2 以后开始发生的。

Zehentner 将上述趋势跟 POC 中不同双宾语排序模式（即［DO-PO］和［PO-DO］）的比例性分布作了比较。总体上，在 M1 时期，POC 的使用比 DOC 更频繁，POC 在整个中古英语时期的使用频率都大致平稳，不像 DOC 那样有显著增长。这个对比差异显著。同样，POC 主导语序模式［DO-PO］（i. e. TH-REC）用例也增长明显，但涨势稍弱：在四个时段内，这个涨幅不显著，但从中古英语全期看，这个涨幅明显。其反向模式（REC-TH）的使用频率在整个中古英语时期都低于其频率，不论在各分期时段内，还是整个中古英语时期，均无显著变化，这跟双宾语是否彼此紧邻无关。上述特点更显见于 to-POC。POC 的主导语序模式的用例占比有一定变化，但 to-POC 用例没有这种明显变化，其［TH-REC］模式用例占比一直就超出［REC-TH］模式用例。同样，双宾语彼此紧邻的 to-POC 的使用分布也是如此。Zehentner 的这个发现同样跟 McFadden（2002：113）的发现基本一致，所反映的整体趋势相同。两人都认为，在中古英语时期，POC 用例的主导语序模式［TH-REC］明显比［REC-TH］模式使用更频繁，但两式使用的整体态势一直基本不变。可见，上述两组构式之间有显著句法性差异。Zehentner 认为，将介词短语成分置于小句靠后或末尾的位置，即［TH-prepREC］模式，这个显著偏好在早期中古英语时期就已显现，它促使 DOC 在其与 POC 发生密切语义关系之后与之形成互补语序。DOC 和 to-POC 之间的联系渐趋紧密，至中古英语末期，与格变换出现，to-POC 就完全使用其偏好的语序模式了。

Zehentner 还考察了［PP-REC］成分句法位置的固定程度，看其是否较其他介词短语更受限。她将 POC 同其他由动词、一个 NP 宾语和一个 PP 短语（成分之间无管辖关系）组成的结构作了比较，此类小句包括表方所性、无生目标（来源）而非类似接受者论元的 to (from) 结构以及其他状语形式，如方所（见例（449）a 句）、时间（见例（449）b 句）或方式：

(449) a. Feole iworded mon ［…］ ne schal neauer *leaden* <u>richt lif</u>$^{NP\text{-}TH}$ **on eorðe**^{PP}

    'A loquacious man ［…］ shall never lead a good life on earth'

                          （CMANCRIW-1，II. 63. 652；M1）

  b. ʒe *muʒen seggen* <u>hit</u>$^{NP\text{-}TH}$ **biforen ant efter vchtsong**^{PP}

    'You have to say it before and after matins'

                          （CMANCRIW-1，I. 58. 171；M1）

根据 PP 的句法位置，此类小句分三类：句首（PP-NP-V/ PP-V-NP）、句中（V-PP-NP/NP-PP-V）和句末（V-NP-PP/ NP-V-PP）。在整个中古英语时期，非 POC 性质的小句中，句末 PP 的使用频率有增高，其变化显著。相反，句中和句首 PP 的用法随着时间的推移都在减少，且前者的降幅比后者的更大。这个变化跟 Bech（2001）的发现一致，即含有 NP-PP 的小句中都出现了偏离于 PP 居中的倾向，具体说来，并未发现 PP 居句首的用例，而有一个将 PP 移向小句右侧边缘位置的倾向，因为此时主、动、宾三者间的联系日趋紧密了。可以想见，高频使用会不断强化这三者间的联系，并促使其语序模式更加稳定。语义上与 SVO 关联不紧密的句法成分倾向于位于其两侧，且通常在句末，句首 PP-REC 的用例持续减少，到中古英语晚期时，其用例几乎为零。在整个中古英语时期，动词居句末的小句已极罕见。因此不难理解，POC 和 to-POC 里面，较一般性的 PP 模式小句里面，PP 占句末位置的用例一直更多。可见，从中古英语之初开始往后，PP-REC 强烈偏好于占 NP 后的句末位置，较其他更具附加语性质的 PP 模式的用例，它们更受限于该模式。不过，这个句中位置的变化并未遵从移向小句边缘位置这个总趋势，而是维系着居于动词和 NP 客事之间位置的大势，亦即使用[*prep*REC-TH] 模式。可以说，相对于 NP 客事，PP-REC 的语序有一定灵活性，这对它最终赢得同 DOC 的竞争可能起了积极作用。

在语序方面，Zehentner 重点考察双及物结构 DOC 和（*to-*）POC 小句语序的规则化。因为语料还涉及非定式小句和无主语小句，所以她区分 VO 语序和 SVO 语序，这里仅限于两个或三个句法成分彼此紧邻的情况。分析表明，首先，在 M1 至 M4 期间，尤其是 M2 至 M4 期间，DOC 的主导性语序模式用例激增，占比几乎翻了一倍。其中，VO 语序模式用例占比在四个分期时段内几乎是 SVO 语序模式的两倍，得到这个结果可能是因为其所用语料中，并非全部的小句都含显性主语。在之后的时段内，DOC 用例中 SVO 模式增多，与之相比，POC 用例中 SVO 模式的变化主要集中在中古英语时期的较早阶段内，但其增长更慢，幅度更小。在 M2 至 M4 时期，VO 模式用例在相对频率方面并未显著增长，但至 M4 时期，SVO 模式用例显著增长。Zehentner 指出，如果只考虑（*un*）*to*-POC 的用例，POC 用例中出现的变化就都扯平了，只是在中古英语之初变化明显一点，而在 M4 时段内，（*un*）*to*-POC 用例相比于 POC 模式总的用例，主导性的 VO 模式用例和 SVO 模式用例使用频率都更高。可以说，当代英语语序规则的确立基本上都是在中古英语时期实现的，在中古英语末期，动词相对于双宾语及主语的位置（如果出现主语）基本都固定下来了。

但是，Zehentner 指出，DOC 和 POC 的主导性语序模式的稳固和确立是沿着不同的路径进行的，之间差异显著。(to-)POC 确立起较稳定的 SVO 语序是在中古英语时期较早的阶段上，而 DOC 的语序格局一开始还比较灵活自由。在整个中古英语时期，DOC 用例很快开始坚持严格的 SVO 语序，to-POC 也是如此，虽然转变幅度稍小，但趋势明显，变化最慢、最不明显的是其他类型 POC 用例。这很可能是因为格标记系统消失后，英语必须寻求新手段来有效区分施事和接受者论元，因为它们都能做话题，可能导致歧义，对这个需求，DOC 和 to-POC 表现得更敏感，而一般性的 POC 敏感度更低，因此，DOC 很快就固了 SVO 语序，to-POC 虽然是 POC 的一个次类，但它跟 DOC 有天然的紧密语义联系，因此也同样敏感并逐渐跟 DOC 形成互动性关联，其语序于是也较快固定下来。可以说，与格变换的形成驱使或促成了两个关联构式在小句层面语序安排方面向对方趋同。

6.6.4.5 各种变化之间的相关性问题

我们认为上述变化之间有疏密不一的关联性，蕴含着种种因果关系。Zehentner（2016）的研究再次证明，中古英语在句法的各方面变化都很大。例如，在中古英语之初，形态标记系统衰败的程度较高，这直接导致歧义增多。因此，介词短语格式在语义角色标记方面发挥着越来越大的作用，这又造成双宾式某些次类意义消失及其构式义表达范围缩小，随着语序的表义功能越来越强大，双及物结构小句中句法成分的语序变得更加稳定和严格。尽管上述变化不一定同步发生，但可以肯定，介词宾语式兴起和与格变换出现都发生在中古英语时期。to-POC 和 DOC 之间形成系统性交替变换关系，是经历了一个较长过程的，其间，两式的用例占比分布发生了重大变化，一直到晚期中古英语时期，双方之间形成了势均力敌的稳定状态，并持续至今。

根据 Zehentner（2016：170-171），褫夺义动词脱离 DOC 而使用 POC 表达，纯粹施益/损益表达也是如此，这些变化同双宾式语义窄化联系密切。语序变化在中古英语早期就已渐显端倪，小句层面的语序以及双宾语间的相对语序还有一定灵活自由性，所以其进展更慢、更晚，但总体上也在中古英语时期发生。Zehentner 还对检索语料的各有关方面（主要是 DOC 分别相对于 POC 和 to-POC 的占比）作了分层凝聚聚类分析，借以检验有相似语法特征的文本在其他变量方面（比如 DOC 和 POC 用例的占比分布，语序限制程度）是否会聚拢，由此来判定上述关联性存在的可能。除了这个主要变量，还有另外两个变量，即文本的四个分期时段（M1—M4）以及格标记的存在和显著度。其变量分析表明，仅从上述语料和调查中还不能得出任何可靠的结论，因为介词短语格式的使用占比跟格标记显著性还没有系统相关性。上述变化背后的真正因果关系还有待深究。

可以肯定，现有研究基本理清了英语史上双及物动词及其补足语结构各种变化出现的大致时序：先是格标记系统逐渐消失，随后是介词性双及物结构兴起以及 DOC 表义范围缩小，最后是句法成分日趋固定和严格。Zehentner (2016：171) 指出，上述相关性不一定就意味着各变化之间有直接因果关系。她主张共同演化模式：各种构式和亚型构式(主要是 DOC 和 *to*-POC)逐步且持续地适应彼此、协同演化。相关构式间的微变是互动的、连续的、循环往复的。Zehentner 的考察，有助于检验有关语言变化之中蕴藏着因果关系的一些假设，就当前讨论而言，它能提供更多证据来证明与格变换的形成以及双宾式语义窄化背后存在着时间相关性和其他各种因果关系。

第 7 章 演化构式语法视阈下的英、汉语双宾式的语义窄化

前文分析了从古英语向中古英语演变过程中跟双及物结构有关的几个重大变化，主要包括格标记系统消失导致歧义增多，从而引发 DOC、POC/*to*-POC 的一系列变化，如无形态的 DOC 使用更加频繁、POC 使用明显增多，DOC 和 *to*-POC 语义联系日趋紧密并最终形成与格变换。DOC、POC/*to*-POC 接纳的一些动词类整体上也变化了，褫夺义等类型动词逐渐脱离前者而选择进入 POC/*to*-POC 式，这导致 DOC 的构式义范围缩小。同时，SVO 语序模式逐渐固定，DOC（REC-TH）和 *to*-POC（TH-REC）的主导语序模式得以确立，从中古英语之初开始往后，(*to*-)POC 式表现出了将[PP-REC]置于句尾的倾向。下文从演化构式语法的角度对英、汉双宾式的演变特别是构式义窄化问题做探讨，并尝试对有关语言事实和特征做出解释。

7.1 演化构式语法视角的考察

我们的核心议题是几个密切关联句式的历时语义演变，对汉、英语而言，这都涉及有关构式的形式变化及构式间的关系变化，尤其是各构式所能接纳动词语义类型的变化以及这些变化之间的相关性。因此，有必要从演化构式语法的视角描写汉、英双宾式的历时演变并为之建立模型，尝试在此框架内对有关事实作合理解释。该理论融合了演化语言学和构式语法。根据 Zehentner（2016：214），从该视角看与格变换，要关注的概念包括构式网络、构式化、变异、竞争和竞争消解、合作、生态位构建、互利共生(symbiosis)、基于变换的能产性、相互适应性以及协同演化。这也适用于汉语的有关情形。由于表达相同或近似的事件类型，语义联系密切的构式之间会竞争，也会合作，在动态对立中，各方互动，可能为适应对方而调整自身，发生一系列变化，从而导致构式化和协同演化等结果。我们接下来对有关的理论框架做粗线条的梳理。

7.1.1　再议演化语言学和演化博弈论

根据演化语言学，语言是不断演化的系统，演化涉及复制各种单位，即所谓"复制体"（replicator，详参 Zehentner，2016：176）①。本研究涉及一般性语言变化和语言史上一些特定语言变化，选取这个视角，是因为它能为回答有关问题提供更好的描写和解释基础，利于更系统和全面地考察历时变化背后的动因。演化博弈论是演化语言学研究的一个新视角。

7.1.1.1　演化语言学的基本内容和语言演化系统的一般性特征

演化语言学旨在考察语言和生物演化这两者之间的对应关系，这是它的核心内容（详参 Ritt，2013；Christiansen & Chater，2008；Kirby，2012）。一般认为，生物系统和文化-语言系统之间有诸多相似性。生物演化和语言演化之间的类比性研究至今仍是历史语言学研究的标准做法，例如语言谱系研究中的树形图（详参 Rosenbach，2008：24-25；Croft，2006b：91；2013a：1）。1980 年代之后，将演化生物学理论同语言学以及其他学科结合的研究增多，尤其是认知科学和语言研究方面，突出的进展就是复杂性和复杂自适应系统研究（详参 Ritt，1995，2004：57；Lansing，2003；Solé et al.，2010；Hurford，2012b：473）。

演化语言学有三个研究领域。第一，语言的起源及人类语言能力的演化（例参 Jackendoff & Pinker，2005；Tallerman & Gibson，2012；Hurford，2012a&b；McMahon & McMahon，2013）等。第二，语言的多样化及语系的承袭和传播（详参 Croft，2008：224-230；Atkinson & Gray，2005；Dunn，2014：190）。第三，语言的历史变化和文化演化。本研究属于这部分，即关注一定历史分期内的语言变化（详参 Rosenbach，2008：23；McMahon，2000：154；Ritt，2004：26）。在实践层面，需要将其中某些概念移植进语言学，承认演化系统之间的某些相似性并视之为生物性隐喻②（详参 Croft，2013a：2；

---

①　一些语义紧密联系的句式互为变体，例如 DOC 和 to-POC 式，在语义范畴区分方面，可采用 'NP$^{(CASE)}$' 或 'PP' 等策略，变体和策略都可以是复制体，它们相互间会竞争，其结果主要取决于诸多认知性、社会性和系统性因素。有的复制体会被淘汰，有些复制体之间却形成联盟，彼此协同互惠。

②　有关解读和处理，例参 Croft（2000）、Mufwene（2001，2008）和 Blevins（2004）等。也有人质疑其效度和价值，主张走严格的达尔文主义式的、更具概括化的路子。Ritt（2004）在第五章也讨论了达尔文主义。

Kaźmierski，2015：67-68）。也有人将演化生物学理论的某些思想应用至文化系统等研究领域，主张普遍的达尔文主义，认为语言系统、生物系统及其他很多系统的存在说明语言是一般性现象，并非任何领域特有，它不受制于生物演化的那些机制（详参 Lass，1990：96；Rosenbach，2008：25；Croft 2013a：3；Atkinson & Gray，2005）。

生物演化研究成果最佳例证在复制体方面。根据 Lass（1997：316），演化系统必须具备下列特征：必须存在基于生物性或文化性等媒介的可传承复制体；可能出现变化和差异；必须有选择的过程，它会偏向于某些变体而存续（另参 Dennett，1995：343；Cziko，2000：287；Ritt，2004：91）。当前的研究最关注演化系统的共有特征（参 Cziko，2000：287），都从复杂自适应系统理论的角度来做考察（例如 Beckner et al.，2009；Steels，2011b；Frank & Gontier，2010）。根据 Ritt（2004：99-109）、Frank & Gontier（2010：37-39）、Beckner et al.（2009：15），复杂自适应系统都是自我组织起来的，控制点分布在整个系统内，其各种属性在各组成成分的复杂互动当中自然显现出来，我们也将语言视为演化性质的、达尔文式的、复杂自适应系统。

语言演化系统拥有文化性，这是它的一般属性。这方面的代表性研究是 Croft（2000，2013a）和 Ritt（2004，2013a）（另参 Zehentner，2016：180-181）。Croft 对 Hull（1988）提出的选择的泛化分析模型（*Generalised analysis of selection*，GAS）作了绝佳应用，Ritt 基于 Dawkins（1989[2006]）提出了文化复制体概念。Zehentner（2016：181-183）指出，语言完全满足作为演化系统的基本要求，从演化的角度考察语言和语言变化有充分理据，也有更大优势，还有重大意义。任何演化理论的核心元素都是"复制"过程，要素被复制，就产出与之最近似的复制件。复制是重复性的、永久性的、累积性的，复制体内部的"血统"于是确立起来。同时，复制必然会带来变化差异，自然选择又会导致变体间的差别性切适和差别性复制。变体（复制体）在进行复制时也会优胜劣汰，有的很成功，有的不太成功，还有的直接被淘汰。同理，根据 Lightfoot（1999）、Croft（2000）、Ritt（2004）和 Rosenbach（2008：51），语言成分也在习得和交流过程中通过模仿和重复得到传播，Croft（2013a：5）指出，每次使用构例，实为传播其例示的构式，类似于确认了该构式"血统"。高频使用会强化复制和"血统"归属。

此外，Croft（2006b：98，2012：4-5）指出，语言还有系统内差异、社会性差异和跨语言差异。就英语变化而言，较之汉语，其社会性和跨语言性差异起很大作用，但这里更关注系统内差异，即关注表义功能上几近等同的那些关联构式，例如 DOC 和 to-POC，以及古英语 DOC 的多个格框架，还有一些动词类型能用于形式不同但意义近似的释义性结构中，如某些褫夺义动词曾允入双宾式以及 from-POC 和 of-POC 式。这些都是复制体，相互间都互为对方的复制体变体。Ritt（1995：54；2004）、Croft（2012：6）和 Hilpert（2013：3）都指出，变体之间会竞争，通过传播和复制得以留存的那些语言成分都主要取决于其例示频率。从理论上说，频率越高，越可能获胜。竞争的目标，就是它们各自用例在上位结构全部用例中的相对占比。Zehentner（2016）就验证用例的相对频率，坚持基于用法的语言观来看待语言使用和表征，认为该频率代表了竞争力（差别），任何语言成分在任何时候都被例示为复制件群体（即具体用例），发生历时变化的只是这个群体的规模，它可能从小到大，也可以从大到小。①

根据 Rosenbach（2008：32），变体在竞争中是否成功取决于诸多环境压力。这可能包括认知-生理的、社会的和语言系统内的因素。变体应对压力是否成功，决定其复制是否成功：相较于其竞争者，其使用会更高频或更低频。通常会有变体胜出、落败或被淘汰。比如，褫夺义动词逐渐频繁用于 POC 而脱离 DOC，这表明 POC 竞争获胜；双宾式的[DAT-ACC]格框架留存下来，其他框架基本被淘汰；表达褫夺义的 from-POC 结构战胜了 of-POC 结构，等等。② 不过，变体在竞争中也会互惠共生、和谐演变，这是生物界的常见现象（详参 Ritt 2004：221-229）。就句法构式而言，变体可以在竞争中合作互惠，它们逐渐变化而实施特定的互补性功能，进行生态位构建（niche construction）（另参 Traugott & Trousdale，2013；Zehentner，2016：184）。Zehentner 指出，交替表达现象就证明构式间通过生态位构建展开合作。根据 Ritt（2004）和 Rosenbach（2008：27），关于语言复制体的语言学性质、物质基础、运作机制、差异的来源、言者的作用、选择的过程以及影响复制的因素，现有研究尚存争议。

---

① 例如，to-POC 出现和发展，其群体规模增长而大于零，褫夺义动词不再能进入 DOC 就表明，DOC 的群体规模缩小（褫夺表达规模为零）。由于两式互为变体，其中一个的群体规模变化就取决于另一个的群体规模变化，它们的共同上位构式是双及物结构，上位和下位结构都有自己的用例（例示各自所属的构式），因此，两式竞争的内容和对象就是更多的使用频率，或两式各自的用例在上位构式总用例中的占比。

② 例如，' * Jim stole Marina a candy' 和 ' * Jim stole a candy of Marina' 落败于 'Jim stole a candy from Marina'。

7.1.1.2 语言复制过程问题

Dawkins（1989［2006］：192）提出"模因"（memes）一词来指文化上的复制体，它是文化传播中类似于造就生物性血统和嫡系后代的单位。根据McCrohon（2012：153）和 Croft（2013a：9），模因复制体涉及概念、器物工件和各种行为。Dawkins（1982：109）后来将模因界定为留驻于人脑的信息单位。Ritt（2004：157；2013a）认为复制体属认知能力范畴，主张语言复制体是借助神经来执行的指令。构式语法认为，语言知识是构式知识，既有形式的，也有功能的，任何构式都可能成为复制体的关联成分，即模因复合体（memeplexes，详参 Ritt，2004：132，134；Lass，1996；Rosenbach，2008：52），复制体的各种外化表现就是心智复制的结果（另参 Croft，2013a：10）。语言是复杂自适应系统，也是认知模因的复制体系统。不过，其物质基础目前尚不得而知，现有研究还是思辨性的（详参 Dawkins，1999：xiii；Lass，1996：5；Ritt，2004：122，n1，157-169；Rosenbach，2008：53）。Ritt（2004：161，169，n27）认为语言复制体是神经元式的、彼此相关联的激活模式。他认为复制体是某网络中的一组节点，该网络有各种各样的靠神经来操作和执行的成分。Rosenbach（2008：50，53，n36&37）也认为，语言使用就是在特定环境下对上述神经结构的激活。一般认为，文化性复制会涉及神经元活动（详参 Hull，2001：58），上述联结主义模型具有可靠的认知语言学基础，和构式语法理论的主张一致。

从操作层面看，有人主张（人）脑外复制体（详参 Hull，1988，2001；Croft，2000，2002，2006a&b，2008，2013a；Baxter et al.，2006 和 Blythe & Croft，2009，2012）。Hull（1988：409）说过，一个实体要成为复制体，就必须有形式。所以，语言中进行复制的实体就是各种结构，它们一起构成话语，而话语是有时空界限的可观察的实体，语言就体现为无数的话语。① 我们认为，意义作为依附于形式而存在的概念内容，会借助认知被整合进语言复制体这个形式，语言使用是基于认知的、各种语境条件下的互动过程，它是导致语言变化的关键因素。Zehentner（2016：188）也认为，复制体包含认知表征形式，构式

---

① 这些结构实体可叫作"语言素"（linguemes），详见 Croft（2000：28）。Croft（2013a：36）指出，该词系 Martin Haspelmath 所造。Croft（2013a：34-36）认为，话语是交际中人类行为的特定的、实际发生或出现的结果，因为它有声音表现，有语法结构，在语境中得到意义解读。

就是心智中的形义对应体。

　　语言复制的机制是指语言成分进行自我复制造出自身的复制件所凭借的方式和手段，亦即重复和模仿（详参 Dawkins，1989［2006］：192；Blackmore，2000：66；Ritt，2004：160-169；1995，1996）。至于模仿过程如何，现阶段也是思辨性的认识，Rosenbach（2008：56）、Jäger（2007）、Jäger & Rosenbach（2008）等认为，启动效应是复制现象背后的驱动机制。这还是强调重复和模仿的作用。关于复制过程中结构和心智表征（亦即形义）间的联结问题，一般认为，它依赖于表达或感知，亦即取决于被激活。在复制体是概念还是话语两个路子之间，McCrohon（2012：154，162）提出折中方案，亦即文化复制的两阶段模型，他认为复制体就是脑外和脑内实体的结合体，复制体以不同的形式（或阶段）出现，或存储于人脑，是能力层面的成分，即所谓 i-模因（即内模因），或者是出现在外部环境中的成分，即所谓 e-模因（即外模因），如图 7-1 所示：

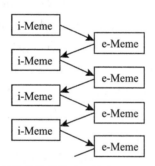

图 7-1　文化复制体的传承模式（摘自 McCrohon，2012：159）

　　根据 McCrohon（2012：158-161；162-169），复制是不断增量和重复的，不是直接或机械的，它取决于对立阶段的介入性或调节性用例，是一个蜿蜒演进的过程，i-模因和 e-模因都有可能造出彼此的众多复制件来；内模因都可以创造并因此触发外模因被表达出来，这种触发表达就意味着学习、回忆和（再）激活外模因的不同模型。可以想见，变化和差异更容易出现在内部复制体中，我们可以从上述两阶段层面讨论选择和差异的机制问题。言语者是语言复制体所在环境的关键，是社会语境中交际行为的主动发起者和积极互动的参与者，是有自由意志和施为性的主体，他不是复制体本身，但其各种特征（及交际需求）是决定复制体成败的关键（另参 Dawkins，1982：60）。

7.1.1.3 语言复制过程中的变异和选择

复制体实为关涉能力的认知性模式，它们在语言使用中借助模仿得到传播。从构式角度看，句法构式可视为 i-复制体和 e-复制体的结合，言语者在交际活动中会相互激活对方脑内复制体。这是复制单位问题，至于复制的过程、变异的来源和选择的运作机制，迄今尚无定论。Croft（2000，2006b）主张创新驱动的两步走模型，即先造出新元素，然后普及宣传之，前者就是被改变了的复制，它导致系统内变异，后者即传布或扩散，等同于选择（详参 Lass，1997：315；Croft，2000：3，2006b：104-112）。总之，复制包含改变复制（即创新）和选择（即扩散）两个阶段。

语言会变异，在不同水平上都有多样性，语言创新用法是导致多样性的主因之一。创新必定基于个人或社团的体认特点，它涉及概念整合、类比、隐喻和转喻及重新分析等机制（详参 Rosenbach，2008：28；Croft，2000）。再就是拓展适应（exaptation，也叫功能变异），指旧的语言材料在新条件下获得新功能（详参 Lass，1990；1997：318）。这是语法化的演化语言学称谓（详参 Croft，2000；Norde，2002；Traugott，2004）。比如，*to* 从标记空间目标被重新分析为标记接受者论元，开始用于编码双及物事件。此外，句法结构会借助类比而扩展至其他同义动词或较低频动词。上述机制都是人脑的认知运作，因此，所谓被改变的复制所蕴含的复制错误有可能是主观故意的，也可能是能力所限造成的。而且，"改变"或"错误"也是个度的问题。Haspelmath（1999：192）认为，有些创新用法受功能性原则限制，还有些是随机的变异。其实，从理论上讲，任何变异似乎都受条件或功能性限制，似乎总有其理据性，它们并非全都等同或相似（详参 Cziko，1995：288-289；Rosenbach，2008：39-40）。

变异出现后就导致选择或扩散。一般地，变体是同一语义内容或功能的交替表达形式，它们互为彼此的变体，比如表达复数范畴的各种词素、同一音位的不同语音实现形式、同一动词能进入的不同句式、古英语双宾式的各种格框架，等等（详参 Croft，2013a：6-8；37）。同理，参与与格变换的 DOC 和 to-POC 就互为变体，它们在表义功能上高度重合，因为它们都编码同一类事件（详参 Goldwater et al.，2011；Perek，2015）。从认知上讲，人们对同一事件有不同视角的观察和凸显特征体认，于是用不同的形式来表达。复制体变体竞争意味着它们各自要获得表达或激活，变体在环境限制条件方面通常有切适性差异，因此出现差别性复制，它受制于功能性等各种因素。Croft（2000：32，38-39，54-56，178）和 Seiler（2006：167-169）等主张传布完全取决于社会因素，而选择只关乎社会语言学原则，比如社会声望和地位（另参 Rosenbach，2008：42），但 Haspelmath（1999：190）认为功能性因素发挥的作用更大，使用频率主要取决于语言结构的用处。Givón（2002）、Jäger（2007）和 Rosenbach（2008）等也有类似观点。Seiler（2006）的考察表明，功能性因素在选择时就已在发挥作用。我们认为，功能性和社会性等很多因素在语言选择过程中都发挥作用，但就具体的语言及其历史发展阶段而言，不同的因素会发挥不同的作用，因时因地而变化，需要结合具体语言的具体情况来考察。① Beckner et al.（2009：16-17）和 Ritt（2004：229）指出，在语言选择过程中，发挥作用的各种因素彼此互动并渗透，还可能形成拉锯战（另参 Steels，2006；Christiansen & Chater，2008）

Zehentner（2016）的模型区分三类因素：基因的、模因的和各种社会压力。基因的因素，涉及生理-认知和信息处理方面，即如果复制体在感知上和表达上更容易，则更可能获得复制，有更高的使用频率。反过来，如果复制体各有竞争优势（如形式经济和/或表述清晰），则可能在特定条件下都获得复制，并有相当的使用频率。当然，变体的成功复制还取决于系统内的其他因素。DOC 和 to-POC 各有特色，前者简明经济，后者表义清晰，Ritt（2004：223）指出，复制体常常构成网络，并在其中各水平上与其他复制体联结起来，共同运作，一个复制体的激活和成功很大程度上取决于其他相关复制体的成功。比如，由于在角色标记和区分上有功能性重合或冲突，格标记丰富和功能强大时，介词宾语式不会成功，反之，格标记衰亡时，介词宾语式兴起，后者导致 to-POC 和 DOC 良性互动②，在竞争中合作，在合作中竞争，最终形成与格变换的稳定关系。

选择压力导致差别性复制，并最终解决了竞争问题。其结果，有的变体衰微，有的变体消亡，有的变体成为主导，还有的变体和变体之间可能形成稳定均衡态势。例如，DOC 和 to-POC 逐渐在功能上区分开来，它们各自留存并分别构建起了互补性的功能性生态位（详参 Traugott & Trousdale，2013：18）。它

---

① Ritt（2004：225-227，236）对复制过程中社会性因素发挥的作用有讨论。比如，权势精英阶层联系的那些复制体，较之普通人联系的复制体，其切适度会更高。更能标示群组成员特征（即符合群组内规约）的变体形式更有可能被复制，特定人群中特定变体的使用频率就与此相关，比如方言中 DOC 的语序模式。

② 前文已述，两式各有各自表义功能：使用 DOC 时通常不强调接受者，它在语篇中经常明确给定，是旧信息，如果是新信息或焦点，则偏好使用 to-POC。根据语篇-语用性条件，两式形成互补性分布。

们在竞争中形成一种合作式和谐互惠的关系。① Rosenbach（2008：40）认为，此时，选择就不再发挥作用。这些变化都是语言作为自适应系统的自我调节和适应，几乎所有的变化都是为更好地满足交际功能。

7.1.2 关于演化博弈论

我们试图从演化博弈论(EGT)角度来对有关语言事实进行描写，即在演化过程中，有关构式之间如何展开博弈。根据 Deo（2015：30），我们用演化博弈论将大规模人群的历时语言行为视为持续博弈，特别是特定群体在历时层面上使用不同策略的频率和变化。比如，除格标记系统外，语序模式和介词系统也是英语标记接受者的策略，相应地就有 DOC 和 to-POC 两个构式变体，它们因为语言系统内的各种变化而展开竞争和合作。

根据 Jäger（2004：2；2008：406-407），博弈论是应用数学的一个分支，有了它，就可以为多个施为者之间的战略互动建立模型，它常用于考察大规模群体，研究策略选择的一般性问题，以及策略在群体中的传播流布(详参 Deo，2015：23；Nowak，2006：46)。其主要观点是，互动的竞争对手从自己掌握的一套策略中选择一种而非另一种对自己是得是失、是利是弊，都取决于其竞争对手的行为，也(可能)取决于互动所在的环境。互动的结果常常取决于对手的策略给自己带来的回报或效益。典型的对称性博弈活动就是"石头、剪刀、布"的游戏，不对称的博弈例如父母亲养育子女的投资和回报，或者男女间婚恋生活中各自的投入和回报(详参 Maynard Smith，1982：130)。

博弈可能是随机互动的，但也有理性因素。根据 Deo（2015：30），互动中用到各种策略可能带来各种回报，竞争对手会根据全部的互动活动算出回报率，同时考虑这些策略在群体中的占比分布情况。就当前研究而论，回报或效益可理解为复制成功或更高切适性。能带来高效益的策略获得到更快更多的复制(亦即被使用)，并对群体的组成造成更大影响。EGT 关注的是如何根据策略作出更优选择(详参 Nowak，2006：46；Jäger，2007：90-91；2008：408-409；Deo 2015：30)。Jäger（2007：91）指出，策略可能是单一的或者混合的。

根据 Nowak（2006：51-53），如果有一组策略对(pairs)，博弈双方对彼此来说都是最优的，或最佳回应或搭档，这就是所谓"纳什均衡"（Nash equilibrium）；如果这两个策略互为彼此的唯一最佳回应，这就叫"严格纳什均

---

① 差别性复制及其带来的语言变化总是表现为使用频率上的变化，如果两个构式形成了合作关系，它们的相对频率分布就会稳定下来，两个变体形式的用例也大致相当。

衡"（SNE）。跟纳什均衡概念有密切联系的另一个概念是演化稳定策略（evolutionarily stable strategies，ESS），Jäger（2004：5；2007：91）指出，此类策略是阻挡入侵的屏障，能保护它免受变异策略的侵扰，能维系严格纳什均衡。根据 Hofbauer & Sigmund（1998：113-114），如果博弈不对称，演化稳定策略常常就是策略对或策略组合。

演化博弈论应用广泛。如果是文化、语言（演化）博弈，一般指各种话语情景，策略主要涉及语法（详参 Jäger，2004：21；2007：92；2008：419；Deo 2015：31）。说某个策略有更高的回报，即谓它能确保更高的交际有效性、更可能被使用，这涉及认知-生理性、语篇-语用功能性及语言系统内外因素。Jäger（2007：93）认为，博弈论模型不能用于预测或解释历时变化。

7.1.3　演化构式语法及其研究的几个重要问题

认知语言学和构式语法理论的主张跟演化语言学研究和谐兼容（详参 Hurford，2012b：176；Croft，2013a：40）。Arbib（2012：x）认为，认知和构式的路子可以为研究语言的演化、历史变化和习得提供更好的框架。Frank & Gontier（2015）以及 Pleyer & Winters（2015：19）提出，将各种认知过程和机制整合进来，非常有助于揭示语言演化中选择方面的压力。在理论整合中，演化语言学为语言研究提供一个元框架，构式语法则提供语言描写的操作单位、内容和基本方法，从认知语言学角度更适合研究影响复制和选择过程的机制，特别是认知机制，例如范畴化、概括化、类比、固化、组块断句，以及各种社会认知性动因和技巧，如相互协调合作、共同注意等（详参 Tomasello，2008；Croft，2009；Bybee，2013；Goldberg，2013；Bybee & Beckner，2014）。下文简析演化构式语法研究的理论优势，以及研究中的几个问题。

7.1.3.1　演化构式语法研究的理论优势

演化语言学跟基于用法的认知构式语法之间有明显契合。它们有共同的语言观，都将语言视为恒变的动态系统，承认语言变异能够跨年龄发生且无处不在（详参 Bybee，2013：68），它们都主张语言能力是一般认知能力的一部分，语言行为和其他行为都遵循相同机制，语用受认知影响。演化构式语法的框架尤适于语言现象阐释，它使得构式这个研究单位具体且具可分析性，我们能从结构形式和意义以及形义间对应关系入手考察双宾式的共时和历时特征。构式语法强调截然区分彼此的（句法）单位，亦即演化语言学里的复制单位，所以，构式语法理论框架更适用于考察构式用法的变化，如频率和格式，这又契合于演化研究对句式稳定性和普及度的描写。句法构式网络观也适用于对句式关系的描写。构式语法历时研究会吸收整合有关概念，例如竞争、类比、重新分析、能产性、固化、视角、识解和凸显等，这些在分析双及物结构时都能发挥作用。

也能尝试从演化构式语法的角度对演化方式和原因作新的解释（详参Steels，2010：2）。比如，为什么DOC的当代语序模式战胜了古英语时期的其他变体形式？到底有哪些因素决定着语言复制体的成败？我们可以从认知偏向和交际需求或要求、社会声望和价值以及群体规范和规约等角度寻求认知-生理的、社会的理据，也可从语篇-语用等功能性角度寻求语言内动因，还能从复制体演化和博弈的角度揭示语言演变机制和规律。历时变化必然涉及"例"变化，"例"代表可能相互竞争的"类"，做演化考察时，可以通过它去区分成分类型，揭示"例"例示"类"的条件。同时，根据形义特征来区分构式和范畴，可以对这些范畴在文本里的例示进行计算。由于构式就是考察单位和复制体，例示"单位"的就是复制件构成的群体，而"单位"在语境条件下被传播，因此，演化语言研究同构式语法理论可以整合起来。

总之，整合多种理论框架有优势，有可行性，为考察提供了较理想的分析和解释框架。

7.1.3.2 演化构式语法研究中的几个重要问题

根据 Zehentner（2016：220-228），演化构式语法研究中的一些重要问题都围绕着一个核心议题，即如何界定和精准识别传布和选择的语言单位？要搞清语言复制体的性质，搞清是哪些成分出现、传布并导致变体出现，并且还可能在演变中消失。用 Hruschka et al.（2009：467，Box5）的话来概括就是，实际变化的是什么？是形式？功能？形式功能对应关系？还是规则及/或范例？要搞清楚进行复制的到底是构式的一部分，还是构式整体。另外，复制体是指话语等外部行为，还是指内部认知性表征？这其实就是构例和构式的对立。而且，构式还有抽象度差异。我们赞同 Croft（2013a：42）和 Zehentner（2016：220）的观点，认为规模和复杂度各不相同的构式就是典型的语言复制体①，若视话语为复制体，则不能合理解释语言成分的结构属性和本质（另参 Ritt 2004）。借

---

① Croft（2013a：42）认为构式是独立的语言复制体，它限定了自身组成部分的各种属性，话语作为语言素也是复制体，因此，他必须厘清构式和话语的关系，说明进行复制的是构例还是构式，抑或两者都有。

鉴 McCrohon（2012）的折中方案，i-复制体对应于认知模式，亦即构式，主要包括微构式，或较高图式化水平上的构式，e-复制体相当于构例，理论上，构式网络中的任何成员都能跟其他构式竞争，但实际上，离散性强、更低水平上的、有完全词汇填充的微构式就是 i-复制体。虽然复制过程只涉及范例层次，但一旦形成抽象，每个复制事件都会涉及构式网络全部部件被激活，就是说，更高水平上的构式在编码（表达）或解码（理解）事件中也有被激活的可能。只不过，更高水平上的构式必须依赖于较低水平上的各种例示而实现被复制。由于构例在复制时也会激活全部图式化水平上的其他很多构式，Zehentner（2016：223）将这些构式总称为复制体复合体（replicatorplexes），简称为图式化构式。她认为，这其实还是跟特定微构式的切适性有关，更高水平上的模式通过它们被复制，它们也通过构例被例示。① 由于范畴的横、纵向之间联系紧密度不同，模糊性不可避免，在言语社团中会因人而异而出现层级性（gradience）。

根据 McCrohon（2012）和 Wedel（2006），复制过程通常涉及表达和理解。因此，i-复制体（微构式）对 e-复制体（构例）有产出效应，e-复制体对 i-复制体则有激活效应。这个互动过程不断重复，互动效应不断增强，i-复制体的固化程度增加就会导致 e-复制体有更大的可能性被产出（详参 Croft，2000：236；Hoffmann，2013；Traugott & Trousdale，2013；Frank & Gontier，2015）。更加固化且高频被激活的模式更可能引申，其能产性更高。

关于变异的来源，要区分个人水平上的选择和群体水平上的两种变体之间的竞争和选择，个人使用是起点，群体使用是终点，两者应综合考察。创新的初始点就是构例和微构式水平的界面，复制被改动而导致变异。Traugott & Trousdale（2013）区分构式性变化和构式化，但两者关系并不很明朗。他们认为，只有在构式的形、义部分都变化之后才能产生新的复制体，构式网络里才出现新节点。这就是说，复制体是构式的部分，而非其整体。但是，新创用法变体就是新构式，因为形义对应变化了，而前-构式化的变化只出现在言语者个人脑中。根据构式性一形多义，形、义的任何变化都会导致对方性质变化而

---

① Zehentner（2016：223）举例如下：抽象的双宾构式 '[SVO₁O₂]'（S 致使 O₁ 得到 O₂）、较低水平（动词类特有）的意图转移交接构式 '[SV_{int}O₁O₂]'（S 意图致使 O₁ 得到 O₂）、动词特有构式 '[S *promise* O₁ O₂]'（S 允诺致使 O₁ 得到 O₂）都不能独立地进行复制，而是在得到例示的条件下瞬间被激活（例如 '*John promised me a chocolate cake*'）。她称为"图式化 DOC 被成功复制"。

不同于之前。我们赞同 Zehentner（2016：225）的观点，暂不严格区分各类形义变化，而是主张复制体构式的某方面发生变化，就导致新变体出现，亦即在构式网络中增添新构式，它会同已有构式竞争。变异的原因有随机性，但也有功能性动因（例参 Rosenbach，2008：39，55-62；Croft，2000，2013a），此外，复制过程还会受认知和社会机制的影响和制约，例如类比和隐喻、转喻思维和表达、句法启动、扩散激活、模仿（仿拟），等等。复制成功就等于不断重复和高频激活和使用，它形成累积效应并提升构式的固化程度（详参 Wedel，2006：252；Steels，2012c：14）。

决定变体复制成败的各种因素或选择性压力主要是生理-认知方面、语言系统内因素以及交际的语用-功能性和社会性因素。从语言使用的经济简明性和交际有效性杠杆来看，可学得性和表达力更强的、在表达或理解构式时消耗认知成本更低的、音韵条件更优（比如，发音容易、音韵优美等）的变体更容易赢得竞争。这种认知偏向可能具有普遍性（例参 Goldberg，2006，2013；Bybee，2010，2013；Hoffmann，2013；Bybee & Beckner，2014）。另外，变体通常都不会孤立出现，而会跟其他关联形式和变体相联系，构成更大的部分。这些构件之间可能有一定偏向而无关其他变体，但它们也可能彼此促进而提升对方的复制水平。与格变换出现并逐步稳定就是例证（详参 van Trijp，2012；Perek，2015）。同样，由于语用必然打上社会的烙印，构式的社会性价值以及交际的社会性特征也是影响特定复制体切适性的重要因素。

7.1.4 语言策略和语言系统的选择问题

演化构式语法研究离不开语言演化的选择论。根据 Steels（2007：145）、Bleys & Steels（2011）和 van Trijp（2012）等人的观点，人脑能灵活利用各种认知机制并将它们配置成各种策略，以处理特定语境下的交际任务，如果配置能提升交际的成功度和表达力，同时还能将心智成本最小化，它们就能留存。根据 Steels（2010：5-6；2011b：345；2012c：4）和 Bleys & Steels（2011：152），语言演化发生在语言系统和语言策略两个层面上，前者指纵聚合性构式网络及相关部分，后者负责语言系统的形成、学习和配置，包括形成、扩展和调整构式以便达成某个具体交际目标的那些指令。语言系统是个相对的概念，有横向并列和纵向包含的关系，例如构式系统、格标记系统、论元结构系统、时态系统、语态系统、体系统、颜色词系统等。在标示参与者角色方面，格策略、置词策略和语序策略使用得很广泛。当然，一个语言通常并不仅使用一个策略，而是多个策略并用，但在依赖程度上有异，而且，即使不同的语言使用相同的策略，通过该策略形成的系统也可能差别很大（例参 Steels，2012c：5-6）。

　　语言策略存储于言语者记忆中，他们清楚，要用哪些策略去习得或发展哪些构式。一般来说，群体的语言策略被言语社团的大部分成员共有，体现为人脑中各种神经元激活模式，它们自然显现于集体言语行为，虽不显明，却藏于语言能力（详参 Bleys & Steels，2011：152，254；Zehentner，2016：223）。或许有人确知某些高度抽象结构的特定意义，比如，知道使用格形式或置词等来标记语义角色，这就类似于策略。因此，语言变化对系统和策略都会产生影响，系统性变化可以理解为构式网络变化，例如新旧构式的进出或语义结构与形式标记的变化等，它们都是原有结构系统内的变化。不过，语言系统的微变化形成量变效应后会带来连锁反应，对其他语言系统造成压力，后者因为不稳定而可能寻求新策略，以便维系子系统甚至整个语言系统的稳定。换言之，语言系统宏观变化会导致相应语言策略变化。① 根据 Bleys & Steels（2011：155），策略之间发生间接竞争，它们通过使用语言系统，让言语者去构建该系统。相关策略之间又竞争又合作，不同的策略或策略组合在不同的群体内部得到偏好和使用，有的策略会胜出而完全淘汰其他竞争策略，但很多时候，不同的策略最终发挥着不同的功能，在不同的群体中有不同的分布，有功能大小和使用多少的差异。

　　另外，语言交际经验也会影响语言的心智表征，对语言策略和语言系统分别产生长期和短期的影响，而语言是交际工具，为服务于该目的而出现的各种选择性压力将最终决定哪些构式或策略能够成功复制并留存于群体。更清晰易懂、更具表达力、更易学得且更合社会规约的系统和策略更易被高频使用，从而更易固化、激活和复制成功（详参 Bleys & Steels，2011：153-154；2012c：14-17）。而变化了的语言策略和系统又会影响话语和交际，这就形成一个循环（详参 Steels，2012c：14-17）。一般认为，启动效应和话语组块断句形成的常规化或规约化会起关键作用（例参 van Trijp，2012；Steels，2013）。

　　综上，我们可以尝试对英汉双及物结构的历时变化作另类解释。后文会讨论，英语为满足有效区分接受者语义角色需求，出现了 'NP^{格标记} vs. PP' 的策略竞争，这就可能导致语义核心角色标记系统变化，对语言策略产生长期影

---

　　① 例如，英语史上，格融合导致原有的格标记区分语义角色功能弱化，于是出现新的标记策略，原有的格标记和新出现介词标记和语序标记等策略都在竞争。英语的很多亲缘语言都曾发生过类似的多策略竞争。策略和功能之间的对应关系可能变化，但这个总趋势是明显和稳定的（例参 van de Velde 2014：174）。

响，即在中古英语之前主要使用'NP^{格标记}'策略，在中古英语时期及之后，主要使用'PP'和固定语序策略。汉语方面，总体上，上古汉语时期特别是早期基本上依赖唯一的固定语序的 NP 策略，因此也同样面临语义角色区分的困难，双宾式的语义功能负载太重，中古汉语时期，明显加快了'PP'策略的使用和普及，最终，在维系两个主要策略的基础上，双宾式的表义范围缩减，并与介词宾语式、话题句、把字句、省略句、连动句等其他相关句式并存并用，各有分工。可以说，英、汉语最终都形成了使用固定语序的 NP 和 PP 来标记接受者论元的混合策略。

7.1.5　小结

根据当前的复合式理论框架，复制的单位就是构式，双宾式和与之关联的介词宾语式就是复制体。外部的 e-复制体来自话语，内部的 i-复制体来自于人脑中的认知表征形式，前者就是构例，后者更像微构式，复制就发生在这两个水平上。在言语交际中，以自下而上的方式，较低水平的构式和更高水平的抽象图式(后者因为被激活)都得到复制和强化，高频复制意味高频激活，从而不断固化。复制过程中会有创新和变化，于是变体出现，新旧变体会竞争，竞争的结果之一就是变体共存。比如，介词宾语式中 *to* 的指示角色变化，形成两套关联的表义功能，两类亚型构式并存并用。构式复制的成败常常取决于认知-生理的和社会的因素，同时也和构式环境有关，例如，在 SVO 的总语序格局稳定后，*to*-POC 式用例中的 PP 在后的语序模式就比 PP 在前的语序模式更具切适性。语言系统变化和策略变化之间有因果关系，竞争的新旧策略之间可能有分布性差异，并不一定都是要么胜出、要么被淘汰的简单结局，表达相同功能的不同策略之间也可以合作。

7.2　双及物结构演变中的类构式化：DOC 和 *to*-POC 的竞争和合作

据前文述，双及物结构包含一个论元结构构式网络，其成员构式都关联着同一事件的表达及其中三个论元角色，即施事作用于某实体，第三个参与者角色受该动作行为的影响。网络中的成员构式都是复制体，如 DOC 和 *to*-POC 式，以及用 *from*、*of* 等其他介词的 POC 构式，这些成员构式各有各的变体，比如不同的语序模式或格框架。这些形式差异总会给双及物结构的语义带来某种差异，因此，Zehentner (2016：236)认为古英语的 DOC 是图式化的、具体信息不够明确的构式。上述构式的形、义都发生了历时变化，如格标记消失、语序固定、介词兴起、构式语义范围缩小等。由于新的联系出现或消失，该构式网络的结构也会变化。① 就双及物性事件编码策略来说，英语（包括汉语）在历史演变中选择使用了混合性策略，即使用 NP$^{(格标记)}$、固定语序以及介词标杆等手段来标记接受者论元。在双及物结构演变过程中，主要在中古英语时期，出现了构式系统和策略性竞争和合作以及构式性变化，我们接下来分别讨论这些重大变化。

7.2.1　中古英语及前后双及物结构格系统的消失

先看古英语双及物结构的格配置。它代表了一种图式化形式对应图式化意义的格局，亦即形义对应都较为抽象且有概括性，根据 Visser（1963：606-636）、Mitchell（1985：453）、Allen（1995：29-30，2006：205-208）和 De Cuypere（2015a：230-233），古英语双宾式中的双及物动词关联 5 种格标记型式，宾语的格标记各不相同，如图 7-2 所示，方框中线段的粗细和虚实各相区分，代表不同的格框架形式，它们在类频和例频方面都不同，因此在固化程度上也不同，更粗的框线意味着更高的类频和例频，亦即更基础、更核心：

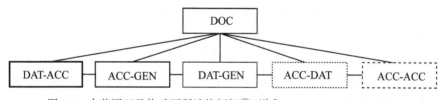

图 7-2　古英语双及物动词所涉格框架②（详参 Zehentner，2016：239）

尽管有形式差异，这些格框架还是有语义重合。根据 Zehentner（2016：

---

① 比如，DOC 和 to-POC 之间的关系就变了，它们互利共生、相互稳定，构式变体间有纵聚合关系，共同联系于一个更具图式性的概括化形式，即构式位。这两个构式变体有共同表义内容，但又各自分工，有一定功能差异，它们构建了各自的生态位而彼此互补，相得益彰。

② 这些框架都是蒙事（affectee，即受影响者和接受者论元，由第一个标记指示）和客事论元（由第二个格标记指示）的组合，根据 Visser（1963：621-636），能用于［DAT-ACC］框架的动词有 320 多个，用于［ACC-GEN］框架的有约 75 个动词，［DAT-GEN］框架的约 60 个动词，［ACC-DAT］框架的约 40 个动词，［ACC-ACC］框架的约 10 个动词。这是它们的类频数差异。

239)，人脑中的这些格框架应有横、纵向上的具体和抽象联系，因此，各有关意义类型都能统一到一个更高水平上的图式化语义结构中，亦即抽象的 DOC 码化为[X-V$_{\text{ditr.}}$ -Y/NP^{格标记} -Z/NP^{格标记}]，其对应的较模糊的意义是"X 作用于 Z 而使 Y 受影响"。古英语双宾式格框架的主要特征是，格框架和与之对应的动词有较明显的语义动因。这是因为，古英语中，格框架系统虽未表现出形义间严格的一一对应关系，但格标记类型本身就已暗含了大致表义内容和类型，即使可能有一对多的关系，这些意义关系之间总会有联系，例如，受格通常标记动作行为中的受事/客事或蒙事，属格一般表达来源或空间参照点，另一参与者从中而来或能触及（参 Möhlig-Falke，2012：38；Croft，2000：122），与格通常标记空间目标参照物，其语义核心跟不可分离或不可让渡的领有相关；而且，带与格标记的 NP 在双及物性事件中表达经事、客事、领有者或接受者等（参 Mitchell，1985：565-568；Traugott，1992：204；Pasicki，1998：118-119；Möhlig-Falke，2012：37-38）。另外，格表记本身有歧义（参 Blake，2001：176-178）。一个格框架通常可以接纳几类语义关联动词，例如，Visser（1963：621）指出，格框架[ACC^{DEPR}-GENTH]主要用于表达褫夺-获取事件，根据 Zehentner（2016：240），格框架[DAT-GEN]既能接纳实际转移交接义动词和意图转移交接义动词（如例（450）a 中的（*ge*）*unnan* 'grant'），也能接纳褫夺义动词（如例（450）b 中的 *bereafian / beniman*）及其他类型动词：

(450) a. Se cyning *nolde* him$^{\text{DAT-REC}}$ his feores$^{\text{GEN-TH}}$ *geunnan*

　　　 the king　 not　 him　　 his life　　　　 grant

　　　 'the king would not grant him his life'

　　　　　　　　　　　 (Bt. 29, 2; Bosworth-Toller, s. v. *ge-unnan*)

　　 b. and him$^{\text{DAT-REC}}$ mancynnes$^{\text{GEN-TH}}$ *benæmde*

　　　　 and him　　　 mankind　　　 take away

　　　 'and took mankind away from him'

　　　　　　　　　　 ((*COE*) ÆCHom I, 31 460.8；例自 Allen 1995：28)

而根据 Allen（1995：28），格框架[DAT-ACC]接纳的动词类数量更多，如转移交接义（例如 *agyfan* 'give'）、致使位移义（*asendan* 'send'）、意图转移交接义（*behatan* 'promise'）、拒绝义（*ofteon* 'deny'）、信息传递义（*cweþan* 'say'）和褫夺/获取义（*ætbredan* 'take away'）等。其语义范围虽最大，但从 Visser（1963：621-636）所列允入其中的动词的语义看，它主要表转移交接义。基于此，Zehentner（2016：240）认为，古英语时期存在一个更抽象的 DOC 构式，其语义结构中（简示如图 7-3），[DAT-ACC] 框架有原型特征：

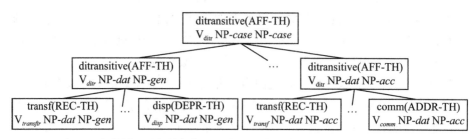

图 7-3　古英语双及物格框架以及有关的动词类特有意义构成的构式网络

　　反之，同一动词类也可以进入多个格框架，比如褫夺义动词可进入
[ACC^{DEPR}-GENTH]、[DAT-GEN]、[ACC-DAT] 以及 [DAT-ACC] 等框架。由于
与格标记一般不指示来源，此类动词进入含与格标记的框架，似乎表明给予和
获取行为在概念上有天然的镜像联系。古英语用与格兼表来源和终点，似乎是
有理据的，介词兴起后，来源一般不再由双宾式表达，而转由介词短语表达。
汉语双宾式(间接宾语)兼表来源和终点基本没有发生重大历时变化。由介词
短语来表达来源，很可能具有更强表达力和更高能产性，比如可以自由地引
申，它可能突破原先由双宾式表达来源而造成的限制(详参 Luraghi，1987：
356；Barðdal，2009：13-14)。

　　格框架系统和动词语义类之间的上述复杂一对多的关系和细微的语义差
别，反映了对有关情景或参与者之间关系的识解有诸多细微差异。Allen
(1995：28)指出，能用于含属格的组合框架的动词中，多数都表现出强烈的偏
好：用与格或受格来标记接受者论元(如被褫夺者)，一般都选择 [DAT-GEN]
框架或 [ACC-GEN] 框架，例如，*forwyrnan* 'forbid, deny' 几乎总是用于前一框
架，而 *bireafian* 'bereave, deprive' 则明显偏好用受格标记被褫夺者。动词的
这种分布特征说明，格框架的意义之间有对立和细微差别：[DAT-GEN] 框架
表明对与格标记论元造成了更抽象的效应，[ACC-GEN] 框架则表示对受格标
记的接受者产生了更具体的、空间分离性影响。此外，Visser (1963：618) 指
出，[ACC-DAT] 框架用于表受影响的人通常是跟某物分离，该物本由他拥有
(例如生命、头、权力等)。换言之，该框架表褫夺了跟被褫夺者密切相关的
实体义，这契合于与格标记的核心语义。可见，这些用法可能反映了说话人
识解上的特征和差异，比如例(451) a-b 句用不同的格框架来说明说话人认为
哪些被剥夺物对被剥夺者来说有更明显的不可让渡/分离特征，不过，同一动
词用于不同格框架，其语义差别有时不一定容易感知到(例如 *biniman*

'deprive, take away from'）:

(451) a. hine^ACC-REC wædum^DAT-TH *bereafian*

'to deprive him of his clothes'

(ÆCHom I, 29 426. 4; 例自 Allen 1995: 29)

　　b. and *bereafode* Godes templ^ACC-REC goldes and seolfres^GEN-TH

'and stole gold and silver from God's temple'

(coaelive, ÆLS_[Maccabees]: 6. 4838; 例自 De Cuypere 2015a: 232)

　　c. & hine^ACC-REC mankynnes^GEN-TH *benæmde*

'and took mankind away from him'

(ÆGenEp I; 例自 Allen, 1995: 28)

　　根据上述特征推测，动词、带格标记的客事以及介词标记的接受者三者组合可以有多种形式，用于编码特定的语义关系或事件识解方式（例参 van Kemenade, 1987: 81; Lundskær-Nielsen, 1993: 19-24; Alcorn, 2011: 143-151）。不过，尚无证据表明，动词语义信息和格结构语义信息各自如何发挥作用而能表达多么精微的语义差别（详参 Croft, 2000: 122）。我们只能说，古英语双及物结构是一个复杂的构式网络，其中，特定动词及其所在的特定格框架可以表达不同的意义，它有明显的特异性，在很低水平上有各种次类。从交际有效性和结构经济性要求看，古英语的论元结构构式系统并非最优选择，其形义关联内含诸多语义关系近似性，容易导致模糊或歧义，在在此压力下，格框架系统发生变化是必然的，其内部竞争造成优胜劣汰，其主要导火索就是音韵变化，它导致格融合或合并以及一般性格区分消失（详参 Luraghi, 1987: 368; Barðdal, 2009; Traugott & Trousdale, 2013: 18）。Barðdal（2009: 13-14）对日耳曼语族各语言的研究表明，格标记消失导致的结构变化往往更具能产性，后者又导致低类频结构逐步消亡，这是彼此相依、互为条件的因果关系。

　　从古英语向中古英语的转变过程中，双及物性论元结构的格形式逐渐趋同，各种格框架逐渐合并，最终出现了无格标记的光杆双宾式，该式沿用至今。在此期间，不同格结构之间因为语义重合和表义模糊或歧义而展开的竞争以类频数和能产性最高的[DAT-ACC]框架胜出而告终。作为最开放包容的结构，它能表达多数甚至全部的由其他格框架表达的意义类型，甚至还能接纳褫夺义动词，这类动词原本跟属格结构联系更紧密。[DAT-ACC]是使用最频繁、最普遍的、最成功的框架。同时，受格标记逐渐稳定地用于标示宾语并表达客事或受事。Zehentner（2016: 245-246）指出，双及物性事件中的受格在古英语中就已典型地用于标记被转移交接至另一参与者的客事，其使用最频繁，而在其他事件类型表达中,受格也用于标示(直接)宾语,这是双向互动的两种偏向,其结果就是,[DAT-ACC]框架的使用越来越高频和普遍,其能产性也越来越高,固化程度低的其他框架因为使用越来越少而最终消失。

　　总之,格框架趋同使得句法-语义系统更具经济性且更具表达力,在与[DAT-ACC]框架的双及物结构的竞争中,使用语序固定这个另类范畴标记的光杆 DOC 胜出并兴起。虽然双及物结构间格框架竞争和[DAT-ACC]与光杆DOC 的竞争是两个相对独立的过程,但它们有密切联系,这也跟(to-)POC 式的兴起密切相关。

7.2.2　格标记消失宏观语境下的双及物结构

　　我们需要将英语双及物结构的演变置于更大的结构性环境中作考察,这些关联结构构成一个庞大的网络,它们的规模大小不一。具体说来,就是要考虑格标记消失构成的宏观语境对双及物结构演变产生的影响。

　　古英语的及物性和不及物性结构跟双及物结构一样,也有不同的格框架。比如,典型的二价述谓结构可以有与格、受格或属格标记的宾语论元,其中,若有第一个论元,则恒定地都是主格,后面论元的格标记则可能不同,其 NP可以是与格(领有者、客事)、受格(客事、经事)或属格(经事)(详参 Möhlig-Falke,2012)。根据 Möhlig-Falke(2012:35,48),[NOM-ACC]框架类频最高,是单及物结构的原型。换言之,及物性的[V-NP格标记]模式也有形义间复杂的一对多关系,但[主语-主格]和[宾语-受格]模式具有原型性。

　　格框架之间的语义重合可能导致格框架数量减少,原型特征更明显、使用最频繁的框架得以留存,这最终导致格标记完全消亡(详参 Barðdal,2009)。Zehentner(2016:249-250)指出,在词缀水平上,出现了同样的格范畴和格结构之间语义交叉和竞争,这推动了格标记的衰亡。例如,强式阳性屈折形态类以及与之关联的词缀通常都比其他的词形变换有更高的类频,因此成为有关范畴中更具原型性和能产性的成员;同样,有些范畴跟具体语义角色的联系比别的范畴要更紧密些,这类构式的固化程度更高(例如[-DAT:经事/Experiencer])。由此产生的原型单及物性[NOM-ACC]格局确立与双及物性格结构相互影响,共同推进了相同格模式[(NOM-)DAT-ACC]的确立和稳固,因为受格标记的角色类似于单及物动词框架里的原型客事论元。形、义稳固的构式会有独特优势,从而确保更高的使用频率和能产性。同时,双及物动词的介词性释义结构 POC 从晚期古英语之后也越来越高频使用,多数介词都偏好用与格来标记其宾语(含 REC 论元),这就跟[DAT-ACC]框架契合,促进了该框架在双宾式中的稳定。因此，古英语的格系统表现出了形、义在各水平上的复杂多对多关系（这关乎有关构式的图式性和规模），这会导致各变体竞争，也带来习得困难（详参 Croft，2001：122；Barðdal，2009）。一个不稳定、不够高效的系统必定会发生自适应性变化。

Zehentner（2016：251）指出，不同范畴的各亚型构式之间有相当的近义性，再加上语音变化给该系统的形式带来压力，格标记消失就是自然的结果，它代表的是多个不同构式中相似的、彼此关联的各种变化不断累积，其中就包括但不限于双宾式及其介词性释义形式，只有两个光杆 NP 宾语论元的句法构式出现且参与了竞争。

7.2.3 双及物结构中接受者论元标记策略的竞争

上述竞争的一个方面就是，使用带格标记的 NP 和介词短语都是表达双及物性事件中接受者角色的策略，我们要关注这种策略博弈。这两个语篇-语用性变体有接受者 REC 是否为焦点的对立，即 to-POC 为 "REC［+焦点］"，DOC 为 "REC［-焦点］"。根据 De Cuypere（2015a&c），这个分布特征在早期英语里就存在：受宾语的有生性、信息新旧度和代词性等特征影响，DOC 多用［REC-TH］或［TH-REC］的宾语语序模式；若使用 to-POC，话题性接受者的表达偏向于［toREC-TH］模式，非话题性的、焦点性接受者表达偏好于［TH-toREC］模式。这就是句末焦点原则。从影响语言性选择过程的功能性和系统性因素看，更能消除话语歧义的策略更易获胜①（详参 Heine，1994：259；Goldberg，1995：67-68；Harris & Campbell，1995：54，73；Croft，2006b：119）；从形式的经济简约性看，更简短、无标记、易识记的表达形式更易获胜，它以最低成本传递最多信息（详参 Goldberg，1995：67-68；Clark，1996：69；Croft，2000：75；Haspelmath，2006：3；Jäger，2007：78）。Zehentner（2016：204-205）还提出了策略的语序兼容性和合作与反合作两个影响因素，前者指跟总的语序特征和要求更契合的策略更易获胜，后者指两方采取相同的做法或者反过来挑选相反的策略都会有好处。

Zehentner（2016：204）总结了三种博弈模式：1）两方都选用 NP；2）"［-焦点］：NP" vs. "［+焦点］：PP"；3）两方都选用 PP。第一种博弈代表简化了的古英语时期，那时，格标记的功能显著，语序自由。第二种博弈代表早期中古英

---

① Haspelmath（2006：3）提出过一条原则：如果话语有交际意义，它就应该包含最小量新信息。

语，此期是混杂状态，格标记使用已边缘化，但其表义作用不可替代，语序也在转型中，固定的趋势明显，句法成分在小句内的移动愈加受限。第三种博弈描摹假设的晚期中古英语时期及以后的情况。此期格标记基本消失，语序固定下来，NP 形式的接受者论元总是在紧接动词后的位置，PP 形式的接受者论元总位于客事论元之后的最后位置。

Zehentner（2016：206-212）通过数学建模对上述策略间的博弈结果作了细致分析。从表义明晰性角度看，古英语早期 PP 策略较 NP[格标记] 策略稍有优势①，但此类 NP 的使用相对还很显著，借助形态标记，语义的表达和区分相当清楚，此期与格形式在语义上相当虚化，但可用的介词相对较多，算是一种此消彼长的弥补，策略结合，还是能比较细致地区分和表达特定的语义角色甚至有关范畴内的一些次类意义。但从动态角度看，屈折形式融合不断加深，到末期时格标记基本消失，NP 的优势不断衰减，光杆的不带格标记的 NP 就其所表达的语义角色而言有很强的歧义性，而 PP 的优势却在不断提升。从形式经济性角度看，介词通常比格形态（词缀）更长，因此，PP 的优势总比 NP 的更小，但由于 NP 仍含有更多的语音材料而并不完全具有经济性，所以，它相对于 PP 的优势一开始并不很明显，后来随着格屈折形式不断消失，单词变短，这个优势才逐渐明显起来。从是否满足语序要求来看，句末焦点原则一直在起作用，但随着时间的推移，接受者和客事论元该占据什么句法位置，有关策略的灵活性越来越小。古英语时期，NP 和 PP 都有等同的可能性占据第一、二的位置，似乎都可见于任何句法位置，在双宾语语序方面，NP 形式的接受者论元在前在后位置的几率几乎对半开，而 PP 形式的从一开始就显示出对句后位置的一定偏好，所以说，NP 和 PP 在三种博弈之中基本都是平分秋色，倾向性明显，但变化不大。

假如上述三种博弈能代表英语史的三个阶段，博弈方和各种策略所在的切适性环境在三种博弈之间各不相同，古英语时期，博弈两方之前都偏好 NP（这是最佳选择），晚期中古英语时期，博弈两方选择各自的策略而带来最高效益：行为类型 1)（NP）向行为类型 2)（NP/PP）转变。早期中古英语时期为过渡状态，多种行为类型并存，亦即古英语时期和晚期中古英语时期的策略对都在使用。就英语与格变换的发展历史而言，在句末焦点原则的普遍性语用限

---

① 介词短语内在地具有表义明晰性，Kittilä et al.（2011：4）指出，从性质上讲，置词（此为介词）在语义上更加具体明确，而格形式更加抽象一些。原则上，分析性手段较之综合性手段表义更明晰。

制条件下，系统内部的变化和策略选择及变化互相影响，格标记指示作用的降低会导致句法成分语序的日渐稳定。在标记双及物结构的接受者角色(以及一般性的核心语义角色标记)方面，英语逐步采用"NP+PP"的混合策略，兼有综合性和分析性特征。

7.2.4 双及物性与格变换的自然显现

与格变换的出现与双宾式的历时变化关系密切，尤其是其语义窄化倾向。从古英语开始，介词宾语性结构 POC 崭露头角，其语义不断扩展，其中个别 PP 逐渐跟特定的双及物动词类形成紧密联系，从而逐渐成为双宾式的释义结构。介词性结构不断获得新的表义功能，*to* 等语义不断虚化，包含原双宾动词的新动词类不断进入 POC，形成双及物结构的新变体，其使用频繁，复制更成功，不断分担双宾式的表义内容。这具有构式化性质。演变的主要结果，就是 *to*-POC 逐渐稳定并同 DOC 形成了与格变换关系，DOC 同时发生重大语义变化并且稳定下来。在整个中古英语时期，对原型双及物性转移交接义动词(以及关联义动词类)而言，DOC 和 *to*-POC 之间形成了构式性和谐共生关系，在两式基础上构建出双及物构式位这一种跨构式性概括形式。下文从几个角度来观察与格变换显现过程中的主要特点。

7.2.4.1 POC 的发展关键期：古英语末期和中古英语时期

古英语时期就已出现少量 POC 用例，允入的有些动词类同时也能进入 DOC，它们可以跟多种介词短语搭配共现(详参 De Cuypere，2015c)。在与其中一些介词短语高频共现的过程中，这些动词逐步和 DOC 发生密切语义联系，这些介词主要有 *to*、*from*、*of*。在这个特定句法结构中，这些介词因为语义引申而被重新分析，这使得包含它们的 POC 跟 DOC 逐步可以交替表达，在竞争中各司其职、和谐共生。上述动词中，最重要的就是伴随运动位移义动词(例如 *bring*，*send*，*lead*)和信息传递义动词(例如 *sprecan* 'say，speak，utter' 和 *cweðan* 'say，speak')，在与之共现的介词性短语中，*to*(含 *towards* / *till* 等)标记目标/接受者论元。*to* 的原型功能是空间方位指向，最初只指示**无生**的空间目标，但借助转喻，空间目标跟位于该空间的人有联系，可以相互指代，亦即可能有歧义，通过语用性推断，*to* 实现语义功能扩展，被重新分析为指向动作行为的**有生**目标终端，即接受者，这样将**有生**的论元标记为**无生**的方向性目标，两种解读统一起来，例如(例自 Zehentner，2016：253)：

(452) a. And seo papa *seonde* þa his gewrite^TH to Englalande^GOAL(有生/无生?)

'And the pope then sent his bull to England'（ASChron.，an. 675. 10. 534）

b. *Sende þa digellice* arendgewritu[TH] *to þam kasere*[GOAL(有生)]

'［He］then secretly sent letters to the emperor'（Boeth.，1. 7. 19. 65）

这些创新用法最初应是有标记的，但目标和接受者角色接近，在概念框架内联系紧密而容易彼此关联和激活，该用法有跨语言普遍性（详参 Newman，1996：88；Haspelmath，2000：789；Heine & Kuteva，2002：37-38；Lehmann，2002：73；De Cuypere，2013，2015b）。通过类比引申，它可以扩展到其他类型：更多类型和数量的动词和名词能进入该格式，使其语用频率增高，于是，原有的［to-NP[无生目标]］和新兴的［to-NP[有生目标]］的用法并存，这可能导致［to：目标］结构出现语义概括化和抽象化，出现一个更具图式性的［to-NP[目标]］构式，新旧构式都成为其次类并关联和统一起来，它们因为有各自的表义功能而和谐共存，导致了上位图式化构式更高的使用频率和更多的复制机会。像这样，旧构式获得了新功能及新次类，即 Traugott & Trousdale（2013：193）所谓的宿主类扩展，其普遍性和能产性都提升了，但组合性降低了。这也是语法性构式化性质。由于典型的单及物和双及物结构都含有"施力-致使"义素，伴随运动位移义动词就跟致使运动位移义动词密切关联，它们用于同一句式，前者可算是后者的次类，致使位移义动词变化相对不大，其总体的"朝向某空间目标的具体转移交接"义并未受影响。

同理，信息传递义动词表示实施的言语行为致使信息虚拟运动位移，其朝向或终点的解读也有歧义性，即方所性目标和人转喻可互相转喻，*to*、*toward*等引申为指示信息接受者或受话人（addressee，ADDR），这是借助隐喻实现了介词语义扩展而获得全新语义角色。① 此类用例高频出现就可能导致 *to*-PP 表达受话人的意义构式化，新的 *to*-POC 构式就逐步确立起来，成为表信息传递义的 DOC 的替换表达。有时受制于语篇功能因素和信息处理需要，此类动词更多选择 POC 而非 DOC，比如，言说等信息传递通常会带小句形式的客事，这些小句通常比 NP 形式的客事更长更复杂，使用介词能更好地将受话人同句中其他论元成分区分开来，上述用例分别如（453）a、b、c 三句（a、c 句自

---

① 但 De Cuypere（2015c：18）和 Daniel（2014）等认为，受话人和接受者应该是独立的角色，因为，言语动词在古英语初期只能用于介词宾语结构，这个时间早了给予义动词最早用于 *to*-POC 构式的用例；稍晚之后，它们才用于 DOC。这类似于汉语"言、问"等的句法形式变化。

Zehentner 2016：254, 258；b 句自 De Cuypere 2015c：18；更多用例见 Koopman & van der Wurff, 2000：262)：

(453) a. þæt <u>hit</u>TH **to Rome**^{GOAL/ADDR?} *gebodode*

'who told/proclaimed it to Rome' (Orosius, 4：11. 109. 12. 2282)

b. God *cwæð* **to Moysen**^{ADDR} <u>ðæt he wolde cumin</u>TH

'God said to Moses that he would come' (cocathom2. o3：196, 16)

c. Drihten *cwæð* **to ðan scuccan**^{ADDR}, "<u>Efne he is nu on ðīnre handa …</u>"TH

'The lord said to the devil："Indeed he is now in your hand …"'

(Vsp. D. Hom. ［Vsp D. 14］125/32；Glossary Old English Aerobics, s. v. (*ge*)*cweðan*)

总之，*to* 在早期古英语时期就已发展了指示有生目标或受话人的新功能并促成了子构式类型的诞生，它跟介词宾语构式之间以及同双宾式之间开始建立起联系，于是，使用这些动词类的分析性句法结构跟使用同样动词类的、有格标记的综合性双及物结构就开始竞争。不过，*to* 的使用还没有完全延伸到涵括原型接受者的程度，古英语中的此类用法也只是萌芽。De Cuypere (2015c) 指出，它全面扩展至全部类型的直接和间接的、具体和抽象的给予事件表达，是在古英语向中古英语转变期间。*to* 的这种用法很可能具有代表性和示范效应，通过类比，应该有一组相关介词(在 *prep*-POC 结构中)在大致相同的时期内发生了同样变化，这种用法相互影响和强化，促使更多类似介词更多用于 POC，同时，及物动词越来越多地用于 POC 而与介词性宾语共现。例(454)中'*towards* +NP^{有生目标}'的用法跟'*to* +NP^{有生目标}'的用法之间可能有类比推衍的关系(例自 Zehentner, 2016：253)：

(454) þe *speca* þ<u>yfelu</u>TH **togeanes sawle mine**^{ADDR}

'who speaks evil things towards my soul'

(Lambeth Ps. cviii. 20；OED, s. v. *speak*)

表达褫夺/获取事件的褫夺义动词及其关联的 *from*-POC 和 *of*- / *æt*-POC 构式也经历了类似的发展。古英语时期，可能由于概念化的特点及综合性 DOC 的表达便利，褫夺义动词也主要用于 DOC，但它们偶尔也能跟标记夺事(即被褫夺者)的 *from*、*of*、*æt* 共现而进入 POC(例参 Visser, 1963：633；Harbert, 2007：110)，这可能反映了独立和清晰表达褫夺事件的需要。同样，*from* 等介词典型地指示无生的来源/起点，而被褫夺者也可以理解为被褫夺物运动位移的起源，一方面是 DOC 中"目标/终点"和"来源/起点"有概念上的同一性和关联性，能互相激活，另一方面是 *to* 的隐喻和转喻用法的强大示范效应以及 POC

的逐步兴起和高频使用，因此，POC 构式中，动词的论元最终被重新分析为表达被褫夺者或有生的来源而非方所性来源或起源，例如(455) a 句和 b 句，因此，构式义扩展到表达更抽象的、间接的褫夺，其中并不涉及具体物品被转移，例如(455) c 句(例自 Zehentner，2016：255)。

(455) a. þeah þe *numen* sieTH neodlice **of cocrum**^{SOURCE}

　　　'even if they [i. e. the arrows] were forcefully taken out of the quivers'

　　　(Aldhelm's Riddle 33；Glossary Old English Aerobics, s. v. (*ge*)*niman*)

　　b. Ic wæs syfanwintre þa mecTH sinca baldor, freawine folca **æt minum fæder**^{SOURCE/DEPR} ӡenam

　　　'I was seven years old when the lord of treasures, …, took me away from my father'

　　　(Beowulf, 242-2430；Glossary Old English Aerobics, s. v. (*ge*)*niman*)

　　c. Ne *afyr* þinne fultumTH **fram me**^{DEPR}

　　　'Do not take your support away from me'

　　　　　　　　　　(Bl. H. 105, 30；Bosworth-Toller, s. v. *a-firran*)

　　这种扩展用法的出现可视为新构式次类的诞生，亦即在原有的 *from/of/æt-*构式之外又出现了一个新的 *from/of/æt-*构式，人们可以基于这些构式变体进行抽象和概括，形成一个更概括化的、意义不很明确的图式。古英语褫夺义动词除了使用介词引介来源，比如'deprive sth. of sb.'，还可以用介词引介客事，比如'deprive sb of sth'，它们也形成竞争。后者更具竞争力而留存至今，这是因为那时一个大趋势是用 *of-*短语来替代属格标记。有人从认知角度来分析，认为褫夺义动词的事件语义框架凸显被抢夺者，因为它受抢夺行为的影响更大，所以统一要求被褫夺者直接紧邻动词(另参 Schwyter，2012)，这种距离象似性解释也有道理。我们相信，多个分析性句法格式可用来替换综合性 DOC 的表达，可能是因为它们有各自凸显的语义角色，表义明晰，满足不同的功能性要求。

　　还有更边缘化的 POC 用法跟表情感事件的轻动词结构和反向信息传递义动词有关，前者如'have forgiveness/ envy/ love to sb.'，后者如'take example/ leave of sb.'和'ask a favour/ permission of sb.'等，它们通常构成复杂述谓结构，其事件框架语义包含"对象/目标"或"来源/起点"角色，因此，古英语时期，也有用 *from*、*of* 等引介上述角色的用例，于是，之前表达空间关系的介词被重新分析为表更具体的受影响之义，这会导致组块关系变化，新形式和新意义的出现也就意味着构式化(详参 Bybee，2010：34-37)。上述两类 POC 用法分别例如(456)a、b 句(例自 Akimoto & Brinton，1999：39；Zehentner，2016：256)：

(456) a. Siððan æfter ðan *genam* saul <u>micelne nið</u> **to ðam gecorenan dauide**

'After that Saul entertained great envy towards the chosen David'

(ÆCHomII 4. 35. 194-195)

b. Hi *bædon* <u>læfa</u> **æt me**

'they asked leave of me'

(Guthl. 14；Gdwin 62，13；Bosworth-Toller, s. v. *leaf*)

总之，古英语时期双及物结构的构式性网络中，DOC 联系着几个动词类特有构式，分别涉及转移交接义、信息传递义、致使位移义、褫夺义、反向转移交接义等动词类型。其中有些亚型图式开始在横向上跟介词性构式相联系，但双宾式和 POC 之间的联系还不很紧密，因为这些 POC 次类并不局限于有关的动词和某个介词，而上述动词也并不只进入一个句法格式。此外，POC 的次类发展和上述动词次类的发展在内部都不平衡，因此，有的 POC 类型可能有更高的固化程度和更强能产性。例如，基于信息传递义动词的 to-POC 式在古英语末期已较显著，*to* 更早、更可能标记受话人，因此 to-POC 的语法化程度更高，跟 DOC 形成更紧密的语义联系。在动词次类方面，根据 Akimoto & Brinton (1999)和 De Cuypere (2015c：6)，古英语时期，相对于 DOC 用法，言语动词、反向(信息传递)转移交接义动词以及态度-情感义动词的复杂述谓结构都明显偏好(*to*-)POC 式；在中古英语时期，信息传递义动词也更多用于 POC 式。不过，有些表达类似语义的非轻动词性简单双及物结构只选择 DOC 而非 POC，例如 *forgive*、*envy* 等，而伴随运动位移义动词和褫夺义动词的句式选择偏好不明显，这可能和所涉竞争句法结构较多有关。分析性的 POC 表义明晰，综合性的 DOC 结构经济，在格标记系统逐步消亡的过程中，DOC 的表义功能发生障碍时，POC 的兴起就是必然。

交替表达形式中相关介词的语义在中古英语时期继续引申，这对 DOC 与 POC 的竞争产生了重要影响。指示空间目标的(含 *till / towards* 等其他介词)*to* 就是典型例子，它借助桥接性语境和转喻机制，从指示物理性方所到指示社会团体、人或人群，发展成为指示有生目标和成功转移交接事件中的接受者(例参前文例(379)a、b 句)。根据 De Cuypere (2015c：20)，表给予义的用法在(晚期)古英语时期就已出现，借助隐喻机制，这个接受者还可以更抽象。从表达物理性转移交接事件的 *giefan* 'give'和 *sellan* 'give'等开始，包括中古英语里的 *geven* 'give'和 *yelden or yeten* 'give, yield, grant'等，新创用法愈加频繁，扩展至更多语境类型，其能产性因此更强，吸引更多同类动词进入该式，它还能用于表达意图转移交接或未来转移交接等非现实给予(例如中古英语里的 *offren /proffren* ' offer', *promisen* ' promise'等)以及隐喻性的转移交接(例如' pay sb. a visit'),*to*-POC 于是跟传统上只关联 DOC 的那些动词类发生关系,最后变成了双宾式里转移交接义 DOC 次类的强有力竞争者①。

to-POC 的这个演变过程很有代表性。与此同时,其他介词和动词类也有类似变化,到早期中古英语时期,双及物构式网络就形成了。一方面,*from*、*of* 等其他介词构成的 POC 兴起并同样跟 DOC 的次类建立起联系,彼此竞争。另一方面,这些相关的 POC 内部也会有竞争,比如褫夺义动词就能和几种介词短语同现②,同时,跟图式性 DOC 关联的那些动词类特有构式又个别地跟一些不同的、介词特有的构式联系起来,它们也有竞争。总的来说,POC 内部的竞争都不平衡,正是在此不平衡中,人脑抽象出一个高度图式化的、抽象的致使位移构式,据此可以产出' John loaded the hay onto the truck'等构例。同时,使用双及物动词的较抽象的 POC 式承继于该构式,它包括一个光杆客事论元以及一个用介词标记(通常有生)的受影响实体,它和 DOC 的语义逐渐趋同并因此关联起来,形成交互释义关系,这标志着表达双及物性事件的与格变换出现了。从此,一个综合性表达和一个分析性表达开启了在合作和竞争中不断自我调适的过程。

7.2.4.2 中古英语时期 POC 和 DOC 的合作、竞争与和谐共生

语言系统处于恒变状态,它必然反映现实和认知变化,必须满足交际需求,它不断调整自身的形、义来实现最佳表达效果。因此,POC 和 DOC 两个子系统也不断变化,它们的变化密切联系着彼此,在合作和竞争中演变。下文考察这种合作和竞争,关注其结果:双及物构式位形成及其表征的与格变换出现。

7.2.4.2.1 中古英语时期 POC 和 DOC 的合作

POC 和 DOC 有各自优势,POC 的使用在初始阶段显著提高,但其发展高度依赖有关动词的语义特征,这使得其次类之间发展不同步,从而导致 POC

---

① 关于构式的高例频使用对推动新创图式扩展的作用,可参 Goldberg (2006)。

② 介词短语内部在使用或复制上并不平衡,但更高频、更成功的那些用法通常会产生示范效应,类比总是发挥作用,例如,褫夺义动词的 *from*-POC 用法就可能推动 *from* 短语跟拒绝义动词同现,受阻而不能接受,也是类比性引申。此外,有歧义解读可能性的动词也很容易促成引申。

各次类跟 DOC 的关系不尽相同。例如，使用转移交接义及其关联语义动词的 POC 跟 DOC 和谐共生而高度能产，使用褫夺义动词和施益/损益义动词的 POC 却淘汰了 DOC，基于情感/心智义类的复杂述谓结构（如 *have love to sb.*）维系着 POC 用法，使用反向信息传递义动词的两式用法都留存至今且变化不大（如 *ask sb. a favour*），但它们不能作与格变换。可见，POC 和 DOC 的合作只是众多结果之一。

合作的基础主要是两式的形、义和语篇功能各有特色，在合作中能满足不同的交际需要，其中最典型的就是 *to*-POC，它在中古英语时期成为 DOC 的强力竞争者，*to* 朝着表达更一致的转移交接义演变。*to*-POC 战胜其他次类及其他介词，很可能与其语义更宽泛灵活以及形式更经济有关，它因此有更大的表义范围和更明晰的角色标示（详参 De Cuypere，2013，2015c），以它为代表的 POC 因为不断高频使用而形成构式义概括化，这会促进其他类型 POC 发展，从而促成 POC 跟 DOC 语义关系日益紧密联系。

根据 Zehentner（2016：263），在开始阶段，转移交接义 DOC 的介词性释义结构里的介词补足语成分内部差异很大，但随后该系统出现一定的规则化，*to*-POC 成为 DOC 的唯一竞争者。*to*-POC 曾一度稍占上风，但至中古英语末期，态势扭转，DOC 的使用频率又现回升[①]，结果是，［转移交接：DOC］与［转移交接：*to*-POC］之间逐渐发展出密切的联系并最终和谐共生、互利互惠，它们合作共存，由于语篇-语用因素的作用而彼此相异，构建起各自的生态位（详参 Steels，2011b；Traugott & Trousdale，2013）。Zehentner（2016：263）指出，两式的这种关系对它们彼此都有裨益，使用到其中一个通常就会激活起另一个，这样又会使两式的固化程度更高，而且以后被激活的可能性更大。此外，Perek（2015）指出，两式之间的联系也会影响它们各自基于变换的能产性：如果有新动词开始逐渐能用于其中一式，那它通常也可能被用于另一式。[②] 虽然两式能产性有异，但这不妨碍它们共建起构式性关系。

---

① 导致此逆转的原因主要是两式各有优势，不同语境下会有构式性偏好，当然也因为此时语序逐渐稳固，而且 DOC 的语义窄化了。

② 所谓和谐共生并非绝对平分秋色，根据 Wolk et al.（2013）、Gerwin（2014）和 Röthlisberger（2015），在早期现代英语和当代英语之间，DOC 用例占所有双及物结构用例的 70%，是强势变体，但这不影响两式维系稳定的强弱关系格局。另外，根据 McFadden（2002）和 De Cuypere（2015b），个别句式会逐渐局限于特定的语序格局。这可能和语用习惯及社会规约有关，比如宗教宣讲，*forgive* 等动词强烈偏好 DOC 而鲜有变化。

从双及物构式位的角度看 POC 和 DOC 的关系有独特优势。构式位的形成是图式化过程，是更高水平上基于变换的概括形式的确立，概括则基于编码近似事件范畴的各种具体构式变体。根据 Perek（2012：604，629-630），构式位的确立是构式化性质，其构式义从参与变换的各变体的意义之中抽象而来，它对应着动词后补足语成分线性语序未明确限定的一个形式，但这些构式变体本身都有明确对应的形义，变体共同构成的网络就是构式位网络。在统一的双及物构式位网络中，其变体（即 DOC 和 *to*-POC）彼此独立但又密切关联（另参 Cappelle，2006）。此外，与格变换是相对的、动态发展，在共时和历时层面，有的动词（含轻动词）只能进入一个变体而不能变换①，有的则明显偏好于一个变体，还有的则表现出逐渐脱离其中一式特别是 *to*-POC 的倾向，比如 *deny*、*refuse*、*cost* 等个别拒绝义、褫夺义动词愈加明显地只用于 DOC（详参 Colleman & De Clerck，2009：24，36；Perek，2015），根据 Zehentner（2016：265），在中古英语时期，它们与介词短语同现的用法还比较自由。可见，尽管在中古英语末期或早期现代英语之初，DOC 和 *to*-POC 已形成稳定且密切的和谐共生、互惠互利关系，但这种联系还在继续发展，并在之后开始变得具有（近乎）排他性和完全能产性。

施益变换（详参 Theijssen et al.，2010：115；Kittilä，2005；Malchukov，Haspelmath & Comrie，2010：3），是指接纳施益动词/创制义动词的 DOC 可以用 *for*-POC 式进行释义的现象。根据 Goldberg（1995：77），施益性 DOC 表创制且意图致使拥有义。这是其共时性语义。Zehentner（2016：266）指出，*for*-POC 式的上述用法直到中古英语时期较晚时才开始出现，但都不稳定，即使是同一个动词，也能跟 *for*、*to* 等多个 POC 式共现，而此时 *to* 已常用于释义转移交接义动词，可见，使用 *for* 来标记施益功能并最终确立起真正意义的施益变换是较晚近才发生的，极有可能借助了类比作用。创制-施益义动词能保留在 DOC 之内，很可能是其表义接近 DOC 的核心义，而且也契合于 DOC 内蕴的施益义义素，毕竟它们都关联着近似的事件框架语义（详参 Newman，1996：

---

① Goldberg（1995：94）指出，有些复杂述谓结构在当代英语里几乎压倒性地局限于 DOC，比如 'give sb. a headache/kick'，这是因为整个表达重在强调由客事（转喻）表达的动作行为或结果，有适宜的语篇-语用条件，另外一些如 *explain*、*donate* 等因为各种原因只能用于 POC。这可能跟 *to*-POC 构式的能产性更突出有关，此外，占先效应和语言习惯等也可能起作用（详参 Stefanowitsch，2011；Boyd & Goldberg，2011）。

95-97，211-217）。

之前也有其他介词关联着古英语转移交接义动词特有的双宾式，但它们构成的 POC 都落败于 *to*-POC，后者获得新地位后就开始跟 DOC 竞争，由于各自的表义特征、语用优势和语篇功能，两式逐渐合作互利，成为彼此的构式变体，其句法表现形式即与格变换到中古英语末期时已经相对成熟和稳定，具体选用哪一个构式通常取决于语篇-语用性因素。Zehentner（2016：267）将此大致趋势描写成"稳定共生（古英语）>竞争（中古英语）>稳定共生（中古英语末期）"路径，其中还夹杂着施益变换。总之，DOC 和 *to*-POC 作为构式变体共同促成双及物构式位形成。

7.2.4.2.2　中古英语时期 POC 和 DOC 的竞争

褫夺义动词和纯粹施益/损益义动词的句法表现代表了 POC 和 DOC 的竞争及主要结果，亦即 POC 胜出，DOC 被淘汰。古英语时期，表来源的介词短语结构偶有使用，褫夺义动词用于其中而成为相应 DOC 的释义形式。不过，在古英语（及中古英语）时期，大多数褫夺义动词都能选择两种介词性结构变体，即介词引介 REC 论元（PP-REC 结构）和客事论元（PP-TH 结构），其中，PP-TH 结构似比 PP-REC 结构使用更多，这种竞争可能是导致褫夺义 POC 用例较少的原因之一。例如（Zehentner，2016：269）：

(457) a. For they putten in theves that *stelen* the soulesTHof Jhesu Crist^{DEPR}

'For they put in thieves that steal the souls from Jesus Christ'

（CMCTPARS，315. C1. 1156；M3）

b. and *steleth* hir souleTHfro Crist^{DEPR}

'and steals her soul from Christ'　（CMCTPARS，319. C1. 1317；M3）

这之后，屈折形态标记不断消失，POC 尤其是 *to*-POC 兴起，DOC 的其他介词性释义结构使用日趋频繁，包括褫夺义动词构成的 POC。Zehentner（2016：268）指出，褫夺义 POC 的用例此时骤增，到晚期中古英语时，褫夺义动词用于 POC 几乎有强制性。[1] 这说明，在历时层面上，介词宾语结构的固化程度不断提升、能产性不断增强，其复制就越成功，而相应的原 DOC 的次类不断弱化，激活和使用越少，则复制就失败。与此同时，跟褫夺义动词相关的 POC 内部也在竞争，大致趋势是，介词 *at*（同'*from*'）的用法不断落败并最

---

① 少数 DOC 的用例也有，但可能是仿古用法，例如 *cost* sb. sth.，这些用法可能最终会消失。

终消失，of 也如此，但在如今还有少数留存，例如 deprive / rob sb. of sth. ①。

　　褫夺义动词丧失了跟 DOC 的关系，但也进入了更抽象的、适用范围更大的致使位移构式"SVO+PP"，如今由介词引介被褫夺者的结构跟 to-POC 和基于其他介词的释义结构保持联系，在该抽象构式网络中，它们互为变体。无独有偶，致使位移构式的某些成员构式之间也有类似交替表达关系，如方所变换，它表明，在某种意义上，褫夺义动词（及其他双及物动词）（曾）允入两个介词性结构，例如 stelen 'steal' 的用法，但在当代英语标准变体中，绝大多数褫夺义动词只能选用其中之一了。比如 'rob' 和 'steal'：在前者，介词引介客事，在后者，介词引介来源，而来源相当于 REC 角色。一般认为，参与者角色句法实现形式的差异，源于两式事件语义框架中的侧写（profiling）差异，即对参与者角色凸显的差异，它在事件中受影响程度不同，rob 的词汇语义框架限定的是 <抢劫者 **受害人** 物品>，而 steal 的是 **<偷窃者 来源 物品>**（详参 Goldberg，1995：45，48）。这表明，介词引介不同角色而形成的两个构式，其自身语义差异日益明显，是基于词汇语义特征表义明晰化的例证之一。而且，这也是语义相关构式各占其位、各司其职、在竞争中合作分工的另一证据。

　　纯粹施益/损益义动词跟褫夺义动词的发展趋势大致相同，在中古英语时期，逐渐被淘汰出 DOC 而更多用于 POC（或其他句式）。纯粹施益动词通常用于类似施益变换里的 for-POC 构式（也用 to-POC 等），但损益义动词倾向于用其他手段，比如用属格短语来标记受影响者，这也有些类似于现代汉语的情形（例(458)a、b 句来自 Zehentner 2016：270）：

(458) a. John *opened* the doorTH for Mary^{REC}

　　 b. John *broke* Mary's^{REC} shoulderTH

　　 c. 你就是来挑我的刺儿、拆我的台、拖我的后腿的！

　　 d. 这家伙就是想吃她(的)豆腐。

上述差异表明，纯粹施益/损益义动词内部各次类应该在中古英语的某个阶段出现了句法行为差异，这些分布性差异在古英语时期很可能不明显，但后来愈加明显，最终，这些动词次类进入不同的句法结构。

　　7.2.4.2.3　中古英语时期 POC 和 DOC 的和谐共生

---

　　① 根据 Goldberg（1995：45），褫夺义动词的 of-POC 的用法在大多数当代英语变体中都不合法。

跟前述各类动词的历时性句法表现变化相比，还有三类动词的变化差别很大，它们的相对使用频率也不高，内部各有异质性，其句法行为即使在如今也有相当的独异性。首先是复杂述谓结构使用的反映情感/态度类心智状态的动词①和反向转移交接义动词，这些用法显著区别于其他相应简单动词的用法，它们在中古英语时期可见于 DOC 和（*to*-）POC 构式，后者的用法例如（例自Zehentner，2016：271）：

(459) a. John *had* pityTH on (upon/of[?]/⋯) Mary^{STIM}

　　 b. John *had* love (feelings/⋯)TH for Mary^{STIM}

　　 c. John *felt* envy (hatred/⋯)TH at (towards/...) Mary^{STIM}

注：STIM＝STIMULUS（刺激体/源）

而反向转移交接义动词的用法和轻动词结构联系密切，尤其跟褫夺义动词的联系紧密，其 REC 论元通常指示抽象接受事件中的有生的来源，该差别将两组动词区分开来。另外，心智状态义动词和反向转移交接义动词在古英语时期就已明显偏好介词性结构，其可靠的 DOC 用例很少，这个特点一直持续到中古英语时期，它们的 DOC 用例可能算边缘性用法（详参 Akimoto & Brinton，1999），但其 POC 用法明显固化程度更高。Zehentner（2016：271）指出，它们的零星 DOC 用法在中古英语之后的某个阶段似乎也再次消亡，如今此类轻动词结构用法里只剩下介词短语结构。不难想见，在中古英语时期一个较短时间段内，POC 用法跟 DOC 用法竞争，一方面，DOC 用法可能很容易就扩展到反向转移交接性'V+NP'结构，因为褫夺义动词的 DOC 用法可能引发类比效应；另一方面，POC 用法跟 DOC 用法之间形成越发紧密的相互释义关系，这是宏观语言背景，所以，一边可能是'*steal sth. of sb.*：*steal sb. sth.* → *take an example of sth.*：*take sth. an example*'一类的类比用法，另一边是 POC 用法的强势崛起，心智状态义动词构成的复杂述谓结构的 DOC 式创新变体出现。但是，竞争很快就以 POC 获胜告终，主因可能是 DOC 的语义变化大势使得表抽象来源义的任务统一交由 POC 完成，而这又是 POC 语义变化的大势，还可能因为其句法结构更满足表达此类事件时语篇-语用上的要求，即语义表达重心在句尾的造成情感的致因。对这两类动词而言，DOC 和 POC 用法似乎还在竞争，但又有不对称合作，变化虽然缓慢，但它们跟 *to*-POC 的关联越来越密切。若

---

① 根据 Goldberg（1995）和 Colleman & De Clerck（2008），*forgive*，*envy* 等不是如今 DOC 的原型成员动词，它们愈加偏好介词宾语结构，例如'*John envied Mary for her new car*'，这可能导致它们最终脱离 DOC。

假以时日，它们最终只会局限于 POC。

不过，古英语时期用于表达反向转移交接和情感态度义的介词性轻动词结构逐渐局限于 to-POC 时，此类动词一般就不再进入 DOC（详参 Brinton & Akimoto, 1999a），它们有包括 POC 在内的众多句法结构可以选择，但关联的介词类型有缩减。由于这些基于特定动词的句式的图式性程度、能产性及组合性程度降低，在动词、名词和介词三者间形成日渐紧密的关系，它们可能有了习语性质（详参 Traugott & Trousdale, 2013：193；Brinton & Akimoto, 1999a；Brinton & Traugott, 2005）。习语性质的双及物复杂述谓结构通常不能作与格变换。此外，反向信息传递转移交接义动词或短语编码"要求从 O$_{间接}$指代者处获得某物"义（详参 Colleman & De Clerck, 2009：34），例如表问询或索求义的 *ask*。对此类事件的描写比较独特，并未出现类似于褫夺义等动词偏好 POC 的用法和特征，古英语中，此类动词既可用于 DOC，也可用于 POC（涉 *to*, *from*, *of* 等），还可进入介词标记客事的结构（例如 *ask a person of / for mercy*）。这三种情形例如（460）a, b&c（例自 Zehentner, 2016：273；另参 Visser, 1963：612-613）：

（460）a. Hig **hine**^{SOURCE} *acsodon* ðæt bigspellTH

　　　　they him　　　　ask　　　the parable

　　　　'They asked him the parable'

　　　　　　　　　　　　　　　　（Mk. Th. 4, 10.；Bosworth-Toller, s. v. *acsian*）

　　　b. Gif hit **hine**^{SOURCE} hlafesTH *bitt*

　　　　if　it　him　　　　bread　ask

　　　　'If it [the child] asks him for bread'

　　　　　　　　　　　　　　　　（Homl. Th. i. 250, 8；Bosworth-Toller, s. v. *biddan*）

　　　c. Hy　him **to eow**^{SOURCE} arnaTH *bædun*

　　　　they him to you　　　compassion　pray

　　　　'They asked [prayed] to you for compassion'

　　　　　　　　　　　　（Exon. 27 b；Th. 83, 9；Cri. 1353；Bosworth-Toller, s. v. *biddan*）

这一基本格局在中古英语时期一直延续，尽管在中间，POC 和 DOC 的使用频率略有涨落，但始终未向仅选择 POC 的方向发展，直到现在，DOC 形式的反向信息传递事件的表达还能见到，同时还有其他类型的介词宾语格式，例如：*ask sb. sth. / ask sth. from or of sb. / ask sb. for sth.*。虽然此类动词能进入的句法结构数量没有历时性减少，但可用介词类型数有减少，比如现在 POC 只用 *of / from*，而且，此类动词的 DOC 用法仅用于固定搭配，其能产性大大降低。*ask* 的双宾式用法能维系至今，很可能跟信息传递义动词的左右向转移交接对称性有关，即在 *ask sb. sth.* 和 *tell sb. sth.* 之间因为有概念性对称而容易激活语义。但是，*ask* 似乎是特例，反向信息传递义动词内部似乎并未形成图式性联系或扩展。

最后是弹道式瞬时运动位移义动词，例如 *throw*、*fling*、*dart*、*cast*、*toss* 等。古英语里此类动词就能用于 DOC，这在日耳曼语族语言中并不罕见（详参 Barðdal，2007：25-27），但它们主要还是用于介词短语结构。这个格局一直维系至今，常用介词是 *to*，还有 *at*、*on*、*towards*、*into*、*onto*、*across* 等。古英语中的双宾式用例如：

(461) *Weorpa* þ hitTH hundum^{GOAL/REC}

　　　 throw　it　dogs

　　　 'throw it [i. e. the meat] to the dogs'

　　　 (Ex. 22, 31.；Bosworth-Toller, s. v. *weorpan*，例自 Zehentner，2016：274)

不过，Zehentner（2016）和 Colleman & De Clerck（2011）分别在中古英语及 18 世纪英语语料库中几乎没有检索到包含弹道式运动位移义动词的 DOC 用例，而且，它们在如今 POC 式中所涉介词不限于 *to*。据此推测，此类动词自古英语以来一直就表现出对 POC 的强烈偏向，这种偏向延续至今，尽管中间也能时不时见到少数 DOC 的用例。这个偏向很可能跟两式的构式语义有关，即 DOC 的原型义侧重于转移交接（及其造成的影响）已经实现这个**结果和事实**，而 POC 式的原型义表达（致使实体）弹道式运动位移**过程**发生，它不强调是否触及或抵达该位移目标或终点。此类动词的事件框架语义特征更契合于 POC，它们在两式间换用的可能性不大。除非，运动位移和转移交接在极短时间内完成，比如竞赛中的传球，那么，进入两式并交替变换表达有可能，毕竟，在用 *to*-POC 进行 DOC 释义表达时，*to* 有歧义，它可以指朝向目标或抵达目标，例如 '*Joe threw the ball to him* vs. *Joe threw him the ball*'。所以，此类动词可以有条件地进入 DOC，它们此时就可能作与格变换。

上述几组异质性双及物动词在英语史上的发展轨迹跟其他动词有较大差别。由于所涉动词的语义特征和 DOC、POC 释义结构构式义特征的契合度不同，由这些类型动词构成的 DOC 和有关 POC 间的竞争结局颇不同，基本维系了并存留用的局面。

7.2.4.2.4　介词宾语式兴起背景下[VP+PP]结构的句法性质变化

从古英语时期开始，一些综合性句法格式已面临来自介词短语格式的竞争，这可能是表义精确的要求使然，毕竟介词引介语义角色，表义会更精准。

法语等外来语介入后，该过程加速，在中古英语时期，介词词类大发展，介词宾语式兴起，这是 DOC 发生形义变化的大背景。介词逐渐"接手"了之前由格标记编码的功能，这体现在动词后的补足方式以及名词和形容词的修饰方式的变化。比如，*of* 短语开始逐渐替换掉领属结构里的属格 NP，包括及物动词的属格宾语和部分量用法（partitives）中的属格名词修饰成分。此外，介词短语结构更多作时间、地点或方式附加语。虽然格标记和介词之间发生表义竞争，而且，从长远来看，一般都是介词结构胜出，但是，因为自身语义差别或受制于语篇-语义因素，有时候，分析性的和综合性的变体都得以留存，这就造成了竞争的不同结果。下文从语法性构式化角度考察 DOC 和 POC 之间的竞争和有关介词宾语结构的发展。

Zehentner（2016：276）认为，英语总的历时变化是介词短语（PP）由于不断地语法化而从任意性附加语向强制性附加语转变。一般地，附加语是任意的，句法位置灵活，补足语通常具有强制性，句法位置受限（详参 Huddleston & Pullum，2002：224-228）。但是，任意性和强制性有度的差异，是一个连续统。Hoffmann（2005：265-266；2007）提出，PP 应该视为一个网络系统，它包含图式化程度各异的多种结构，这些结构在诸多方面各不相同，例如介词的任意性、语义虚化程度、句法自由度以及各种句法表现等（详参 Quirk et al.，1985：1166；Biber et al.，1999：403）[1]。根据他的描写方案，各种亚型构式从典型的附加语（表时空意义的句子附加语）到结构紧凑的"动词-PP"组合形式（其中介词可分为多类）包罗甚广、情形各异。这种差异可解读为 PP 的不同语法化程度，关于这个连续统，可详参 Quirk et al.（1985：511-512）；Ernst（2002：131）和 Hoffmann（2005，2007，2011）等。Zehentner（2016：277-278）根据 Hoffmann（2005，2007，2011）的形式描写和分类，提出英语史上 PP 的发展路径大致如下：

在前古英语时期，副词跟带格标记的 NP 同位使用，旨在强化格标记的意义，介词便从副词中显现出来（详参 Beekes，1995：218-222；Ringe，2006：64-65；Harbert，2007：110-111）。一开始，使用"介词-副词"是任意的，但使用之后表义更清晰。这就可能导致状语性成分使用强制性不断提升，高频使用又使得它们跟共现的 NP 之间联系日趋紧密（详参 Bybee，2010）。这就导致介词的语序变化：从 NP 之后逐渐转到之前，形成"介词+NP"形式（详参 Alcorn 2011），前移有利于它们更早、更清楚地标示句中各成分间的关系。古英语时

---

[1]　Hoffmann（2011）专辟一章（第六章）讨论这个问题，很有洞见。

期，介词短语充任句子的时间、空间或方式性附加语，PP 的句法位置灵活，其内部依据介词所作的分类是很宽泛的。这之后，介词短语逐渐又获得了一些状语功能，比如 *with* 能表工具或伴随，这就给事件表达增添了语义角色，从而区别于原型的、表时空义的句子附加语。至古英语时期较晚阶段，主要由于高频使用，上述结构内各成分间的关系愈加紧密，于是 PP 开始往 VP 结构内移动，两者关联更紧，PP 具有明显的强制性特点，例如：' *John slept in a bed* '（方所角色）和 ' *John ran to the church* '（目标角色）（例自 Hoffmann，2007：99）①。有些动词和介词短语之间形成几乎固定的搭配，比如，*talk to sb.*、*work at sth.*、*spend time in doing*、*believe in* 和 *think about / of*，等等。有些补足语成分有强制性倾向。这表明，不少[VP-PP]结构逐渐被处理为独立的组块。根据动词和介词的语义特征及其匹配和谐度，不同的动词跟一定数量的特定介词之间可能构成高频稳定的搭配，比如致使位移义动词往往跟动态义 PP 同现，而很多双宾动词往往跟 *to*-POC、*for*-POC 同现。

此外，古英语时期就已出现介词伴随并移结构（pied-piping structures），而介词悬空结构（也称"介词后吊"）在中古英语时期出现，并且其使用频率逐渐增高②，Zehentner（2016：279）认为，[VP+PP]结构内部的联系经历了一个由松散到紧密的进程，形成连续统，英语史上 POC 的不同次类的发展代表了连续统上的不同阶段。总体来说，相关介词最开始都是标记句子附加语，但从中古英语时期开始，介词短语有向强制性附加语或补足语变化的大趋势，它们被整合进 VP，虽然其整合在内部表现不一，例如，大多数双及物（转移交接义）动词、情感/态度义动词、反向（信息）转移交接义动词都要求带有（近乎）强制性的 PP 补足语，弹道式运动位移义动词后的 PP 有较大任意性，但其强制性愈加显明。当然，它们各自所带介词的类型在历时竞争中也有缩小的趋势。

总之，在发展演变中，POC 内部各成分的联系愈加紧密，这项发展延续至今。这是 PP 语法化程度加深的表现之一，也是分析性手段跟综合性手段竞争的

---

① 相关变化还包括两个 NP（或 AP）的介词短语，其搭配同样也从同位语演变成整合体，例如 ' *the student with the dog* > *the student with red hair* > *the student of physics* '（详参 Harbert，2007：110-111）。关于 *of* 属格结构的演变，根据 Rosenbach（2002）和 Allen（2003，2005，2006，2009），从晚期古英语时期往后，*of* 属格在动词领域和名词领域内逐步获得越来越多的表义功能。

② 此时，介词伴随并移结构可能有强制性，附加语多偏好介词伴随并移；根据 Hoffmann（2011：262），方式附加语一般不允许介词悬空，而越来越多的介词悬空表明[VP-PP]间关联渐趋紧密，有整合的趋势。

结果之一，POC 总体的扩展及其内部 PP 范围的缩小都利于表义清晰和结构稳定，从而增加 POC 复制体被成功复制的概率，这显然会影响 DOC 的变化。

7.2.4.2.5　双宾式和介词性释义结构竞争的结局

前文讨论过构式性交替表达之间竞争的几种结果，竞争既包括古英语双宾式的各种格标记模式和语序模式的竞争，也包括逐渐与 DOC 形成释义关系的 POC 内部介词宾语式之间的竞争，还包括 DOC 和 POC 之间的竞争。

PP 结构更具分析性，带格标记 NP 的结构更具综合性，格标记系统消亡后，不带格标记但语序固定的光杆 NP 结构也有一定的综合性，所以，在英语系统变化的总趋势之下，综合性变体在竞争中一般落败而消失。例如，介词短语基本取代了古英语时期的时间、处所、方式类状语的 NP 表达变体（如今一般使用 PP，有少量使用 NP 作状语的用例留存），而伴随义和工具义类状语的 PP 表达发展更早，从晚期古英语和早期中古英语时期开始往后则开始专由 PP 表示，这条规则延续至今，更为严格。同样，褫夺义动词、纯粹施益/损益义动词、心智类动词（的复杂述谓结构）以及反向转移交接义动词如今通常不再用于 DOC（双 NP 结构），而只能用于 POC（PP 结构）。[1]

反向信息传递义动词用法代表了第二种竞争结局。它们尽管还能用于 DOC，但一般不能与格变换，而是跟各种来源义介词有联系。这有点类似 *think*、*believe* 等认知义动词，在早期英语及当代英语里可以带介词性和非介词性宾语，该用法可能在一定时期内可以换用，但最终还是出现了意义或功能分化。与格变换和施益变换用法代表了第三种结局，即各变体从竞争走向合作，形成高度系统化的构式性和谐共生关系，在两类结构模式的基础上建构起构式位这种抽象的、相对图式化的概括形式。各变体并存留用，很可能是因为它们有各自的表义内容和重心并具有不同或互补性语篇-语用性功能，[2] 转移交接义动词就是典型。

总之，我们从语言变化的宏观语境来考察双及物结构的演变，对有关构式网络结构性关联变化作统一考虑。DOC 和 POC 这两个变体间的关系变化也受

---

[1]　Zehentner（2016：281-282）指出，*wonder* 和 *rejoice* 等在古英语时期通常带旁格宾语，但很快就跟大量的 PP 展开竞争，如今就只限于跟个别 PP 同现了。这表明，英语史上综合和分析的竞争及其结果具有普遍性，是大势。双及物结构内部的竞争也只是其中一部分。

[2]　Zehentner（2016：283）指出，根据 Rosenbach（2002），英语史上的属格变换也是一个显现中的纵聚合关系，它也经历了类似演变过程，例如 '*my father's dog*' vs. '*the dog of my father*'。可见，（双及物）构式位建立应该不是孤例，很可能具有普遍性。

to 和 *of* 结构语法化影响，因为在及物性结构中用 *to*、在属格 NP 中用 *of* 来替代与格 NP 的倾向愈加明显。一旦在表义功能上某格标记被某介词短语（或其他形式）替代，该用法就可通过类比而延伸至其他类似结构，引申会扩大其适用范围；高频使用常常导致句法结构语法化和表义抽象化，双及物结构中的 *to* 引介目标角色和 *from* 等引介来源角色就是例证。POC 跟 DOC 的竞争大致表现出上述三种结局。这也说明，新旧句法结构之间不是简单直接的替换，而是根据各种条件特别是（动词和构式的）语义条件，在其内部有不同的变化趋势、过程和结果。重大变化都是在古英语和中古英语之交时期开始并在中古英语时期内完成的，此时语言类型正在变化。语言系统性变化导致一连串的内部变化，双及物结构的变化就是其中一部分。

7.2.5 英语双宾构式的历时性语义变化的主要特点

英语的 POC 式经历了语义扩大或功能扩展，发生了意义概括化，而 DOC 则经历了相反的演进过程，原有的一些次类意义逐渐减少，其构式义朝着内部更连贯一致、更透明的方向发展，逐渐专用于表转移交接义，该过程即语义表达专门化或语义窄化。下文再梳理一下这个窄化过程及其主要特点。

根据 Goldberg（1995：141），当代英语 DOC 的核心义表达转移交接情景，其典型用例表示一个有主观意志的施事成功地将一个具体有形的实体转交给了一个愿意接受的接受者，其他次类意义都是核心义的变体。古英语时期的 DOC 可以表达包括上述意义在内的众多语义类型，其内部语义关系并没有似如今那么紧密。根据 Zehentner（2016）的考察，从古英语末期开始，特别是进入中古英语时期之后，转移交接义及其关联义用法显著增长，使用频率明显增高，具体来说，转移交接义动词、信息传递义动词、致使位移义动词和意图-未来转移交接义动词占比很大，主要表示具体的、物理性给予义。该亚型图式在中古英语时期固化程度最高，其类频和例频都占了 DOC 用例的大部分。同时，原有的褫夺义动词及纯粹施益/损益义动词（含驱逐义动词等）逐渐倾向于使用 POC 并淡出 DOC，它们在类频和例频方面都更少，能产性更低，当然也有例外，如轻动词用法。这个朝向基础和核心义的演变是渐进的，延续至今并还在继续（另参 Goldberg，1995：132）。

古英语和早期中古英语时期的 DOC 可视为高度图式化的构式，即一个三价述谓结构关联着两个 NP$^{（格标记）}$宾语，其构式义较宽泛，表示施事通过作用于 NP$_1$ 而致使 NP$_2$ 受到间接影响。各亚型构式之间有固化程度和语义原型性差别，这可能是业已存在的相互间竞争的结果。不过，在语义窄化过程中，有些次类表现得比较抗拒，比如纯粹施益义动词在 18 世纪仍能用于 DOC，其退出速度就慢于损益义动词（详参 Colleman & De Clerck，2011）。根据 Mukherjee（2005）对当代英语 DOC 的语义分析，纯粹施益义明显更靠近如今 DOC 的核心义，而损益事件描写有明显语义冲突，后者较早被淘汰出局不难理解。可能在现代英语早期左右，人们逐渐不再把施益和损益统一用同一句式来表达，而是分用不同的格式，例如继续用 DOC 等表达施益，改用单及物性的领属结构宾语等表达损益。还有心智/态度类动词 *forgive*、*envy* 等的 DOC 用法，其原型性程度也很低，但它们退出 DOC 的速度也很慢。

从中古英语时期开始，DOC 的显著语义变化中，哪些次类意义保留，而哪些则消亡（改由其他构式表达），不是任意的，而是有理据的。当然，所谓"消亡"只是对语料库检索语料负责。总体来看，只有那些跟 DOC 核心的实际转移交接义密切关联的亚型构式才得以保留，通过类比和隐喻、转喻等机制，这个核心义对与之密切关联的其他次类意义产生积极的推动作用，使用更频繁、复制更成功的核心构式变体不断激活与之关联的近似构式变体，彼此间互推互助，形成扩散激活；① 相反，语义联系不紧密的亚型构式因为上述近似构式之间的合作和高频复制而不断被排挤和边缘化，它们逐步丧失了原有的表达形式和机会，转而寻求用其他句法结构表达，并被其接纳，这样就避免了跟强大对手之间的竞争，而找到了更切适自己特点的句法构式，亦即（*to-*）POC，反而赢得了更好的表义机会。褫夺义动词以及与之关联的替代性施益等的 DOC 次类意义就这样被淘汰。这个变化体现了用进废退原则。

DOC 构式语义窄化后，在一定程度上丧失了原来的高度图式性及其语义模糊性或抽象度，其内部语义更趋一致和透明，其隐喻性或间接性转移交接义引申变得更发达（另参 Goldberg，1995：132），古今英语里 DOC 的一形多义性特征有不同的表现。反过来，语义趋同和表达明晰有利于提升构式的能产性，因它跟类频数呈反向相关（详参 Bybee，1995；Barðdal，2008；Barðdal & Gildea，2015）。比如前文提到，表通讯科技的名词如 *email*、*fax*、*skype*、*whatsapp* 等很容易活用而进入双宾式，其他一些事件语义框架中含有转移交接义素的动词，如 *feed*、*provide*、*issue* 等，也有进入双宾式的更大便利性和可能性。这两个因素互为因果，相互促进，形成循环。总之，DOC 构式的语义窄

---

① 根据 Traugott & Trousdale（2013），*spreading activation* 是指每当切适性更强的变体被激活，与之密切关联但又不同的那些概念也会被触发，从而使得它们比其他没有被触发的、联系更疏远的概念更稳定。

化实际上造成了形义间对应关系的不断明晰和显著，这就使得它跟 *to*-POC 迅速对接关联起来，它们从竞争到合作，彼此从对方的变化中受益，最终分工协作、和谐共生，导致与格变换出现和双及物构式位形成。

上述总趋势背后的特异情形理应得到合理解释。比如，*ask* 的双宾式用法可以有两种语义解读，即针对特定对象的隐喻性给予（如 '*ask sb. a question*'）和意愿式索取（亦即反向转移交接，如 '*ask sb. a favour*'），由于前者跟 DOC 核心义关联较紧密，它还能用如双宾句，此类动词能激活 DOC 的亚型构式，同时，它的获取义用法既保留了古老的双宾式，也能用于后起的 POC 式，即 '*ask a favour from / of sb.*'。再如，褫夺义动词 *cost* 并未进入常见的 *from / of*-PP 结构，而一直用于 DOC，且几乎不能用 *to*-POC 式来作释义表达（详参 Goldberg，2002；Colleman & De Clerck，2008：204-205，2009：34-38）。Zehentner（2016：289）对中古英语的语料调查表明，*cost* 出现频率极低（N = 1），并未发现 POC 释义表达的验证用例。对此，Colleman & De Clerck（2008：204；2009：34）认为，可能与其非典型性有关，它不能跟施事性主语和谐兼容，也无迹象表明主语指代者最终领有了 O$_\text{直接}$ 指代物。词类的非典型性和语用低频性确实可能起了作用，但很可能还有其他原因，比如习语性及其跟同义格式的竞争劣势，等等。这个特点显见于 *deny*、*refuse* 等阻滞转移交接/拒绝义动词的 DOC 用法，根据 Zehentner（2016：289），这些动词，连同 *forbid*、*prevent* 等，在中古英语时期的用例也很少，但 *deny*、*refuse* 继续留存于 DOC，也和它们"不给予"的词汇语义特征跟 DOC 的构式义特征更契合有关，跟典型的褫夺/获取义（涉及"S 得到某个实体"）相差更大，因此，它们如今几乎不具能产性、不能作与格变换。换言之，此类动词的少数一方面沿袭使用 DOC 传统，另一方面，在典型给予和典型获取两个范畴义之间，它们更靠近前者，因此选择留存于 DOC 而排斥 POC（详参 Goldberg，1995：130；Colleman & De Clerck，2008：205）。反之，前述 *forgive*、*envy* 等心智/态度类动词和 '*have sb. love*' 等轻动词结构 DOC 用法也因为心理-意愿性予取义的边缘性而（正逐渐）淡出 DOC（详参 Pinker，1989：111；Goldberg，1995：131-132；Colleman & De Clerck，2008）。从某种意义上讲，*cost*、*envy* 跟 *ask* 等一样，似乎都以习语或固定用法的方式保留了古英语 DOC 的褫夺/获取义亚型构式用法。根据 Zehentner（2016：291），几个泛义动词构成的表达损益或施益义的复杂 DOC 述谓结构形式（例如 '*do/intend sb. harm/good*'）的发展也是如此，虽然保留了 DOC 用法，但不具能产性，它们通常不能满足施事具有主观意志力这个条件，只是大致可解读为某种积极或消极效应的隐喻性产生。

总之，英语 DOC 的历时性语义窄化朝着编码实际转移交接这个核心义发展，与该义相去甚远的亚型构式不断被淘汰，有关动词转而进入 POC 等构式，而与该义有足够紧密关联的亚型构式得以留存，有关动词还用于 DOC，在这两者之间形成连续统。这个变化还在继续，即使某些已有词汇填充的非典型双宾式用法也是如此。不排除如下可能：某些非典型用法因为某原因作为固定用法或习语而顽强地保留了双宾式用法。

7.2.6 英语双及物结构的句法成分语序固定化

双宾式内部语序固定也是重要问题，这既涉及 REC-论元和 TH-论元的相对位置，也涉及小句水平语序固定的问题。SVOO 语序的确立是在英语语言系统特别是句法系统发生重大变化的背景和条件下实现的，换言之，SVO 语序的固定是跨构式性系统变化，因此，我们除了要讨论双宾语语序配置中的变化，还要讨论(to-)POC 内部的语序变化特别是跟 DOC 关联之后的语序变化。比如，介词短语结构都越来越偏好小句边缘特别是句末位置，虽然，to-PP 和其他类型介词短语曾经比较灵活，可以出现在包括 NP-宾语之前的很多句法位置上，但它后来逐步固定于句尾，至中古英语末期，DOC 和 to-POC 基本上都是(S)VO 语序，而其他类型的 POC 至今在语序方面还有一定灵活性。这也跟语义窄化和与格变换有关。

7.2.6.1 双宾语论元语序排列的互补性模式

根据 Koopman (1990)和 De Cuypere (2015a)，古英语时期 DOC 的[REC-TH]语序模式用例稍多于[TH-REC]语序模式用例，至早期中古英语时期，该倾向更明显，尤其是双宾语直接紧邻排列时；该倾向一直延续，使得[REC-TH]语序最终变成典型模式(另参 Allen，1995：48；Koopman & van der Wurff，2000：262；Fischer & van der Wurff，2006：189)。REC-论元居前的语序模式有其内在语篇-语用功能性动因，因为接受者论元往往是有生、已知和确定的、代词性信息，多具话题性，宜尽早出现。① 这等于是否将之处理为焦点信息。

---

① 方言中的非标准语序模式用例(如'*Give it me!*')不符合双宾式的一般性要求和特点，但留用至今，应该有理据，比如和成分的音韵属性有关：常见的客事代词 *it*，形式极简，指代已知信息，在小句中须尽早出现；它在及物性结构中的分布性偏向会影响它在其他结构中的位置分布(详参 Gast，2007；Gerwin，2013，2014；De Cuypere，2015a：247；Yáñez-Bouza & Denison，2015)。Zehentner (2016：296)的语料库调查支持上述观点。

前文已述，从古英语晚期开始 POC 逐渐兴起，在整个中古英语时期，它和 DOC 联系日趋紧密，而介词短语结构强烈偏好句尾位置（详参 Lundskaer-Nielsen，1993；Bech，2001），因此，介词引介的 REC-论元居后，成为焦点，逐渐形成一种固定和主流语序模式。为表达转移交接和致使位移这同一事件框架内的两个侧面，DOC 和 POC 格式形成表义分工，有了 POC 的 REC-论元居后模式，DOC 就会逐渐放弃同类型的[TH-REC]模式。这种分工促成两式的使用频率增加（详参 Zehentner，2016：292）。De Cuypere（2015c）认为，介词宾语式的介入弥补了 DOC 用例对[TH-REC]语序模式的丧失。Zehentner（2016：292）则认为，POC 的分布性偏好推动了 DOC 的[TH-REC]语序模式的消失。总之，两式形成互补关系。只不过，DOC 和 POC 各自内部语序模式竞争一直在持续，但相应的[REC-TH]模式和[TH-prepREC]模式逐渐胜出，至中古英语末期，都成为主导模式。

PP 也常可在小句首位置。尽管如此，在单及物结构中，PP 越来越局限于 S、V、O 构成的核心成分群之外，其游离反证了[SVO]紧密结构体的现实性。相反，PP 愈加紧密地整合于 VP，作为一个结构体，它们逐渐获得新功能，能够表达更具一般性的参与者角色（比如接受者或被褫夺者），在同 DOC 的联动变化过程中，to-POC 尤为显著地稳固了自身语序模式和表达功能，尽管同时，'prepREC-TH'语序模式仍留存于 POC，PP 介入动词和 NP 宾语之间的用例也没有完全消失。即使如今，在出现重度句法成分或信息凸显等条件下，to-介词短语也可以不置于句尾（详参 Gast，2007：33）。该模式偏好很可能反映了 to-介词短语的语法化程度更高，它已类似于强制性附加语，区别于一般的任意性附加语。只不过，总体来看，直到中古英语末期，英语最终发展出了使用 DOC 和 to-POC 构式的混合策略，它们的语序模式互补，两式各自构建起自己的生态位，都有各自特定的语篇-语用性特征和语义特征。Zehentner（2016：295）认为，这种功能多样化对所涉构式以及整个语言系统都是有益的，其最终结果是在形、义之间形成了更清晰紧密的对应关系。

7.2.6.2 双及物结构 SVO 语序模式的形成

进入中古英语时期之后，除了使用介词系统来标记语义角色，固定语序成为一种必然句法手段，英语向（S）VO 直接紧邻且固定语序的发展代表了一种系统性大规模演变（详参 Fischer et al.，2000；Harbert，2007；Los，2015）。根据 Zehentner（2016：297）的检索，中古英语时期一个明显倾向是，双及物结构里的语序越来越严格和固定，这既包括动词和双宾语的相对位置，也包括主语、动词和双宾语的序列，双宾语直接紧邻（不论内部语序）的用例数显著增长，它们越来越局限于共现在小句内紧靠谓语动词后的位置上。Zehentner（2016：297）指出，否定小品词（如例（462）a 句）和副词（如例（462）b 句）介入主、宾语之间的能力更强，这导致 SVO 语序用例增长较缓，助词 *do* 出现后解决了否定小品词问题①，SVO 语序用例开始明显增长（例自 Zehentner，2016：297）：

(462)　a.　$\text{3ho}^{\text{S}}\ \text{ne}^{\text{NEG}}\ se33de^{\text{V}}\ \text{itt}^{\text{DO}}\text{nani3 mann}^{\text{IO}}$

　　　　'you did not say it to any man'　　　　　　（CMORM，I，83.739；M1）

　　　b.　the kynge^{S} fulle humbely^{ADV} *grauntyde*^{V} hyr^{IO} grace^{DO}

　　　　'the king very humbly granted her grace'

（CMGREGOR，206.1794；M4）

根据 Zehentner（2016：298-299），DOC，POC 和 *to*-POC 在早期中古英语时期变化发展的速度，以及到晚期中古英语时这些变化发展所导致的结果都是不同的。一开始，只有 POC 表现出对（S）VO 语序的偏好，其 PP-居后这个主导倾向以及对 [S_{AG}-V-O_{TH}] 序列的偏向承继于及物性构式，于是，早期中古英语时期就已出现对 [S_{AG}-V-O_{TH}-*prep*REC] 序列的偏好，而且更加活跃和高频。此时，DOC 的语序更自由，两个非施事论元都可以自由移动句法位置（这包括两者的相对位置及其在句中的位置）。这很可能是因为 DOC 是网络中一个高度固化和规约化的构式，综合性和独立性更强，双宾语表达的是整合在一起的核心参与者论元。从 Zehentner 的调查看，从 M2 时期开始，DOC 用例中（S）VO 语序模式相对快速增长，而 POC 用例在整个中古英语时期的增长整体上都比较缓慢；到中古英语末期，DOC 用例中（S）VO 语序的固定程度超出了 POC 用例中固定程度，最开始更活跃的 POC 在这方面的发展却迟滞了，还保持着一定的灵活度。不过，此时 *to*-PP 结构在句法表现方面更像 DOC，其（S）VO 语序的固定程度较一般性 POC 更高。

DOC 用例中（S）VO 语序用法骤增很可能是因为需要通过固定语序来更好区分三个参与者角色，这比单及物结构里的区分更困难，因为两个有生参与者通常会在语篇-语用性地位方面有交叉，比如都有话题性。只有在表义清晰的结构中，成功复制才能实现，固定语序就是区分语义的主要手段之一，它让固定位置跟特定角色对应。最后，主语相对于动词和双宾语的位置都逐渐固定下

———————

① 相较之下，即使现在，很多类型副词的句法位置仍相当灵活，可以出现在句中几乎任何位置，包括紧接在主语后和宾语之间的位置（详参 Quirk et al.，1985：490-496）。

来。同时，*to*-POC 由于和 DOC 之间的联系日趋紧密，除了受句法系统语序固定趋势影响，更会受 DOC 语序固定影响，因为两式的使用都会激活对方的使用，宾语排序方面的差异导致形式和功能上的多样化，最终，它们从竞争走向合作，*to*-POC 也形成 SVO 语序固定，两式分工互补。前文已述，其他类型的POC 在语序上并没有 *to*-POC 这样严格，这主要归因于 *to*-POC 和 DOC 之间的语义联系。

7.2.6.3　小句层面语序固定背景下的双宾式和 *to*-POC

根据 Koopman（1990b）和 De Cuypere（2015a&b）等，古英语时期主句和小句里的语序明显不同，虽然语序都非常自由，各种模式都有，但有些基础的模式还是比较明显，有相对更高的使用频率。总体来说，古英语语序的选择对主语是否出现表现敏感，主句具有较显著的 V2 特征，大致归结为 XVS 语序，但也有不少（S）VO 模式用例，而从句更明显是 SOV 语序。从句率先确立了 SVO语序并将之推广至主句，该模式在中古英语时期逐渐适用于主句和从句（详参Allen，1995：30-50；Koopman & van der Wurff，2000：260-262；Fischer et al.，2000；Harbert，2007；Barðdal，2009；Möhlig-Falke，2012）。

古英语的语序问题复杂，主因之一就是主语、宾语等区分复杂，因为这涉及复杂的格标记和语义角色，常常很难根据明晰一致的标准来截然区分主语、宾语。① Zehentner（2016：302）甚至认为，古英语时期似乎没有必须截然区分的主、宾语。就小句结构而言，Seefranz-Montag（1984：528）和 Möhlig-Falke（2012：18，44-48）认为，（早期）古英语是话题显著性语言，句首位置一般都留给话题，或者用于形成对比（有标记的）焦点，句子是否出现主语并不重要。根据 Möhlig-Falke（2012：35），及物性语句通常是动态性的，涉及两个极度对立参与者之间的不对称关系，Zehentner（2016：302）提出，早期古英语的及物性述谓结构是显著的信息结构构式，用的是"话题-焦点"语序，在原型意义上，句子都要与有生的参与者相关，还要突出非可还原性（non-recoverable）无生参与者，而作为话题的有生施事，是已知的、可及的，它跟无生的、未知的、不可及的受事/客事（句子的焦点）有不对称互动。这个普遍性反映了认知的特点，因为有生参与者对交际者来说通常更具可及性和施事性。"施事（/经事）

---

① 比如无人称句（impersonal）或经事结构（experiencer construction）等非常规主语结构，Seefranz-Montag（1983，1984）、Allen（1995）、Barðdal（2009）以及 Möhlig-Falke（2012）都有探讨。

作主语"和"客事(/致因)作焦点"的主流句法-信息结构获得了成功复制。而原型的"施事^{主格}-客事/受事^{旁格}"的格标记模式结合上述分布性偏好最终导致主、宾语范畴逐渐明晰，在及物性结构中，主、宾语的相对句法位置相应就会逐步显明和固定，因为主格和受格跟各自对立范畴之间的联系越来越清晰，格融合不断推进，跟受格相联系的宾语范畴固化程度越来越高、使用愈加频繁稳定之后，属格、与格标记的宾语逐渐被废弃不用。

　　双宾式最终确立了 SVOO 的形式而将 O$_{间接}$ 放在主语和 O$_{直接}$ 之间的位置也有内在动因。Zehentner（2016：302）指出，接受者论元尽管常常跟施事论元在话题性、有生性方面有重合，但在格标记、句法位置、无动词性一致等各方面跟典型的宾语一致，施事性也更弱于主语，因此，除非使用介词引介它，双宾式必须采用"主语先出现、宾语晚出现"的固定语序模式，以避免歧义。SVOO 语序模式的确立除了能解释论元的语篇-语用性/信息结构特征偏向性差异，还有利于高效信息处理。Ferrer-i-Cancho（2015：114，124）指出，从在线记忆最小化角度看，动词只有置于句子中心位置才是最优方案，动词居中的结构往往高度稳定，一旦固定，通常不会再变化（转引自 Zehentner，2016：303）。可见，当代英语严格的 SVO 语序是自然且高效的句法选择。而且，VOO 结构的整体化代表了句法整合的总趋势，同时也是概念整合的结果，该结构凸显"转移交接已成功实现并对接受者论元造成一定影响"义，这是小句的核心信息。Zehentner（2016：304）也认为，它也是成分组块化和使用习惯化的结果，因为高频共现的成分往往会被视为整体。这种结构-概念整合的发展趋势有利于形义对应关系的显明化，对有关构式的成功复制有益。在中古英语时期及往后，附加语的 PP 等其他非核心句法成分越来越难以介入(S)VOO 结构，而倾向于位于句子两端尤其是句尾，这包含 to-POC 式。由于跟 DOC 的语义关系日趋密切，to-POC 也更多地采用与之相对的[TH-prepREC]固定语序模式，形成互补。

　　所以，从双及物结构在中古英语时期及之后发生的语序变化来看，双宾式和 to-POC 式都采用了严格的 SVO 语序，这是顺应整个英语系统的语序模式选择要求，与格变换在此背景下自然显现，诉说着一段协作分工、和谐共生的历史。

7.3　英语双宾式语义窄化过程中的各种相关性

　　双宾式演变中各种变化之间的相关性需要梳理。相关性通常联系因果关系，即什么变化会带来什么影响和结果，它们如何互动并共同演化。从音韵和形态变化开始，再到句法形式的以及语义(含语用)的系列变化，并非彼此独立、互不相干的，它们之间应该有错综复杂的因果联系。结合对汉语有关的考察发现，某些相关性似乎具有跨语言意义。① 影响可能是单向的，但通常是双向和互动性的，相关变量很可能在持续的循环性互动之中相互适应彼此的变化，不论是竞争还是互利共生性的合作分工，它们会在恒变之中实现相对的最小成本、最大利益的平衡。同时，它们还要调整自身来适应语言系统的整体性变化，更能自我调节而适应环境变化的变体能不断提升自己的切适性而有更多机会得到复制并留存下来，而留存下来的变体通常都是借助相互适应、彼此协调而实现共同适应和共同演化的。共同适应和共同演化表明，语言是典型的复杂自适应系统。

双及物结构的历时性变化主要涉及双宾式的语义窄化和与格变换的形成，所谓自适应性变化、竞争与合作、共同适应、共同演化主要涉及双宾式和 to-POC 式。下文根据前文分析和 Zehentner（2016）的有关研究对形态系统消失后一系列变化之间的相关性做扼要梳理。

7.3.1 形态系统消失和介词短语结构兴起的相关性

至少在古英语后期，其格形态融合已经到了很高的阶段，格标记消失已经开始，并一直持续到中古英语时期。格标记消失可能同时伴随着介词短语释义结构出现，这似乎是替代和弥补性的，因为在格标记消失之后它有助于区分语义角色（详参 Allen，2006：214；De Cuypere，2015c）。反过来，分析性的 PP 在中古英语的兴起快速致使格标记显得冗余并消失，因为前者表达力更强，形成竞争压力和优势，这两个变量应该都是缓慢推进、增量发展的。尽管尚难断定变化的先后时序，但遵循 Lundskær-Nielses（1993：26-27）和 Zehentner（2016：309-311）的思路，截至古英语时期，它们之间已形成相对稳定的平衡，有互动式影响，极有可能先出现替代和弥补，然后因为语言系统的进一步变化，POC 兴起并逐渐促成形态系统更快消失。毕竟，古英语的 DOC 及其格框架尚且稳定，格框架类型开始减少发生在末期，而此时 POC 还未与 DOC 展开大规模竞争，只是由于褫夺义动词②等某些动词类的使用在局部范围内达到高

---

① 历史语言学和类型学研究发现，格标记使用与否会影响语序自由度以及是否使用更具分析性的表达（参 Allen，2006：214-215；Hagège，2010：10-11；Malchukov，Haspelmath & Comrie，2010：6；Haspelmath，2015：31-32）。

② 古英语时期，转移交接义动词类典型地进入最高频、最显著的［DAT-ACC］框架 DOC，但褫夺义动词通常进入能产性更低的［DAT-GEN］或［ACC-GEN］框架，［DAT-ACC］框架跟褫夺义动词的词汇语义不太吻合。

峰而出现竞争的苗头，当时有个趋势，即用 (*of-*) PP 来替代属格，但 *of/from*-POC 的用法并不服从该趋势。从中古英语开始及之后，它们的使用频率不断增高，这才逐渐促成 POC 总体上成为 DOC 的交替表达。格框架类型减少跟含有某些动词类的介词性释义结构的使用并无强关联性。Zehentner 认为，POC 出现并非导致 DOC 格框架类型减少的主因，导致格标记消亡的主因是形式化格框架的变异，而变异是无法预见的。

格框架可表达特定的语义功能，格范畴的形态标记又会有大量的变异，例如，与格和受格后缀之间的歧义从古英语晚期开始就愈加明显，一直到中古英语时期。因此，此时 DOC 格框架开始趋向于 [DAT-ACC] 模式，形态标记逐渐减少并最终消亡，这是语义重合和歧义、语义变化不可预见性导致的必然自适应性结果（详参 Crfot，2000；Barðdal，2009）。总体来说，初始变化并无系统性，只是个别构式身上格标记的自行消亡，但量变最终导致了系统内的质变，形态标记系统衰败了。所以，DOC 和 POC 后期的发展变化才算共同演化：格标记系统逐渐消失促成了更具表达优势的 PP 兴起，这利于提升 POC 的相对切适性，并加快形态标记系统消失，如此循环往复，最终导致基本无格的、[V-NP$^{-\emptyset}$-NP$^{-\emptyset}$] 形式的 DOC 出现。

总之，因为格融合，格标记不断减少，它和分析性的 POC 的兴起总体上有相关性，这反映了语言系统表义明晰的总要求。DOC 的各种格框架由于相互间存在一定语义重合和歧义而导致形态标记逐渐消失和框架类型逐渐减少，最开始，该变化和 POC 兴起并无明显相关性，但 POC 大发展后，逐渐和 DOC 的重大语义变化密切关联起来。

7.3.2　形态系统消失和 (双宾式) 语序固定的相关性

Zehentner（2016）也考察过此问题。形态系统消失和英语语序固定之间也有双向性影响，这个互动效应和过程总体上跟上述相关性性质相同。尽管古英语因为有形态标记系统而语序灵活，但在语序模式分布方面还是有明显偏好和主次特征，这是因为具体的语义角色常常联系着特定的小句位置，这些位置具有特定的语篇-语用特征。① 所以，在形态系统许可的条件下，普适性的语篇-语用特征和认知特点仍在一定程度上影响语序模式的选择，这就降低了形态标

---

① 比如，典型及物性小句中的主、宾语在施为性和话题性方面显著对立，它们通常会因此占据特定句法位置，这些论元身上的格标记于是得显冗余，还有句末焦点原则等普遍性信息结构限制，等等。

记的区分表义作用，推动其融合进程。此外，形态标记自身不断增多的歧义性会促使人们更多地依赖语序来理解和表达语义(例参 Allen，2006：215；Möhlig-Falke，2012)。语序不断地固定本身就有表义作用，这使形态标记的表义作用不断弱化。所以，它的衰败跟语序固定之间很可能相互影响，彼此互动，一个变化发生就会导致随后的反应和另一个变化，如此循环往复。

双宾式的语序固定是英语语序固定的组成部分。Zehentner (2016：313)说，主格和旁格间的融合在古英语时期已至很高的阶段，这给区分双宾式中两个近似论元带来挑战，过去从(非)施为性和所带的格标记等方面来区分，但格标记消失就造成原来主格和与格成分间更大的歧义性，解决办法就是固定语序：让动词前成分对应施为性主语、让动词后成分对应非施为性的类似接受者的宾语。这显著改善了双宾式的形义对应关系，使其形式显明，表义明确，也大大提升其复制成功度。格标记消失或许引发了中古英语时期 DOC 中 SVO 用法的激增，至中古英语时期，就主要剩下[DAT-ACC]的格框架了。至于 POC 中 SVO 用法增长较慢，主要是因为有介词引介角色，语义角色区分任务的难度和紧迫度都小得多。①

至于双宾语语序固定，Fischer (1992)和 Allen (2006)认为，[TH-REC]框架消失是受格和与格之间范畴差异消失带来的**直接**后果。这个归因似乎太过简单和直接。Zehentner (2016：313-314)不主张格标记消失跟 DOC 的[REC-TH]语序固定之间有因果关系，她认为，即使两个宾语论元都没有带格标记，语境信息也能最大限度地减少歧义，一旦 DOC 跟 PP 结构的联系变得更紧密，它就会朝着基础性的宾语语序模式发展，而 PP 结构强烈偏好于小句靠后的位置，由于两式逐渐形成互补分布，[TH-REC]框架的表义内容已被表义更强、使用更普遍的 POC 承载和替代，因此，DOC 逐渐失去该框架，而专属于[REC-TH]语序。换言之，双宾式语序固定主要得益于 POC 语序偏好的替代以及与格变换出现。

总之，中古英语早期格标记大规模衰亡主要由语音侵蚀和格结构歧义造成，跟语序限制无直接联系，但 DOC 和 POC 语义联系日趋紧密之后形成了语义角色区分的互补性语序模式，DOC 主要使用[REC-TH]语序框架并逐渐固定了语序，以弥补不能根据格标记来区分在语义-语用上近似的施事和接受者论元的不足，由于还缺乏介词标杆的作用而只能依靠语序固定表义，其固定的速

---

① Haspelmath (2015：31-32)发现，使用标杆策略的语言，语序方面的限制更少，这具有类型学意义。

度较 POC 的更快、要求更严格。

7.3.3　介词短语结构兴起和(双宾式)语序固定的相关性

POC 出现时并未与 DOC 发生明显竞争，只是其中的一些次类逐渐跟 DOC 产生近义联系，如褫夺义动词逐渐形成在两式间的分布性偏向，to-POC 和 DOC 之间显现出非常密切的近义和释义关系，于是两式相互适应，通过自身变化来回应对方的变化。从中期中古英语开始一直往后，DOC 的 SVO 语序日趋稳定，这导致 to-POC 相应地也提升了 SVO 语序的使用频度以作回应，朝着更严格的小句层语序变化。这反过来又可能推动了 DOC 在小句水平上的另一种语序固定化，以及两式间相互回应式的变化。

语序上的相互适应性调整归因于两式竞争和合作关系形成，得益于它们语义上的紧密联系。Zehentner（2016：315）指出，一旦两式逐渐分工合作，形式相似性为它们带来裨益，保障两式各自成功复制(启动效应及构式间语义近似性会提高能产性)。尽管其调查显示，其他类型的 POC 保留了小句水平上一定的语序自由，但由于在全系统内，主语、动词和(双)宾语等核心成分之间的联系日趋紧密而整合为一体，这就不断地迫使其他成分移动至更边缘的位置，SVO 语序最终还是在 POC 以及 PP 结构中固定下来。DOC 和 to-POC(也包括 POC)之间的互相适应还影响了双宾语语序变化。根据 Zehentner（2016：315-316）的统计，POC 以及[PP-NP]组合形式一直都表现出 PP 居后的偏向，在早期中古英语时期，[V-NP-PP]模式比[V-PP-NP]模式使用更高频，PP 在语序方面总的来说仍相对灵活。不过，因为当时有将非核心成分置于边缘位置的大势，有标记的语序模式[V-PP-NP]使用渐少，在 POC 中用例也减少，只是不很明显。换言之，在晚期中古英语时期，[V-PP-NP/ V-prepREC- TH]的语序模式用于 POC 中就比用于非双及物性的[PP-NP]组合中更合适(如 *Tim put a book on the table.*)。而此期 to-POC 用例没有出现明显变化：[toREC-TH]和[TH-toREC]都在使用，后者使用频率持续更高，toREC 的句法位置同样也比较灵活。PP 更多地出现在动词后特别是句尾，这是古英语时期以来就有的句法象似性效应：表示给予和转移交接义的语言形式要求表终点/目标(含接受者论元)的角色被置于句尾。而且，PP 整合进 VP 的程度不断加深，跟 DOC 的语义更加契合。

(to-)POC 和 DOC 的语序选择也有交互式影响。早期中古英语时期的 DOC 仍使用[REC-TH]和[TH-REC]等语序，两式用例有相对平衡的分布。Zehentner（2016：317）、Koopman（1990b）和 De Cuypere（2015a）等认为，两式的平衡从古英语时期一直维系到中古英语早期。但是，之后一直到中古英语末期，[REC-TH]模式用例持续增多并最终占据主导地位，而[TH-REC]语序模式消失，被表义更清晰的POC取代，这种互补性的取代又证明两式之间语义联系紧密。密切关联的构式之间形成互补性分布是比较理想的自适应反应。(to-)POC和DOC的语义联系日益密切后，它同其他类型的PP结构区别开来，PP的语义扩展至引介接受者、被褫夺者等角色，于是，它们也同DOC的某些次类意义联系起来，在分担表达其意义的过程中，它们在一定程度上还能够保留[prepTH-REC]语序模式的用法。后来两式竞争的结果是，更具原型性的[TH-prepREC]语序逐渐占主导，而一定的句法选择自由度还是借助其他或同类形式得以保留。根据Zehentner（2016：316-317），这种差异在中古英语时期几乎未见，亦即是进入现代英语之后才出现的，例如某些褫夺义动词（如 steal vs. rob）就进入不同的POC式而凸显不同的施力对象（动词后紧邻成分）和焦点信息（由介词引介）。

至中古英语末期，to-POC跟DOC的语序-语义形成显著的互补性分布：前者偏好[TH-toREC]模式，表达致使运动位移；后者偏好[REC-TH]模式，表达成功实现转移交接。[①] 两式的象似性都很强，有各自的语篇-语用特征，这种互补有助于与格变换关系的稳定，又促成了两式语序的固定。

7.3.4 介词短语结构兴起和双宾式语义窄化的相关性

一般认为介词短语PP的兴起跟DOC的表义范围窄化有关，但并未明说其间存在因果关系。根据Zehentner（2016：318-319）的主张，两个变化之间存在渐进式的互惠性因果关系。

古英语时期的双及物动词联系着众多格框架，这些框架的语义内容之间有时会有重合，这就给交际造成了问题，给语言变化造就了动力并埋下伏笔。根据Visser（1963：606-646）和De Cuypere（2015a：7-8）等，[DAT-ACC]框架在众多框架中有显著的普遍性和最高频（含类频和例频），它是表转移交接义的典型形式。至古英语晚期，那些不太典型的、不太具有能产性的格框架不断消失，从前只用于其他格框架的一些动词或动词类现在转而使用[DAT-ACC]框架，因此，该框架的例频数和类频数继续增长。这就造成了众多语义关系转由

---

① 因为这个特点和差异，英语的DOC常常出现隐喻用法，表达抽象转移交接和造成实质性影响之义，例如'*give sb support / kiss / a kick*'的表述焦点是由客事论元表达的动作行为（详参Goldberg，1995：94-97）。

一个框架来表达的结果。Zehentner（2016：319）的调查支持上述发现。

于是，中古英语早期之后逐渐出现一个新的图式性 DOC，它基本上丧失了屈折形态标记，在形式上也未作明确限定，比较具有概括性。它可以编码相当多的意义关系，仍旧承袭了古英语时期 DOC 格结构里的那些倾向。McFadden（2002）和 De Cuypere（2010，2015b）指出，与此同时，表义更清晰、形式也更灵活自由的介词短语结构使用增多，这弥补了 DOC 表义欠精细的劣势，很快成为其竞争对手。由格形态来精细表达空间语义差异天然地就不如介词表达有效，这也是 POC 和 PP 兴起和功能扩展的优势条件之一。此外，它们的空间/向格意义跟大部分双及物动词的原型义特征高度吻合，而转移交接义动词在 DOC 用例中本是最高频的，于是，to-POC 作为 POC 用例中最显著的、最高频的次类获得了最成功的复制，to 除了具有天然的语义契合性，根据 Zehentner（2016：319），它在相关语义以及发声/感知等因素方面也表现最佳，形式极简，从成本和收益看，它是最佳选项。可以说，to-POC 和 DOC 高度的语义关联和功能近似以及共同的高频使用促成了两式逐渐被视为彼此的交替表达，最终被处理为同源的构式位变体，尽管它们在构式义及允入动词等方面有差异。

在 DOC 和 to-POC 密切横向联系并逐渐成为与格变换成员构式的同时，两式的语义得到互证式强化，这使 DOC 的某些次类义中跟 to 所表义不协调、不兼容的那些双宾动词及其关联的介词变得越来越不适合 DOC，而此时其他介词的 POC 正在兴起，于是这些动词开始更多进入介词性释义结构 POC（以及其他结构），例如褫夺义动词及其关联的 from、of 等（还有使用领属结构 NP 的单及物结构），这就分流了 DOC 的部分原有次类意义，造成 DOC 表义范围缩小。DOC 和 to-POC 之间的这种互动关系和互惠反应都是适应和强化彼此的，Zehentner（2016：320）指出，其结果之一就是 to-PP 发生了语义功能扩展，这种互惠性演化和适应到中古英语末期时还未完成，直到今天还在继续，边缘性次类意义及其关联的动词还处在逐步退出 DOC 而进入 POC 等其他句法结构的过程中，DOC 和 to-POC 已形成结构紧凑绵密的网络，它们共同联系着更抽象的双及物性构式位。它是个抽象复合体，和变体两式一样，都是语言复制体。

7.4　双及物结构发展过程中的角色标记策略变化

与格变换出现是所涉两式对语言环境变化做的互动性自适应性反应和协同演化的结果，这里的环境变化主要是格屈折形态（含格框架）的结构和表义特征和压力最终导致格融合，以及至中古英语时期后，语音-音韵系统变化和介词系统兴起，格标记系统消失进程加快，语序逐渐固定。POC 由于表义精确逐步成为 DOC 的竞争对手，DOC 形式经济，还在使用多类格框架。一方面，介词性释义结构的表义功能扩大，使用频度和普遍度快速提升；另一方面，DOC 和 *to*-POC 的语义联系日渐紧密，相互调整适应，同时，小句水平和双宾语的相对语序都逐渐固定下来，而在宏观变化背景下，其他类型 POC 语序固定也跟进。最终，在协同演化中，DOC 语义窄化，在表义内容、语序分布和语篇功能等方面跟 *to*-POC 形成互补分布和分工协作①，共同构建出双及物性构式位，两式互为变体。

Zehentner（2016：322）认为，与格变换是英语史上特定形态-句法参数发生系统性变化之后的结果之一。我们认为，这个参数主要涉及接受者论元的标记策略及其历时变化，有关构式在各水平上的互动（竞争和合作）都涉及该策略选择的切适性。我们假设，在表义明晰和形式经济的双重要求下，有关标记策略在切适性方面表现欠佳时，（言语者会借助各种手段通过）语言系统作出适应性调整，从而形成新的策略和策略配置方式。Bleys & Steels（2011：152）指出，这些策略在全部个体的集体活动中显现出来，既不明显可及，也无明显表征。然而，实际话语作为构例，本身就体现着各种策略，它们复制的成败就代表着策略的成败。从英语史上双及物结构用例看，格形态策略的选择性切适曾经相当明显，直到古英语晚期，各种格结构之间的语义重合导致格形态显得冗余，表义明晰性要求得不到满足，综合性的格形态策略的切适性减弱。在格形态策略为主要策略选项时，古英语晚期开始出现少量介词短语的使用，某些条件下比较明显的语序偏好也出现了。此时，分析性的介词短语策略和语序策略使用已初显端倪，但尚非主流。言语者受相同的生理性-认知性因素影响和制约而作出不同的语言策略选择，在语言交际杠杆条件（表述明晰和形式经济）影响下，各种新创表达会出现，并在普遍传播之后表现为集体性策略。

双及物结构的发展在接受者论元标记策略方面表现出历时性动态平衡，策略变化和选择在演变过程中不断自我适应和调整，从较为单一的、纯粹的策略向多种策略合作变化，最终形成稳定的混合性策略系统。可能从前古英语时期开始，占主导地位的是单一的格形态策略，它标记几乎所有的角色，如施事、

① Gries & Stefanowitsch（2004）对这种互补分布有研究。通过被动化检测发现，如今 DOC 只允许接受者论元作主语。*to*-POC 允许客事论元作主语。有的动词（类）明显偏好 DOC 用法，比如 *give*、*offer*、*tell* 等；而另外的则偏好 *to*-POC 格式，比如 *bring*, *sell*, *take* 等。

客事、接受者、经事等核心角色，以及时间、方所、方式等非核心角色①，还囊括所有的语篇-语用功能，比如区分焦点或非焦点性接受者论元。因此，这种形、义对应上的失衡或负载过大必然削弱表义明晰性和交际有效性，介词（短语）自然就成为竞争性策略并分担原来主要由格形态和格框架承载的表义内容，从"争抢"标记非核心语义角色开始，逐渐转向全面竞争，通过功能扩展去标记核心语义角色，从而造成中古英语时期格策略全面落败。

　　除介词标记策略兴起外，固定语序策略也在中古英语时期逐渐明确和稳定下来。古英语时期在信息结构上就已使用话题焦点策略，这有助于论元区分（详参 Möhlig-Falke，2012；Los，2015）。这条证据，连同 V2 语序特征、从句语序固定、双宾式两个格框架语序几乎平分秋色，都足以证明，至少古英语晚期以来，人们有语序意识，稳定语序模式有一定表义和区分作用，只是不清楚该策略从何时起具有独立地位，并具有跟格策略和介词标杆策略相竞争的实力。总体来说，古英语时期，格策略在竞争中占绝对优势，是标记各类角色的主要策略，介词主要标记非核心角色，属次要策略，语序策略在标记角色方面作用最小，后面两个策略还不成熟，格标记成分通常更短，格框架结构有形式经济性，也有句法位置灵活性（详参 Hagège，2010：29）。这个平衡因为中古英语时期的语音-音韵变化等原因被打破，介词标杆策略因为介词有更强的表达力而发展壮大起来，发展到也能标记核心角色，以弥补格形态系统消失后标记功能缺位和切适性降低。同时，语序固定策略也开始发挥更大作用。格标记消失突出了经济性，无标记的句法成分语序固定化，这跟介词标杆一样，都具有明晰表义的作用。从中古英语往后至今，残存的格标记、介词标杆以及固定语序等策略合作，其中，介词用于标记各类角色，固定语序主要标记核心角色，残存的格标记在有限条件下能标记核心角色。就是说，在古英语时期以及中古英语时期及往后，英语在论元角色标记方面都采用混合策略，差别在于各策略的主导性和策略间关系：在早期，竞争是主流，格策略是绝对主导，介词标杆策略是新创的，固定语序策略则影响微弱，但在后期，合作是主流，介词标杆策略和固定语序策略成为主导，格标记系统衰败而影响微弱。

　　就双及物结构而言，双宾式最开始主要依赖格形态来标记接受者论元，介词短语和 POC 兴起后，双宾式的核心义跟 to-POC 密切关联起来，其他类型的

---

　　① 　所谓核心和非核心语义角色大致等同于补足语和附加语的区分，这是粗略的两分式区分，其实两类成分的差别只是度的问题（详参 Huddleston & Pullum，2002：224-228；Hoffmann，2005，2011）。

POC 逐渐分流了双宾式的一些次类意义表达，格形态系统逐渐消失后，介词标杆策略接手，格框架逐渐单一，语序逐渐稳定，固定语序策略起重要作用，双宾式和 to-POC 在语义关联和相互适应的过程中逐渐实现语义、语序和语篇功能的分工协作和互补性分布，前者主要靠语序标记接受者，后者靠介词。两式有不同的语序偏好，逐步建立起互补性生态位。

7.5 关于英语双宾式历时语义演变研究的主要发现和基本观点

本研究主要关注英、汉语双宾式语义的历时演变，这主要涉及双宾式表义范围缩小，亦即语义窄化。由于汉、英语的发展演变过程不同，讨论分别置于不同的背景下进行，汉语方面，主要考察双宾式统一形式框架内意义结构的历时变化，英语方面，主要围绕与格变换的显现，即在强大的语言接触背景下，双宾式形式的变化及其对应的意义变化，以及双宾式和 to-POC 关系的变化。这里首先总结英语双宾式历时语义演变考察的主要发现，并提出基本观点。然后再从几个重要方面入手，对英、汉语双宾式语义窄化作比较。

在演化语言学和构式语法的理论框架内，综合各家发现和我们的调查分析，总结出如下主要发现：

第一，古英语时期，双及物动词可以使用多种格框架，语序较自由，其中，[DAT-ACC]框架的使用频率和能产性较高。该次类在语义上最开放包容，可表多种意义，接纳转移交接、褫夺、态度-情感等多类意义的动词，其中，转移交接义是基础、主流和高频的次义类。此期图式性 DOC 抽象性较强，只是基于全部格结构的概括，其构式义有很大的未限定性和概括性，表达某施事通过作用于第三方而致使另一参与者受影响之义。

第二，格结构相互间有较多语义重合，一个格框架对应多种潜在意义，一个意义也通常可以由多个格框架来表达，因此，表义欠明晰以及语音侵蚀日益严重使得格标记在向中古英语过渡的时期几乎全部消亡，上述各格结构逐渐衰亡，演变成集中于一种主流性格框架，既然单一的格模式已显冗余，此期 DOC 演变成基本含无格形态的名词短语双宾语序列，仍表达致使受到间接影响这个相对抽象概念。

第三，采用介词标杆策略的 POC 在古英语时期就已出现，但在接纳动词（类）方面比较封闭，用于 DOC 的褫夺义和致使位移义等少数动词（类）也能用于介词性释义形式，所联系的目标义介词也有很多种（个），有的参与者可以通过转喻解读为"无生目标-有生接受者"，这种语义功能重合使得两式开始竞争，但在主导的格策略条件下，综合性的 DOC 一度占绝对优势，从晚期古英语和早期中古英语时期开始发生变化，可能是格标记不断衰亡，作为表义弥补手段，POC 的表义功能开始不断扩展，它能接纳更多动词（类），总体使用频率增长，甚至一度超过 DOC。POC 后来的发展具有显著的动词类特有构式特征：褫夺义和纯粹施益用法等动词基本不再能用于 DOC 而只进入 POC，这些 POC 用法中 PP 的类型逐渐减少，有关动词类型最终都倾向于只使用其中一种构式。

第四，作为致使位移事件的表达形式，POC 的高频、高能产性次类 to-POC 率先和 DOC 中最典型、最高频的转移交接义（及其引申的关联义）亚型构式逐渐展开竞争，二者语义近似性显著。最初，这些动词在 to-POC 中的使用更频繁，但由于功能、表义和语序等方面的互补性，它们彼此为对方的改变而发生自适应变化，促使对方稳定下来，相互从对方的复制中受益，成为表达上述语义的对等结构。从中古英语末期开始至今，两式和谐共生、互惠合作。跨构式的启动效应以及交替表达的能产性效应都表明，它们共同促成了双及物构式位的出现，互为彼此的纵聚合性变体。

第五，古英语时期，DOC 和 POC 在小句水平上的语序以及双宾语的语序上都比较灵活自由，但 SVO 语序使用频率总体上相当高，DOC 用例中，双宾语前后相邻的两种语序都较常见，分布占比相当，[REC-TH]语序用法稍多。此外，PP 由于多对应着附加-任意性的补充信息而有出现在小句靠后或边缘位置上的偏向，且多用[TH-REC]语序，上述语序特征都和论元的有生性、话题性和结构象似性有关。尽管 POC 尤其是 to-POC 保留了 PP 句法位置一定的灵活性，但在中古英语时期，随着它和 DOC 语义关系日趋紧密，两式在语序模式特别是宾语语序调适方面不断变化以彼此适应，从而形成形式-功能性互补分布，DOC 因失去格标记而急需固定语序以便清晰表义，同时，这也是语言系统内语序演变中的一部分，很多跟转移交接义联系不紧或者相冲突的次类义动词都转而进入 POC，DOC 的语序固定步伐较 to-POC 的稍快，程度也更甚，因为有介词引介角色的构式在固定语序方面的紧迫性更弱。在与格变换形成过程中，两式的持续互动性适应调整使得 to-POC 的语序也日趋固定，延续至今，两式的主导性语序模式和话题性成分安排互补。这表明，两式是共同演化。不过，施益变换应该发生在中古英语之后。

第六，DOC 和 POC 尤其是 to-POC 之间语义联系不断增强是导致 DOC 语义窄化的直接原因。DOC 的核心义及其关联义跟 to-POC 高度契合而能够相互释义表达,那些非核心义因为与之矛盾转而更多进入其他介词型 POC(如 *from-/of*-POC 等)或单及物性领属结构等构式,像这样,跟指向目标的位移义联系不紧密的那些次类意义最终(趋向)消失之后,DOC 的意义就逐渐窄化。其原型义不断得到复制和强化,非此类意义的表达或不显明的语义表达作为边缘性 DOC 用法即使还留存,也朝着淡出 DOC 的方向继续发展着。DOC 的语义窄化既是 DOC 跟 *to*-POC 之间语义密切联系的原因,也是这种联系导致的结果。

第七,DOC 和 *to*-POC 因为语义近似性而先竞争、再合作,形成互惠互利、分工协作的关系,它代表了语序固定和介词标杆两种策略的合作及其结果,而那些淡出了 DOC 框架的动词(类)转而(主要)使用 POC,则代表了一个构式(及其对应的策略)对另一个构式(亚型)的完胜,比如褫夺义动词,两式并未形成合作关系,POC 一直沿着语序固定的方向发展,淡出 DOC 的动词进入 POC 之后也是如此,从中古英语往后直至今天,它们明显偏好互补性的 [TH-REC]语序,就有些动词而言,PP 居后(句尾)的模式几乎有强制性。这是构式化的表现,比如,*rob*、*steal* 等褫夺义动词和纯粹施益义动词的句法表现,基本局限于 POC 用法(用介词 of/ from/ for 等),而损益义动词如今使用领属短语结构而非 DOC 或 POC 比如,由'*Tim broke Marina her arm*'变成了'*Tim broke Marina's arm*'。

第八,除了上述构式间分工协作和彼此取代这两种演变结果外,第三种情况是,某些非核心动词类延续或者强化古英语时期以来的使用倾向,在 DOC 和 POC 两式之间有显著偏好性分布。例如,反向转移交接义动词和心智/态度-情感义动词的复杂述谓结构在古英语时期就强烈偏好 POC,也能跟多个介词共现,直到今天,不同的 POC 类型都有使用;另外,*ask* 等反向信息传递义动词一直能用于 DOC,并未很早淡出而进入 POC,这很可能是因为它作为高频动词及其高频固定结构,其语义跟 DOC 的次类意义近似,借助类比可以压制进 DOC。*throw* 等弹道运动义动词长期以来偏好 POC 用法,很可能是受句法象似性影响,用 POC(PP 置于句尾)结构来描摹(致使)运动位移事件,其后来用于 DOC 的用例增多,很可能是被压制进与格变换的用法。

第九,英语双及物结构的发展史是一部语义相关构式在各水平上的竞争和合作史,其中就包括但不限于古英语时期格框架间的竞争、POC 特别是 *to*-POC 与 DOC 的竞争、POC 内部次类间的竞争、与格变换出现和双宾式语义窄化等,竞争的主要目的是满足表义要求和需求(即交际有效性和形式经济性),竞争和合作的本质是选择语义角色标记策略,竞争手段就是得到尽可能多的复制，竞争的过程和结果可以是策略间的胜出和替代、协同合作与互惠互利、承袭旧法，英语双及物结构的发展趋向基本上是从严重失衡的混合性策略转变成相对平衡的混合性策略。就此而言，DOC 和 to-POC 这两个双及物性构式变体最终形成互动式自适应性关系，亦即渐进式共同演化。

综上，从演化语言学、演化博弈论和基于使用的构式语法的角度看英语双宾式语义窄化过程，有描写和解释上的便利和优势。我们大致廓清了双宾式语义窄化的背景、原因、过程、条件、结果和性质，厘清了与格变换的大致演变过程、特点和性质。从双及物结构的演变来看，构式（特别是句法构式）和语言策略会根据自身切适性的变化而不断自我调适，通过改变自身以适应关联构式和策略发生的变化，关联构式之间可能形成互相适应彼此的共同演化关系。与格变换就是对英语系统性外部环境变化做的适应性反应，是构式所在的环境发生的种种变化带来的演化效应，它是语言单位间共同演化的范例。

7.6　英、汉语双宾构式语义变化比较

本研究的重点是比较英、汉双宾构式的语义变化特点和规律。要验证一个假设，即英、汉双宾式在历时演变过程中，都发生了语义窄化，从最初的大范围、多类型的抽象语义表达逐渐缩小至专司表达物品所有权在两个有生实体之间成功转移交接，其表义范围缩小、内容纯一、表达具体明晰，在此原型义基础上，还会出现各类引申。前文梳理了关键历史时段上英、汉双宾式的语义变化，下文从几个方面对有关变化做比较。

7.6.1　英、汉语双宾构式语义变化的主要动因

英语双宾式的变化是其系统变化的一部分。在前古英语时期乃至古英语末期，双宾式的变化较慢，格框架因为表义繁复已具有歧义而开始出现格形态合并或消失的迹象，这是变化的内因，但导致其加速变化的主因还是随着诺曼征服而来的法语及其他外语的侵入，在强势外语导致的语言接触背景下，以及商贸等社会活动频繁等条件下，英语语音和音韵出现重大变化，这导致单词拼写变化，格标记消失速度加快。同时，格标记表义作用被破坏，介词系统从古英语末期的萌芽状态迅速兴起，很快在中古英语时期取代了格标记的地位；同属连锁反应，形态系统消失促成语序固定化，由屈折型语言转变成分析型语言，这在中古英语时期较早就实现了。介词短语系统的兴起，尤其是 to-POC，跟双宾式与之语义近似有密切联系，一边是部分 POC 能分担 DOC 的表义内容而

与之形成交替表达关系和博弈对手关系，另一边是 *to* 等介词短语跟 DOC 的运动位移义表达形成基于语用推理的交替表达关系和博弈对手关系，结果，在竞争中，介词短语释义形式获胜，双宾式的获取义等次类逐渐基本只由 POC 来表达，于是，语义窄化发生了，更多的类似过程出现了。DOC 逐渐跟 *to*-POC 形成稳固的交替表达关系，在竞争中逐渐合作，通过彼此调试自身去适应对方的变化，最终形成与格变换，共同建构出双及物构式位并彼此互为纵聚合性变体。

汉语在历史上并未经历类似大规模外语入侵和失衡性语言接触，即使有战乱和剧烈社会动荡、民族迁徙和融合，甚至中古汉语等时期内佛经的翻译，汉语基本上是在自身系统发展的条件下演变的，总体来说，其主要动因还是自身变化，特别是双音化以及社会经济、文化和生产力等的发展导致词汇和概念的丰富和精细化，进而带来语法尤其是句法的连锁变化（详参徐时仪，2005）。比如，双宾动词的语义类型和语义类内部成员的构成，在一定历史发展阶段总体上不断发展壮大，从中古汉语往后，双宾式的语义类型逐渐减少，但留存语义类型内动词的数量总体上还在增长。另一方面，连动结构等句法结构的普遍和高频使用极大地促进了动词虚化，这种语法化反过来造成介词（短语）兴起，尤其是中古汉语时期介词短语出现了从动词后向动词前移位的大势，至唐宋时期动补结构兴起，都对双宾式的演变产生影响，跟英语一样，它们也极大地分担了原先双宾式的表义内容，推动了双宾式语义窄化。其中，双宾语结构的类型多样化和意义-结构繁（简）化、动词和宾语的音节-音韵变化对句法的压力和要求、信息结构组织特别是焦点信息的配置方式、体范畴的出现以及众多近义关联句式的使用或兴起，对双宾式演变造成的影响很明显。汉语一直维系着SVO 的语序总格局，因此，各成分的语序性变化调整从总体上讲都是语言自我调适以服从和服务于实现最佳交际效果的需要。

从表面上看，英语双宾式变化的主因是外因，而汉语双宾式变化的主因是内因，但就本质而言，双方的差异不大，都是语言在面临表义压力和困难时候的自适应反应，都是为了表义的明晰和语篇-语用功能的最大化实现。

7.6.2 英、汉语双宾构式语义变化的过程和表现

英语双宾式语义窄化从中古英语早期开始，直到早期现代英语时期基本完成。其中，中古英语时期最关键，主体变化都在此期完成。大约从晚期现代英语即 17 世纪末开始，约一个世纪内，双宾式的表义内容和类型就逐渐定型，延续至今，从那时起，英语双宾式的语义次类基本再无大的变化。古英语时期

曾有的、但在中古英语时期及之后陆续消失的语义类型包括：1）*rob*、*bereave*、*excuse* 等褫夺-获取义（如 *to rob me this rich purchase*）；2）*command*、*inform*、*repeat*、*state* 等言说方式性信息传递义（如 *to command me silence*）；3）*banish*、*dismiss*、*discharge*、*discard*、*expel* 等驱逐义（如 *to discharge her the house*）；4）纯粹施益和损益义（如 *to hold him the torch* 和 *to shorten him his days*）；5）心理-情感-态度义（如 *to intend him harm*）；6）一些杂类（如 *to challenge him the field*），等等。约自 19 世纪始，英语双宾式逐渐发展出领有权转移交接义的限制，即必须表达其相关义，哪怕是意图式或条件式等非现实性转移交接。虽然一些语义次类不再由 DOC 表达，但其中个别动词仍延续 DOC 用法至今，表现出固定或习语色彩，例如 *forgive*、*envy*、*intend*、*wish*、*do*、*ask* 等。句法演变的趋势，是句法形式的语义对言语者要有足够的语义透明性，否则，就要寻求新的表义方式，一种表义手段消失通常会导致新手段的出现和替代，这很可能具有普遍意义。双宾式在同 POC 的竞争中落败，失去了大部分表义内容，很可能是因为 POC 具有明晰的角色引介作用和更强的表义能力，毕竟，介词（短语）还可语义引申，跟动词和 NP 的组合能力更强，适用范围更大。

英语双宾式核心义的表达因此更显明确和稳定，其高频和强化使用可能导致语义扩展，某些二价甚至一价动词或者活用词，因为自身的语义特征和双宾式语义契合，或者借助转喻思维、构式压制和语用推理等机制与之密切联系，就可能进入双宾式，例如 *feed*、*issue* 等关联转移交接义的动词，*fax*、*email* 等信息传递方式义动词，*throw*、*fling* 等弹道运动义动词以及 *cry* 等一价动词进入双宾式都是现当代英语里发生的。此外，像发送或信息传递义动词类后来也有新成员动词加入而能用于双宾式。反之，像 *deliver* 等原来允入双宾式的动词后来不再能用于双宾式。这些都是双宾式语义次类内部动词成员的变化，但语义次类本身在定型之后还是稳定的。从类型学角度看，在双宾式表达致使间接受到影响这个概括意义方面，有的语言较英语在语义次类条件限制方面更严格，例如荷兰语语义窄化程度更高，而另外一些语言更宽松，比如一些斯堪的纳维亚半岛语言的双宾式语义次类比英语的更多，换言之，它们保留了更多亘古的双宾式语义次类。从古英语以来至今，右向转移交接义就是双宾式的基础和核心义，类频和例频最高，凡与之语义关联不够密切甚至有冲突的次类最终都淡出了双宾式，而与之关联密切和兼容契合的次类则得以留存。语序方面，最开始的众多选项中，VO_iO_d 和 VO_dO_i 几乎平分秋色，明显多于其他模式，到最后 VO_iO_d 占绝对优势。

汉语双宾式语义窄化过程有众多相似处。甲骨卜辞中的双宾式可视为其源头或原型形式，从一开始，它就主要关联着转移交接义，跟三宾式密切关联。在祭祀和世俗活动中，被转移交接物一般是具体且离散有形的实物，只是在前者，接受者常常是虚幻但有心理现实性的神祇或先祖等。除大量的祭祀类和非祭祀类动词在双宾式中表达一般性献祭/给予义外，最早的双宾式语义次类中还有获取义和制作-为动义，后者类似于英语的意图给予义。从西周铭文开始至春秋晚期，更多的双宾式语义次类显现出来，除前述三种用法，还有教示问告、使动、对动、因动、与动（也称"结绝""关联"）、空间方所性广义处置义（含投掷类动词用法）、损益、称谓任命、侑助、工具-凭借等，这个格局一直延续到战国末期。语义次类明显消失约自秦汉时期始，由于介词短语兴起和使令结构、复音化、词汇总量扩大等影响，双宾式的一些语义次类逐渐消失，例如与动类、使动类、处置类和为动类从西汉中后期往后就不再或不常使用，个别语义次类，如工具-凭借和空间方所处置类等，甚至可能在某段时期有用例增多的趋势（如西汉时期），但很快也加入到逐渐消失的行列。至中古汉语时期，上述趋势更加明显，使动、为动、空间方所处置类用法有一定残存，但双宾式主要用于表达给予、获取、教示问告和称谓义，其中，前三类实为转移交接义，即涉及左向或/和右向的物质性或非物质性转移交接。自唐宋以降的近代汉语时期，上述趋势一直维系（像《朱子语类》中为动类用法较多，应为个人方言，并非总趋势），只是在转移交接义的词汇性表达方式上有发展，比如消耗、亏欠、饶让等，这意味着在这几个大的语义次类内部，述语动词的数量和类型都有增多以及语义特征有复杂精细化的趋势（也有旧双宾动词退出）。总之，如今双宾式的表义内容自中古汉语以来并无根本变化。

从甲骨卜辞开始，双宾式一直就有 VO_iO_d 和 VO_dO_i 两种语序模式，就核心义表达而言，VO_iO_d 模式的绝对主导地位一直延续至今。绝大部分动词在上述两式中有选择偏好，有的还有绝对性偏好，但从最开始阶段的给予、获取和制作-为动义表达来看，它们都有成员动词能等同进入上述两式，甲骨卜辞中已有介词性"于"，介词宾语式已同样普遍使用且较双宾式可能有更高的频率，上述动词能够同时用于这两种句式，可能是基于经济性的简省用法，也可能是因为语境等条件的影响，两式并用并不影响意义表达，或许，当时没有使用"于"标记有关语义角色的紧迫要求，因为最初的双宾式语义还算单一，转移交接义是明确的，语义角色联系着动词及语境，也比较清楚。后来双宾式语义的丰富及窄化，可能主要和古人概念系统精细化和表义明晰化有关，大量（同）近义异构句式的出现和使用分流了原先由综合性双宾式的表义内容，例如话题结构、状动（补）结构、动补结构、存现句、省略结构或一般性的动宾结构等。

7.6.3　英、汉语双宾构式语义变化的主要结果

英语双宾式语义窄化后，主要表达各种类型的右向转移交接义，其原型的核心义是成功的现实性右向转移交接，它包括内在的、（短）瞬时性现场给予以及基于此经过构式压制出现的另外两种转移交接，即借助持续方向性运动位移实现的给予（如 *bring*）以及借助弹道运动而实现的现场给予（如 *fling*）。非核心的转移交接义类型包括非物质性转移交接和非现实性成功转移交接，如信息传递、凸显传信方式的转移交接、允诺-态度式转移交接（如 *promise*、*allow*）、义务-道义性转移交接（如 *owe*）、未来转移交接（如 *leave*）、赋能式转移交接（如 *permit*）、意图式转移交接（如 *build*、*make*、*bake*）、先期获取而实现的转移交接（如 *buy*、*win*、*grab*）、阻滞转移交接（如 *refuse*、*deny*），等等。其他一些双宾式用法，如 *cost*、*charge*、*forbid*、*dock*、*forgive*、*envy*、*ask*（*sb*．*a favor*），*do*（*sb. harm*），*wish*（*sb. good luck*），*intend*（*sb. harm*）等，可视为习语式留存，它们在退出双宾式。英语双宾式在和 *to*-POC 的竞争和合作以及与格变换形成的过程中，彼此自我调适来适应对方的变化，共同构建双及物性构式位并成为彼此的构式位变体，其语义已高度窄化，亦即聚焦于右向转移交接义，专司表达单一事件类型，同时，其自身也不断扩展；其三个论元成分都能引申而表达更抽象的转移交接和致使受其影响义，在表达各类转移交接方面，英语也有较大幅度的发展。可见，英语双宾式有更强的构式压制性，被压制进双宾式的动词，都不影响右向转移交接义解读。之前存在的双宾式各种语义次类，一般都改由 POC 来表达，或者使用属格名词短语等单宾结构。

汉语双宾式语义次类在中古汉语时期就已形成基本格局，维系至今，尽管在某些次要语义次类使用频率方面有历时性波动，它在很多方面表现出与英语双宾式的相似处。首先，在构式义结构方面，双方基本一致，核心义都表成功的右向物质性转移交接，也能表示非物质性转移交接，即问告-展示类；其次，在给予义引申方面，汉语双宾式的引申扩展式给予用法也有很多类型，比如，也有类似 *owe*（"欠、负"，即应该给予）、*promise*（"许"，即允诺给予）、*save*（"饶"）、*leave*（"留"）、*bequeath*（"传"）、*allow/permit*（"准"）等类用法，但此类动词数量很少。英、汉双宾式语义次类在这方面虽有表层的相似，但也有不同的性质和特点：英语双宾式使用上述动词，是因为它们分属于显明清晰的转移交接义次类，其事件框架语义特征与该义直接联系；而汉语双宾式使用上述动词除了同样的直接联系，还有间接关联，即在相关事件语义知识中也会涉及

类似于给予事件的实体转移交接，在转喻思维、意会、类比和语用推理的基础上，借助这些动词同双宾式构式义的契合，本为二价动词的一些动词也会因为构式压制而进入双宾式，从而形成所谓招待类、帮助类、赏赐类、馈送类、归还、诓骗类等给予义次类，这些用法基本上不见于英语。这个差异很可能是由英汉民族的思维方式和语言使用特点差异造成的，英语更加严格地遵循语法规则，尽管也有一些基于意会和语用推理、词类活用的新创双宾句用法，如'*cry me a river*'，但其动词开放性远远低于汉语的。上述很多汉语双宾动词的用法在对应英语表达中只能用作二价甚至一价动词。此外，汉语双宾式一直保留了亘古的获取义次类，同样，除了典型获取义动词，还有很多类似的基于意会和语用推理的用法，也可以根据具体动词的语义特征细分为窃取类、劫夺类、亏欠类、图求类、施罚类、消耗类，等等。在问告类方面，凡是跟"问、告、教"的动词语义特征类似的动词，如"吩咐、回复、回、报告、夸(奖)、抢白、骂、说"等，都可能用于双宾式。这些动词增多也得益于社会经济生活发展和新事物、新概念出现。总体来看，汉语双宾式的语义次类在数量上持续减少，但留存的语义类中的成员动词有增多的趋势。汉语双宾式表达的转移交接涉及左向/右向，易致歧义，具体解读取决于语境，尤其是所用动词的语义特点。英、汉语双宾式的构式压制力不同。

汉语双宾式也有历史留存用法，主要见于北方方言，例如置放类（"放桌子上一本书"）、使成类（"吓了他一身汗"）、施益类（"她投了我一票"）、损益类（"你坏了我一桩大事儿"）等，① 在这方面，英、汉语双宾式也有相似处，只是具体留用的不全相同。关于称谓类，比较特殊，从古到今，汉语的 VNP$_1$NP$_2$结构一直保留该次类，按照本书的标准，它属于双宾式性质，但英语的称谓类结构（如'*We call him Tommy*'）虽也留存至今，但一般归为宾语补语式，类似于'*I consider him a friend*'，双宾式内部语义关系趋同纯一，其次级述谓语义关系是[HAVE]，即双宾式表达[NP$_1$ HAVE NP$_2$]之义，而宾补式的次级述谓语义关系是[BE]，即该式表达[NP$_1$ BE NP$_2$]之义。或许英语双宾式的语义窄化程度较汉语的更高。

---

① 汉语双宾式曾能表纯粹施益和损益义，例如："唐尚说惠王而解之围(《吕氏春秋·士容论》)"；"骊姬既远太子，乃生之言，……(《国语·晋一》)"，这仍可理解为"动作行为对有关角色造成影响"。汉语双宾式各次类义之统合，这里暂且概括为"表达三元参与者事件中的三元参与者关系"。

7.6.4　英、汉语双宾构式语义变化的主要特点和规律

英、汉语双宾式的语义演变表明，两种语言最初都有相对稳定的双宾式结构和较广泛的表义范围，其核心义或原型语义相同，它们在演变中都发生了语义窄化，跟原型义相去较远的、同转移交接义联系不紧密甚至相冲突的语义次类逐渐淡出了双宾式，转而由其他句法形式表达。其中，替代性表达都和介词有关，汉语表运动位移义的介词宾语式几乎从一开始就同双宾式并用，这之后还涉及其他近义句式并存，例如连动式、话题句、介词短语作状语或补语的句式、把字句、省略句，等等（详参刘子瑜，1995；梅祖麟，2000；吴福祥，2003；刘宝霞，2009；张文，2013），这些格式都跟双宾式有交替表达的可能，从而与之竞争：它们有各自的表义重心、音韵特征、语篇功能和信息结构安排特点（例参冯胜利，1994；薛凤生，1998；石毓智，2002，2003，2008；徐志林，2008；张文，2013），特别是介词短语在标记和指示语义角色方面有优势，因此，它们都能各自发展并分担双宾式的表义内容。双宾式有综合性特征以及形式经济的特点，在表达转移交接和导致接受者因此受到影响的意义方面也有优势，在漫长的演变中保持核心义表达力，并在此基础上实现引申。相较之下，英语双宾式的近义结构虽没这么多样，但同样由于 POC 的强大表义优势以及双宾式自身的表义特点，尤其他同 to-POC 竞争和合作并协调互惠，双宾式的核心义表达留存，其窄化达到了同汉语双宾式殊途同归之效，其核心义也有引申。

各有关句式在竞争和合作中彼此协调和适应，共同维系传信和交际的最佳效果，最终形成相对稳定、各司其职的发展格局，这是英、汉语双宾式语义窄化表现出的共同特征。这表明，语法特别是句法演变是语言演变的重要一环，会受到系统变化的影响和制约，变化不是独立进行的，而是在系统内跟各种语言结构和语言因素发生关系，各自自适应性变化，其目的是共同和一致的，那就是实现语言形式经济和表情达意明晰。英语双宾式的语义最初是较笼统的三元参与者事件中某行为"致使受到间接影响"，汉语的更笼统，可概括为表达"三元参与者事件中三元参与者的关系"，各角色之间的具体关系，主要靠述语动词的框架语义和语境信息以及百科语义知识去解读和判断。我们认为，古人在直觉思维和意象思维的影响下，会将各种直觉感知的意象（表现为 NP 指代的语义角色）**机械并置**于相对于述语动词的句法位置，例如甲骨卜辞中的三宾语结构。三宾、双宾语结构在语序上相对较自由，但总体上其语序还是有规律的，并置不是任意和自由的，上古汉语主体的 SVO 语序一直较严格，涉及

多宾语时，语序会相对固定以对应不同角色，三宾语结构消失，原因之一是并置成分太多而可能导致歧义，要用"于"引介神祇或祭祀对象，从而减少宾语数量。再加上固定语序的作用，表义效果大大改善了。此外，整体思维方式会让古人认为，天地人万物相联为一体，从整体把握所经验的世界，其参与者彼此等同，无须细分，因此，也可将方所、原因/目的、工具-凭借等视为类似于受事或客事的宾语(另参孟庆海，1987)，因为它们都是三元参与者事件中地位等同的角色或参与者①(因此，用来修饰动词或动作本身的成分，例如时量或动量成分，不宜看作参与者)。由于汉语缺乏形态标记，它使用单一的句法成分并置于动词一侧的单一综合性结构来表达语义，就会导致双宾式因一形对多义而导致表义功能欠缺，这是它发生语义变化的主因之一。大量动源介词出现后，介词能够引介其中一个角色，动词联系的另一个宾语的角色性质就更清楚了。而且，汉语的"V 给"并置格式极大地扩容了双宾式的述语动词总量和表义内容。当然，使令结构等其他结构兴起也分担了双宾式的一些语义关系(详参徐丹，2003)，句法结构竞争不限于双宾式和介词短语之间。此外，传统的辩证思维方式使得古人将同一事件的两个对立且易相互激活的特征编码为同一形式，就像施受同辞，将转移交接事件中运动位移的左、右向编码为VOO形式，这体现了汉民族传统思维方式和概念化特征。这跟西方文化中主张万物相差异、讲究精确区分范畴、穷究事物之间和内部不同关系的分析性思维对立(详参连淑能，2004；郭富强，2007：32-64)。英语大量使用介词来标记和区分语义关系就不难理解了。

英语双宾式语义窄化同样跟介词短语密切相关，其介词的来源不同，在以格框架和格形态标记区别语义为主的时期，英语双宾式也碰到类似的问题，这导致格融合以及后来格标记消失后介词兴起，就本质而言，也同样是同一个(类)单一综合性句法结构对应多种语义关系而带来表义功能性缺陷，既不够精细，也易致歧义或模糊。可见，在句法层，同一个句法结构对应的表义内容不能过于复杂，或者内部差异太大，一个语言拥有的表达手段首先有表义明晰的需要，同时也要形式经济，在出现这类矛盾时，不论压力来自语言外部或内

---

① 这种传统思维方式和特点会对语言使用(结构形式、意义以及形义匹配对应关系)产生全面和系统的影响，并体现在语言各层面和句法的各方面。以动宾语义关系为例，VO并置代表了基于动词事件框架语义的角色之一得到凸显，只要是基于同一框架知识，理论上，任何凸显角色都允入 VO 式，通过转喻思维和句法语义还原，VO 都是合理的，都能为汉语使用者接受。

部，语言都会发生自适应性变化，开发新手段，且新旧手段之间会竞争，其结果可能是优胜劣汰，也可能彼此合作、共赢共存。英、汉语双宾式演变的性质基本都属于后者。在使用综合性或分析性句法手段方面，英语和汉语双宾式都做出了相同的选择，即倾向于用分析性手段去表达各类非核心义，承袭综合性手段去表达单一事件类型及其核心语义。

在历史演变过程中，不论是双宾式还是其近义构式，抑或双宾式内部不同语序模式和不同历史时期中的语义次类，不同的成员动词对句式的选择不同，这既有共时差别，也有历时区分，就此而言，英、汉语都表现相同特点，例如"献、问、告、示"以及 *donate*、*deliver*、*provide*、*bespeak* 等，即使有些语义次类得以留存，但允入动词也有历时差异。其背后原因复杂，但它启示我们，语言是变动不居的，用法通常不会恒常不变，它总是反映言语者思维的变化，反映着世界和现实的变化，言语者总会根据这些变化调整言语组织形式，通过掌握的手段，尽力去实现表情达意的效果。英、汉双宾式的核心义维系不变，这是恒变中的恒常。

7.7　小结

本章从演化构式语法的视角考察英、汉语双宾式语义变化的有关问题，主要涉及一些必要的理论性阐释，特别是语言复制过程以及该过程中的句法变异和句式选择问题，以及语言策略选择问题。我们考察了英语双及物结构演变过程中的构式性变化以及有关句式竞争和合作等问题。

考察重点是中古英语时期及前后双及物结构格系统的消失以及在此背景下双及物结构的表义困难。双宾式和 to-POC 的互动性变化涉及双及物结构中接受者论元标记策略的竞争这个核心议题，它们代表了两种标记策略。我们从中古英语时期 POC 和 DOC 的合作、竞争与和谐共生角度入手，探讨与格变换出现的过程及其语言学本质，在厘清了两式变化的大致过程和结果之后，我们归纳了英语双宾式的历时性语义变化特点，并讨论了两式语序固定的问题，这既涉及双宾语语序排列问题，也涉及双及物结构 SVO 语序的固定问题以及英语小句层面语序固定的宏观背景和条件。然后，我们对英语双宾式语义窄化过程中的各种相关性作了分析，它主要包括四个主要变量条件之间复杂的因果关系。此外，我们还分析了双及物结构发展过程中的角色标记策略变化，主张其中出现了一种相对平衡性混合策略对另一种相对失衡性混合策略的替代。我们从四个方面入手简要地对英、汉语双宾式语义变化作了比较，这包括变化的主要动因、过程和表现、主要结果及其反映的语言学特点和规律。我们认为，两式的语义变化具有很大共性，为更好满足交际需要这个共同需（要）求和目的，英、汉语在各自系统内作出自适应性调整，除了表层动因和语义变化有一定差别外，其变化的路径、机制、条件、方式和过程都非常相似，有殊途同归之效。

结　　语

　　本书将认知构式语法理论和演化语言学相结合，对汉、英双宾构式的历时演变分别作了考察和分析，聚焦于各历史分期内双宾式语义变化的特点。汉语方面，重点是从上古汉语到中古汉语期间，双宾式各语义次类的区分及变化大势，尤其关注各次类中的主要成员动词变化以及这些动词跟双宾式有关的历时性句法表现，同时，还考察双宾式的语序模式变化和双宾语形、义特征变化，注意分析各时期双宾式及其关联构式之间的句法和语义关系。作考察和分析之前，先着力于汉语宾语的界定，特别参考了汉民族传统思维方式的影响。我们认为，汉语的宾语就是基于动词的事件框架语义所联系和激活的任何事件参与者，双宾式中就含有两个紧邻并置的此类参与者。英语方面，重点考察双宾式的形式变化及其同介词宾语式特别是 to-POC 的竞争和合作，这主要涉及古英语格标记系统的消亡及由此衍生出的一系列连锁反应和重大变化，特别是 to-POC 等特定类型介词宾语式的兴起及其同双宾式的关系、双宾式语序的固定，以及与格变换的出现及其演变的构式语法学意义。此外，我们还对与格变换发展过程中的相关性问题和接受者角色标记策略变化问题也作了分析。

　　研究发现，汉、英双宾式是历史悠久的句式，它们在初始形、义特征方面有诸多相似。第一，它们都有明确的结构，双宾语都有相对于述语动词的两个基础语序模式，这两种模式延续至今，尽管在分布和频率上失衡，即 VO_iO_d 模式是主导，VO_dO_i 模式很受限。第二，在语义方面，两式的核心义相同，从一开始都很明显，即表达离散有形物品在有生实体间的成功转移交接，接受者角色因此而领有掌控该物，即受到该行为影响。同时，两式都能表达多类其他非核心语义。核心双宾动词都表一般性给予，汉语双宾式表达三元参与者事件的三元参与者角色间的某种关系，英语双宾式表达三元参与者事件中有关角色受到动作行为的间接影响。第三，汉语双宾式的初始语义可能曾较单一，从西周铭文开始到春秋战国时期，其表义范围不断扩大，内容丰富，其内部语义次类数多于英语双宾式的，前者基本涵括了后者，而英语双宾式的初始义次类数一直较多，但进入中古英语之后，这些次类逐渐消亡，有关动词淡出双宾式而使用介词宾语式等。进入中古汉语时期后，汉语双宾式的语义次类也发生了类似变化，众多非核心义的表达也都转而由介词宾语式等其他构式承担。在中古英语和中古汉语之后的历史时期，英语和汉语双宾式的表义内容和类型基本保持不变，总格局维系至今，基本都是表达转移交接。两式都经历了语义窄化，其结果也相似。这个过程和结果如果以图示之，则都表现为一个倒置三角形，双宾式在英、汉语中专门表达转移交接事件。

汉语双宾式语义次类众多主要跟先民的思维方式有关。在整体思维、直觉思维、意象思维和辩证思维等影响下，先民的转喻思维和表达特征非常显著，他们往往将事件参与者角色机械并置于动词之后，而对参与者角色，古人做了广义处理：只要是事件中涉及的独立因素，都可视为参与者，除了典型的受事和客事，还包括动作发生的方所、原因-目的、工具-凭借、动作指向对象、动作方式、伴随对象、位移运动的起点和终点等，它们都是整体概念内的直觉意象。对各角色间具体语义关系的解读，主要依赖于事件框架知识和百科语义知识，以及语境等条件，需要在有关概念框架内激活和还原各种关系的知识，因此，它高度灵活且依赖于语境。汉语双宾式的产生跟古代祭祀活动和语言表达密切联系。古英语双宾式的初始义有较多次类，这可能和原始印欧语的格形态系统和配置方式有关，用数量有限的、表较抽象语义关系的屈折形态及其配置来表达。两种语言双宾式的表义范围和内容发生变化，根本动因是其结构表义明晰性不足，尽管形式经济，但其综合性强，单一的形式承载了过多的表义负担：由于并置角色类型太多而可能导致歧义和信息处理成本过高。受古人思维方式的影响和限制，也由于语言使用的原始简古和表达手段匮乏，上古汉语单宾式 VO 本就承载了过多的表义负担，很多抽象语义关系都由它来表达，因此，双宾式因同样的编码解码机制也有过重的表义负担，亦即一形对多义。为满足表义明晰的要求，其部分语义内容由其他表义功能更强大的介词短语结构承担。同样，英语双宾式由于格标记和格框架的表义限制，模糊和歧义也常常发生，因此，它也要借助更具表达力的手段来实现表义明晰。巧的是，它也主要是借助分析性更强的介词短语以及固定语序等手段。只不过，汉语介词主要来源于动词语法化，而语义虚化跟先民的认知和概念化能力发展有关，英语介词除少量独立成员外，主要源于原有格标记的演变。汉语自古以来维持 SVO 的语序格局，因此，语序策略所起作用没有英语的那样显著。英语介词系统的发展，可能跟西方文化中强调事物对立、讲究穷尽关系和差异的分析性思维方式有关，各类介词极有助于精细表义，而汉语介词功能并不纯一，虽然在精确表义方面有了改善，但传统思维方式和动宾表达方式留存，因此，导致表义含混和歧义的可能性仍较大。

汉语双宾式语义窄化的直接动因是古人概念化能力增强、词汇增多、复音化，以及为表义明晰而存在和发展的其他句法结构的作用，例如连动结构和使令结构、话题化结构、省略句式、复杂述谓结构、动补结构等，它们同双宾式竞争并在竞争中胜出，分担了双宾式的部分表义内容，同时，它们也和双宾式合作发展，最终形成较稳定的和谐共赢共生的格局。当然，这个过程还需要深入探究。英语双宾式语义窄化的直接动因是剧烈社会变化和强势外语介入和接触导致语音-音韵变化，以及由此导致拼写变化和形态标记消失，由于主要表义手段消失，需要开发出新的表义手段予以弥补和替代，这就导致了介词和介词短语兴起以及语序固定。汉语因为总语序格局不变，其双宾式语序模式基本不变，只是秦汉后中古汉语时介词短语兴起及其左向前移的趋势对它造成一定影响。

汉、英语双宾式语义变化的过程和表现有诸多不同。汉语双宾式语义窄化过程中，一直关联着其他近义结构，这些结构既与之竞争并分担其表义内容，也与之合作，共同表达三元参与者事件，因为它们有不同的信息组织结构和语篇-语用功能。自中古汉语及之后，双宾式的转移交接义表达(给予、获取、教示问告)成为主流，使动、为动、对动、与动、工具-凭借、空间方所处置等类型虽有残存，但主要都由其他含介词短语的结构取代，后续的变化，主要在于语义次类中成员动词，即核心动词及其语义特征在各时期基本不变，只是使用频率有波动，也有一定历时性替代，但非核心动词增长明显，部分非核心动词进入或退出双宾式，基于构式压制效应的意会式用法明显，此类用例解读多须联系过往的一些非典型用法。英语双宾式语义窄化主要涉及双宾式受 POC 式的竞争压力，表来源、施益和目标等介词构成短语，率先分担了部分非核心义，如褫夺、纯粹施益和损益、心智-情感-态度、言说方式性信息传递、驱逐以及少数涉方所的杂类，而 *to* 短语借助转喻机制跟双宾式发生语义联系，在很多方面两式可以交替表达、彼此释义，形成竞争，不断调整自身以适应对方的变化，最终它们合作共同表达三元参与者转移交接事件，在事件侧面凸显方面有分工。两式在与格变换出现过程中共建起一个上位的双及物构式位，并成为其下位变体。

由于辩证思维方式的影响和历史用法的留存，汉语双宾式能表达左向和右向的转移交接，亦即汉民族先民将反向且关联而易彼此激活的运动概念编码为同一形式，受语用主观性影响，双宾式还能引申，表示非典型的"不给予"或

"零给予"或"致使对方不获取"等义，构式对有关动词的压制力相对较低，且有弹性，因此，其解读常取决于允入动词(的语义特征)。相反，英语双宾式语义窄化后只表达更为纯一的右向转移交接，在核心义基础上，引申用法大多围绕给予的特定方式差异进行，例如情态式给予、未来给予、条件式给予等，除少数历史留存的非典型用法，进入双宾式的动词受构式义压制，都解读为右向转移交接，无论其自身语义：基于英语者的概念化特征，双宾式的构式压制更强。总体来说，汉语双宾式的初始语义类型多于英语双宾式的，但两式语义窄化后留存的语义类型基本相当，汉语命名称谓类次类留存至今，可谓特殊，该用法在英语中存在，但通常视为宾语补语性质，因为其内部次级述谓关系更纯一严格。英语双宾式在允入动词方面也有灵活性，也有基于动词事件框架语义特征的创新性和意会式用法，但其规则性更强。两式都能在核心义基础上发生隐喻和转喻性句式扩展，英语双宾式的隐喻表达力因为参与者角色都可隐喻而显得更强，而汉语借助"V 给"述语能接纳更多动词，增强了双宾式的表达力。

　　汉、英语双宾式的语义变化折射出两种语言在接受者标记策略方面的一定差异。汉语双宾式的综合性特征曾经显著，它借助固定的语序和句法位置来标记角色，"于"是汉语最早的介词之一，古人很早就意识到用它来标记角色的便利，所以，固定语序策略和介词标杆策略并用。古英语时期则主要使用综合性的格形态策略，分析性的介词标杆和固定语序的作用都很小，但格标记系统逐渐消失后，它们才发挥更大作用并成为主导性策略。总体来说，汉、英语都使用混合策略，但策略的作用在各期不同，汉语的两个策略一直显著，特别是介词标杆策略，在中古汉语时期及之后作用更大，它还衍生出两种策略的结合，即介词短语的语序调整也会带来功能变化。一直以来，汉语的近义句法格式较英语的更多，在信息组织和语篇功能实现方面有更多选择。英语双宾式的近义句法格式总体上一直都更少。近义句式选择如果也算策略，那它在英语中影响很小。

　　汉、英语双宾式语义变化表现出基本相同的目的和规律。它表明，特定语言形式在表达特定语义内容时，其语义负载不能过大，形、义间失衡的一对多关系会影响表义明晰性。一般如出现这个不足，语言会进行自我调整，开发新手段来满足有关要求并适应有关变化，通过调整形式来改善表义效果。上述语义窄化表明，句式变化是语言系统变化的一部分，它会同关联句式联系，发展出竞争和/或合作关系。它们在交互性的自适应性变化中，可能合作共生、和谐互补，在共同演化中协同构建起上位构式位，它们作为该构式位的变体共同维系句法系统的相对稳定。上述语义窄化的殊途同归，说明形义适度对应是普遍性原则。

我们将演化复制体处理为构式本身，它可以是具体程度不一的话语形式、模式和知识，复制过程多发生在最低水平上，它借助构例会自下而上地激活所例示的抽象构式，后者也会自上而下地激活前者。语言复制体只要发生变化（形、义方面），就可能会产生新变体，它会跟既存构式竞争。那到底是构式性变化还是构式化，很难断定。我们一开始就判定汉、英语双宾式存在且沿用至今，其形、义也有变化，但其核心和主体并未改变，因此，上述变化更像是构式性变化，因为并未形成全新的双宾构式。但是，汉、英语双宾式都从复杂和异质的形义对应关系演变成如今更纯一和同质的对应关系，大异于源初形式，这又有构式化性质。

我们以构式来描写有关句法结构，比如 DOC、POC 和其他句法结构，该理论提供了内容丰富的术语和工具清单。从网络的角度看语言，从近义句法结构历史联系的角度看语言，这都跟演化语言学的主张相合，后者强调有关变体间有竞争。构式语法理论和演化语言学都主张频率在语言演变中发挥关键作用，构式语法可用于描写和分析语言现象，演化语言学是最具普遍性的基础性框架，能为描写提供解释手段，有助于聚焦具体构式或复制体的发展及其构式性语境，借助共同演化、互利共生与合作等生物学概念并区分语言系统和语言策略，我们对构式的相互依赖性以及及其变化的描写和解释就更加生动形象，更易理解。而且，从演化博弈论的角度去考察双及物结构的演变，也说明演化语言学作为新工具和方法有其优势和特色，演化构式语法作为新的理论工具也可以得到应用。

研究尚存的问题和后续方向也较明确。第一，我们提出从思维方式角度重新审视宾语界定问题，但是，这些方式究竟如何影响和决定着言语方式和形式，尚未作深入系统的探讨和比较，特别是格形态和格框架如何反映西方思维方式，尚未涉及。第二，有关历时演变考察涉及时间跨度长、范围大、挑战性强，目前只是粗略考察大致分期内的趋势性变化，对英语的描写也主要限于变化的关键期，完整的历时纵贯性考察尚未涉及，尽管这不会影响我们的基本发现和结论，但那无疑是后续研究方向，特别是各期双宾动词表的构拟和频率描写。第三，有关文献和语料数据许多来自二手渠道，有些发现和认识还表现出逻辑思辨色彩，其实证性考察仍需加强，特别是古英语格标记系统问题，比如，不具原型特征的双及物性格框架模式有哪些语义和语用特征，以及分布特征等。英语介词短语结构兴起到底如何跟双宾式展开竞争和合作，它们有哪些功能优势和使用分布特点，双宾式相关句式究竟如何发展起来并跟双宾式发生自适应性互动，施益变换是何时且如何发展演变的，等等，尚未涉及。同样，汉语双宾式的关联句式到底如何同双宾式竞争和合作，它们相互间如何根据语言系统的变化以及对方的变化而自我调整，如何合作构建语篇，等等，也未涉及。此外，汉、英语各时期内双宾动词的句法表现及其变化，也要继续研究。语言接触到底如何影响英语句法的变化，语言内部驱动力究竟如何推动汉语句法演变、双宾式的古老用法到底如何留存于方言，这些问题都需要回答，这样才能和当前的趋势性研究整合起来。最后，汉语和英语史上的综合性和分析性手段之间如何竞争和合作、其边界在哪里、如何维系相对平衡、两者关系的发展变化揭示出自然语言以及人类自身的哪些特点和规律，显然是独具价值的课题。

参 考 文 献

Aaron, Arthur, Elaine Aron & Elliot Coups. 2009. *Statistics for psychology.* (5th edn.). Upper Saddle River, NJ: Pearson Education.

Akimoto, Minoji & Laurel Brinton. 1999. The origin of the composite predicate in Old English. In Brinton, Laurel & Minoji Akimoto (eds). *Collocational and idiomatic aspects of complex predicates in the history of English.* Amsterdam: John Benjamins Publishing Company.

Alcorn, Rhona. 2011. *Pronouns, prepositions and probabilities: A multivariate study of Old English word order.* Ph. D. dissertation, University of Edinburgh, Edinburgh.

Allen, Cynthia L. 1995. *Case marking and reanalysis: Grammatical relations from Old to Early Modern English.* Oxford: OUP.

Allen, Cynthia L. 2003. Deflexion and the development of the genitive in English. *English Language and Linguistics* 7(1): 1-28.

Allen, Cynthia L. 2005. Changes in case marking in NP: From Old English to Middle English. In Amberber, Mengistu & Helen de Hoop (eds). Competition and variation in natural languages: The case for case. Amsterdam: Elsevier, pp: 223-249.

Allen, Cynthia L. 2006. Case syncretism and word order change. In Van Kemenade, Ans & Bettelou Los (eds). *The handbook of the history of English.* Malden, MA: Blackwell, pp: 201-223.

Allen, Cynthia L. 2009. On the disappearance of genitive types in Middle English: Objective genitives with nouns of love and fear and the nature of syntactic change. In Dufresne, Monique, Fernande Dupuis & Etleva Vocaj (eds). *Historical linguistics* 2007: *Selected papers from the 18th International Conference on Historical Linguistics, Montreal, 6-11 August* 2007. Amsterdam: John

Benjamins Publishing Company, pp: 49-60.

Ambridge, Ben & Elena Lieven. 2011. *Child language acquisition: Contrasting theoretical approaches*. Cambridge: CUP.

Ambridge, Ben, Julian Pine, Caroline Rowland, Rebecca Jones & Victoria Clark. 2009. A semantics-based approach to the 'no negative evidence' problem. *Cognitive Science* 33(7): 1301-1316.

Anderson, John M. 1984. Objecthood. In Frans Plank eds. Objects: Towards a Theory of Grammatical Relations. London: Academic Press.

Anttila, Raimo. 2003. Analogy: The warp and woof of cognition. In Joseph, Brian D. & Richard D. Janda (eds). *The handbook of historical linguistics*. Oxford: Blackwell, pp: 435-440.

Arbib, Michael. 2012. Mirror Systems: evolving imitation and the bridge from praxis to language. In Tallerman, Maggie & Kathleen Gibson (eds). *The Oxford Handbook of Language Evolution*. Oxford: OUP, pp: 207-2015.

Arnold, Jennifer E., Thomas Wasow, Anthony Losoncgo & Ryan Ginstrom. 2000. Heaviness vs. newness: The effects of structural complexity and discourse status on constituent ordering. *Language* (76): 28-55.

Atkinson, Quentin D. & Russell Gray. 2005. Curious parallels and curious connection: phylogenetic thinking in biology and historical linguistics. *Systematic Biology* (54): 513-526.

Baker, Peter. 2003-2012. The magic sheet of Old English inflections. http://faculty.virginia.edu/OldEnglish/courses/handouts/magic.pdf (23 August 2017).

Barðal, Jóhanna & Leonid Kulikov. 2009. Case in decline. In Malchukov, Andrej & Andrew Spencer (eds.). *The Oxford handbook of case*. Oxford: Oxford University Press, pp: 470-478.

Barðal, Jóhanna & Spike Gildea. 2015. Diachronic Construction Grammar: Epistemological context, basic assumptions and historical implications. In Barðal, Jóhanna, Elena Smirnova, Lotte Sommerer & Spike Gildea (eds). *Diachronic Construction Grammar*. Amsterdam: John Benjamins Publishing Company, pp: 1-50.

Barðal, Jóhanna, Kristian E. Kristoffersen & Andreas Sveen. 2011. West Scandinavian ditransitives as a family of constructions: With a special attention to the Norwegian V-REFL-NP construction. *Linguistics* 49(1): 53-104.

Barðal, Jóhanna. 2008. *Productivity: Evidence from case and argument structure in Icelandic*. Amsterdam: John Benjamins Publishing Company.

Barðal, Jóhanna. 2009. The development of case in Germanic. In Barðal, Jóhanna & Shobhana Chelliah (eds). *The role of semantic, pragmatic and discourse factors in the development of case*. Amsterdam: John Benjamins Publishing Company, pp: 123-159.

Barðal, Jóhanna. 2011. Lexical vs. structural case: A false dichotomy. *Morphology* (21): 619-654.

Barðdal, Jóhanna. 2007. The semantic and lexical range of the ditransitive construction in the history of (North) Germanic. *Functions of Language* 14(1): 9-30.

Barlow, Michael & Suzanne Kemmer. 2000. *Usage based models of language*. Stanford, CA: CSLI Publications.

Bates, Elizabeth & Brian MacWhinney. 1987. Competition, variation, and language learning. In MacWhinney, Brian (ed.). *Mechanisms of Language Acquisition*. Hillsdale, NJ: Erlbaum, pp: 157-193.

Baugh, Albert Croll & Thomas Cable. 2002. *A history of the English language*. (5th edn.). London: Routledge.

Baugh, Albert. C. 1957. A History of the English Language. New York: Appleton-Century-Crofts.

Baxter, Gareth J. , Richard A. Blythe, William Croft & Alan J. McKane. 2006. Utterance selection model of language change. *Physical Review* E 73: 046118.

Bean, Marian C. 1983. The development of word order patterns in Old English. London: Croom Helm.

Bech, Kristin. 2001. Word order patterns in Old and Middle English: A syntactic and pragmatic study. Ph. D. dissertation, University of Bergen, Bergen.

Beckner, Clay, Nick C. Ellis, Richard Blythe, John Holland, Joan Bybee, Jinyun Ke, Morten Christiansen, Diane Larsen-Freeman, William Croft & Tom Schoenemann. 2009. Language is a complex adaptive system: position paper. *Language Learning* 59(Suppl. 1): 1-26.

Beekes, Robert. 1995. *Comparative Indo-European Linguistics: An Introduction*. Amsterdam: John Benjamins Publishing Company.

Bencini, Giulia M. L. & Adele E. Goldberg 2000. The contribution of argument structure constructions to sentence meaning. *Journal of Memory and Language* 43(4): 640-651.

Bergs, Alexander & Gabriele Diewald. 2008. Introduction: Constructions and Language Change. In Alexander Bergs and Gabriele Diewald (eds.). Constructions and language change. Berlin: Mouton de Gruyter. pp: 1-21.

Bernaisch, Tobias, Stefan Th. Gries & Joybrato Mukherjee. 2014. The dative alternation in South Asian English(es): Modelling predictors and predicting prototypes. *English World-Wide* 35(1): 7-31.

Bertacca, Antonio. 2009. *Natural morphology and the loss of nominal inflections in English*. Pisa: PLUS- Pisa University Press.

Biber, Douglas, Bethany Gray, Stig Johansson, Geoffrey Leech, Susan Conrad & Edward Finegan. 1999. *Longman grammar of spoken and written English*. Harlow: Pearson Education.

Blackmore, Susan. 2000. The power of memes. *Scientific American* (283): 53-61.

Blake, Barry. 2001. *Case*. (2nd edn.). Cambridge: CUP.

Blevins, Juliette. 2004. *Evolutionary phonology. The emergence of sound patterns*. Cambridge: CUP.

Bleys, Joris & Luc Steels. 2011. Linguistic selection of language strategies: A case study for colour. In Kampis, György, István Karsai & Eös Szathmáry (eds). *Advances in artificial life: Darwin meets von Neumann*. Berlin: Springer, pp: 150-157.

Blythe, Richard A. & William A. Croft. 2009. The speech community in evolutionary language dynamics. *Language Learning* 59(Suppl. 1): 47-63.

Blythe, Richard A. & William A. Croft. 2012. S-curves and the mechanisms of propagation in language change. *Language* (88): 269-304.

Boas, Hans C. 2003. *A constructional approach to resultatives*. Stanford, CA: CSLI Publications.

Boas, Hans C. 2005. Determining the productivity of resultative constructions: A reply to Goldberg and Jackendoff. *Language* 81(2): 448-464.

Boas, Hans C. 2008. Determining the structure of lexical entries and grammatical constructions in construction grammar. *Annual Review of Cognitive Linguistics* (6): 113-144.

Boas, Hans C. 2009. *The life and death of Texas German*. Durham: Duke University Press.

Boas, Hans C. 2010. The syntax-lexicon continuum in construction grammar: A case study of English communication verbs. *Belgian Journal of Linguistics* (24): 54-92.

Boas, Hans C. 2011. A frame-semantic approach to syntactic alternations with *build*-verbs. In Guerrero Medina, Pilar (ed.). *Morphosyntactic alternations in English*. London: Equinox, pp: 207-234.

Boas, Hans C. 2013. Cognitive construction grammar. In Hoffmann, Thomas & Graeme Trousdale (eds). *The Oxford handbook of construction grammar*. Oxford: OUP, pp: 233-254.

Boas, Hans C. 2014. Lexical and phrasal approaches to argument structure: Two sides of the same coin. *Theoretical Linguistics* 40(1-2): 89-112.

Bock, J. Kathryn & Helga Loebell. 1990. Framing sentences. *Cognition* (35): 1-39.

Boogaart, Ronny, Timothy Colleman & Gijsbert Rutten. 2014. *Extending the scope of construction grammar*. Berlin: De Gruyter Mouton.

Boyd, Jeremy & Adele Goldberg. 2011. Learning what not to say: The role of statistical preemption and categorization in *a*-adjective production. *Language* 87 (1): 55-83.

Boyd, Jeremy, Erin Gottschalk & Adele Goldberg. 2009. Linking rule acquisition in novel phrasal constructions. *Language Learning* 93(3): 418-429.

Brems, Lieselotte. 2011. *Layering of size and type noun constructions in English*. Berlin: De Gruyter Mouton.

Bresnan, Joan & Jennifer Hay. 2008. Gradient grammar: An effect of animacy on the syntax of give in New Zealand and American English. *Lingua* 118(2): 245-259.

Bresnan, Joan & Tatiana Nikitina. 2009. The gradience of the dative alternation. In Uyechi, Linda & Lian Hee Wee (eds). *Reality exploration & discovery: Pattern interaction in language & life*. Stanford: CSLI Publications, pp: 161-184.

Bresnan, Joan, Anna Cueni, Tatiana Nikitina & R. Harald Baayen. 2007. Predicting the dative alternation. In Bouma, Gerlof, Irene Kraemer & Joost Zwarts (eds). *Cognitive foundations of interpretation*. Amsterdam: Royal

Netherlands Academy of Science, pp: 69-94.

Bresnan, Joan. 2007. Is syntactic knowledge probabilistic? Experiments with the English dative alternation. In Featherston, Sam & Wolfgang Sternefeld (eds). *Roots: Linguistics in search of its evidential base.* Berlin: Mouton de Gruyter, pp: 77-96.

Brinton, Laurel & Elizabeth C. Traugott. 2005. *Lexicalization and language change.* Cambridge: CUP.

Brinton, Laurel & Minoji Akimoto. 1999a. *Collocational and idiomatic aspects of complex predicates in the history of English.* Amsterdam: John Benjamins Publishing Company.

Brinton, Laurel & Minoji Akimoto. 1999b. Introduction. In Brinton, Laurel & Minoji Akimoto (eds.). *Collocational and idiomatic aspects of complex predicates in the history of English.* Amsterdam: John Benjamins Publishing Company, pp: 1-20.

Bybee, Joan & Clay Beckner. 2010. Usage-based theory. In Heine, Bernd & Heiko Narrog (eds). *The Oxford Handbook of Linguistic Analysis.* Oxford: OUP, pp: 827-855.

Bybee, Joan & Clay Beckner. 2014. Language use, cognitive processes and linguistic change. In Bowern, Claire & Bethwyn Evans (eds). *The Routledge Handbook of Historical Linguistics.* London: Routledge, pp: 503-518.

Bybee, Joan & James McClelland. 2005. Alternatives to the combinatorial paradigm of linguistic theory based on domain general principles of human cognition. *The Linguistic Review* 22(2-4): 381-410.

Bybee, Joan & Paul Hopper. 2001. *Frequency and the emergence of linguistic structure.* Amsterdam: John Benjamins Publishing Company.

Bybee, Joan & Sandra Thompson. 1997. Three frequency effects in syntax. *Berkeley Linguistics Society* (23): 65-85.

Bybee, Joan. 1995. Regular morphology and the lexicon. *Language and Cognitive Processes* 10(5): 425-55.

Bybee, Joan. 2006. From usage to grammar: The mind's response to repetition. *Language* (82): 711-733.

Bybee, Joan. 2010. *Language, usage and cognition.* Cambridge: CUP.

Bybee, Joan. 2013. Usage-based theory and exemplar representation. In Hoffmann,

Thomas & Graeme Trousdale (eds). *The Oxford handbook of construction grammar*. Oxford: Oxford University Press, pp: 49-69.

Campbell, Aimee & Michael Tomasello. 2001. The acquisition of dative constructions. *Applied Psycholinguistics* (22): 253-267.

Campbell, Lyle & Richard Janda. 2001. Introduction: conceptions of grammaticalization and their problems. Language Sciences (23): 93-112.

Campbell, Lyle. 2001. What's Wrong with Grammaticalization?. Language Sciences (23): 113-161.

Cappelle, Bert. 2006. Particle placement and the case for "allostructions". In Schönefeld, Doris (ed.). *Constructions, Special Volume 1 - Constructions all over: Case studies and theoretical implications*. http://www. researchgate. net/ publication/31590515_Particle_placement_and_the_case_for_allostructions (accessed 19 June 2017).

Casenhiser, Devin & Adele Goldberg. 2005. Fast mapping between a phrasal form and meaning. *Developmental Science* 8(6): 500-508.

Cassidy, Frederic. 1938. *The background in Old English of the modern English substitutes for the dative-object in the group verb + dative-object +accusative-object*. Ph. D. dissertation, University of Michigan, Ann Arbor.

Chang, Franklin, Kathryn Bock & Adele Goldberg. 2003. Can thematic roles leave traces of their places?. *Cognition* (90): 29-49.

Cheshire, Jenny, Viv Edwards & Pamela Whittle. 1993. Non-standard English and dialect levelling. In Milroy, James & Lesley Milroy (eds). *Real English: The grammar of English dialects in the British Isles*. London: Longman, pp: 53-95.

Christiansen, Morten H. & Nick Chater. 2008. Language as shaped by the brain. *Behavioral and Brain Sciences* (31): 489-509.

Clark, Eve. 1987. The principle of contrast: A constraint on language acquisition. In MacWhinney, Brian (ed.). *Mechanisms of language acquisition*. Hillsdale, NJ: Lawrence Erlbaum, pp: 1-33.

Clark, Eve. 1995. *The lexicon in acquisition*. Cambridge: CUP.

Clark, Herbert H. 1996. *Using Language*. Cambridge: CUP.

Classen, Ernest. 1930. Outlines of the History of the English Language. London: Macmillan & Co.

Colleman, Timothy & Bernard De Clerck. 2008. Accounting for ditransitives with *envy* and *forgive*. *Functions of Language* (15): 187-215.

Colleman, Timothy & Bernard De Clerck. 2009. 'Caused motion'? The semantics of the English *to*-dative and the Dutch *aan*-dative. *Cognitive Linguistics* 20(1): 5-42.

Colleman, Timothy & Bernard De Clerck. 2011. Constructional semantics on the move: On semantic specialization in the English double object construction. *Cognitive Linguistics* 22(1): 183-209.

Colleman, Timothy, Bernard De Clerck & Magdalena Davos. 2010. Prepositional dative constructions in English and Dutch: A contrastive semantic analysis. *Neuphilologische Mitteilungen* 111(2): 129-150.

Colleman, Timothy. 2009. The semantic range of the Dutch double object construction: a collostructional perspective. *Constructions and Frames* 1(2): 190-221.

Colleman, Timothy. 2010a. Lectal variation in constructional semantics: Benefactive ditransitives in Dutch. In Geeraerts, Dirk, Gitte Kristiansen & Yves Peirsman (eds). *Advances in cognitive sociolinguistics*. Berlin: Mouton de Gruyter, pp: 191-221.

Colleman, Timothy. 2010b. The benefactive semantic potential of 'caused reception' constructions: A case study of English, German, French, and Dutch. In Zúñiga, Fernando & Seppo Kittilä (eds). *Benefactives and malefactives: Typological perspectives and case studies*. Amsterdam: John Benjamins Publishing Company, pp: 219-244.

Colleman, Timothy. 2011. Ditransitive verbs and the ditransitive construction: A diachronic perspective. *Zeitschrift für Anglistik und Amerikanistik* 59(4): 387-410.

Colleman, Timothy. 2015. Constructionalization and post-constructionalization: The constructional semantics of the Dutch *krijgen*-passive from a diachronic perspective. In Barðal, Jóhanna, Elena Smirnova, Lotte Sommerer & Spike Gildea (eds). *Diachronic Construction Grammar*. Amsterdam: John Benjamins Publishing Company, pp: 213-256.

Collinge, Neville E. 1984. How to Discover Direct Objects. In (Frans Plank eds.) Objects: Towards a Theory of Grammatical Relations. London: Academic Press.

Conroy, Anastasia. 2007. The personal dative in Appalachian English as a reflexive pronoun. In Akira Omaki, Ivan Ortega-Santos, Jon Sprouse and Matthew Wagers (eds.). University of Maryland Working Papers in Linguistics 16. College Park: University of Maryland Working Papers in Linguistics. pp: 63-88.

Conwell, Erin & Katherine Demuth. 2007. Early syntactic productivity: Evidence from dative shift. *Cognition* (103): 163-179.

Coppock, Elizabeth. 2009. The logical and empirical foundations of Baker's paradox. Ph. D. dissertation, Stanford University, Stanford. http://eecoppock. info/CoppockThesis (23 December 2016).

Croft, William & Alan Cruse 2004. *Cognitive Linguistics*. Cambridge: CUP.

Croft, William. 2000. *Explaining language change: An evolutionary approach*. Harlow: Longman.

Croft, William. 2001. *Radical Construction Grammar: Syntactic Theory in Typological Perspective*. Oxford: OUP.

Croft, William. 2002. The Darwinization of linguistics. *Selection* 3(1): 75-91.

Croft, William. 2003. Lexical rules vs. constructions: A false dichotomy. In Cuyckens, Hubert, Thomas Berg, René Dirven & Klaus-Uwe Panther (eds). *Motivation in language: Studies in honour of Guenter Radden*. Amsterdam: John Benjamins Publishing Company, pp: 49-68.

Croft, William. 2006a. Evolutionary models and functional-typological theories of language change. In van Kemenade, Ans & Bettelou Los (eds). *The Handbook of the History of English*. Oxford: Blackwell, pp: 68-91.

Croft, William. 2006b. The relevance of an evolutionary model to historical linguistics. In Nedergård Thomsen, Ole (ed.). *Different models of linguistic change*. Amsterdam: John Benjamins Publishing Company, pp: 91-132.

Croft, William. 2007. Construction grammar. In Geeraerts, Dirk & Hubert Cuyckens (eds). *Handbook of cognitive linguistics*. Oxford: OUP, pp: 463-508.

Croft, William. 2008. Evolutionary Linguistics. *Annual Review of Anthropology* 37 (1): 219-234.

Croft, William. 2009. Toward a social cognitive linguistics. In Evans, Vyvyan & Stéphanie Pourcel (eds). *New directions in cognitive linguistics*. Amsterdam: John Benjamins Publishing Company, pp: 395-420.

Croft, William. 2012. *Verbs: aspect and causal structure*. Oxford: OUP.

Croft, William. 2013a. *Explaining language change: an evolutionary approach.* (2nd ed.). Oxford: OUP. (Chapter 2: An evolutionary model of language change and language structure. Available online via http://www.unm.edu/~wcroft/Papers/ELC2-Chap02.pdf (25 February 2017).

Croft, William. 2013b. Radical Construction Grammar. In Hoffmann, Thomas & Graeme Trousdale (eds). *The Oxford Handbook of Construction Grammar.* Oxford: OUP, pp: 211-232.

Culicover, Peter & Ray Jackendoff. 2005. *Simpler syntax.* Oxford: OUP.

Cuyckens, Hubert & Marjolijn H. Verspoor. 1998. On the road to *to.* In Van der Auwera, Johan, Frank Durieux & Ludo Lejeune (eds). *English as a human language: To Honour Louis Goossens.* München: Lincom Europa, pp: 57-72.

Cziko, Gary. 1995. *Without miracles. Universal selection theory and the second Darwinian revolution.* Cambridge, MA: MIT Press.

Cziko, Gary. 2000. *The things we do: using the lessons of Bernard and Darwin to understand the what, how, and why of our behavior.* Cambridge, MA: MIT Press.

Dąbrowska, Ewa. 1997. *Cognitive semantics and the Polish dative.* Berlin: Mouton de Gruyter.

Daniel, Michael. 2014. Against the addressee of speech - recipient metaphor: Evidence from East Caucasian. In Luraghi, Silvia & Heiko Narrog (eds.). *Perspectives on semantic roles.* Amsterdam: John Benjamins Publishing Company, pp: 205-240.

Davidse, Kristin. 1996. Functional dimensions of the dative in English. In Van Belle, William & Willy van Langendonck (eds). *The dative. Vol. 1: Descriptive studies.* Amsterdam: John Benjamins Publishing Company, pp: 289-338.

Davis, Norman. 1955/1980. Sweet's Anglo-Saxon Primer. Oxford: OUP.

Dawkins, Richard. 1982. *The extended phenotype.* Oxford: OUP.

Dawkins, Richard. 1989[2006]. *The Selfish Gene.* (2nd edn.). Oxford: OUP.

Dawkins, Richard. 1999. Foreword. In Susan Blackmore's *The meme machine.* Oxford: OUP, pp: vii-xvii.

De Clerck, Bernard & Timothy Colleman. 2009. Latinate verbs and restrictions on the dative/benefactive alternation: Further pieces to the puzzle. Paper presented at *ICAME* 30, Lancaster, May 27-31.

De Clerck, Bernard, Filip Verroens, Dominique Willems & Timothy Colleman. 2011a. The syntactic flexibility of (new) verbs of instrument of communication: a corpus-based study. *Functions of Language* 18(1): 57-86.

De Clerck, Bernard, Martine Delorge and Anne-Marie Simon-Vandenbergen. 2011b. Semantic and pragmatic motivations for constructional preferences: A corpus-based study of *provide*, *supply*, and *present*. *Journal of English Linguistics* (39): 359-391.

De Cuypere, Ludovic. 2010. The Old English double object alternation: A discourse-based account. *Sprachwissenschaft* (35): 337-368.

De Cuypere, Ludovic. 2013. Debiasing semantic analysis: The case of the English preposition *to*. *Language Sciences* (37): 122-135.

De Cuypere, Ludovic. 2015a. A multivariate analysis of the Old English ACC+DAT double object alternation. *Corpus Linguistics and Linguistic Theory* 11(2): 225-254.

De Cuypere, Ludovic. 2015b. The evolution of the English dative alternation from Old to Present Day English. Paper presented at the *GLIMS workshop*, Ghent, February 24.

De Cuypere, Ludovic. 2015c. The Old English *to*-dative construction. English Language and Linguistics 19(1): 1-26.

De Smet, Hendrik. 2005. A corpus of Late Modern English. *ICAME-Journal* (29): 69-82.

De Smet, Hendrik. 2010. Grammatical interference: Subject marker *for* and phrasal verb particles *out* and *forth*. In Traugott, Elizabeth C. & Graeme Trousdale (eds). *Gradience, gradualness, and grammaticalization*. Amsterdam: John Benjamins Publishing Company, pp: 75-104.

Delorge, Martine & Timothy Colleman. 2006. Constructions with verbs of dispossession in Dutch: A corpus-based case study. Papers of the LSB 2006.

Denison, David. 1993. *English historical syntax: Verbal constructions*. London: Longman.

Dennett, Daniel C. 1995. *Darwin's dangerous idea. Evolution and the meanings of life*. New York, NY: Simon & Schuster.

Deo, Ashwini. 2015. The semantic and pragmatic underpinnings of grammaticalization paths: the progressive and the imperfective. *Semantics and*

Pragmatics 8(14): 1-52.

Di Sciullo, Anna M. & Edwin Williams. 1987. *On the Definition of Word.* Cambridge, MA: MIT Press.

Diessel, Holger. 2007. Frequency effects in language acquisition, language use, and diachronic change. *New Ideas in Psychology* (25): 108-127.

Diessel, Holger. 2011. Review of Joan Bybee, Language, use and cognition. *Language* (87): 830-844.

Diessel, Holger. 2013. Construction Grammar and First Language Acquisition. In Hoffmann, Thomas & Graeme Trousdale (eds). *The Oxford handbook of construction grammar.* Oxford: OUP, pp: 347-364.

Diessel, Holger. 2015. Usage-based construction grammar. In Dąbrowska, Ewa & Dagmar Divjak (eds). *Handbook of cognitive linguistics.* Berlin: Mouton de Gruyter, pp: 295-321.

Dryer, Matthew. 1986. Primary objects, secondary objects, and antidative. Language (62): 808-845.

Dunn, Michael. 2014. Language phylogenies. In Bowern, Claire & Bethwyn Evans (eds). *The Routledge handbook of historical linguistics.* London: Routledge, pp: 190-211.

Ellis, Nick. 2002. Frequency effects in language processing: A review with implications for theories of implicit and explicit language acquisition. *Studies in Second Language Acquisition* 24(2): 143-188.

Ellis, Nick. 2013. Construction grammar and second language acquisition. In Hoffmann, Thomas & Graeme Trousdale (eds). *The Oxford handbook of construction grammar.* Oxford: OUP, pp: 365-378.

Emonds, Joseph. 1993. Projecting indirect objects. *The Linguistic Review* 10(3): 211-263.

Ernst, Thomas. 2002. *The syntax of adjuncts.* Cambridge: CUP.

Erteschik-Shir, Nomi. 1979. Discourse constraints on dative movement. In Givón, Talmy (ed.). *Syntax & semantics.* New York: Academic Press, pp: 441-467.

Evans, Nicholas & Stephen C. Levinson. 2009. The myth of language universals: language diversity and its importance for cognitive science. *Behavioral and Brain Sciences* 32(5): 429-448.

Evans, Nicholas. 2007. Insubordination and its uses. In Nikolaeva, Irina (ed.).

Finiteness: *Theoretical and empirical foundations*. Oxford: OUP, pp: 366-431.

Evans, Vyvyan & Andrea Tyler. 2007. Rethinking English ' prepositions of movement': The case of *to* and *through*. In Cuyckens, Hubert, Walter De Mulder & Tanja Mortelmans (eds). *Adpositions of movement*. Amsterdam: John Benjamins Publishing Company, pp: 247-270.

Fawcett, Robin. 1987. The semantics of clause and verb for relational processes in English. In Halliday, M. A. K. & Robin Fawcett (eds). *New developments in systemic linguistics*. *Vol.* 1: *Theory and description*. London: Francis Pinter, pp: 130-183.

Ferrer-i-Cancho, Ramon. 2015. The placement of the head that minimizes online memory: a complex systems approach. *Language Dynamics and Change* 5(1): 114-137.

Fillmore, Charles J. 1968, The Case for Case, in Emmon Bach and R. T. Harms (eds.), Universals in Linguistic Theory. New York: Holt, Rinehart & Winston. pp: 1-88.

Fillmore, Charles J. 1975. An alternative to checklist theories of meaning. In Cathy Cogen (ed.), Proceedings of the first annual meeting of the Berkeley Linguistics Society, Berkeley: Berkeley Linguistics Society, pp: 123-131.

Fillmore, Charles J. 1977a. Scenes-and-frames semantics. In Antonio Zampolli (ed.) Linguistic Structures Processing: Fundamental Studies in Computer Science. Amsterdam / New York: North Holland Publishing, pp: 55-88.

Fillmore, Charles J. 1977b. Topics in lexical semantics. In Roger Cole (ed.) Current Issues in Linguistic theory. Bloomington: Indiana University Press, pp: 76-138

Fillmore, Charles J. 1977c. The need for a frame semantics in linguistics. In Karlgren, Hans (ed.) Statistical Methods in Linguistics (12): 5-29.

Fillmore, Charles J. 1985a. Frames and the semantics of understanding. Quaderni di Semantica, 6(2): 222-254.

Fillmore, Charles J. 1985b. Syntactic Intrusions and the notion of grammatical construction. In Mary Niepoluj, et al. (eds.) Proceedings of the Eleventh Annual Meeting of the Berkeley Linguistics Society. Berkeley: Berkeley Linguistics Society, pp: 73-86.

Fillmore, Charles. 1977d. The case for case reopened. In Cole, Peter (ed.) .

Grammatical relations. New York, NY: Academic Press, pp: 59-81.

Fillmore, Charles J. 1982a. Frame semantics. In Linguistics Society of Korea (ed.) *Linguistics in the Morning Calm.* Seoul: Hanshin. pp: 111-138.

Fillmore, Charles. 1988. The mechanisms of ' construction grammar ' . *Berkeley Linguistic Society* (14) : 35-55.

Fillmore, Charles. 2007. Valency issues in Framenet. In Herbst, Thomas & Karin Götzz-Votteler (eds) . *Valency: Theoretical, descriptive and cognitive issues.* Berlin: Mouton de Gruyter, pp: 129-160.

Fillmore, Charles J. 1982b. Towards a descriptive framework for a spatial deixis. In Robert Jarvella and Wolfgang Klein (eds.) Speech, Place and Action: Studies in Deixis and Related Topics. Chichester: John Wiley and Sons.

Fischer, O. and van Kemenade, A. , Koopman, W. and van der Euff, W. 2000. The Syntax of Early English. Cambridge: CUP.

Fischer, Olga and Wim, van der Wurff. 2006. Syntax. In Richard Hogg & David Denison (eds.) A History of the English Language. Cambridge: CUP. pp: 109-198.

Fischer, Olga. 1992. Syntax. In Blake, Norman (ed.). *The Cambridge history of the English language, Vol.* 2. Cambridge: CUP, pp: 207-408.

Fischer, Olga. 2000. Grammaticalisation: uniderectional, non reversable? The case of *to* before the infinitive in English. In Rosenbach, Anette, Dieter Stein & Olga Fischer (eds) . *Pathways of change. grammaticalization in English.* Amsterdam: John Benjamins Publishing Company, pp: 149-169.

Foraker, Stephani, Terry Regier, Naveen Khetarpal, Amy Perfors & Joshua Tenenbaum. 2007. Indirect evidence and the poverty of the stimulus: The case of anaphoric *one.* In McNamara, Danielle & Gregory Trafton (eds). *Proceedings of the twenty-ninth annual conference of the Cognitive Science Society.* New York, NY: Lawrence Erlbaum, pp: 275-280.

Frank, Roslyn & Nathalie Gontier. 2010. On constructing a research model for historical cognitive linguistics (HCL): some theoretical considerations. In Winters, Margaret E. , Heli Tissari & Kathryn Allan (eds). *Historical cognitive linguistics.* Berlin: Mouton de Gruyter, pp: 31-69.

Fried, Mirjam. 2010. Grammar and interaction: New directions in constructional research. *Constructions and Frames* (2) : 125-133.

Fries, C. C. 1940a. On the Development of the Structural Use of Word Order in Modern English. Language XVI (3): 199-208.

Fries, C. C. 1940b. American English Grammar. New York: Appleton-Century-Crofts.

Galotti, Kathleen M. 2019. 认知心理学: 认知科学与你的生活(吴国宏等译). 北京: 机械工业出版社.

García Velasco, Daniel. 2011. The causative/inchoative alternation in functional discourse grammar. In Guerrero Medina, Pilar (ed.). *Morphosyntactic alternations in English: Functional and cognitive perspectives*. London: Equinox, pp: 115-136.

Gast, Volker. 2007. *I gave it him* - on the motivation of the 'alternative double object construction' in varieties of British English. *Functions of Language* 14 (1): 31-56.

Geeraerts, Dirk. 1997. *Diachronic prototype semantics: A contribution to historical lexicology*. Oxford: Clarendon.

Geeraerts, Dirk. 1998. The semantic structure of the indirect object in Dutch. In Van Langendonck, Willy & William Van Belle (eds). *The Dative. Vol. 2: Theoretical and contrastive studies*. Amsterdam: John Benjamins Publishing Company, pp: 185-210.

Gerwin, Johanna. 2013. *Give it me*!: Pronominal ditransitives in English dialects. *English Language and Linguistics* 17(3): 445-463.

Gerwin, Johanna. 2014. *Ditransitives in British English dialects*. Berlin: De Gruyter Mouton.

Gil, David. 1984. On the Notion of "Direct Object" in Patient Prominent Languages. In Frans Plank eds. Objects: Towards a Theory of Grammatical Relations. London: Academic Press.

Gisborne, Nikolas & Amanda Patten. 2011. Construction grammar and grammaticalization. In Narrog, Heiko & Bernd Heine (eds). *The Oxford Handbook of Grammaticalization*. Oxford: OUP, pp: 92-104.

Givón, Talmy. 1984. Direct Object and Dative Shifting: Semantic and pragmatic case. In Frans Plank eds. Objects: Towards a Theory of Grammatical Relations. London: Academic Press.

Givón, Talmy. 1984. *Syntax: A Functional-Typological Introduction*, *Vol.* 1.

Amsterdam: John Benjamins Publishing Company.

Givón, Talmy. 2002. *Bio-linguistics. The Santa Barbara lectures*. Amsterdam: John Benjamins Publishing Company.

Goldberg, Adele E. 1995. Constructions: A Construction Grammar approach to argument structure. Chicago: University of Chicago Press.

Goldberg, Adele E. 2002. Surface generalizations: An alternative to alternations. Cognitive Linguistics 13(4): 327-356.

Goldberg, Adele E. 2003. Constructions: A New Theoretical Approach to Language. Trends in Cognitive Science 7(5): 219-224.

Goldberg, Adele E. 2006a. Constructions at Work: The Nature of Generalization in Language. Oxford: OUP.

Goldberg, Adele, Devin Casenhiser & Nitya Sethuraman. 2004. Learning argument structure generalizations. *Cognitive Linguistics* 14(3), 289-316.

Goldberg, Adele, Devin Casenhiser & Nitya Sethuraman. 2005. The role of prediction in construction-learning. *Journal of Child Language* 32, 407-426.

Goldberg, Adele. 1992. The inherent semantics of argument structure: The case of the English ditransitive construction. *Cognitive Linguistics* 3(1): 37-74.

Goldberg, Adele. 1993. Another look at some learnability paradoxes. In Clark, Eve (ed.). *Proceedings of the 25th Annual Stanford Child Language Research Forum*. Stanford, CA: CSLI Publications, pp: 60-75.

Goldberg, Adele. 1999. The emergence of argument structure semantics. In MacWhinney, Brian (ed.). The emergence of language. Mahwah, NJ: Lawrence Erlbaum, pp: 197-212.

Goldberg, Adele. 2006b. The inherent semantics of argument structure: The case of the English ditransitive construction. In Dirk Geeraerts (ed.) Cognitive Linguistics: Basic Readings. Berlin: Walter de Gruyter. pp: 401-437.

Goldberg, Adele. 2011. Corpus evidence of the viability of statistical preemption. *Cognitive Linguistics* 22(1): 131-153.

Goldberg, Adele. 2013. Constructionist approaches to language. In Hoffmann, Thomas & Graeme Trousdale (eds). *The Oxford Handbook of Construction Grammar*. Oxford: OUP, pp: 15-31.

Goldsmith, John. 1980. Meaning and mechanism in language. In Kuno, Susumo (ed.). *Harvard studies in syntax and semantics*, *Vol.* 3. Cambridge, MA:

Harvard University Press.

Goldwater, Micah, Marc Tomlinson, Catharine Echols & Bradley Love. 2011. Structural priming as structure-mapping: Children use analogies from previous utterances to guide sentence production. *Cognitive Science* (35): 156-170.

Green, Georgia M. 1974. Semantics and Syntactic Regularity. Bloomington: Indiana University Press.

Gries, Stefan Th. & Anatol Stefanowitsch. 2004. Extending collostructional analysis: A corpus-based perspective on 'alternations'. *International Journal of Corpus Linguistics* 9(1): 97-129.

Gries, Stefan Th. & Stefanie Wulff. 2005. Do foreign language learners also have constructions? Evidence from priming, sorting, and corpora. *Annual Review of Cognitive Linguistics* 3, 182-200.

Gries, Stefan Th. & Stefanie Wulff. 2009. Psycholinguistic and corpus linguistic evidence for L2 constructions. *Annual Review of Cognitive Linguistics* (7): 163-186.

Gries, Stefan Thomas & Martin Hilpert. 2010. Modeling diachronic change in the third person singular: A multi-factorial, verb- and author-specific exploratory approach. *English Language and Linguistics* 14(3): 293-320.

Gries, Stefan Thomas. 2003. *Multifactorial analysis in corpus linguistics: A study of particle placement.* London: Continuum Press.

Gries, Stefan Thomas. 2005. Syntactic priming: A corpus-based approach. *Journal of Psycholinguistic Research* 34(4): 365-399.

Gries, Stefan Thomas. 2009. *Statistics for linguistics with R: A practical introduction.* Berlin: De Gruyter Mouton.

Gries, Stefan Thomas. 2010. Useful statistics for corpus linguistics. In Sánchez, Aquilino & Moisés Almela (eds). *A mosaic of corpus linguistics: Selected approaches.* Frankfurt/Main: Lang, pp: 269-291.

Grondelaers, Stefan, Dirk Speelman & Dirk Geeraerts. 2007. Lexical variation and change. In Geeraerts, Dirk & Hubert Cuyckens (eds). *The Oxford handbook of cognitive linguistics.* Oxford: OUP, pp: 988-1011.

Gropen, Jess, Steven Pinker, Michelle Hollander & Richard Goldberg. 1991. Affectedness and direct objects: The role of lexical semantics in the acquisition of verb argument structure. *Cognition* (41): 153-195.

Gropen, Jess, Steven Pinker, Michelle Hollander, Richard Goldberg & Ronald Wilson. 1989. The learnability and acquisition of the dative alternation in English. *Language* (65): 205-257.

Haddad, Youssef A. 2011. The syntax of Southern American English personal datives: An anti-locality account. The Canadian Journal of Linguistics 56(3): 403-412.

Haeberli, Eric. 2000. Adjuncts and the syntax of subjects in Old and Middle English. In Pintzuk, Susan, George Tsoulas & Anthony Warner (eds). *Diachronic syntax: Models and mechanisms.* Oxford: OUP, pp: 109-131.

Haeberli, Eric. 2002a. Inflectional morphology and the loss of verb second in English. In Lightfoot, David W. (ed.). *Syntactic effects of morphological change.* Oxford: OUP, pp: 88-106.

Haeberli, Eric. 2002b. Observations on the Loss of Verb Second in the History of English. In C. Jan-Wouter Zwart and Werner Abraham (eds.) Studies in Comparative Germanic Syntax: Proceedings from the 15th Workshop on Comparative Germanic Syntax. Amsterdam: John Benjamins. 245-272.

Hagège, Claude. 2010. *Adpositions.* Oxford: OUP.

Haiman, John. 1980. The Iconicity of Grammar: Isomorphism and Motivation. Language 56(3): 515-540.

Hampe, Beate & Gries, Stefan Th.. 2018. Syntax from and for discourse II: More on complex sentences as meso-constructions. Yearbook of the German Cognitive Linguistics Association 6(1): 115-142.

Harbert, Wayne. 2007. *The Germanic languages.* Cambridge: CUP.

Harley, Heidi. 2002. Possession and the double object construction. *Yearbook of Linguistic Variation* (2): 29-68.

Harley, Heidi. 2007. The bipartite structure of verbs cross-linguistically, or Why Mary can't 'exhibit John her paintings'. (unpublished ms.). http://ling. auf. net/lingbuzz/000435 (accessed on 27 January, 2018).

Harris, A. C., & Campbell, L. 1995. Historical Syntax in Cross-Linguistics Perspective. Cambridge: CUP.

Haspelmath, Martin. 1999. Optimality and diachronic adaptation. *Zeitschrift für Sprachwissenschaft* 18(2): 180-205.

Haspelmath, Martin. 2000. The relevance of extravagance: A reply to Bart Geurts.

Linguistics 38(4): 789-798.

Haspelmath, Martin. 2005. Ditransitive constructions: The verb 'GIVE'. In Matthew Dryer, Martin Haspelmath, David Gil and Bernard Comrie (eds.). World Atlas of Language Structures. Oxford: OUP.

Haspelmath, Martin. 2006. *Ditransitive constructions in the world's languages.* Leipzig spring school on linguistic diversity. http://email. eva. mpg. de/~ haspelmt/DitrLSSLD. pdf (17 February, 2017).

Haspelmath, Martin. 2008. Parametric versus functional explanations of syntactic universals. In Biberauer, Theresa (ed.). *The Limits of Syntactic Variation.* Amsterdam: John Benjamins Publishing Company, pp: 75-107.

Haspelmath, Martin. 2011. On S, A, P, T, and R as comparative concepts for alignment typology. Linguistic Typology 15(3): 535-567.

Haspelmath, Martin. 2013. Ditransitive Constructions: The verb 'give'. In: Dryer, Matthew S. & Haspelmath, Martin (eds.) The World Atlas of Language Structures Online. Leipzig: Max Planck Institute for Evolutionary Anthropology. (http://wals. info/chapter/105.).

Haspelmath, Martin. 2015. Ditransitive constructions. *Annual Review of Linguistics* (1): 19-41.

Hawkins, John A. 1994. *A Performance Theory of Order and Constituency.* Cambridge: CUP.

Hawkins, John A. 2014. Patterns in competing motivations and the interaction of principles. In MacWhinney, Brian, Andrej Malchukov & Edith Moravcsik (eds). *Competing Motivations in Grammar and Usage.* Oxford: Oxford University Press, pp: 54-69.

Hay, Jennifer & Joan Bresnan. 2006. Spoken syntax: The phonetics of *giving a hand* in New Zealand English. *Linguistic Review* (23): 321-349.

Heine, Bernd & Christa König. 2010. On the linear order of ditransitive objects. *Language Sciences* (32): 87-131.

Heine, Bernd & Tania Kuteva. 2002. *World Lexicon of Grammaticalization.* Cambridge: CUP.

Heine, Bernd. 1994. Grammaticalization as an explanatory parameter. In Pagliuca, William (ed.). *Perspectives on grammaticalization.* Amsterdam: John Benjamins Publishing Company, pp: 255-287.

Herbst, Thomas. 2011. The status of generalizations: Valency and argument structure constructions. *Zeitschrift für Anglistik und Amerikanistik* 59(4): 331-346.

Hilpert, Martin & Stefan Th. Gries 2009. Assessing frequency changes in multi-stage diachronic corpora: Applications for historical corpus linguistics and the study of language acquisition. *Literary and Linguistic Computing* 24(4): 385-401.

Hilpert, Martin. 2013. *Constructional change in English*. Cambridge: CUP.

Hilpert, Martin. 2014. *Construction Grammar and its application to English*. Edinburgh: Edinburgh University Press.

Hofbauer, Josef & Karl Sigmund. 1998. *Evolutionary games and population dynamics*. Cambridge: CUP.

Hoffmann, Christiane. 1999. Word Order and the Principle of "Early Immediate Constituents" (EIC), Journal of Quantitative Linguistics, 6(2): 108-116.

Hoffmann, Sebastian & Joybrato Mukherjee. 2007. Ditransitive verbs in Indian English and British English: A corpus-linguistic study. *Arbeiten aus Anglistik und Amerikanistik* 32(1): 5-24.

Hoffmann, Sebastian. 2005. *Grammaticalization and English complex prepositions: A corpus-based study*. Abingdon: Routledge.

Hoffmann, Thomas & Graeme Trousdale. 2011. Variation, change and constructions in English. *Cognitive Linguistics* 22(1): 1-23.

Hoffmann, Thomas & Graeme Trousdale. 2013. Introduction. In Hoffmann, Thomas & Graeme Trousdale (eds). *The Oxford handbook of construction grammar*. Oxford: Oxford University Press, pp: 1-14.

Hoffmann, Thomas. 2005. Variable vs. categorical effects: Preposition pied piping and stranding in British English relative clauses. *Journal of English Linguistics* 33(3): 257-297.

Hoffmann, Thomas. 2007. Complements versus adjuncts? A construction grammar account of English prepositional phrases. *Occasional Papers in Language and Linguistics (University of Nairobi)* (3): 92-119.

Hoffmann, Thomas. 2011. *Preposition placement in English: A usage-based approach*. Cambridge: CUP.

Hoffmann, Thomas. 2013. Abstract phrasal and clausal constructions. In Hoffmann, Thomas & Graeme Trousdale (eds). *The Oxford handbook of construction* grammar. Oxford: Oxford University Press, pp: 307-328.

Hogg, Richard M. & R. D. Fulk. 2011. A Grammar of Old English (Vol. II): Morphology. Hoboken, NJ: Wiley-Blackwell.

Hogg, Richard. 2002. An Introduction to Old English. Edinburgh: Edinburgh University Press Ltd.

Hopper, Paul J. & Elizabeth C. Traugott. 2003. *Grammaticalization.* (2nd edn.). Cambridge: CUP.

Horn, Laurence R. 2008. "I love me some him": The landscape of non-argument datives. Empirical Issues in Syntax and Semantics (7): 169-192.

Hruschka, Daniel, Morten Christiansen, Richard Blythe, William Croft, Paul Heggarty, Salikoko Mufwene, Janet Pierrehumbert & Shana Poplack. 2009. Building social cognitive models of language change. *Trends in Cognitive Sciences* 13(11): 464-469.

Huang, Xuanfan (黄宣范). 1978. Historical change of preposition and emergence of SOV order. Journal of Chinese Linguistics (6): 212-242.

Huddleston, Rodney D. & Geoffrey Pullum. 2002. *The Cambridge grammar of the English language.* Cambridge: CUP.

Hudson, Richard. 1992. So-called 'double objects' and grammatical relations. *Language* (68): 251-276.

Hudson, Richard. 2010. *An introduction to word grammar.* Cambridge: CUP.

Hughes, Arthur & Peter Trudgill. 1996. *English Accents and Dialects* (3rd edn.). London: Hodder Arnold.

Hughes, Arthur, Peter Trudgill & Dominic Watt. 2012. *English Accents and Dialects.* (5th edn.). London: Hodder Education.

Hull, David. 1988. *Science as progress: an evolutionary account of the social and conceptual development of science.* Chicago, IL: University of Chicago Press.

Hull, David. 2001. Taking memetics seriously: memetics will be what we make it. In Aunger, Robert (ed.). *Darwinizing Culture: The Status of Memetics as a Science.* Oxford: Oxford University Press, pp: 43-67.

Hunston, Susan, and Gill Francis. 2000. Pattern Grammar: A Corpus-Driven Approach to the Lexical Grammar of English. Amsterdam/Philadelphia: John Benjamins Publishing Company.

Hurford, James R. 2012a. Linguistics from an evolutionary point of view. In

Kempson, Ruth, Tim Fernando & Nicholas Asher (eds). *Handbook of the philosophy of science: linguistics*. Burlington: Elsevier, pp: 473-498.

Hurford, James R. 2012b. *The origins of grammar: language in the light of evolution II*. Oxford: OUP.

Iglesias-Rábade, Luis. 2011. *Semantic erosion of Middle English prepositions*. Frankfurt/Main: Lang.

Israel, Michael. 1996. The *way* constructions grow. In Goldberg, Adele (ed.). *Conceptual structure, discourse and language*. Stanford, CA: CSLI Publications, pp: 217-230.

Iwata, Seizi. 2005. The role of verb meaning in locative alternations. In Fried, Mirjam & Hans C. Boas (eds). *Grammatical constructions: Back to the roots*. Amsterdam: John Benjamins Publishing Company, pp: 101-118.

Iwata, Seizi. 2008. *Locative alternation: A lexical-constructional approach*. Amsterdam: John Benjamins Publishing Company.

Jackendoff, Ray & Steven Pinker. 2005. The nature of the language faculty and its implications for evolution of language (reply to Fitch, Hauser, & Chomsky). *Cognition* (2): 211-225.

Jackendoff, Ray. 1990. *Semantic Structures*. Cambridge, MA: MIT Press.

Jackendoff, Ray. 1991. Parts and boundaries. *Cognition* (41): 9-45.

Jäger, Gerhard & Annette Rosenbach. 2008. Priming and unidirectional language change. *Theoretical Linguistics* (34): 85-113.

Jespersen, Otto. 1927. *A modern English grammar on historical principles*. Heidelberg: Carl Winter.

Kastovsky, Dieter. 2006. Vocabulary. In Richard Hogg & David Denison (eds.) A History of the English Language. Cambridge: CUP. pp: 199-270.

Kay, Paul & Charles Fillmore. 1999. Grammatical constructions and linguistic generalizations: The *What's X Doing Y?*. construction. *Language* (75): 1-34.

Kay, Paul. 1996. Argument structure: Causative ABC-constructions. (unpublished ms.). University of California, Berkeley. http://www.icsi.berkeley.edu/~kay/bcg/5/lec05.html (accessed 25 November 2017).

Kay, Paul. 2005. Argument structure constructions and the argument-adjunct distinction. In Fried, Mirjam & Hans Boas (eds). *Grammatical constructions: Back to the roots*. Amsterdam: John Benjamins Publishing Company, pp: 71-

100.

Kemmer, Suzanne. 2003. Schemas and lexical blends. In Cuyckens, Hubert, Thomas Berg, René Dirven & Klaus-Uwe Panther (eds). *Motivation in language: Studies in honor of Günter Radden.* Amsterdam: John Benjamins Publishing Company, pp: 69-97.

Kim, Dae-Ik. 2009. The Double Object Constructions in Old English. The New Korean Journal of English Language & Literature (4): 143-162.

Kirby, Simon. 2012. Language is an adaptive system: the role of cultural evolution in the origins of structure. In Tallerman, Maggie & Kathleen Gibson (eds). *The Oxford handbook of language evolution.* Oxford: Oxford University Press, pp: 589-604.

Kittilä, Seppo. 2005. Recipient-prominence vs. beneficiary-prominence. *Linguistic Typology* 9(2): 269-297.

Kittilä, Seppo. 2006. The anomaly of the verb 'give' explained by its high (formal and semantic) transitivity. *Linguistics* 44(3): 569-612.

Kniesza, Veronika. 1991. Prepositional phrases expressing adverbs of time from late Old English to early Middle English. In Kastovsky, Dieter (ed.). *Historical English syntax.* Berlin: Mouton de Gruyter, pp: 221-231.

Koopman, Willem F. & Wim, van der Wurff. 2000. Two word order patterns in the history of English: Stability, variation, change. In Sornicola, Rosanna, Erich Poppe & Ariel Shisha-Halevy (eds), *Stability, variation and change of word-order patterns over time.* Amsterdam: John Benjamins Publishing Company, pp: 259-283.

Koopman, Willem F. 1990a. *Word order in Old English: with Special Reference to the Verb Phrase.* Ph. D. dissertation, University of Amsterdam, Amsterdam.

Koopman, Willem F. 1990b. The double object construction in Old English. In Sylvia Adamson, Vivien Law, Nigel Vincent and Susan Wright (eds.) Papers from the 5th International Conference on English Historical Linguistics. Amsterdam / Philadelphia: John Benjamins Publishing Company, pp: 225-243.

Koopman, Willem F. 1991. The order of dative and accusative objects in Old English. *Studia Anglica Posnaniensia* (25-27): 109-121.

Krifka, Manfred. 2004. Semantic and pragmatic conditions for the dative alternation. *Korean Journal of English Language and Linguistics* (4): 1-32.

Kroch, Anthony & Ann Taylor. 1997. Verb movement in Old and Middle English: Dialect variation and language contact. In Van Kemenade, Ans & Nigel Vincent (eds). *Parameters of morphosyntactic change*. Cambridge: Cambridge University Press, pp: 297-325.

Kroch, Anthony & Ann Taylor. 2000. Verb-object order in Early Middle English. In Pintzuk, Susan, George Tsoulas & Anthony Warner (eds), *Diachronic syntax: Models and mechanisms*. Oxford: Oxford University Press, pp: 132-187.

Kulikov, Leonid. 2009. Evolution of case systems. In Malchukov, Andrej & Andrew Spencer (eds.). *The Oxford handbook of case*. Oxford: Oxford University Press, pp: 439-457.

Kurniasih, Nia. 2009. Benefactive verbs in Double Object Construction (DOC) in English Sentences. Jurnal Sosioteknologi 8(16): 575-586.

Lakoff, George. 1987. *Women, fire and dangerous things: What categories reveal about the mind*. Chicago, IL: University of Chicago Press.

Lambert, Silke. 2010. *Beyond recipients: Towards a typology of dative uses*. Ph. D. dissertation, The State University of New York at Buffalo, Buffalo.

Langacker, Ronald W. 1987. *Foundations of cognitive grammar. Vol. 1: Theoretical prerequisites*. Stanford, CA: Stanford University Press.

Langacker, Ronald W. 1988. A usage-based model. In Rudzka-Ostyn, Brygida (ed.). *Topics in cognitive linguistics*. Philadelphia: Benjamins, pp: 127-161.

Langacker, Ronald W. 1991. *Concept, image, and symbol: The cognitive basis of grammar*. Berlin: Mouton de Gruyter.

Langacker, Ronald W. 1992. Prepositions as grammatical (izing) elements. *Leuvense Bijdragen* (81): 287-309.

Langacker, Ronald W. 2000. A dynamic usage-based model. In Barlow, Michael & Suzanne Kemmer (eds). 2000. *Usage based models of language*. Stanford, CA: CSLI Publications, pp: 1-63.

Langacker, Ronald W. 2008. *Cognitive grammar: A basic introduction*. New York, NY: Oxford University Press.

Langacker, Ronald W. 2009. Constructions and constructional meaning. In Evans, Vyvyan & Stéphanie Pourcel (eds). *New directions in cognitive linguistics*. Amsterdam: John Benjamins Publishing Company, pp: 225-267.

Lansing, Stephen. 2003. Complex adaptive systems. *Annual Review of Anthropology*

(32): 183-204.

Larson, Richard K. 1988. On the Double Object Construction. Linguistic Inquiry 19 (3): 335-391. Larson, Richard K. 1990. Double Objects Revisited: Reply to Jackendoff. Linguistic Inquiry 21(4): 589-632.

Lass, Roger. 1990. How to do things with junk: exaptation in language evolution. *Journal of Linguistics* (26): 79-102.

Lass, Roger. 1992. Phonology and morphology. In Blake, Norman (ed.). *The Cambridge history of the English language. Vol.* 2: 1066-1476. Cambridge: Cambridge University Press, pp: 23-155.

Lass, Roger. 1996. Of emes and memes: On the trail of the wild replicator. *Vienna English Working Papers* 5(1&2): 3-11.

Lass, Roger. 1997. *Historical linguistics and language change.* Cambridge: CUP.

Lass, Roger. 2000. Remarks on (uni)directionality. In Fischer, Olga, Anette Rosenbach & Dieter Stein (eds). *Pathways of change: grammaticalization in English.* Amsterdam: John Benjamins Publishing Company, pp: 207-227.

Lass, Roger. 2003. Genetic metaphor in historical linguistics. *Alternation* 10(1): 47-62.

Lauwers, Peter & Dominique Willems. 2011. Coercion: Definition and challenges, current approaches, and new trends. *Linguistics* 49(6): 1219-1235.

Lehmann, Christian. 1985. Grammaticalization: Synchronic variation and diachronic change. *Lingua e Stile* (20): 303-318.

Lehmann, Christian. 2002. New reflections on grammaticalization and lexicalization. In Wischer, Ilse & Gabriele Diewald (eds). *New reflections on grammaticalization.* Amsterdam: John Benjamins Publishing Company, pp: 1-18.

Levin, Beth & Malka Rappaport Hovav. 2005. *Argument realization.* Cambridge: CUP.

Levin, Beth & Malka Rappaport Hovav. 2008. The English dative alternation: The case for verb sensitivity. *Journal of Linguistics* (44): 129-167.

Levin, Beth & Tova Rapoport. 1988. Lexical subordination. *Chicago Linguistic Society* 24(1): 275-289.

Levin, Beth. 1985. *Lexical semantics in review.* Cambridge, MA: MIT Press.

Levin, Beth. 1993. *English verb classes and alternations: A preliminary* investigation. Chicago: University of Chicago Press.

Lightfoot, David W. 1991. *How to set parameters: Arguments from language change*. Cambridge, MA: MIT Press.

Lightfoot, David W. 1999. *The development of language: Acquisition, change, and evolution*. Malden, MA: Blackwell.

Los, Bettelou L. J. & Gea Dreschler. 2012. The loss of local anchoring: From adverbial local anchors to permissive subjects. In Nevalainen, Terttu & Elizabeth C. Traugott (eds). *The Oxford handbook of the history of English*. New York, NY: Oxford University Press, pp: 859-871.

Los, Bettelou L. J. 2009. The consequences of the loss of verb-second in English: Information structure and syntax in interaction. *English Language and Linguistics* 13(1): 97-125.

Los, Bettelou L. J. 2015. *A historical syntax of English*. Edinburgh: Edinburgh University Press.

Lundskær-Nielsen, Tom. 1993. *Prepositions in Old and Middle English: A Study of Prepositional Syntax and the Semantics of* at *,* in *and* on *in Some Old and Middle English Texts*. Odense: Odense University Press.

Luraghi, Silvia. 1987. Patterns of case syncretism in Indo-European languages. In Giacalone Ramat, Anna, Onofrio Carruba & Giuliani Bernini (eds). *Papers from the 7th international conference on historical linguistics*. Amsterdam: John Benjamins Publishing Company, pp: 355-371.

Malchukov, Andrej, Martin Haspelmath, Bernard Comrie. 2010. Ditransitive constructions: A typological overview. In Malchukov, Andrej, Martin Haspelmath, Bernard Comrie (eds.) Studies in ditransitive constructions: A comparative handbook. Berlin/ New York: Mouton De Gruyter, pp: 1-64.

Marcotte, Jean-Philippe. 2005. Causative alternation errors in child language acquisition. Ph. D. dissertation, Stanford University, Stanford, CA.

Marcotte, Jean-Philippe. 2006. Causative alternation errors as event-driven construction paradigm completions. In Clark, Eve & Barbara Kelly (eds). *Constructions in acquisition*. Stanford, CA: CSLI Publications, pp: 205-232.

Margetts, Anna and Peter K. Austin. 2007. Three-participant events in the languages of the world: towards a cross-linguistic typology. *Linguistics*. 45(3): 393-451.

Margetts, Anna. 2007. Three-participant events in Oceanic. *Oceanic Linguistics* 46
(1): 71-127.

Maynard Smith, John. 1982. *Evolution and the theory of games.* Cambridge: CUP.

McCrohon, Luke. 2012. The two-stage life cycle of cultural replicators. *Theoria et
historia scientiarium* (9): 151-172.

McFadden, Thomas. 2002. The rise of the to-dative in Middle English. In Lightfoot,
David (ed.). *Syntactic effects of morphological change.* Oxford: Oxford
University Press, pp: 107-123.

McMahon, April M. S. & Robert McMahon. 2013. *Evolutionary Linguistics.*
Cambridge: CUP.

McMahon, April M. S. 2000. *Change, Chance, and Optimality.* Cambridge: CUP.

McRae, Ken, Todd R. Ferretti and Liane Amyote. 1997. Thematic Roles as Verb-
specific Concepts. *Language and Cognitive Processes* 12 (2/3): 137-176.

Michaelis, Laura A. & Josef Ruppenhofer. 2001. *Beyond alternations: A
constructional model of the German applicative pattern.* Stanford, CA: CSLI
Publications.

Michaelis, Laura A. 2005. Entity and event coercion in a symbolic theory of syntax.
In Ötman, Jan-Ola & Mirjam Fried (eds). *Construction grammars: Cognitive
grounding and theoretical extensions.* Amsterdam: John Benjamins Publishing
Company, pp: 45-87.

Mitchell, Bruce. 1985. *Old English syntax, Vol. 1: Concord, Parts of Speech, and
the Sentence.* Oxford: Clarendon Press.

Möhlig-Falke, Ruth. 2012. *The early English impersonal construction: An analysis of
verbal and constructional meaning.* Oxford: OUP.

Mufwene, Salikoko S. 2001. *The Ecology of Language Evolution.* Cambridge: CUP.

Mufwene, Salikoko S. 2008. *Language Evolution: Contact, Competition and
Change.* London: Continuum.

Mukherjee, Joybrato & Sebastian Hoffmann. 2006. Describing verb-
complementational profiles of new Englishes: A pilot study of Indian English.
English World-Wide 27(2): 147-173.

Mukherjee, Joybrato. 2001. Principles of pattern selection: A corpus-based case
study. *Journal of English Linguistics* 29(4): 295-315.

Mukherjee, Joybrato. 2005. *English ditransitive verbs: Aspects of theory, description and a usage- based model.* Amsterdam: Rodopi.

Mustanoja, Tauno F. 1960. *A Middle English Syntax, Part* 1 (*Parts of Speech*). Helsinki: Société Néophilologique.

Nemoto, Noriko. 2005. Verbal polysemy and frame semantics in construction grammar: some observations about the locative alternation. In Fried, Mirjam & Hans C. Boas (eds). *Grammatical constructions: Back to the roots.* Amsterdam: John Benjamins Publishing Company, pp: 119-138.

Newman, John. 1996. Give: a cognitive linguistic study. Berlin/New York: Mouton de Gruyter.

Nisbet, Tim. 2005. Benefactives in English: Evidence against argumenthood. *Reading Working Papers in Linguistics* (8): 51-67.

Nist, John. 1966. A Structural History of English. New York: St. Martin's Press.

Noël, Dirk. 2007. Diachronic construction grammar and grammaticalization theory. *Functions of Language* 14(2): 177-202.

Norde, Muriel. 2002. The final stages of grammaticalization: affixhood and beyond. In Wischer, Ilse & Gabriele Diewald (eds). *New reflections on grammaticalization.* Amsterdam: John Benjamins Publishing Company, pp: 45-81.

Nowak, Martin A. 2006. *Evolutionary dynamics: exploring the equations of life.* Cambridge, MA: Belknap Harvard University Press.

OED = J. Simpson *et al.* (Eds.) 2016. *The Oxford English dictionary* [electronic version]. Oxford: OUP.

Oehrle, Richard. 1976. *The grammatical status of the English dative alternation.* Ph. D. dissertation, Cambridge, MA: MIT.

Ozón, Gabriel A. 2009. *Alternating ditransitives in English: A corpus-based study.* Ph. D. dissertation, University College London, London.

Pace-Sigge, Michael. 2013. Lexical Priming in Spoken English Usage. Houndmills: Palgrave Macmillan.

Pasicki, Adam. 1998. Meanings of the dative case in Old English. In van Langendonck, Willy & William van Belle (eds). *The Dative. Vol 2: Theoretical and contrastive studies.* Amsterdam: John Benjamins Publishing Company, pp: 113-142.

Patten, Amanda. 2012. *The English IT-cleft: A Constructional Account and a*

Diachronic Investigation. Berlin: de Gruyter Mouton.

Perek, Florent & Adele Goldberg. 2015. Generalizing beyond the input: The functions of the constructions matter. *Journal of Memory and Language* (84): 108-127.

Perek, Florent & Maarten Lemmens. 2010. Getting at the meaning of the English *at*-construction: The case of a constructional split. *CogniTextes* 5. http: // cognitextes. revues. org/331 (23 December 2017).

Perek, Florent. 2012. Alternation-based generalizations are stored in the mental grammar: Evidence from a sorting task experiment. *Cognitive Linguistics* 23(3): 601-635.

Perek, Florent. 2015. *Argument structure in usage-based construction grammar: Experimental and corpus-based perspectives.* Amsterdam: John Benjamins Publishing Company.

Pesetsky, David. 1995. *Zero syntax.* Cambridge, MA: MIT Press.

Petruck, M. R. L. 1996. Frame semantics and the lexicon: nouns and verbs in the body frame. In M. Shibatani & S. Thompson (eds.) Essays in Semantics and Pragmatics. Philadelphia: John Benjamins Publishing Company pp: 279-296.

Petyt, K. M. 1985. *Dialect and accent in industrial West Yorkshire.* Amsterdam: John Benjamins Publishing Company.

Pierrehumbert, Janet B. 2001. Exemplar dynamics: word frequency, lenition and contrast. In Bybee, Joan & Paul Hopper (eds). *Frequency and the emergence of linguistic structure.* Amsterdam: John Benjamins Publishing Company, pp: 137-157.

Pinker, Steven. 1984. *Language learnability and language development.* Cambridge, MA: Harvard University Press.

Pinker, Steven. 1989. *Learnability and cognition: The acquisition of argument structure.* Cambridge, MA: MIT Press.

Pintzuk, Susan & Ann Taylor. 2006. The loss of OV order in the history of English. In Van Kemenade, Ans & Bettelou Los (eds). *The handbook of the history of English.* London: Blackwell, pp: 249-278.

Pintzuk, Susan. 1991. *Phrase structures in competition: Variation and change in Old English word order.* Ph. D. dissertation, University of Pennsylvania, Philadelphia, PA.

Pintzuk, Susan. 1995. Variation and change in Old English clause structure. *Language variation and change* (7): 229-260.

Pintzuk, Susan. 1996. Cliticization in Old English. In Halpern, Aaron & Arnold Zwicky (eds). *Approaching second: Second position clitics and related phemomena*. Stanford, CA: CSLI Publications, pp: 375-409.

Plank, Frans. 1984. Preface. In Frans Plank eds. Objects: Towards a Theory of Grammatical Relations. London: Academic Press.

Pleyer, Michael & James Winters. 2015. Integrating cognitive linguistics and language evolution research. *Theoria et historia scientiarium* (11): 19-43.

Polo, Chiara. 2002. Double objects and morphological triggers for syntactic case. In Lightfoot, David (ed.). *Syntactic effects of morphological change*. Oxford: Oxford University Press, pp: 124-142.

Proost, Kristel. 2014. Ditransitive transfer constructions and their prepositional variants in German and Romanian: an empirical survey. In Cosma, Ruxandra, Stefan Engelberg, Susan Schlotthauer, Speranta Stanescu, Gisela Zifonun (eds.), Komplexe Argumentstrukturen. Berlin: De Gruyter. pp: 19-83.

Quinn, Heidi. 2005. *The distribution of pronoun case forms in English*. Amsterdam: John Benjamins Publishing Company.

Quirk, R & C. L. Wrenn. 1955. An Old English Grammar. London: Methuen.

Quirk, Randolph, Sidney Greenbaum, Geoffrey Leech & Jan Svartvik. 1985. *A comprehensive grammar of the English language*. London: Longman.

Rappaport Hovav, Malka & Beth Levin. 1988. What to do with θ-roles?. In W. Wilkins (ed.). *Syntax and semantics*. San Diego: Academic Press, pp: 7-36.

Rappaport Hovav, Malka & Beth Levin. 1998. Building verb meanings. In M. Butt & W. Geuder (eds). *The projection of arguments: Lexical and compositional factors*. Stanford: CSLI Publications, pp: 97-134.

Rappaport Hovav, Malka & Beth Levin. 2005. All dative verbs are not created equal. (unpublished manuscript).

Rappaport Hovav, Malka & Beth Levin. 2008. The English dative alternation: The case of verb sensitivity. *Journal of Linguistics* 44(1): 129-167.

Reddy, William. 1979. The conduit metaphor: A case of frame conflict in our language about language. In Ortony, Andrew (ed.). *Metaphor and thought*. Cambridge: Cambridge University Press, pp: 284-324.

Ringe, Don. 2006. *From Proto-Indo-European to Proto-Germanic.* Oxford: OUP.

Rissanen, Matti. 1999. Syntax. In Roger Lass (ed.). *The Cambridge history of the English language.* Vol. 3: 1476-1776. Cambridge: Cambridge University Press, pp: 187-331.

Ritt, Nikolaus. 1995. Language change as evolution: looking for linguistic genes. *VIEWS* 4(1), 43-57.

Ritt, Nikolaus. 1996. Darwinising historical linguistics: applications of a dangerous idea. *VIEWS* 5(1&2): 27-47.

Ritt, Nikolaus. 2004. *Selfish sounds and linguistic evolution: A Darwinian approach to language change.* Cambridge: CUP.

Ritt, Nikolaus. 2013. Evolutionary theories of language: theories and methods. In Kortmann, Bernd & Johannes Kabatek (eds). *Linguistic theory and methodology.* Berlin: Mouton de Gruyter.

Roberts, Ian. 1997. Directionality and word order change in the history of English. In Van Kemenade, Ans & Nigel Vincent (eds). *Parameters of morphosyntactic change.* Cambridge: Cambridge University Press, pp: 397-426.

Rohdenburg, Günter. 1995. Betrachtungen zum Auf- und Abstieg einiger praepositionaler Konstruktionen im Englischen. NOWELE 26, 67-124.

Rohdenburg, Günter. 2007. Functional constraints in syntactic change: The rise and fall of prepositional constructions in Early and Late Modern English. *English Studies* 88(2): 217-233.

Rohdenburg, Günter. 2009. Nominal complements. In Günter Rohdenburg & Julia Schlüter (eds). *One language, two grammars? Differences between British and American English.* Cambridge: Cambridge University Press, pp: 194-211.

Rosenbach, Anette. 2002. *Genitive variation in English: Conceptual factors in synchronic and diachronic studies.* Berlin: Mouton de Gruyter.

Rosenbach, Anette. 2008. Language change as cultural evolution: evolutionary approaches to language change. In Eckardt, Regine, Gerhard Jäger & Tonjes Veenstra (eds). *Variation, selection, development. Probing the evolutionary model of language change.* Berlin: Mouton de Gruyter, pp: 23-72.

Rostila, Jouni Pekka. 2004. Lexicalization as a way to grammaticalization. In Karlsson, Fred (ed.) *Proceedings of the 20th Scandinavian Conference of Linguistics.*

Rostila, Jouni Pekka. 2006. Construction Grammar as a Functionalist Generative Grammar. In Chruszczewski, Piotr P. , Michał Garcarz & Tomasz P. Górski (eds). *At the Crossroads of Linguistic Sciences*. Krakau: Tertium, pp: 365-377.

Sanders, Gerald. 1984. Adverbials and Objects. In Frans Plank eds. Objects: Towards a Theory of Grammatical Relations. London: Academic Press.

Sato, Kiriko. 2009. *The development from case-forms to prepositional constructions in Old English prose*. Bern: Lang.

Schalley, Andrea C. 2004. Cognitive Modeling and Verbal Semantics: A Representational Framework Based on UML. Berlin / New York: Mouton de Gruyter.

Schibsbye, Knud. 1977. *Origin and development of the English language*, Vol. 3. Copenhagen: Nordisk Sprog Kulturforlag.

Schwyter, Juerg. 2012. *Old English legal language: The lexical field of theft*. Amsterdam: John Benjamins Publishing Company.

Seefranz-Montag, Ariane von. 1984. 'Subjectless' constructions and syntactic change. In Fisiak, Jacek (ed.). *Historical syntax*. Berlin: Mouton, pp: 521-553.

Seiler, Guido. 2006. The role of functional factors in language change: an evolutionary approach. In Nedergåd Thomsen, Ole (ed.). *Different models of linguistic change*. Amsterdam: John Benjamins Publishing Company, pp: 163-182.

Shibatani, Masayoshi. 1996. Applicatives and benefactives: A cognitive account. In Masayoshi Shibatani & Sandra A. Thompson (eds.), Grammatical constructions: Their form and meaning. Oxford: OUP. pp: 157-194.

Shibatani, Masayoshi. 2002. Introduction: Some basic issues in the grammar of causation. (In Masayoshi, Shibatani ed.) The Grammar of Causation and Interpersonal Manipulation. Amsterdam/Philadelphia: John Benjamins Publishing Company, pp: 1-22.

Siewierska, Anna & Willem Hollmann. 2007. Ditransitive clauses in English with special reference to Lancashire dialect. In Hannay, Mike & Gerard Steen (eds). *Structural-functional studies in English grammar*. Amsterdam: John Benjamins Publishing Company, pp: 83-102.

Smirnova, Elena. 2015. Constructionalization and constructional change: The role of context in the development of constructions. In Barðal, Jóhanna, Spike Gildea, Elena Smirnova & Lotte Sommerer (eds). *Diachronic construction grammar.* Amsterdam: John Benjamins Publishing Company, pp: 81-106.

Smith, Edward E. & Kosslyn, Stephen M. 2014. Cognitive Psychology: Mind and Brain. Harlow, Essex: Pearson Education Limited.

Smith, Jeremy & Simon Horobin. 2002. *An introduction to Middle English.* Edinburgh: Edinburgh University Press.

Smith, Jeremy J.. 2009. Old English: A Linguistic Introduction. Cambridge: CUP.

Snyder, Kieran. 2003. *The Relationship between Form and Function in Ditransitive Constructions.* Ph. D. Dissertation, University of Pennsylvania, Philadelphia.

Solé, Ricard, Bernat Corominas Murtra, Sergi Valverde & Luc Steels. 2010. Language networks: Their structure, function and evolution. *Complexity* (15): 20-26.

Solso, Robert L., Maclin, Otto H. & Maclin, M. Kimberly. 2018. 认知心理学 (邵志芳等译). 上海: 上海人民出版社.

Sówka-Pietraszewska, Katarzyna. 2012. On the development of a prepositional object construction with give verbs, motion verbs and Latinate verbs in English. In Tyrkkö Jukka, Matti Kilpiö Terttu Nevalainen & Matti Rissanen (eds). *Studies in variation, contacts and change in English,* Vol. 10. http://www.helsinki.fi/varieng/series/volumes/10/sowka-pietraszewska/ (19 May, 2017).

Sówka-Pietraszewska, Katarzyna. 2013. On the inherent semantic meaning of double object Latinate verbs in English in modern and historical perspective. *Questions and Answers in Linguistics* 1(1): 21-32.

Steels, Luc. 2006. How to do experiments in artificial language evolution and why. In Cangelosi, Angelo, Andrew Smith & Kenny Smith (eds). *Proceedings of the 6th international conference (EVOLANG6).* pp: 323-332.

Steels, Luc. 2007. The recruitment theory of language origins. In Lyon, Caroline, Chrystopher L. Nehaniv & Angelo Cangelosi (eds). *Emergence of Communication and Language.* Berlin: Springer, pp: 129-150.

Steels, Luc. 2010. Can evolutionary linguistics become a science?. *Journal for Evolutionary Linguistics* 1(1): 1-35.

Steels, Luc. 2011a. *Design Patterns in Fluid Construction Grammar.* Amsterdam: John Benjamins Publishing Company.

Steels, Luc. 2011b. Modeling the cultural evolution of language. *Physics of Life Reviews* (8): 339-356.

Steels, Luc. 2012a. *Computational Issues in Fluid Construction Grammar*. Berlin: Springer.

Steels, Luc. 2012b. *Experiments in cultural language evolution*. Amsterdam: John Benjamins Publishing Company.

Steels, Luc. 2012c. Introduction: Self-organization and selection in cultural language evolution. In Steels, Luc (ed.). *Experiments in cultural language evolution*. Amsterdam: John Benjamins Publishing Company, pp: 1-37.

Steels, Luc. 2013. Fluid construction grammar. In Hoffmann, Thomas & Graeme Trousdale (eds). *The Oxford handbook of construction grammar*. Oxford: Oxford University Press, pp: 153-167.

Stefanowitsch, Anatol & Stefan Th. Gries. 2003. Collostructions: Investigating the interaction of words and constructions. *International Journal of Corpus Linguistics* 8(2): 209-243.

Stefanowitsch, Anatol & Stefan Thomas Gries. 2004. Extending collostructional analysis: A corpus-based based perspective on 'alternations'. International Journal of Corpus Linguistics 9(1): 97-129.

Stefanowitsch, Anatol. 2006. Negative evidence and the raw frequency fallacy. *Corpus Linguistics and Linguistic Theory* 2(1): 61-77.

Stefanowitsch, Anatol. 2008. Negative entrenchment: A usage-based approach to negative evidence. *Cognitive Linguistics* 19(3): 513-531.

Stefanowitsch, Anatol. 2011. Constructional preemption by contextual mismatch: A corpus-linguistic investigation. *Cognitive Linguistics* 22(1): 107-129.

Stefanowitsch, Anatol. 2013. Collostructional analysis. In Hoffmann, Thomas & Graeme Trousdale (eds). *The Oxford handbook of construction grammar*. Oxford: Oxford University Press, pp: 290-306.

Stockwell, Robert & Donka Minkova. 1991. Subordination and word order change in the history of English. In Kastovsky, Dieter (ed.). *Historical English Syntax*. Berlin: Mouton de Gruyter, pp: 367-408.

Strang, Barbara. 1970. *A history of English*. London: Methuen & Co.

Suttle, Laura & Adele Goldberg. 2011. The partial productivity of constructions as induction. *Linguistics* 49(6): 1237-1269.

Szmrecsanyi, Benedikt. 2012. Analyticity and syntheticity in the history of English. In Nevalainen, Terttu & Elizabeth C. Traugott (eds). *The Oxford handbook of the history of English*. Oxford: Oxford University Press, pp: 654-665.

Takami, Ken-Ichi. 2003. A semantic constraint on the benefactive double object construction. *English Linguistics* (20): 197-224.

Tallerman, Maggie & Kathleen Gibson. 2012. *The Oxford handbook of language evolution*. Oxford: OUP.

Talmy, Leonard. 1996. The windowing of attention in language. In Shibatani, Masayoshi & Sandra Thompson (eds). *Grammatical constructions: Their form and meaning*. Oxford: Oxford University Press, pp: 235-287.

Talmy, Leonard. 2000. *Toward a Cognitive Semantics (Vol. 1): Concept structuring systems*. Cambridge, MA: MIT Press.

Taylor, Ann & Susan Pintzuk. 2012a. Rethinking the OV/VO alternation in Old English: The effect of complexity, grammatical weight, and information status. In Nevalainen, Terttu & Elizabeth C. Traugott (eds). *The Oxford handbook of the history of English*. Oxford: Oxford University Press, pp: 835-845.

Taylor, Ann & Susan Pintzuk. 2012b. The effect of information structure on object position in Old English: A pilot study. In Meurman-Solin, Anneli, María José López-Couso & Bettelou Los (eds). *Information structure and syntactic change in the History of English*. Oxford: Oxford University Press, pp: 47-65.

Theijssen, Daphne, Hans van Halteren, Karin Fikkers, Frederike Groothoff, Lian van Hoof, Eva van de Sande, Jorieke Tiems, Véronique Verhagen & Patrick van der Zande. 2010. A regression model for the English benefactive alternation: An efficient, practical, actually usable approach. In Plank, Barbara, Erik Tjong Kim Sang & Tim van de Cruys (eds). *Computational Linguistics in the Netherlands* 2009. Utrecht: LOT Occasional Series (14). pp: 115-130.

Theijssen, Daphne, Joan Bresnan, Marilyn Ford & Lou Boves. 2011. In a land far far away... A probabilistic account of the dative alternation in British, American and Australian English. (unpublished manuscript).

Thompson, Sandra & Barbara Fox. 2004. Relative clauses in English conversation: relativizers, frequency and the notion of construction. (unpublished manuscript). University of California, Santa Barbara, CA.

Thompson, Sandra & Yuka Koide. 1987. Iconicity and indirect objects in English. *Journal of Pragmatics* 11(3): 399-406.

Thompson, Sandra. 1995. The iconicity of "dative shift" in English: Considerations from information flow in discourse. In Landsberg, Marge (ed.). *Syntactic iconicity and linguistic freezes. The human dimension.* Berlin: De Gruyter Mouton, pp: 155-175.

Tomasello, Michael. 1992. *First verbs: A case study of early grammatical development.* Cambridge, MA: CUP.

Tomasello, Michael. 2003. *Constructing language: A usage-based theory of language acquisition.* Cambridge, MA: Harvard University Press.

Tomasello, Michael. 2008. *Origins of human communication.* Cambridge, MA: MIT Press.

Torrent, Tiago Timponi. 2011. The construction network hypothesis. *Special issue of Letras & Letras* 27. http://www.letraseletras.ileel.ufu.br/viewissue.php?id=21 (23 September 2017).

Torrent, Tiago Timponi. 2015. On the relation between inheritance and change: The construction network reconfiguration hypothesis. In Barðdal, Jóhanna, Spike Gildea, Elena Smirnova & Lotte Sommerer (eds). *Diachronic construction grammar.* Amsterdam: John Benjamins Publishing Company, pp: 173-212.

Traugott, Elizabeth C. 1972. *A history of English syntax: A Transformational Approach to the History of English Sentence Structure.* New York, NY: Holt, Rinehart and Winston.

Traugott, Elizabeth C. 1982. From propositional to textual and expressive meanings: Some semantic-pragmatic aspects of grammaticalization. In Lehmann, Winfried & Yakov Malkiel (eds). *Perspectives on historical linguistics.* Amsterdam: John Benjamins Publishing Company, pp: 245-271.

Traugott, Elizabeth C. 1992. Syntax. In Hogg, Richard (ed.). The *Cambridge history of the English language*, *Vol.* 1. Cambridge: Cambridge University Press, pp: 168-289.

Traugott, Elizabeth C. 2004. Exaptation and grammaticalization. In Akimoto, Minoji (ed.). *Linguistic studies based on corpora.* Tokyo: Hituzi Syobo, pp: 133-156.

Traugott, Elizabeth C. 2006. Constructions and language change revisited: constructional emergence from the perspective of grammaticalization. Paper presented at *Directions in English Language Studies* (DELS), Manchester, UK, April 6-8.

Traugott, Elizabeth C. 2008a. Grammaticalization, constructions and the incremental development of language: Suggestions from the development of degree modifiers in English. In Eckardt, Regine, Gerhard Jäer & Tonjes Veenstra (eds). *Variation, selection, development: Probing the evolutionary model of language change*. Berlin: Mouton de Gruyter, pp: 219-250.

Traugott, Elizabeth C. 2008b. The grammaticalization of NP of NP constructions. In Bergs, Alexander & Gabriele Diewald (eds). *Constructions and language change*. Berlin: Mouton de Gruyter, pp: 21-43.

Traugott, Elizabeth C. 2015. Toward a coherent account of grammatical constructionalization. In Barðal, Jóhanna, Spike Gildea, Elena Smirnova & Lotte Sommerer (eds). *Diachronic construction grammar*. Amsterdam: John Benjamins Publishing Company, pp: 51-80.

Traugott, Elizabeth Closs & Trousdale, Graeme G. 2013. Constructionalization and Constructional Changes. Oxford: Oxford University Press.

Trips, Carola. 2002. From OV to VO in Early Middle English. Amsterdam: John Benjamins Publishing Company.

Trousdale, Graeme. 2008. Constructions in grammaticalization and lexicalization: Evidence from the history of a composite predicate construction in English. In Trousdale, Graeme & Nikolas Gisborne (eds). *Constructional approaches to English grammar*. Berlin: Mouton de Gruyter, pp: 33-67.

Trousdale, Graeme. 2010. Issues in constructional approaches to grammaticalization in English. In Stathi, Katerina, Elke Gehweiler & Ekkehard König (eds). *Grammaticalization: Current views and issues*. Amsterdam: John Benjamins Publishing Company, pp: 51-72.

Tuggy, David. 2007. Schematicity. In Geeraerts, Dirk & Hubert Cuyckens (eds). *The Oxford handbook of cognitive linguistics*. New York, NY: Oxford University Press, pp: 82-116.

Tyler, Andrea & Evans, Vyvyan. 2003. The case of *over*. In: Nerlich, B., Todd, Z., Herman, V., Clarke, D. D. (Eds.), Polysemy. Flexible Patterns of Meaning in Mind and Language. Berlin / NewYork: Mouton de Gruyter, pp: 99-159.

Van de Velde, Freek. 2014. Degeneracy: The maintenance of constructional networks. In Boogaart, Ronny, Timothy Colleman & Gijsbert Rutten (eds). *Extending the scope of Construction Grammar*. Berlin: De Gruyter, pp: 141-180.

Van Kemenade, Ans & Bettelou Los. 2006. Discourse adverbs and clausal syntax in Old and Middle English. In Van Kemenade, Ans & Bettelou Los (eds). *The handbook of the history of English*. Oxford: Blackwell, pp: 224-248.

Van Kemenade, Ans. 1987. *Syntactic case and morphological case in the history of English*. Providence: Foris.

Van Trijp, Remi. 2012. The evolution of case systems for marking event structure. In Steels, Luc (ed.). *Experiments in cultural language evolution*. Amsterdam: John Benjamins Publishing Company, pp: 169-205.

Van Trijp, Remi. 2013. Linguistic assessment criteria for explaining language change: a case study on syncretism in German definite articles. *Language Dynamics and Change* (3): 105-132.

Van Valin, Robert & Randy LaPolla. 1997. *Syntax: Structure, meaning, and function*. Cambridge: CUP.

Vasilyeva, Marina & Heidi Waterfall. 2011. Beyond syntactic priming: Evidence for activation of alternative syntactic structures. *Journal of Child Language* 39(2): 1-26.

Verstraete, Jean-Christophe. 2004. Usage-Based Models of Language (review). *Language* 80(4): 875-876.

Visser, Fredericus. Th. 1963. *An historical syntax of the English language*. Leiden: Brill.

Wasow, Thomas & Jennifer Arnold. 2003. Post-verbal constituent ordering in English. In Rohdenburg, Günter & Britta Mondorf (eds). *Determinants of grammatical variation in English*. Berlin: Mouton de Gruyter, pp: 119-154.

Webelhuth, Gert & Clare Dannenberg. 2006. Southern American English personal datives: The theoretical significance of dialectal variation. *American Speech* 81 (1): 31-55.

Wechsler, Stephen. 1995. *The semantic basis of argument structure*. Stanford: CSLI Publications.

Weerman, Fred & Petra De Wit. 1999. The decline of the genitive in Dutch. *Linguistics* 37(6): 1155-1192.

Wierzbicka, Anna. 1986. The semantics of 'internal dative' in English. *Quaderni di Semantica* (7): 121-135, 155-165.

Wierzbicka, Anna. 1988. *The semantics of grammar*. Amsterdam: John Benjamins Publishing Company.

Wolk, Christoph, Joan Bresnan, Anette Rosenbach & Benedikt Szmrecsanyi. 2013. Dative and genitive variability in Late Modern English: Exploring cross-constructional variation and change. *Diachronica* 30(3): 382-419.

Wonnacott, Elizabeth, Elissa Newport & Michael Tanenhaus. 2008. Acquiring and processing verb argument structure: Distributional learning in a miniature language. *Cognitive Psychology* (56): 165-209.

Wonnacott, Elizabeth, Jeremy K. Boyd, Jennifer Thomson & Adele E. Goldberg. 2012. Input effects on the acquisition of a novel phrasal construction in 5 year olds. *Journal of Memory and Language* (66): 458-478.

Xu, Dan. 2006. Typological Change in Chinese Syntax. Oxford: Oxford University Press.

Yáñez-Bouza, Nuria & David Denison. 2015. Which comes first in the double object construction? Diachronic and dialectal variation. *English Language and Linguistics* 19(2): 247-268.

Yáñez-Bouza, Nuria. 2015. *Grammar, rhetoric and usage in English: Preposition placement* 1500-1900. Cambridge: CUP.

Zehentner, Eva. 2016. On competition and cooperation in Middle English ditransitives. PhD thesis of University of Vienna.

Zeschel, Arne. 2012. *Incipient productivity: A construction-based approach to linguistic creativity*. Berlin: De Gruyter Mouton.

Zwicky, Arnold. 1992. Some choices in the theory of morphology. In Levine, Robert (ed.). *Formal Grammar: Theory and Implementation*. Oxford: Oxford University Press, pp: 327-371.

贝罗贝. 1986. 双宾语结构从汉代至唐代的历史发展. 中国语文 (3): 204-216.

贝罗贝. 1998. 古代汉语中的"动"之"名"结构. (载郭锡良主编) 古汉语语法论集. 北京: 语文出版社, 392-406.

曹晋. 2011. "使令句"从上古汉语到中古汉语的变化. 语言科学 (6): 602-617.

车淑娅．2004．"问"之宾语演变探析．古汉语研究（4）：23-27．

车淑娅．2008．古代汉语语义语法发展专题研究．成都：四川出版集团巴蜀书社．

陈丽雪．2005．闽南语双宾式共时与历时研究．中国台湾国立政治大学博士学位论文．

陈平．1994．试论汉语中三种句子成分与语义成分的配位原则．中国语文（3）：161-168．

陈初生．1991．论上古汉语动词多对象语的表示法．中国语文（2）：133-138．

程从荣．1998．浠水话双宾语句的特点．中南民族学院学报（1）：18-22．

陈坤德，曹国安．1998．试论古汉语双宾语的鉴别．古汉语研究（2）：36-38．

陈练军．2010．"示"句法功能的历时演变．大连大学学报（4）：59-62．

陈练文．2008．殷墟甲骨卜辞句法研究．武汉大学博士学位论文．

陈淑梅．2001．汉语方言中一种带有虚词的双宾句式．中国语文（5）：439-445．

陈文运．1990．古汉语特殊双宾语句探究．济南大学学报（1）：51-54．

陈文运．1995．古汉语双宾语句的新探索．济南大学学报(综合版)（1）：34-38．

程杰．2009．运算效率与英汉双及物关系结构对比研究．西安外国语大学学报（2）：6-11，21．

程湘清．1992．先秦双音词研究．（载程湘清编著）．先秦汉语研究．济南：山东教育出版社，45-113．

程亚恒．2019．古汉语位移构式"V+NP+NP/L"的意义及成因．汉语史研究集刊（1）：12-24．

成军．2010．论元结构构式与动词的整合．外语学刊（1）：36-40．

程琪龙．2004．双宾结构及其相关概念网络．外国语（3）：20-25．

储泽祥．1998．从动宾短语的演变情况看汉语句法结构的特点．古汉语研究（2）：25-29．

崔承一．1988．现代汉语句型．延边：延边大学出版社．

大西克也．2009．上古汉语"使"字使役句的语法化过程．何乐士纪念文集．北京：语文出版社．

戴耀晶．1997．现代汉语时体系统研究．杭州：浙江教育出版社．

邓思颖．2003．汉语方言语法的参数理论．北京：北京大学出版社．

邓章应．2004．西周金文句法研究．西南师范大学硕士学位论文．

丁建新．2001．英语双宾及物结构的句法和语义分析．外国语（1）：54-59．

丁声树等．1961．现代汉语语法讲话．北京：商务印书馆．

丁贞蕖．1998．古汉语"动+之+名"式的结构分析．（载郭锡良主编）古汉语语
    法论集．北京：语文出版社，407-416．

董秀芳．2002．词汇化：汉语双音词的衍生和发展．成都：四川民族出版社．

董秀芳．2006．古汉语中动名之间"于/於"的功能再认识．古汉语研究（2）：2-
    8．

董秀芳．2017．词汇化：汉语双音词的衍生和发展(修订本)．北京：商务印书
    馆．

董志翘．2011．汉语史的分期与20世纪前的中古汉语词汇研究．合肥师范学
    院学报（1）：22-27．

范晓．1986．交接动词及其构成的句式．语言教学与研究（3）：19-34．

范晓．1996．三个平面的语法观．北京：北京语言文化大学出版社．

范晓．1998．汉语的句子类型．太原：书海出版社．

方一新、王云路．2000．中古汉语研究．北京：商务印书馆．

方一新．2004．从中古词汇的特点看汉语史的分期．汉语史学报(第四辑)．上
    海：上海教育出版社，178-184．

冯英．1993．汉语语序变异及其原因．云南师范大学学报（6）：102-111．

冯胜利．1994．论上古汉语的重音转移与宾语后置．语言研究（1）：79-93．

冯胜利．2005．轻动词移位和古今汉语的动宾关系．语言科学（1）：3-12．

高晨阳．1991．论中国传统哲学直觉思维方式．文史哲（3）：37-44．

高晨阳．1992．论中国传统哲学直觉性思维倾向．齐鲁学刊（1）：82-87，93．

高晨阳．2000．中国传统思维方式研究．济南：山东大学出版社．

高名凯．1960．语法理论．北京：商务印书馆．

高名凯．2011．高名凯语言学论文集．北京：商务印书馆．

龚波．2010．从假设句的否定形式看甲骨文中的"勿"、"弜"与"不"、"弗"之
    别．中国语文（2）：162-167．

古川裕．1999．谈现象句与双宾语句的认知特点．（载邢福义)汉语法特点面面
    观．北京：北京语言文化大学出版社，255-262（另载《汉语学习》1997
    （1）：20-23）．

顾阳．1999．双宾语结构徐烈炯．共性与个性——汉语语言学中的争论．北
    京：北京语言文化大学出版社，60-90．

管燮初．1953/1986．殷墟甲骨刻辞语法研究．北京：中国科学出版社．

管燮初．1981．西周金文语法研究．北京：商务印书馆．

耿智．2002．从认知-功能视角看英语双宾语结构及其翻译．外语教学（3）：

48-52.

郭富强. 2007. 意合形合的汉英对比研究. 青岛：中国海洋大学出版社.

郭继懋. 1998. 谈动宾语义关系分类的性质问题. 南开学报（哲社版）(6)：15-21.

郭锦桴. 2010. 汉语与中国传统文化. 北京：商务印书馆.

郭万青. 2008.《国语》动词管窥. 成都：四川大学出版社.

郭锡良. 1997. 介词"于"的起源和发展. 中国语文 (2)：131-138.

郭锡良. 1998. 介词"以"的起源和发展. 古汉语研究 (1)：1-5.

郭锡良. 2005a. 汉语介词"于"起源于汉藏语说商榷. 中国语文 (4)：341-345.

郭锡良. 2005b. 汉语史论集：增补本. 北京：商务印书馆.

郝士宏. 2008. 古汉字同源分化研究. 合肥：安徽大学出版社.

何洪峰. 1997.《金瓶梅》中的单动双宾结构. 古汉语研究 (3)：89-93.

何九盈. 1993. 古汉语语法札记——"动之名"与"动其名". 中国语文 (3)：223-224.

何乐士. 1982. 论"谓之"句和"之谓"句.《左传》虚词研究. 北京：北京出版社（另载何乐士. 2004.《左传》虚词研究. 北京：商务印书馆）.

何乐士. 1985.《左传》、《史记》介宾短语位置的比较. 语言研究 (1)：57-65.

何乐士. 1992.《敦煌变文》与《世说新语》若干语法特点的比较.（载程湘清主编）隋唐五代汉语研究. 济南：山东教育出版社.

何乐士. 2000a. "政以治民"和"以政治民"两种句式有何不同？. 何乐士. 古汉语语法研究论文集. 北京：商务印书馆，1-12.

何乐士. 2000b. 汉语句法结构上的一个重大变化——从《左传》、《史记》的比较看介宾短语位置的前移. 何乐士. 古汉语语法研究论文集. 北京：商务印书，170-188.

何乐士. 2004. 先秦"动·之·名"双宾式中的"之"是否等于"其". 载何乐士《左传》虚词研究. 北京：商务印书馆，1-23.

何慎怡. 1994. 汉英双宾语句比较. 古汉语研究（增刊）：42-49.

何树环. 2004. 西周贵族土地的取得与转让——兼谈西周"王土"的概念与实质. 新史学 15(1)：1-44.

何晓炜. 1999. 双宾语结构的句法研究. 现代外语 (4)：331-345.

何晓炜. 2002. 双及物结构中的题元阶层. 解放军外国语学院学报 (6)：9-12.

何晓炜. 2003. 双宾语结构和与格结构的关系分析. 外国语 (2)：25-31.

何晓炜. 2008a. 最简方案框架下的英汉双宾语结构生成研究. 现代外语 (1)：

1-12.

何晓炜．2008b．合并顺序与英汉双及物结构对比研究．外国语（2）：13-22.

何晓炜．2008c．双及物结构句式选择的制约因素研究．语言教学与研究（3）：29-36.

何晓炜．2009．双及物结构的语义表达研究．外语教学与研究（1）：18-24，80.

洪波．2003．使动形态的消亡与动结式的语法化．（吴福祥、洪波主编）语法化与语法研究(一)北京：商务印书馆.

洪波．2004．"给"字的语法化．南开语言学刊（2）：138-145.

洪波．2010．汉语处所成分的语序演变及其机制．（洪波著）汉语历史语法研究．北京：商务印书馆.

侯慎伟．1998．试论《史记》中的双宾结构．社会科学家(增刊)(1)：33-37.

侯玉波、朱滢．2002．文化对中国人思维方式的影响．心理学报34(1)：106-111.

胡波．2013．常用词"借"对"假"的历时替换．语言科学（3）：164-170.

胡明亮．2002．决定汉语语序的语义因素．语言思索集．太原：山西人民出版社.

黄伯荣．1996．汉语方言语法类编．青岛：青岛出版社.

黄昌静、邵志洪．2006．英汉双及物构式引申机制对比研究．外语教学（6）：19-2.

黄和斌．2010．英汉双及物结构研究中的几个问题．外国语（1）：24-31.

黄伟嘉．1987．甲金文中"在、于、自、从"四字介词用法的发展变化．陕西师大学报(哲社版)(1)：66-75.

黄正德．2007．汉语动词的题元结构与其句法表现．语言科学（4）：3-21.

贾齐华．2003．关于古汉语"为动用法"的再认识．信阳师范学院学报(哲社版)(6)：75-78.

贾燕子、陈练军．2016．"放置"类构式及相关动词的历史演变．古汉语研究（2）：34-43.

贾燕子．2003．甲骨文祭祀动词句型研究．西南师范大学硕士学位论文.

贾燕子．2004．甲骨文祭祀动词句法语义研究．殷都学刊（4）：96-99.

贾燕子．2009．甲骨文祭祀动词的三宾语句和双宾语句．乐山师范学院学报（10）：38-41.

姜汉椿．1990．谈《左传》的双宾语句．华东师范大学学报(哲社版)(6)：51-56.

姜琳．2009．双宾结构和介词与格结构启动中的语义启动．现代外语（1）：59-
67，109．

蒋绍愚．1999．抽象原则和临摹原则在汉语语法史中的体现．古汉语研究
（4）：2-5．

蒋绍愚．2002．"给"字句、"教"字句表被动的来源．语言学论丛（第26辑）．
北京：商务印书馆．

蒋绍愚．2005．关于汉语史研究的几个问题．汉语史学报（第五辑）．上海：上
海教育出版社．

蒋绍愚．2007．打击义动词的词义分析．中国语文（5）：387-401．

蒋绍愚．2014．从《左传》的"P（V/A）+之"看先秦汉语的述宾关系．历史语言
学研究（第8辑）．北京：商务印书馆．

蒋绍愚．2015．汉语历史词汇学概要．北京：商务印书馆．

蒋绍愚．2021．再谈"从综合到分析"．语文研究（1）：1-13．

解惠全、洪波．1988．"于""於"介词用法源流考．语言研究论丛（第五辑）．天
津：南开大学出版社，116-139．

康国章．1999．引进动作行为受益对象的介词"为"之起源．殷都学刊（2）：92-
96．

科姆里·伯纳德．1989．语言共性和语言类型．（沈家煊译）北京：华夏出版
社．

孔令达、丁凌云．2002．儿童语言中体词性宾语语义成分的发展和相关问题的
讨论．语言文字应用（4）：34-39．

黎锦熙．1924．新著国语文法．北京：商务印书馆．

李敏．2006．双宾动词的词汇语义和双宾句式语义的互动．世界汉语教学
（4）：55-66．

李焱．2003．《醒世姻缘传》语法研究．厦门大学博士学位论文．

李永．2000．《孟子》给予类三价动词配位方式考察．泰安师范专科学校学报
（4）：21-26．

李宇明．1996．领属关系与双宾句分析．语言教学与研究（3）：62-73．

李白清．2004．论英语双宾结构的句法特征．中南大学学报（社科版）（2）：
269-272．

李赋宁．1991．英语史．北京：商务印书馆．

李临定．1983．宾语使用情况考察．语文研究（2）：15-21．

李临定．1984a．双宾句类型分析．语法研究和探索（第2期）．北京：北京大

学出版社，27-40.

李临定．1984b. 动词的宾语和结构的宾语．语言教学与研究（3）：103-114，123.

李临定．1990. 现代汉语动词．北京：中国科学出版社.

李少鹏．1984. 试谈古汉语中的"于动用法"．求是学刊（2）：67-72，89.

李淑静．2001. 英汉语双及物结构式比较．外语与外语教学（6）：12-31.

李炜．1987. 兰州方言给予句中的"给"——兼谈句子给予义的表达．兰州大学学报（社会科学版）（3）：121-128.

李永生．1989. 大学英语语法．北京：光明日报出版社.

李志军．2001. 先秦汉语双宾语研究．广西师范大学硕士学位论文.

李佐丰．1998.《左传》的体词性双宾语．载《语苑撷英——庆祝唐作藩教授七十寿辰学术论文集》．北京：北京语言文化大学出版社，279-292.

李佐丰．2003.《左传》的"使"字句．（李佐丰著）上古汉语语法研究．北京：北京广播学院出版社.

连淑能．2004. 论中西思维方式．（载王菊泉，郑立信编）英汉语言文化对比研究（1995—2003）．上海：上海外语教育出版社，482-506.

梁银峰．2007. 汉语趋向动词的语法化．上海：学林出版社.

廖振佑．1998. 先秦书面语的双宾语动词类型．（载郭锡良主编）古汉语语法论集．北京：语文出版社，417-430.

林海云．2015. "VP+N_（处所）"构式历时演变研究及认知解释．古汉语研究（1）：34-40.

林素娥．2008. 汉语南方方言倒置双宾结构初探．语言科学（3）：308-319.

刘利．1995.《国语》中的"为之名"结构及其他．古汉语研究（2）：63-67.

刘宝霞．2009. 上古汉语中与双宾语相关的几种句式．清华大学学报（哲社版）（S2）：127-133.

刘承慧．1999. 试论使成式的来源及其成因．国学研究（第六卷）．北京：北京大学出版社.

刘丹青．1997. 苏州方言的动词谓语句．（载李如龙、张双庆主编）动词谓语句．广州：暨南大学出版社.

刘丹青．2001. 汉语给予类双及物结构的类型学考察．中国语文（5）：387-398.

刘道锋．2008.《史记》动词系统研究．华中师范大学博士论文.

刘海平．2009a.《史记》语序研究．华中科技大学博士学位论文.

刘海平．2009b. 从语义角色角度看《史记》双宾句式．东南大学学报（哲社版）

（6）：92-99.

刘坚、蒋绍愚．1990．近代汉语语法资料汇编·唐五代卷．北京：商务印书馆．

刘坚、蒋绍愚．1992．近代汉语语法资料汇编·宋代卷．北京：商务印书馆．

刘利民．2009．双及物构式的"零给予"和"负给予"问题分析．外语教学与研究（1）：25－29．

刘宋川．1998．先秦双宾语结构考察．湖北大学学报(哲社版)(4)：65-69．

刘宋川．1999．先秦双宾语结构的分类．中南民族学院学报(哲社版)(4)：93-97．

刘宋川．2001．两汉时期的双宾语结构．湖北大学学报(哲社版)(5)：56-62．

刘宋川．2002．"为+名$_1$/代+名$_2$"结构式论析．古汉语研究（3）：80-85．

刘文英．1988．中国传统哲学思维的逻辑特征．哲学研究（7）：61-68．

刘文正．2008．使令动词"令"在先秦至东汉的发展．古汉语研究（4）：78-82．

刘文正．2009．《太平经》动词及相关基本句法研究．湖南师范大学博士学位论文．

刘文正．2011．使令动词"使"在先秦至东汉的发展．东方语言学（2）：185-195．

刘英凯．1994．英语形合传统观照下的汉语意合传统．深圳大学学报(人文版)（4）：61-69．

刘云、李晋霞．1998．"动宾式动词+宾语"的变换形式及宾语的语义类型．江汉大学学报(5)：44-48．

刘子瑜．1995．唐五代时期的处置式．语言研究（2）：133-140．

柳士镇．1985a．使动用法的双宾语结构．镇江师专学报（4）：46-49．

柳士镇．1985b.《百喻经》中若干语法问题的探索．中州学刊（5）：94-98．

柳士镇．1992．魏晋南北朝历史语法．南京：南京大学出版社．

柳士镇．2002．试论中古语法的历史地位．汉语史学报(第二辑)．上海：上海教育出版社．

楼宇烈．1988．玄学与中国传统哲学．北京大学学报(哲社版)(1)：50-56．

楼宇烈．2016．中国文化的根本精神．北京：中华书局．

鲁国尧．1992．孟子"以羊易之"、"易之以羊"两种结构类型的对比研究．程湘清．先秦汉语研究．济南：山东教育出版社，274-293．

陆丙甫．2005．语序优势的认知解释(下)：论可别度对语序的普遍影响．当代语言学（2）：132-138．

陆俭明．1997．关于语义指向分析．(载)中国语言学论丛(第一辑)．北京：北京语言文化大学出版，34-48.

陆俭明．2002．再谈"吃了他三个苹果"一类结构的性质．中国语文（4）：317-325.

路广．2006．《醒世姻缘传》的"给"与"己"．语言研究（1）：37-39.

卢建．2003．影响予夺不明双宾句语义理解的因素．中国语文（5）：399-409.

罗国强．2007．"于"的动词用法探讨．古汉语研究（2）：73-75.

吕叔湘．1979．汉语语法分析问题．北京：商务印书馆.

吕叔湘．1982．中国文法要略．北京：商务印书馆.

吕叔湘．1984．汉语语法论文集．北京：商务印书馆.

吕叔湘．1985/1987．句型和动词学术讨论会开幕词/中国社会科学院语言研究所现代汉语研究室编．句型和动词．北京：语文出版社.

吕叔湘．2002．吕叔湘全集(中国文法要略)．沈阳：辽宁教育出版社.

吕叔湘．2008．语文常谈．北京：三联书店.

马国栋．1980．"之"作"其"用小议．中国语文（5）：24-28.

马建忠．1898/1983．马氏文通．北京：商务印书馆.

马庆株．1983．现代汉语的双宾构造．语言学论丛(第十辑)．北京：商务印书馆，166-196.

马庆株．1992．汉语动词和动词性结构．北京：北京语言学院出版社.

马庆株．2010．现代汉语．北京：中国社会科学出版社.

满在江．2004．与双宾语结构形同质异的两类结构．语言科学（3）：79-88.

梅广．2015．上古汉语语法纲要．台北：三民书局.

梅光泽．2004．宿松话中的一种特殊双宾句．淮北煤炭师范学院学报(哲学社会科学版)（6）：95-96，137.

梅祖麟．1991．从汉代的"动、杀"、"动、死"来看动补结构的发展．语言学论丛(16)．北京：商务印书馆，112-136.

梅祖麟．2000．唐宋处置式的来源．梅祖麟语言学论文集．北京：商务印书馆，188-221.

梅祖麟．2004．介词"于"在甲骨文和汉藏语里的起源．中国语文（4）：323-332.

梅祖麟．1980．四声别义中的时间层次．中国语文(6)：427-443.

蒙培元．1988．论中国传统思维方式的基本特征．哲学研究（7）：53-60.

孟琮、郑怀德、孟庆海、蔡文兰．1999．汉语动词用法词典．北京：商务印书馆.

孟庆海．1986．动词+处所宾语．中国语文（4）：25-30．

孟庆海．1987．原因宾语和目的宾语．语文研究（1）：20-26．

潘秋平．2010．上古汉语双及物结构再探．历史语言学研究（第三辑）．北京：商务印书馆．

潘玉坤、梁春妮．2009．《论语》与《世说新语》双宾语句式比较．曲靖师范学院学报（4）：34-39．

潘玉坤．2005．西周金文语序研究．上海：华东师范大学出版社（另2003华东师范大学博士学位论文）．

潘允中．1982．汉语语法史概要．郑州：中州书画社．

彭华．2017．中国传统思维的三个特征：整体思维、辩证思维、直觉思维．社会科学研究（3）：126-133．

平山久雄．2010．"給"字白话音源自"過與"合音说．历史语言学研究（第三辑）．北京：商务印书馆，26-34．

齐航福．2010．殷墟甲骨卜辞宾语语序研究．首都师范大学博士学位论文．

齐沪扬．2007．现代汉语．北京：商务印书馆．

钱宗武．2001．今文《尚书》双宾语句型和双宾语动词的选择．云梦学刊（6）：105-115．

乔治·欧·寇姆．1930/1989．英语句法（中译本）北京：商务印书馆．

裘锡圭．2010．谈谈殷墟甲骨卜辞中的"于"．余霭芹、柯蔚南主编《罗杰瑞先生七秩晋三寿庆论文集》，（http：//www.gwz.fudan.edu.cn/Web/Show/1227）．

任龙波．2007．汉英双及物构式比较．西安外国语大学学报（2）：63-66．

邵敬敏、任芝锳、李家树、税昌锡、吴立红．2009．汉语语法专题研究．北京：北京大学出版社．

邵永海．1990．从《左传》和《史记》看上古汉语的双宾语结构及其发展．载（严家炎、袁行霈主编）缀玉集——北京大学中文系研究生论文选编．北京：北京大学出版社．

邵永海．2002．"枕之股"的句法和语义．语言学论丛（第二十五辑）．北京：商务印书馆，284-294．

邵永海．2003．《韩非子》中的使令类递系结构．语言学论丛（第27辑）．北京：商务印书馆．

沈明．2002．太原话的"给"字句．方言（2）：108-116．

申小龙．1990．汉语人文精神论．沈阳：辽宁教育出版社．

申小阳．2018．汉英双及物构式历时演变的认知对比研究．湖南师范大学博士学位论文.

沈培．1992．殷墟甲骨卜辞语序研究．台北：文津出版社.

沈阳、司马翎．2010．句法结构标记"给"与动词结构的衍生关系．中国语文（3）：222-237，287-288.

沈春晖．1936．周金文中之"双宾语句式"．燕京学报（20）：22-31.

沈家煊．1999．"在"字句和"给"字句．中国语文（2）：94-102.

沈家煊．2000．说"偷"和"抢"．语言教学与研究（1）：19-24.

沈家煊．2012．怎样对比才有说服力——以英汉名动对比为例．现代外语（2）：1-13.

沈培．1992．殷墟甲骨卜辞语序研究．台北：文津出版社.

石毓智．1995．时间的一维性对介词衍生的影响．中国语文（1）：1-10.

石毓智．2002．论语言的基本语序对其语法系统的影响——兼论现代汉语句子组织信息的原则形成的历史动因．外国语（1）：17-27.

石毓智．2003．现代汉语语法系统的建立．北京：北京语言大学出版社.

石毓智．2004a．汉英双宾结构差别的概念化原因．外语教学与研究（2）：83-89.

石毓智．2004b．汉语研究的类型学视野．南昌：江西教育出版社.

石毓智．2011．语法化理论——基于汉语发展的历史．上海：上海教育出版社.

石毓智．2008．语法结构之间的功能交叉．语言教学与研究（4）：25-32.

时兵．1999．《史记》双宾语结构之研究．安徽大学硕士学位论文.

时兵．2002．古汉语双宾结构研究——殷商至西汉年代相关地下语料的描写．安徽大学博士学位论文.

时兵．2003a．古汉语双宾结构及其同形结构．皖西学院学报（6）：88-91.

时兵．2003b．也论介词"于"的起源和发展．中国语文（4）：343-347.

时兵．2003c．两周金文的双宾结构研究．巢湖学院学报（6）：87-90.

时兵．2007．上古汉语双及物结构研究．合肥：安徽大学出版社.

时良兵．2003．也谈上古汉语的"夺+之+名"结构．乐山师范学院学报（7）：49-51.

舒大刚、彭华．2008．忠恕与礼让——儒家的和谐世界．成都：四川大学出版社.

宋文辉、阎浩然．2007．再论现代汉语双宾语句的句式原型．语文研究（2）：29-35.

宋亚云．2006．汉语从综合到分析的发展趋势及其原因初探．语言学论丛(第33辑)．北京：商务印书馆，66-102.

宋玉柱．1979．关于宾语的位置及其他——与蒲喜明同志商榷．陕西师范大学学报(哲社版)(3)：97-101.

宋玉柱．1981．略谈原因宾语．现代汉语语法论集．天津：天津人民出版社.

孙良明．1993．关于古汉语V-N语义关系问题．语文研究(4)：8-15.

孙良明．1994a．古代汉语语法变化研究．北京：语文出版社.

孙良明．1994b．前置宾语的变化．(载孙良明编著)古代汉语语法变化研究．北京：语文出版社，105-124.

孙良明．2002．关于取消"介词省略"说以及"于"字的用法问题．古汉语研究(3)：69-74.

孙良明．2010．论说介词跟动词、名词语义和句法功能的同异．古汉语研究(2)：34-41.

孙叶林．2004．邵阳方言双宾句研究．湖南师范大学硕士学位论文.

孙叶林．2005．邵阳方言双宾句的动词与双宾语序．船山学刊(4)：49-51.

孙叶林．2006．邵阳方言特殊双宾句S+V+O$_直$+O$_间$．湖南文理学院学报(社科版)(1)：138-142.

唐钰明．1994．古汉语"动+之+名"结构的变换分析．中国语文(3)：216-220.

唐钰明．1995．古汉语语法研究中的"变换"问题．中国语文(3)：211-219.

唐智燕．2005．论今文《尚书》的三价动词．长沙理工大学学报(社科版)(1)：119-121.

万波．1998 安义方言的动词谓语句．(载李如龙、张双庆主编)动词谓语句——中国东南部方言比较研究之三．广州：暨南大学出版社.

汪国胜．2000．大冶方言的双宾句．语言研究(3)：88-98.

汪化云．2003．黄冈方言中的类双宾句．黄冈师范学院学报(1)：72-85.

汪维辉．2000．东汉—隋常用词演变研究．南京：南京大学出版社.

王力．1962/1981/1999．古代汉语(第1册)．北京：中华书局.

王力．1988．汉语史稿·词序的发展．载《王力文集》(第九卷)．济南：山东教育出版社.

王力．2000．王力古汉语字典．北京：中华书局.

王力．2001．古代汉语(1998年校订重排本)．北京：中华书局.

王力．2005．汉语语法史．北京：商务印书馆.

王立德、蔡庆．2007．双及物结构的生成分析．现代语文(语言研究)(3)：

33-35.

王奇．2005．领属关系与英汉双宾构式的句法结构．现代外语（2）：129-137，218-219.

王寅．2008．英语双宾构造的概念结构分析．外语与外语教学（8）：1-7.

王寅．2011．构式语法研究．上海：上海外语教育出版社.

王纯清．2000．汉语动宾结构的理解因素．世界汉语教学（3）：34-43.

王丹荣．2005．襄樊方言"给"类句．华中科技大学硕士学位论文.

王凤阳．2011．古辞辨．北京：中华书局.

王冠军．1982．古汉语双宾句问题刍议——兼与王力先生商榷．齐鲁学刊（2）：83-86.

王冠军．1986．古汉语双宾结构再认识．天津师大学报（1）：88-91.

王鸿滨．2004．上古汉语介词的发展与演变．上海师范大学学报（哲社版）（5）：119-125.

王建军．2006．古汉语中处所类双宾句的历史考察．汉语学报（4）：46-56.

王克仲．1986．古汉语动宾语义关系的制约因素．中国语文（1）：51-57.

王克仲．1988．古汉语的"NV"结构．北京：中国语文（3）：15-20.

王克仲．1989a．古汉语词类活用．长沙：湖南人民出版社.

王克仲．1989b．古汉语动宾语义关系的分类．辽宁大学学报（5）：99-102，95.

王森、王毅．2003．兰州话的"V+给"句——兼及甘宁青新方言的相关句式．中国语文（5）：410-418，479-480.

王士元．2006．语言是一个复杂适应系统．清华大学学报（哲社版）（6）：5-13.

王廷贤．2003．天水话里的"给"字句．天水行政学院学报（5）：49-53.

王云路、方一新．1992．中古汉语语词例释．长春：吉林教育出版社.

王作新．2000．汉字结构系统与传统思维方式．武汉：武汉出版社.

温海明．2010．中国哲学思想．北京：五洲传播出版社.

文旭．2002．认知语言学的研究目标、原则和方法．外语教学与研究（2）：90-97.

吴波．2004．中古汉语介宾短语"于／在+处所"句法位置的变化．南京师大学报（社科版）（4）：109-113.

吴平．2007．试论事件语义学的研究方法．外语与外语教学（4）：8-12.

吴福祥．2003．再论处置式的来源．语言研究（3）：1-14.

吴为章．1993．动词的"向"札记．中国语文（3）：171-179.

吴为章．1994．"动词中心"说及其深远影响——《中国文法要略》学习札记．语言研究（1）：10-20.

吴祖培．2002．英语动词语法．上海：复旦大学出版社.

项梦冰．1997．连城客家话语法研究．北京：语文出版社.

萧红．1999．也说中古双宾语结构的形式与发展．古汉语研究（1）：40-44.

谢晓明．2004．代体宾语的理解因素．汉语学报（1）：34-39.

谢晓明．2008．语义相关动词带宾语的多角度考察．武汉：华中师范大学出版社.

谢质彬．2004．上古汉语中的几种特殊宾语．古汉语研究（3）：50-53.

邢福义．1991．汉语里宾语代入现象之观察．世界汉语教学（2）：1-7.

邢福义．2006．归总性数量框架与双宾语．语言研究（3）：1-9.

邢向东、兰宾汉．2006．现代汉语(上下册).北京：中华书局.

熊学亮．2007．英汉语双宾构式探析．语言研究（4）：261-267.

徐畅贤．2005．英语双及物动词及其构块的语义研究评介．外语与外语教学（12）：9-16.

徐丹．1990．关于给予式的历史发展．中国语文（3）：219-229.

徐丹．2003．"使"字句的演变——兼谈"使"字的语法化．（吴福祥、洪波主编)语法化与语法研究(一)北京：商务印书馆，224-238.

徐杰．1999．"打碎了他四个杯子"与约束原则．中国语文（3）：185-191.

徐杰．2004．语义上的同指关系与句法上的双宾语句式．中国语文（4）：302-313，383.

徐盛桓．2001．试论英语双及物构块式．外语教学与研究（2）：81-87.

徐盛桓．2007．相邻关系视角下的双及物句再研究．外语教学与研究（4）：253-260.

徐枢．1985．宾语和补语．哈尔滨：黑龙江人民出版社.

徐德宽．2004．现代汉语双宾构造研究．上海：上海辞书出版社.

徐时仪．2005．汉语词汇双音化的内在原因考探．语言教学与研究（2）：68-76.

徐适瑞．1987．战国时期的双宾语动词和双宾语结构．西南师范大学学报（6）：26-30.

徐志林．2008．双宾语的变式结构和早期处置式．广东教育学院学报（2）：47-51.

徐志林．2009．甲骨卜辞中"三宾语"问题的反思．江西师范大学学报(哲社版)(6)：60-66.

徐志林．2013．汉语双宾句式的历史发展及相关问题研究．北京：中国文史出版社.

徐子宏．1989. 赐予义动词在《左传》中的分布情况．广西大学学报（2）：21-
26.

许敏云．2006.《史记》双宾动词的配价研究．惠州学院学报（1）：34-38.

许敏云．2007.《史记》"动+之+名"结构分析．呼伦贝尔学院学报（6）：71-73，
76.

薛凤生．1998. 试论汉语句式特色与语法分析．古汉语研究（4）：67-74.

严辰松．2007."给予"双及物结构中的转喻．外语学刊（2）：41-45.

杨伯峻、何乐士．1992/2001. 古汉语语法及其发展．北京：语文出版社.

杨伯峻．1981. 春秋左传注(修订本)．北京：中华书局.

杨逢彬．2003. 殷墟甲骨刻词词类研究．广州：花城出版社.

杨荣祥．2017. 上古汉语结果自足动词的语义句法特征．语文研究（1）：11-17.

杨树达．1920. 中国语法纲要．北京：商务印书馆.

姚振武．1999. 先秦汉语受事主语句系统．中国语文（1）：43-53.

殷国光．1984. 关于"为之名"和"夺之名"的几点看法．语言学论丛（12）：
213-219.

殷国光．2002. 上古汉语语法研究．北京：中国大百科全书出版社.

于峻嵘．2004.《荀子》语法研究．河北师范大学博士学位论文.

于峻嵘．2009. 古汉语双宾式的个案考察与理论研究——《荀子》双宾式论析．
河北师范大学学报(哲社版)（3）：111-114.

喻遂生．2000. 甲金语言文字研究论集．成都：巴蜀书社.

袁本良．2004. 古汉语"之于"句的语义分析．安顺师范高等专科学校学报(综
合版)（2）：10-13.

袁本良．2005. 古汉语"之于"句的再认识．(陆镜光、单周尧主编).语言文字
学研究，北京：中国社会科学出版社，160-168.

袁本良．2008. 关于"介词省略"说和"取消介词结构"论．古汉语研究（2）：
32-37.

袁振保．2016. 中华民族的传统思维方式．北京：北京时代华文书局.

张赪．2000. 从先秦时期"介词+场所"在句中不合规律分布的用例看汉语的词
序原则．语言研究（2）：63-69.

张赪．2002. 汉语介词词组词序的历史演变．北京：北京语言文化大学出版社.

张岱年、成中英等．1991. 中国思维偏向．北京：中国社会科学出版社.

张建．2007. 现代汉语双宾句的典型性研究．华中师范大学博士学位论文.

张今、姜玲．2005. 英语句型的动态研究．北京：清华大学出版社.

张建理．2010. 再论英汉双宾语构式．外语研究（2）：8-13.

张建理．2011. 英语双宾语构式的历时演变探究．浙江大学学报（人文社会科学版）（3）：149-158.

张军．1981. 古汉语中特殊的动宾关系．辽宁大学学报（5）：50-55.

张军．1985. 古汉语中特殊的动宾关系(续)．辽宁大学学报（1）：91-96.

张敏．2011. 汉语方言双及物结构南北差异的成因：类型学研究引发的新问题．中国语言学集刊（2）：87-270.

张文．2013. 汉语双宾句历时演变及相关结构问题研究．北京大学博士学位论文.

张文．2015. 结构关系视角下古汉语述宾结构研究．宁夏大学学报（人社版）（2）：5-12.

张伯江．1999. 现代汉语的双及物结构式．中国语文（3）：175-184.

张国华．2011. 汉英双宾构式比较研究．上海：华东师范大学出版社.

张国华．2014. 从宾语性质看汉语双宾构式的历时演变趋势和表达专门化特征．东方语言学(第十四辑)，30-59.

张国华．2016. 汉语双宾构式的历时演变问题研究．浙江大学博士后出站报告.

张国宪．2001. 制约夺事成分句位实现的语义因素．中国语文（6）：508-518.

张国宪 2005 汉语双宾构式的语法化渠道与"元"句式语义．（载徐杰主编）汉语研究的类型学视角．北京：北京语言大学出版社，345-373.

张美兰．2002.《训世评话》中的授与动词"给"．中国语文（3）：281-283.

张美兰．2014. 汉语双宾语结构句法及其语义的历时研究．北京：清华大学出版社.

张宁．2000. 汉语双宾语句结构分析．（载陆俭明、沈阳、袁毓林）．面临新世纪挑战的现代汉语语法研究．济南：山东教育出版社.

张世禄．1996. 论古代汉语双宾式．天津师大学报（5）：70-74.

张双棣．1997. 淮南子校释．北京：北京大学出版社.

张先坦．2002a.《战国策》双宾语结构的句法分析．安顺师范专科学校学报（1）：22-26.

张先坦．2002b.《战国策》双宾语结构的语用分析．贵州师范大学学报（2）：15-20.

张先坦．2002c.《战国策》中的双宾语类型．安顺师范专科学校学报（3）：31-35.

张先坦．2002d．先秦"动·之(其)·名"结构的重新考察．重庆三峡学院学报(6)：40-43.

张先坦．2003.《战国策》双宾结构动词研究．贵州师范大学学报(1)：25-29.

张先坦．2004．古汉语双宾动词与双宾语位置关系初探．山西师大学报(社科版)31(1)：24-27.

张宜生．2016."于"的零形化后果与形容词、动词的及物化．(载张宜生著)介词的演变、转化及其句式．北京：商务印书馆，313-341.

张玉金．1994．甲骨文虚词词典．北京：中华书局.

张玉金．2001．甲骨文语法学．上海：学林出版社.

张玉金．2004．西周汉语语法研究．北京：商务印书馆.

张玉金．2009．介词"于"的起源．汉语学报(4)：16-20.

张跃伟．2015．非常规双及物句式生成的认知动因．外语教学(5)：31-34.

赵伯义．1996．论古代汉语的为动双宾语．古汉语研究(3)：39-41.

赵元任．1968．汉语口语语法．吕叔湘译，北京：商务印书馆.

甄尚灵．1985．古汉语中与"语"和"言"带宾语有关的句式．中国语言学报(2)：198-208.

郑继娥．2004．殷墟甲骨卜辞祭祀动词的语法结构及其语义结构．四川大学博士学位论文.

周长银．2000．现代汉语"给"字句的生成句法研究．当代语言学(3)：155-167.

周长银、张法科．2002．Larson 壳、VP 壳与双宾语句．济南大学学报(社科版)(5)：51-54.

周迟明．1964．汉语双宾语句的语法现象和历史发展．山东大学学报(社会科学版)(2)：80-89.

周磊．2002．乌鲁木齐话"给"字句研究．方言(1)：16-23.

周领顺．2002．英汉动词中心说辨．外语与外语教学(2)：54-55.

周芍、邵敬敏．2006．试探介词"对"的语法化过程．语文研究(1)：24-30.

钟守满、李芬．2004．VNN 构块式中的言语行为动词语义认知解释．江西师范大学学报(哲社版)(4)：112-115.

钟书能、石毓智．2017．汉语双宾结构的构式语法视角研究．外语研究(3)：1-6.

朱德熙．1979．与动词"给"相关的句法问题．方言(2)：81-87.

朱德熙．1982．语法讲义．北京：商务印书馆.

朱德熙．1985．语法答问．北京：商务印书馆.

祝东平．2007．"取得、消耗"类动词带双宾语的语用分析．汉语学报（1）：66-73.